思想與方法

Ideas and Methods

Changing Order and Interweaving Civilizations of Historical China

歷史中國的秩序變動
與文明交錯

方維規　主編

中華書局

主持人方維規：共同檢討歷史中國的"內"與"外"

葛兆光：有關"中國"／"周邊"概念的再澄清

歐立德：當我們談“帝國”時，我們談些甚麼？

汪榮祖評析歐立德講演：“中國”何以成為問題？

北京師範大學英東學術會堂

聆聽

濟濟一堂

交流

切磋

提問

京師大廈論壇會場

與會學者合影

目　錄

敘言："中國"意識的歷史構成

◆ 方維規

　　中國之為中國，乃是漫長的歷史演進過程中多重形勢與觀念形塑的後果。今天，在全球格局複雜變動的語境下，深入理解這些形勢與觀念的形構過程，對於重建中國人的精神根基與文化譜系，具有深刻的思想意義。從長時段脈絡來看，"中國"意識的凸顯，在很大程度上是宋代以降王朝政治與內外民族關係深度重構的結果。朝代邊界的變動與更替，秩序的破壞與重建，文明的交錯與容受，無不對原有意識結構形成衝擊。在此意義上，內／外，中心／周邊，文明／野蠻，普遍／特殊等二元對立的自我認識範疇，都須回置到特定歷史過程中重新考量。只有通過這種知識考古，才能深入整理"中國"作為不斷變動的秩序與交錯的文明之歷史內涵。事實上，如此一脈相承的問題意識，已成為當代學術研究的核心議題之一。顯然，傳統的中外交通史、民族史、邊疆史、政治史研究，囿於單一的學科意識，無法在整體上應對知識論層面的挑戰。因此，只有充分整合多學科領域的研究思路，才能更好地探索創造性的學術生產方式，理解"中國"意識的歷史構成。

　　為了共同探討這一核心議題，北京師範大學文學院於 2016 年 10 月 22 — 23 日舉辦第四屆"思想與方法"國際高端對話暨學術論壇，會議主題為"變動的秩序，交錯的文明：歷史中國的內與外"。會議邀請葛兆光和歐立德（Mark C. Elliott）等 16 位中外著名學者，共同研討相關理論議題和方法實踐。議程分對話和論壇兩個部分。在對話部分，葛兆光和歐立德兩位先生分別就歷史中國的"內"與"外"或"帝國"等諸多熱點問題展開討論，凸顯其鮮明的問題意識。寶力格（Uradyn E. Bulag）和汪榮祖兩位先生從各自的學術視野出發，評說了葛、歐二者的演講，其中不乏機智的鋪陳、清晰的困惑、坦率的交流，或者是直截了當的質疑。另外，兩位對話人也對一些存在爭議的問題深入交換了意見。這一切都很符合會議組織者的期待，其明確目的是為各種觀點的交流、對話甚至衝撞提供一個平台。偌大的會場中聽眾密集，自然也透露出熱切的期待。

持續多年的"新清史"紛爭，似乎早已為這次會議預熱。歐立德是美國"新清史"的領軍人物之一，汪榮祖則是"新清史"的堅定反對者。不少人莫非只是衝着"新清史"而來，彷彿早在等待這一天的到來？畢竟是首次擂台，近五百名聽眾從全國各地慕名而來，應該很能說明問題。歐、汪二人素未謀面，但如汪榮祖所說，他們早有神交，了解彼此截然相反的立場。這次能夠當面鑼對面鼓，自然都是有備而來。其實，按照會議的本來設想，"新清史"問題並非主調，或曰只是議題之一，最後卻貫穿會議始終，常見暗流湧動，或旁敲側擊。既然如此，也不能說是壞事，何況"新清史"本來就與"歷史中國的內與外"這個議題密切相關。對話碰撞出的思想火花，能夠激發對於相關問題的進一步思考，如沈衛榮根據自己在會上的一個簡短發言，斷斷續續用了將近一年時間，寫成頗為精彩的三萬餘言長文《我看"新清史"的熱鬧和門道》，實為這次會議的可喜成果之一。而汪榮祖、趙剛、沈衛榮、李懷印、羅新等人的論文，或詰問或商榷，或從各自的研究材料和視野出發，都直接或間接涉及"新清史"的相關議題，且不乏值得稱道的新見。

寶力格聯繫 1980 / 90 年代的那場關於"日本人論"的大討論，提出我們這個會議可被視為那場討論的中國版本，譬之為"中國人論"，其原因是"崛起後的中國需要有新的認同表述"。他的這個聯想或解釋，當出於特定思考，但肯定不是我們舉辦這次會議的初衷。若看葛兆光的演講題目，會給人留下一個印象，彷彿這次會議的主旨是為他量身定製的。我們知道，他曾推動過一個"從周邊看中國"的研究課題；與之相伴的是他人的一個明確質疑：何謂"周邊"？顯然，他晚近關於"歷史中國的內與外"的研究，在某種程度上是對此前立場的揚棄，其邏輯起點是歷史中國的"內"與"外"亦即"周邊"的變動不居。此時，一個更大的問題自然會被提出：甚麼是中國？也就是究竟應當如何定義"中國"。在葛兆光看來，中國歷史上共有三次關於"中國"概念的大討論，而第三次正發生在我們這個時代。如此看來，寶力格對於這次討論的"中國人論"

定位，不是完全沒有道理，或者說是很自然的。不過，其原因不僅是中國的崛起所引發的認同需求，更有一些隨之而來的麻煩和難題，如民族問題、領土問題等；當然，還有歷史中國是否是"帝國"的問題，以及近代國家形成之經典理論中流行的"從帝國到民族國家"演進範式是否適合於中國的問題。

"'中國'何以成為問題？"——這是汪榮祖的發言題目，他就"新清史"及相關問題與歐立德進行商榷；文章雖短，卻是一篇檄文。或許鑒於"新清史"話題和研究路徑不少人已經知道，歐立德在其演講中，似乎有意避開"新清史"中的具體論題，他的論題設置就很巧妙、機智："當我們談'帝國'時，我們談些甚麼？"一方面，他相信彼此交流是可能的；另一方面，他深知並直言對話的困難！他不認為我們在內與外的問題上能有統一的看法，這將是一個永無休止的爭論，因此，他不願談論歷史中國的內與外，而是指出中國史研究領域的內與外。不用說，他在外，但他不客氣地說：出生地是偶然的，這並不賦予某個人或某個群體以特殊性，不意味着誰更有接近真相的特權，過去對今天所有人來說都是異邦。因此，他在該文中重點談論了歷史研究中的語言、方法和概念；言下之意，中國史學中還存在不少問題。在他看來，關於"新清史"的爭議，或如他同葛兆光對於"帝國""漢化"概念的不同看法，與其說是如何解讀歷史事實的分歧，毋寧說是話語差異。我們不僅要準確把握史料，還要重視語言和概念，這樣才能使雙方在同一個層面上討論問題。歐立德所理解的"新清史"，或把清朝作為"帝國"的研究方法，明顯受到新近西方史學界之"帝國轉向"，即全球史視野中的"新帝國史"研究的影響。他認為在全球史的框架中討論中國史，不但有益於中國史研究，亦能對全球史有所貢獻。無論如何，歐氏所強調的世界眼光和比較方法是可取的。另外，在會議討論過程中，歐立德對一種現象亦即批評"新清史"時出現的一個問題表示不滿，即不假思索地把某個學者的個人觀點歸於"新清史"學派。他強調"新清史"只是一個"虛體"，其內部觀點絕非如出一轍。這一提醒當然也是中肯的。

葛兆光強調指出，"疆域""民族""歷史"是論述歷史中國之內與外的三個關鍵詞，而"內""外"在中國歷史上常會換位，即所謂變動的秩序。縱然地理上在外，也可以成為中心，如李焯然、崔溶澈所論述的越南或朝鮮的"小中華"

思想，即中國周邊的民族或國家自認"中華"的意識：明清鼎革時期，朝鮮人視女真為"野人"、滿清為"胡虜"。他們很自信地認為，滿清入主中原，正統中華文化在清帝國已蕩然無存，只在朝鮮延續命脈，這種"小中華"思想在朝鮮後期持續三百多年之久。崔溶澈的論文詳實敘寫了朝鮮後期士人堅守中華思想，編纂《宋元華東史合編綱目》（《華東綱目》），張揚"尊中華，攘夷狄"和"衛正斥邪"的主張。不過，那不是單純意義上的"春秋大義"歷史觀，更是朝鮮自主、自尊的民族主義，體現出華西學派反抗滿清、日本和西洋勢力的正統觀和華夷觀。李焯然的《天下、中國、內外、華夷》一文，先以明代大儒邱濬的《世史正綱》為例，論述中國史家的天下、內外觀，然後考察東亞歷史文獻、尤其是越南史籍，如甚早論說"中國""華夷"問題的吳士連著《大越史記全書》，以及其他相關著述，以揭示域外史籍中的"中國""華夷"觀，亦即域外士人如何解讀"中國""內外""華夷"等概念。中國傳統的華夏與四夷觀念，對周邊民族產生了深遠影響，但"中國"並非華夏民族所獨有，作為天下或政治中心，"中國"一詞亦見諸域外史籍，以華夷觀為核心的歷史觀在越南史籍中頗為普遍。越南雖在文化上受到儒家思想影響，但在政治上對中國政權時有譴責，早在宋代就時常否定宋朝的政治中心地位，甚至視之為"北寇""賊"或"夷"，將"中國"觀念據為己有。尤其在滿人統治中原之後，在周邊民族眼中，華變為夷，夷變為華，中心改變，"中華"旁落。日本以"中國"自尊的時間更早，在8世紀就有人稱朝鮮為"近藩"、唐為"遠藩"。後來，日本自稱中國、華夏之事常有發生。清朝取代明朝，這在早有小中華思想的日本儒者眼中實屬中國"失格"，中華已淪為夷狄，華夷關係易位，唯有日本有資格成為中華。這便是林春勝、林信篤父子整理成冊的著名《華夷變態》之成書背景。山鹿素行在其漢文歷史著作《中朝事實》（1669）中，也號稱日本是中華文明的繼承者；他以日本為世界中心，稱日本為"中華"或"中朝"。

　　若說"華夷變態"思想體現出的是周邊民族和國家對中國中心秩序的批判，且主要緣於政治理念和文化認同，那麼，元代以降的蒙古對於中國的"內"與"外"而言，則是另一番景象。寶力格在評論葛兆光關於變動的"周邊"的思考時，對滿洲人的征服所分割的外蒙古和內蒙古，由此產生的"內"與"外"的變化，以及"自我"與"他者"的關係，也就是以蒙古的"內"與"外"來闡述中國周邊的移形換位，展示出其睿智而獨特的視角："中間帶""地理身體""地理心理"等概念，帶着感性和理性，或直白或含蓄，令人玩味。無論如何，就更早的蒙元史而言，蒙古人之於"中國"，完全不像後來朝鮮人所具有的那種中華意識，即以朱子學的華夷觀為核心的歷史觀，"尊王攘夷"更無從說起，他們甚至傲視中原，用寶力格的話說，"把中國變成了蒙古世界帝國的一隅"。

甘懷真在其《化之內外與古代中國之內外》一文中指出，如同現代"民族國家"（nation-state）理論具有建構特性那樣，"化內之國也只能說是一種學說，而不等於歷史事實。"作者認為，論及歷史中國政治上的內與外，"化內""化外"無疑是最重要的概念。然而所謂化內人和化外人，乃《唐律》所創詞彙。《唐律》之後，這些詞彙才被大量運用。"天下"概念至少可溯至西周前期，秦始皇統一中國即為"併天下"，其後的中華帝國都以天下自稱。最晚至 14 世紀，始於漢代的"天下 — 中國 — 四夷"政體已不復存在。雖然中華帝國仍然習用"天下"，但已沒有制度意義；各個朝代可以宣稱"治天下"，但對於化外人只是訴諸朝貢。甘懷真主要根據唐朝法制，探討體制所規範的化之內外，但它終究源於儒家學說，亦即文化是確定"中國人"的標準。波波娃（Irina Popova）亦在《中華帝國對西域邊疆地區的管理》一文中指出，唐朝在中國歷史上首創關於"化內人""化外人"的國家法律條文，但在形式上並沒有明確界線，"化內""化外"的法律基礎是文化認同，體現出文化教化的優先地位。馬戎在論述《中華文明的價值特質》時，着重論述了中國傳統認同體系的核心是文化認同，或曰"和而不同"和"有教無類"，而不是血緣、種族等。中華文明之群體認同的核心是"天道"，這也是其追求的最高境界。這些基本特質決定了歷史中國的政體和中國人的"內""外"觀。"夷夏之辨"中的"化內"和"化外"是動態、辯證的，可以相互轉化。"天下"是絕對的，夷夏是相對的，所需判別的只是中華而已。

趙剛的四萬言長文，通過對《皇朝文獻通考》中的《輿地考》（疆域範圍）、《四裔考》（四裔關係）、《象緯考》（天人關係）的解析，不僅試圖從新的視角來檢討清代多民族帝國的形成史，更是為了從漢化、胡化、近代化和早期全球化之維，揭櫫全盛時期的清朝多民族帝國如何賦予傳統漢人社會通行的大一統理想以全新的含義。趙剛對於盛清大一統話語的重構，可謂兩面出擊，直指兩種本質主義歷史觀，即"漢化說"和"新清史"，而對後者的批駁更為直接而犀利。他認為，"漢化論"把歷史上的"漢族"想像為同質的單數群體，忽視了歷史存在的多樣性和複雜性。其實，歷史上大部分漢族人並無明顯的"漢族"觀念，他們的認同主要是儒家思想影響下的王朝認同。然而，漢地儒家社會孕育的超越族群界限的王朝認同傳統，或曰漢人文化中的"大一統"政治理想，基本上被"新清史"所建構的歷史敘事省略了。"新清史"強調滿洲認同的重要性，卻忽略了清朝統治者並沒有把漢人文化與多民族國家的建設對立起來。"新清史"所強調的"滿族性"，絕非只限於滿洲內部及其與亞洲內陸之蒙藏文化的融合，它同漢人精英密切相關。傳統的王朝認同不僅是朝廷拉攏漢人精英的工具，也是多民族帝國的黏合劑。漢人社會和文化對清帝國做出的貢獻是無法否認的。趙剛指出，"新清史"看似與"漢化說"針鋒相對，其實在根本上接受了"漢化說"對漢人社會的判斷，視清代漢人為一個排他性實體。二者的思維框架，都是靜態的滿漢二分，並用 20 世紀初、也就是民族危難時期興起的漢族概念來解釋清代漢人的認同問題，但那只是話語建構，而非歷史事實。

　　1990 年代以來的西方"新清史"，嚴厲批評傳統的"漢化說"，引發中國史學界對"新清史"的批判浪潮，甚至揣測其分裂中國的學術陰謀或居心不良的政治目的。強烈反彈和激烈爭論，反而成全了"新清史"——使它成為一個學派，而且越來越有影響。歐立德認為，連篇累牘的學術和非學術批評，都是對"新清史"的誤解；"新清史"學者的追求，不過是從民族史、區域史和全球史的不同視角，更多地利用滿文文獻來研究清史。我們必須承認，"新清史"觸碰到傳統清史研究的一個軟肋，如沈衛榮所說，強調滿文文獻是對中國以往的清史研究的批評甚至諷刺：清朝滅亡才逾百年，滿語就已基本失傳，滿文文獻研究幾乎已是絕學，這不得不說是中國學術的一段傷心史，中國學者當有接受"新清史"批評的道德勇氣。他還強調指出，"新清史"對傳統清史研究的修正具有新意，即擺脫漢族中心主義史觀下的"漢化"和"朝貢體系"這兩條研究主線，更注重對非漢族族群和地區的歷史研究，以此建構清帝國的歷史敘事。就沈衛榮文章的論述內容和總體傾向而言，肯定"新清史"的學術貢獻，只不過是入場鋪墊，為的是更嚴苛地批判，而且不乏切中肯綮之處。

"新清史"響應中國研究中的"族群轉向"，發現清朝同為"內亞的"和"中國的"帝國，並從這兩個維度來研究清史；而所謂"中國的"帝國，自然是指漢人帝國，與內亞的帝國只有部分疊合。沈衛榮認為，從迄今"新清史"學者的著作來看，很難見出其強調的清朝的內亞特性究竟指甚麼，至多只是清朝皇帝、甚至僅為乾隆皇帝對藏傳佛教的虔誠信仰。"新清史"用以取代"漢化說"的，既不是滿族化，也不是內亞化，而是西藏化，或曰藏傳佛教化。然在沈氏眼裏，"無論是他們對清代藏傳佛教史的研究，還是對被他們提升為大清'帝國的佛教意識形態'的'菩薩皇帝'或者'轉輪王'思想的理解，都是極其膚淺，甚至是錯誤的。"不過，這似乎還不是問題的關鍵；關鍵問題是，如沈衛榮強調指出的那樣："新清史"在討論清代的內亞性時，很少將清朝同之前各朝做比較，因而忽略了內亞性並不是清之獨有現象。沈氏論證旨在說明，歷史中國的大部分王朝，不管是否漢族當政，都與內亞亦即滿、蒙、藏、回等民族有着廣泛而深入的牽連。換言之：從來沒有一個純粹的漢人"中國"，可是在一個由外族創建的征服王朝中，漢人依然是其主體，締造的是一個"基於中國"的帝國。換句話說，若能真把清朝明晰分成兩個帝國，那它作為整體也還是外人常說的"清中國"（Qing China）。沈文對"新清史"的內亞觀亦即"一個內亞帝國"和"一個中國（漢人）帝國"的批駁，依託於漢唐以降諸王朝與內亞之廣泛交涉的史實，而這在波波娃的論文《中華帝國對西域邊疆地區的管理》中盡顯無遺。該文通過形成於漢代的對西域的管理方式，呈現出漢民族與中亞（即"新清史"所言"內亞"）各民族之間廣泛的文化交往和相互影響。另外，波波娃細心爬梳的歷史文獻，尤其能夠見出歷史中國之變動的邊疆和秩序。

內亞史專家羅新在其論文《在清史中尋找內亞的連續性》中指出，清史的相當一部分當為內亞史，而他不僅要在空間意義上闡釋大清的內亞性，更欲揭示內亞歷史傳統的獨立性和連續性。他以清代"堂子祭天"儀式中的"設杆致祭""立杆大祭"為例，展示內亞文化持續數千年的連續性；通過或相似或相通的歷史傳統，挖掘那些超然於"內""外"、更有時間深度的歷史問題。其實，如羅新在討論時所說，他更感興趣的是"內""外"之間的"邊緣"問題，那些生活在兩個乃至更多政權之邊緣和夾縫中的"生番"，比如南北朝時期生活在淮河以南的大別山、桐柏山一帶的"蠻人"，或明朝邊疆之長城地帶的複雜人群，用"middle ground"（中間地帶）方法研究加以考察是很適合的。這與寶力格所熱衷的"中間帶"有着某些相似之處。另外，羅新還指出研究歷史中國時見重北方、疏忽南方亦即重政治活動、輕社會變遷之現象的弊端，也是很有見地的。

重考據、辨史料是本次會議亦即本書大部分論文之最顯著的特色之一。馮錦榮的論文《測繪東亞：以〈東西洋航海圖〉〈坤輿萬國全圖〉及〈皇輿全覽圖〉為中心》，實為難得的科學史佳作。2008 年重被發現的佚名氏繪製的《雪爾登中國地圖》（又名《東西洋航海圖》），從其問世的 17 世紀中期，到 21 世紀再次進入人們的視野並引起中外史學家的廣泛關注，期間一直無人鑽研。圍繞東亞地理輿圖繪製史上這一極為珍貴的實物資料，馮錦榮以他的專業知識和學術積累探賾索隱，揭示該圖與諸多輿圖資料和各種文獻之間的可能聯繫，並論及地理輿圖的測繪和測量儀器等。

同樣大量運用一手文獻的是岡本隆司的論文《"主權"的形成：20 世紀初期之中國與西藏、蒙古》。該文以西藏和外蒙的"自治"事件為線索，着重查考清末民初圍繞西藏主權問題的中英交涉。作者通過大量史料、歷史檔案、外交文件和信函，重構了從 1904 年拉薩條約到 1914 年西姆拉會議約十年間的許多重要外交活動。中國的立場和認識，基於民族主義的"中國一體性"觀念，所以西藏、蒙古不能丟，"主權"不能讓渡，否則整個中國都有被列強瓜分的危險。岡本的考證再現了中國在交涉中的不退讓態度，最終獲得了否定"宗主權"的"主權"概念，即中俄聲明文件和西姆拉會議，均未否定中國的"主權"，也就是中國對外蒙和西藏擁有"主權"。

沈衛榮認為，圍繞"新清史"的論爭，中國學者一時還有克服不了的短板，不知用怎樣的語言向西方同行準確地表述自己。這麼說略顯尖刻，但也不是全無來由。其實，扎實的史學考證，本身就是對相關問題的最好回答。趙剛的考證如此，沈衛榮的探討亦然。不過，不同的立場和視角，會得出不同的結論。例如，沈衛榮認為西方人所理解的"China"，往往是一個純粹的漢人之國，可是一個純粹漢族的"中國"，其實只是莫須有的存在；但李懷印卻相信一個原初型"中國"的存在，即清代之前中原華夏王朝所代表的以漢人為主體的高度同質化的單一族群國家。李氏長文《中國是怎樣成為現代國家的？》，拋開了"漢化說"或自古以來就有"大一統"的"中國"觀，也拒絕"新清史"把清代看作內亞帝國以解構其中國性質，而是通過宏觀歷史比較，審視和解讀中國的國家轉型史：從一個原初型的族群國家，經過多族群之疆域國家的拓展，進而走向統一集權的現代主權國家。換言之，現代中國是世界上唯一一個建立在昔日"帝國"疆域之上的民族國家。作者以此對流行的"從帝國到民族國家"的典型認識提出質疑，即不能用"帝國 — 民族國家"的演進範式來解讀中國在過去數個世紀向現代民族國家的過渡歷程。

寶力格在《自我超越，大國擔當：論蒙古在中國人自我意識發展中的新位置》一文中，還是帶着他在評點葛兆光演講時所表現出的鮮明特色，給人留下嬉笑怒罵皆成文章之感；然而，他的思考是冷峻的。他說古道今，從內外蒙古說到"蒙古"內外及中國的"內"與"外"。圍繞中國抗日表述的變化，即強調自身為世界和平做出的貢獻，寶力格分析了中國人新的道德主體的發展，"和平"與"貢獻"話語成為當代中國尋求國際承認的基調，也是其提高自身地位的工具。當然，寶力格重點關注的是"蒙古"在當下中國大國崛起話語中的位置；在他眼裏，中國新話語的核心（"和平貢獻論"），帶着對歷史的"屏蔽記憶"（screen memory），例如一百五十萬蘇蒙聯軍挺進中國、打敗日本關東軍，解放了內蒙古和滿洲地區；又如屏蔽歷史上中原與北方的衝突，尤其是蒙古人和滿洲人征服漢人王朝的歷史經驗，或者征服王朝的帝國性質。他直言不諱地說，這種涉及"內與外"的屏蔽記憶所呈現的"和平中國"，實際上是"漢族中國"；新近時興的新的道德主體"中國人"，有着強烈的"漢族性"。"今日中國對和平形象的追求，可能會重啓漢人與遊牧人之間的歷史界線，從而恢復傳統的內外觀。"

論說內外觀，關乎民族情感與認同問題，如本書不少作者反覆論述的傳統中國的政治理念和文化認同。情感與認同也是方維規《論"民族""Nation"與"中國"：Nation 是意識構造》一文的中心議題之一。民族意識是個人或群體對一個"民族"的歸屬感，例如在有關中華民族的觀念中，心理上的歸屬感起着很大的作用。具有强烈的自我意識和自我價值觀的中國民族概念，早在華夏中心主義時期就已打上顯明的民族意識烙印。針對西方不少中國學專家認為Chinese nation 約產生於 19 世紀末 20 世紀初從帝國到民族國家的轉型時期，方維規指出，從西方民族主義理論出發，推論前現代中國沒有 nation，未必就是真相。Nation 的多層涵義由來已久，可是，把"民族"和"國家"幾乎變成一個連體而同時體現在同一個"nation"概念裏，這是後來的詮釋。國族完全是一種新的歷史現象，民族主義只是 19 / 20 世紀的一種意識形態，它在很大程度上是一種現代情感。我們必須用歷史眼光來把握前現代與現代中國"民族認同"的發展歷程以及中國"民族"的轉型，同時不能忘記哈貝馬斯所説的"民族主義是一種以繼承文化傳統為前提的意識構造，而繼承本身是被一系列史纂和反思過濾過的"；還有雷南（Ernest Renan, 1823 — 1892）早在 1882 年就已説過的一句名言："沒有一個國族不纂改自己的歷史。"

　　以上文字對各篇論文的介紹，雖為掠影，已足見話題之豐富，以及各種思考的深度和廣度，可謂取"徑"歷史，問"道"中國。然而，這絕非這次"思想與方法"高端對話暨學術論壇的思想交流全景。附錄一、二，即《叩歷史而求中國》和《沿內外以尋文明》，是對話和論壇的實況記錄，以再現觀點紛呈、爭論不斷的會議現場。這兩篇紀要中可以見出，不少發言內容並不見於會議論文，而是與會學者有感而發，或受到啟發，或借題發揮，不時呈現新的問題意識和新的視角。尤其是各場演講的點評環節，可謂新見迭出，不乏精闢之語。當然，歷史中國之"內"與"外"這一論題本身，還有"中國史研究領域的內與外"（歐立德語）所暗含的弦外之音，加之受邀參加研討的歐美與中國周邊國家及海峽兩岸暨香港的學者及其不同學術背景和研究重點，這一切都必然賦予話題以豐富性和獨特性，自然也少不了爭議性。葛兆光的主旨演講，聲言要"再澄清"一些問題，這自然是可喜的。可是，我們在這次會議上還看到不少一時無法澄清的問題，比如對"漢化"問題的理解，對"帝國"概念的解釋，對歷史"中國"的定位，另外還有"從帝國到民族國家"的研究範式問題，"內""外"之間的"邊緣"或"中間帶"問題，歷史教科書編纂問題，等等。澄清之餘，彷彿又提出了更多問題。困惑還在，思考依舊，商榷不斷。不過，振振有詞或各執一詞，本來就是學術界的常態，交流無疑是有益的，這也是這次會議的意義所在。

究竟應當如何進行歷史研究，歷來有各種理論和設想。"一切真實的歷史都是當代史"之說，強調史家的主體性，即現在與過去的對話，史家寫他所理解的歷史。當然還有其他說法，比如"歷史終究是歷史"，不能從現在出發去倒推歷史過程。汪榮祖著《中國傳統史學的挑戰與反應》（附錄三），縱橫比較與此相關的一系列問題，做了精到的分析。在他看來，民國以後中國史學棄傳統而追隨西學，隨西潮而逐流，以西方史學為圭臬，寫史莫不照抄西方，讓出話語權於他者，盡失中國史學原有或應有之風貌。如此看來，新近對"新清史"的出擊，堪稱中國史學自主性的突出表現？無論如何，汪榮祖認為中西文化有異，史學亦各有特色，我們不必從風，而當拿出家藏，與彼對話。他所展望的自主的中國史學，應該知己知彼，辨別利弊，知所採擷，從而使中國史學之溪水"堂堂出前村"。

從高端論壇聚首一堂，到編成這部文集，時隔一年半光陰。其中一個重要原因，是不少與會學者會後興致不減，探索新的思考框架，提煉新的問題意識，補充材料者有之，幾易其稿者有之，這才成就這部新論迭出、觀點鮮明、考據嚴謹的文集。作為會議召集人和主持者，我在會議期間和編輯此書的過程中，委實學到了不少東西，對各位學術先進深懷謝忱。為本次高端對話暨論壇的成功舉行，我的學生付出了辛勤勞動，尤其是熊忭、顏小凡的會務組織工作以及張帆、黃雨倫的積極配合，文稿整理和注釋核對工作由柏奕旻、郭文瑞、顏小凡承擔，江屈騫和宋憲程做了細緻的校對和勘誤，在此對他們以及其他幾位幫忙的學生一併致謝。另要感謝北京師範大學文學院副教授符鵬一如既往為"思想與方法"高端論壇出謀劃策，以及北京外國語大學柳若梅教授不辭辛勞翻譯俄語文章。最後還要對中華書局（香港）有限公司和本書責任編輯熊玉霜女士表示我的謝意。

方維規

2018 年 5 月

歷史中國之"內"與"外"

—— 有關"中國"/"周邊"概念的再澄清

◆ 葛兆光

引言：從"周邊看中國"到"歷史中國之內與外"

這篇文章涉及的不是一個新問題，而是一個老話題。對"中國"/"周邊"的話題討論如此之久，直到最近仍是一個熱門題目[1]，說明它始終還有懸而未決之處，依舊讓學者感到困擾。應該承認，我也很困擾，十年前我們推動一個題為"從周邊看中國"的研究計劃，一方面想實踐胡適 1938 年提出的把日韓保存的有關中國史料作為"新材料"的想法，另一方面是為中國歷史與文化研究提供多重視角與立場。但我也注意到，在有關"從周邊看中國"研究的各方面評論中有一些質疑的聲音，這些質疑中最關鍵的是：甚麼是"周邊"？

如果按照現代中國國境，"周邊"當然只能是日本、韓國、蒙古、越南、印度、俄羅斯等異國，但是按照歷史上的帝國或王朝疆域，那麼，除了歷史上相

1　關於"中國"/"周邊"或者"內外"，自從 20 世紀上半葉若干題為"中國疆域史""中國民族史""中外交通史"的著作問世以來，研究論著非常多，這裏不一一舉例。最近有關"中國"的著作仍然非常多，如許倬雲：《我者與他者：中國歷史上的內外分際》，北京：三聯書店，2010 年；葛兆光：《宅茲中國：重建有關"中國"的歷史論述》，北京：中華書局，2011 年；王賡武：《更新中國：國家與新全球史》，黃濤中譯，杭州：浙江人民出版社，2016 年，英文本 *Renewal: The Chinese State and the New Global History*，香港：香港中文大學出版社，2014 年；許宏：《何以中國：公元前 2000 年的中原圖景》，北京：三聯書店，2014 年；許倬雲：《華夏論述：一個複雜共同體的變化》，台北：遠見天下文化，2015 年，大陸簡體版改題《說中國》，桂林：廣西師範大學出版社，2015 年；劉曉原：《邊疆中國 —— 二十世紀周邊暨民族關係史述》，香港：香港中文大學出版社，2016 年；另有最近李零《我們的中國》（四卷本），北京：三聯書店，2016 年。

對穩定延續的政治 — 文化共同體"漢族中國"之外 —— 儘管這個共同體本身也充滿複雜的族群融匯與文化雜糅，它有時與王朝大體重疊，有時分處幾個帝國，我仍然堅持有一個相對穩定的共同體"中國"—— 歷史上（古代的匈奴、突厥、吐蕃、回紇；近代的滿蒙回藏苗彝）漢族核心區域之外的族群和區域，是否也曾是歷史上"中國"的"周邊"？我們是否也應該從他們的立場、視角和文獻來反觀"中國"？不過，由於這在中國大陸不是學術領域的歷史問題，而是政治領域的現實問題，因此這些年來我只能比較含糊地使用"周邊"這一概念。

可是，籠統含糊終究是權宜之策，如果不斷追問下去，不僅不可避免地要涉及現實的政治問題，可能也會涉及更多具體的學術問題。正如前面所說，按照現代國家的國境，這種"周邊"只是"外"，涉及"中國"與"周邊"的歷史研究，可能應當算在所謂"中外關係史"領域。而如果按照傳統王朝的疆域，這種"周邊"可能是"內"，涉及這種"中國"與"周邊"的某些歷史研究，就往往算在所謂"中國民族史"領域中。可是，由於歷史中國無論在疆域上、族群上和文化上，"內""外"常常會移形換位，因此，我們不得不在"從周邊看中國"的研究之後，再度推動"歷史中國的內與外"的研究，希望在這一研究中，不僅說明歷史中國的疆域、族群和文化的"內""外"之變，也試圖溝通中外關係史、中國民族史、歷史地理學等領域的資料、理論和方法。

無論如何，對"周邊"—— 其實反過來也包括"中國"—— 還欠一個清晰的界定和說明，因此，我就從"周邊"的重新認識說起。

一、"周邊"的重新界定：移動與變化的"中國"

要說明"周邊"，當然應該先說明"中國"。

原本"中國"並不是問題，"中國"之成為問題是在晚清民初。眾所周知，晚清民初是一個各種觀念激變與衝突的時代，也是一個由於進入現代"世界"需要重新定義"中國"的時代。在"中國"起源與界定這一問題上，當時有三個説法相當流行，即"中國文化西來"説[2]、"苗先漢後"説[3]、"中國本部説"[4]。到了 1920 年代，逐漸現代化、科學化的史學不僅帶來了對傳統古史的質疑，也逐漸摧毀了"出於一源"的歷史觀。[5] 舊的中國歷史起源説被摧毀之後，逐漸出現各種新的歷史解釋。20 世紀 20 年代以後，中國學界對古代中國大多放棄"唯一起源"和"單線歷史"的説法。[6] 既然古代中國的文化與族群都未必"出於一"，因此，所謂古代的"中國"也無法簡單地"定於一"。換句話説就是，我們無法簡單地認定"中國"自古以來就是一個文化、民族、語言的共同體。

有立場的敘述往往與原本的事實不同，儘管古代中國未必"出於一"，但歷史敘述卻一直在構造"出於一"的中國。所謂"其先出於黃帝（或顓頊、帝嚳、蚩尤）"之類的傳説，以及"三皇五帝夏商周，秦漢唐宋元明清"一脈相承的歷史敘述，大都在建構一個古代的中國史。其中，對古代"中國"疆域的描述，過去學界常會引述《山海經》《周禮》和《禹貢》等文獻。不過，《山海經》只是想像古代中國四周的神話傳説，《周禮・職方氏》只是古代學者規劃天下的最早藍圖，都不能算真正有關古代"中國"疆域的文獻。唯有大致上於戰國時代成書的《禹貢》，雖然多有爭議，但由於近來出土資料可以佐證其觀念與傳説之早，因而頗受學界關注。儘管它的"九州島"之説，不免也是來自傳説加上想像，但它多少透露古代人有關"我者"的認知，所以，我們且從《禹貢》説起。

2　拉克伯里（Albert Terrien de Lacouperie）的"中國文化西來説"，通過日本傳到中國，在晚清民初影響很大。這一話題研究論著很多，中文世界最新的研究，參見孫江：《拉克伯里"中國文明西來説"在東亞的傳佈與文本之比較》，載《歷史研究》2010 年第 1 期，第 116 — 137 頁。

3　例如 1903 年蔣智由（署名觀雲）在《新民叢報》第三十一號上發表《中國上古舊民族之史影》，就引用日本學者鳥居龍藏、田能村梅士等人的説法，贊成苗族是中國最早的土著，而漢族是後來外來人種。參見觀雲（蔣智由）：《中國上古舊民族之史影》，《新民叢報》第三十一號，第 1 頁。

4　"中國本部"的説法來源很早，但真正發生影響的是明治時期日本學者的説法，他們始終用現代國家的某些要素來衡量中國，強調大清帝國並非一個國家，滿蒙回藏鮮都不是"中國"，"中國"只是長城以南的漢族地區。參見葛兆光：《宅茲中國：重建有關中國的歷史論述》，北京：中華書局，2011 年，第 242 — 246 頁。

5　《古史辨》的綱領，見顧頡剛《與劉胡二先生書》（原載《讀書雜誌》第 11 期，1923 年 7 月 1 日），收入《古史辯》（第一冊），上海：上海古籍出版社重印本，1982 年，第 96 — 102 頁。

6　參見蘇秉琦：《中國文明起源新探》，瀋陽：遼寧人民出版社，2009 年，第 29 — 30 頁。

根據《禹貢》呈現的觀念來看，"九州"可能很早就成為"華夏"自我界定的範圍。不過，在殷周兩代還有列國分立。儘管名義上有天下共主，但實際上當時各種酋邦、各種部族、各種諸侯各自為政，周邊的蠻夷戎狄也未必真正認同這個"王"。那個時代所謂"中國"，只是函谷關以東黃河中下游，既不包括西北之"戎狄"，也不包括南方之"蠻夷"，既沒有在制度上真正形成一個統一國家，也在地域上雜居了很多不同族群或部落。即使到春秋戰國，"自隴山以東，及乎伊洛，往往有戎"[7]，所以才會有春秋五霸迭興和戰國七雄並立，根本不把周王放在眼中；也會有"南夷與北狄交，中國不絕如線"的說法[8]，甚至有楚王在東周首都洛陽郊外問九鼎大小，覬覦王位的事情。[9]

因此我的看法是，同一性"中國"疆域、族群與文化的形成，仍然要在秦漢時代之後。秦平定六國，以郡縣制結束封建制，這才使得古代中國基本成為政治、制度和文化上具有同一性的統一國家，在這種新的國家制度下，所謂"中國"才基本形成，並成為很多人認同的"共同體"。因此，我們不妨以《史記·秦始皇本紀》《史記·貨殖列傳》對"中國"東西南北的記載，審視所謂"中國"的大致疆域。

《史記·秦始皇本紀》說，秦統一天下，"地東至海暨朝鮮，西至臨洮、羌中，南至北向戶，北據河為塞，併陰山至遼東"[10]，秦帝國最初"分天下為三十六郡"，稍後又在南方開拓桂林、象郡、南海，在西北驅逐匈奴，加上蒙恬在北方拓寬疆土，大體上建成了一個統一國家。[11]《漢書·西域傳》說秦始皇"攘卻戎

7　《後漢書》卷八十七《西羌傳》："渭首有狄、豲、邽、冀之戎，涇北有義渠之戎，洛川有大荔之戎，渭南有驪戎，伊洛間有楊拒、泉皋之戎，潁首以西有蠻氏之戎"。參見《後漢書》卷八十七，第2872頁。

8　《春秋公羊傳·僖公四年》，載《春秋公羊傳注疏》（中華書局影印本《十三經注疏》），第2249頁。

9　《春秋左傳正義》卷二十一《宣公三年》（中華書局影印本《十三經注疏》），第1868頁。

10　《史記》卷六《秦始皇本紀》，北京：中華書局，1959年，第239頁。

11　如果用現代地名來說，大體上西界在今四川松潘、邛崍、西昌到雲南大理一線；南界在今廣西憑祥及越南北部、廣東湛江、南海；東界在今東海、黃海、渤海灣、遼東及今朝鮮平壤西南部分；北界在今集寧、呼和浩特、包頭一線。可以參見譚其驤主編：《中國歷史地圖集》，北京：中國地圖出版社，1991年。

狄，築長城，界中國"[12]，這個"中國"雖然在西南、南方和東北方略有擴大，但核心區域仍然與《禹貢》大體相當。在核心區域，由於"車同軌、行同倫，書同文"，加上郡縣編戶，使得臣民身份在帝國之中日益趨同，各種原本雜居交錯的蠻夷戎狄漸漸在政治、制度、文化上融入，這個區域逐漸成為"中國"。[13]接下來看《史記·貨殖列傳》，《貨殖列傳》自"漢興海內為一"一句以下，也有一段關於西漢疆域的描述。[14]這段描述說明那個時代人們對於西漢時代"中國"的認知，大體上還是西面到關中、巴蜀、天水，南面到番禺、儋耳，北面是龍門碣石、遼東、燕涿，東面為海岱、江浙。這說明漢代人心目中的"中國"疆域大體如此，而且這種認知一直延續下來，成為傳統時代人們的共識。[15]

　　與秦帝國相比，西漢最重要的疆域擴張，可能只是在西北設置西域都護府，在西南設置牂牁等郡。[16]不過，這些郡縣之設立，只是表明帝國政治控制的"疆域"，而制度之趨同，才使這一疆域成為一個"國家"；而文化之認同，才能讓一個國家凝固定型，成為一個"歷史"和"象徵"。關於古代帝國疆域的論述，不妨設立三個坐標，一是政治控制疆域，二是制度涵蓋範圍，三是文化認同區域。所以，從政治史上看，那時逐漸形成的"中國"大體上仍是在核心區域；從民族史上看，漢代西域都護府與西南牂牁等郡縣，對西域和西南夷只是"遙控"；從文化史上看，應當說那些區域還遠遠沒有"成為中國"，仍然只是"周邊"。

　　1970年，劉子健曾經用"統合"（integrative）這個概念，對歷史上的"中

12　《漢書》卷九十六上《西域傳》，第 3872 頁。

13　《後漢書》卷八十五《東夷列傳》"秦併六國，其淮夷、泗夷皆散為民戶"，第 2809 頁。

14　《史記》卷一百二十九《貨殖列傳》，第 3261 — 3270 頁。

15　參見日比野丈夫：《史記貨殖列傳と漢代の地理區》（《史記貨殖列傳與漢代的地理區》），原載《東方學報》京都第四十一冊（1970）；收入日比野丈夫著：《中國歷史地理研究》，京都：同朋舍，1977 年，第 1 — 19 頁。

16　《漢書》卷九十六《西域傳》說"秦始皇攘卻戎狄，築長城，界中國，然西不過臨洮"，而西漢卻"征四夷，廣威德"，"列四郡，據兩關"，即設立武威、張掖、酒泉、敦煌四郡，第 3872 — 3873 頁。

國”之所以能夠綿延不絕做出解釋。[17] 1995 年，蕭啓慶在討論蒙元帝國時，也根據雅各布（Philip E. Jacob）和托伊訥（Henry Teune, 1936 — 2011）的説法，提出應當區分“國家統一”（national unity）與“國家統合”（national integration）。[18] 秦漢的四個多世紀裏，在政治上，帝國疆域大體已經統一，而在文化上也在逐漸統合。身處秦漢帝國的民眾，無論過去是諸夏還是邊夷，愈來愈習慣這個“中國”，而帝國內部由郡縣制度、官僚系統和法律禮儀統一管理，也逐漸淡化了各自族群身份的差異，於是這個“中國”在政治認同、歷史記憶和觀念世界中逐漸成為“日用而不知”的自我稱謂。[19] 但是，那些邊緣地區卻不能被認為是“中國”，原因很簡單，因為政治、制度和文化若不能齊頭並進，那些疆域仍不能有機地融入帝國之內。

　　秦漢以降，歷代帝國有着廣袤的疆域、眾多的族群和不同的文化，但從政治、制度和文化上看，只有設立了中央控制的郡縣（也包括漢代的同姓諸侯國）、實行了同一的律令制度、逐漸淡化了區域文化差異的核心區域，才是穩定的“中國”，具有歷史同源、語言同一、文化相似的民眾，才是同一個“華夏（漢族）”。[20] 應當特別説明的是，第一，這個“中國”/“漢族”既是在內部同一化，也是在匈奴/胡虜等“他者”環繞中，才凸顯出來的“我者”；第二，它

17　劉子健（James T. C. Liu）：《中國歷史中統合的因素及其相互的影響》，邢義田譯，收入《中國文化的危機與展望 —— 文化傳統的重建》，台北：時報出版公司，1982 年，第 161 — 173 頁。他認為，比起政治統合來，社會統合對於“中國”之延續更加重要，參見第 170 頁。

18　蕭啓慶《元朝的統一與統合 —— 以漢地、江南為中心》，最初發表於 1995 年，後來收入《內北國而外中國》上冊，北京：中華書局，2007 年，第 18 頁。關於“統合”的意思，他根據的是雅各布、泰內：《統合的進程：政治共同體基礎分析手冊》，載雅各布、托斯卡諾編《政治共同體的統合》，費城：J. B. Lippincott，1964 年。（Philip Jacob and Henry Teune, "The Integretive Process: Guidelines for Analysis of the Bases of Political Community," in: *The Integration of Political Communities*, ed. by Philip E. Jacob and James V. Toscano, Philadelphia: J. B. Lippincott, 1964）

19　參見王明珂：《華夏邊緣：歷史記憶與族群認同》，台北：允晨文化，1997 年，第 289 頁。

20　魯西奇《中國歷史上的核心區：概念與分析理路》引用冀朝鼎的説法，認為中國歷史上有“受到王朝特別重視，據之即足以控制全國的特殊地區”，這就是“核心區”。他重新作了界定，這一核心區的要素包括（1）應是兵甲所出之區，（2）應是財賦所聚之都，（3）應是人才所萃之地，（4）應為正統所寄之望。我的理解，這説的就是“中國”。參見魯西奇：《中國歷史上的核心區：概念與分析理路》，載《廈門大學學報》2010 年第 1 期，第 8 — 9 頁。

經由一代又一代的歷史記憶，形成一種可以叫作 "認同" 也可以叫作 "歸屬感" 的心理，形成人們的 "中國" 意識；第三，儘管歷史上從來沒有一個叫作 "中國" 的國家（或王朝），但秦漢帝國奠定的這個被稱為 "中國" 的共同體始終存在，並影響這個自認漢族的人群的歷史想像和文化認同。當然，古代 "帝國" 歷史雖複雜而漫長，傳統 "王朝" 疆域總在變動，但觀念世界的 "中國" 卻相當穩定。即使是 7 世紀後，大唐帝國把疆域繼續外擴，使得波斯、突厥、粟特、吐蕃、天竺紛紛進入中國之核心區域，但在政治、制度與文化上可以自我認同之 "中國"，仍大體在秦漢奠定的這一空間範圍內。唐詩中所謂 "不教胡馬渡陰山" "西出陽關無故人" "春風不度玉門關" 這樣的詩句，雖然只是文學表達，但卻深刻說明陰山、陽關、玉門關所象徵的中國 "內" 與 "外" 的差異。

在很長的歷史時期中，這一觀念形塑了 "我者" 與 "他者" 的分界，也影響歷代王朝形成可以接受的 "爾疆" 和 "我界"。"四夷，十國，皆非中國之有"[21]，儘管有 "政治不正確" 的嫌疑，我還是要說，近世以來只有宋代（960 — 1279）與明代（1368 — 1644）帝國的基本空間是政治、制度、族群與文化相對同一的 "中國"（即 "漢族中國"）[22]。但問題是歷史沒那麼簡單，由於蒙元（1271 — 1368）與滿清（1644 — 1911）兩個王朝是征服王朝即非漢族統治，它們把政治管轄空間向外大大延伸，過去並非 "中國" 的異族地區逐漸併入帝國版圖。特別是奠定現代中國版圖的大清王朝，"東極三姓所屬之庫頁島，西極新疆疏勒至於葱嶺，北極外興安嶺，南極廣東瓊州崖山"[23]，當大清帝國把制度有差異、信仰各不同、文化分彼此的疆域與族群納入一個大帝國中，這給 "中國" 的界定帶來種種困境。更重要的是，此後中華民國與中華人民共和國又繼承了

21　《新五代史》卷七十一《十國世家年譜第十一》引 "問者曰"，第 881 頁。

22　《宋史》卷八十五《地理一》雖然說，"天下既一，疆理幾復漢、唐之舊"，但是實際上遠不止燕雲十六州，西北和西南，很多地方都已經 "不復漢土"，第 2094 頁。明代也同樣如此，《明史》卷四十《地理一》就說明王朝 "東起遼海，西至嘉峪"，第 882 頁。所謂 "嘉峪關外，即非吾土" 或 "嘉峪關外，即為賊境" 這樣的話，在明代幾乎就是常識。

23　《清史稿》卷五十四《地理一》，第 1891 頁。

大清帝國的版圖，[24] 並且力圖使它以現代 "民族國家"（nation-state）的形態進入現代國際秩序，這才使得 "中國" 之界定出現了更加複雜與麻煩的狀況。

　　無法清晰地界定 "中國"，就難以清楚地界定 "周邊"，承認歷史上 "中國" 是移動的，同樣也得承認 "周邊" 也是移動的。拉鐵摩爾（Owen Lattimore, 1900 — 1989）曾説，古代帝國沒有 "邊界"（boundary）只有 "邊疆"（frontier），[25] 不能用現代中國的邊界來區分歷史中國的 "內" 與 "外"，現代國家領土的合法性，與歷史王朝疆域的變遷不完全是一回事。當我們用現代國家的邊界來區分 "內" "外"，會帶來兩個問題，一是忽略歷史疆域的變化，無形中把傳統帝國差異性很大的疆域同質化了，二是那些原本可能重要的 "邊緣地帶" 和 "邊地族群"，就會在觀察視野中隱沒，在歷史敍述中刪除。可是，當我們意識到這種 "內" 和 "外" 在歷史過程中只是移動的和暫時的，那麼，缺席的它們可能會重新顯現，並且為我們重新理解歷史，提供過去所忽略的立場、視角和問題。因此，從歷史上看，中國的 "周邊" 不僅僅是現在仍然在國境之外的朝鮮、日本、（外）蒙古、印度、越南、緬甸、印度、巴基斯坦等等 "外國"，也許還應當包括已經在現代中國國境內，但歷史上不一定屬於 "中國" 的 "周邊"（如古代的南蠻北狄東夷西戎，現代的滿蒙回藏苗彝等）。

二、成為 "中國"："外" 何以成 "內"

　　接下來我將討論，歷史上原本不屬 "中國" 的 "周邊"，一些地方是如何從 "周邊" 成為 "中國" 的。

　　雖然古話説 "裔不謀夏，夷不亂華"，好像 "華" "夷" 之間早有清晰的分

24　參見葛兆光：《納 "四裔" 入 "中華"？ —— 1920 — 1930 年代中國學界有關 "中國" 與 "中華民族" 的論述》，載《思想》，台北：聯經出版事業公司，2014 年，第 1 — 57 頁。

25　拉鐵摩爾：《過渡帶》，《中國的亞洲內陸邊疆》第八章，唐曉峰譯，南京：江蘇人民出版社，2005 年，第 163 — 166 頁。吉登斯（Anthony Giddens）《民族 — 國家與暴力》也指出傳統國家與現代民族國家的差別是 "前者有邊陲（frontiers）而無邊界（boundaries）"。參見吉登斯：《民族 — 國家與暴力》，胡宗澤、趙力濤、王銘銘譯，北京：三聯書店，1998 年，第 59、98 頁。

界，但實際上爾疆我界往往並不明確。簡單地說，在古代中國有華夏共同體之核心地區，也有叛服不常的羈縻地區，還有遠道而至的朝貢之國。正如費正清（John K. Fairbank, 1907 — 1991）所說，大體上是三個同心圓。[26] 討論"中國"與"周邊"問題的關鍵在於如何理解內、外之間的第二圈，用古人的話說，他們介於華、夷之間，他們有時是"蠻夷猾夏"，有時也"叛服不常"，但古代中華帝國的理想，卻總是要把它們從"外國"變成"中國"。

這些在所謂"華夏"看來"非我族類"的"蠻夷"，在古代它們往往就在"中國之內"。比如春秋戰國的荊楚吳越，以及後世的"濮""溪""洞""蠻"，在古人（主要是古代漢族）看來，它們並非"中國"，這些族群也"非我族類"，但是在現在看來，它就是中國的南方，也是中國的少數族群。不妨用梁元帝《職貢圖》為例討論 6 世紀南朝梁代對"中國"和"周邊"的認知[27]：在《職貢圖》所繪朝貢諸國之中，有滑（在今新疆）、波斯（今伊朗）、百濟（今韓國）、龜茲（在今新疆）、倭（今日本）、宕昌（今甘肅南部，羌人）、狼牙修（今泰國南部與馬來半島之間）、鄧至（甘南川北，羌人）、周古柯（在今新疆）、呵拔檀（在今新疆）、胡蜜丹（在今新疆）、白題（匈奴種，在西域更西，今阿富汗靠近伊朗）、末（在今新疆，一說在今俄羅斯境內）、高句麗（今韓國）、于闐（在今新疆）、新羅（今韓國）、渴盤陀（在今新疆塔什干）、武興藩（在秦嶺西）、高昌（在今新疆）、天門蠻（在今湖南西部）、建平蠻（今四川巫山一帶）、臨江蠻（今湖北一帶），還有中天竺、北天竺（今印度）和獅子國（今斯里蘭卡）。可以注意的是，這二十五國中，如果按照現代中國版圖來看，即使不算位於現在新疆的西域諸國，宕昌、鄧至、武興藩、天門蠻、建平蠻、臨江蠻這六處，不僅都在現代中國國境之內，甚至也在古代秦漢所設郡縣範圍之內，但是，在那個時候人們的心目中，它們卻是"朝貢之邦"。

當然，還值得注意的是《職貢圖》中，"異邦"卻不包括北方的鮮卑魏。

26　費正清：《中國的世界秩序》，劍橋：Harvard University Press，1968 年，第 315 頁。（John Fairbank: *The Chinese World Order*, Cambridge: Harvard University Press, 1968）

27　參見葛兆光：《成為文獻：從圖像看傳統中國之"外"與"內"——在上海博物館的講演》，載《文匯報·文匯學人》2015 年 11 月 13 日。

儘管當時南北分治，你把我叫作"島夷"，我把你叫作"索虜"，但彷彿是"一個中國，各自表述"。在當時南朝君臣心目中，北魏、南梁確實是"南北朝"，甚至也是敵國，儘管事實上是"兩個中國，一邊一國"，但爭論焦點卻只是誰為"正統"。就連從北方南下的鮮卑王朝，不僅要努力爭奪"中國"之名，而且也試圖接過"中國"之實。北魏不僅採用秦漢的名物、禮儀、制度，而且把自己當作秦漢中國的延續，"居尊據極，允應明命者，莫不以中原為正統，神州為帝宅"[28]。可見秦漢奠定的這個"中國"，已經成為帝國神聖的依據和臣民認同的基礎。就連從外而內的鮮卑君臣，也把更邊遠的異族視為非中國的"蠻夷戎狄"。[29]北方之魏與南方之梁不約而同自期"中國"，一樣把高句麗、百濟、勿吉、契丹、氐、宕昌、鄧至、蠻、獠、西域、蠕蠕、林邑、扶南、倭國等，列在過去記載"周邊"的"蠻夷"傳記之中，這說明甚麼？[30]在西北方向，地處嘉峪關內今陝甘寧等地的河南、宕昌、鄧至、武興，仍被列入"夷貊"；[31]西南方向，在今天並非"邊疆"已是"內地"的川黔鄂湘，當時也還是被叫作"蠢爾蠻荊"。[32]顯然，這就是那個時代人們對"中國"的共識，當時政治疆域雖然向周邊拓展，而周邊之文化與族群卻尚未"統合"，它們仍是"異域"。

　　1914年，日本學者桑原騭藏曾經提出一個說法，說中國歷史"從某一方面來看是漢族文化南進的歷史"。他認為，魏晉以後一千年"正是中國文化中心移動的過渡期，這一過渡期開啓的關鍵就是晉室南渡"[33]。當然，這也是北方異族不斷南下的時代，整個中國史大趨勢，可以說就是北方異族南下融入漢族，漢族從中原南下將南方漢化，換句話說就是隨着戰爭、移民和開發，匈奴、鮮卑、

28　《魏書》卷一百零八《禮志一》，第 2734 — 2743 頁，特別是第 2744 頁。

29　《魏書》卷五十四《高閭傳》，第 1201 頁。

30　這裏以《魏書》和《宋書》為例。不過需要指出，《魏書》有關四裔的部分即從卷一百至一百四，錢大昕已經指出，原書已逸，現在的部分其實是用《北史》補的，但不妨看作統一之後南北方對於四裔的"共識"。參見《魏書》卷一百至卷一百三；《宋書》卷九十六至卷九十八。

31　《南史》卷七十九《夷貊下》，第 1977 — 1980 頁。

32　《南史》卷七十九《夷貊下》，第 1980 — 1982 頁。

33　桑原騭藏：《晉室の南渡と南方の開發》（《晉室南渡與南方的開發》），載《艺文》第 5 年第 10 號（1914），第 13 頁。

突厥、契丹、女真、蒙古、滿洲等異族一波一波地南下[34]，原本漢族的政治 — 文化核心區域漸漸"胡化"，而胡人也漸漸"漢化"，而原先中原的漢族則一波又一波地南下，使得南方原本百越荊蠻溪洞區域又漸漸"漢化"，而中原漢族也漸漸"南方化"。除了晉室南渡、唐代安史之亂、北宋靖康之變引起人口與文化的南遷之外[35]，明代的大量移民和明清的改土歸流，也使得原本百越荊蠻溪洞所在的地區，漸漸從"外"而"內"，成為"中國"。[36]

古代中國的歷史太長，疆域變化也很複雜，這裏無法細説。我想指出的只是以下三點：第一，"中國"作為政治 — 文化核心區域，從秦漢奠基之後就大體穩定並延續，但"中國"並不一定等於固定的政治王朝，有時候它是天下帝國的核心區域（如秦漢隋唐），有時候它橫跨分裂的若干帝國（如南北朝），有時候它與收縮的帝國重疊或者幾乎就是帝國（如宋明），有時候它與異族王朝的疆域並不重疊卻是帝國核心區域具有政治 — 文化認同意識的共同體（如蒙元、滿清）。第二，歷代王朝之疆域，會隨着戰爭與殖民而變化，但無論帝國疆域如何變化，這一"中國"始終存在，也許可以説，即使沒有統一帝國，但"中國"卻始終存在。儘管它曾"胡化"與"漢化"交錯，既有北方的漢族胡化和胡族漢化，也有南方的蠻族漢化與漢族蠻化，但是"中國"這個政治 — 文化共同體，在這種歷史變遷中，仍然大體維繫了它的基本特性，並從中心向周邊擴大。第三，以政治控制、族群生活、制度趨同三個指標來看，古代"中國"之擴大，是一個不斷征服、移民和併入的過程。先是政治控制，隨着王朝軍事征服，往往最先使其成為帝國疆域；其次是族群的生活空間，隨着移民（或者殖民）

34　參見巴菲爾德：《危險的邊疆 —— 遊牧帝國與中國》，袁劍譯，南京：江蘇人民出版社，2011 年，第 17 頁。

35　就連蒙古統治下的元代，也曾經在這種"統合"上起了很大作用，《元史》卷五十八《地理一》"嶺北、遼陽與甘肅、四川、雲南、湖廣之邊，唐所謂羈縻之州，往往在是，今皆賦役之，比之於內地"，"賦役之"就是納入國家編戶，"比內地"就是成為"中國"，第 1346 頁。

36　這方面可以參見葛劍雄主編：《中國移民史》第一卷《導論》，福州：福建人民出版社，1997 年，第 11 — 12 頁。"據我們的研究，西晉末永嘉年間（307 — 312）開始，唐代安史之亂（755 年）後和北宋靖康之亂（1126 年）後的三次人口南遷都有 100 萬以上至數百萬的規模，明朝初年的大移民涉及的人口更多。"

的日益加速，越來越多的區域也漸漸"漢化"而成為"中國"；但制度趨同和文化認同則在最後，要到各個原本自治的夷狄蠻戎區域，最終改變了文化與生活方式，這才成為"中國"。

隋唐之後，帝國疆域變動很劇烈，但從宋代最終形成王朝、民族和文化重疊的"中國"之後，觀念世界的那個"中國"大概仍然是秦漢奠定的那個核心區域，生活世界的那個"華夏"仍然是秦漢形塑的那些政治文化。可問題是歷史出現了曲折，特別是在 17 世紀中葉清王朝建立之後，把中國的政治"統一"和文化"統合"之間的距離拉大了。清代前期一百多年，中國逐漸成為合"五族（滿蒙回藏漢）"或者"六族（滿蒙回藏漢苗）"為一體的大帝國。在這一帝國中，滿、蒙、回、藏雖然在政治上納入大清，可以稱為帝國"統一"，但在宗教信仰、族群居處和制度建置上，卻並沒有完成國家"統合"，這些新納入的疆域始終在另一種制度與文化之下，並沒有融入那個秦漢以來的"中國"。[37]

嘉慶二十五年（1820），清朝重修《一統志》。在這部描述整個帝國的文獻中，大清帝國的疆域除了原來所謂"內地十八省"之外，還包括滿族龍興故地的"盛京三將軍"（即奉天將軍、吉林將軍、黑龍江將軍），以及由理藩院管理的蒙、藏、準、回等。這時的"中國"不再是原來意義上簡單的民族（漢族）和國家（中國）重疊。當這些滿、蒙、回、藏、苗都歸屬"中國"，而此後的"中國"又從一個傳統帝國不得不轉型為現代國家的時候，就出現了種種複雜的問題。

三、成為"外國"："內"何以成"外"

前面說到，從總的趨勢看，從秦漢到隋唐，中華帝國疆域向周邊漸漸擴大中，由於戰爭、移民和通商等因素，前面所說的第二圈中，一些地方漸漸成為

37　唯有從明朝開始到雍正時代的"改土歸流"，逐漸把西南的苗、彝由原來的土司土官治理，變成國家控制下的州、府、縣、廳，把原來"苗猓無追贓抵命之憂，土司無革職削地之罰"的化外之地，改變成為制度趨同的"中國"之區域，見魏源：《聖武記》（上海古籍出版社影印《續修四庫全書》史部 402 冊）卷七，第 303 頁。

“中國”，一些異族漸漸融入“華夏”，形成龐大的所謂“天下帝國”。不過需要注意的是，“中國”的周邊仍有“異域”，正如盛唐狄仁傑所說“天生四夷，皆在先王封疆之外……此天所以限夷狄而隔中外也”[38]，也就是說，在東邊滄海、西邊流沙、北面大漠、南面五嶺之間，是當時自認的“中國”，而再往外就是“夷狄”或“外國”。

不過，這個疆域也只是帝國聲威所至，即使是已經“著於令式”的羈縻州郡，也未必可以算成“中國”。[39]在古代中國人的心目中，“中國”大體上仍是秦漢奠定的那個核心區域，遙遠的邊緣地帶在古人心目中沒有那麼“神聖不可分割”，正如《漢書》所說“得之不為益，棄之不為損”[40]。因此回看歷史，帝國疆域也並非總是向外擴張，有時也向內收縮，收縮便使得原本一些“中國”漸漸又變成“外國”。

這樣的例子很多。較早的如西域，漢武帝時代雖然“內屬”為帝國遙控之地，但王莽時代之後“怨叛，與中國遂絕，並復役屬匈奴”，到東漢永初元年（107），漢朝只好“詔罷都護，自此遂棄西域”，退守玉門和陽關。[41]稍後如高句麗與渤海國，在中古時代就逐漸蠶食漢武帝時代在遼東半島以東所闢玄菟、樂浪、真番、臨屯四郡（還得加上先設的蒼海，以及據說在今首爾的地方），建立了自己的王國。再晚的，如中唐之後被吐蕃佔據的河西四郡，也逐漸異族化成為大吐蕃國的一部分，這在敦煌文獻中看得很清楚。這種由“中國”而“外國”的情況，在近世中國歷史中也不少。特別明顯的例子，就是宋代之西南（大理）、西北（西夏）與南方（安南）。

儘管宋太祖自恃“天下一家，臥榻之側，豈容他人酣睡”，絕不容許南唐獨

38　《舊唐書》卷八十九《狄仁傑傳》，第 2889 頁。

39　根據《新唐書·地理志》，唐代以都護府、都督府、州、縣四級設置的羈縻州，大體上就是以原來的部落首領為長官，以原來部落的領域為轄境，版籍不向唐朝呈報，只是虛擬的控制。參見譚其驤：《唐代羈縻州述論》，載《長水粹編》，石家莊：河北教育出版社，2000 年，第 136 — 162 頁。

40　《漢書》卷九十六下《西域傳》，第 3930 頁。

41　《後漢書》卷八十八《西域傳》，第 2909 頁，第 2911 頁。

立於"中國"之外[42]，但事實上，宋代對北方的燕、雲，西邊的靈、夏，西南的
大理以及南方的安南，並無收復的可能，只好承認它們就是"外國"。其實，在
傳統帝國歷史上，這種由"內"而"外"的事情，儘管也給帝國帶來挫敗感，
但並不是絕不可接受的現象。雖然充滿大一統理想的士大夫覺得，那些地方"皆
中國故地"，"皆中國舊境"[43]，但當這些"中國"已經無可奈何地變成"外國"
時，他們也能找理由來自我解嘲。在宋代，很多人可能感情上還眷念漢唐舊
疆，不過理智上已經承認版圖盈縮之關鍵乃是力量消長。所以，宋末元初周密
就藉助天上星象來論述地下疆域，承認中國的有限，說世上用二十八宿來配
十二州最荒謬，"僅以畢、昴二星管異域諸國，殊不知十二州之內，東西南北不
過綿亘一二萬里，外國動是數萬里之外，不知幾中國之大。"[44]

　　有的區域從"外國"成為"中國"，有的區域則從"中國"成為"外國"。
歷史上盈縮變化的情況很多，中晚唐西北大片疆土淪於吐蕃，宋代更是縮得只
剩下"三尺行軍床"；明代則"成祖棄大寧"，"世宗時復棄哈密、河套"，"仁、
宣之際，南交屢叛，旋復棄之外徼"[45]，好多地方都從"中國"變成了"外國"。
就連號稱疆域最大的清帝國，雖然把滿蒙藏回等"外"都納入帝國版圖，但也
把原屬帝國之"內"的不少區域都丟給了俄羅斯，使得這些地方也從帝國之"內"
變成帝國之"外"。[46]

　　中國歷史上，大凡國力衰微，疆域就收縮；一旦國勢強盛，帝國就膨脹。
如果出現族群交錯與紛爭，可能就導致四分五裂，只是依靠"中國"意識的維
繫，加上經濟、交通、文化的互聯[47]，它往往會在新王朝中再度統一。這就是古

42　《續資治通鑑長編》卷十六，第 350 頁。

43　《續資治通鑑長編》卷三百八十二 "元祐元年七月" 引安燾、呂公著語，第 9312 頁，第 9312 —
　　9313 頁。

44　周密：《癸辛雜識》後集，北京：中華書局，1988 年，1997 年，第 81 — 82 頁。

45　《明史》卷四十《地理一》，第 882 頁。

46　當然在現代，還有原本屬於大清的外蒙古與內蒙古分離，也成為"外國"。

47　許倬雲先生有一個看法，認為維繫"中國"這個觀念的力量有三，一是經濟網路，二是政治精英，
　　三是書寫文字，見其《華夏論述：一個不斷變化的複雜共同體·自序》，第 3 頁。關於這個問題，
　　請看後面的討論。

代中國所謂的 "分久必合，合久必分"，這很正常。

　　我覺得，地理學家沒有理由拿了空間最大的時代，當作中國的必然疆域，歷史學家也沒有理由 "倒寫歷史"，把現代中國版圖上所有發生過的事件、出現過的人物、存在過的政權，統統都寫在那個叫作 "中國" 的歷史裏面。當然，更沒有理由把漢朝和匈奴、唐朝與吐蕃、宋朝與遼金、明朝與瓦剌之戰，不顧當時的歷史，硬要説成是中國國內不同民族的 "內戰"，而不承認當時它的確就是 "國際戰爭"。

四、核心與邊緣：延續、離散、凝聚

　　討論歷史上 "中國" 之內與外，有三個關鍵詞即疆域、民族和歷史。它的疆域究竟應當是按照傳統大一統理念與現代中國完整領土倒推上去，還是按照歷史中國的形成順着捋下來？它的民族究竟應當按照建立現代國家需要的 "中華民族" 追溯或塑造其共同淵源，還是按照各個族群的習俗、語言、分佈、遷徙和認同敘述其譜系？它的歷史究竟應當遵從一個脈絡把各種線頭都編織進去，還是按照各種不同脈絡敘述一個看似百川歸海的過程？

　　這三個問題在過去有太多的爭論。我曾經在《何為中國》一書中簡單説到兩種對立的思路[48]：以白壽彝為代表的一種思路認為，在中國歷史研究中不應當按照 "歷代皇朝的疆域"，而應當 "以今天的中華人民共和國的國土為範圍，由此上溯"[49]。可是，早在 1960 年代孫祚民就已經反駁這種看法，説應當 "以我國歷史上歷代王朝的疆域為歷代國土的範圍，因王朝統治的範圍不同，而歷代國土有所變更伸縮"。到 1980 年代他更批評道，這種倒溯歷史的方法，"錯誤是十分明顯的，致誤的關鍵，在於它抽掉了我國形成一個 '統一的多民族國家' 的歷史過程，混淆了歷史上的 '當時' 和當代的 '今天' 兩個決然不同的時間概

48　葛兆光：《何為中國 —— 疆域、民族、文化與歷史》，香港：牛津大學出版社，2014 年，第 61 — 62 頁。

49　白壽彝：《論歷史上祖國國土問題的處理》，《學步集》，北京：三聯書店，1978 年，第 2 頁。

念。"[50]

　　我贊成孫祚民的看法。"歷史過程"是在追溯"中國"的時候，學者始終應當關注的問題。抽離了"歷史過程"，不僅不是追求真實的歷史學，恐怕只是為現代中國尋求合法性的政治學。可是，在政治與學術總是互相糾纏的時代，很多學者都面臨尷尬，例如1980年代民族史剛剛可以重新討論的時候，關於歷史上異族政權（例如渤海國、契丹、女真、後金），究竟是"中國"還是"外國"的問題就出現過這樣的尷尬局面。在維護現代中國多民族國家及領土完整的政治立場上，學者只能說它們不是"外國"；在尊重歷史與文獻的學術立場上，歷史學家又不能說它們是"地方政權"。如果它們既不是"外國"又不是"地方政權"，那麼它們究竟是甚麼呢？[51]

　　當然，我們同意秦漢帝國在政治、制度、文化上熔鑄而成的這個"中國"相當穩定和龐大，在很長歷史過程中，外力無法打散這個政治 — 文化共同體，"周邊"與"中國"或者成為帝國與"藩屏"（如漢唐時代的周邊諸國），或者成為彼此"相敵"（如宋遼金夏），或者成為帝國與"內地"（如蒙元和滿清的本部行省）。因此，在回溯歷史的時候也要強調，我不認為中國只是一個"被建構的文明國家"，也不贊同中國並沒有一個"清晰的譜系"而應該只是多個"複線"平行的歷史。應該說，"中國"作為一個族群認同的文化象徵，作為一個文化習俗相對同一的社會，作為一個文化的共同體，在很長的歷史過程中確實保持了明顯的延續性與穩定性。

　　問題是這個"中國"為甚麼能够一直延續下來？這是一個議論紛紛的老話題。正如我前面所説，公元前3世紀秦建立統一帝國，並以官方力量推行"一

50　孫祚民：《中國古代史中有關祖國疆域和少數民族的問題》，載《文匯報》1961年11月4日。又，孫祚民《處理歷史上民族關係的幾個重要準則》，載《歷史研究》1980年第5期；收入《中國民族關係史論文集》上冊，北京：民族出版社，1982年，第157頁。

51　如渤海國，張璇如《民族關係史若干問題的我見》一方面說它"儼然是一個獨立國家，再也不能以地方政權視之"，一方面又說"不能把這種暫時分立的獨立政權排斥在統一多民族國家之外，視為外國"。見翁獨健主編：《中國民族關係史研究》，北京：中國社會科學出版社，1984年，第63頁。

法度、衡石丈尺，車同軌，書同文字"[52]，到公元前 2 世紀漢代在思想上 "獨尊儒術"，制度上 "霸王道雜之"[53]，一個政治、文化、語言上相當同一的 "中國" 在這時已經形成。但秦漢時代是 "形成"，秦漢之後則是 "延續"，那麼，"中國" 為甚麼能夠在秦漢之後的朝代變更、帝國分合、族群雜糅之中，始終維繫政治 — 文化上的連續性？許倬雲曾說維繫 "中國" 延續的力量，一是經濟網絡，二是政治精英，三是書寫文字。[54] 這大體上是有道理的。我想從制度、文化與社會三個角度，展開進一步的討論。

第一是制度。制度相當重要，秦統一中國，使過去制度有差異的六國，在行政、法律、軍隊、文字、貨幣、度量衡以及交通上實現同一化，這是形成與維繫 "中國" 的最重要基礎。自秦漢以後，歷史儘管變動不常，但由於有着嚴密的行政機構，有嚴格到嚴酷的制度，有彼此相近的倫理，這個帝國的政治 — 文化核心區域依然保持着基本形態，這顯然使得它成為統合得很好的 "國家"。儘管此後歷代帝國的疆域有大有小、族群構成日漸雜糅、王朝結構不斷變化，但政治 — 文化核心區域由於這種同一化制度的形塑，使得它的同一性始終得以延續。

第二是文化。秦漢以後，中國的知識、思想與信仰逐漸形塑出一個明確而穩定的文化傳統，皇帝主導的國家祭祀塑造了一個神聖信仰，而歷史書寫也構造了一個共同歷史。這個看似很虛的文化傳統、神聖信仰和共同歷史，其實相當重要。雖然我並不完全同意 "想像的共同體" 理論，但我願意借用安德森（Benedict Anderson, 1936 — 2015）的一個詞 "想像"（imagined）來說明，這種 "想像" 正如他自己說的也是 "創造"（create）。特別是身處一個共同空間、使用共同語言的人們，在統一帝國影響下，都對這一文化、信仰和歷史給予 "認同" 的時候，就會想像自己擁有一個傳統，因而也應當是一個民族，理應成為

52　《史記》卷六《秦始皇本紀》，第 239 頁。《禮記·中庸第三十一》中，把這一理想的狀況總結為 "天下車同軌，書同文，行同倫"。參見《十三經注疏》（中華書局影印本，1980 年），第 1634 頁。

53　見《漢書》卷五十六《董仲舒傳》，第 2515 頁；《漢書》卷九《元帝紀》，第 277 頁。

54　許倬雲：《自序："中國" 共同體的未來與挑戰》，《華夏論述 —— 一個不斷變化的複雜共同體》，第 9 頁。

一個國家。也就是説，這種"想像"的共同體不僅催生了民族意識和認同情感，而且也"創造"出了真實的國家。[55]

　　關於這一共同文化、信仰與歷史的形成，不妨分三點詳細討論。首先是共同的生活習俗與文明規則：如果看秦漢時期的歷史，秦漢確實有一套建立政治秩序和文化秩序的策略；[56]特別是從秦之李斯、西漢之叔孫通、董仲舒，到東漢之《白虎通》，諸如大一統、君尊臣卑、三綱六紀、禮法兼備等古代中國的文明規則被建立起來，漢帝國政治 — 文化核心地區的民眾，逐漸形成近似的宗族結構和禮儀風俗，塑造了一個共同文明規則。[57]其次是共同的神聖信仰：從秦到漢，國家祭祀逐漸建立，如果説秦朝還保留六國各自的祭祀傳統，到了漢代則逐漸建立統一國家的祭祀體系，並且以經典作為其神聖性的依據，使得各種地方神祠和郡國之廟，都逐漸退出歷史舞台，這種全新模式一方面順應了統一帝國需要的共同信仰，另一方面也通過這種共同信仰反過來強化了統一帝國。[58]再次是共同的歷史敘述：在某種意義上，司馬遷的《史記》就是對這個龐大帝國的歷史論證，司馬遷父子自覺地承擔起為這個大帝國書寫歷史的責任。《史記》記敘了帝國的淵源，確立了帝國的核心與周邊，介紹了帝國社會的各個階層。正是在這部歷史著作中，"中國"呈現出了它的輪廓。後來繼承《史記》的各種歷史著作尤其是所謂"正史"，無論是漢族王朝還是異族王朝，在書寫歷史的時候也承擔了這種強調"中國"歷史連續性的作用。

　　第三是社會。漢代之後，推廣、執行和傳播上述文明的士大夫，逐漸形成一個階層。由於他們在政治上有共同的國家觀念，在社會上形成聲氣相通的群

55　參見安德森：《想像的共同體：民族主義的起源於散佈》，吳叡人譯，台北：時報文化，1999 年，第 19 頁。

56　參見《史記》卷六《秦始皇本紀》引丞相李斯之建議，第 255 頁。

57　參見陳蘇鎮：《春秋與漢道：兩漢政治與政治文化研究》，北京：中華書局，2011 年。

58　參見林聰舜：《漢代儒學別裁》第一章，台北：國立台灣大學出版中心，2013 年，第 28 — 29 頁；田天：《秦漢國家祭祀史稿》，北京：三聯書店，2015 年。

體，在思想上漸漸形成共同的倫理。[59] 加上他們彼此成為朋友、同僚、群體，中古之後更經由科舉形成一個龐大階層，因此，無論統治王朝如何變化，他們通過家族譜系、祠堂祭祀、宗族公產、墓地安排、參與地方行政等方式，形成以士紳為核心的宗族網絡和地方社會，維持着鄉村、縣鎮、州郡的基本結構，也始終維繫着基本的文化習慣。由於他們在地方、州郡甚至中央成為重疊繫連的階層構造，因而把這個國家凝聚為一個整體。王朝無論如何變更，在晚清之前的傳統中國核心區域，地方社會與階層卻大體穩定。

在秦漢大體確立的這個共同體空間裏，幾千年裏帝國建立又崩潰，朝代延續又斷裂，疆域分合，族群紛雜，但這個"中國"卻始終在延續。制度、文明、社會這三個要素構成了"中國"超越"帝國"/"王朝"的基礎，也使得"中國"的政治 — 文化核心區域，在古代帝國時期就表現出制度、文化與社會上的同質性。當然，也必須說明，雖然"中國"在秦漢之後作為政治 — 文化共同體一直延續，但歷代帝國的疆域往往與它並不完全重疊，漢族中國的政治 — 文化也未必能無遠弗屆地籠罩整個帝國版圖。因此，理解歷史上的"中國"，不一定非要固執於完整的"九百六十萬平方公里"，也不一定要堅持國土有如"海棠葉"或"雄雞"的想像，與其根據現代中國領土追溯歷史，不如根據歷史敍述中國疆域。

當我們不再按照現代國族理念倒着進行歷史追敍，歷史論述就可以不必拘泥於現代中國國境。如果古代中國的歷史疆域可以理解為移動的，那麼，我們或許可以把康雍乾以前的"嘉峪關外"，理解為漢代的西域三十六國，理解為中古的各種異族交融和宗教衝突之地，理解為大唐與吐蕃反覆拉鋸的地方，理解為米華健（James A. Millward）所說 18 世紀以前的中外"邊界"[60]，甚至也可以像濮德培（Peter C. Perdue）那樣，理解為"17 世紀到 18 世紀中葉，滿清、

59　川勝義雄《六朝貴族制社會研究》（徐穀芃、李濟滄譯，上海古籍出版社，2007 年）認為，這個政治、文化、思想上有共識的士大夫集團是從東漢就形成的。當然也有人不同意這個看法，覺得這個士大夫階層的形成，乃是魏晉以後的事情。關於中國士紳階層，可參見余英時、閻步克的研究。

60　米華健：《嘉峪關外：1759 — 1864 年新疆的經濟、民族與清帝國 · 導言》，賈建飛譯，張世明校，香港：香港中文大學出版社，2017 年，第 3 — 5 頁。

俄羅斯、蒙古 — 準格爾三個帝國交錯爭奪的 Eurasia 核心區域"[61]。同樣，我們也可以同意歷史上的雲南，未必是中國王朝的邊緣，而是一個印度文化和中國文化、漢地佛教與南傳佛教，以及泰、苗、彝、漢等族群交錯的核心區域。[62] 由此類推，我們也可以不再固守以"中國"這個國家為中心的歷史敘述，而把東亞海域周緣的日本、朝鮮、中國、越南、菲律賓等等，在一個海域為核心的空間中，聯繫起來重新書寫一個"交錯的歷史"。

只有一個圓心，會使得歷史書寫有中心有邊緣，中心往往清晰而邊緣常常朦朧；可是，如果有若干個圓心，劃出多個歷史圈，在這些歷史圈的交錯中就會有很多重疊。我提倡"從周邊看中國"，也提倡"從周邊看日本""從周邊看韓國""從周邊看蒙古"。我們希望劃出若干歷史的圓圈，在這些彼此交叉的周邊地區重新觀看歷史，也許我們會看到很多不一樣的歷史風景。

務必記住，現代國家有邊界，古代帝國只有邊疆，這些朦朧的邊疆本身就可能彼此交錯。

五、重思所謂"漢化""殖民"與"帝國"

那麼，這個穩定延續的核心政治 — 文化區域"中國"，有一些甚麼特徵呢？

羅威廉（William Rowe）在《中國最後的帝國》（*China's Last Empire: The Great Qing*）中曾經問道，漢人與蠻夷之間是否只是文化習俗的差異？他列舉了一些差異，比如漢人是"以筷子進食，密集的定居農業，從夫而居的父系家庭制度，適切的葬禮與祭祀祖先，或是至少對精英階層而言之習得漢字書寫的能

61　漢德培：《中國西進：清對中央歐亞的征服・導論》，劍橋：Harvard University Press，2005 年，第 1 頁。（Peter Perdue, *China Marches West：The Qing Conquest of Central Eurasia*, Cambridge: Harvard University Press, 2005, "Introdution"）

62　參見紀若誠：《亞洲的邊界地區：清代中國的雲南邊疆變遷》，載陸韌主編《現代西方學術視野中的中國西南邊疆史》卷首，昆明：雲南大學出版社，2007 年，第 1 — 39 頁。

力”[63]，而蠻夷則否。我不知道他的舉例究竟是深思熟慮的歸納，還是隨意而為的示例，不過他的說法很有趣，同時也提醒讀者，要說明“中國”，也需要對前面提到的核心政治 — 文化區域也就是漢族及其文化做一個界定。我在《何為中國》一書中曾提出[64]，作為漢族的中國文化，大概可以概括為：（1）漢字書寫以及通過漢字思考；（2）家庭、家族、家國，以及在這一基礎上形成的社會秩序、禮儀制度和儒家學說；（3）三教並存的宗教信仰世界；（4）陰陽五行的知識、思想與技術；（5）天下中央的世界觀。我想，在這五項指標中，作為漢族的中國文化，大致包括了語言文字、鄉村秩序、婚喪禮儀、律令制度、宗教信仰、生活習俗、世界觀念諸多方面。也許，這些指標可以把漢族文化與其他文化做一個基本的界分。

可是，一說到漢族文化，不免又要涉及三個問題。首先，是一個爭論不已的所謂“漢化”；其次，說到“漢化”又會涉及一個意見分歧的概念“殖民”；再次，討論“殖民”則不能不討論中國是否與近代以來的各種帝國一樣，也是一個“帝國”？

我們先討論第一個問題“漢化”。

說到“漢化”，有的歐美學者會很反感。最具有標誌性的，當然是羅友枝（Evelyn S. Rawski）關於清朝“漢化”的論點，以及她與何炳棣（Ping-ti Ho）的爭論。[65] 羅友枝認為，“漢化”是 20 世紀中國漢族民族主義者的歷史詮釋，因此“去除‘漢化’理論將成為今後一段時間中國歷史研究的中心議題之一”[66]。我

63　羅威廉：《中國最後的帝國 —— 大清王朝》，李仁淵、張遠譯，台北：台大出版中心，2013 年，第 106 頁。

64　葛兆光：《何為中國：疆域、民族、文化與歷史》，香港：牛津大學出版社，2014 年，第 111 —144 頁。

65　何炳棣的說法，見於何炳棣：《清代在中國歷史上的重要性》，載《亞洲研究雜誌》第 26 卷第 2 期（1967），第 189 — 195 頁。（Ping-ti Ho, "The Significance of The Ch'ing Period in Chinese History," in: *Journal of Asian Studies*, Vol. 26, No.2〔1967〕）

66　見羅友枝：《再觀清代 —— 論清代在中國歷史上的意義》，載劉鳳雲編《清朝的國家認同：新清史研究與爭鳴》，張婷中譯，李瑞豐校，北京：中國人民大學出版社，2011 年，第 17 頁。何炳棣的反駁，見張勉勵中譯本《捍衛漢化：駁羅友枝之〈再觀清代〉》，亦收入劉鳳雲編《清朝的國家認同：新清史研究與爭鳴》，北京：中國人民大學出版社，2011 年。

承認 "漢化" 的説法確實有問題。不過，我總覺得羅友枝與何炳棣之爭論有些 "失焦"，因為 "漢化" 並不僅僅涉及滿清的 "統治" 是否以及如何成功，也不僅僅涉及滿族精英的 "認同"。這一爭論似乎過多聚焦在少數滿族統治者如何對龐大帝國有效控制和管理這一方面了，但事實上 "漢化" 不僅是一個政治史或制度史問題，也是一個文化史或社會史問題，它涉及大清帝國的疆域、族群以及社會、文化的變遷。

從政治史或制度史的角度，我部分同意羅友枝的觀點，因為她看到了清代作為多民族帝國的複雜性。清朝皇帝確實採取了不同以往中原王朝的統治手段和政治制度，來維護這個多族群帝國，並且確實努力維持滿族認同以確保滿族統治地位，而這種 "分治" 使得這個帝國始終存在多元文化。但從文化史或社會史的角度，我也部分不同意羅友枝的觀點，這是由於她為了強調這種複雜性，似乎不太考慮 "漢化" 作為一個歷史現象，確實很大程度上在這個帝國存在。這不僅因為清朝皇帝 "參漢酌金"，藉儒家經典論證帝國的合法性等等，而且也因為 "漢化" 確實存在於帝國各個區域，它不僅多多少少改變了滿族統治者的文化（例如八旗子弟 "騎射國語" 等特性在 18 世紀以後的退化），而且在很多區域（如雲南、貴州，甚至是滿族龍興之地滿洲），也改變了原本非漢族人群的政治、生活和習俗。

同樣，從文化史或社會史的角度，我也部分同意何炳棣的觀點，因為他列舉了 "漫長的帝國時代（前 221 — 1911）" 各種各樣的歷史現象，既有族群、宗教、哲學與生活的 "最終徹底的漢化"，包括 "對漢族古典文學和歷史的了解，對儒家價值觀和行為準則的接受"，也包括選擇漢族的生活方式、婚喪制度和價值觀念。但是，從政治史或制度史角度，我也部分不同意何炳棣的看法，不僅因為他總是流露出不自覺的大漢族文化中心主義傾向，而且他把清代統治成功歸功於滿族統治者的漢化，這也許過於誇大 "漢化" 的程度和作用了，因為清帝國統治的並不只是 "中國" 即漢族政治 — 文化核心區域，還包括蒙古、回部和西藏，以及滿族龍興之地即東北三將軍管轄的地區。

西方學者批評 "漢化" 論，當然是根據多元文化合理性的立場。他們認為，中國學者常常把 "漢／中國" 的文化當作普世文化（或先進文化），而把其他族群的文化當作需要改造的特殊文化（或落後文化），"漢化"論總是假設漢文化是單向的影響，忽略了所謂"少數民族"對認同的選擇。這是不錯的，但是，如果我們不把"漢化"當作帝國的統治策略，也不把"漢化"看成是某一族群文化的勝利，而只是視為一種曾經在社會史和文化史上發生過的現象，那麼，完全否認"漢化"現象，是否也有一點兒矯枉過正？[67] 確實，傳統中國的很多士大夫會把漢族文化當作"普世文化"，因而使異族漢化不僅是國家、官僚，也是士紳的責任。在沒有另外可以整體挑戰漢文化的異文化（如後來的西方文化）的時代（只有佛教傳入中國時，曾經短暫地衝擊過這種自以為是的文化觀念），推廣這種漢文化是很正常的。從漢代文翁"化蜀"到宋代王安石"一道德，同風俗"的歷史就可以看出，"毀淫祠，興學校""崇禮儀，嚴名分""讀經典，興科舉"等做法，既是傳統官僚士大夫覺得絕對應當遵循的文化舉措，也是歷代朝廷大力支持的政治策略，它確實使很多原本並非漢族的地區（例如清代西南苗彝地區），文化與生活發生了改變。

接下來，第二個問題是"殖民"。

最近二三十年裏，由於全球史成為一大潮流，一些歷史學家提出了一個相當有挑戰性的說法：從全球史的觀點來看，東方的清帝國對邊疆的征服，和西方即英、法、西、葡、荷等帝國的對外殖民沒甚麼兩樣，而且都是"近代早期"（Early Modern）特別是 18 世紀全球殖民主義浪潮的一部分。正如濮德培（Peter Perdue）所說"大清西進"和何羅娜（Laura Hostetler）及喬荷曼（John E. Herman）所說的清代的西南改造，他們不約而同都使用了"殖民"（Colonial 或

67　包弼德曾經提出一個說法，就是不要用"漢化"，而可以用"文化"這個詞，見包弼德：《求同：女真統治下的漢族文人》，載《哈佛亞洲研究雜誌》第 47 卷第 2 期（1987），第 461 — 538 頁。（Peter K. Bol, "Seeking Common Groud: Han Literati under Jurchen Rule," in: *Harvard Journal of Asiatic Studies*, Vol. 47, No. 2〔1987〕）但陶晉生不同意這一看法，見陶晉生：《傳統中國對外關係的省思：以宋遼金時期為例》，載《漢文化與周邊民族 —— 第三屆國際漢學會議論文集（歷史組）》，台北：歷史語言研究所，2003 年，第 1 — 23 頁。

Colonization）這個詞。[68]

　　清帝國對西北的平定是"征服"嗎？對西南的改土歸流是"殖民"嗎？就像說到"漢化"，西方學者不贊成一樣，說到"殖民"，中國學者也往往會不高興。但我理解他們用"殖民事業"這個詞有其道理，如果我們不在倫理道德意義上評論"殖民"的功過是非，而只是把"殖民"當作近世一個全球史過程，似乎這無可非議。通常，中國學者總會有這樣一些立場：首先，也許會不自覺沿襲古代中國"大一統"的歷史觀念和"中央 — 邊疆"的視角；其次，也許會受晚清以來"五族共和之中國"與"中華民族是一個"這種意識的影響；再次，也許還會殘留古代"華夷"與"文野"的歷史記憶和文明進化論。因此，中國學者總覺得這些"苗彝"本來就是中國之邊緣，"變其土俗，同於中國"很正常，甚至認為古代中國的漢族與非漢族，主要是"平等基礎上的互助關係，這是民族關係發展的主流"。

　　但是，"德以柔中國，刑以威四夷"，古代中國就深諳此理，開疆拓土的帝國何嘗如此溫柔敦厚？被征討的"蠻夷戎狄"固然被殺戮得很慘，去討伐的"朝廷官軍"同樣死傷無數。就連馬克思主義史學家范文瀾，也不能同意這種說法，1980 年初《歷史研究》發表他 1962 年的遺稿，就說古代帝國統治下的民族與國家之間、民族與民族之間、國家與國家之間，"完全依靠力量對比，大小強弱之間，根本不存在和平共處、平等聯合這一類的概念。"[69] 不妨以清代雍正時代貴州"改土歸流"為例，清朝軍隊在鎮雄"連破四寨，斬首二千餘，盡焚其壘"，在威遠、新平"冒瘴突入，擒斬千計"，在清水江和丹江"潛舟宵濟，扼其援

68　何羅娜：《清代殖民地事業：中國近代早期的人種志與圖像學》，芝加哥：University of Chicago Press，2001 年（Laura Hostetler, *Qing Colonial Enterprise: Ethnography and Cartography in Early Modern China*, Chicago: University of Chicago Press, 2001）；喬荷曼：《雲霧之間：中國在貴州的殖民，1200 — 1700》，劍橋：Harvard University Press，2007 年。（John E. Herman, *Amid the Cloud and Mist:China's Colonization of Guizhou, 1200 — 1700*, Cambridge: Harvard University Press, 2007）對於這兩部書的中文評論，見吳莉葦：《比較研究中的陷阱 —— 評勞拉‧霍斯泰特勒〈清代殖民地事業〉》，載《史學月刊》2005 年第 6 期，第 83 — 92 頁；李林：《開化與殖民兩套詮釋話語的論爭與困境》，載《中央研究院近代史研究集刊》第 80 期（2013 年 6 月），第 151 — 170 頁。

69　范文瀾：《中國歷史上的民族鬥爭與融合》，載《歷史研究》1980 年第 1 期，第 7 頁。

竄,突搗其巢"[70],這種所謂 "文明化" 過程就像 "殖民主義" 一樣,並不只是鶯歌燕舞,而是充滿了血與火。[71]

　　回到清王朝是否 "殖民" 的問題上來。清帝國 "殖民" 說有沒有道理呢?我個人以為,就與 "漢化" 說一樣,它一半有道理,一半沒有道理。為甚麼説一半有道理呢?因為這裏確實有可以引起我們重新反思的死角。18 世紀前後,世界上各個帝國 "你方唱罷我登場",奧斯曼帝國和莫臥兒帝國雖然處在衰落之中,但俄羅斯帝國卻逐漸向東向南侵蝕,而大清帝國卻迅速崛起並且向西擴張。過去曾經橫行海上的葡萄牙、西班牙帝國雖然衰落,但歐洲的大英帝國卻在向東方擴張,正是這種擴張,逐漸引起了各個帝國的擠壓和碰撞,結果是有的帝國萎縮,有的帝國衰落,有的帝國崛起,有的帝國膨脹,這當然是後話。不過,17 世紀後半到 18 世紀中葉大清帝國恰恰在擴張中,乾隆一朝所謂 "十大武功" 其實大半就是在 "殖民主義擴張" 之中。正如前面所説,清代中國邊陲的一些區域,並不能説自古以來就是 "中國" 之內。過去,一些中國學者從現代中國版圖回溯歷史,常常覺得這些地方 "自古以來" 就已經是中國 "領土",可正如前面所説,很多地方一直到唐宋明時期還是化外之地,未必就真屬 "中國"。清代把西域拓為 "新疆",在雲貴 "改土歸流",在邊緣族群的地區派駐軍隊、設置機構和任命官員,大量興辦學校,徵收齊民的賦稅,使這些地方逐漸 "從異域到舊疆"[72],在全球史上來看,為甚麼不可以稱之為 "殖民事業"?[73]

　　那麼,為甚麼我也説 "殖民" 這個説法還有一半沒道理呢?這是因為當學者使用這一概念時,來自西方的 "殖民"(colonization)概念常常會引起讀者的某種誤解,覺得清王朝對於西北、西南的殖民,和近代英法西葡等西方國家

70　魏源:《聖武記》卷七,第 304 — 305 頁。

71　1980 年代改革開放之後,歷史學界對民族問題逐漸直言不諱,如芈一之《從實際出發研討中國民族關係史中的幾個問題》就説,關於 "融合" 和 "同化" 的説法要分析,前引翁獨健主編《中國民族關係史研究》,第 103 頁。

72　參見溫春來:《從 "異域" 到 "舊疆":宋至清貴州省西北部地區的制度、開發與認同》,北京:三聯書店,2008 年。

73　古代中國向來有 "酷吏" 和 "循吏" 兩個治理傳統,這就是 "霸王道雜之"。清王朝在雲、貴對付苗彝,也同樣是這兩手,叫 "撫剿並用"。

的殖民，無論性質、目的與方式都一樣。可是我覺得不能簡單地把二者等量齊觀。以歐洲近代英法西葡荷的"海外殖民"，來跟中國明清"改土歸流"進行對比，明清兩代的措施，基本上是（1）設置官吏，把邊陲之地與內地一樣"郡縣化"；（2）徵收賦稅，使異域之民等同內地一樣作為"編戶齊民"；（3）興學設考，讓殊方異俗逐漸改造同於內地文化。因此，我們可以看到三個不同。第一，是跳出本土，遠征海外，還是從中心向邊緣的逐漸擴大？第二，是為了掠奪資源，還是納入帝國？第三，是保持宗主國與殖民地的異質性，還是要逐漸用漢文化把蠻夷同質化？所以，西方學者能在全球史的新背景下，看到中西歷史確實有相似相近之處，但我覺得，也應當注意到它們之間的差別。

　　現在可以討論第三個問題了，即歷史中國是一個帝國嗎？

　　2013 年 5 月，歐立德（Mark C. Elliott）教授在上海演講時曾提出傳統中國是否"帝國"的問題，後來這篇演講辭以"傳統中國是一個帝國嗎？"為題發表在中國的《讀書》雜誌上。在這一演講中，他不贊成把歷代王朝的中國都籠統地稱為"帝國"（諸如中華帝國），並且說傳統中國並沒有表現出"典型帝國的性質"即侵略性的特徵。[74] 雖然歐立德教授沒有明說，我個人猜測，作為一個清史研究者，他大概特別強調一個與傳統中國不同的清代；由於清帝國並非一個簡單的漢族國家，它疆域廣大、文化多元、族群複雜，所以更應當稱為"帝國"。可是，由於歐立德這篇演講引用歐洲文獻來證明歐洲很晚才把中國稱為"帝國"，引出了一些中國學者的反駁，他們也從歐洲文獻中引經據典，反對中國被稱為"帝國"是很晚的說法，這樣一來，似乎焦點引向了有關中國稱為"帝國"的概念史。[75]

　　其實，這可能忽略了歐立德教授演講的歷史背景和真實意圖。我的看法很簡單，關於傳統中國是否是一個"帝國"，不必僅僅討論命名，應當着重觀察歷史。正如前面所說，儘管秦漢奠定了傳統中國的政治 — 文化共同體，但秦漢以

74　歐立德：《傳統中國是一個帝國嗎？》，載《讀書》2014 年第 1 期，第 29 頁。

75　不同的意見，見曹新宇、黃興濤：《歐洲稱中國為"帝國"的早期歷史考察》，載方維規主編《思想與方法：近代中國的文化政治與知識建構》，北京大學出版社，2015 年，第 306 — 323 頁。

後的各個王朝往往仍試圖超越傳統中國核心區域，不只是清王朝；只要王朝力所能及，它就會逐漸滋蔓延伸，開疆拓土。我曾以漢唐為例，指出漢唐都是天下帝國 [76]，就連宋明，也常常通過對外的朝貢體系和對內的多重統治，建立起一個 "帝國"，更不要說疆域廣闊的蒙元和滿清。布賴斯（James Bryce, 1838 — 1922）在描述中世紀帝國的時候，曾經歸納過 "帝國" 的三個要素 [77]，如果說由不受制度約束，具有神聖光環（這在歐洲是由神聖教會賦予的）、軍事和政治權力的皇帝管轄，龐大而沒有邊界，並時時表現出向外膨脹趨勢，並由不同形式不同制度管理多個族群、不同區域與異質文化，這就是 "帝國" 的話，那麼即使在清代之前的 "中國" 無論是漢、唐還是宋、明，無疑都可以算作 "帝國"。

　　當然，我同意蒙元及滿清更像 "帝國"。特別是清朝，這是因為在清朝疆域內，前面所說的這種帝國多元性與複雜性表現得格外明顯。正如前面所說，首先，帝國內有六部管理的十八省（即傳統漢族中國部分），它延續傳統中國郡縣制度，以及法律、賦稅、戶籍等，只是加上八旗駐防來管理。[78] 其次，帝國之內還有理藩院所管理蒙古、青海、西藏和回部（即所謂內陸亞洲部分）。[79] 再次，在大清帝國的龍興之地滿洲，則又採取與內地不同的制度，保持着一種與內地十八省不太一樣的形式。

　　這確實是 "帝國"。乾隆五十三年（1788），洪亮吉為這個大帝國的行政區劃即州府縣編了一部書，在這部書的序言中很感慨地說："國家幅圖百年，闢地三萬，東西視日，過無雷咸鏡之方，南北建斗，逾黎母呼孫之外，光於唐漢，遠過殷周。"[80] 可問題是，這個大帝國內部並不是那麼整齊清楚，相反它的結構

76　葛兆光：《對 "天下" 的想像 —— 一個烏托邦背後的政治、思想與學術》，載《思想》第 29 期，台北：聯經出版事業公司，2015 年，第 1 — 56 頁，特別請參見第 11 — 12 頁。

77　布賴斯：《神聖羅馬帝國》，孫秉瑩等譯，北京：商務印書館，1998 年，第 367 頁。

78　當然，這十八省內部也有差異，特別是西南地區苗彝部分，在 "改土歸流" 過程後，土官土司的權力漸漸消弱，這些地方才漸漸融入 "中國"。

79　參見《清史稿》卷一百十五《職官二》，第 3298 — 3299 頁。

80　洪亮吉《乾隆府廳州縣圖志・序》，《續修四庫全書・史部・地理類》（影印乾隆嘉慶刻本），第六百二十五冊，第 7 頁。

相當複雜，管理方式也有差異，由於這種差異性很大的結構，使得統治者必須採用不同的方式來管理，從而就出現了"新清史"學者所說的，清朝皇帝有時候像傳統漢族國家的皇帝，有時候則像各個異族的大汗，有時候還像藏傳佛教的宗教領袖甚至是菩薩；同時，帝國彷彿也有兩個首都，北京與承德分別承擔了不同職能，前者是一個傳統中國王朝的中心，後者則是一個內陸亞洲帝國的首都。[81]

當我們用全球史視野，把歐洲、亞洲都放在早期現代世界史進程中來觀看，就會如萬志英（Richard von Glahn）所說，不會把清王朝的歷史看成是孤立於世界之外的二十四史之後的一個王朝史[82]，也許，我們可以看到一個此起彼伏、交錯往復的圖景。當疆域最大化的大清帝國在亞洲東部中部興起，進入征服的巔峰狀態的 18 世紀中葉時，世界上其他帝國也在此起彼伏，那個時代的世界史圖像就像地球理論中的"板塊漂移說"一樣，各個帝國在沒有邊界的擴張中互相碰撞，最終形成新的世界格局。只是非常不幸的是，在後一個世紀各個帝國的競爭與衝突中，大清帝國成為失敗者，漸漸成為被帝國主義和殖民主義欺辱的弱國。

但是，這並不意味着，過去幾千年即秦漢唐宋元明以及衰落之前的大清，不是一個具有"帝國主義傾向"的帝國。

結語：如何解釋"中國"？當現代概念遭遇古代歷史

以上是我對歷史上中國"內""外"之際的一些看法。

需要再次強調，過去我們說歷史中國的"內"和"外"，往往會不自覺地用

81　還可以參見弗雷特：《繪製承德：清代的風景事業》，火奴魯魯：University of Hawaii Press，2000年（Philippe Foret, *Mapping Chengde: The Qing Landscape Enterprise*, Honolulu: University of Hawaii Press, 2000）。他指出，承德在蒙、滿、漢之文化交匯處，清王朝特意修建了西藏式的寺廟如外八廟，也修建了漢傳佛教式的寺廟如仿鎮江金山寺，這一象徵隱喻了對於漢滿藏回蒙支配性的大帝國。

82　司徒琳主編：《世界時間與東亞時間中的明清變遷》（下冊），序言，趙世瑜等譯，北京：三聯書店，2009年，第 3 — 6 頁。

現代國家框架來敘述傳統帝國的歷史。雖然現代國際是由古代世界轉化而來，現代中國也是從傳統帝國轉型而來，但是，有時候現代中國會遺留傳統帝國的天朝中心意識，有時候朝貢冊封的歷史記憶也會在現代中國借屍還魂。必須認識到，傳統帝國和現代國家已經根本不同，我們既不能用現代國家來想像古代帝國，也不能用古代帝國來理解現代國家。有關"內"與"外"，從傳統的"宗主權"到現代的"主權"，從傳統的"邊疆"到現代的"邊界"，從傳統的臣民到現代的國民，已經發生了根本的變化。如果仍然沿襲傳統帝國意識處理現代內外事務，如果固守現代國家的觀念來想像古代帝國的歷史，也許會"霧裏看花"或者"坐井觀天"。現代世界，很多民族矛盾、宗教衝突和領土糾紛，往往來自這種不合適的"順說"或"倒推"。[83]

　　毫無疑問，我們都生活在當代，免不了站在當代回看歷史，可當現代概念遭遇歷史事實的時候，所有現代概念在歷史中都模糊或衝突起來，無論是"中國"還是"內""外"，都不那麼清晰和明確，傳統帝國時代的中國，疆域、族群、宗教、制度，都不那麼同一化和明確化，用現代國家觀念與現代國際秩序去理解，當然要圓枘方鑿。最近，我看到日本學者村井章介《境界史の構想》一書，他指出，"境界史"也就是表現在"疆域／嶺土"上的歷史，對於理解日本有很重要的意義。這是很有意思的想法，傳統帝國時代"疆域"之"遠"與"近"，和現代國家"領土"之"內"與"外"，真是大不相同。因此，當我們明確這些歷史上的"內外之際"，我們就可以重新理解何為"中國"，當我們把這個"中國"放在漫長的歷史過程中，我們就會承認以下幾點 ——

　　第一，"中國"是在歷史中形成的。在歷史上，這個"中國"有着不斷移動變化的疆域，因此，不能用現在"中國"的領土與族群倒推歷史，把發生在

83　不妨看中國周邊的例子：越南的歷史著作往往把越南的歷史追溯到"百越時代"，以至於聲稱長江以南皆為越族之地，故其疆域"西抵西蜀，北至洞庭湖，南接占城"；而韓國則認為扶餘、渤海、高句麗都是朝鮮古國，因而疆域一直要延伸到現在河北北部與山西西部，進而到"北平地區"，甚至百濟還統治了長江以南的越州。同樣，如果蒙古也始終想像成吉思汗時代的偉業，把蒙古的領土，不僅僅包括內蒙古，甚至包括整個歐亞，都看成歷史上蒙古帝國的領土，那麼會不會永無寧日，紛爭不斷？

現代中國境內的歷史統統算成中國歷史，而是要從當時的歷史狀況來看，甚麼才是"中國"的歷史。漢之與匈奴、西域，唐之與突厥、吐蕃，宋之與契丹、女真、西夏、大理，均應當看成是國際的歷史，他們之間的戰爭也不是"內戰"而是"國際戰爭"。

第二，但這並不是說沒有一個"中國"。秦漢以來形成的漢族中國政治 — 文化核心區域，制度、文化、社會具有穩定的延續性，民眾尤其是漢族民眾對此也有認同，這形成了觀念世界中的"華夷"之分與"中國"意識，所以不可以全然認為"中國"只是"想像"的或"建構"的。秦漢以來，歷代王朝一方面可以至大無外，強盛時可以籠罩相當廣袤的疆域、眾多的族群和多元的文化，另一方面它又可以至小無內，其政治 — 文化核心區域內具有相當的同質性。

第三，當然也必須承認這個"中國"，也還是五方雜糅而來的，我曾經用"（不斷）疊加與（不斷）凝固"來說明這一點。無論是漢代的匈奴或百越，中古的北方的鮮卑、氐羌或南方的洞溪濮蠻，隋唐的突厥、沙陀、回紇、吐蕃，還是蒙元與滿清時代的各種族群，在戰爭、通商、遷移過程中，以及國家、官吏與士紳推動的"改土歸流"等因素下，往往出現文化甚至族群上的雜糅與融合。我們不必特別忌諱"漢化"這個詞彙，就像我們同樣不必忌諱中國（尤其是清帝國）也曾是一個推動"殖民事業"的帝國一樣，中國確實曾經推動這種以漢族文化為普遍的、高級的文化的"文明化"，只是後來這個"文明化"在近代被西方的"文明化"替代了而已。

第四，如今的"中國"（以及"中華民族"）是宋代以後，經歷蒙元、明朝，特別是滿清複雜的變遷才奠定的，由於宋代以後形成了嚴分內外的"中國"意識，而此後的中國又經歷了兩個疆域廣闊的非漢族王朝，在近代向現代國家轉型過程中，還由於國族危機而出現"從天下到萬國"和"納四裔入中華"雙重交錯的脈絡，因此，如今的"中國"既有一個現代國家的外形，又殘留了不少傳統帝國的想像。

第五，正是因為如今的"中國"兼有現代國家與傳統帝國的複雜性，它在以近代民族國家為基礎的現代國際秩序中，就遇到種種麻煩，無論"內"與"外"都遭遇困境。在現代經由條約建立獨立主權平等外交的時代，傳統對外的朝貢體系已經崩潰，在承認民族自決權力的時代，對內的羈縻／自治策略也往往遭遇挑戰，那麼，“中國”應當如何適應（或者改變）這一現實世界？這就成為巨大的問題。

當我們談"帝國"時,我們談些甚麼?

—— 話語、方法與概念考古

◆［美］歐立德（Mark C. Elliott）　黃雨倫譯

在方維規教授邀請我參加本屆高端論壇的邀請函中,有下面這樣一段話:

> 朝代邊界的變動與更替,秩序的破壞與重建,文明的交錯與容受,無不對原有意識結構形成衝擊。在此意義上,內／外,中心／周邊,文明／野蠻,普遍／特殊等二元對立的自我認識範疇,都須回置到特定歷史過程中重新考量。只有通過這種知識考古,才能回應現代中國認同焦慮的核心:甚麼是中國?如何重做中國人?事實上,如此一脈相承的問題意識,已成為當代學術研究的核心議題之一。

這當然就對了。自梁啓超和章炳麟,到顧頡剛和傅斯年、范文瀾和錢穆,或目前的汪暉、秦暉或許紀霖,都在尋找對這兩個最基本的、最關鍵的問題的解釋:在一種民族國家的跨國秩序裏,甚麼是"中國"?"中國"是甚麼?然後,在一種充滿變化,連語言和認同都不穩定的現代世界裏,如何做中國人?如何塑成或重建現代中國人的認同?我們研究中國近現代歷史的時候所思考的問題,恐怕不能離開這些。在美國學術界也是如此。無論是費正清（John K. Fairbank, 1907 — 1991）還是列文森（Joseph R. Levenson, 1920 — 1969）,何炳棣還是余英時、魏斐德（Frederic E. Wakeman, 1937 — 2006）,史景遷（Jonathan D. Spence）還是孔飛力（Philip A. Kuhn, 1933 — 2016）,他們一直最關心的問題也就是這些,就是要了解所謂"古代中國"（或者說"傳統中國""歷史中國"）與 "現代中國" 的關係，試圖解釋這個演變過程的來龍去脈，以及這個過程和當代中國的關係和影響。尤其是現在，清末富國強兵的夢想正在實現，中國在世界的地位越來越重要，釐清這些問題越來越迫切。無論從政治還是經濟的角度來看，中華人民共和國已經是個強國，而一個強國的歷史與一般國家的歷史不一樣。正如史學家巴托夫（Omer Bartov）所說："當一個強國以它的過去作為決定國策的參考點（或者有如此的姿態），那麼這個強國的過去（或者對過去的理解）就要在世界事務中扮演重要角色。"[1]

一、話語

在思考這些基本又重要的問題時，學者們針對這一問題不同維度下的主題，選取的是不同的路徑。就像方維規教授提醒我們的那樣，"只有充分整合多學科領域的研究思路，才能更好地探索創造性的學術生產方式，理解 '中國' 意識的歷史構成與現實張力。"但即便如此，問題也不會有最終答案，這不僅因為不同觀點與解釋勢必出現，更因為提出這些問題的語境在不斷變化，而我們嘗試談論這些問題的語言也在不斷發展。光緒初年，漢語中沒有民族、國家、經濟學、文化和民主這樣的詞，距今十年或二十年前，也沒有諸如話語建構、語境、大數據和族群這樣的詞。或許，我們甚至希望，要是我們的語言中依然沒有這些詞就好了。可事與願違，這些詞彙和概念已經在那裏，假裝它們不存在是愚蠢的。即便它們對一代人來說是嶄新的，對下一代人而言，它們就只是簡簡單單在那裏而已，很快就會變得好像不曾沒有過一樣，變成我們思維結構的一部分，變成我們的學生的思維結構的一部分。

我用這種方式開始，是因為在準備這次對話時，我特別關注語言，以及來自不同地域的學者們交流想法時，語言所導致的問題。我今天講的不是我的母語，而我們的題目很嚴肅，不可以掉以輕心。怎麼辦？我的演講是用中文寫

1　巴托夫：《現在的時間與過去的時間：歷史學者的爭論和德國的重新統一》，載《新德國批評》第55 期（1992 年冬），第 174 頁。（Omer Bartov, "Time Present and Time Past: The Historikerstreit and German Reunification," in: *New German Critique* 55〔Winter 1992〕, pp. 173 — 190）

好，還是先用英文寫，然後請人幫我翻譯比較好呢？請誰來翻譯呢？翻譯之後怎麼能確定，我將要說的是我想說的？特別在中文和英文間，這是個很大的問題。這個問題我們通常不太關注，卻和這次論壇的主題 ——"思想與方法"的問題 —— 直接有關，正是對此的共同興趣讓我們今天共濟一堂。在這裏我想舉個例子。我猜想，主辦者之所以邀請我參加這次討論，是相信並期待我們**能够**彼此交流，我的參與或多或少意味着給大家帶來一些"麻煩"，但這種交流是可能的，而這些"麻煩"也值得，至少我們希望如此。之所以會有點"麻煩"，一是因為我的語言限制：如果我說英語，我的話**得不到**理解的可能性變大，而如果我說漢語，那我的話被**誤解**的可能性變大；二是因為，漢語不是我的母語，我被迫一直在考慮翻譯問題，意思的易變，詞語狡猾的天性。所以，我在寫稿的時候，一直在想這些東西會變成怎樣的漢語，又會被怎樣理解，這讓整個寫作進度變得緩慢。

讓我再就這個問題說得更明確一些。在座的各位大概都聽過一個說法："中國學者"擅長材料，"西方學者"擅長理論。（這裏我不會討論我在"中國學者"和"西方學者"的區分中看到的問題，稍後我們會回頭討論。）這一觀察通常伴隨着另外一個觀點，即認為"西方理論"雖然很對很好，但用它們來討論中國歷史會產生許多問題：**因為**它們來自不同的經驗，**所以**西方人在他們的著作中使用的概念和觀點不適合中國。這種說法中，"中國"歷史被看作獨特的，只有通過"中國"概念和"中國"理論才能被理解和解釋。西方的概念與之有着根本上的"隔膜"—— 或許有一定參考價值，但也只是被用於論證中國經驗的獨一無二罷了 —— 西方理論的"不同"被看作徹底又本質的。

我想簡短地指出這種立場的兩個問題。第一，如果真是這樣的話，馬克思／列寧的理論不可能在中國找到空間。眾所周知，這一理論完全來自西方的歷史經驗。然而我們也都知道，在近一個世紀中，馬克思主義思想在中國知識分子那裏找到了富饒的土壤，持續對政治和學術話語產生重要影響。如果說來自西方的理論同理解、分析中國現實之間的不協調是內在的，這種說法無疑忽視了長期以來大量關於中國封建主義、資本主義和社會主義的言說和書寫。我們或許不能全盤接受這些討論，或許會質疑這些概念的運用方式，但卻不能堅稱它沒有幫助我們以更廣闊的視角看待中國社會中的歷史推動力。

第二，如果用 "中國" 理論，意味着只能使用漢語中 "土生土長" 的詞彙和概念，那麼我們能說的東西實在太少了。即使不討論 1700 年前佛教進入中國時對漢語產生的巨大影響，過去一個世紀中漢語和日語、德語、英語、俄語間的互動，已意味着中國學者今天使用的語言充斥着 "外來的" 內容。就像一位年輕學者最近寫的那樣：

> 由於我們現代的知識體系源於西方，目前我們生活世界中的一切似乎也只能在西方的概念框架中獲得自我表述，原先只是作為一種他者的西方文化，如今在全球化時代之下，無論我們願意與否，已經成為文化本身，成為我們的當代歷史與現代經驗的組成部分，從而當代中國的問題也變成完全是整個現代性文化自身的內部問題。我們無法跳出世界（歷史）的語境討論中國，更無法在西方之外建構出一個自給自足的中國。[2]

既然任何人都不能逃脫 "語言的牢籠"，那麼我們能做的，就是去了解它的限制，即使我們在使勁反抗它。實際上，這意味着非常仔細地思索語言和意義，包括那些難以定義的詞，比如 "中國"。

我們聚集在這裏，部分是為提出 "甚麼是中國" 這個問題。將一些包括 "漢語" 在內的範疇看作理所當然，而不設法質疑與研究，這違背了我們的初衷，使任務變得難以達成。因此，至少為了對話，讓我們懸置西方學者 "擅長理論" 和歐洲（或美國、俄羅斯、巴西）經驗與中國無關的觀點，轉而看到它們間可能的關聯 —— 如果我們能仔細地定義術語、確立將這些概念引入思考的前提條件。

2　黨為：《美國新清史三十年》，上海：上海人民出版社，2012 年，第 230 頁。作者討論了約十年前北京大學劉東教授的一句話，"越是系統地引進某種活生生的外來學術話語，就越要給原有的文明基礎帶來深重的衝擊和致命的紊亂，古代的佛學是這樣，近代的西學是這樣，當代的漢學也肯定會是這樣。"（轉引自黨為，同書，第 229 頁。）

　　這又把我們帶回我開頭時引用的方維規教授的話，其中一個表述強調了知識考古的重要。這一實踐，在德語中被尊稱為 "Begriffsgeschichte"，中文譯為 "概念史"，這是我們作為學者應該參與的實踐。我們中大部分人都不能改變這些詞彙在日常語境中的使用，但改變我們自己對它們的理解和使用卻是可以做到的。[3] 畢竟，社會對我們的期待，是探尋真理，縝密地調查我們面臨的問題，冷靜地思考那些令我們分歧、絆住我們思考的二元結構。這也是我們對彼此的期待，正是這種期待將有着不同文化、機構和個人背景的我們在國際學術界中聚合一處。方維規教授已經為我們列舉了幾組二分 —— 內／外，中心／周邊，文明／野蠻，普遍／特殊 —— 我相信每個人都能列舉更多。我不了解你們課堂上的情況，但在我的課堂上，二元結構正不斷遭到挑戰和拆解，我們通常稱之為 "假二分"（false binaries）或 "錯誤的二元論"（false dichotomies）；它們所設置的選擇，最終都被證明不是黑與白，而總有着深淺不同的灰色地帶。二元論不是我們的朋友，它不可避免地將事情簡單化，而歷史學家感興趣的恰恰是複雜性和細微差別。但二元論作為反面典型倒是很有用，幫助我們聚焦並看到那些更有趣的問題，讓我們知道有趣的問題不會出現在一個 "不是／就是" 的非黑即白的框架下，而是 "到甚麼程度？" "以怎樣的方式？" "在甚麼情況下？"。

二、方法

　　在前面的引子中，我討論了話語帶來的挑戰，現在讓我把話題轉向眼下更

3　"概念史"（Begriffsgeschichte）一語最早見諸黑格爾的《歷史哲學》，指基於普遍觀念撰述歷史的方式。在德語世界裏，該詞主要被用於語言學和歷史辭典編纂，現在則成為關於哲學方法論的研究領域。海登‧懷特（Hayden White）在將德國的概念史 —— 科塞雷克 (Reinhart Koselleck) 的研究介紹到英語世界時，認為概念史涉及四方面內容："歷史輪廓" "歷史觀念" "歷史理論" 和 "歷史哲學"，幾乎包羅了整個歷史研究。參見孫江：《近代知識亟需 "考古" —— 我為何提倡概念史研究？》，載《中華讀書報》2008 年 9 月 3 日。另外有 "一般而論，西方的概念史、觀念史或關鍵字研究，都可以用 '歷史語義學' 來歸納其方法" 以定義，參見方維規：《概念史研究方法要旨 —— 兼談中國研究中存在的問題》，載黃興濤編《新史學》第 3 卷，北京：中華書局，2009 年，第 3 — 20 頁。

大的問題 ——"中國" 觀念的演變。這一觀念如何發展到現在所具有的意思？外來動力在其演變過程中起了怎樣的作用，與內在因素在不斷變化的文化和政治中又有怎樣的互動？葛兆光教授最近提示我們，中國概念從最初就與地理上的相對位置密切相關，與他者的感知在某種程度上密切相關，或者說，是外部的。[4] 正如他在自己的傑作中勾勒的那樣，中國一詞擁有十分悠久的歷史，關於中國的正當界限在哪裏或應該在哪裏，甚麼是內甚麼又是外，這樣的爭論永不會結束。

這提醒了我一個非常基本而困難的問題：如何在 "內" 與 "外" 之間劃界限？我們怎麼區分二者？很明顯，這些術語是相對的，從邏輯上說，一方的存在只是相對於另一方而言的。任何區分 "內" 與 "外" 的嘗試，都不可避免地取決於人所處的位置，因此，想要提供一個所有時代和所有地方都通用的絕對區分只能是無用功。葛兆光教授在他的書中為我們提供了許多內和外互相轉換思考的方法。這裏我想提一個稍微不同的觀點，它不關乎 "外" 在 "內" 的形成過程中的重要性，而是關於這樣一個事實：我們永遠不會就 "內" 和 "外" 的界限在哪裏達成一致。簡單來說，一個人的 "內" 總是另一個人的 "外"。

我是通過一些對我著作的批評意識到這點的。在我的書中，我沒有將清朝描述為 "明代的重溫"，而是將它穿過長城、佔領北京和整個國家的過程看作一場 "征服"。"無稽之談！" 有些人這麼說，"清朝模仿了明朝。滿族一直都是中華民族大家庭中的一員 —— 怎麼能把他們獲得政治主導地位的過程看作外人接管？"[5] 我想，這一反應的深層原因，是對過去某套敘事的完整性、甚至神聖性的堅定信念，這套敘事將清朝看作中國漫長朝代更迭中的最後一個，拒絕接受將清朝歸入其他任何敘事：比如說北方民族統治中國的敘事，邊疆民族佔據中心大城市的敘事，遊牧民族統治農耕民族的敘事，或者少數民族統治的敘

4　葛兆光：《宅茲中國》，北京：中華書局，2011 年。

5　這類反應可以參考汪榮祖先生的觀點："新清史論者 …… 一直把滿族視為外國人，顯然是極其錯誤的說法。滿族是中國的少數民族之一，在中國建立長達三百年的政權，怎麼可能是在中國的外國人？" 參見汪榮祖：《一公心評新清史》，載汪榮祖《清帝國性質的再商榷 —— 回應新清史》，桃園：中央大學出版社，2014 年，第 49 頁。

事 —— 不論是在中國語境還是在世界歷史的語境下。而對元朝不是"中國"或不只是"中國"的主張，許多人也給出了同樣的回應 —— 儘管很顯然，對於任何蒙古人來說，元中國都只是更大的蒙古帝國的一部分。

我能理解，熟悉的敘事讓人舒服。它們有着我們已經"知道"的東西，代表某種確定性，是身份的試金石。但是我們需要在這裏停下，思考我們作為學者和歷史學家的身份。德國歷史學家魯道夫（Hermann Rudolph）有一段話：

> 莫非史學就應指引方向，喚醒自豪感和自我意識，使之成為"認同"與"國族共識"的起點？還是它的任務更應是動搖慣例，懷疑俗套，從而使我們對未來的想像更為清晰呢？[6]

在這一點上，我必須同意魯道夫的觀點，堅持認為歷史學家的任務在於質疑並重新檢驗給定的敘事。在我看來，有歷史證據顯示，不同地域都有長期的暴力反滿運動，而漢人普遍瞧不起滿人，認為他們低人一等，與自己沒甚麼共同之處。考慮到這些，我們很難認為清的強制統治不是一場征服，一場在國中大多數人眼中的"外來"侵略。

毫無疑問，關於這些問題會有持續不斷的爭論。我們的中國同行中，很少會有人改變他們使用的語言，談論英語中所說的"清的征服"（the Qing conquest）。有人堅持認為，如果在 17 世紀中期有任何反滿情緒，那實際上都是政治性的，為表達對明朝的忠誠，而沒有任何種族色彩。他們會說，所有對滿人的貶低和攻擊都基於手足情深和共同的身份認同；而像《大義覺迷錄》這樣的史料，證明了滿人是多麼的"中國人"。但他們沒有停下來思索一下，如果滿人真是如此"中國人"，那雍正為何從一開始就殫精竭慮，試圖通過寫作和出版這本書向世人證明這件事呢？歷史學家依據今日的國家和民族範疇回望過去，將本來流動變化着的區分看作一成不變的，只要這種風氣繼續存在，那麼

6　魯道夫語，轉引自邁爾：《不可掌握的過去》，波士頓：HUP，1988 年，第 9 頁。（Hermann Rudolph, quoted in Charles Maier, *The Unmasterable Past*, Boston: HUP, 1988）

關於內和外的分歧還將延續。[7] 只有當我們達成一致，看到將現代的現實和感性投射到過去是一種方法論上的錯誤，討論才能富有成效。與此同時，上一輩學者如蕭一山、錢穆等人定下了一套國族敘事，[8] 人們因而批評那些膽敢質疑這套國族敘事的研究。這種批評被視為 "公共服務"（public service），警告天真的人遠離危險的觀念和理論，它們被簡單而籠統地貼上 "歷史虛無主義" 的標籤。我認為，這些例子中，重要的已經不再是對事實本身的解讀，而是對歷史學家在社會中所處位置的不同看法。

對漢化問題的討論也引起了相似的反應 —— 或許爭論的最終焦點在於誰是 "中國人"，"中國人" 又是甚麼；最近有關文明交錯的辯論中湧現的激烈言辭和決然分歧的意見，也都源自這一問題。在這裏，我們發現一大批學者仍執着於傳統而理想的單向文化變遷觀念。我期望這個問題能在我們的討論中出現，所以就在這裏說兩句。首先，我擔心我們在設置話語界限問題上的共同失敗，在意見分歧之前就已帶來誤解；極少有參與討論的人說明他們理解的漢化是甚麼，人們甚至不能判斷他們同意誰不同意誰。同時，好像很長時間之後，在中國討論文化互滲過程時，才能脫離中國例外論。在這裏我們也看到，語言的使用是如何把問題孤立化，而不是使我們以更寬闊的視角討論中國狀況。如果中國的史學家只想談論漢化，那麼其他人，比如一個研究諾曼王朝時期英國的學者，或者一個研究莫臥兒帝國時期印度的學者，該如何參與對話？有誰關心他們能否參與對話嗎？我們中國學學人是否只有和同領域的人說話才感到開心？

7　幾乎普遍使用 "滿族" 一詞去描述清朝的滿洲人，並將他們稱為少數民族，這是沒有意識到 "以今論古" 的一個例子。這種將現代框架置於我們思維之上的思維習慣會限制我們的歷史理解。

8　參見王晴佳：《從歷史中發明中國：五四的歷史編纂方法》，奧爾巴尼：SUNY，2001 年（Q. Edward Wang, *Inventing China Through History: The May Fourth Approach to Historiography*, Albany: SUNY, 2001）。像董玥所揭示的那樣，蕭一山在寫清王朝時，主要目的是創造一種新的國族敘事，如他自己所說的那樣，"所述為清國史，亦即清代之中國史，而非清朝史或清室史也。" 轉引自董玥：《創建清史學術研究：蕭一山和孟森》，載倪來恩、沙培德編《改造歷史：二十世紀中國的現代學科建設》，香港：香港中文大學出版社，2012 年，第 221 頁。（Madeleine Yue Dong, "Creating Academic Qing History: Xiao Yishan and Meng Sen," in, Brian Moloughney and Peter Zarrow eds., *Transforming History: The Making of a Modern Academic Discipline in Twentieth-Century China,* Hong Kong: Chinese University Press, 2012, pp. 209 — 240）

這些問題讓我們從另外一個意義上思考，內／外的二分是怎樣為理解、書寫和想像中國歷史帶來挑戰的，也就是說，中國被看作在世界歷史潮流之內還是之外？令人驚訝的是，在清朝外交關係的相關著作外，如今依然很難找到一本中文的中國史著作，至少是清史著作，涉及同時段在世界其他角落發生的任何事，或任何與書中討論的相似的現象，不管是稅收、軍事財政還是家庭經濟。

我想，我在這裏談論的並不是歷史中國的內與外，而是中國史學的內與外。我的看法或許不準確，但我認為二者是相關的：至少在過去一百年裏，更有可能是更長一段時間內，歷史中國和中國史學纏結在一起，這正是我們這裏所討論的"變動的秩序"和"交錯的文明"的重要部分。這不是我發言的重點，我提到這個是因為，如果我們對於歷史中國的理解不是我們作為歷史學家的研究成果，它將毫無意義；甚至，歷史中國自身構建了一個話語體制，它自身就是歷史實踐的產物。因此，留心用本土語言寫就的本國著述而外，我們作為歷史學家多大程度上關心國外用外語寫就的著作，將會深刻地塑造我們對"中國"的理解，影響它的話語位置。

中國第一代現代學者沒有忘記這一點，他們幾乎都在國外深造過，這也是蔣廷黻在清華大學創建中國第一個歷史系的關鍵所在。[9]我想，對於正在顯露崢嶸的當代許多學者和他們的老師來說也是同樣情形。但我仍然要再說一遍，要是強迫自己仔細思考這一命題，就會像我一樣發現，一個中國的中國史學家同過去的關係，與一個不在這裏出生的中國史學家同過去的關係並不一樣。這個觀察同樣適用於那些非漢族史學家，也就是滿族、蒙古族、或其他一些少數民族的中國史學家，他們和過去的關係也互不相同。這在一定程度上是真的，但也只是有限的程度上。過去對我們所有人來說都是異邦。出生地的偶然，並不意味着一個或另一個群體的特殊性，不意味着他們擁有接近真相的特權。我想，我們不會說一個中國的物理學家同相對論或者熱力學第二定律的關係，與一個俄羅斯或日本的物理學家有任何差別。差別在何處？我的猜測是，差別在我們

9　參見馬紫梅：《歷史學家吳晗：中國的時代之子》，拉納姆：Lexington Books，2009年，第87—88頁。（Mary Mazur, *Wu Han, Historian: Son of China's Times*, Lanham, MD: Lexington Books, 2009）

和語言的關係上，比起數學等式，我們賴以工作的語言這一中介，更多地受到文化的影響，會產生曲折變化。

原諒我再回到最開始那個話題 —— 對語言的批判態度和話語考古的展開。我想以此接着談論另一個縈繞我們心頭的名詞，那就是 empire，或者説"帝國"。

三、概念考古

我猜，我們中許多人都將傳統中國看作一個帝國。幾年前，我開始懷疑這個老習慣，在《讀書》雜誌上發表了一篇短文，問了一個簡單的問題："傳統中國是一個帝國嗎？"嚴格説，這不是一篇學術文章，但它確實提出了一系列我至今仍在思索的問題。19 世紀末以前，中國文化階層的詞彙中並沒有"empire"或"帝國"這樣的詞，考慮到這點，我們如何證明用這一觀念與相關術語去討論 20 世紀前的中國是合理的？帝國這個詞來自何處？它甚麼時候被用來描述中國的政治秩序？為甚麼？為甚麼是在那個時候？我們可以用這個詞來討論"中國"嗎？這個觀念可被用來討論清朝嗎？簡單説就是，"帝國"在研究歷史中國的語境中究竟意味着甚麼，我們在漢語中又是怎樣談論它的？

當我開始研究這些問題時，我發現很少有人駐足思考它們。我們這些外國人大部分都認為，1911 年前統治中國的人被稱為"帝"，"帝"又自動被翻譯為英語的"emperor"，1911 年前的中國的政治制度因而就被稱作"帝國的"（imperial）。許多中國學者，也都沿着這條思路談論帝國，並沒有做太多思考。因此，目前把中國當作"帝國"的想法，很大程度上是西方知識實踐的副產品，主要都是認為"帝"和"emperor"意思差不多，是個比"king"或者"王"更高的級別。但依我看，漢語中缺乏對"帝國"作為一個政治類型的全面理論思考，因此不能解釋為甚麼應該把清朝，或者其他類似的、基於中國的國家，視為"帝國"。

現在，諸如"帝""皇帝""天子"等術語的存在顯然沒問題。但是，如果我們假設這些詞語能和其他語言中的詞語直接等同，比如認為"帝"/"皇帝"/

"天子"和"emperor"這個詞相同，或者認為"天下"是"empire"，就很容易帶來問題。我不是説把傳統中國（或"歷史中國"）當作一個帝國的想法沒有任何根據，我想説的是，重要的是討論"帝國"和究竟甚麼是帝國。畢竟，詞語十分重要，概念也一樣。如果歷史中國是一個帝國，有人或許就會問，歷史中國在何種意義上是一個帝國？我們是否可以用"帝國主義"（imperialism）來形容那些政策和措施？如果不可以，為甚麼？此外，如果想要比較中國歷史上的歷代國家，或者將其和世界歷史中其他相似的國家相比較，確立帝國的意義也是重要的。

　　其實，中國被當作"帝國"的過程漫長而複雜，可以被分割成三次話語的轉移，一次在 17 世紀，一次在 19 世紀，第三次在 21 世紀。我在其他地方曾簡短地談過頭兩次，讓我先從它們講起。[10]

　　17 世紀中期，西方人初次達成一致，認為中國是帝國而非王國。那些年極富戲劇性的政治事件，以及 empire 的意思在歐洲現代的變化，都與這一話語轉移有關。我們知道，比如説，清的征服的本質，喚醒了歐洲人自身關於帝國的歷史觀念。舉例説，1666 年出版的《荷使初訪中國記》（*Die Gesandtschaft der Ost-Indischen Gesellschaft*）中，諾伊霍夫（Johann Neuhof, 1618 — 1672）記錄了荷蘭使者訪清，向讀者展現了他所看到的破壞，認為韃靼人的兇狠沒有任何征服者能比得上："古希臘人和傲慢的羅馬人讓世界上那麼多地方臣服於自己腳下，也從沒有像心狠手辣的韃靼人一樣，用如此殘忍的手段傷害他們的手下敗將，用難以忍受的痛苦讓他們垂下眼睛。"此外，中國和韃靼在同一個強大的當政者的統治下聯合起來，也讓他們把大清國看作帝國。強調王國與聯合王國 —— 沿着埃利奧特（J. H. Elliott）所説的"複合君主制"[11]（composite monarchies）的思路 —— 提示我們，是甚麼特徵讓歐洲人認為中國是"帝國的"。

10　歐立德：《傳統中國是一個帝國嗎？》，載《讀書》2014 年第 1 期，第 29 — 40 頁。

11　埃利奧特：《複合君主制的歐洲》，載《過去與現在》第 137 期（1992 年 11 月），第 48 — 71 頁。
　　（J. H. Elliott, "A Europe of Composite Monarchies," in: *Past and Present* 137〔Nov. 1992〕）

故事的第二部分展開於 19 世紀，"帝國" 這個現代詞彙被發明。像之前提到的那樣，在此之前，漢語中沒有任何一個和 "empire" 準確等同的詞彙。一般認為，像許多科學或者社會科學術語來自日語一樣，帝國這個詞來自日語（teikoku），在 1890 年代由中國留學生引入。然而，我們在中文文獻中發現，"帝國" 一詞在 19 世紀更早的時候就被偶爾使用，遠遠早於中國學生出現在東京。[12] 對 "帝國" 一詞的最早使用可以追溯到 1820 年的一期《察世俗每月統計傳》，蘇格蘭使者馬禮遜（Robert Morrison, 1782 — 1834）寫了一篇題為《論亞非利加列國》的文章。馬禮遜用如下方式解釋了世界諸國間的等級秩序：

> 亞非利加之分、有侯國、有王國、有帝國、又有多小國未有一定的朝政者。[13]

據我有限的了解，這是英語 "empire" 帝國一詞在漢語第一次用這種方式表達 —— 我們有充足的理由確信馬禮遜沒有從日語中借用這個詞。

下一次使用 "帝國" 一詞，是在三十年後的《夷氛紀略》中，這是清朝官員梁廷枏為敘述鴉片戰爭所寫的文字，其中，他提供了一個對歐洲政治主權不同結構的簡短觀察：

> 竊思歐羅巴洲各國，即大國小邦帝國王邦，無分統屬。[14]

這似乎是中國人最早在 "empire" 的意味上使用 "帝國" 一詞。1880 年代，在清朝外交官員黃遵憲的日本相關文章中，我們再一次看見了這個詞。同時期，另一名清朝外交官員在他的歐遊隨筆中這樣描述奧匈帝國的結構：

12　台灣政治大學中國近現代思想及文學史專業數據庫 http://dsmctl.nccu.edu.tw/，使我有可能研究 "帝國" 和相關複合詞的出現，由衷感謝鄭文惠教授讓我使用這一數據庫。

13　《察世俗每月統計傳》（1820）。這是雜誌發表的系列文章中的一篇，這些文章後來成了《地理全志》的一部分。

14　梁廷枏：《夷氛紀略》卷二（1850）。

奧君係王而兼帝者也。帝國曰奧。王國曰翁掰阿一名。[15]

這一證據顯示，用"帝國"一詞翻譯"empire"要早於中國學生赴日，這是西方和中國的翻譯者與外交官員共同努力的結果，為了能夠用一個詞向中國讀者解釋歷史和當下的世界政治結構。

　　然而這仍未說明"帝國"一詞何時被用於中國自身。"帝國"變為描述清朝的術語，關鍵在 1894／95 中日甲午戰爭後的《馬關條約》。在這份文件的中文和日文版中，清政府被稱作"the Great Qing empire"或者"大清帝國"—— 這是"帝國"一詞第一次被用於描述中國的朝代。《馬關條約》後的數月間，許多作者和思想家，包括在梁啓超主編的《時務報》上的撰文者，都接受了清是一個"帝國"的說法。在官方語言中，在義和團起義之後的話語中，這一術語被正常化，中國官員和文人（比如張之洞、端方）也會用這一表述書寫清帝國。滿族統治者和漢族文人將國際上認為中國是帝國的觀念不斷內化，1908 年的憲法草案中，有"大清皇帝統治大清帝國，萬世一系，永永尊戴"的字樣，這可被視為這一內化過程的完成。

　　第三次也是最後一次關於中國 — 帝國的話語轉移，距今大約只有十年。如果我們在過去一百年間中文書籍的標題中檢索"帝國"這個關鍵詞，會發現到 1990 年代末，幾乎所有"帝國"都出現在"帝國主義"這個用語中，明確是指 19 和 20 世紀那些外國勢力在中國的活動。然而過去的十五年間，有成百上千的文章和書籍在中國出現，在這些書裏，不是日本、俄國、英國或美國，而是 20 世紀前的中國 —— 秦、漢、隋、唐、宋、元、明、清 —— 被稱為"帝國"。也就是說，關於帝國主義的書籍落伍了，關於帝國的書流行起來。一個很好的例子是 2005 年的暢銷書，廈門大學歷史學者易中天所著的《帝國的終結》，這本書將公元前 3 世紀到 20 世紀的歷史放在一個中央集權趨勢不斷加強的漫長敘事中，作者認為中央集權是帝國體系的標誌。汪榮祖教授幾年前也出版了一本題為《清帝國性質的再商榷》的著作，在這本書中，大清國被平實地描述為一

15　錢德培：《歐遊隨筆》卷二（1883），第 48 頁。

個帝國。

這種對於"empire／帝國"的新用法很奇妙。我覺得這種用法如果能打開比較的可能性，從某種意義上說也算前景光明。我相信，我們史學家的工作可以藉深思熟慮又細緻周到的比較得到改善。甚至可以說，我相信我們史學家的工作，只有通過深思熟慮又細緻周到的比較才得以推進。儘管我們所做的只是比較明和清，或者乾隆早年和乾隆晚年，我們一樣是在進行比較研究。當然，我不否認任何具體案例中，社會、經濟和政治組織之表達的特殊性，但我相信，將這些表達還原為純粹的類型或獨一無二的本質 —— 不論是文化的、人種的、種族的或地理的 —— 都犯了嚴重錯誤。那些認為中國的歷史或其他任何民族的歷史，因為太特殊所以不能和世界上數千年來無數其他民族的經驗放在一起研究的看法，我不能接受。對於我來說，歷史最大的貢獻就在於將特殊性放在一個更廣闊的普遍人性經驗的語境中去深入理解。否定普世性就是往"例外論"的方向上走，對此我不感興趣。

現在，許多中國史學家都能接受"帝國"這個詞，但卻反對把基於中國的王朝看作"帝國主義"，因為這全然違背了他們認為中國歷史上是一個帝國主義的受害者而非帝國主義代理人的常識。他們認為，將"帝國主義"甚至"帝國"這樣的詞用於中國，是不加思考地轉換來自西方經驗的概念，特別是現代工業化的早期經驗和資本主義的早期經驗；在他們眼裏，這和中國自身的歷史發展毫無關係。我必須說，他們這麼說有他們的道理，這也是我的一些同行傾向於"帝制"而非"帝國"的原因，但這不能真正解決問題，因為所有這些最後都會回到"帝國"一詞上。所以，我希望展現其他思考帝國的方法，它能解決問題，並讓我們將中國問題帶入一個更大的"甚麼是和甚麼不是帝國"的討論中。

就此，我想介紹一些西方近年來的歷史著作，其中大部分出現在過去的十五年裏，它們被鬆散地稱為新帝國史。你們中的一些人或許熟悉這些學術著述。我彙集了一份不完整的書籍和文章的標題，它們是做出重要貢獻的文獻，這裏按時間順序：

布拉特：《帝國之眼：旅行書寫與文化互化》，倫敦、紐約：Routledge，1992（Mary Louise Pratt, *Imperial Eyes: Travel Writing and Transculturation*,

London & New York: Routledge, 1992）

　　霍普金斯：《回到未來：從國族歷史到帝國歷史》，載《過去與未來》第 164 期，1999（A. G. Hopkins, "Back to the Future: From National History to Imperial History," in: *Past and Present* 164.1, 1999）

　　桑尼：《多國族國家：列寧和斯大林時期的帝國和國族締造》，牛津：Oxford University Press, 2001（Ronald Grigor Suny, *A State of Nations: Empire and Nation-Making in the Age of Lenin and Stalin*, Oxford: Oxford University Press, 2001）

　　馬丁：《優惠性政策下的帝國：1923 — 1939 年蘇聯的國族與國族主義》，康奈爾：Cornell University Press, 2001（Terry Martin, *The Affirmative Action Empire: Nations and Nationalism in the Soviet Union, 1923 — 1939*, Cornell: Cornell University Press, 2001）

　　卡普勒：《俄羅斯帝國：多民族歷史》，倫敦、紐約：Routledge, 2001（Andreas Kappeler, *The Russian Empire: A Multi-Ethnic History*, London & New York: Routledge, 2001）

　　斯托勒：《性關係與帝國權力：殖民統治下的種族與親密關係》，奧克蘭：University of California Press, 2002（Ann Laura Stoler, *Carnal Knowledge and Imperial Power: Race and the Intimate in Colonial Rule*, Oakland: University of California Press, 2002）

　　利芬：《帝國：俄羅斯帝國及其競爭對手》，紐黑文：Yale University Press, 2002（Dominic Lieven, *Empire: The Russian Empire and Its Rivals*, New Haven: Yale University Press, 2002）

　　康納丁：《裝飾主義：英國人怎樣看他們的帝國》，牛津：Oxford University Press, 2002（David Cannadine, *Ornamentalism: How the British Saw Their Empire*, Oxford: Oxford University Press, 2002）

　　豪：《帝國概述》，牛津：Oxford University Press, 2002（Stephen Howe, *Empire: A Very Short Introduction*, Oxford: Oxford University Press, 2002）

　　伯頓主編：《帝國轉向之後：國族面面觀》，達勒姆：Duke University

Press, 2003（Antoinette Burton, ed., *After the Imperial Turn: Thinking with and through the Nation*, Durham: Duke University Press, 2003）

　　弗格森：《帝國：大英世界秩序興衰及其全球強權啓示》，紐約：Basic, 2004（Niall Ferguson, *The Rise and Demise of the British World Order and the Lessons for Global Power*, New York: Basic, 2004）

　　赫希：《多國族的帝國：民族志知識與蘇聯的締造》，康奈爾：Cornell University Press, 2005（Francine Hirsch, *Empire of Nations: Ethnographic Knowledge and the Making of the Soviet Union*, Cornell: Cornell University Press, 2005）

　　濮德培：《中國西征：清朝對歐亞大陸腹地的征服》，波士頓：Harvard University Press, 2005（Peter C. Perdue, *China Marches West: The Qing Conquest of Central Eurasia*, Boston: Harvard University Press, 2005）

　　福克斯等：《帝國的轉向》，載《批評：俄羅斯與歐亞歷史研究》第 7 卷第 4 號（2006）（Michael David Fox et al., "The Imperial Turn," in: *Kritika: Explorations in Russian and Eurasian History*, 7.4〔2006〕）

　　梅爾：《躋身帝國叢林：美國的優勢地位及其前身》，波士頓：Harvard University Press, 2007（Charles Maier, *Among Empires: American Ascendancy and Its Predecessors*, Boston: Harvard University Press, 2007）

　　穆克勒：《帝國：從古羅馬到美國稱霸世界的邏輯》，劍橋：Polity, 2007（Herfried Münkler, *Empires: The Logic of World Domination from Ancient Rome to the United States*, Cambridge: Polity, 2007）

　　萊溫：《性別與帝國》，牛津：Oxford University Press, 2007（Philippa Levine, *Gender and Empire*, Oxford: Oxford University Press, 2007）

　　斯托勒等：《帝國形態》，聖菲：SAR, 2007（Ann Laura Stoler et al., *Imperial Formations*, Santa Fe: SAR, 2007）

　　圖爾欽：《戰爭與和平與戰爭：帝國的興衰》，倫敦：Penguin, 2007（Peter Turchin, *War and Peace and War: The Rise and Fall of Empires*, London: Penguin, 2007）

達爾文：《帖木兒之後：帝國的全球史》，倫敦：Bloomsbury Press, 2007（John Darwin, *After Tamerlane: The Global History of Empire*, London: Bloomsbury Press, 2007）

本頓：《尋找主權：歐洲帝國的法律和地理（1400 — 1900）》，劍橋：Cambridge University Press, 2009（Lauren Benton, *A Search for Sovereignty: Law and Geography in European Empires, 1400 — 1900*, Cambridge: Cambridge University Press, 2009）

哈馬萊寧：《科曼奇帝國》，紐黑文：Yale University Press, 2009（Pekka Hamalainen, *The Comanche Empire*, New Haven: Yale University Press, 2009）

布萊克霍克：《遍地暴力：早期美國西部的印第安人和帝國》，波士頓：Harvard University Press, 2009（Ned Blackhawk, *Violence over the Land: Indians and Empires in the Early American West*, Boston: Harvard University Press, 2009）

貝納特、休斯：《境況和帝國》，牛津：Oxford University Press, 2009（William Beinart and Lotte Hughes, *Environment and Empire*, Oxford: Oxford University Press, 2009）

伯班克、庫珀：《世界歷史中的帝國：權力和政治的差異》，普林斯頓：Princeton University Press, 2011（Jane Burbank and Frederick Cooper, *Empires in World History: Power and the Politics of Difference*, Princeton: Princeton University Press, 2011）

戈：《帝國模式：大英帝國和美帝國，1688 年至今》，劍橋：Cambridge University Press, 2011（Julian Go, *Patterns of Empire: The British and American Empires, 1688 to the Present*, Cambridge: Cambridge University Press, 2011）

羅斯柴爾德：《帝國的內部生活：一部十八世紀歷史》，普林斯頓：Princeton University Press, 2012（Emma Rothschild, *The Inner Life of Empires: An Eighteenth-Century History*, Princeton: Princeton University Press, 2012）

派格登：《帝國的負擔：1539 年至今》，劍橋：Cambridge University Press, 2015（Anthony Pagden, *The Burdens of Empire: 1539 to the Present*, Cambridge: Cambridge University Press, 2015）

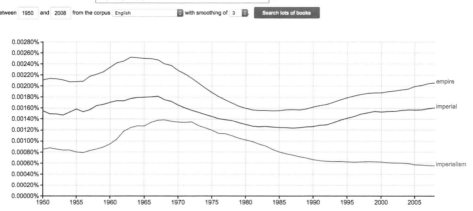

　　要想衡量人們對帝國的興趣，可以使用 Ngram 模型去繪製 "帝國" 和相關術語在最近幾年的英語書籍中出現的頻率。

　　如圖所示，自 1990 年前後起，"emperor" 和 "imperial" 這兩個詞的使用穩步增長。然而，應該注意的是，"imperialism" 的使用有所下降 —— 這是一個明確的跡象，它表明 "新帝國史" 和以前的研究模式幾乎沒甚麼關係。

　　總的來說，過去幾年裏出現的數百個標題，可以說構成了歷史研究領域中 "帝國的轉向"，它平行於其他一些（不僅是史學）研究領域的重大轉向，如語言轉向、性別轉向、後現代轉向、民族轉向等等。為甚麼開始關注帝國？我不想詳細解釋這個轉向為何現在出現，但我會指出為這一新的研究方向鋪路的兩個重大事件。我認為，第一個主要動力可以追溯到蘇聯解體。蘇聯失敗了，另一種類型的政治聯盟取而代之，許多新的民族國家在上世紀 90 年代創立（或重建），這讓人重新意識到帝國在世界上許多地方投下的長長的陰影。類似的還有南斯拉夫的失敗，而它本身就是哈布斯堡帝國崩潰的產物；還有中東的衝突 —— 奧斯曼、英國、法國和美國的帝國利益在這裏像慢動作的車禍般發生碰撞 —— 這些都吸引歷史學家從根源上研究為甚麼出現這些狀況。

　　新帝國史崛起的第二大推動力是 911 的後遺症，美國武裝力量首先干預了阿富汗，然後是伊拉克，許多人將這視為帝國主義政策的體現。特別是在美國，這種突然而非常不正當地、赤裸裸地使用軍事力量的行為，引起許多學者重新反思他們以為"帝國時代"只存在於過去的假設；與此相反，我們似乎正生活在其中。對帝國的研究，是許多學者試圖弄懂自己國家政府行為的一種方式。

帝國轉向的一個結果，是認識到國家和帝國的歷史在很多方面交織在一起：帝國不再被看作與國族締造過程遙遠而無關的歷史，而是被重新解釋為國族故事的一部分 —— 這意味着，國族故事其實並不像原本以為的那樣"國族"。最值得一提的是英國史學界的這種趨勢，那些習慣於舊式敘事的人並不總能同意新帝國史引入的一些複雜問題：在舊式敘述中，不列顛群島的英國性（Britishness）被視為完全本土的，而最近研究顯示，英國性是英國多個世紀以來帝國經驗的產物。帝國轉向的另一個結果，是質疑當代全球化是否真的沒有先例，現代世界與其說和帝國保持距離，不如說實際上是帝國的延續。換句話說，從前的觀點是，從帝國到民族國家的轉型是一個單向過程，兩種政治結構彰明較著，而現在這一觀點有所改變。

至少，"帝國"已經被救出歷史的垃圾箱，重新獲得社會科學中的重要地位；三十年前的"帝國"是一句髒話，而現在它重又出現在學術研究中，是分析時的一個頗為有用的術語。有一篇文章回顧了這方面的一些研究：

> "帝國的轉向"一般被定義為從國別史或國族史的研究轉向帝國研究，從而使設定在帝國和國家之間的領土、文化和政治界限複雜化。"新"帝國史本身作為修訂的"舊"帝國史，更側重於文化、性別和種族，而不是高階政治、經濟，或軍事擴張。[16]

從這一點延展開說，帝國的轉向與先前的研究在兩點上有所不同。首先，它以政治結構而不是經濟形式的角度研究帝國；換一種說法，它更感興趣的是主權

16　戈什：《另一組帝國轉向？》，載《美國歷史評論》第 117 期（2012 年 6 月），第 772 頁。（Durba Ghosh, "Another Set of Imperial Turns?", in: *The American Historical Review*, Volume 117, Issue 3, June 2012, pp. 772 — 793）

和文化，而不是資源及其獲取。在這個意義上，它明顯依託於同後殖民主義研究密切相關的一些先行研究：它不否認經濟的重要性（或唯物主義立場），然而更感興趣的是帝國內部的心態和結構的構成，甚至到真正的帝國消失後，這些方面依然繼續影響着形勢變化。

其次，與以往對帝國的研究相比，帝國轉向具有更明確的比較特徵，試圖發現被稱為 "帝國形態" 的存在背後的相似性，我們也可以打上 "帝國體系" 這一標籤 —— 換句話說，帝制。這對那些查考過去不同形式的政治組織的人來說非常有用，其中就包括我們這些從事中國研究的人。與帝國轉向相關的思考和著作，雖然大部分集中在包括俄羅斯在內的歐美地區，但仍有相當一部分注意力放在亞洲、非洲和美洲的其他帝國形態。因此，作為一個整體，這類研究並非人們想像中的以歐洲為中心，而實際上是全球性的，是要將之納入嶄新的全球史；在這種歷史敘事中，關係網的建造，人口、觀念、圖像和貨物的流動都得到認真的研究，而它本身 "越來越受到的影響，正是我們的迫切需求，即從地域角度了解並歷史地看待我們自身的全球化處境"：

> 新的全球史／帝國史所設定的去中心的敘事中，沒有任何單一的推動力，而是多樣的、難以操控的系統、流程、想像以及偶然事件的發生，推動不同國家、帝國、共同體及其成員，向着不同的方向行進。新近這種重寫世界史的隱含動機，就是賦予全球經濟和共同體中的人以行動力、主體性和歷史意識，從根本上動搖史學傳統中的諸多二元定式，諸如統治者與被統治者、宗主國與殖民地、核心與周邊，還有 —— 也許最重要的 —— 歐洲和非歐洲的二元對立。[17]

從這裏，我們可以開始確定新帝國史與中國史研究 —— 不僅是清史研究 —— 究竟有甚麼聯繫。

讓我從兩個方面詳細說明。首先，帝國轉向為批判性思考帝國結構提供了

17　同上，第 778 頁。

工具，這就為我們演講開始的一個問題提供了答案。我們的問題是：傳統中國是一個帝國嗎？拋開帝國是否等於"empire"的棘手問題，轉而聚焦於形式、標誌，以及帝國的形成所產生的影響，我們可以比較客觀地評估特定歷史狀態或時期。具體地說，當我們談論帝國的時候，我們在談些甚麼？

我們或許可以從最基本的方面着手，也就是帝國形態和國族形態的區別：國族取決於對同一性和同質性的假設，帝國則基於差異性和異質性的假設。也就是說，帝國給人的預期，是同一整體中有着諸多民族、地貌、語言和信仰。帝國廣闊而不均衡，有等級、不對等的建制和擴張；帝國與帝國也並不全都相同。在這些方面，帝國和國族非常不同。當然，實踐中的國族也可能不是完全同質的，但在理論上或在同質化過程中如此。這是民族國家背後的整體觀念 —— 民族和國家、人民和國家是一致的。而這明顯**不是**帝國背後的觀念：帝國包含而不是調和差異。

了解帝國的基本性質後，一些共同的特徵往往見之於所有帝國的結構：不僅包括遼闊的疆域和差別很大的人口，帝國還有制度和其他方面的諸多相似之處 —— 庫珀（Frederick Cooper）和伯班克（Jane Burbank）稱之為"統治套路"（repertoires of rule）—— 包括歷史合法性和政治權威的多種來源，多種法律系統，多種管理系統；由原住人口和職業軍人產生的雙重文化；有活力但衝突不斷的邊疆，帝國與帝國在這裏交鋒，競爭帶來意識形態的挑戰和技術的變化。有了這些知識，我們就可以回望和研究過去不同的國家，評估其在多大程度上符合這些類型；我們還可以進一步探索重新發明、添加和改變帝國類型的途徑。不用說，這不是機械活，而必須深思和謹慎。

帝國轉向與我們這些中國史研究者相關的另一個原因，是它讓過去與現在對話，以史為鑒。正如我提到的，西方學術界的帝國轉向源於一種認識，即帝國經驗並不單純是遙遠的記憶，它實實在在地在當代事務中持續發揮作用。聯邦解體，政府崩潰，戰爭爆發，侵略上演 —— 現有的關於現代民族國家的理論，不能恰當地解釋其中任何一個現象。對我們許多人來說，世界上發生了太多意想不到的變化，學者們被迫尋找其他解釋；對於史學家來說，這意味着質疑我們將"帝國"拋在身後的信念。事實上，只要我們留心，它似乎無所不

在 —— 我們說的語言，吃的食物，穿的衣服，聽的音樂，我們的娛樂 —— 帝國無處不在。

我想，這樣的事情確實發生了，清史研究已從一個相對沒有太大爭議的領域，變成一個敏感領域：任何關於滿族身份和滿族上層精英立場的書寫，都可被視為當代政治評論。我們可以進一步看到，今日，中國的許多方面都出現了 "帝國轉向" —— 清朝歷史劇比如《雍正王朝》和《還珠格格》的流行，清代遺址的增加，人們渴望認同的 "老北京"，以及盛世和復興的觀念。這意味着，人們在三十年前沒有想到如今自己會更為認同 18 世紀。因此，我們更應仔細思考帝國的含義，帝國文化對中國現在和未來的遺產，以及意義製造過程中 "內" 與 "外" 的關聯。

四、結論

關於這篇文章的標題我想了很久，"當我們談 '帝國' 時，我們談些甚麼？" 我希望剛才關於西方史學中 "帝國轉向" 的簡短討論，對於介紹一種新的思考 "帝國" 的方式是有益的 —— 不再將其看作一種純粹的經濟剝削形式，而是對一種政治肌體的思考。這種方式能很好地描述清朝這樣的國家是如何結構的，使我們能夠把清朝與其他帝國形態放在一起，比較異同。我的信念是，能夠進行這樣的討論，將進一步弱化內和外在過去幾百年間穩步減少的差異，就像最開始是歐洲人，後來中國人自己也將清和 "中國" 看作一個帝國。這在豐富中國史研究的同時，對全球史亦有貢獻。

同時，我還試圖強調話語和方法的重要性，因為我相信，如果我們要進入這樣的討論，那麼釐清語言和語境的分歧是至關重要的，這能影響我們對眼前面臨的問題的清晰認識。在我看來，圍繞新清史的爭議中，很多並不是如何看待事實的分歧（儘管這種分歧存在），而是潛在的話語差異。為使觀點的交流更富有成效，雙方討論的術語要有參照框架，這是基本而重要的。對於我們學者而言，要想能夠獲得理解，不僅需要仔細地考慮史料，還需要考慮概念和語言；它要求我們在嘗試準確地翻譯我們的想法和使用恰當的術語時，很實在地應對挑戰。在我看來，除了少數例外，[18] 我們基本上都跳過了翻譯問題，而只是在某種程度上把它看作知識交換附帶的 "技術" 問題。然而，從我與學生和同事多年的工作中，我相信翻譯行為本身構成了學術交流的過程。以這樣的方式來為翻譯正名，是認識到它像橋樑般連接內和外的第一步。

18　"少數例外" 文章中的一篇，參見定宜莊、胡鴻保：《被譯介的 "新清史" —— 以 "族" 為中心的討論》，載《清史論叢》，中國社會科學院歷史研究所清史研究室編，北京：中國廣播影視出版社，2012 年，第 12 — 22 頁。

"賤內"的本位思考
—— 簡評葛兆光教授的演講

◆ ［英］寶力格（Uradyn E. Bulag）

非常榮幸能參加這次盛會，感謝方維規教授的邀請！

這次討論的議題非常重要，而且具有開放性。記得在 1980 / 90 年代，曾有"日本人論"這麼一個大討論。我認為這次討論，也許是那場討論的一個中國版本，可以說是"中國人論"，反映着崛起後的中國需要有新的認同表述。國家的地位變了，"內"與"外"的境界變了，秩序就跟着變，表述肯定也需要變。

葛兆光教授的主題演講題目是"歷史中國之'內'與'外'—— 有關'中國'/'周邊'概念的再澄清"，敘事宏偉，很多過去模糊不清的問題現在明朗了。從葛教授的論文中，我似乎找到了自己的位置，所以感觸很深。葛教授也說了，這個話題比較敏感，因為它涉及現實的制度以及國際關係，他講話比較謹慎，用中性語言處理，非常到位，讓我很佩服。但是作為評議人，大家肯定會期待我做出一定的評判，一種批判性的反應，這樣反過來又把政治敏感度提高了。蒙古語中有個複合名詞叫 dotor uhaantai hün，就是指想法存於內心、表面不露出來的人。方教授讓我來這兒溜一圈，用心良苦啊。看來我得把真實想法說出來了，不能藏於內心！

這次我是帶着學習的態度來的，因為我在外圍溜達了很長時間，對"中語"（我剛從崔溶澈教授那裏得知，韓國稱漢語為中語）已經相當陌生了。我的表達可能有不太清楚的地方，請大家諒解。

* * *

　　葛教授的大作通篇是澄清“內”與“外”的關係，講得已經很明白了：中國的周邊是移動的，“內”與“外”是經常變換的。他說，“有的區域從‘外國’成為‘中國’，有的區域則從‘中國’成為‘外國’。”在中國的歷史上，最能體現“內”與“外”的莫過於蒙古：它的兩大部就以“內”與“外”冠名——內蒙古和外蒙古，這是大家都知道的，但在中國歷史上是絕無僅有的。我下面就以蒙古的“內”與“外”來闡述中國周邊的變化。

　　在座的各位，不是“內”，就是“外”，但我的情況比較複雜些。從族屬來說我是蒙古人。蒙古人原先在中國之“外”，後來一部分蒙古人“入主中原”，就進入中國地域之“內”，但早期的蒙古不是被中國內化，反而是把中國變成了蒙古世界帝國的一隅。這一點似乎不言而喻，但是很多中國人今天堅定地認為蒙古人自古以來就是中國人，所以蒙古世界帝國也就變成了中華世界帝國了。按這個邏輯，今天關於“內”與“外”的議題好像沒有討論的必要。後來，蒙古人在被滿洲人征服的過程中，分割為兩部分，外蒙古和內蒙古；我的部族屬於內札薩克蒙古，有別於外札薩克蒙古，而兩者加起來叫外藩蒙古，就是“蒙古在外面”的意思。這時期蒙古的“內”/“外”之別是在滿洲人主導的中華天下秩序中設定的，是相對於帝國中心的文明與秩序在地緣上的遠近等次的表現。在帝國語境中，內蒙古和外蒙古的蒙古語名稱是 Dotood Mongol、Gadaad Mongol。

　　然而，除了官方的正式稱謂外，還有蒙古人自己的內／外劃分，即 Övör Mongol（內蒙古），Ar Mongol（外蒙古）。這是一種“地理身體”（geobody）語言，即指山麓的陰陽面。在蒙古人看來，這兩者加起來才算完整的蒙古；如果說有中心，它倆本身就是中心，而不需要有外部帝國來界定。現今，外蒙古獨立建立了國家，內蒙古則成為中國境內的一個自治區。

　　值得注意的是，現今內蒙古的蒙古語稱謂是 Övör Mongol，而不是帝國時期的 Dotood Mongol。Övör Mongol 意味着它自成中心，因為昔日的帝國秩序不存在了，外蒙古自成中心，改名叫 Mongol（蒙古），而不再是 Gadaad Mongol。內蒙古（Övör Mongol）的自我中心化當然是中華人民共和國“去帝國化”的反映。去帝國化了的中國，自然要放棄帝國時期的一套概念。今天很多中國人習慣上還用"外蒙古"這個名稱，而不用蒙古國之稱謂，這可能是"民間帝國主義"的表現。從國家和國際層面上講，如果還用外蒙古稱呼今天的蒙古國，那是會引發外交爭端的。這可能是葛兆光教授所提醒的"政治領域的現實問題"。

這些"內"與"外"的變化，或許就是葛教授所說的游動的周邊。然而，有些問題不能從漢語表象上去理解。漢語的內與外，可能是帝國秩序概念。但是，雖然蒙古語也有相應的 Dotood / Gadaad 概念，但是它還有其本土的"地理身體"表述。今天，"內蒙古"的兩種說法，即漢語的"內蒙古"和蒙古語的 Övör Mongol 的並存，不只顯現了概念的分歧；我們還可以說，漢語中的"內蒙古"概念有着對帝國的隱蔽懷念。有意思的是，在蒙古人中，Dotood / Gadaad 概念消失殆盡。雖然有些 Övör Mongol 人還習慣用 Ar Mongol 來稱呼蒙古國，但越來越多的人用 Mongol 直呼蒙古國，而自稱 Övör Mongol。這說明蒙古本土的"地理身體"中的內外之分慢慢消失了。

這裏，我順便提一下蒙古語如何稱呼中國。其實，內蒙古和蒙古國的人稱呼中國也有分歧。內蒙古稱中國為 Dundad Uls，即是中國的直譯，"中間之國"。中華人民共和國是 Bügd Nairamdah Dundad Ard Uls，直譯是"中間人民共和國"。值得注意的是，在翻譯中，"中華"這個概念裏的"華"這個族性被忽視，或"去"掉了。這個翻譯的妙處在於它直接反映了中國 54 憲法中"中華人民共和國是統一的多民族的國家"，或 82 憲法中"中華人民共和國是全國各族人民共同締造的統一的多民族國家"的表述。也就是說，中國不是民族國家，而是囊括並超越眾多民族的國家。它同時將漢族／華族去中心化，從而使得蒙古族可以從情感上認同一個在族性上中立的中國，而不為生存在一個漢人的國家裏而焦慮。這個翻譯是蒙古人和漢人能走到一起共同建立國家的歷史機制，是成就。

反觀歷史，中華民國的蒙古語翻譯是 Dundad Irgen Uls，直譯是"中間民人國"。然而，Irgen（民）在清朝和民國的語境中指的是漢人；清帝國根據不同族群與滿洲人的歷史關係賦予其不同的道德屬性，相互之間的地位等級不同，界限分明。Dundad Irgen Uls 其實在指中華民國是漢人國家，蒙古人因而無法認同；而中華民國，尤其是國民黨政府也是極力想用省縣制度取締蒙古的盟旗制度從而永久性地"解決""蒙古問題"。也正是在這個意義上，Bügd Nairamdah Dundad Ard Uls 這個翻譯使得雙方能相互接受，是具有劃時代意義的成就。

　　然而，蒙古國對中國的稱謂，直接挑戰甚或顛覆了這個努力。蒙古國稱中國為 Hyatad Uls，中華人民共和國是 Bügd Nairamdah Hyatad Ard Uls。Hyatad 這個詞來源於 Kitan（契丹人）的複數，現泛指漢人，蒙古國和內蒙古通用，取代了以往的 Irgen。這樣一來，在蒙古國，"中國"變成了"漢人國"，"中華人民共和國"成了"漢人民共和國"。從字面上看，Bügd Nairamdah Hyatad Ard Uls 更準確地反應了中華的"華"（漢）族姓。其結果是中國人和漢人成為一體，即都是 Hyatad Hün；中華民族和漢族都是 Hyatad Ündesten。然而在內蒙古，這些是有嚴格區分的：中國人和中華民族是 Dundadiin Hün、Dundadiin Ündesten；漢人和漢族是 Hyatad Hün、Hyatad Ündesten。

　　蒙古國是從國屬的角度將中國境內的蒙古人稱為 Hyatad，即中國人＝漢人。蒙古國的這種翻譯，雖然無視中國是多民族國家之國情，給中國境內的蒙古人帶來極大的困惑，給他們的民族認同感造成危機，但是其實無可指責，因為它忠實反映了現代國家理念，即民族—國家。這個翻譯或許會受到中國一些熱衷於整合少數民族的學者或各界人士的歡迎。他們認為，現在的族姓中立的多民族國家中國，如果不取締少數民族的自治，將有亡國之危機。他們的解決辦法是把多民族國家整合成單一民族國家，其民族叫"中華民族"。眾口難調，中國也有不少具有帝國情懷的人。

　　葛教授在文中問，"我們是否也應該從他們的立場、視角和文獻來反觀'中國'？"上面可以說是我對這個問題的簡要答覆。

＊　　　＊　　　＊

　　葛教授還建議將中國這個中心與其他中心連在一起講，看到它們的重疊或者平行，從而看"內"與"外"的變化，這也很有意思。但具體到蒙古會是甚麼樣的情形呢？

我剛才從語言稱謂的角度講了內蒙古和外蒙古的分異。從地理方位的角度，內蒙古作為行政區劃處於中國和蒙古國的中間，當然它是在中國境內。這個地域有兩個中心：中國和蒙古國。從行政的角度，內蒙古在中國屬於"內"，但它又是中國的邊緣。從民族文化的角度，內蒙古和蒙古國同屬一個民族，內蒙古是蒙古國的"內"，但又是它的邊緣，這是因為內蒙古的文化近代以來受蒙古國的影響深遠。從地緣的角度，這兩個中心在我這裏 —— 內蒙古 —— 匯合、重疊。內蒙古這時又變成中心了。

我在這裏想提出一個新的"內"的概念，和葛教授或其他學者提出的"內"還不太一樣。我提出的"內"可以叫作"賤內"。這個詞本身是中國男子對妻子的貶稱，有佔有但同時又有一種鄙視的意味。"賤內"有異質性，有"外來"的本質，對"中心"是有魅力的，但同時也會被認為有威脅。在外婚制理念中，新娘是外面來的，所以不得不提防她，但她的魅力就在這裏：在提防她的過程中，她也有神奇的地方；這是有着雙重性的"賤內"。所以，作為"賤內"活着，本身就很無奈，她感受到一種愛，同時感受到一種鄙視和排斥，不信任。我稱這種身體和心靈的暴力為"家暴"，正所謂打是親罵是愛。時常處於雙重家暴的"賤內"的生存意義何在呢？

從人類學的角度講，"賤內"所處的位置是特納（Victor Turner, 1920 — 1983）的儀式理論裏面所講的中間過渡帶。儀式有三個階段，開始、中間、終結。中間帶叫"間域"（liminal stage）。在儀式過程中，人在間域時常會失去自我，或者自我被否定；經歷了洗禮以後，再轉成一個新的身份。在間域，其實我被剝奪了我所擁有的一切，沒有了身份，沒有了尊嚴，這時我則變成了阿甘本（Giorgio Agamben）的"牲人"（Homo Sacer），一種生物體，稍有不慎就會被祭獻給某個神靈，但我不會因此獲得神聖的價值。

我認為內蒙古現今的身份就是一種"賤內"，是處於間域的賤內，被兩個中心愛着，提防着，時不時被"家暴"，祭獻各自的愛國之神。我之所以這麼講，就是想說中國與周邊的交錯轉折，不只有輕鬆的一面；"內化"不一定都那麼美好。大家可以在中心慶祝這種雜糅（hybridity），好像世界大同已經到來，人們不分彼此。然而，中間帶的這些人，他們的情感，尤其是他們的政治情感，在大家慶祝的時候，是否還需要顧及呢？在歡慶的同時，也希望記着中間帶的"賤內"；在被愛的同時，她也許會被家暴，也許很無奈。

請允許我順着這個話題再說幾句。中心對"賤內"的這種壓力，往往會迫使"賤內"為了生存而順從，在文化或者政治、制度上對中心"向化"。但放棄了自我，又會使中心失掉快感。這點從婚姻生活中看得清楚，"賤內"失掉"野性"也就會失去自身的魅力。這裏有個很有意思的邏輯：我不得不順從中國內化的需要而漢化，但是我過於漢化，又會使漢族人感到失望。所以，為了不讓他失望，我還得時不時冠冕堂皇地表演我的野蠻族性，讓他從中找到一點異質性的東西而感到其投資是值得的。

這是身份認同政治（identity politics）裏面所說的"自我"與"他者"的辯證關係。請注意這樣一個情形：中國的"文明使命"往往要同化"他者"，即所謂的野蠻的邊緣人，好像只有跟他一樣了他才高興。這個中國式"文明使命"和西方的"文明使命"（civilizing mission）有異曲同工之妙，在消滅異文化上樂此不彼。然而，如果"自我"是由"他者"來支撐的，或文明由野蠻來襯墊，那麼邊緣被同化意味着"他者"沒有了，"自我"這個高貴的中心也就不可能成立了。因此，這種"文明使命"雖然會給自己帶來一時的快感，但是卻把自己的命也"革"了，不能"再生產"了。所以，為了"自我"的繼續存在，他很可能會去尋找另外的"他者"。這是一個不停地同化、消滅邊緣的"他者"，又繼續尋找，甚至創造"他者"的過程。

我再冒昧提出一個問題：為甚麼中國人口這麼多，漢族的文化力量如此強大而有穿透力，但是在它周邊，而且是在家門口，甚至在其中間，還有那麼多蠻夷或是少數民族的存在？這意味着甚麼呢？是中國文明力量微弱而不能"內化"他們呢？還是中國文明為了自身需要而必須要有"他者"存在於自我之"外"呢？我認為兩個方面都是有的。

個中的邏輯我們今天可以看得更清楚。現在，大家的生活都好起來了，很多人選擇去度假，去看看不同的、跟自己不一樣的東西，去欣賞一下不同文化的人怎麼生活；旅遊的一大特點就是獵奇。去哪兒呢？很多"內地人"想去內蒙古、新疆、西藏等邊疆地區遛一圈；想像中的他們還是那麼的落後，但又那麼的純樸可愛！在內地碰到蒙古人，他們往往一臉認真地問，是否騎着馬上班或上學。他們大概是電視旅遊宣傳片的俘虜：遼闊的大草原，風吹草低見牛羊，蒙古人盡情豪飲、歌唱，個個都笑得一朵花似的，多麼迷人。結果去了一看，見到的蒙古人都會說漢語，蒙古服裝不穿了，馬不騎了，這像蒙古人嗎？好失望！這個時候，憤怒的他們就要求蒙古人承擔起身為蒙古人的重任，跳起舞來，唱起歌來吧！人們趕緊定做蒙古袍穿起來，蒙語忘了撿起來，很多漢族人也穿衣戴帽裝扮一通，這可是好生意啊。電視機裏歌星們穿着鮮艷的蒙古服裝，盡情地用漢語傾訴着對草原的眷戀；在訪談中流暢地解釋蒙古人神奇的生活習俗。但是當主持人或觀眾要求他們說幾句蒙古語時，他們除了用帶濃重的漢語口音說一兩句最簡單的問候語外不會別的。這時請大家觀察主持人或觀眾的表情。他們要的是原汁原味的蒙古人，他們是花了錢來的！這些例子雖然是內蒙古的，但我相信，其他地方也大同小異。

　　中國文化現今對國內"他者"的雙重要求，意味着完全的漢化會令人失望，而"賤內"的尷尬局面正是他們的現實。問題是，他們如何在"內"與"外"之間找到平衡點，使得自己保持一點尊嚴，但又不至於讓中心的人感到失望呢？

＊　　　＊　　　＊

　　另外一點讓我感觸比較深的是葛教授對統一和多元的論述。葛教授在談這個問題的時候展現了他的學術功底，他在挑戰西方對民族、國家或帝國的基本認知。在他看來，所有近現代的民族特徵，秦漢時期已經有了；而宋朝和明朝很可能是一個真正的民族國家，因為它具有民族國家的特徵：同文、同軌、同儀等近代民族國家的理想。同時又有很多技術手段，比如人口管理，政治上用郡縣制度來將被征服的疆域進行管理。這些往往被認為是現代民族國家的技術在古代中國早就有了。這一論述挑戰了民族國家起源於近代資本主義時期的西方理論。還有，近代民族國家不僅僅追求國內的同質性，對外還有擴張性，這點正與古代中國吻合。

但是，我們知道，西方理論也不是單一的。史密斯（Anthony D. Smith, 1939 — 2016）就強調現在的民族並不是憑空創造出來的，而是來自古代 ethnie（族群）。他還指出沒有國家歷史的 ethnie 和有國家治理和行政傳統的 ethnie 在轉入現代民族時的不同表現，即，前者往往訴諸宗教等因素，其民族主義是文化的、族群的（ethnic nationalism），強調自身的本質不同，對異文化有強烈的排斥性；而後者則表現為公民民族主義（civic nationalism），將國家放在眾多族群之上，也就有了超越性，對內部的多元文化有一定的容忍度或承受力。

這個理論可以給我們提供借鑒，讓我們審視一下中國歷史上兩種類型的國家形態對不同文化群體的態度。秦漢宋明的中國民族主義追求漢文化的同質性，而內亞的遊牧狩獵人入主中原建立的蒙元、滿清帝國是對統治下的各個文化和群體的異質性的保護。這點的確顛覆了所謂的常理。按理說，野蠻的蒙古和滿洲應該會壓制統治區內的異文化，文明的中國應該保護異文化，但事實正好相反。中國和內亞這個差異導致遵從兩種不同國家形態和理念的人們之間的對抗，這也是為甚麼很多人，不管是漢族還是少數民族，至今還覺得蒙元、滿清的統治有可取之處的原因。這當然也是"新清史"的一個討論議題，大家都很熟悉了。圍繞新清史的爭論受制於現代的，具有強烈的價值取向的，同時內存矛盾的理論的指導。"漢化""殖民"就是有爭議的兩個相互對抗的概念。葛教授對現有漢化和殖民的論述各打五十大板，說一半有道理，一半沒有道理。他認為"漢化""殖民"在中國歷史上是存在的，我們沒有必要避諱，這一點上我是認可的，應該是這樣的。

但是，他對中國和西方殖民特徵的分析值得商榷。他在比較中國的殖民和西方的殖民時指出它們的不同，說中國或清朝的殖民特點是將周邊與內地同質化，即行政上郡縣化，人口上編戶齊民，風俗上進行漢化。他認為應該承認清朝的"殖民事業"，總是強調"自古以來"就說不清楚中國疆域的伸縮，為甚麼歷史是那麼殘酷的。但他認為，中國的殖民和西方的殖民有差別，區別在於前者是中心向邊緣的擴大，納入帝國，是在追求同質性；而西方是從本土到海外，是掠奪資源，是強調殖民地的異質性，而不是追求同質性。

當然葛兆光教授用中性語言講述這些不同，沒有給予價值評判。這點我很讚賞，但是我們必須看到中國的殖民不只是從中心到邊緣的擴大。我上面談到蒙元和滿清的遺產對於中國的意義有別於秦漢宋明對於中國的意義。其實認知這東西可能是隨着時代的需求改變的。以往人們強調蒙古和滿洲從域外入侵中原的非正義性，而今天，人們則強調他們為中國的偉業劈荊斬棘，而自己卻"不帶走一片雲彩"。

同樣，西方殖民主義也有各種形態。比如，法國殖民主義是要輸出自己的文化，它有文明的使命，它強調母國與殖民地文化的一致性，所以法國殖民主義對所統治下的異文化甚少有容忍度。英國殖民主義有兩種形態，在殖民人員少時，它強調對殖民地間接統治，比如在它的非洲和亞洲殖民統治。但是在澳洲和北美它則是搞移民殖民主義（settler colonialism），將所佔領土地當作英國的延伸。在移民殖民地裏，英國人取代土著人，而不是將他們當作勞動力來為帝國製造財富。當然，並不是所有歐洲殖民主義都海外擴張。俄羅斯殖民主義就是從歐洲向中亞和西伯利亞移民擴張，連英國也對聯合王國的邊緣愛爾蘭和威爾士實行內部殖民主義（internal colonialism）。我們可以總結三種殖民主義以及殖民地人民的反應方式：

1. 當殖民者強調殖民地人和文化的異質性的時候，被殖民者往往提出同質性要求，尋求被尊重，他們會追求平等的權利。

2. 當殖民者強調同化，否認殖民地文化的異質性時，被殖民者則要求對其文化的承認。

3. 當殖民者佔領土著人的家園並取代土著人時，其結果只能是武力對抗，儘管土著人總是被打敗，最終被編為低等的國民。

從這三個形態來觀察中國與周邊，尤其是與"賤內"的互動，我們或可發現有意思的情形。

中國歷史上的民族主義的理念追求同化，即漢化。漢化有兩層意思，一方面它表現出普世主義，追求文化的同質性，而文化的同質性的追求一般是要對異文化不容忍，或消滅的。在現代理念中，民族是文化的團體，其文化消亡了，那民族也就不存在了。另一方面漢化的實踐是移民實邊，這又有移民殖民主義的味道。所以，中國少數民族近代以來的反抗和鬥爭與人們對西方殖民主義的反抗有共性，當然也有它自己一定的特點。我剛才講到，漢化的過分追求可能會導致周邊蠻夷的消亡，但它同時會造成漢族的不能 "再生產"，所以為了漢族的自我，少數民族又有了存在的必要性。然而，問題是，為了中心而被允許生存的 "內" 文化，究竟有多少生命力呢？

中國現今的民族和文化多元，歸功於所謂征服王朝 —— 蒙元、滿清帝國，以及中華人民共和國。後者可能不是異族 "入主中原"，但它無疑是西方馬列主義 "入主" 中國並本土化的結果。這三者的共同點是對統轄內民族和文化多元的認可和制度上的支持。從這個角度來說，所謂多元民族或多文化主義不是西方的現代舶來品，而是來源於中原與內亞的具有上千年歷史的互動的政治實踐。當然，今天的中國是中原和內亞的複合體，而兩者對民族和文化的態度有很大的分歧。前者對後者的民族文化政策往往被指控為不利於民族團結，好像它製造了隔閡。有意思的是在這個話語中，製造隔閡往往又被認為是西方的帝國主義的專利。這就是今天 "賤內" 生存的生態。

*　　*　　*

我一開始以蒙古的內／外分離開始我的評論，最後我也用蒙古的兩個例子來結束吧。蒙古的例子其實帶有很多的情感色彩。我講這些的目的是讓我們在研究 "他者" 的 "內化" 時，要多從他者角度去考慮。因為，近代以來，這個邊緣的 "他者" 總是一個 "被解決" 的問題或對象。他們最好的歸宿總被設計成 "內化"。人類學的一個治學理念是站在 "他者" 的角度去看世界，聆聽他的心聲，理解他的內心焦慮。只有這樣才會將自我 "問題化"，只有這樣才多一份謙遜，也只有這樣才能有對話的可能。不然總是惦記着如何 "解決" 人家，人家只能不是順從，就是躲閃。

第一個例子是，大家閱讀蒙元史都知道，忽必烈建都北京，成了蒙古的大可汗、中國的皇帝，但這並不是蒙古的全部歷史。蒙古人內部針對 "入主中原" 有兩種不可調和的立場，忽必烈為此和他弟弟阿里不哥幹了一仗。一種是要入主中原，這是一種榮耀，一種享受；另一種是說中國人太多了，怕陷入裏面出不來，最好的辦法是佔據草原，有必要時南下，要麼貿易，要麼掠奪，攻守自如。無論是入"內"治理，還是從"外"攻略，蒙古意見雙方是傲視中原的，而不是羨慕中華，要不然朱元璋也不會喊"驅逐胡虜，回復中華"。

另外一個例子是，1911 年 12 月外蒙古獨立，建立蒙古國。它的獨立宣言裏面說我們跟滿洲人過去是盟友，是一起朝着太陽磕過頭拜過把子的，有盟誓；今天你們在內地支撐不住了，反過來領着漢人來折騰我們，背棄了盟友。獨立宣言裏面這麼説："朝着金色宮殿的方向，我們磕頭舉行與天明斷絕關係的禮儀後，共同擁戴博克多為君主，立國名為蒙古"（altan ordnony zug handaj tengeriin gegeenees hagatsahyn yosoor mörgööd bügdeer Bogdyg örgömjlön ezen bolgoj ulsyn tsolyg Mongol hemeen）。外蒙古就這樣走了，由於滿清的不義和背叛，它單方面解除了盟約，恢復了 1691 年結盟以前的獨立。

歷史上，蒙古對中國的態度有一個地理方位的轉變。以前中原是蒙古的"逐鹿"場所，全身而入，後被趕了出來，它也幾乎全身而退。這是蒙古人的"南進"。但是第二次與中原成為一個國家，不是蒙古人自己主導的，而是滿洲人帶進來的。然而，在中原革命黨人正臂高呼"驅除韃虜，恢復中華"時，蒙古掉轉馬頭率先"北走"。其實在滿清這個複合帝國內，外蒙古人並沒有進中原，只是在清末內蒙古王公被邀進關幫助維持搖搖欲墜的帝國大廈。

蒙古的"地理心理"轉變是大勢所趨，它的陰影今天還在，你要扭轉這個東西肯定不太容易。這種地理心理在其他地區也是有的，只不過其歷史有所不同，表現的程度也各異。不論如何，咱們先把這些概念、心態、心理都弄清楚了，然後坐在一起談中國的"內"與"外"之間的關係時，心情可能會平靜些，交流起來會順暢些。

"中國"何以成為問題？

——就"新清史"及相關問題與歐立德教授商榷

◆ 汪榮祖

　　各位老師、各位同學下午好，非常感謝方維規教授邀請我參加這次論壇，要我點評歐立德（Mark C. Elliott）教授的主題演講，我很高興有這個機會能够跟他對話。我是第一次見到歐教授，不過我們神交已久，因為我很認真讀過他的大作《滿洲之道》（*The Manchu Way*）和《乾隆帝》（*Emperor Qianlong: Son of Heaven, Man of the World*）這本小書。我相信歐教授也知道我，因為他今天早上見了我，就說他認識我的面孔，我想他大概看到過我的照片，他也應該知道我不很贊同他有關"新清史"的看法。總之我真的非常高興有這個機會能在這樣一個場合，與歐教授對話。據我所知，歐立德教授跟中國很有淵源，與中國學者多有來往。定宜莊教授曾告訴我們，歐教授是清史名家王鍾翰先生的學生，他們是同門師姐弟。歐教授也一直非常關注中國學者的著作，而且他的中文講得非常好。據我個人經驗，除了已故的牟復禮（Frederick W. Mote, 1922 — 2005）教授外，很少有美國學者的中文能講得像他那麼好。

　　今天我們這個會的主題，講到"甚麼是中國""中國是甚麼"。我對這個問題，個人有一些感想。我們中國現代學者研究中國，從梁啓超開始，超過一個世紀。在美國，費正清（John K. Fairbank, 1907 — 1991）教授開始帶領研究中國，也差不多有半個世紀，甚至超過半個世紀。為甚麼到今天我們還搞不清楚"中國是甚麼""甚麼是中國"這個基本問題？歐教授提到的現代中國學者，從梁啓超、章太炎、顧頡剛、傅斯年、范文瀾和錢穆等人的著作中，我也看不出他們在"尋找"甚麼是"中國"、"中國"是甚麼，並沒有認為這個基本問題是問題，他們視為當然，中國就是中國，用英文講叫"take for granted"。剛剛葛兆光教授講得非常精彩，把這個問題講得非常清楚，因為外國學者提起這個問題，他不得不出版《宅茲中國》這本論文集，講清楚，説明白。之前的學者認為沒有必要，假如像章太炎這些學者，也去追究這個問題的話，葛兆光教授就不用那麼辛苦了。至於説如何"重做中國人？"更使我費解，難道我們以前做錯了中國人，所以要研究如何重新做中國人？

　　在我看來，為何"甚麼是中國"變成一個大的問題呢？而甚麼是美國，好像大家沒覺得有這麼重要去追究。其實，從文獻看，漢高祖劉邦建立漢朝，自稱是中國；康熙在其滿文遺詔裏，也自稱是中國的皇帝。中國今天這個疆域，約 960 萬平方公里，比美國的疆域還略大。中國的疆域是經過兩三千年的演變而形成的，而美國只經過二三百年就從十三州發展到今天橫跨兩洋的疆域。時間上雖然差別甚大，但這兩個國家的地理或空間，同樣在改變。中國疆域演變的時間很長，所以剛剛葛教授所講的歷史疆域有所起伏。歷史疆域有伸展、有收縮，好像就成了問題。歐教授要談"the proper limits of 中國"，What is in and what is out，還不是要視某個歷史時期的實況或現況，總不能還要討論現有的中國疆域，哪些要 in，哪些須 out。恐怕沒有人會去討論當今任何大國的疆域，哪些該 in，哪些該 out？談也無用。我們不必老是講，哪些地方自古就是中國的領土，但是也不必説古時候不是我們的領土，現在就不是我們的領土。這是疆域演變的過程，形成今天這樣的結果，各國都是如此。所以我們研究歷史就是要把怎樣演變到今天的過程，説明清楚，就好了。説那個領土甚麼時候到甚麼時候屬於中國，這是個歷史變遷的問題，最主要的是現在這個疆域。葛教授所擔心的許多疆域問題，我覺得如果國力強，都不成問題；如果國力弱，問題不僅僅會成為危機，甚至是災難。

　　"中國"之所以成為問題，主要是因為西方人，不光是歐教授，包括一般的美國人，一直把中國人等同漢人，他們心目中的 Chinese 就是漢，所以他們認為滿族、藏族、維吾爾族都不是 Chinese！但是中國自古以來，和美國一樣是個多民族國家。美國包含白人、黑人、亞裔、拉丁美洲裔。在美國小孩去上學要宣誓説"在上帝之下同屬一國"（one nation under God），"one nation"不就是一個民族國家，他們各族群是 "one nation under the God"，卻不認為中國是。所以說：美國是一個多民族國家，中國也是個多民族國家。剛剛葛教授說的現代國家、民族國家大都不是單一民族的國家，我想不到舉世有幾個真正單一民族的國家，即使日本也有少數民族。回顧歷史，中國至少從春秋戰國以來，多民族之間的戰爭、和平、融和，不斷在進行。隨着時間的發展，所謂中國的地理空間不斷在變化。由於中國在近代之前，尚無現代國家的觀念，沒有明顯的疆界，在沒有明顯疆界內活動的多民族，經過三千年的演變，逐漸形成現代的中國及其疆界。我們注意到，羅馬帝國崩潰後，一去不返，逐漸形成許多民族國家，而中國的疆域不下於歐洲，何以在中國各民族經幾千年都沒有形成多個民族國家，我認為關鍵之一在中國的方塊字。如果中國也用拼音文字，則入主中國的少數民族也會用他們自己的語言，漸漸拼成文字，而建立各自的民族國家。若然，則中國也會像歐洲一樣形成列國之勢。再說，如果中國用的是拼音文字，即使漢族，因方言之故，也可能會成為不同語言的國家。所以中國雖屢經分裂而總歸統一是歷史文化所形成的，這一點與西方國家並不一樣。

講到歷史，我完全同意，有位學者名叫洛文塔爾（David Lowenthal），他曾經寫過一本書，書名是《歷史像是外國》（*The Past is a Foreign Country*），對現代人講古人古事是很陌生的，所以我們不能用現在的概念去理解歷史問題。譬如我們現在講到"國"，都是受了西方概念的影響，就是西方的"nation"概念。可是在中國歷史上，國之概念絕不是現在的含義。在傳統中國，國指的是朝廷，比如清朝自稱國家龍興遼東，又如魏、蜀、吳三國，他們不是現代意義的三個國家，但他們都認同自己是中國人，而且他們都想要追求中國的統一。

歐教授是清史專家，大家都稱他是"新清史"的領軍人物，他在美國哈佛大學執教，非常有影響力。我並不反對他用"征服"（conquest）這個詞，滿清入關當然征服了當時明朝的中國，然而中國歷史上各個朝代，有幾個不是憑軍事征服而成事的，極大部分都是靠軍事手段來征服。但是，重要的是滿清入關，是要跟明朝爭天下，並不像是現代帝國主義國家征服另外一個國家以後，把它當作殖民地，甚至於直接併吞，像日本於 1910 年併吞了朝鮮。所有中國少數民族入主中國以後，都是在爭中國之天下，統治中國。

　　歐教授是清史專家，我要向他請教。我覺得滿族和滿洲這塊地方對關內而言，並不太陌生，並不能視為域外，說不上是所謂的"異域"（alien），關外並不是一個陌生的地方，關內、外有悠久而密切的關係，按照史實，滿洲的族類叫女真，女真族類，計有百餘，主要有三：（一）建州女真；（二）海西女真；（三）野人女真。滿洲的發祥地主要是建州，建州到清朝成為興京，也是愛新覺羅氏祖先發跡之地。再從歷史來看，據《史記‧匈奴傳》的記載，燕國將領秦開襲破東胡後，設置了遼東和遼西兩郡，遼東延伸到了朝鮮，遼西就是今天的錦州跟灤西一帶。漢武帝也在這裏設立了樂浪郡，就是今天朝鮮的平安道一帶；漢朝時候的玄菟，就是清代的東邊道，位於興京之東，長白山東偏的地方。直到五胡亂華以後，遼東才不復為中國所有，才失去這塊地方。大唐雖然征伐高麗，沒能收復遼東。但是我們知道明朝初年的時候，馮勝居然收復了遼東，設立了遼東都指揮司使，好像是今天的特別區，其下設有衛所，也有學校，也有教官。都司的東北為興京，就是漢代的玄菟郡、遼東諸郡。明將熊廷弼跟努爾哈赤相持在瀋陽、廣寧。廣寧，就在今天錦州的東北部。當地人一樣都可以應試，可以參加順天鄉試的。明成祖永樂皇帝（1403—1424）設置了奴兒干都司，統轄建州、海西諸郡。清代曾經在黑龍江發現奴兒干都司碑，可以證實明朝統治勢力不但到達遼東，還擴展到吉林、黑龍江。明宣宗（1426—1435）時，曾在吉林的松花江邊建了個造船廠，所以清代時候有人稱吉林為"船廠"。這就證明滿族和滿洲對明代人來講並不是那麼陌生。在明代，不僅遼東，即使吉林、黑龍江也在中國版圖之內。

　　至於人口，據章太炎的考證，在明朝時，遼東的漢人已經有四五百萬人之多，到了清末，增加到三千萬，而滿族人不到一百萬。清太祖努爾哈赤起兵時，純正的滿族不過數十萬。入主中原以後，很多滿人都入關了，而在八大旗的不過五六十萬。經過兩百年之後，到現在，我們可以說純粹的滿人已經非常之少，我必須說純粹的漢人也不會很多。戰前日本人曾說滿人有五百萬，顯然誇大其詞。

　　少數民族漢化和漢人胡化，陳寅恪先生老早就講過了，而且他非常強調這個史實，其結果都成為中國人。我覺得清朝入關之後，是取代了明朝政權，清代皇帝也取代明代皇帝成為中國皇帝，成為中國的執政者。通曉滿文的甘德星教授，利用四份滿文遺詔，指出康熙明顯認為自己是中國的皇帝。歐教授不認同 "清朝是中國歷代的最後一個王朝"（the Qing as the last in a long series of Chinese dynasties）的提法，但我認為從整個歷史的發展來講，這句話並沒有錯，如果硬要把元朝與清朝從中國帝制史中割裂出去，是一個說得通的歷史論述嗎？當然每個朝代並不是完全相同，但是這個承繼的關係十分明顯。乾隆皇帝講得非常明白，大家都知道乾隆皇帝的《歷代御批通鑑輯覽》，他在書中開宗明義就講："自隆古以至本朝，四千五百五十九年事實編為一部"，以便 "知統系之應守"，明言中國的歷史統系一直延續到清朝。

　　我要請教歐教授，歐教授總是認為我們中國學者常常會有 "民族主義的論述"（nationlist narrative），而且不願意動搖舊的說法。我個人覺得並不盡然，因為翻案在中國史學傳統中是非常普遍的。這與歐教授徵引德國歷史學家魯道夫（Hermann Rudolph, 1817 — 1881）提到的 "動搖慣例"（unsettling what is customary）相當類似，翻案就是動搖慣例。不過翻案並不是那麼容易，它要有充分的理據與事據，因此翻案有的成立，有的就不能成立，所以我們不能輕率地下斷語。歐教授指出，滿清入關後，有很多抗暴行動。然而歷史上每一個新的朝代起來征服前朝時，都會有抗暴行動，而後才穩定下來的。最近的中華人民共和國取代中華民國之後，也有鎮壓反革命的運動。這不能與現代的國家征服另一個國家相提並論。

　　歐教授也許有興趣知道，元朝征服南宋固然有為宋殉節者，但是明朝征服元朝，也有為蒙元殉節的漢人，清亡時也有殉清的漢人，這說明對朝廷的認同是超越族群的。與這相關的是，歐教授剛剛在演講中沒提到而出現在他講稿中的一點，我覺得很重要。他在英文講稿提到，假如滿洲人這麼認同自己是中國人，那雍正皇帝為甚麼要花那麼多的時間，發表長篇大論的《大義覺迷錄》，來昭告每一個人。他的原文是："if the Manchus were so Chinese, the Yongzheng emperor had to go to such lengths to try to prove it to everyone by writing and publishing the book in the first place." 假如我沒有誤解歐教授的意思，那歐教授顯然誤解了雍正。我看過雍正的《大義覺迷錄》，主要意思有兩點：一點是要排除他取得皇位的不正當性，極力駁斥他失德的謠言。當時有出自他兄弟的流言，説本來康熙要傳位給十四子，他塗改遺詔為第四子而繼位，他為甚麼要澄清取得皇位不正當性的説法？因為有德者即合法，才合乎儒家仁德的理想，他是在聲明他得位符合儒家倫理的正當性和皇位的正統，否則就成為篡位。第二個更重要的是強調"華夷一家"，來論證滿清統治中國的合法性和正當性。他很明顯説，華夏不是人獸之別，只是猶如籍貫之不同而已。他講得那麼清楚，説滿漢不同，就像湖北人和湖南人籍貫不同一樣。所以他的目的正是要消除歐教授所謂的"ethnic character"（種族特性），這樣滿清政府才能够成為中國的朝廷，擁有合法性。他認為誰主天下，是"有德者即有其位"。我把《大義覺迷錄》中一段重要的話念給大家聽："惟有德者可為天下君。此天下一家，萬物一體，自古迄今，萬世不易之常經。非尋常之類聚群分，鄉曲疆域之私衷淺見所可妄為同異者也。《書》曰：'皇天無親，惟德是輔。'蓋德足以君天下，則天錫祐之，以為天下君。"他很明顯説要為天下君，要做合法的中國皇帝。假如他不認同中國，這又從何説起呢？歐教授豈不正好誤解了《大義覺迷錄》的用意？

"漢化"的問題，歐教授這次沒有多談，我就稍微講一下。我出版《清帝國性質的再商榷：回應新清史》那本書以後，復旦大學的姚大力教授很不以為然，他説不要老講漢化的老故事，要多聽別人講。我以前從沒談過滿清的漢化問題，並不願意談老故事，但正是因為有人否認漢化，我才不得已而提到，用孟子的話講："吾且好辯哉？不得已也。"我簡單講，歷史學家有後見之明，現在回頭看，滿族的漢化不是太明顯了嗎？我就舉兩個例子。在台灣有位滿清皇室遺老，大家稱其為"毓老"，很多美國留學生跟他學《論語》《孟子》，他一百零三歲過世。我想他的漢化要比任何漢人更漢化，而且他十分認同中國。再説南開大學的葉嘉瑩教授，她研究中華詩詞水平之高當今無人可以比肩，她雖非漢族，但不僅傾心漢文化，而且強烈認同中國，在海外苦心積慮要回國執教，為祖國貢獻所學。

歐教授提到説，他看到的用中文書寫的中國歷史，除中外關係以外，沒有提到當時的外國。歐教授説也許他説得很過分，我覺得一點都不過分。因為我自己也感覺到，我們中國人太過看重自己的東西，不太在意"他者"。比如我們翻譯外國的東西，外國人談中國的，不管好壞，翻譯得最快，數量相當多，無關中國的就不那麼在意。歐教授講到中國人對外國人有戒心，絕對不是，我覺得正好相反，大家對西方的仰慕是有目共睹的。

　　現在讓我回到歐教授提到的語言問題，兩種不同語言，比如中文和英語，要翻譯過來是有困難的。我剛剛提到的牟復禮教授，中英文都非常好，他發現兩種語言間有所謂有"宇宙觀的鴻溝"（cosmological gap），很難完全彌補。錢鍾書先生也說，從一種語言翻譯到另一種語言時，意思會漏掉或流失，甚至會流失到面目全非，真的能夠一五一十完全把一種語言翻譯成另一種語言，非常不簡單。

　　歐教授用了很大的篇幅，指出將"empire"譯成"帝國"並不恰當，而且為之十分"困擾"（haunted），他在剛才的演講中也提到這點。他因而對此一名詞譯介到中國的過程，何時、如何以及為何用來指稱中國，考證甚詳，提出"傳統中國是一個帝國嗎？"這樣的議題，他的答案顯然是負面的。我編了本書叫《清帝國性質的再商榷》，歐教授剛剛好像對"清帝國"的提法不太以為然。但我覺得相比之下，"帝國"這個詞還是可以接受的。我們用詞當然要非常謹慎，但我們往往也只能約定俗成。例如歐教授提到的"經濟學"，"經濟"在中國的原意是"經世濟民"，應翻譯成"statecraft"而不是"economy"，也不是"economics"，可大家現在都普遍運用了。"經濟學"原本也不是沒有漢譯，嚴復曾翻譯成"計學"。也許劣幣往往驅逐良幣，就沒有沿用下來。這種例子非常之多，既已約定俗成，西詞漢譯也就賦有新的意涵，當然也有意義相當貼近的。"皇帝"這個名詞中國很早就有，從秦始皇開始，自稱集三皇五帝於一身。那我們反過來如何翻譯"皇帝"一詞？那皇帝的國家是不是可以稱為"帝國"？當然"帝國"是一個新名詞，歐教授考證得非常詳細，"帝國"這個翻譯誰先用的、怎麼樣流行的等等，非常好。只是我覺得我們完全可以用新名詞寫歷史，由於現代西方文化的威力，有許許多多的新詞彙、新概念要譯介到中國來，因為日本西化在先，有許多漢譯照搬現成的日譯，於是我們接受了很多日譯的西方名詞。翻譯過來既然豐富了漢語詞彙，為甚麼不能用這些詞彙來描述歷史情況呢？而且"帝國"有很多種，性質也不必完全一樣。拿近代來講，蘇聯帝國和大英帝國很不一樣，那麼中華帝國或清帝國也可以有自己的特徵與內容，就特徵和內容而言，清帝國儼然是中華帝國而非西方式的帝國。當然剛剛歐教授也提到所謂"帝國主義"（imperialism）的問題，歐教授好像認為帝國一定是"帝國主義的"（imperialistic）；我想，傳統或古代的帝國是"帝國的"（imperial），與"帝國主義的"是兩回事。我們認知的帝國主義是現代的現象，是列寧所謂資本主義發展到高峰的現象。在古代既然沒有資本主義，就不可能有所謂的帝國主義。所以在傳統中國沒有"帝國主義"這玩意兒，中國受到帝國主義的侵略是近現代的事。所以我們說中華帝國，或大清帝國自有其內涵，不必同於現代西方的帝國，互相比較之下，異同自見。在近代西洋歷史上提到的所謂"新帝國主義"（New Imperialism），最具有侵略性，諸如海外殖民、奪取資源與市場，都是新帝國主義的特點，傳統的帝國當然不可能有現代帝國主義的特點。

歐教授特別指出近年來西方的"帝國熱"，在他的英文講稿裏列出滿頁的書目，說是歷史研究的"帝國轉向"（Imperial Turn）。如何解釋"帝國熱"？歐教授有二解，一是蘇聯、南斯拉夫等帝國的崩解及其後果；二是美國在 911 受到恐怖攻擊後，在阿富汗與中東等地所採取的帝國主義政策，迫使學者重新回顧帝國時代，以古鑒今，重新解釋帝國的含義。然而"帝國轉向"與中國歷史研究有何關係呢？他又回到傳統中國是否帝國的問題。關於這一方面，他未詳談，莫測高深。有趣的是，他注意到近年來中國國內對清朝古裝戲的興趣，如《雍正王朝》《還珠格格》等。我覺得若將此娛樂性質的節目，牽涉到 imperial turn，可能會過度解釋。我也注意到英美近年來也流行歷史古裝劇，當然值得我們進一步地觀察與研究，這到底代表了甚麼？

西方理論性的用詞當然更加難以譯介，歐教授提到來自西方經驗的理論是否能展現在特殊的中國經驗上；不過，他同時指出，西方理論早已在漢文裏流行了。不錯，如歐教授所說，已經"gain a wider perspective on the historical forces at work in Chinese society"。他特別提到馬列主義在中國找到肥沃的土壤。但平心而論，運用西方理論到中國歷史沒有嚴重的問題嗎？大家不是早已發現有"以論帶史"的毛病嗎？不是說西方理論"與中國無關"（irrelevant to China），而是不能"盲從"（slavish borrowing）。我必須說，在西方學術文化霸權下，草上之風必偃，如何能夠不採用西方的理論？歐教授引用一位年輕中國學者所說："由於我們現代的知識體系源於西方，我們無法跳出世界（歷史）的語境討論中國。"我的一位德國朋友施耐德（Axel Schneider）甚至感受到英文的語言霸權，他說他必須要採用英文來寫有關中國的歷史文章，否則等於白寫。我覺得，西方理論既然來自西方經驗，為甚麼沒想到可用豐富的中國歷史經驗來修訂西方理論，或利用西法別創新的理論呢？

另外一個很重要的問題是歐教授提到的"錯誤的二元式"（false dichotomies），我個人覺得 dichotomy 主要是西方的思維，我覺得用 dichotomy 來解釋中國的思想往往會出問題。舉個最簡單的例子，陰和陽好像是 dichotomy？其實不是，陰和陽不是一刀切的，陰和陽是相輔相成的。再說儒家講"尊德性與道問學"，有的學者把它視為"binaries"（兩元），當作 dichotomy，其實這也是一體兩面、不可偏廢的，所以不是 dichotomy。剛才歐教授提到所謂的"中國學者擅長資料，西洋學者擅長理論"（whereas "Chinese scholars" are good with sources, "Western scholars" are good with theory），這也是個錯誤的 dichotomy，他講得很清楚了。你不擅長材料怎麼能建立理論呢？如果中國學者只擅長資料，那不就是史料編輯員，還成甚麼歷史學家呢？提出這些不成問題的問題，使我想起章太炎所說的"素無瘡痍，無故灼以成瘢"。

最後讓我講一點內外問題。這個問題大家也談得很多，可是我最近特別注意到的一個問題，西洋學者也多半注意到了，那就是所謂"自主性"（subjectivity）問題。人文社會科學和自然科學是不一樣的，意大利歷史學家維柯（Giambattista Vico, 1668 — 1744）早就講得很清楚了，他所謂的"新科學"（New Science），即不同於自然科學的人文社會科學。在自然科學中，譬如日出東山、夕陽西下，不可能有不同的解釋；人文社會科學中同樣有客體，比如歷史的事實，可是對客體的認知有個人因素，以及不同的文化和價值觀看待同樣的客體，會有不同的解釋。所以剛剛講到的內外就有所謂主體性在裏頭。我個人覺得主體性並不是"中心論"（ethnocentrism），大家都覺得中心論不能接受。我覺得主體性比較接近以賽亞·柏林（Isaiah Berlin, 1909 — 1997）所說的"文化多元論"（cultural pluralism），他說文化是多元的，可以並存的。歐教授希望人文科學是"普遍的人類經驗"（universal human experiences），我個人也很期盼，但我覺得到現在為止，還沒有真正的"universal human experiences"。剛剛歐教授有一大哉問："中國到底想要在世界史的主流之內，還是在外"（Is China seen as belonging within the stream of world history or outside it?）確實，如何將中國史融入環球史，尚待大家的努力。到現在我們還沒有一部真正令人滿意的"全球史"（the global history），我們現在所謂的世界史或全球史，基本上是西洋史，或以西洋為中心的歷史。假如未來能夠有真正的全球史，我想就像歐教授剛剛提到的，中國的歷史一定會成為全球史的一部分。現在"全球史"這個名詞用得很普遍，可是我個人傾向於用"環球史"，因為"環球"是動態，而地球一直是動態的。我不知道"全球"一詞是不是已經約定俗成，而我這塊"良幣"也會被劣幣驅逐。

謝謝大家。

附錄一

叩歷史而求 "中國"

—— 對話與評論紀錄

◆ 郭文瑞　柏奕旻

　　本屆 "思想與方法" 大會的首日議程為高端對話，葛兆光教授與歐立德教授圍繞 "歷史中國的內與外" 這一會議主題發表的主旨演講清晰生動，因其頗具學術看點與現實意義，吸引了近五百名聽衆從全國各地慕名而來。會議邀請汪榮祖教授和寶力格教授擔綱評議人，實屬 "精心安排"。早先或隱或顯的筆墨對話，無疑使這場面對面交流的思想火花一觸即發。四位學者在 "甚麼是中國" "如何理解中國" "中國何以成為 '問題'" 等議題上妙語連珠，幾番往還之間，關於內與外、歷史與現實、中國與世界及傳統史學與 "新清史" 等多組議題展開了精彩對話。現場觀衆對台上學者的研究路徑想必已是熟知，他們針對 "漢化" 等議題的提問更似有備而來，其犀利處如引線般點燃了在座諸位專家的激烈爭論，從而將整場對話的理論性、思辨性推向新的高度。

一、主旨演講：作為問題的 "中國" 與其當代涵義

　　葛兆光教授此次演講題為 "歷史中國之 '內' 與 '外' —— 有關 '中國' / '周邊' 概念的再澄清"，但他並不拘於此，實際內容將觸角伸得更廣。他開宗明義指出，"歷史中國之內與外" 是他長期關注的問題，考慮到已有專著對此進行討論，

因而本次會議發言既是對多年研究成果的歸納總結，更意在闡述從事該研究背後的問題意識，從中凸顯出歷史學者的現實關懷。

簡言之，葛兆光如此歸納自己的問題意識："中國"何以成為我們的"問題"？"中國"在歷史上的哪些朝代及何種背景下曾是"問題"？據他觀察，對"中國"概念曾有過三次大規模討論，而每次大討論在他看來都隱含着對重建中國秩序的巨大焦慮。具體而言：第一次大討論發生在北宋"澶淵之盟"後，當時出現大量有關"中國"及其合理、合法性的討論，表現如石介作於慶曆年間的《中國論》，歐陽修及其友人熱衷於討論"正統"問題，提倡"尊王攘夷"的"春秋學"開始興盛等。這次大討論與時代背景密切相關：

> 1005 年的澶淵之盟結束了中國社會自安史之亂以後的巨大轉型，宋代人直接面對着胡漢、南北、君臣、文武、儒佛五大問題。究其實質，這五大問題是對重建中國秩序的巨大焦慮。其中最主要的一個焦慮是，當中國已不再是漢唐時代籠罩天下的大帝國，而是一個身處高麗、契丹、西夏等國包圍之下的、縮小了的國家時，它該如何重新界定自己？

當重建中國秩序之焦慮使"中國"成為熱點"問題"，其時也出現了新的討論方式。例如，北宋之前的"中國"是不言而喻的存在，"華夏"也是理所當然，"夷狄"則可有可無。至於北宋，人們開始用"陰陽"論述中國與夷狄的關係，"中國"雖仍然佔據着"陽"的位置，"夷狄"為"陰"；但沒有"陰"即沒有"陽"，這一討論路徑本身暗含着巨大變化的發生。

第二次討論的關鍵時期是晚清，以康梁為代表的知識人主張延續大清帝國多民族共存的狀況，而以章太炎、孫中山為代表的另一脈絡則主張"驅逐韃虜，恢復中華"，通過革命重建漢族國家。該討論延續到抗戰仍未盡然平息，傅斯年、顧頡剛、羅夢冊、蔣介石等人都試圖給出自己的解答。其中最著名者，當屬蔣介石的《中國之命運》，提出中華民族是一個整體，所有民族都是大家族的支脈。這一討論顯然體現了時代的焦慮：新的國際秩序正值重建，中國卻身陷國家與民族危機，"中國"怎樣以及應當怎樣的問題，自然成為討論重點。

第三次大討論則發生在當下，葛兆光認為此次討論的背後與中國近年來的迅速發展及隨之遭遇的麻煩相關，這些棘手問題包括新疆問題、西藏問題、內外蒙古問題、中國與周邊國家（如印度、日本、南海諸國）衝突等，還涉及跨境民族、跨境宗教和跨境制度等問題。所有這些難題都促使歷史學家對一系列問題展開思考，如，歷史上的"中國"究竟是否是"帝國"？若是，面對建立於歐洲近代民族國家基礎上的國際秩序，中國是否需要轉型、又應當怎樣轉型？保持現在這樣的多民族國家狀態是否可能、又如何可能？其內部各民族間的認同及其與外部周邊的關係應怎樣處理？

在葛兆光看來，這些現實問題自有其歷史根源，它們都涉及如何界定"中國"及其"內"與"外"的問題。闡明問題背後的歷史來源是歷史學家的責任，這也是他提出"從周邊看中國"這一視角的初衷。值得注意的是，"周邊"在歷史上的變動不居，使"何謂周邊"本身成為值得討論的議題，而討論"周邊"必然關涉"內"與"外"雙向變動的持續歷史過程。葛兆光認為，須保持對固守"中心／邊緣"立場的警惕，充分認識"邊緣"的重要意義；對於現代學科以國境線為標準、截然劃分民族史與外國史的方法，我們要有批判意識，否則極易掩蓋歷史的真實面貌，進而違背歷史研究的原則。

接着，他解釋了此項研究的學術期待與現實訴求。一是有意回應中國史學界關於"中國史"問題的爭論：從傅斯年、顧頡剛到譚其驤、白壽彝等先生以"現代中國"之空間回溯"歷史中國"之時間的做法雖情有可原，但會帶來三個問題。其一，關乎費孝通先生所說的"多元一體"，"多元"是事實，"一體"卻還在建設中。其二，將中國歷史寫成百川歸海的過程，或會忽略有些地方曾從"中國"變為"外國"的情況，導致周邊國家的反感。其三，當今所謂民族史或少數民族史，一旦回置於史實，或可能是外國史，是歷史中一國和另一國之間的關係問題。葛兆光指出，如上的"中國史"爭論在 1960 年代就由孫祚民先生提及，時至今日仍需重提。他回應的第二個方向是現實政治領域。為論證當前政治的合法性與領土的神聖性，有時會論及某地自古以來就是中國領土，而這忽略了古代疆域和現代領土的區別，混淆了政體和國家之間的關係、王朝和共同體之間的差異、歷史和現實的不同，前者與後者常常不能一概而論。第三則是回應國際學術界的新動向，既包括正在流行的全球史學、後現代史學、歐立德代表的"新清史",也包括本田成之、杉山正明、岡田英弘為代表的蒙元史研究。

演講最後,葛兆光做出總結性陳述。他點明,中國兼有"現代國家"和"天下帝國"的特點及複雜性,面對當前以民族國家為基本單位的國際秩序中遭遇的不快,史學家應擔負責任,説清問題的來龍去脈,為現實問題的解決提供歷史資源。

另一位主講人歐立德教授是著名的中國史和內亞史專家,長期致力於清史和滿蒙民族史研究。他的海外研究者身份及其視角既使他的思考展現出不少獨特性,也自然使他和他代表的"新清史"研究在中國頗具爭議。此次他的主旨演講"當我們談'帝國'時,我們談些甚麼?"也體現出這一點。他起首便強調對歷史研究話語與方法進行反思的重要性,爾後從概念考古的方法論出發,回顧和説明了百年來中國話語中"帝國"一詞的內涵。針對 20 世紀初漢語中"帝國主義"這一詞彙的出現,尤其是近二十年來史學界始以"帝國"話語解説元、明、清三朝歷史的趨向,歐立德提出了他的核心論點,即"帝國"應被視為研究中國歷史的重要詞彙。他不無詼諧地提醒聽眾:"在今日中國,關於帝國主義的書籍落伍了,而關於帝國的書卻時興起來。"

歐立德將這一"帝國"討論的興起,置於更大的學術史視域中加以觀照。他指出,中國學界對"帝國"的關注並非孤例,過去十五年西方史學界也有"帝國的轉向"。近年來"新帝國史"研究興起,不僅關注政治、經濟層面的問題,也將對"帝國"內部思想與結構的理解拓展到主權、文化、法律等維度,意在察考"帝國"之後,上述因素如何具體影響現代國家的建構。他認為,將此轉向與清史乃至整個中國史研究聯繫起來,會有助於建立新的思考框架,提煉新的問題意識,從而進一步豐富中國史乃至全球史的研究。與此同時,中國研究也當成為全球史視野下"新帝國史"研究的應有之義。

二、評議與回應:現代史學的概念運用及其難題性

評點環節中,寶力格教授簡要回溯了蒙古自元代以來在"內"與"外"之間不斷遊走的歷史狀態。結合其自身的成長環境與多年海外執教經歷,他指出,相較

葛兆光所提的"內""外"範疇，他對游動邊界的感知更具有相對化的"中間地帶"
意味，在此之間可謂吸引力與張力並存。"中間帶"原是英國人類學家特納（Victor
Turner, 1920 — 1983）用於儀式研究所使用的概念，寶力格以此指代自己身處中國
與蒙古之"內"卻又同時感到游離於二者之"外"的微妙處境與細微感受，由此，
他對歷史中國之"內"與"外"問題的思考與闡述中可見出他的特殊立場：

> 中心對處於中間帶的人產生壓力，往往會迫使這些人為求生存而順
> 從與認同。可是，對中心文化或者政治、制度上的認同，又是在放棄自
> 我。這種對自我的放棄會使中心失去快感。中國的"自我"，需要"他
> 者"來支撐，需要同化邊緣，但邊緣一旦被同化，中心又會失望，會去
> 尋找另外的他者，這是一個不斷尋找他者的過程。

本次會議前，汪榮祖與歐立德所代表的"新清史"早有交鋒，汪榮祖的評點
從"中國"何以成為問題談起。他認為，中國疆域歷經兩千餘年伸縮變化，這一極
為複雜的歷史過程本身即蘊含討論"中國"問題的難度，這在相當程度上與美國在
二三百年間實現的大體穩定狀況不同；同時，西方與中國古代之於"國"的意義理
解也不相同。這意味着，無論是將"中國人"等同理解為"漢人"，還是將明清王
朝之更替解釋為殖民行為，都有不妥之處。

針對與會者的發言與評點，葛兆光在回應中再次重申，不能將現代領土與歷
史疆域混為一談，二者雖有聯繫，但更應注意的是二者的區別。關於寶力格"中間
地帶"的觀點，葛兆光認為，這一概念本身就是"後見之明"，是後來者看到某些
地方變成了"內"或"外"之後，才稱之為游移不定的"中間帶"。因此，視之為
中國歷史上"內"與"外"互相轉化的具體證明，也許是不恰當的。至於歐立德以
"概念考古"方法來研究作為"帝國"的清朝這一做法，葛兆光指出，相較於對某
一概念做尋章摘句式的研究，討論歷史事實與歷史現象更為重要。因此，用"大清
帝國"概念研究清朝，雖能凸顯清王朝及中國本身的特殊性，有助於理解中國跨地
域、跨族群、跨文化的政治結構；強調清朝皇帝兼具大汗、皇帝、菩薩三種身份的
特殊性，也有利於在全球史視野下討論 17 / 18 世紀各帝國的擴張與衝突；但另一

方面，過於偏倚與信賴這種討論方式，也可能遮蔽歷史現象本身，存在無益於討論歷史本身的危險。

歐立德首先回應的是汪榮祖在其評議中涉及的問題。汪榮祖將《大義覺迷錄》的核心觀點歸納為兩點："華夷一家"和"惟有德者可為天下君"，因而解讀出雍正對自己要做合法中國皇帝的強調。歐立德則認為，閱讀《大義覺迷錄》時，應將其還原到恰當的歷史語境中：

> 此書如汪教授所言，是滿洲統治者為說服漢族精英、證明自己統治合法性所作，書中幾乎每句話都援引儒家經典，體現出滿族統治者向漢人證明自己了解漢族思想、精通漢族典籍的意圖。但是，《大義覺迷錄》說無論華夷，有德之人為皇帝 —— 為甚麼要這樣說明呢？ —— 正是因為當時許多漢人並不認為滿洲皇帝是合法皇帝，並不認為滿洲人有資格做皇帝。因此，不應將《大義覺迷錄》視為皇帝的真實思想，而應視為試圖說服漢族人的宣傳性文本。事實上，雍正關於滿洲人的說法並非如此。我們必須非常謹慎地處理它。

其次，針對葛兆光對"概念考古"方法的質疑，歐立德回應道，他不反對以現代概念思考歷史問題，且作為現代學者，也只能用現代概念思考過去。但另一方面，他也對當下習用的"少數民族"概念提出質疑。他提出，"漢族"概念遲至明朝才逐漸固定，清朝只有"滿洲人"的說法、並無"滿洲"概念，後者是 20 世紀的產物。將清朝視為滿族的"少數民族統治"，實則限制了歷史研究的深度。由此，他申明，歷史研究中的用詞須非常謹慎，否則與概念相伴生的諸多假設就會在無形中被引入討論、引發麻煩，而概念考古的意義正在於儘可能避免這種麻煩。

關於上述討論中涉及"概念"問題的爭論，本次會議的召集人兼主持人方維規教授中肯地指出，關鍵在於釐清"概念史"與"詞彙史""觀念史"的區別。真正的概念史研究並不只是尋章摘句地講述某詞彙或概念的來源，而是深入認識、闡明概念變遷的原因，比之語彙羅列，更重要的是其背後的思想本身。

三、提問與應答：激辯“漢化”，重審“認同”

在現場觀衆提問環節，作為“新清史”研究核心的“漢化”問題被尖銳地提了出來。該問題在此前的對談中尚未得到充分討論，有備而來的觀衆顯然不滿足於淺嘗輒止，索性集中提起。他們關心“何謂漢化”“漢化的內容具體為何”等議題，拒絕模棱兩可的回答，直爽的提問徹底激發了四位學者的唇舌交鋒。

葛兆光直抒胸臆，直指“漢化”不等於“漢族化”。在他看來，“漢族”並非本質化的、不變的民族。就清朝普遍的文化、制度諸方面而言，“漢化”的確存在，但這不意味着據此對“漢化”做絕對性理解。傳統時代的“漢化”並非狹義的“漢族化”，而是“文明化”甚至現代意義上的“普世文明化”。清朝在西南地區推行“改土歸流”時，相當一部分參與者是滿族人，因而有理由認為，“漢化”指的是一種文化接受，不一定與認同完全相等。

歐立德立即對此表示反對，他堅定地認為“漢化”就是“漢族化”。他舉啓功先生為例指出，儘管啓功先生書法很好，卻從不認為自己是漢人。因此他追問，將“漢化”歸納為以漢族的文化、習慣、風俗生活為準，這固然沒有問題，但更重要的是討論“漢化”的最終目的是甚麼。

此後，就不懂滿語、又不自認為漢人的啓功先生為例，兩位學者繼續就“漢化”與語言、認同之間的關係做進一步討論。二人都堅持自己的看法，矛盾核心仍在於如何看待“漢化”背後是否存在價值認同的問題。

汪榮祖接過這一話題，他的觀點簡明扼要。一方面，語言是討論“漢化”問題的關鍵因素，漢語是使中國得以延續如此之久的重要原因。另一方面就認同而言，“滿人自我認同是滿人，或湖北人自我認同是湖北人，這都無所謂”，更關鍵且不容混淆的問題是“他是否仍然認同自己是中國人”。

寶力格則認為，討論“漢化”問題的關鍵在於考察“我”是誰，“我”能否掌握自己的命運。例如對蒙古而言，是否改變蒙古的蒙旗制度一直是“漢化”問題爭論的焦點之一，但蒙旗制度實則是在歷史上由滿洲人所強加，反倒“省治”制度是由元朝蒙古人自己提出。由此，更重要的在於主體性。這同樣涉及他之前提及的“中間帶”問題，他說：“我用‘中間帶’概念，講的是自己的感受……被漢化的人在歷史宏大敘事與實際生活中遭遇不同，在實際生活中面對的常常是同時來自兩方的不完全認同。這種細微情感很可能與整個社會情感的走向有關，具有很強的政治性。"而面對聽眾所謂"蒙古人如何看待'新清史'"的提問，寶力格強調要從細微感受出發，將蒙古人細分為不同的地區與部落，察考它們與清朝政府各不相同的關係。比如，內蒙古東部科爾沁地區同滿洲聯繫密切，其他地區未必如此。如何整合蒙古人對清朝歷史的多種聲音，進而與"新清史"形成對話，是他近年思考的問題。

對此，歐立德在討論接近尾聲時，補充說明了寶力格對他的啟發：

> 我第一次去蒙古國時，發現那些在清史中被敘述為勁敵的人，在蒙古國歷史中可能都是偉大英雄，比如阿睦爾撒納、噶爾丹等。這對我是一個很好的提醒，提醒我"新清史"的研究角度還是不夠新，也提醒我要時時注意到"內"與"外"的變化及其相對性，"外"之外或許還有另一個"外"。

化之內外與古代中國之內外

◆ 甘懷真

一、關於化之內外

　　談到歷史中國的政治領域的內與外，化內與化外之說無疑是最重要的概念。它也衍生出一種流行的說法，就是判別中國人的標準是文化，而不是其他如血緣、種族等。這套化之內外說出自儒家學說，在歷史上發揮了相當大的作用。若我們說現代國家是民族國家（nation-state），其原理是一個民族（nation）建立一個國家（state），歷史中國作為"化內"之國則是化內人所建立的國家。一如民族國家理論具有建構性，化內之國也只能說是一種學說，而不等於歷史事實。也一如民族國家的實態是先有了國家再建構民族，化內之國成立的實態也是先有了一國的事實而建構化內作為一體的政治領域。化之內外學說只能說是政治論述而作為制度的規範而已。然而，我也不是說化之內外作為政體理論是虛構的。傳統中國的政體強調"化"也反映了皇帝制度的特色。

　　"化內人"與"化外人"之說即使不是成立於《唐律》，也是因為《唐律》而成為其後的慣用語。在此之前，史料中並未見此二詞。沒有的原因是沒有相應的概念，沒有概念又是因為沒有事實。這個事實是中國作為"一國"，而其國人皆為一類人。如本文將展開的討論，秦漢以來，中國實際上仍然是諸國並立，即使這類國被稱為郡等。且皇帝制度的世界觀是"天下—國—家"，即天下由諸國所構成。隨着郡縣制的實施，中國朝廷所轄的地方行政單位不是皆稱為國，而稱為郡或州，但州與郡被理解為大小之國。又天下之諸國二分為中國之國與四夷之國，中國有諸國，外夷也有諸國。在這樣的歷史脈絡中，皇帝制度當然不會宣告中國天子所治理的領域是作為一體的"化內"。

　　就目前可見的史料，我們不妨認為"化外人"與"化內人"是《唐律》所創造的詞彙。在《唐律》之後，這些詞彙才大量在文書中出現，作為"本國"與"外國"的同義詞。《唐律》不是憑空創造了這些詞彙，而是在第7、8世紀時，郡縣作為一國的概念及事實已成立，相對於郡縣領域的外部有諸外國。只不過，《唐律》條文中使用儒教意味深厚的化之內外的造詞去說明了本國與外國。本文的目的即探討中國古代皇帝制度如何經歷了"五胡亂華"所帶來的體制改造，而發展出了郡縣領域作為一國而其人為化內人的歷史。

　　《唐律》的規定是關於"化外人相犯"。[1]《疏議》對"化外人"作出了說明。《唐律疏議》之所以要特別作出說明的原因是"化外人"非慣用語。我們甚至可以推論，化外人、化內人作為制度性的用語是出自《唐律》。而《唐律》用這些詞彙定義外國人與本國人。《唐律·名例律》總48條"化外人相犯"之"疏議"對化外人的說明是："謂蕃夷之國別立君長者。各有風俗，制法不同。"[2]第一句"蕃夷之國別立君長者"是對"化外人"的法律定義。所謂化外人是指"蕃夷之國"之人，這類人隸屬於非中國之君長。接下來二句"各有風俗，制法不同"則是為說明為甚麼《唐律》要對"化外人相犯"作出特別的規定，其理由是化外人因屬"蕃夷之國"，故"風俗"與"制法"不同於中國。我們可以進一步代《唐律》立法者作出解釋，風俗與制法不同的原因又是"別立君長"。

　　從條文（疏議）解讀，《唐律》所定義的化外人就是隸屬於"蕃夷之國"的人民。相對的，化內人則是隸屬於中國皇帝的編戶之民。而從法制面來看，化內人與化外人的區別是戶籍之有無。《唐律》的定義很清楚，有戶籍者之編戶之民即化內人，無戶籍者即化外人。至於"各有風俗"與"制法不同"是"別立君長"的結果而不是原因。因此，《唐律》也以"國內人"稱化內人，將化內稱為"國內"。《唐律》的化外人相關條文中有"國境"之詞，此"國境"明顯是指郡縣領域與"蕃夷之國"間的界線。在《唐律》立法者的觀念中，化內為一

1　以下關於《唐律》中的化之內外討論，參考甘懷真：《從〈唐律〉化外人規定看唐代國籍制度》，載《早期中國史研究》2011年第2卷第2期，第1—32頁。

2　《唐律疏議》，北京：中華書局，1996年，第133頁。（為使文義清楚，筆者重新標點。）

“國”，而化外有諸“國”。《唐律》化外人條規定也表明法律禁止化內與化外之人民間的交流，如旅行、移民、貿易、婚姻。唐朝對於“國境”外的“蕃夷之國”採取嚴格的軍事戒備。再從《唐律・衛禁律》中有關緣邊關塞的規定（《唐律》總第 88、89 條），可看出化內與化外是由軍事要塞、檢查所性質的所謂“緣邊關塞”所隔絕，彼此互為敵國。

在《唐律》中，“國”是一個明確的法律概念。郡縣區域為中國天子所治理，為一“國”。相對於諸“外國”，此自國也稱為“中國”。若以專有名詞稱之，此“中國”應為“唐國”。在唐代法制文書中，郡縣所構成的區域為一國。這一國在中外對照的脈絡下也被稱為“中國”。《唐律》中沒有“外國人”一詞，但可見於其他法制文書。如唐開成元年（836）六月京兆府的奏文曰：“準令式，中國人不合私與外國人交通買賣、婚娶往來，⋯⋯”[3] 其規定與《唐律》同，其中的“中國人”是相對“外國人”，而“中國”不是一個作為國名的專有名詞，是用來對應這段話中的中外，相對於“中國人”的是通稱的“外國人”。

所謂“蕃夷之國”也是《唐律》發明之詞，雖然“蕃夷”之詞在此之前有使用的紀錄。而“蕃國”之說早見於《周禮》曰：“九州島之外，謂之蕃國。”[4] 即非中國之國為蕃國。唐代人將蕃國視為“外國”，如顏師古注《漢書・西域傳・烏弋山離國》之“安息役屬之，以為外國”之文曰：“安息以條支為外國，如言蕃國也。”[5] 依《唐律》，“蕃夷之國”就是外國。只是何謂外國，在漢唐間是有所變化的。“外國”一詞的出現不始自唐代，早在《史記》中就頻繁出現，且與“中國”相對。[6] 因此，我們所關心的重點不在於“外國”一詞的出現，而是這一詞所處的概念叢與歷史脈絡為何。《唐律》條文的重點在於中國為一國，相對於複數的外國，且此中國是郡縣領域。《唐律》中的化之內外的相關條文中，如前所述，中國與外國之間有“國境”。“國境”是由軍事性的邊關所構成的界線。

3　《冊府元龜》，台北：台灣中華書局影印，1967 年，卷九百九十九《外臣部・互市》條，第 11727 — 11728 頁。

4　《周禮》（十三經注疏本），《秋官・大行人》條。

5　《漢書》（本文正史皆使用中華書局標點本），卷九十六上，第 3888 頁。

6　《史記》卷二十七，第 1328 頁。

國境內外的雙方之人不得任意跨越此線，除官方外交外，一切往來皆被禁止。《唐律》自身提供了兩個這樣的外國（蕃夷之國）名單，高麗與百濟。這是《唐律》給我們的重要史料，因為高麗、百濟曾是唐朝的冊封國。就化內與化外的區分，高麗人與百濟人皆是化外人，也是外國人。當然，冊封體制是確實存在的制度，冊封體制藉由國君間的君臣關係也建構了某種國與國的關係。只是在法制面，《唐律》作為"國家法律"，即中國法律，只施用於中國，即"化內""國內"，而此"化內"明確的是指"國境"之內的郡縣領域，不包括冊封之國。化外、外國則各有"本國之制"與"俗法"，[7] 其人犯罪自依本國之法斷罪論刑。

　　在作為總則的《名例律》中之所以有"化外人相犯"的規定，是立法者考慮到例外的情形。依《唐律》所設定的化之內外制度，中國（即化內、郡縣領域）境內不會有化外人。因此所謂"化外人相犯"，只發生在因公務來華的外交使節一類人身上。"化外人相犯"條規定在中國境內犯法之人若是同一外國之人，則依據該國之法律論斷，如高麗人依高麗之法律，百濟人依百濟之法律。若是不同國之人，如《唐律》所舉的高麗人與百濟人之間，則依"國家法律"，即中國法律，亦即《唐律》論斷。有學者認為這種"化外人相犯"的場合是在外國如百濟與高麗，以至推論《唐律》施用於外國，則是誤讀史料。

　　《唐律》的化之內外是依戶籍制度而定。在"化之內外"的脈絡中，這種戶籍等同於今天所謂的國籍。《唐律》也將化之內外兩個領域視為敵國，禁止一切往來。然而，《唐令》條文中卻又規定了化外人歸化而得戶籍之事。其條文曰："諸沒落外蕃得還，及化外人歸朝者，所在州鎮給衣食，具狀送省奏聞。化外人於寬鄉附貫安置，落蕃人依舊貫；無舊貫，任於近親附貫。"[8] 唐朝對兩類人重新編入戶籍，所謂"附貫安置"，一類是"落蕃人"，即本為中國人但因故沒入蕃夷之國，而這類中國人本有中國之籍貫，所以"得還"後則原則上"依舊貫"。另一類人是"化外人"，即原為蕃夷之國之人，因故"歸朝"，即政治隸屬於中國，這一類人則由中國給予戶籍。"得還""歸朝"之所以發生，只可能是原化

7　《唐律·名例律》總四十八，第 133 頁。

8　仁井田升，池田溫：《唐令拾遺補》，東京：東京大學出版會，1997 年，《戶令》，第 201 — 202 頁。

外人所居之地轉變為唐朝的郡縣領域，其人民成為郡縣的編戶之民。因此這類人經過附貫的程序，化外人就轉換為化內人。這個化內外附貫之制充分表明化之內外的區別是由於政治支配領域的空間，而不是文化之異同。

從《唐律》化外人規定又可看出，中國作為一國，即郡縣領域作為一國。外國概念的出現由來已久，但是中國作為一國的概念卻是新的。其中的一條線索是"唐國"概念。法制文書中是有漢國、魏國與晉國之說，但這裏的漢國、魏國與晉國是漢朝廷、魏朝廷與晉朝廷的意思，其政治空間領域至多再包含所直轄的郡縣，而不等於整體的中國。相對之下，唐國是指中國整體。作於 8 世紀的《日本書紀》稱唐朝之中國為"唐國"。重要的是，此"唐國"是指唐朝所支配的郡縣全域。如日本入唐僧圓仁（794 — 864）所撰《入唐求法巡禮行記》，全書也用"唐國"指稱中國，也有"大唐國"之稱。同樣的，此"唐國"是指全郡縣。如該書承和五年九月十三日條曰："唐國有十道，淮南道，山南道，…… 惣計三百十一州。"[9]

只是記錄中的唐國的一稱多出於外國。至於唐國是否是中國方面的自稱，猶有可爭議處。我認為這個稱呼是外國稱呼當時中國所用，中國的自稱是"國家"，或在一定脈絡下用"天下"。這是因為中國官方受"天下國家"學說規範，唐是天下中的天子之國的國名，在這個理念下，官方文書仍不使用"唐國"一詞以指稱全郡縣。

若以唐國對照漢國，漢代的漢國指漢朝廷所直轄的郡國，有時用來表示漢朝廷，從未用來指當時中國的郡縣（郡國）的整體。這不是名稱的問題，而是政治實體的差異。因為漢朝繼承秦朝，宣告其政權是"治天下"。漢天下是由諸郡國所共構，漢國只是其中的一國。以下我將這段歷史的討論上溯到所謂秦始皇統一中國，先觀察皇帝制度的天下政體的成立。

---

9   《入唐求法巡禮行記》，圓仁撰，顧承甫、何泉達點校，上海：上海古籍出版社，1986 年，第 14 頁。

二、漢的"天下 — 中國 — 四夷"制度

秦始皇統一中國在當時人的理解是"併天下",即統一天下。[10] 天下概念由來甚早,至少可以推到西周前期。即使天下作為一個政治空間可以有模糊的邊界,但確指天子所治理的全部政治領域,所以不是泛泛所説的全世界。春秋中期以來伴隨霸者政治的成立,天下是會盟諸國所共構的政治空間。藉由"尊王攘夷"理念,這個政治空間中的諸國一方面奉周國國君(周王)為天子,另一方面宣告天下境界的外圍是蠻夷戎狄的異類。[11]

至公元前 4 世紀諸子百家學説興起,天下概念也進一步學理化。扼要而言,戰國的天下學説主張天下是列國並立。國則由諸家所構成,此即"天下 — 國 — 家"。國的地位取決於國君的爵位,如天子、公、侯等,故是不平等的。其後的經學主張國又分中國之國與四夷之國。中國之國中的一國君主因受天命而為天子,此天子"治天下"。天下學説的核心理念是"天子受天命居中國治天下"[12]。

歷史的實情並非理論所能規定,戰國的結束是通過諸大國血拚一場,秦國勝出。戰勝者秦始皇宣告自己是天子,其所征服的領域是天下。此即"秦併天下"。秦始皇政權以其宗教政策回應此天下制度,只不過秦速亡,無從評估其成效。[13]

秦始皇政權在政體建構上是採用郡縣制。郡縣制是皇帝制度的核心,對於中國政體研究而言,其重要性不用多説。近年來,關於秦漢郡縣制的研究有很

10　這段歷史的討論參考如平勢隆郎:《都市國家から中華へ:殷周春秋戰國》(《从都市國家到中華:殷周春秋戰國》),東京:講談社,2005 年。

11　參見甘懷真:《天下概念成立的再探索》,載《北京大學中國古文獻研究中心集刊》第九輯,2010年第 6 期。

12　同上。

13　參見甘懷真:《秦漢的"天下"政體:以郊祀禮改革為中心》,載《新史學》卷十六第 4 期(2005),第 13 — 56 頁。

大的突破，我在這些業績上，嘗試重新認識皇帝制度。[14]

　　郡縣制常被視為封建制的對立面。這樣的理解即使不能説錯，也是只看到歷史的一個側面。在秦始皇之後，郡縣制與封建制仍是中國歷史發展的兩條軌道。秦漢皇帝制度並不是郡縣制。我們可以將封建制理解為移民集團的移國或建國，國可以有大小上下。無論是新建之國或移國，該國的統治集團可以與母國有政治聯繫，這種關係被稱為宗法。封建之國的實態可以多樣，但都作為自主之國，即使其君主與外部之國君主間存在政治關係，如君臣。相對於封建是移民集團的建國，郡縣則是大國在所征服的地域社會所建立的殖民政權。郡的原型是一個軍事佔領區的基地，其後轉型為地域社會的行政中心，其行政官員由殖民母國派遣。殖民母國在郡所控制範圍內設縣，縣管理其轄內的聚落，一般稱為里。聚落內的人民包括殖民者與當地人。被征服者有兩類。一是春秋戰國諸國戰爭中的失敗方，二是新開發之地。後者尤其重要。郡縣制在秦始皇征服六國後普遍實施於"天下"，與當時華北大國對於塞北的征服與置郡的歷史經驗有密切關係，這些大國有燕、趙與秦。

　　我所説的塞北是從西遼河地區往西，經河北省北部、山西省北部，經過河套地區、鄂爾多斯高原，至陝西省北部，終於青康藏高原的東部。這個帶狀地帶是內陸歐亞大陸與東亞世界的交界地。其南境是華北北部，其北境是蒙古草原，其西境是河西走廊與雲貴高原。公元前 7 世紀以後，內陸歐亞大陸的局勢有很大的變化，促成了塞北地區的政治與經濟的發展。這個廣域是農牧混合

14　漢代郡縣制的相關研究，參考卜憲群：《秦漢之際國家結構的演變 —— 兼談張家山漢簡中漢與諸侯王國的關係》，載《秦文化論叢》第 12 期（2005），第 285 — 323 頁；周振鶴：《〈二年律令・秩律〉的歷史地理意義》，載《張家山漢簡〈二年律令・秩律〉研究文集》，桂林：廣西師大出版社，2005 年，第 353 — 361 頁；陳蘇鎮：《漢初王國制度考述》，載《中國史研究》（2004 年 3 月），第 27 — 40 頁；陳蘇鎮：《漢初侯國隸屬關係考》，載《文史》第 70 期（2005 年 1 月），第 5 — 10 頁；阿部幸信：《漢初"郡國制"再考》，載《日本秦漢史學會會報》（2008 年第 9 期）；廖伯源：《簡牘與制度 —— 尹灣漢墓簡牘官文書考證》，台北：文津出版社，1998 年；遊逸飛：《里耶秦簡所見的洞庭郡 —— 戰國秦漢郡縣制個案研究之一》，載《中國文化研究所學報》第 61 期（2015 年 7 月），第 29 — 67 頁；辛德勇：《秦漢政區與邊界地理研究》，北京：中華書局，2009 年。

區，或稱之為"農業／農牧境界地帶"。[15]當這個地區成為可開發地之後，各方的人群移入開發。這裏也開始出現諸政權。在公元前4世紀，從中國的紀錄來看，有河北北部的中山國，內蒙古東部的山戎、東胡，山西北部、黃河東岸的樓煩國，與河套地區的林胡國等。這些國的主要生產者是牧民。他們被中國官方稱為戎狄或胡人。塞北的地域社會與政權出現帶給了華北諸國擴張的機會，華北的諸政團也侵入此區，在這裏設郡，並農業開墾。如燕國在遼地設有遼東郡、遼西郡、上谷郡、漁陽郡、右北平郡。趙國在代地設置代郡、雁門郡、定襄郡、雲中郡、五原郡等；秦國設有隴西郡、北地郡、上郡。

　　秦始皇政權所建構的天下由三部分組成。一是戰國的秦國；二是被秦國消滅的戰國大國，一般說是六國；三是這些戰國大國所設置的郡。秦始皇的征服將這些郡也收入疆域內，改成秦郡，更將六國也改為秦郡。秦用"併天下"說明它征服戰國諸大國後所形成的政治空間。這是延用了戰國的天下概念。但這只是理念的宣告，另一方面在行政制度上則推行郡縣制。秦制就是"天下＝郡縣"。

　　鑒於秦朝的速亡，又經楚的項羽政權，漢朝實施封建與郡縣並行的郡國制。不同於秦制之"天下＝郡縣"，漢制之天下之內有封建之國。這類封建之國又被置於郡縣制的架構中，分為郡級之國與縣級之國。

　　秦與漢都宣稱自己是"天下"型的政權，理論上其所治理的政治空間應是天下全境。就當時人的認識而言，此天下的範圍是秦國加上六國。然而戰國的此七國都在向外擴張狀態，燕、趙、秦積極向塞北殖民置郡，楚與越則向華南。在公元前221年的時間點上，即使秦征服了六國，也未能完全佔領此六國所征服的全境。難道那些原六國所征服或試圖征服之地不屬於天下？這是秦漢天下政權的難題。目前關於秦郡的研究已可以解明秦始皇政權隨着征服（併天

15　參考妹尾达彦：《東アジア都市時代之都市網的形成之都市網的變遷一四～十世紀一》（《東亞都城時代形成之都市網的變遷 —— 四至十世紀》），載《アフロ・ユーラシア大陸の都市之國家》（《非洲・歐亞大陸都市之國家》），中央大學人文科學研究所編，東京：中央大學出版部，2014年；魯西奇：《中國歷史上的三大經濟地帶及其變动》，載《中國歷史的空間結構》，桂林：廣西師範大學出版社，2014年。

下）的擴大也不斷增設郡，尤其是楚國與越國曾征服過的地方。[16] 漢繼承了秦的皇帝制度，也持續向外征服，而這些區域是原戰國大國所曾佔領之地。在秦皇至漢武之間（公元前 3 世紀後期至公元前 1 世紀前期）約一百五十年間，秦與漢朝廷認為這類仍處郡縣領域外的政權與人群應是天下的一部分，故積極向外征服這類區域，西漢稱為"置郡"。[17] 重大事件之一是公元前 108 年滅掉了在今天朝鮮平壤附近的衛氏朝鮮。該朝鮮國是原燕國的政團所建。漢在此設置樂浪郡。[18]

整體而言，漢的"置郡"是失敗的。與匈奴帝國之間的爭奪戰是原因之一。此外，這些被漢朝征服的政權雖然形式被設為郡縣，卻在歷史進程中利用郡縣制進行政治動員以使該政團型態得以升級為小國以至大國。這種藉力使力的結果，邊郡以外的政權得以日益壯大，並與漢邊郡抗衡。代表性的政權是高句麗。[19] 以高句麗為例，漢先將這個位在今天遼寧省的政團編入玄菟郡下的高句麗縣。其後由於高句麗政團日益強大，在西漢後期高句麗縣轉型為高麗縣侯國，即轉換為郡下的縣國。依郡國制，此類侯國雖仍受郡管轄，卻是依封建原理，該縣的君主（即侯）可以世襲。

在帝國的內外政局發生變動的同時，朝廷也掀起一場儒教運動，這場儒教運動藉由詮釋儒家經典而創造了"中國 — 四夷"學說。這套學說進而成為帝國的政策。"中國 — 四夷"制度否定了秦代以來的天下即郡縣，將天下大分為郡縣所構成的中國，與郡縣領域之外的四夷。在先秦，四夷是個模糊的概念，戰國以後才有東夷、南蠻、西戎、北狄的說法，即所謂"內中國、外夷狄"。西漢中後期儒家官僚所建構的"中國 — 四夷"學說是確認目前郡縣所建構的範圍即"中國"，而其域外即四夷。亦即天下分為兩大領域，中國與四夷。中國與四夷

16　較近期的討論參見張莉：《秦郡再議》，載《歷史地理》2014 年第 29 期。

17　甘懷真：《第三世紀辰王政權與東亞冊封體制》，載《新史學》卷二十二第 3 期，2011 年。

18　參見甘懷真：《東北亞古代的移民與王權發展：以樂浪郡成立為中心》，載《成大歷史學報》第 36 期，2009 年。

19　參見甘懷真：《고대 동아시아 국제관계 속의 고구려》》（《古代東亞國際關係中的高句麗》），載《史學志》（韓國，檀國大學）第 50 期（2015 年 6 月），第 52 頁。

都是由諸"國"所構成。當然這個天下應由中國天子治理。

就目前的證據，至遲在東漢，這套"中國 — 四夷"制度進一步法制化。根據《後漢書·百官志》所載，漢朝所轄的封國有兩類，一類是中國的封國，一類是四夷的封國。"四夷"封國的規定是："四夷：國王，率衆王，歸義侯，邑君，邑長，皆有丞，比郡縣。"[20] 該文是《百官志》記述爵制的一部分，特別記錄了四夷的爵制。四夷的君長依政治地位而有從國王到邑長之爵。這些四夷之國、邑是漢皇帝所治理的天下的一部分。一方面這類四夷政團不屬郡縣系統，是封建性質的政團，另一方面又"比郡縣"。

東漢光武帝依此"中國 — 四夷"制度推行"省邊郡"政策。[21] 這是宣告漢朝不再將郡縣領域外的政權與人群征服而收編為郡（縣）。原屬於邊郡的蠻夷政權則可以改制為封建性質的屬國。如高句麗縣侯國在此之後作為一國，不再是"中國"之一國，而改隸於"四夷"。[22] 只是又依東漢制度，這類"四夷"之國仍是天子所治的天下的成員國，東漢制度稱之為"比郡縣"。此時"四夷"之國仍由邊郡管理。如高句麗國仍由玄菟郡或遼東郡管理，其君長向這些郡守稱臣，雙方有君臣關係，這種關係也藉由朝會等制度維繫。

三、外夷"內附"至胡族國家的成立

帶來中國政體走向封建化的另一趨勢是外夷政團與人群的進入中國。秦皇與漢武的征服戰爭只能造就郡縣制，但不能阻止封建制的繼續發展。千百年來，中國大地上人群不斷移入移出，這個現象從未終止。如前所述，公元前 7 世紀以來東亞的農業化與畜牧化並進發展，更激化了人群的移動。1 世紀以來，（南）匈奴以舉國的方式被遷入山西北部、河套一帶。鮮卑取代了匈奴，成為塞北的最大政治勢力。今天陝西西部、甘肅東南部、河西走廊則是漢郡縣與在地

20　《後漢書》，卷二十八，第 3632 頁。（筆者重新標點。）

21　參見《三國志》，卷三十，第 848 頁。

22　參見甘懷真：《古代東亞國際關係中的高句麗》。

居民之氐、羌人的抗爭。至於江南與四川盆地則又是另一番情況，略去不論。這些外夷政團的勢力已涵蓋漢之郡縣領域，實際上是在中國建國。從漢的立場應該視為入侵，然而卻被漢依"中國 — 四夷"理論說成是"內附"，即這類自立之國被說成是中國境內或跨邊境之四夷封國。其首長被授與四夷首長之爵如"率衆王""歸義侯"等。這類四夷封國的性質有三：其一，作為四夷之國，其人民是外夷，非當時所謂的中國人；二，由於是封建之國，所以是自主之國；三，作為封建之國，其君長與中國首長（皇帝、刺史、郡太守等）間有冊封性質的君臣關係，因此就冊封體制而言，這類四夷封國又是中國的屬國。

　　這類移民與四夷封國造成了其後的胡漢衝突。這段歷史不用我多說。然而，從漢代皇帝制度的脈絡重新考察這段歷史，我們對於這段胡漢衝突的歷史可以有新的認識。"中國 — 四夷"作為一套帝國的論述，包含了事實無疑，但它更是一套帝國的知識，是為帝國服務。胡人之匈奴、羯、鮮卑、氐、羌等類人作為新移民，且其生產方式是非農業，聚落形式是部落，對於原住民而言可謂異類。然而，在日常生活中與異類人共處卻是古代歷史的常態，如果我們回想先秦的狀態，先秦的各大國、小國都是多元族群所構成的。在基層人民的歷史記憶中，人群的移出、移入，並與異類之人共同生活根本是常態，也沒有合理與否的問題。當然，我們不應想像這種共同生活是和諧的，人群的鬥爭是貫穿人類歷史的常態。而且通過日常生活的交往，尤其是經濟生活的互動，再通過通婚的媒介，經過長時間之後必然產生新類型的人群。在 4 世紀初五胡亂華的前夕，胡人已長期居於塞北、華北，其中南匈奴長達二百五十年。這類胡人已是地域社會的成員。胡漢或華夷的定義是來自官方。漢人自身作為一體與同類之說也只是當時官方的論述。對於漢人而言，他們在日常生活中對於不同地域、階級、生產方式、宗教之人也互視為異類。就算胡人是一種異類，只不過是地域社會的各式異類之一。在漫長的時間中，作為異類的胡人與其他異類相互整合，可以說是這段歷史的常態。

　　我們對於這段歷史的理解主要是出自西晉江統《徙戎論》的說法。江統指出關中有一半是"戎狄"。這類戎狄主要是羌、氐。江統的說法廣為接受。然而，即使《徙戎論》所説的"關中之人百餘萬口，率其少多，戎狄居半"[23]是事實，這也是通過了帝國知識的解釋。《徙戎論》是以其帝國知識表現其帝國主張，諸多説法不宜無批判地接受。江統《徙戎論》的確説出了地域社會變貌的主因，即戎狄的大量移入。但江統沒講或不願意講的是，這些戎狄漸成地域社會的成員，甚至是統治階級。當古代中華帝國還在倡議"中國人"（尤指先秦貴族的後代）治理中國時，中國一些地域的人群結構已發生關鍵性的變化。一種新的地域社會的統治集團誕生，即以胡人政團為上層，聯盟其他的胡漢集團。在此同時，西晉藉由九品官人法的改革，更加穩固了士族勢力，士族佔據了高級官僚界，於是形成了"士族 + 郡縣體系"的統治階級形態。但同時漢人中的非士族選擇與强勢的胡人政團合作。3 世紀後期以來的政治鬥爭的主軸不是發生在地域社會的胡漢之間，而是"士族 + 郡縣體系"與地域社會的胡漢聯盟政團之間。江統恐懼的是晉朝廷已逐步失去了地域社會的控制權。4 世紀前期開始的所謂五胡亂華，就是這類胡漢聯盟政團佔據了帝國的郡縣，迫使晉朝廷與士族以"移國"的形式逃往江南重新立國。

四、從內附到內臣

2 世紀後期以來漢帝國危機來自於封建化。除了胡人政團的自立性增加進而掌控了地域社會之外，作為帝國行政單位的州郡政府也取得更大的自立性，儼然是自主之國。漢朝面對變局的因應之道是推行軍府與將軍號制度。[24]扼要言之，漢朝為重新整合因封建化而分裂的中國，想藉由軍隊組織的原理，尤其是其中所蘊涵的長官、部屬間的君臣關係，重新整合官僚組織。州、郡政府轉型為軍府。各級政府之間以及個別政府內部的長官、僚佐之間的官僚制關係也以封建制的君臣關係加以規範。其後還有州之上的都督諸州軍事的大型軍府。

23　《晉書》卷五十六《徙戎論》，第 1528 — 1534 頁。

24　參見甘懷真：《東亞古代冊封體制中的將軍號》，載徐興慶主編《東亞文化交流與經典詮釋》，台北：台大出版中心，2009 年。

這波軍府化的浪潮也打在四夷封國之上。自 1 世紀後期始，中國朝廷設置
軍事長官以監督地方上的外夷，如對匈奴、鮮卑、烏桓、羌等外族設置校尉、
中郎將以為監臨之官。這類監臨外夷之官在 2 世紀以後更為普遍。[25] 另一方面，
軍府長官之職也開始授與在中國的四夷首長。史書上的記錄不完整，但可見 2
世紀之初，有燒當羌首長 "率種人內附" 的記錄，漢朝授與燒當羌首長遷那 "假
冠軍將軍、西羌校尉、歸順王"[26]。其中 "歸順王" 是四夷首長爵號。對於中國而
言，這是一個封建之國，即是自主之國，也是屬國。值得注目的是將軍號與監
臨外夷之官。漢朝將這類中國官號授給了外夷首長。這個外夷政權也以軍府的
形式隸屬於中國朝廷。這個新官制是 "中國 — 四夷" 制度的突破口。

至 3 世紀，為因應日益壯大的在華外夷政團，曹魏的新政策是以邊境的州
刺史兼任監臨外夷官，一改過去漢人編戶之民由郡縣長官治理，胡人由監臨外
夷官治理的二元體系，轉變為境內胡漢之人皆由刺史一元化治理。如魏太和二
年（228）幽州刺史王雄兼領護烏桓校尉。又西晉武帝時，張華為使持節、都督
幽州諸軍事、領護烏桓校尉。[27] 為節制外夷，中國朝廷授與了州刺史更大的軍政
權力。史書記張華作為刺史："撫納新舊，戎夏懷之。"[28] 也就是張華以刺史的職
務統領境內的中國人與四夷之人。

4 世紀前期五胡亂華之後，這種 "郡縣系統首長 + 漢監臨外夷官" 之職開
始授與胡人首長。這是漢以來 "中國 — 四夷" 政策的另一次明顯的改變，甚至
是漢的 "中國 — 四夷" 政策的終止。由於五胡亂華以後，華北的郡縣體系實際
上掌握在強勢胡人政團手裏，這種來自晉朝廷的州郡長官任命是實授或虛授猶
有可檢討的餘地。無論如何，這是中國朝廷承認了胡人可以擔任郡縣長官（含

25　參見趙紅梅：《漢代邊疆民族管理機構比較研究 —— 以度遼將軍、護羌校尉、使匈奴中郎將為中
　　心》，載《黑龍江社會科學》2014 年第 5 期，第 146 頁；李大龍：《東漢王朝護羌校尉考述》，載《民
　　族研究》1996 年第 2 期。

26　《晉書》卷一百一十六，第 2959 頁。

27　參見《三國志》卷三十，第 839 頁；《晉書》，卷三十六，第 1070 頁。參考程尼娜：《護烏桓校尉
　　府探析》，載《黑龍江民族叢刊》2004 年第 5 期，2004 年，第 53 — 57 頁。

28　《晉書》卷三十六，第 1070 頁。

州刺史）。另一方面，五胡亂華所掀起的胡族建國運動，並不是原來的封建性質的四夷之國欲從中國屬國的地位脫離而建國，而是強勢胡族政團佔領中國郡縣而以再造戰國大國為起點，如匈奴建立趙、鮮卑慕容部建立燕、氐人苻氏建立秦國等，再以漢之"天下國家"原理宣告其國可以是天子之國，故其首長可稱為皇帝。這類胡族國家雖然推翻了晉之中國，卻也繼承漢以來的郡縣系統。

　　永嘉亂後，位在建康（今南京）的晉元帝任命慕容廆為"監平州諸軍事、安北將軍、平州刺史"，其後再升為"使持節、都督幽州東夷諸軍事、車騎將軍、平州牧，遼東郡公"[29]。當時東晉朝廷已失去華北、塞北的控制權，這種任命徒具形式。但是就法制面，我們不能說這是虛封，這的確是晉朝授與一位原四夷君長以郡縣長官（州刺史）之職。且除了東漢末已開始授與四夷之國首長將軍號慣例外，晉朝同時授與遼東郡公之爵。擁有這種爵的官員當然被視為中國的官員，其意義重大。平州始設於西晉之 274 年，分幽州之昌黎郡、遼東郡、樂浪郡、玄菟郡、帶方郡為平州。在平州治所之襄平設東夷校尉。[30] 可見平州設置的目的之一是控制遼西、遼東、中國東北南部與朝鮮半島北部的地區。平州牧的任命表明晉朝承認慕容部可以控制這個區域。慕容部原本作為東夷政團應受平州牧（刺史）與東夷校尉管轄，現在升格為管理者。在此時，對於中國（晉）朝廷而言，中國郡縣的長官可以不分胡漢。

　　至 349 年，史料說東晉穆帝冊封慕容廆之子慕容俊為"使持節、侍中、大都督、都督河北諸軍事、幽冀幷平四州牧、大將軍、大單于、燕王。"[31] 從晉的立場，這位慕容部首長的官職可以分為五類。一是封國爵位之燕王，且此燕王號不是四夷之王號而是中國之王號。二是中朝官之侍中、使持節。三是郡縣系統長官之"幽冀幷平四州牧"。四是軍府長官之大都督河北諸軍事，包括將軍號之大將軍。五是治理胡人的胡人首長之大單于。這種五合一的官銜是這個時代的特色。慕容俊是否接受了晉的中外朝官的授與，難以判斷，但這些官銜卻反

29　《晉書》卷一百零九，第 2817 頁。

30　參見《晉書》卷十四，第 405 頁。

31　《晉書》卷一百一十，第 2831 頁。

映慕容部首長已掌控了特定區域（燕地）的郡縣與軍府系統，中國（晉）朝廷承認這些事實而授與他"內臣"之官職。另一方面，慕容部首長接受燕王一稱，而藉此宣告開燕國。於是在 352 年，再依"天下國家"之制由國王升級為皇帝。

又三年以後之 355 年時，前燕君主（自稱天子、皇帝）冊封高句麗君主高釗，其官銜是"營州諸軍事、征東大將軍、營州刺史、樂浪公、高句麗王"[32]。前燕要作此冊封，除了戰勝的餘威外，主因是要彰顯其作為天下政權，故要有屬國。這套官銜包括軍府長官、將軍號、郡縣長官、爵與封國爵位。封國爵位是四夷國王號之高句麗王。冊封營州諸軍事、征東大將軍、營州刺史、樂浪公，表示前燕將高句麗王視為內臣。我們也可以說這是華夷雙聯王權之號，高句麗君主同時擁有中國（華）的官職與夷的王爵。這次冊封在東亞歷史上是有意義的，它創造了一種新型態的冊封形式，受封者的蕃夷之國君長擁有的官銜是"都督、將軍號、郡縣長官、爵、四夷國王號"，這種形態的冊封一直延續到唐代。我們可以將它視為中華世界的擴大，因為天下全境的政治首長都成為中國天子之內臣。另一方面，在政治實態上，卻又是這些東亞政權走向自立之途。

此次冊封高句麗王官銜中之營州諸軍事、營州刺史自可以視為虛授，因為當時營州治所位於今天河北省東北部秦皇島與遵化之間，是通往遼西要道的重要據點。此地在前燕境內，政治中心在今天吉林省集安的高句麗王不可能到此就職，也不可能實際領有營州。但我們不能只以虛授來理解這個制度。營州之職是有意義的，高句麗王是否到此就職不是問題的重點。營州作為樞紐城市是中國連繫東夷的網絡的節點。過去高句麗作為四夷屬國是受營州的管轄。前燕天子授高句麗君主以營州刺史，即擔任此節制東夷之職。從中國王權的立場來看，這是天子的殊恩，才使特定的外夷君主升級為中國郡縣的長官。營州諸軍事、營州刺史之職的授與也表示中國王權授與高句麗在東夷諸國的優位性。這表示高句麗君主作為外夷君長，也同時擔任原管轄其國（高句麗）的中國郡縣的長官。

32　《晉書》卷一百一十，第 2835 頁。

有學者將此新制稱之為"外臣之內臣化",這是有意義的觀察。[33] 我們可以衍申這個討論,將 1 世紀至 6 世紀歷史演變的大勢稱為從內附到內臣。漢朝將那些跨邊境或進入中國的政權以內附稱之,但不作為郡縣而是視為四夷之國。這類政權也是"外臣"。何謂外臣,學者間有所爭議。[34] 我主張應從君臣制度討論。漢代承襲先秦諸國並立的發展,其政體的原理是"天下 — 國 — 家",仍是諸國並立,即使國的名稱是某郡。在諸國並立狀態下,他國之臣對於本國君主是外臣。如甲國之君與乙國之臣間是外臣關係。在漢代,漢國作為天子之國,在天下國家理論中也只是與諸國並立的一國,即使是上國。漢初衛氏朝鮮之君主是遼東郡太守之臣,故是漢天子的外臣。就實態而言,這類外臣政權的確是在郡縣區域的域外,但這是結果,不是制度的原因。在漢代,這個構成天下的君臣關係的政治網絡有二:其一是"天子 — 郡國首長",另一是"天子 — 郡國首長 — 外夷君長"。蠻夷之國在天下之中的等級較低,正因為是作為天子之外臣,而非直屬於天子之臣。

2 世紀以後,中國(朝廷與州郡政府)將爵、將軍號、軍府長官之頭銜授與外夷政權首長,4 世紀以後更擴及郡縣長官與大軍區的首長之都督銜,這是將外臣提升為內臣,也作為中國官員。[35]

不用多說,所有政治秩序的誕生都不是完全訴諸於理,也是出於力的對抗。外夷政權的內臣化也是肇因外夷政權的自立性已威脅到中國,所以中國想在制度上收編這些政權。五胡亂華以後,晉已失去了對於華北、塞北的支配

33 谷川道雄:《東アジア世界形成期の史的構造 — 冊封體制を中心として — 》(《東亞世界形成期的歷史構造 —— 以冊封體制為中心》),載《隋唐帝國と東アジア世界》(《隋唐帝國與東亞世界》),東京:汲古書院,1979 年,第 102 頁;也參考注添慶文:《四世紀における東アジアの國際關係—官爵號を中心として—》(《四世紀東亞的國際關係 —— 以官爵號為中心》),載《歷史公論》77,1982 年;高明士:《天下秩序與文化圈的探索:以東亞古代的政治與教育為中心》,上海:上海古籍出版社,2008 年,第 116 — 123 頁。

34 內臣、外臣的討論,參考阿部幸信:《前漢時代における內外観の変遷 — 印制の観点から》(《前漢時代內外觀念的變遷 —— 從印制的觀点出發》),載《中國史學》2008 年第 18 號,第 121 — 140 頁。

35 相關討論參考王安泰:《再造封建:魏晉南北朝的爵制與政治秩序》,台北:台大出版中心,2013 年,第 239 — 298 頁。

權，對於這些外夷首長的任命可以説是虛授。然而，這套官衔所蘊涵的 "名" 對於這些外夷首長是具有重要意義的。我們可以説，漢的皇帝制度是東亞世界共有的政治知識與規範，3 世紀以來東亞世界內的建國者無不利用這套制度。而這套漢帝國的遺產對於 3 世紀以來的東亞建國者而言，其主要功能在於其 "名"，而不是 "實"，其名主要體現該首長在新的國際社會中的地位。如前舉之例，慕容廆曾自晉皇帝受 "使持節、都督幽州東夷諸軍事、車騎將軍、平州牧、遼東郡公"。此時慕容氏已實質佔有遼西、河北北部，東晉授與他這裏的都督與刺史職可以説是虛授，但是這些行政長官頭衔、將軍號與內爵是顯示這個政團的自我定位與位階，也被用來建構自我在國際關係中的位置。皇帝、天王、王等政治名號在這個時期也是被用來代表一國統治者的尊號，功能在於體現該國在國際關係中的主張與位階。這一類中國官號為外夷君長所接受的著例是百濟武寧王。在韓國忠清南道發現的 "百濟武寧王志石"（約公元 523 年）中，記武寧王的稱號是 "寧東大將軍、百濟斯麻王"。寧東大將軍之號是在 523 年獲授於中國南朝的梁武帝。由百濟方面自製的碑文內容可知，中國式的將軍號不只是作為中國朝廷對於百濟王政治身份的認定，也是百濟王自身對其政治身份的認同與定位。[36]

　　"內臣" 的變化所帶來的歷史演變決非本文可以説明的。本文只説明其中之一的再郡縣化。依漢代制度，中國境內外的外夷政權是作為封建屬國而 "比郡縣"。其後的發展則是這些外夷首長轉型為州郡長官。接下來我們的問題將是原屬於外夷之國的人民發生了甚麼變化。這個課題仍有深究的必要，我只是順着本文討論的脈絡，提出一點看法。

　　掀起五胡亂華的劉淵政團所建的漢與趙國，自一開始就採取二元政策，既繼承了晉朝的中國官制以統治漢人，也繼續使用匈奴王權的官制。當這個胡族國家以郡縣體系支配漢人之編戶之民時，同時以單于台支配胡人。我們可以説這是胡族國家的二元體制，但這也是延續了漢以來的 "中國 — 四夷" 體制，

36　參見甘懷真：《所謂 "東亞世界" 的再省思：以政治關係為中心》，載《皇權、禮儀與經典詮釋：中國古代政治史研究》，台北：台大出版中心，2004 年，第 523 頁。

改變的是胡族政團控制了郡縣體系。單于台所率有"六夷"。[37]其後的"十六國"中，國君擔任大單于的例子很普遍。如十六國中的西秦君長乞伏國仁在385年自稱"大都督、大將軍、大單于、領秦河二州牧"[38]。在制度上，乞伏國仁以州長官之名治理漢人，以大單于之名治理胡人。然而這種以胡人為君長的胡漢雙聯首長之制結果是朝向郡縣制發展。當胡人君長控制了漢以來的郡縣系統，他們的行政權力主要來自、依靠郡縣系統，這些政權推行"部族解散"政策，即將原不屬於郡縣支配的胡族集團改隸郡縣而成為編戶之民，這是可以推論出來的結果，實際上也發生了。胡族的建國運動是胡族掌握郡縣，宣告自己是"中國"，並使胡人一視同仁地被編為國家的公民。至於這是胡人的解放或奴隸化，則另當別論。6世紀北魏末年的"六鎮之亂"，就是北魏的胡人視這種解散部族並編為編戶為奴隸化。

　　總之，胡族國家運動是一個兩面運動。一是建立以胡人為政治上層的新國家，二是實行郡縣制。實行郡縣制的結果是部族解散與胡人轉化為"中國"之民。這是做到了漢帝國做不到或不做的事。我們可以說中國在3世紀至6世紀完成內臣化，或者說是郡縣領域一體化，反而得力於胡族國家的運動。是胡族國家在制度上取消了郡縣區域內的華夷之別，而促成了政團與人民的一體化。

五、代結語：外國的誕生

　　若我們認為秦始皇政權征服六國所建立的新政權是歷史上中華帝國的首章，這個帝國是一個"天下"，其後的中華帝國都稱自己為"天下"。在漢唐間，這樣的天下政體可以分幾個階段。一是秦與西漢前期的天下是郡縣。二是西漢後期與東漢的"中國—四夷"。理想上郡縣領域之內為中國，之外為四夷。但現實上，郡縣領域之內也有四夷之國，而以"內附"視之。三是"五胡亂華"帶來了胡人統治集團的中國化，基層社會的胡人被編為國家的公民，即

37　《晉書》卷一百零三，第2698頁。

38　《晉書》卷一百二十五，第3114頁。

編戶之民。一方面這是諸政團的建國，如胡族國家的"十六國"以及中國東北南部的高句麗、朝鮮半島上諸韓國、日本列島上的倭國。另一方面這些國君又有中國官號如將軍號、爵、郡縣長官等。所以說這些國既從中國自立，又成為中國之國。四，唐朝成立後，東亞又出現大帝國。唐朝當務之急是確認其支配的空間與政體性質。我們看到了"皇帝・天可汗"體制、羈縻體制等。這些制度都試圖重新界定帝國的內外。而本文所探討的化之內外則是唐朝法制所欲規範的一種內外。一方面它以郡縣制與戶籍制的範圍定義了化內、國內，相對於此是化外與外國。另一方面郡縣領域的一體化，表現在胡漢之人皆可以擔任郡縣長官，以及胡漢之人皆可編入戶籍，如本文述這是胡族國家運動的結果。

最後，再檢討一條史料。唐玄宗在公元 725 年舉行封禪，官方記錄了參加這次泰山封禪禮的諸國，如下：

> 戎狄夷蠻羌胡。朝獻之國：突厥頡利發，契丹、奚等王，大食、謝颶、五天十姓，崑崙、日本、新羅、靺鞨之侍子及使。內臣之番：高麗朝鮮王，百濟帶方王，十姓摩阿史那興昔可汗，三十姓左右賢王，日南、西竺、鑿齒、雕題、牂柯、烏滸之酋長，咸在位。[39]

封禪是一種非常態的儒教禮儀，這個禮制當然是展示唐朝作為一個儒教的天下型帝國，所以從唐朝的立場，參加之國皆是天下的成員國。這些國是"戎狄夷蠻羌胡"之國。戎狄夷蠻是過去的"四夷"。要再加上羌胡當是因為當時青海、西藏地區的吐蕃勢力強大，故與既有的四夷並列。四夷之國又分兩類：一是"朝獻之國"，一是"內臣之番"。

"朝獻之國"是與中國朝廷有朝貢關係之政權。所謂朝獻在這個時代就是兩國代表之間行見面禮並互送禮物，只是中國方面將這種外交關係視為域外國家來向天子稱臣，藉此表明這些政權是在天子"治天下"的領域中。在這份名單中，包括阿拉伯與印度的政權。

---

39 《舊唐書》卷二十三，第 900 頁。（筆者改動了標點，以使文意更清楚。）

　　"內臣之番"就是我們習稱的冊封之國。"內臣"之說如前文所討論，4世紀後期前燕冊封高句麗開啟了新的冊封型式，即這裏說的"內臣之番"。內臣云者是指這類蕃夷之國的首長是直接由中國天子所冊封，所以是中國天子直接之臣。唐朝也延續這種冊封體制。如唐高祖於624年封高麗王高建武為上柱國、遼東郡王、高麗王，即授與內臣之官職如遼東郡王之爵，但又授四夷王號之高麗王。同年封百濟國王扶餘璋柱國、帶方郡王、百濟王，原理亦同。又同年封新羅國王柱國、樂浪郡王、新羅王，也是同理。因為這類國同時被認為是四夷之國，故有四夷之國之號如高麗、百濟、新羅，故是"番"，即"蕃"。由此觀察，7世紀前期唐朝極盛之期，唐朝所主張的天下遠大於漢，包括內亞，甚至涵蓋阿拉伯與印度。只是另一面，相對於這種外向型天下主張，這份諸國分類名單也顯示內向型的中國主張，即中國不包括這份名單中諸國，即使是"內臣"之國也是蕃國。不用說"朝獻之國""內臣之番"也被排斥於中國之外，而此中國是《唐律》所說的化內。

　　14世紀前期編成的《宋史》設《外國傳》，有別於之前的正史列四夷傳。這引起學者的注意。[40]這反映當時人的世界觀，即中國（宋）所治理的郡縣（州縣）為一國，其外部有諸外國。在唐朝被稱為朝貢與冊封之諸國，在該傳中都被稱為"外國"。《宋史》又有《蠻夷傳》，其所列的名單是以居於中國西南部雲貴高原為主的族群。至遲至14世紀，古代的"天下—中國—四夷"政體已不復存在。雖然"天下"仍是中華帝國的慣用語，但已失去作為政體的意義。中國朝廷可以繼續宣稱"治天下"，但所治除本國外，對於"外國"只是訴諸朝貢。而在明清時期，朝貢的意義更在於東亞各地域間的貿易，這種朝貢事實是否蘊涵中國天子與朝貢國首長間的君臣關係則視行動者如何詮釋。在目前的階段，從四夷之國到外國的變化，不明之處甚多，仍待新研究展開，本文或許可供未來討論之資，無論對錯。

40　參見錢雲：《從"四夷"到"外國"：正史周邊敘事的模式演變》，載《復旦學報（社會科學版）》2017年第1期。

中華文明的價值特質 [*]

—— 兼論 "中國" 的 "內" 與 "外"

◆ 馬戎

我們討論中國歷史時，離不開對中國傳統文化體系性質與特徵的思考，正是在這樣一個傳統文化體系的形成、演變與發展進程中，演化出歷史上和今天的 "中國"[1]。中華文明的核心部分發源於黃河中下游中原地區，這裏的平原河流和充沛雨水為農業文明提供了優越的地理氣候條件和自然資源，孕育出早期的中原華夏文明，並逐步向周邊區域擴展。無論從人口還是政治經濟文化活動的重心幾個維度來看，中原文化幾千年來一直是中華文明主脈，甚至一度成為東亞大陸文明中心。中華文明在結構上不僅包括作為其主脈的中原華夏文明，也包括中原地區周邊曾被稱為 "夷狄" 的各文化群體，換言之，即包括今天的 "漢文化" 和中國境內的蒙古、藏、維吾爾族、滿、苗、瑤、彝等少數族群的文化，它們在幾千年混雜共存和交往交流交融進程中最終形成了一個 "多元一體" 的中華文化。

如果從有文字可考的商代算起，中華文明三千多年的演變雖然歷經風雲變幻和朝代更替，仍然為我們留下一部主脈貫通的中國二十五史，其展現的中華文化核心內涵、敘事結構和基本話語始終未變，這一現象在人類文明史和政治史上絕無僅有。與其他古文明體系相比，中華文明有其特殊文化內涵和內在生命力。"在這樣的一個延續性大於斷裂性（與歐洲相比）的古老文明籠罩下，中

---

* 本文已刊載於《學術月刊》2018 年第 1 期，第 151 — 161 頁，標題為《中華文明的基本特質》。

1 "中國" 這一概念雖然很早就見於古代文物和漢文文獻古籍，但直至近代，對其定義和內涵仍有爭議。

國的空間雖然邊緣比較模糊和移動，但中心始終相對清晰和穩定，中國的政治王朝雖然變更盛衰起伏，但歷史始終有一個清晰延續的脈絡，中國的文化雖然也經受各種外來文明的挑戰，但是始終有一個相當穩定、層層積累的傳統。"[2]這裏說的"中心"指的就是中原地區，"脈絡"是中原文化，而傳統則是中原文明主線的儒家思想。

作為一個結構複雜而豐富的文明體系，中華文化強韌的生命力是獨一無二的，"中國人"作為共享這一文明的一個多元複合型人群在世界上是獨一無二的，"中國"作為一個政治實體其特徵在世界歷史中也是獨一無二的。因此，我們討論中國的歷史，分析歷史上和今天中國的"內"與"外"，就不能不關注中華文明特別是作為其主脈的中原文化的基本特質，甚至可以說，正是中華文明的基本特質決定了歷代的中國政體、中國人的"內""外"觀和中國疆域的歷史發展軌跡。即使在近代受到西方文明的強力衝擊，中華文明體系及其特質必然會持續深刻影響中國的文化與社會演變，包括價值倫理的演化、話語體系的轉變和國家體制的重新構建。

一、中華文明體系的世俗性

中華文明是在幾千年歷史長河中發展出來的。在這一過程中，形成了一個獨特的文化思想體系，同時也產生了一個以中原皇朝為主幹的政治 — 文化共同體。[3]這一文化體系核心思想的主脈發源於春秋戰國時期的儒學和其他思想流派（諸子百家），是在各學派相互辯論與競爭中發展出來的一個具有獨特宇宙觀和社會倫理規範的思想體系。與世界上許多以宗教為核心的文明體系相比，中華文明體系最重要的基本特徵就是其世俗性。

孔子不談鬼神，主張"未能事人，焉能事鬼"，"未知生，焉知死"（《論語

2　葛兆光：《宅茲中國 —— 重建有關"中國"的歷史敘述》，北京：中華書局，2011年，第26頁。

3　自秦朝開始，中國歷史上各朝代的君王都自稱"皇帝"，所以把這些朝代稱為"皇朝"，應該是適宜的。

・先進》），"不語怪、力、亂、神"（《論語・述而》），"敬鬼神而遠之"（《論語・雍也》），認為世人應"畏天命"（《論語・季氏》），對天道、祖先有誠敬之心。以儒家為代表的諸子百家學說都沒有對人死後"天堂""地獄"及"最後審判日"的描述。但是，儒家學說堅持的世俗性並不是站在無神論立場上反對所有鬼神信仰，而是以一種寬容態度對其"敬而遠之"，既不排斥內部不同地區、不同人群的民間信仰，也不排斥源自其他文明體系的外來宗教流派。錢穆認為："孔子對於人世與天國，現實界與永生界，並已有一種開明近情而合理之解答也。"[4]

牟鐘鑒認為"中華文化是人本主義，西方文化是神本主義"。[5]中國人尊崇的是人世間的聖賢先哲，祖先崇拜的實質是先賢崇拜，流傳於基層社會的各種民間信仰（城隍、龍王、土地、山神等各路神仙）則是這一主流文化的草根性補充。中國的民間信仰也是高度世俗化的，並且與民眾日常生活生產、人生禮儀、節日慶典密切結合，強調行善戒惡和因果報應，警示世人遵守社會倫理行為規範，可以被視為人間秩序在鬼神世界的投影。這些民間信仰倡導的倫理必須符合"天道"，否則就會被視為"邪神"被主流社會禁止。

蘇秉琦認為："中國除了有些政教合一的少數民族以外，從來沒有高於王權的宗教，也就是沒有國教。一些外國人不能理解，於是想出來一個中國人自己並不認可的宗教 ——'儒教'，沒有教主，沒有教規，沒有教儀，也沒有宗教意義上的經典。但是在中國傳統文化中確有最高崇拜的對象，這就是'天、地、

4　錢穆：《國史大綱》（修訂本），北京：商務印書館，1994 年，第 99 頁。任繼愈指出："宋明理學 …… 雖然它不講出世，不主張有一個來世的天國，但是卻把聖人的主觀精神狀態當作彼岸世界來追求，這和禪宗主張在塵世之中成佛是完全相同的"（參見任繼愈：《論儒教的形成》，載《中國社會科學》1980 年第 1 期，第 68 頁）。而禪宗則是"本土化"了的中國佛教流派。

5　牟鐘鑒：《中華文化是人本主義，西方文化是神本主義》，載《中國民族報》2017 年 1 月 17 日。

君、師、親’。”[6] 春秋時代的孔孟以及後世的二程、朱熹被後世視為塵世的先師先賢，而不是天上的神或教主，其性質與基督教的上帝與基督、伊斯蘭教的真主與穆罕穆德、佛教的如來佛祖等全然不同。無神論和一神教宗教都是西方文化的產物。[7] 不是對超越凡世的“造物者”崇拜和對“末日審判”的恐懼，而是人間塵世中的社會秩序和人際倫理（三綱五常、忠孝仁義禮智信等）[8]，構成儒學和中華文明的宇宙觀和基本社會倫理結構。[9] 所以，中原皇朝大多數皇帝不把中華文明體系與任何具體宗教對立起來，也不把自身的宗教傾向強加給臣民。宋真宗和宋徽宗崇信道教，清雍正帝篤信藏傳佛教，但沒有在全國強力推廣，明崇禎帝與大臣徐光啓等信仰天主教，也沒有利用權勢加以推行。作為中華文明主脈的儒家學說，把鬼神宗教信仰看作是皇帝和臣民們的私事，只要信仰者的行為不違反“天道”，不觸犯國家法律，不影響社會與經濟活動的正常運行，就不主張強制干預，體現出“政教分離”的世俗化特質。

在中華文化的傳統中，“儒學是不是宗教，這是一個古老的問題”。[10] 錢穆認為：“宗教為西方文化體系中重要一項目。中國文化中，則不自產宗教。凡屬宗

6　“我國古人對‘天、地’賦予了超自然的屬性。這裏的‘天’，是一種抽象的權威象徵，一種不可抗拒的超自然正義力量。……對於‘地’的崇拜，反映了追求人與自然的協調。至於對‘君’的崇拜，則反映着對社會秩序化即國泰民安的追求。對於‘親’的崇拜，我看至少包括‘祖先崇拜’以來至現實生活中的‘父慈子孝’、‘兄友弟恭’等內容，是維繫、協調人際關係的重要紐帶。對‘師’的崇拜，則是要求對文化、知識的尊重與繼承”。（蘇秉琦：《中國文明起源新探》，瀋陽：遼寧人民出版社，2013 年，第 136 頁。）

7　儘管近代以來西方社會把伊斯蘭教“東方化”，但是從本源上看伊斯蘭教繼承了希伯來文明，是希伯來宗教的變體，從本質上依然可視為西方古代文明的一部分。

8　孔子曰：“知（智）、仁、勇三者，天下之達德也。”（《中庸》）“君子道者三，我無能焉；仁者不憂，知者不惑，勇者不懼。”（《論語》）“吾日三省吾身，為人謀而不忠乎？與朋友交而不信乎？……信近於義，言可復也。”（《論語·學而》）孟子曰：“惻隱之心，仁之端也；羞惡之心，義之端也；辭讓之心，禮之端也；是非之心，智之端也。”（《孟子·公孫丑上》）董仲舒：“仁義禮智信五常之道。”（《賢良對策》）

9　在分析“中國社會超穩定結構”時，金觀濤、劉青峰系統討論了儒家、墨家、道家學說的社會觀、價值觀、哲學觀結構及其內在和諧。參見金觀濤、劉青峰：《興盛與危機：論中國社會超穩定結構》，北京：法律出版社，2011 年，第 271—283 頁。

10　列文森：《儒教中國及其現代命運》，鄭大華譯，桂林：廣西師範大學出版社，2009 年，第 307 頁。

教，皆外來，並僅佔次要地位。其與中國文化之傳統精神，亦均各有不相融洽處。"[11] 似乎中國傳統的儒學很難被納入西方文明的 "宗教" 範疇。

　　但是，一個高度發展的文明需要有一個自己的信仰體系來保持自身凝聚力並得以持續發展，否則不可能維繫一個有着幾千年文明史的政治 — 文化共同體。從這個角度來看，在中華傳統裏似乎也應當有自己的 "宗教"。所以錢穆說："則果謂中國亦有宗教，宜稱為孔教，亦無疑。"[12] 任繼愈認為 "儒教的教主是孔子。…… 儒教雖然缺少一般宗教的外在特徵，卻具有宗教的一切本質屬性。"[13] 錢穆在另一篇文章中這樣論及中國的 "宗教"："或疑中國民族乃一無宗教無信仰之民族，是殊不然。中國自有其宗教，自有其信仰，特其宗教信仰之發展，亦別自有其蹊徑。…… 中國古代宗教，有兩大特點：一則政治與宗教平行合流，宗教着眼於大群全體，而不落於小我私祈求、私籲請之範圍，因此而遂得摶成大社會，建立大統一之國家。…… 中國宗教因早與政治合流，故其神與神之間，乃亦秩然有序，肅然有制。既不如耶教、回教之單一而具不容忍性，亦不如印度希臘神話之離奇而有散漫性。"[14] 這表明錢穆認為中華文化共同體還是有自己的信仰，但中華傳統的信仰與其他宗教相比具有不同特點，因此他將之歸為不同於基督教、伊斯蘭教的另類 "宗教"。葛劍雄認為 "儒教具有準宗教的性質，…… 我認為在中國社會真正起作用的並不是儒學，而是儒教"。[15] 劉小楓則指出："儒家在品質上是政治哲學，儒家與儒教的關係如何，取決於儒生自己心裏清楚自己與宗教的關係以及宗教與其他兩種類型的靈魂的關係。"[16]

　　在韋伯的宗教研究著作《宗教社會學論文集》中，有一篇的英文譯名為

11　錢穆：《現代中國學術論衡》，北京：三聯書店，2001 年，第 1 頁。

12　錢穆：《現代中國學術論衡》，第 11 頁。

13　任繼愈：《論儒教的形成》，第 70 頁。有學者曾系統論述 "儒教" 的基本理論（李申：《關於儒教的幾個問題》，載《世界宗教研究》1995 年第 5 期；李申：《中國儒教史》，上海：上海人民出版社，1999 年），也有學者堅持理學是哲理而非宗教（參看張榮明：《中國的國教：從上古到東漢》，北京：中國社會科學出版社，2001 年，第 25 — 28 頁）。

14　錢穆：《靈魂與心》，桂林：廣西師範大學出版社，2004 年，第 22 — 24 頁。

15　葛劍雄：《中國人有沒有宗教？》，載《民族宗教研究動態》2016 年第 5 期，第 60 頁。

16　劉小楓：《儒教與民族國家》，北京：華夏出版社，2007 年，第 5 頁。

Confucianism and Taoism，該篇的中文篇名被譯為《儒教與道教》。[17] 中文 "儒教" 這一概念的流行，可能與該文題目的譯法有關。由於中文的 "儒學" 也被譯為 Confucianism，英文中的 Confucianism 似乎也可以譯為 "儒學"。在這篇文章中，韋伯認為 "儒教純粹是俗世內部一種俗人道德。與佛教形式更加顯明對比的是，儒教所要求的是對俗世及其秩序與習俗的適應，歸根結底，它只不過是為受過教育的世人確立政治準則與社會禮儀的一部大法典"。[18] 這段話裏的 "儒教"（Confucianism），完全可以換作 "儒學"，而且韋伯指出的恰恰是儒學的世俗性。

今天國內學者們使用的許多概念均是近代從西方社會傳入的意識形態和話語體系。中國傳統講的 "教""族""國" 與今天我們所使用的、源自西方 "普世概念" 的 "宗教"（religion）、"民族"（nation）、"國"（state）很不一樣。作為一個延續幾千年的政治 — 文明共同體，中國人當然有自己的思想信仰體系，但正如蘇秉琦和錢穆兩位先生所言，中國人的傳統信仰自有其特質，就像中國的文字不同於其他文明所創造的文字一樣。[19] 人類歷史上出現的信仰種類很多，古代的自然崇拜，近代的馬克思主義、自由主義、無神論、法西斯主義等等都可以視為信仰，但未必都可以被歸類為 "宗教"。中華文化體系裏的儒學是不是一定要納入西方文明中的 "宗教" 範疇？是否需要在儒學之外再析出一個 "儒教"？學者們對於這些議題所表達的不同觀點，在很大程度上取決於各自對 "宗教" 概念的認識與定義。由於對 "宗教" 的概念定義與評判標準不同，各自得出的結論自然也不同。

但是我們必須承認，中原皇朝歷史上從未發生真正意義上的宗教戰爭，中

17　韋伯：《儒教與道教》，杜賓根：Mohr，1978 年。（Max Weber, *Konfuzianismus und Taoismus*, Tübingen: Mohr, 1978）

18　韋伯：《儒教與道教》，洪天富譯，南京：江蘇人民出版社，1995 年，第 178 頁。

19　這裏所說 "中國的文字"，指的是中原群體使用的方塊字，不包括中國邊疆地區其他族群的傳統文字。

原地區也從未出現"政教合一"政權。[20] 趙鼎新認為西漢之後中國成為"儒法國家"，創造出一種"以帝國儒學思想作為官方統治意識形態和合法性基礎，同時運用法家手段對國家進行實質性管理的國家模式"。[21] 這與歐洲歷史形成強烈反差。相比之下，宗教戰爭幾乎貫穿基督教誕生後兩千多年的歐洲和中東歷史。這是中華文明與西方文明的重大差別之一。雖然歐洲國家在宗教改革後推行"政教分離"，但是直至今日，西方國家的文化基調和道德基石仍是基督教。對於大多數西方人而言，沒有宗教的道德是不可想像的。中國傳統文化的基調是世俗性，這一點恐難否認。"大多數文明以宗教和法律作為政治及社會制度正當性根據，唯有中華文明歷史上以道德作為政治制度和社會行動正當性的最終根據。可見中國文化歷史有多麼獨特。這是中西方文化產生差異的源頭。"[22]

二、中華文明追求的最高境界是"天道"而不是宗教情懷或個人主義

中華傳統文化崇尚的是包括天下萬物運行規則在內的"天道"，也被有些學者概括地表述為"天、地、君、親、師"，這就是中國人的傳統信仰。孔子曰："大道之行也，天下為公。選賢與能，講信修睦。故人不獨親其親，不獨子其子，使老有所終，壯有所用，幼有所長，矜寡孤獨廢疾者皆有所養，男有分，女有歸。貨惡其棄於地也，不必藏於己；力惡其不出於身也，不必為己。是故謀閉而不興，盜竊亂賊而不作，故外戶而不閉，是謂大同。"（《禮記·禮運篇》）幾千年來，歷代中國人理想中的"大同世界"，就是這樣一幅塵世間人盡其才、遵守公德、各得其所、和諧有序的社會圖景。

中國人堅信"天下大同"的人類理想與"天道秩序"的終極力量，認為人應"畏天命"（《禮記·季氏》），而在"有教無類"（《論語·衛靈公第十五》）宗旨指導下的"教化"過程則是"天下"人類各群體感悟並接受"天道"的過

20　西藏地區 1751 年出現藏傳佛教的"政教合一"政權，參見王輔仁：《西藏佛教史略》，西寧：青海人民出版社，1982 年，第 226 頁。但這只是西藏地區性政體。

21　趙鼎新：《東周戰爭與儒法國家的誕生》，夏江旗譯，上海：華東師大出版社，2011 年，第 7 頁。

22　金觀濤、劉青峰：《中國思想史十講》，北京：法律出版社，2015 年，第 5 — 6 頁。

程，而且堅信所有的人群遲早都應能接受這一"天道"。"中國文化大統，乃常以教育第一，政治次之，宗教又次之，其事實大定於儒家之教義也。"[23] 這就是錢穆心目中"宗教"在中國文化傳統中的地位，也體現出中華文明對"宗教"的理解。中華文明可以包容外來的宗教，但其自身的土壤卻無法產生西方一神教性質的宗教。"中國思想中不承認絕對在外的超越存在，也就是那種無論如何也'化'不進來的存在。這樣，中國就不可能有宗教，也不可能有絕對不可化解的敵人……承認超越存在的理論後果就是宗教以及與人為敵的政治理論。這是西方思想的底牌。從個人主義、異教徒到叢林假定以及民族／國家的國際政治理論等等陷世界於衝突和混亂的觀念都與承認超越者概念有關。"[24]

與西方文明不同，中華文明不提倡個人主義，強調的是社會公德和萬物眾生都應遵循的"天道"，這是另一種道德倫理體系。"對於制度的合法性的證明來說，'民心'比'民主'更為正確……因為大眾的選擇缺乏穩定性，隨着宣傳、時尚和錯誤信息而變化無常，只是反映暫時偶然的心態，而不是由理性分析所控制的恆心，……因此，民心並不就是大眾的慾望，而是出於公心而為公而思的思想。"[25] 中國人所說的"得民心者得天下"，講的決不是西方式"民主選舉"中的多數，而是順應天理、符合"為公而思"的公心，這種"公心"所考慮的是天下之人，不是某個宗教派別的信眾，不是某個政權下轄的國民，也不是某個小群體或個人。

中華傳統文化雖然強調社會公德和集體倫理，[26] 不強調個人權利，但並非沒有平等觀念。中國人的"平等"觀念，既體現在與異文化異群體的交流中，體現在尊重境內不同族群傳統和地方文化的多樣性，也體現在財產繼承制度中。中原地區的財產繼承是男性子嗣均分制，而不是歐洲或日本社會的長子繼

23　錢穆：《靈魂與心》，第 26 頁。

24　趙汀陽：《天下體系》，南京：江蘇教育出版社，2005 年，第 14 — 15 頁。

25　趙汀陽：《天下體系》，第 28 — 29 頁。

26　孔子曰："己所不欲，勿施於人。"（《論語·衛靈公》）"老吾老以及人之老，幼吾幼以及人之幼。"（《孟子·梁惠王上》）

承制。中國人沒有歐洲社會的家族“世襲”概念[27]，不僅皇朝世系可以“改朝換代”[28]，民眾和士人可以接受那些尊崇並繼承中華文化的異族統治者（亡國而不亡天下）；貴冑世家也是“君子之澤，五世而斬”（《孟子·離婁章句下》），“王侯將相，寧有種乎？”（《史記·陳涉世家》）中原皇朝歷代選拔賢能的主要渠道是面向全體臣民的科舉制。法國啓蒙思想家伏爾泰曾十分讚賞中國的科舉制，認為比歐洲各國的爵位領地世襲制更加體現出平等精神。1721 年德國哈雷大學副校長沃爾夫（Christian Wolff）在演講中宣稱：“我們所討論的古代中國人，他們不知道創世者、沒有自然宗教，更是很少知道那些關於神聖啟示的記載。”他告訴聽衆，孔子創立的儒家思想集理性、道德、傳統、常識於一體，影響了中國上至皇帝下至百姓近兩千年，這足以證明沒有神權，人類依靠自己理性的力量也可以建立一套完整的倫理、道德體系。“他們只能夠使用脫離一切宗教的、純粹的自然之力以促進德性之踐行。”不僅如此，古老的中華文明和倫理哲學比《聖經》和西方的基督教更古老，而且完全可以與之媲美，甚至更優越。[29]

　　在這種“天道”秩序中的中國皇帝，其角色與社會功能自然也不同於西方國家的帝王。在對《社會通詮》譯本所做的評議中，19 世紀 70 年代曾留學英國的嚴復把中國帝王與歐洲帝王進行了比較：“讀此則知東西立國之相異，而國民資格，亦由是而大不同也。蓋西國之王者，其事專於作君而已。而中國帝王，作君而外，兼以作師，且其社會，固宗法之社會也，故又曰，元后作民父母。夫彼專為君，故所重在兵刑，而禮樂、宗教、營造、樹畜、工商乃至教育、文字之事，皆可放任其民，使自為之。中國帝王，下至守宰，皆以其身兼天、地、君、親、師之衆責，兵刑二者，不足以盡之也。”[30] 直至今日，國家官員們

27　中國各朝代有不同的爵位“世襲”制度，如清朝的“世襲罔替”可保持原爵位，“世襲”類則爵位品級遞減。這與歐洲封建制度中的爵位、領地、特權世襲制度並不一樣。

28　“孔子曰：‘夫君者舟也，人者水也。水可載舟，亦可覆舟’。”（《後漢書·皇甫規傳》注引《孔子家語》）

29　參見伏爾泰：《哲學辭典》，王燕生譯，北京：商務印書館，1991 年，第 328 — 329 頁；沃爾夫：《中國人實踐哲學演講》，李鵑譯，上海：華東師範大學出版社，2016 年，第 13 頁。

30　甄克思：《社會通詮》（1904），嚴復譯，北京：商務印書館，1981 年，第 133 頁。

在中國社會仍在一定程度上被視為"父母官"，在國內任何地區如果在經濟財政、民生就業、物資供應、搶險救災、基礎設施建設、醫療保健、教育質量、宗教管理、社會保障、道德治安甚至環境生態等方面出現任何問題，中國國民都會指責政府部門的失職，而政府官員也會被問責，似乎官員們仍然"身兼天、地、君、親、師之衆責"。在西方國家中的政府，主要責任限於國防（"兵"）和執法（"刑"）。中華傳統文化中的"天道"觀和民衆對執政者角色功能的期望完全不同於西方社會，我們在理解古代甚至今天的中國社會時，要認識到中國政府與西方國家政府之間的本質性差別。

三、中華文明共同體的內部凝聚力、地區多樣化和對外來文化的罕見包容度

正因為中華文明的基本特徵是非無神論的世俗性，既沒有一神教文明那種強烈的"零和結構"的排他性，沒有嚴格無神論的反宗教性，也沒有基於體質差異的西方種族主義觀念，對於人們在相貌、語言、服飾、習俗等方面的差異也表現出不同於西方文明的寬容心態，甚至所謂的"華夷之辨"也僅僅是文化觀念的差異，而不是本質性的區隔，所以，中華文明對於內部文化多樣性和各種外部文明都表現出罕見的包容態度。恰恰是這種寬鬆的包容態度，客觀上降低了周邊群體的心理距離感，增強了周邊群體潛在的情感向心力和凝聚力。

梁啓超指出，關於中國傳統中的"夷夏之辨"，完全不同於近代的"種族"（race）、"民族"（nation）或"族群"（ethnicity）概念。"春秋（指孔子的儒家經典）之號夷狄也，與後世特異。後世之號夷狄，謂其地與其種族，春秋之號夷狄，謂其政俗與其行事。……春秋之中國夷狄，本無定名，其有夷狄之行者，雖中國人，靦然而夷狄矣。其無夷狄之行者，雖夷狄也，彬然而君子矣。"那麼甚麼是"中國"？甚麼是"夷狄"？"春秋之治天下也，天下為公，選賢與能，講信修睦，禁攻寢兵，勤政愛民，勸商惠工，土地闢，田野治，學校昌，人倫明，道路修，游民少，廢疾養，盜賊息，由乎此者，謂之中國。反乎此

者，謂之夷狄。"[31]

　　就社會內部而言，這種寬鬆的包容度為中國古代知識分子思想的活躍和民間創造力的萌發提供了空間，使春秋戰國時期中原地區的哲學、史學、文學、醫學、兵法、天文、科技、建築、農耕、陶瓷、冶煉、絲綢紡織等領域出現了後世鮮見的百花齊放盛況。從中原各諸侯國"諸子百家"中衍生出儒學、老莊、法家、墨家等許多流派，許多學者跨流派互為師生，在交流與競爭中彼此借鑒、相互包容而不是強求同一，其結果反而促進了事實上的相互融合，這就是歷史演進的辯證法。儒學通常被認為是中華文明的思想主脈，需要注意的是，儒學在其後續發展中不斷吸收融匯其他學派的思想，始終處於演變過程之中。

　　秦統一中國後，建立了一個空前統一、涵蓋遼闊地域的政治體系。為了推動管轄區域內的行政體制和文化體系的同質性，秦朝設立郡縣，推行"書同文"，加快中原各地域之間的文化融合，逐步形成以統一文字為工具載體的中華文明體系。"由於表意性的文字書寫系統能夠脫離語音而使用，這極大地便利了使用不同方言乃至不同語言的人群之間的交流。春秋 — 戰國時代之後的中國歷史表明，雖然是帝國儒教為精英文化的統一提供了基礎，但為這種文化的傳佈和綿延提供物質基礎條件的卻是表意性的漢語文字。"[32]在秦代，"以形、意為主又適應各地方言的方塊字被大家所接受，成為其後數千年間維繫民族共同體的文化紐帶，產生了極強的凝聚力。"[33]歐洲和世界一些地區發明了拼音字母，用以發展書寫文字。由於各地區存在不同的語言發音，因此各地語音的差異在拼寫中構成了今天許多不同文字的基礎。雖然與拼音文字相比，中國的方塊字較難記憶和書寫，但是各地人群一旦學會使用方塊字，便能夠克服語音差異而相互交流，並很容易被吸收進中華文化體系和進入中國的經濟貿易體系。同時，

31　梁啟超：《春秋中國夷狄辨序》（1897），《飲冰室文集》之二，北京：中華書局，1989年，第48 — 49頁。

32　趙鼎新：《東周戰爭與儒法國家的誕生》，第36 — 37頁。

33　蘇秉琦：《中國文明起源新探》，第135頁。

中原社會的繁榮發展也對這些地區的經濟、文化發展起到促進作用。"象形表意的中國方塊字，有利於克服由於地域遼闊所帶來的方言繁雜的障礙，成為幾千年來始終暢通的思想文化交流的工具。只有具備這種重要的通訊工具，才有可能建立一種跨地域的文化聯繫。"[34]

與此同時，秦朝推行"車同軌"，統一貨幣與度量衡，有效地促進了地區間的貿易往來和統一經濟體系的形成，秦朝的這些規範化的措施符合當時東亞大陸的社會發展趨勢，推廣傳播了中原地區的思想體系、工藝技術、社會組織形式與文化藝術活動。漢代印刷術的出現和隋朝創立的科舉制進一步推進中原皇朝管轄地域內各地區之間的文化統合。凡是實行了科舉制的地區，不論其存在哪些族屬語言差異，當地的精英人士都逐步融入中華文化圈。[35]"科舉制更使'書同文'制度化為一種統一的全國性思想意識市場，恰起着類似近代西方全國性經濟市場所起的維繫作用。""科舉制的社會功能並不止教育。它在整個傳統中國社會結構中起着重要的聯繫和中介作用。"[36]中原文明的傳播地域逐步從黃河和長江流域擴展到珠江流域和周邊其他地區。[37]但是由於中國地域遼闊，交通不便，各地區地理自然風貌存在很大差異，因此春秋戰國時期形成的齊魯、燕趙、吳越、秦、楚等不同區域的地方性傳統文化長期以來依然得以保留特色。共性與特性並存，一體與多元並存，這就是中華文明的另一個特質。

在中華文明發展的漫長歷史過程中，作為東亞大陸人口與經濟核心區的中原地區始終與周邊地區保持密切與深入的文化互動，不僅中原地區的文化與科學技術被傳播到周邊地區，同時中原人群也積極學習和吸收周邊地區的傳統文化和科學技術，地區之間的貿易、遷移與通婚（和親）成為傳統交流方式，從

34　金觀濤、劉青峰：《興盛與危機：論中國社會超穩定結構》，第 30 頁。

35　今天我國西南地區（雲南、貴州、廣西等地）的民族關係相對比較和諧穩定，這與元朝以來歷代中央政權在這些地區長期推行儒學教育和科舉制度有關。

36　羅志田：《民族主義與近代中國思想》（第二版），台北：三民書局，2011 年，第 55、172 頁。

37　漢字及它承載的中華文化（如儒學和大乘佛教）也一度傳入鄰近的朝鮮半島、越南、琉球和日本等地。

而逐步形成了以中原地區為核心區，以漠北草原、西域戈壁、青藏高原、雲貴高原等周邊地區為區域性文化中心的“大中華文化圈”。顧頡剛認為中國在發展過程中形成三大文化集團：漢文化集團、信仰伊斯蘭教的“回文化集團”和信仰藏傳佛教的“藏文化集團”。[38] 這幾個“文化集團”在長期互相交往中彼此影響、相互交融，既有共性又保留特性，許多文化元素以共生的方式滲透到各地民眾的思想觀念和日常生活中。費孝通認為，在戰國和秦代，在中原地區和北方草原形成了農牧兩大統一體，也就是“南有大漢，北有强胡”，兩大統一體對峙拉鋸了上千年，長城便是這兩大統一體相互征戰的結果。最後清朝才真正把南農、北牧兩大統一體聚合在一起，完成了中華民族真正意義上的統一。[39] 無論是三大文化集團，還是南北兩大統一體，在古代中國人的觀念中，都屬於“四海之內”的“天下”，也都在這個“東亞大陸生態區”和中華文化圈的涵蓋範圍之內。

與此同時，在與來自“中華文化圈”之外其他文化的交流過程中，中華文明先後容納了外部傳入的佛教、伊斯蘭教、薩滿教、基督教等宗教及教派，吸收了外來宗教的許多文化元素，包括哲學思想、話語體系、制度形式和文學藝術。在文化和思想交流中，孔子主張“中庸之道”[40]，不偏狹不極端。中華文明的另一個代表人物老子則説：“上善若水，水善利萬物而不爭。”（《老子‧道德經》）正是這種主張“和而不同”和“己所不欲，勿施於人”（《論語‧衛靈公》）的思想，使中華文化對於內部多樣化和外來異文化具有舉世罕見的文化包容度和融合力。

在這樣一個文化氛圍中，我們可以看到外來宗教進入中原地區後出現不同程度的“中國化”現象。例如元代的回回穆斯林已在一些禮俗上接受漢人影響，如（1）取表字、採漢姓；（2）冠居名、堂號；（3）遵丁憂、漢喪之制；（4）行

38　參見顧頡剛：《中華民族是一個》，載《益世報》1939 年 2 月 13 日，《邊疆週刊》第 9 期。

39　參見費孝通：《中華民族多元一體格局》，載《北京大學學報》1989 年第 4 期，第 1 — 19 頁。

40　“中庸之為德也，其至矣乎。”（《論語‧雍也》）

節義之禮。[41] 元代的"三掌教制"和伊瑪目制"是中國伊斯蘭教的一種創製，在一般伊斯蘭國家和地區尚屬少見"。[42] 中原地區清真寺在建築風格上普遍採用了漢地的磚混結構、四合院形制和殿堂式建築。明朝頒佈法令推動穆斯林與本地人通婚[43]，促進族群交融，中原地區的漢語成為回回的通用語言。[44] 明代穆斯林學者胡登洲精通儒學、阿拉伯語和波斯語，認為"回儒兩教，道本同源，初無二理"。清代穆斯林學者王岱輿運用儒學思想詮釋《古蘭經》，提出："夫忠於真主，更忠於君父，方為正道。"[45] 劉智認為"天方之經，大同孔孟之旨"[46]，"王者，代真主以治世者也"[47]。廣大中國穆斯林不僅在政治上認同中國，在伊斯蘭教與中華文化之間的相互交融中也出現文化上的"二元認同"現象（既認同伊斯蘭教，也認同中華文化）。到了民國時期，中國化的伊斯蘭教已成為中華文化的重要組成部分。

　　佛教在東漢時期自印度傳入中土，中原學者高僧用《老子》《莊子》及《論語》語義來解讀印度佛學義理，出現"格義佛學"。葛兆光認為："人們藉助老莊對佛教進行解釋，佛教也是在不斷翻譯和解釋之中，加入了這一思想系統，並使之開始彰顯它的系統性，在這個意義上，中國也征服了佛教。"[48] 范文瀾

41　參見《回族簡史》修訂本編寫組：《回族簡史》，北京：民族出版社，2009 年，第 104 — 107 頁。

42　高占福、敏俊卿：《我國內地伊斯蘭教中國化的歷史經驗》（上）（下），載《中國民族報》2017 年 8 月 15 日、8 月 22 日。

43　如《大明律》卷六規定："凡禁蒙古、色目人聽與中國人為婚姻，不許本類自相嫁娶。違者杖八十，男女入官為奴。"參見《回族簡史》編寫組：《回族簡史》，第 144 頁。

44　其實"漢語"一詞也是近代出現的。清末才確立"漢語"作為超越單一族群、地區的帝國語言的法定地位。1911 年 7 月，《學部中央教育會議議決統一國語辦法案》確立"以京音為主，審定標準音；以官話為主，審定標準語"的國語標準。參見湛曉白：《拼寫方言：民國時期漢字拉丁化運動與國語運動之離合》，載《學術月刊》2016 年第 11 期。

45　王岱輿：《正教真詮清真大學希真正答》，余振貴點校，銀川：寧夏人民出版社，1988 年，第 88 頁。

46　劉智，轉引自丁俊：《多重維度中的伊斯蘭教中國化問題》，載《西北民族大學學報》2017 年第 1 期，第 54 頁。

47　劉智，轉引自高占福、敏俊卿：《我國內地伊斯蘭教中國化的歷史經驗》（下），載《中國民族報》2017 年 8 月 22 日。

48　葛兆光，轉引自義廣：《佛教中國化的歷史經驗與現代實踐》，載《中國民族報》2017 年 1 月 10 日。

說："唐朝佛教中國化，即佛教玄學化，這是化的第一步。…… 佛教儒學化，是化的第二步。"[49]"佛教 …… 到了中國之後，出家衆的生活來源發生了變化，由托鉢化緣式改變為坐擁土地及寺產的安居受供式。…… 中國式的祖師清規就出現了，…… 這在印度佛陀時代是未曾有的事"[50]，這就是佛教教儀和教制的中國化。同時，佛教傳入西藏後，在與當地苯教交融中形成今天的藏傳佛教。源自印度的佛教由此轉化成為本土化的中華宗教，包括流傳於中原地區的禪宗等流派和流傳於蒙藏地區的藏傳佛教各流派，發展成為中華文明的重要組成部分。

唐代天主教即以"景教"之名傳入中土，元代方濟各會修士曾來中國傳教，明、清時期利瑪竇、湯若望等先後來華傳教，"努力將天主教教義解釋成與儒家義理完全相合的價值系統"，1700 年清朝的天主教徒達到三十萬人。[51] 19 世紀初，基督教新教傳入中原地區。20 世紀 20 年代中國的"基督教新思潮運動"推動中國基督教學者"將基督教倫理化並與中國傳統文化相對接"，"主張基督教徒和教會要關心國家的命運和建設"，積極投身於當時的平民教育與抗日救亡運動。[52] 這些活動不僅推動幾百萬中國基督教衆融入中國社會發展演變的大潮，也使基督教文化成為今天中華文明的重要組成部分。

從以上幾個例子中，我們可以感受到中華文化對外來宗教與文化的强大包容力，感受到中華文明海納百川、積極吸收和容納外來文明的文化心態。"漢族以文化根柢之深，…… 用克兼容並包，同仁一視，所吸收之民族愈衆，斯國家之疆域愈恢。"[53]

49　范文瀾：《中國通史簡編》，修訂本第三編，北京：人民出版社，1965 年，第 614 頁。

50　義廣：《佛教中國化的歷史經驗與現代實踐》，載《中國民族報》2017 年 1 月 10 日。

51　參見趙士林、段琦主編：《基督教在中國 —— 處境化的智慧》，北京：宗教文化出版社，2009 年，第 5 頁。

52　參見趙士林、段琦主編：《基督教在中國 —— 處境化的智慧》，第 10 — 13 頁。

53　呂思勉：《中國民族史》，上海：世界書局，1934 年，第 8 頁。

四、中華文明開展跨文化交流的核心理念是"和而不同"和"有教無類"

　　中華文明之所以對外來文明與宗教表現出十分罕見的包容度,這與其世俗性的本質和文化自信密切相關。中華文明自認是各方面比較發達、在"天下"體系中居於核心的地位,對周邊群體負有"教化"的責任與功能。在漢代成為中華文明主脈的儒學是一套有關世俗社會倫理秩序的價值體系和行為規範,接受這套文明規範的群體被視為"華夏",尚未接受的群體被視為"蠻夷",二者之間僅為"文明程度"的差異。

　　"中國的夷夏之辨 …… 對外卻有開放與封閉的兩面,而且是以開放的一面為主流。夷夏之辨是以文野之分為基礎的。…… 故夷夏也應該是可以互變的。"[54] 在與其他群體交流過程中,中華文明所持的是"有教無類"的立場,採用"教化"的方法來"化夷為夏",而不是簡單地排斥其他信仰與學說,因此中國人從來沒有"異教徒"的概念。由於在孔子的年代,中原地區居民的人種成分十分複雜,"所以,'有教無類'主要不是指社會貧富等級差別,而是種族特徵差別"[55],表示對不同祖先血緣及語言文化群體施以教化時應一視同仁。在對人類群體進行劃分時,中華文明注重的是可涵蓋"天下"所有人群、具有"普世性"的社會秩序與倫理規範,而不是其他文明所強調的體質、語言、宗教信仰差異等族群特徵。在與異族交往中推行"教化"的方法是"施仁政","遠人不服,則修文德以來之"(《論語·季氏》),主張以自身較高的文化修養和德行來對蠻夷進行感召,而不是使用武力手段強迫其他群體接受自己的文化。這種政策的前提是對中華文明優越性的高度自信。"行仁政而王,莫之能禦也","萬乘之國行仁政,民之悅之,猶解倒懸也。"(《孟子·公孫丑上》)甚至連中國傳統軍事思想也強調"天子"的軍隊應為"仁義之師","不戰而屈人之兵,善之善者也"。(《孫子》謀攻篇第三)

54　羅志田:《民族主義與近代中國思想》,第 37 頁。

55　蘇秉琦:《中國文明起源新探》,第 2 頁。

　　因為不同文明之間可以相互學習和傳播，所以中國傳統思想認為"夷夏之辨"中的"化內"和"化外"可以相互轉化。"'天下'是絕對的，夷夏卻是相對的，所需要辨認的，只是中原文明而已。血緣和種族是先天的、不可改變的，但文明卻可以學習和模仿。因此，以華變夷，化狄為夏，不僅在中國歷史中為常態，也是中華帝國文明擴張的使命所在。"[56] "在古代觀念上，四夷與諸夏實在有一個分別的標準，這個標準，不是'血統'而是'文化'。所謂'諸侯用夷禮則夷之，夷狄進於中國則中國之'，此即是以文化為華夷分別之明證，這裏所謂文化，具體言之，則只是一種'生活習慣與政治方式'。"[57] 夷夏之間存在的是一種動態與辯證的關係。"春秋之法，中國而用夷之道，即夷之，…… 以此見中國夷狄之判，聖人以其行，不限以地明矣。"[58] 因為中華傳統的基本觀念認為四周"蠻夷"與中原群體（"華夏"）同屬一個"天下"且具有可被"教化"的前提，所以儒家提出"四海之內，皆兄弟也"（《論語‧顏淵》）的觀念，明確淡化"天下"各群體之間在體質、族源、語言、宗教、習俗等文化領域差異的意義，強調不同人類群體在基本倫理和互動規則方面存在重要共性並完全能夠做到"和而不同"與和睦共處。[59]

　　儒學發源於中原地區並在後世以漢人為人口主體的中原皇朝佔據主導地位，這一觀點得到普遍接受。但是在中原地區與周邊地區幾千年持續的文化與政治互動中，儒學就完全沒有吸收周邊群體的文化元素而有所變化嗎？孔子的思想本身就是在春秋時期"華夏"與"蠻夷"的文化與政治互動中產生的，這種文化互動自孔孟之後應當仍在延續，二程和朱熹的理學思想就明顯受到外來

56　許紀霖：《多元脈絡中的"中國"》，載《上海書評》2014 年 4 月 27 日。

57　錢穆：《中國文化史導論》，北京：商務印書館，1994 年，第 41 頁。

58　蘇輿：《春秋繁露義證》卷二，北京：中華書局，1992 年，第 46 頁。

59　引用較多的是唐太宗李世民的兩段話："自古皆貴中華，賤夷狄，朕獨愛之如一，故其種落皆依朕如父母。"（《資治通鑑》卷一百九十八，太宗貞觀二十一年）"夷狄亦人耳，其情與中夏不殊。人主患德澤不加，不必猜忌異類。蓋德澤洽，則四夷可使如一家；猜忌多，則骨肉不免為仇敵。"（《資治通鑑》卷一百九十七，太宗貞觀十八年）

佛教的影響。[60] 換言之，後世的儒學已不能被簡單地視為"漢人之學"，而應當看作以中原地區文化傳統為核心並吸收周邊其他文化因素的"中華之學"。所以，如果把邊疆政權在"入主中原"後對儒學思想的吸收和尊崇（"儒家化"）等同於"漢化"[61]，這樣的觀點就把中國歷史上複雜的文化互動關係看得過於簡單了。首先，我們不能把"儒學"簡單地等同於"漢人文化"；其次，周邊政權（包括"入主中原"的異族政權）吸收以儒學為主脈的中華文化傳統的過程也包含了兩個方面：一方面是一個動態的吸收過程，周邊政權在不同時期對於中原文化有着不同的接納態度和不同的吸收程度；另一方面周邊政權必然努力保持自身原有文化傳統和群體認同意識。這是兩種努力同時並行並相互影響的文化互動策略和文化交融模式。

五、中華文明的群體認同核心是"天道"而不是西方文明的"民族主義"

與歐洲的文化傳統全然不同，中華文明強調的是"天道"中的社會倫理與政治秩序，主張"和而不同"，領悟並遵從"天道"的群體即是享有文化素質的人，其他人群尚有待"教化"。孔子說："裔不謀夏，夷不亂華"（《左傳·定公十年》），"中國、夏、華三個名稱，最基本的涵義還是在於文化。文化高的地區即周禮地區稱為夏，文化高的人或族稱為華，華夏合起來稱為中國。對文化低即不遵守周禮的人或族稱為蠻、夷、戎、狄。"[62] "在儒家思想中，'華'與'夷'主要是一個文化、禮儀上的分野而不是種族、民族上的界限……華夷之辨並不含有種族或民族上的排他性，而是對一個社會文化發展水平的認識和區分。"[63] 王韜在《華夷辨》中指出："華夷之辨其不在地之內外，而繫於禮之有無

60　程朱理學是儒學發展的重要階段，以儒學為宗，吸收佛、道，將天理、仁政、人倫、人欲內在統一起來，使儒學走向政治哲學化。

61　如何炳棣與羅友枝之爭，參見葛兆光：《宅茲中國 —— 重建有關"中國"的歷史敘述》，第 22 頁。

62　范文瀾：《中國通史簡編》，修訂本第一編，北京：人民出版社，1964 年，第 180 頁。

63　張磊、孔慶榕主編：《中華民族凝聚力學》，北京：中國社會科學出版社，1999 年，第 285 頁。

也明矣。苟有禮也，夷可進為華；苟無禮也，華則變為夷。"[64] 因此，在中華文明的這種具有高度包容性、動態化和辯證思維的認同體系中，不可能產生西方式的僵化"民族"（nation）概念。

金耀基認為，作為一個政治實體，中國不同於近代任何其他的"民族 — 國家"（nation-state），而"是一個以文化而非種族為華夷區別的獨立發展的政治文化體，有者稱之為'文明體國家'（civilizational state），它有一獨特的文明秩序"。[65] 白魯恂（Lucian Pye）則徑直把中國稱為"一個偽裝成民族國家的文明體系"。[66] 即使晚清政府在某些形式上、特別是在與西方列強交往中表現得像是一個現代"民族國家"，如建立"總理各國事務衙門"（外交部），與各國互派公使並建使館，設定國旗國歌，翻譯《萬國公法》，簽訂國際條約、設立海關等，但是在中國社會的基層組織中始終是一套傳統的中華文明體系在發揮作用。民國時期學者在討論"民族主義"概念時，曾努力從中國文化傳統中加以發掘，如熊十力認為："民族思想之啓發，自孔子作春秋，倡言民族主義，即內諸夏而外夷狄。但其諸夏夷狄之分，確非種界之狹陋觀念，而實以文野與禮義之有無為判斷標準。"[67] 劉小楓進而認為"儒教不是種族區分的民族主義，而是文化區分的民族主義"。[68] 孔子的群體分野確實沒有西方文明中的種族主義觀念，但中國文化傳統中的"夷夏之辨"與源自西方現代觀念中的"民族主義"應分屬不同的思想體系，很難進行這樣的概念比較。

列文森（Joseph Levenson）認為中國傳統族群觀念中的實質是"中國文化主義"，"文化主義是一種明顯不同於民族主義的意識形態。…… 文化主義指的是一種自然而然的對於文化自身優越感的信仰，而無需在文化之外尋求合法性或辯護詞。""士大夫階層的文化、意識形態、身份認同主要是文化主義的

64　王韜：《華夷辨》，載《弢園文錄外編》第十卷，上海：上海書店，2002 年，第 245 頁。

65　金耀基：《中國政治與文化》，香港：牛津大學出版社，1997 年，第 614 頁。

66　白魯恂：《中國政治的精神》，麻省劍橋：Harvard University Press，1992 年，第 235 頁。（Lucian W. Pye, *The Spirit of Chinese Politics*, Cambridge, MS: Harvard University Press, 1992）

67　熊十力：《讀經示要》，台北：樂天圖書集團，1973 年，第 130 頁。

68　劉小楓：《儒教與民族國家》，第 144 頁。

形式，是對於一種普遍文明的道德目標和價值觀念的認同。"[69]杜贊奇認為這種文化主義"把文化 —— 帝國獨特的文化和儒家正統 —— 看作一種界定群體的標準。群體中的成員身份取決於是否接受象徵着效忠於中國觀念和價值的禮制"。[70]

中國傳統認同體系的核心是文化認同，對"天道"和儒家道德倫理的崇敬就是中國人的信仰體系。所以費正清（John K. Fairbank）特別指出，"毫無疑問，這種認為孔孟之道放之四海皆準的思想，意味着中國的文化（生活方式）是比民族主義更為基本的東西……一個人只要他熟習經書並能照此辦理，他的膚色和語言是無關緊要的。"[71]這就是中國歷史發展中以"文化"確定群體認同和"有教無類"的主導思想。在面對內部多樣性和與外部文明相接觸時，"'不拒他者'是中國的傳統精神，而民族主義之類才是西方的思維。"[72]民族主義是具有某種"零和結構"和強烈排他性的群體認同意識形態，在中華文明的土壤中不可能出現類似西方話語中"nation"的"民族"概念，也不可能滋生出西方式的"民族主義"（nationalism）思想體系。

六、結束語

中華文化延續了三千多年，這在人類文明史上十分罕見，這與作為中華文化主脈的中原文化的基本特質密切相關。起源於黃河流域的中原文化傳統，在發展中演化出獨特的語言文字體系，孕育出有特色的農耕文明和與之相關的社會組織，發展出非無神論的世俗性文明和與之相關的非體質血緣的群體認同體

69　列文森：《儒教中國及其現代命運：三部曲》，伯克利：University of California Press，1965 年（Joseph R. Levenson, *Confucian China and Its Modern Fate: A Trilogy*, Berkeley: University of California Press, 1965）。此處轉引的列文森觀點，見杜贊奇：《從民族國家拯救歷史：民族主義話語與中國現代史研究》，王憲明譯，北京：社會科學文獻出版社，2003 年，第 44 — 45 頁。

70　杜贊奇：《從民族國家拯救歷史：民族主義話語與中國現代史研究》，第 46 — 47 頁。

71　費正清：《美國與中國》（第四版），張理京譯，北京：商務印書館，1987 年，第 73 — 74 頁。

72　趙汀陽：《天下體系》，第 13 頁。

系。這一特質使得中華文明體系既可包容內部的文化多樣性，在對外交流中也以“和而不同”和“有教無類”的精神呈現出對於外部文化的罕見包容性。在歷史演變過程中，中華文明的群體認同體系逐漸發展出一種動態與辯證的立場與視角。概而言之，中華文明的這些特質與西方以一神論為主流的宗教特質以及僵化地看待體質 — 語言差異的民族主義之間，具有本質性的區別。這是我們今天在加強中華民族凝聚力、構建中華民族“多元一體”文化體系和政治格局時需要關注與繼承的寶貴歷史遺產。

　　近代以來，歐美帝國主義在對外關係中踐行的是以強凌弱的叢林法則，地緣政治中的霸權理念和“修昔底斯法則”至今仍然主導着某些國家的外交思路。在今天的國際交往中，中華文明與外部文明 — 政體交往中遵循的“己所不欲，勿施於人”和“求同存異”的基本思路構成了中國外交活動的文化底色，使其具有不同於歐美國家外交的文化風格，贏得許多發展中國家的真誠友誼，也為21 世紀的國際關係大格局注入新的元素。

天下、中國、內外、華夷
—— 東亞歷史文獻所提供的一些思考

◆［新加坡］李焯然

前言

北京師範大學"變動的秩序、交錯的文明：歷史中國的內與外"論壇的説明，引用了梁啓超將中國歷史劃分為"中國之中國""亞洲之中國"和"世界之中國"三個階段，深具啓發性，是否足以反映中國人自我認識的演進歷程，尚可斟酌。1904 年梁啓超曾以筆名在《新民叢報》上"中國之新民"發表《祖國大航海家鄭和傳》一文，為 20 世紀初興起的新史學的一篇代表作。梁啓超慨歎"天下之事失敗者不必説，其成功者亦不必與其所希望之性質相緣，或過或不及，而總不離本希望之性質近是，此佛説所謂造業也。哥氏之航海，為覓印度也，印度不得達而開新大陸，是過其希望者也。維氏之航海，為覓支那也，支那不得達，而僅通印度，是不及其希望者也。要之其希望之性質，咸以母國人滿，欲求新地以自殖，故其所希望之定點雖不達，而其最初最大之目的固已達。若我國之馳域外觀者，其希望之性質安在，則雄主之野心，欲博懷柔遠人、萬國來同等虛譽，聊以自娛耳，故其所以成就者，亦適應於此希望而止，何也？其性質則然也。故鄭和之所成就，在明成祖既已躊躇滿志者，然則以後雖有無量數之鄭和亦若是則已耳，嗚呼！此我族之所以久為人下也。"[1]梁氏認

1　梁啓超：《祖國大航海家鄭和傳》，載《新民從報》1904 年第 3 卷第 21 號。今見王天有、萬明編《鄭和研究百年論文選》，北京：北京大學出版社，2004 年，第 8 頁。

為鄭和下西洋只為了滿足君主個人的私慾和懷柔遠人的虛譽，對中國的發展則未見有何裨益，言下之意，當時中國沒有把握機會擴展勢力，殖民他方，實為可惜。如果"亞洲之中國""世界之中國"是中國人自我認識的演進歷程而不是擴張勢力的一種心態，傳統的中國人在"中國之中國"環境底下，如何自我定位？明清以來中國與外界接觸頻密，中國和周邊國家的知識分子又怎樣解讀"中國""內外"和"華夷"的概念？

　　本文旨在針對論壇的主題，提出東亞歷史文獻的一些解讀，以供思考。因準備不足，資料不够全面，觀點亦不成熟，但求拋磚引玉，以博方家垂注。

天下：中國與四夷

　　"中國"一詞，早見於西周的銘文，當時所指的"中國"有首都、京師之意。[2] 王爾敏對先秦古籍的統計，指出"中國"一詞在先秦文獻中共出現 178 次：作為京師之意出現 9 次；作為國境之內共 17 次；謂諸夏之領域共 145 次；謂中等之國共 6 次；而作為中央之國則 1 次。[3] 可見"中國"源於中心、中央的地理概念，至少在先秦這是普遍的用法，而"中國"作為國家的觀念是較後期的事情。費子智（Charles P. Fitzgerald, 1902 — 1992）認為傳統"中國"的觀念，帶有地理和文化方面的兩種特性：從地理環境來說，中國東面大海，北面草原，西面峻嶺，南面叢林，物產和資源都比四周富裕，因此中國人很早便以處於世界的中心自居。從文化上來說，中國自古以來便由少數民族所圍繞，稱東邊的少數民族為"夷"，南面的為"蠻"，西面的為"戎"，北面的為"狄"，四夷的文化都比較落後，深受中國文化的影響，並受到中央政權的主導。因此，中國人很早便形成地理上及文化上的優越感，稱自己的國家為"中國"，西方學者也

2　參考楊靜剛：《論中國先秦時期華夷觀念之建立》，載《九州學林》2006 年第 4 卷第 1 期，第 32 — 33 頁。

3　王爾敏：《"中國"名稱溯源及其近代詮釋》（1976），《中國近代思想史論》，台北：華世出版社，1977 年，第 441 — 480 頁。

就順理成章地直譯為 Middle Kingdom 或 Central Kingdom。[4]

周邊民族被視為四夷,中國史籍對華夷觀念的強調,早見於《春秋》。《春秋》"內其國而外諸夏,內諸夏而外夷狄"[5],以及"親近以來遠,未有不先近而致遠者"[6]的觀念,顯示出華夷之間有一定的界限。這界限不但是地理上,也是文化上的。《禮記·王制》記:

> 中國戎夷四方之民,皆有性也,不可推移。東方曰夷,被髮紋身,有不火食者矣。南方曰蠻,雕題交趾,有不火食者矣。西方曰戎,被髮衣皮,有不粒食者矣。北方曰狄,衣羽毛穴居,有不粒食者矣。[7]

楊靜剛的研究認為商周時期,華夏文化意識尚未形成,與蠻夷文化仍未構成壁壘,商周文獻中所提及的"夷"或"戎"並無貶義,對周邊民族的言論並不帶有輕視。中國傳統華夷觀念的確立,始於春秋戰國時代。[8]原本地理上和文化上的差異,因為春秋戰國時期的政治環境和與周邊民族的戰爭,被形容為民族優劣的象徵,"尊王攘夷"成了當時的政治口號,壁壘分明的民族界限遂應運而生。雖然後人說孔子作《春秋》,"諸侯用夷禮,則夷之,進於中國,則中國之"[9]。但這種"中國之"的態度,只表示夷狄臣服於中國,同化於中國文化之中,才被視為中國的一分子,內外、華夷的秩序和尊卑是始終沒有變的。而這

4　費子智:《中國人看其世界地位》,倫敦:Oxford University Press,1964 年,第 1 — 10 頁(Charles P. Fitzgerald, *The Chinese View of their Place in the World*, London: Oxford University Press, 1964);另可參考費正清編《中國的世界秩序:傳統中國的對外關係》,劍橋:Harvard University Press,1968 年,第 1 — 14 頁。(*The Chinese World Order: Traditional China's Foreign Relations*, ed. by John K. Fairbank, Cambridge: Harvard University Press, 1968)

5　《春秋公羊注疏》卷十八《成公十五年》(何休注、徐彥疏,明汲古閣刊本),第 10 上頁。

6　董仲舒:《春秋繁露》卷四《王道》第六(明嘉靖間刊本),第 4 下頁。

7　李學勤:《禮記正義》上,《十三經注疏》之六,北京:北京大學出版社,1999 年,第 398 — 399 頁。

8　楊靜剛:《論中國先秦時期華夷觀念之建立》,第 17 — 42 頁。

9　韓愈:《昌黎先生集》卷十一《原道》(上海中華書局《四部備要》本),第 4 上頁。

種看法，在漢唐的大一統盛世進一步鞏固，至明清之際，西方的勢力開始在中國擴張，才慢慢改變部分知識分子的看法。

因為中國古代缺乏明確的國家觀念，對於中國和周邊的理解，來自模糊的天下觀。根據邢義田的考證，中國人的天下觀在夏商之時育孕出樸素的原型，到兩周時期進一步發展成長。到周初，"中國"和"天下"這兩個重要的名詞才正式出現。[10] 按照天下觀的思想，"溥天之下，莫非王土"（《詩經‧小雅》），這一自然疆域內的所有土地都是天子的領地，所有人民都是天子的臣民，並不存在一個與中原王朝對等的國家實體，因此也就沒有明確的邊界的概念。其中，漢民族由於佔據了這個地理單元的核心位置，並且漢民族文化長期以來強烈影響着其他民族，因此自然成為這一複合民族的核心。先秦時期起源的天下觀就是華夏民族對自然疆域的看法。這一看法被歷代以正統自居的王朝普遍接受，即便是少數民族入主中原後建立的王朝亦是如此。[11]

中國傳統的天下觀念，奠定了古代政權對周邊的看法和對外政策，而內外關係的形成，又取決於中國歷代政權的盛衰。漢代以後，受到儒家德治思想的影響，"懷柔遠人"是中國傳統對外政策的基本思想。早在先秦時代的《禮記‧中庸》便指出："柔遠人則四方歸之，懷諸侯則天下畏之。"宋代大儒朱熹《四書章句集注》的解釋説："柔遠人，則天下之旅皆悦而願出於其塗，故四方歸。懷諸侯，則德之所施者博，而威之所制者廣矣，故曰天下畏之。"[12] 這種想法，在漢朝以後成了歷代君主和大臣對待內外關係的基本原則。

中國歷史上將"德化"和"懷柔"政策付諸實際行動的明顯例證，是明初鄭和下西洋的壯舉。早在明朝開國之時，太祖朱元璋就總結了歷史上對外關係的經驗教訓，把睦鄰政策寫入他所編定的《皇明祖訓》中。他説："四方諸夷皆限山隔海，僻在一隅，得其地不足以供給，得其民不足以使令。"自古以來，

10　邢義田：《天下一家 —— 中國人的天下觀》，載劉岱編《中國文化新論：根源篇》，台北：聯經出版事業公司，1981 年，第 441 頁。

11　參考張文：《論古代中國的國家觀與天下觀 —— 邊境與邊界形成的歷史座標》，載《中國邊疆史地研究》第 17 卷第 3 期（2007 年 9 月），第 16 — 23 頁。

12　朱熹：《四書章句集注》，北京：中華書局，1983 年，第 30 頁。

中國視自身的農耕型經濟形態為正統，與之相對的經濟形態（如遊牧型）皆稱之為"夷"。而農耕經濟所帶來的固定舒適的居所、豐富的物質資源、強大的安全保障均成為"華"優越於"夷"的具體表現。正是因為有了這樣的政治地理優越感，朱元璋還提出："吾恐後世子孫倚中國富強，貪一時戰功，無故興兵，致傷人命，切記不可。"這條祖訓後成為有明一代對外政策的基本國策。在鄭和下西洋的各種文獻中，"懷柔"的心態非常明顯。如《長樂南山寺天妃之神靈應記》的碑文記載：

> 皇明混一海宇，超三代而軼漢唐，際天極地，罔不臣妾，其西域之西，迤北之國，固遠矣。而程途可計，若海外諸番，實為遐壤，皆捧珍執贄，重譯來朝。皇上嘉其忠誠，命和等統率官校旗軍數萬人，乘巨舶百餘艘，賚幣往賚之。所以宣德化而柔遠人也。

"宣德化而柔遠人"說明了當時明朝政府與西洋諸國建立關係的目的，這同時也反映了中國政府宣揚德治的意圖。如果我們看鄭和下西洋的隨行官員費信的《星槎勝覽》的序，天朝以德化民的心態溢於言表：

> 夫萬物無不覆載者，天地之統也。萬邦無不歸順者，聖人之統也。天地聖人一而二二而一者也。……洪惟我太祖高皇帝龍飛淮甸，鼎定金陵，掃胡元之弊習，正華夏之彝倫，振綱常以佈中外，敷文德以及四方。太宗文皇帝德澤洋溢乎天下，施及蠻夷，舟車所至，人力所通，莫不尊親，執圭捧帛而來朝，梯山航海而進貢，禮樂明備，禎祥畢集。[13]

這同時也反映了明代帝王重申其統領天下、兼治華夷的聖人地位。鄭和下西洋，正是要宣揚這種"聖人"之德。在思想上，明朝君主一直把自己當作普天下的君主，所謂"定四海之民，一視同仁"，夷狄之邦，因其地偏遠，實行"不

13　（明）費信：《星槎勝覽·序》，馮承鈞校注，北京：中華書局，1954年，第 9 — 10 頁。

治治之"。"不治治之"實際上仍是"治"，這種"治"表現在明朝皇帝通過朝貢體制，建立明朝與其他海外政權之間形式上的"君臣"關係。基於此，明朝政府還時常以宗主國的身份，去幫助平息各地政權之間的糾紛。另一方面，宗主國的地位，也表現在明朝政府將自己當作平衡國際間秩序的維護者，讓番民能安居樂業為一己之任。這和現代意義的對外擴張之後大肆侵佔他國資源的行徑，是完全不同的。[14]

明朝建國以後，其對外關係，基本上是受傳統觀念的影響[15]，採取德威並用的政策。[16]洪武四年（1371）九月辛未，太祖御奉天門諭省府台臣曰：

> 海外蠻夷之國，有為患於中國者，不可不討。不為中國患者，不可輒自興兵。古人有言：地廣非久安之計，民勞乃易亂之源。如隋煬帝妄興師旅征討琉球，殺害夷人，焚其宮室，俘虜男女數千人。得其地不足以供給，得其民不足以使令，徒慕虛名，自弊中土，載諸史冊為後世議。朕以海外諸夷小國，阻山越海，僻在一隅，彼不為中國患者，朕決不伐之。惟西北胡戎，世為中國患，不可不謹備之耳。卿等當記所言，知朕此意。[17]

太祖的意見基本上代表了明初的國策。當時對外態度主要分成兩方面：對海外諸國，採取嚴格的封鎖政策，並阻止人民與外族私自交往，遂有海禁政策的推

14　參考樓俊穎：《明朝天朝上國姿態之面面觀 —— 以〈星槎勝覽〉、〈瀛涯勝覽〉、〈西洋番國志〉考察明朝在鄭和下西洋期間與當時東南亞、南亞各國的外交關係》（新加坡國立大學中文系論文，2005 年）。

15　關於明初的對外政策，參考吳緝華：《明代建國對外的基本態度和決策》，載《東方文化》1978 年第 16 卷第 1、2 期，第 184 — 193 頁；吳緝華：《論明代對外封鎖政策的連環性》，載《新社學術論文集》1978 年第 1 輯，第 23 — 37 頁。

16　詳參楊聯陞：《關於中國之世界秩序的歷史筆記》，載費正清編《中國的世界秩序》，劍橋：Harvard University Press，1968 年，第 20 — 30 頁（Yang Lien-sheng, "Historical notes on the Chinese world order," in: *The Chinese World Order*, ed. by John K. Fairbank, Cambridge: Harvard University Press, 1968, pp. 20 — 30）；費子智：《中國人看其世界地位》，第 1 — 37 頁。

17　《明太祖寶訓》（明內府刊本）卷六，第 26 上 — 26 下頁。

行。而官方的往來，則由朝貢制度維繫。

　　明朝在推行睦鄰政策的同時，努力恢復與周邊國家的朝貢關係。朝貢體系是明朝初期對外政策的主要組成部分，從地理、政治方面來看，中國處於整個朝貢體系中心位置，其國土面積遠遠超出周邊各藩屬國或地區，理應作為此體系的宗主國。因此，中國接受諸國在物質上的進貢，並享受其威望所帶來的利益。與此同時，作為宗主國，其義務是對周邊藩屬國提供保護、物質賞賜，但在政治上給予其自由權，不干涉他們的內政。在文化方面，不管是不是朝貢體系內的固定成員，只要表現出仰慕中華文化與尊崇中國皇帝的意願，中國都會予以朝貢的"權利"，即頒發"勘合"，以此作為被"天朝政府"接受的證明。因此，綜合來看，對中國政治地位的承認和文化的尊崇是獲取朝貢"資格"的先決條件，一旦獲取了此"資格"，便可享受隨之而來的利益，即豐厚的賞賜和相對自由的貿易。事實上，這就是朝貢體系的核心所在，或者說是"面子外交"的中心一環。為了發展與各國睦鄰友好的關係，明朝往往堅持重義輕利的原則。對於各國的貢品，明政府都"例不給價"，而是採用"賞賜"的形式回酬。一般說來，所給與的"回賜"均遠遠超過朝貢品的數倍甚至數十倍。這種"厚往薄來"的做法，其根源在於儒家的"以德服人"，是"懷柔"政策的政治體現。[18]

華夷有別：從《世史正綱》看中國史家的天下、內外觀

　　縱觀中國歷史，儘管兩千年來和中國接觸的外族代有不同，但中國人對天下秩序（World Order）的看法，並沒有根本上的改變，對周邊的民族還是以蠻夷視之。就是近代西洋人東來，中國人仍作如是觀，他們心目中的世界也始終是由中國和四夷所組成的世界。[19]

18　參考趙敏鑒：《明初朝貢貿易與儒家思想》，載《船山學刊》2006 年第 3 期，第 83 — 85 頁。

19　參見邢義田：《天下一家 —— 中國人的天下觀》，載劉岱編《中國文化新論：永恆的巨流》，第 455 頁。

　　"尊王攘夷"的思想自春秋時代提出以後，形成根深蒂固的民族主義觀念。雖然以"華"為中心的民族主義思想隨時代的演變而不斷擴大，華族的定義經歷多次的民族融合而獲得更新，華夷有別仍然是歷代政權抵禦外來入侵的屏障。傳統的天下觀和華夷界限，在中國史學中一直佔極重要的地位，"正統論"往往成為歷史上中國政權維護政統和道統合法性的依據。[20] 宋代的遼、金政權便曾引起正統問題的熱烈爭論。蒙古元朝是中國歷史上第一次由外族統治全中國的經歷，在蒙古人統治底下，華族無法自由表達他們的想法。蒙古人被漢人政權明朝推翻以後，明代的史家並沒有因為蒙古人已經被推翻而放棄重申中國人的天下觀和華夷有別的立場。明代大儒邱濬的《世史正綱》便是最好的例子。[21]

　　《世史正綱》三十二卷，始於秦始皇二十六年（公元前 221）滅齊而統一天下，終於明洪武元年（1368）春，首尾凡一千五百八十九年。它大體是仿效朱熹《資治通鑑綱目》和呂祖謙《大事記》的形式編纂而成。朱熹《資治通鑑綱目》是依據司馬光《資治通鑑》編輯的，並援用了《春秋》的褒貶筆法，"表其綱而繫以目"[22]。《世史正綱》的主旨是甚麼？作者邱濬在"世史正綱序"中，有明確的交代：

　　　　世史正綱，曷為而作也？著世變也，紀事始也。其事則記乎其大者，其義則明夫統之正而已。[23]

這說明《世史正綱》是要舉世運變遷，事態更始的較重要者，而繩之以正統之

20　有關正統問題在中國史學中的討論，可參考趙令揚：《關於歷代正統問題之爭論》，香港：學津出版社，1976 年；饒宗頤：《中國史學上之正統論》，台北：宗青圖書出版公司，1979 年。

21　有關邱濬的生平，可參考李焯然：《邱濬評傳》，南京：南京大學出版社，2005 年。

22　關於《通鑑綱目》的體例及其研究，參閱中山久四郎：《朱熹の史學：特にその資治通鑑綱目について》（《朱熹的史學：以資治通鑑綱目為例》），載《史潮》1931 年第 1 卷第 3 期，第 33 — 60 頁；1932 年第 2 卷第 1 期，第 72 — 98 頁。錢穆：《朱子之通鑑綱目》，載《壽羅香林教授論文集》，香港：香港大學出版社，1970 年，第 1 — 11 頁；《朱子之史學》，《朱子之通鑑綱目及其八朝明臣言行錄》，載錢穆《朱子新學案》第 5 冊，台灣：三民書局，1971 年，第 1 — 150 頁。

23　邱濬：《世史正綱》（明弘治元午〔1488 年〕刊本）卷首，第 1 上頁。

義。換句話說,《世史正綱》的撰作,在專明正統。邱濬明確指出《世史正綱》的"宏綱大旨"有三點:

> 一、嚴華夷之分
> 二、立君臣之義
> 三、原父子之心

對於這三點綱領,邱濬給了以下的解釋:

> 華夷之分,其界限在疆域。華華夷夷,正也。華不華,夷不夷,則人類淆,世不可以不正也。
>
> 君臣之義,其體統在朝廷。君君臣臣,正也。君不君,臣不臣,則人紀斁,國不可以不正也。
>
> 父子之心,其傳序在世及。父父子子,正也。父不父,子不子,則人道乖,家不可以不正也。[24]

邱濬認為世道的安定與否,可以分為世、國、家三方面來看。"世"主華夷而言,要必華內而夷外;"國"主君臣而言,要必君令而臣共;"家"主父子而言,要必父傳而子繼。就世、國、家的秩序而論,統非得之正弗取,權非濟夫經不用。君必死其社稷,臣必死其職事,父必授之於子,子必受之於父,而最重要的,尤在於嚴內夏外夷之限,以為萬世大防。所以他進一步指出:

> 華必統夫夷,夷決不可干中國之統。君必統夫臣,臣決不可萌非分之望。男必統夫女,女決不可當陽剛之位。[25]

24　《世史正綱》卷首,第 2 下—3 上頁。
25　《世史正綱》卷首,第 5 下—6 上頁。

邱濬所提倡的，是家能父父子子，國能君君臣臣，世能華華夷夷，各安其分，各守其位的社會。如此，方可稱為“雍熙泰和之世”。他説：

> 大而一世，所以綱維之者，國也。中而一國，所以根本之者，家也。家則內和而外順，國則上令而下從。幾乎一世之大，則華夏安乎中，夷狄衛乎邊，各止其所，而不相侵凌。則人之所以為人者，相生相養，各盡其性，各全其命，而一順於道義之正，而不徇於功利之私。是則所謂雍熙泰和之世也。人既得其所以為人，物亦得其所以為物，天由是而得以為天，地由是而得以為地。則人君中天地而立，為人物之主者，其責盡矣。上天立君之意，於是乎其無負。而聖賢所以著書立言，諄諄乎垂世立教者，亦於是乎不徒託之空言矣。[26]

邱濬認為世、國、家三者，有不可分離的主從關係。世之綱者在國，國之根本在家，家不正則國不正，國不正則世不正。因此他説：“本家以立國，正國以持世，而一歸於人心。”[27] 明顯可見，他的理論基礎，是繼承了《大學》中“正心、修身、齊家、治國、平天下”的一套修省次第而來。所謂由一己以及家，家以及國，國以及天下。他要指出的，顯然是一己修而後家齊，家齊而後國治，國治而後天下平。所以治國平天下的根本在人，而其關鍵尤在於人心。

　　是書定名為《世史正綱》，是有特別用意的。《世史正綱》的撰作目的，是要明正統、正天下、正國、正家、伸張華華夷夷、君君臣臣、父父子子的綱常關係。而“正綱”的意思，就是要正倫常綱紀。至於為甚麼又稱為“世史”？邱濬的《世史正綱》三十二卷，全書分為十二世史：秦世史、漢世史、三國世史、晉世史、東晉世史、南北朝世史、隋世史、唐世史、五季世史、宋世史、元世史、明世史。邱濬曾為“世史”的定義作出解釋。他説：

26　《世史正綱》卷首，第 8 上—9 上頁。

27　《世史正綱》卷首，第 3 上頁。

　　史而謂之世者何？舉一世言之也，天處乎上，地處乎下，人處乎
中，人所處之處是則所謂世也。世即所謂天下也。民生有慾，無主乃
亂。天生烝民，必命一人主天下以任世道之責。得其人則華華夷夷各止
其所而不相侵亂，否則土地為之分裂，人類為之混淆。《史綱》之作，必
加世於國號之下，以見此一時之君臣民事物，凡在斯世者，皆具於是史
之中焉。[28]

可見邱濬所說的"世"，其含義比較廣泛。我們對"世"的理解，應該有別於歷
史上所慣用的"朝"或"代"。邱濬所說的"世"原指天下，邱濬寫《世史正綱》
是着眼於寫一部關於天下的歷史。這個天下，當然是指華夷共處其間的天下，
一個由漢人家國和夷狄所構成的整體。但因為天下的治亂，定於人君 —— 天子的
賢否，所以"世"以朝代作為劃分。

　　其次，在《世史正綱》中有一點不可以忽略的是邱濬時常提及的"世道"。
"世"和"世道"，有密切的關係，在《世史正綱》中，"世"往往暗示了"世道"
的意義。所謂"世道"，即天下之道，在《世史正綱》中其實是指人類的關係和
秩序，亦即華夷、君臣、父子的綱常關係，其中尤以華夷的關係最為重要。從
《世史正綱》中可見邱濬認為天下的治亂在於人類關係的正否，是世道的問題。
所以"世史"，其實就是世道的歷史，而書名《世史正綱》，便已說明了正世道
人心這個大前題。邱濬論及世道時，認為世道有興衰，這和天道的演變是相應
的。他說：

　　天道有陰有陽，世道有治有亂。世道之治亂，本乎天道之陰陽，各
以其類而應。是故陽之類，中國也，君子也，天理也。陰之類，夷狄
也，小人也，人慾也。陽明出事則中國尊安，君子在位，天理流行，如
此則為治世。陰濁用事則夷狄僭亂，小人得志，人慾恣肆，如此則為

亂世。[29]

世道的治亂，就好像天道的陰陽。所以，《世史正綱》特別於甲子之下規劃一圈，代表太極，其陰陽之交替，便說明了天道的興衰，而世道的治亂，亦可以從中而得之。邱濬在檢討元世歷史時，曾認為世道陰陽的消長，自秦迄元，可以分為五世：[30]

> 一、華夏純全之世：漢、唐
> 二、華夏割據之世：三國
> 三、華夷分裂之世：南北朝、宋南渡
> 四、華夷混亂之世：東晉、五代
> 五、夷狄純全之世：元

邱濬用華夷實力的消長作為準則，劃分明以前歷史為五世，展示了過去歷史中不同的華夷關係的經驗。他要強調的是：世道的治亂，先決於天下間華夷勢力的均衡。顯然，邱濬特別重視夷夏之防，認為這是世道盛衰的關鍵。他曾說："若夫胡元入主中國，則又為夷狄純全之世焉。噫，世道至此，壞亂極矣，此《世史正綱》所由作歟？"[31] 如果我們說邱濬寫《世史正綱》是由於元朝的統治而激發起來，這也並不是完全沒有根據的。邱濬認為元朝的統治是世道壞亂之極，《世史正綱》於元至元十七年（1280），蒙古人統一中國後，加了一段大義凜然的附論：

> 韃靼遠在朔漠不毛之地，衣皮而不布帛，茹肉而不菽粟，無宮室之居，無彝倫之理，其去禽獸也者幾希。一旦恣其狼虎之毒，戕我中國之

29　《世史正綱》卷三十二，第 27 上 — 下頁。

30　《世史正綱》卷三十一，第 1 下頁。

31　《世史正綱》卷三十一，第 1 下頁。

主，據我帝王所自立之地，統我華夏衣冠禮儀之民，彼自稱曰皇帝，吾亦從而皇帝之，生其時者，在其陷阱之中，刀鋸之下，固無如之何也已矣。後世之史臣，又背吾孔子之家法，而忘我聖人《春秋》之大戒，世道之責將焉賴哉？[32]

從《世史正綱》中所見，邱濬對明朝史家認同元朝政權的態度，其不滿是流露於各處的。邱濬沒有放過任何的機會去提出他的指責。如後漢高宗（劉知遠）天福十二年（947），邱濬在解釋為何書“契丹耶律德光（遼太宗，902 — 947）死”時，便忽然轉了話題說：

後人議元者，乃欲以其混一中國，而進之漢唐之間，何所見耶？且忽必烈（元世祖，1215 — 1294）之於德光，同一夷種也，但得中國地有廣狹耳。徒以其得地廣狹而高下之，是以功利論事也，其《春秋》意哉？[33]

邱濬認為夷夏之防，是影響萬世的工作。後人眼光短淺，只知道元朝曾建統一的局面於一時，便完全忘卻了華華夷夷的界限，忘卻了內夏外夷的不易戒條，這是有違天意和聖教的。所以《世史正綱》多次強調“原天地之理，推聖賢之意，以嚴萬世華夷之防”。[34]

華夷觀念在古代中國具有悠久的歷史，早在春秋（前 770 — 前 476）期間這種觀念已經出現，並隨着時代的演變而有所發展。[35] 用今天的眼光來看這個

32　《世史正綱》卷三十一，第 4 上 — 下頁。

33　《世史正綱》卷二十二，第 35 下 — 36 上頁。

34　《世史正綱》卷三十一，第 2 下頁。

35　關於華夷觀念在中國的形成及由此而衍生之問題，詳參小倉芳彦：《華夷思想の形成》（《華夷思想的形成》），載《思想》第 503 號（1966），第 23 — 32 頁；佛爾克：《中國的世界概念》，倫敦：Arthur Probsthain，1925 年（Alfred Forke, *The World-Conception of the Chinese*, London: Arthur Probsthain, 1925）；安部健夫：《中國人の天下觀念》（《中國人的天下觀念》），東京：同志社大學，1956 年；費正清編：《中國的世界秩序》。

問題，可能會認為華夷觀念是出自種族主義或狹隘的民族主義。但今日的標準是否可以用來衡量數百年、甚至千多年以前的情況？這是更先決的疑問。事實上華夷的對立在古代中國一直是存在的現象，只是華和夷並不一定有嚴格的界定。今天已成為中華民族的一分子，融合於中國文化之中的遊牧民族，無可否認，在古代中國只以夷狄稱之，是入侵的外敵，並未被視為中國之民。如果因今日的情況而否定歷史的事實，這是有違常識的，也是自欺欺人的。在古代，夷狄一直被認為是威脅中國安危的大患，也是中國歷朝主要防範的敵人。華夷觀念的提出，許多時是針對夷狄的入侵而發，作為刺激民族士氣的口號。故往往在中國國勢較弱，或正受到異族亡國威脅的時候，華夷觀念便更形濃厚。華夷觀念表現在史學上，《世史正綱》亦並不是首次，《春秋》鼓吹的 "尊王攘夷"，可說是這方面的先聲。至於通過史學上的正統論去對夷狄入侵和統治進行譴責，則邱濬的《世史正綱》比較具體和有條理。

　　邱濬的史學在明代史學中有非常重要的地位。他的《世史正綱》在當時已有很高的評價。費誾說："開卷之際，上下數千百年間，興亡治亂之際，是非邪正之辯，了然於心目之間。使夫天下後世之人，知善可鑒而惡可戒。銷僭竊者之非望，啓幽憤者之善念。其所以扶持世教，警省人心者，其功蓋亦不小也。"[36] 邱濬的《世史正綱》流露了作者對天下國家治平的懷抱和遠景。他強調君臣之義、父子之心，是希望通過史例去警醒人心，使人人能守其本分，不作非分之想，而達到國家的治平安定。而他提出華夷之分、天下之正，亦是懷抱着治平的理想。配合邱濬在《大學衍義補》中所論撫馭夷狄的政策：認為華夷應各安其分，互不侵犯，並譴責中國君主之窮兵黷武者[37]，於此，可見他的出發點並非源於種族仇恨，而是一種博大的和平精神。

　　邱濬的《世史正綱》在清朝時受到官方的批評，而且，清代官方學者對《世史正綱》的史學價值往往予以貶黜，這影響了《世史正綱》的流傳和後人對它的了解。紀昀等編的《四庫全書總目提要》說：

36　見《世史正綱後序》，《世史正綱》卷末，第 3 上頁。

37　詳參《馭夷狄》類，卷一百四十三至一百五十六。

　　　　是書本明方孝孺釋統之意，專明正統。起秦始皇二十六年，訖明洪武元年，以著世變事始之由。於各條之事，隨事附論。然立說多偏駁不經。如紀年干支之下，皆規以一圈，中書國號，至元則加以黑圈，迨至正十五年，明太祖起兵，則為白圈。其說以為本之太極圖之陰陽，至是天運轉而陽道復，陰翳消也。率臆妄作，為史家未有之變例，可謂謬誕。[38]

　　《四庫提要》對《世史正綱》的批評是不難理解的。《世史正綱》以明正統為撰史的大前提，對於夷狄而僭中國之統者，尤痛加斥逐。元朝以夷狄而混一中國，邱濬認為天地未有之大變，懲之最嚴，比作陰陽顛倒，天地易位。滿清入主中國，重演了夷狄混一華夏之局，故對華夷問題最為敏感，邱濬之論自然難以得到接受。直至晚清，華夷有別又再次被提出來作為推翻外族政權的根據，足見華夷界限對傳統中國政權合法性的重要性。

域外史籍中的"中國""華夷"觀

　　在中國文獻中，"中國"可以是一個地理概念，也可以是一個文化概念。中國代表華夏民族的政權，是"正統"所在；中國也代表華夏文化的命脈，是"道統"傳承的依據，正如顧炎武在清初面對國破家亡的命運時提出"國可亡、天下不可亡"的呼籲。

　　但"中國"並不是華夏民族所獨有的觀念，作為天下或政治的"中心"，"中國"一詞亦見於域外民族的史籍中，可說是域外政權以自我為中心的一種表現。不但如此，"華夷"亦非中國華夏民族的專利，域外民族亦常以"華夷"作為自身和周邊民族的劃分標準。其中"中國""華夷"觀念的使用，在越南史籍中最為普遍。

38　紀昀等：《子部·編年類存目》四，《四庫全書總目提要》卷四十八，上海：商務印書館，1933年，第 1058 — 1059 頁。

　　"中國"觀念在越南的形成，與其儒學背景和史學上的正統觀念有密切關係。越南的史學雖然早已產生，但到 15 世紀陳黎之際，正統問題才開始引起學者的普遍關注。越南史籍中，運用史學的正統概念去談論"中國""華夷"問題的，首推吳士連的《大越史記全書》。其目的，依吳士連所説，是為了"垂鑒戒於將來"[39]。《大越史記全書》卷首的《纂修大越史記全書凡例》二十四條，便充分反映了吳士連的正統觀念和修史立場。二十四條凡例中涉及正統立場的有以下數條：

　　　　一、每年甲子之下分注，止書歷代繼正統者，其餘列國不書，無接我也。如吳、魏、南漢、事有接我則書某主。
　　　　二、北朝歷代主皆書帝，以與我各帝一方也。
　　　　三、凡我越人憤北人侵暴，因人心甚惡，攻殺郡守以自立，皆書起兵稱國。不幸而敗亡者，亦書起兵以予之。
　　　　四、簡定即位，建元在丁亥年十月，而稱一年者，尊正統黜僭僞，與紹慶元年同。
　　　　五、陳末二胡之後，明人並據凡二十年，止以四年屬明者，蓋癸巳以前，簡定、重光猶係陳緒，戊戌以後，我朝太祖高皇帝已起義兵，故不以屬明書，正國統也。[40]

凡例中所指的"北朝"即指位居越南北面的中國，"北人"即指中國人，因為抵抗北人侵略，不管勝敗，均稱為"起兵"，以肯定其正當性。其中尤以對明朝派兵越南，譴責最為嚴厲。雖然明朝統治越南二十年，《大越史記全書》的處理，只承認四年的時間屬明，其餘時間授予陳朝餘緒或起義政權，以示正統仍在越人手中，譴責入侵政權。文中稱明朝為"虐賊""夷狄"之處，比比皆是。

39　[越] 吳士連編：《擬進大越史記全書表》（陳荊和校本）上冊，《大越史記全書》卷首，東京：東京大學東洋文化研究所，1984 年，上冊，第 57 頁。

40　[越] 吳士連編：《大越史記全書》卷首，第 67 — 68 頁。

　　我們可以從《大越史記全書》對黎季犛事件的處理，來說明越南史家對"中國""華夷"問題的解讀。黎季犛事件發生於明永樂年間，時陳朝權臣黎季犛廢少主自立，謂出帝舜裔胡公滿後，改姓胡，國號大虞，並傳位其子漢蒼，自稱太上皇，向明朝奉表進貢，稱陳氏子孫已絕，請求承襲封爵。當時明成祖一時不察，詔封為安南國王。後來有陳朝大臣到明廷申訴，要求明朝協助，明成祖才明白真相，遂興問罪之師。

　　越南史家本於名分大義，對黎氏父子的篡位行為無不加以口誅筆伐。吳士連《大越史記全書》論曰："昔夏徵舒弒陳靈公，中國不能討，楚子入陳，殺而轘諸栗門，《春秋》與其討也。胡氏殺陳順宗而篡其國，陳沆、陳渴真諸人謀誅之而不能克，身死之後，七、八年間，無有能再舉者，自謂國人無敢誰何。然亂臣賊子，人人得而誅之，而天討之，在天下不容一日舍也。國人誅之不克，鄰國人誅之可也。鄰國人誅之不克，夷狄誅之可也。故夫明人得以誅之也。至於假仁義，荼毒生靈，則是一殘賊爾。故我太祖高皇帝，又得以誅之。嗚呼大惡之罪，豈能逃天討之誅哉，天理昭昭如是，吁可畏也。"[41]吳士連稱黎氏父子為"亂臣賊子"，其"國人"不能誅之，"夷狄"也可以誅之。其所指的"夷狄"，就是外國的明朝。而明人"假仁義，荼毒生靈"的行為，被視為"殘賊"，因此黎太祖亦可以起義誅之。

　　黎季犛事件牽涉明朝的軍事干預，"中""外"關係難以避免成為討論的焦點，而"中國"的定義，便在歷史討論的過程中反映出來。《大越史記全書》本紀卷十記黎太祖起兵抵抗明軍時，有如下的記載：

　　　　帝姓黎，諱利，清化梁江藍山鄉人。在位六年，壽五十一，葬永陵。帝奮起義兵，削平明賊，十年而天下大定。……胡篡陳祚，明人南侵，郡縣我疆域，臣妾我兆庶，法峻刑苛，賦繁役重，凡中國豪傑之士，多陽假以官，安插於北。帝智識過人，明而能剛，不為官爵所誘……奮起義兵，欲除大亂。嘗謂人曰："我之舉兵討賊，非有心於富

41　[越] 吳士連編：《大越史記全書》卷九，第 497 頁。

　　貴，蓋欲使千載之下，知我不臣虐賊也。"[42]

文中所指"中國"，實越南自稱，並非指明人政權。當時越人採用漢人政權慣用的"中國"，是有特別的用意。此舉一方面否定明朝的天朝和政治中心地位，另一方面則將"居天下之中"的中國觀念，據為己有。其實早在 13 世紀蒙古入侵越南時，陳朝君主便呼籲其將領說："汝等為中國之將，待立夷酋，而無忿心。"[43] 有關越人自稱為"中國"的做法，伍思德（Alexander Woodside）曾經加以分析，他說：

　　　　The Vietnamese did not believe that it was an eccentricity for them to argue that a Son of Heaven in Hue could exemplify unique imperial virtues. But the price of consistent defense of this position was the artificial devaluation of China in the Vietnamese mind. In 1805 Gialong referred to Vietnam as the "middle kingdom" or *trung-quoc*. The conventional Chinese term for China thus became, in Vietnamese hands, an abstraction devoid of any one geographic reference. It changed into a phrase capable of being used to refer to any kingdom, founded upon the principles of the Chinese classics, which felt itself surrounded by unread barbarians. [44]

文中指斥明朝"南侵"，稱明兵為"賊"，其嚴內外之辨和攘夷思想，頗為明顯。故《凡例》中有"凡我越人憤北人侵暴，因人心甚惡，攻殺郡守以自立，

42　[越] 吳士連編：《大越史記全書》中冊，第 515 頁。

43　朱雲影：《中國文化對日韓越的影響》，台北：黎明文化事業股份有限公司，1981 年，第 6 頁。

44　伍思德：《越南與中國模式：對 19 世紀上半葉阮朝與清政府的比較研究》，劍橋：Harvard University Press，1971 年，第 18 — 19 頁。（Alexander Woodside, *Vietnam and the Chinese Model: A Comparative Study of Nguyen and Ch'ing Civil Government in the First Half of the Nineteenth Century*, Cambridge: Harvard University Press, 1971）

皆書起兵稱國”之條，足見越人對明人的仇恨。《凡例》中特別强調“陳末二胡之後，明人並據凡二十年，止以四年屬明者，蓋癸巳以前，簡定、重光猶係陳緒，戊戌以後，我朝太祖高皇帝已起義兵，故不以屬明書，正國統也”。這充分反映正統思想在其史學中的重要地位。

越南雖然在文化上受到中國儒家思想的影響，但在政治上卻對中國政權有所譴責，甚至稱之為“北寇”，對政治和文化的歸屬有不同的立場。黎季犛的篡位事件，造成明朝派兵討伐並統治越南達二十年之久。[45] 到明宣宗三年（1428）安南棄守，明朝放棄對越南的統治，黎利正式登位，為越南黎朝太祖，改元順天元年。《大越史記全書》記載該史事：“春，正月，明人既還國，帝遂混一天下，以是年為大定之年。”並附評論：

　　論曰：自天地既定，南北分治，北雖强大，而不能軋南，觀於黎、李、陳之時可見矣。是以三國之末，雖既衰微，然徒內亂而已。至於閏胡暴虐既極，而致國亡身辱，北寇兇殘，南民困屈。幸天心有在，稟生聖主，以義而征，以仁而討，山川以之改觀，日月以之復明，生民以之奠安，國家以之順治，由君臣同德，上下一心也。噫，亂極則治，於今見之矣。[46]

明顯可見，越南史家並不承認明朝統治越南的合法地位，指中國軍隊是入侵的“北寇”，對越南民生有害無益。這種在政治上反對中國的情緒和民族意識，與文化上的認同和緊密聯繫，成了强烈的對比。[47]

45　越南史家陳重金著《越南通史》（戴可來譯，北京：商務印書館，1992 年）便列 1407－1427 年越南歷史為“屬明朝”。見其《年表》，第 430 頁。

46　《大越史記全書》（中冊），《本紀》卷十，第 550 頁。

47　有關越南對中國的政治立場和知識分子的看法，可參考張寶林：《中越關係述評》，載維克貝格編《中國與越南的歷史互動：論機構和文化》，勞倫斯：University of Kansas Press，1969 年，第 37 — 49 頁。（Truong Buu Lam, "Comments and Generalities on Sino-Vietnamese Relations," in: *Historical Interaction of China and Vietnam: Institutional and Cultural Themes*, ed. by Edgar Wickberg, Lawrence: University of Kansas Press, 1969）

　　越南受中國的影響，雖然被中國視為周邊文化較為落後的蠻夷民族，但由於以自我為中心的"中國"觀，同樣稱其周邊的民族為蠻夷，以凸顯自身文化的優越。如阮朝翼宗時靖蠻剿撫使阮子雲所撰的《撫蠻雜錄》，便是很好的例證。《撫蠻雜錄》四卷，序刊於嗣德辛未（1871），主要是輯錄阮朝對周邊民族的認識，記載山川、疆域、語言、風俗、沿革、租稅等詳細資料，以為剿撫之助。卷首阮子雲的《撫蠻雜錄書序》說：

　　　　夷狄之患，自古有之，求之載籍之中，不一而足。我國丁、李、陳、黎世亦有之，言乎其大則哀牢、萬象、真臘、暹羅，言乎其小則美良、山陰、水舍、火舍。此等蠻者，皆有君臣之倫，尊卑之序，故易於處治也，未有如我轄山蠻之無人道者也。[48]

阮子雲認為轄山蠻夷的"無人道"，是以禮制倫常作為標準。他進一步解釋說："夫是蠻也，無君長，無尊卑。所居者險要，所尚者擊刺，以兇悍為能，以劫掠為藝。我示以威則遁，我憮以德則狃。殺之則以為怨，活之則不為恩。是人非人，是鬼非鬼。抑不知占城之遺類歟？或別一族類歟？山川使之然歟？或氣化使之然歟？"[49]蠻夷既人不像人，鬼不像鬼，生死予奪都可以說是咎由自取。蠻夷能夠相處不亂，是因為其地有"罰例"。書中提及蠻夷之"罰例"時，有如下分析：

　　　　蠻俗原無君師治教，相處而不亂者，以有罰例而已。蠻言唉嗻者此也。其例或鬥毆傷斃人，或有女與人私奸，或和誘人妻妾女，或盜人粟米花利畜產圖物，其事主仿指其人而責以罰。若不承受則以鷄卦占之，而猶不受，則大會親鄰證見，使之汆水而不浮者為直，浮者為枉，則受罰。或使之蹈火探湯而不爛者為直，爛者為枉，則受罰。若猶强梗不

48　阮子雲：《撫蠻雜錄》（成泰十年戊戌〔1898年〕廣義省石柱重刊本），第1上頁。
49　阮子雲：《撫蠻雜錄》，第1下頁。

受，則凡鄉中人有被虎咬或傷死病死者，一皆歸咎於不受罰之人。若尚固意不受罰而逃之他柵，則事主宰牛會蠻丁一百或二百，尋而擊之。[50]

是書所分析，基本上說明夷俗與越南的風俗習慣有頗大的差異。所以在"撫蠻"的前提下，需要有充分的了解。然而，"撫蠻"的目的並不是為了欺壓，相反，這是"中邦"的施恩教化政策。輔政大臣兼武顯殿大學士黃啓東的序說："天下無不可為之事，無不可化之人。謂天下之事為不可為，則其自立也不毅。謂天下之人為不可化，則其待人也不弘。士不可以不弘毅。讀是錄者，當亦瞿然思猛然惺，曰：嗟乎，丈夫處世當如是，仁者存心當如是。"[51] 作為士和仁者，"撫蠻"便成了一種道德使命。

雖然越南稱周邊的民族為夷，但卻不能接受別人稱其為夷。越南名儒、外交官李文馥（1785 — 1849）曾在 1830 至 1842 年間被越南阮朝政府派到國外考察訪問多達 11 次，到過的地方包括中國、印度、孟加拉國、馬來西亞、菲律賓、新加坡等，與中國人、南洋土著以及殖民東方的英國人、西班牙人、葡萄牙人都有接觸。著有《西行見聞紀略》《西行詩紀》《粵行吟草》《呂宋風俗記》《西夷致富辨》等作品。從其經歷來看，他的世界觀應該比其他的傳統越南學者來得進步，但李文馥卻有濃厚的華夷色彩，面對西方的洋人，他毫不保留地稱他們為"西夷"。晚清道光十年（1831），即越南明命十二年，李文馥到中國福州出使，根據越人潘叔直《國史遺編》的記載，有這樣的遭遇：

馥至燕（應為福州之誤）[52]，就館，見清人大書"越夷會館"四字於壁間。馥甚怒，誚讓館伴官，聲色俱厲，不入館。令行人裂碎夷字，乃入。仍作《辨夷論》以示之，其略曰："越南原聖帝神農氏之後，華也，非夷也。道學則師孔孟程朱，法度則遵周漢唐宋，未始編髮左衽為夷行

50　阮子雲：《撫蠻雜錄》卷一，第 35 上 — 下頁。

51　阮子雲：《撫蠻雜錄》，第 2 上 — 下頁。

52　詳參陳益源在"儒家思想在越南國際研討會"（河內，2007 年 11 月 9 日 — 10 日，美國哈佛燕京學社及越南漢喃研究院主辦）上宣讀的文論：《周遊列國的越南名儒李文馥及其華夷之辨》。

者。且舜生於諸馮，文王生於岐周，世人不敢以夷視舜、文也，況敢以夷視我乎？"[53]

李文馥認為越南人乃聖人之後，又繼承了儒家傳統和禮樂制度，所以是華，不是夷，並理直氣壯地寫了一篇八百字的《夷辨》。當時的閩縣縣尹黃宅中認為李文馥的《夷辨》"議論正大，佩服之至"，竟然被他的立場所打動，立刻把使館改名為"粵南國使官公館"。

但如果我們看過去越南使節出使中國時所上的奏章，不難發現他們的華夷立場是根據情況而改變的。記錄官方求封、議和、交好等書信的越南文獻《邦交錄》中收錄越人向中國稱臣的記錄不少，如萬曆二十五年（1597）四月初一日，越南使臣鄭松、黃廷愛、裴東淵等出使明朝，要求冊封，上奏説：

> 謹奏為披誠輸款乞恩謝罪事。臣聞王者以六合為家，四夷為守，有不享則征之，來王者則撫之，凡以大一統而昭好生也。臣僻等居窮僥，至愚極陋，是惟聲教暨及，仰皇仁之日久矣。輒敢冒罪哀籲，願天皇帝垂察。交南自歷代以來，通中國修職貢弗絕。先國先黎利因陳氏之不祀，代而有之，宣宗皇帝權署安南國事。傳世黎麟、黎浚、黎灝、黎輝以至廙，為莫登庸所篡。……莫氏失政，人心乖離，黎維禪以黎輝遠裔，唱復仇之舉。臣等黎氏遺臣，懷存本之思，兵出有名，師直為壯，遂克莫洽茂，盡復舊疆。……臣等深媚蠻夷之俗，必有酋長，一日無主，民墜塗炭。以聖心至仁，寧使遐陬異域，有向隅之泣。維禪能用其民，民皆附之。伏乞天皇帝憫南交之流離，許國人之推戴，假以名號，畀之約束，俾其供貢稱藩，以為內屬，則豈惟黎民世世賴之，臣等通國人民，不致顛覆淪罷者，皆天皇帝生成之賜，感德當與天罔極矣。為此理合具本，臣馮克寬等親賫臣松等下情，無任戰栗之至。謹奉表題進以

53　李文馥《夷辨》一文見《閩行雜詠》第 42 首詩《抵公館見門題夷字作》附錄。該文亦見朱雲影《中國文化對日韓越的影響》，第 299 頁。

聞，伏候敕旨。⁵⁴

文中稱"深媚蠻夷之俗"，願意"供貢稱藩，以為內屬"，並謂明朝皇帝"以六合為家，四夷為守"，不難理解交南自然為四夷之一。但這種情況大概到晚清時候開始有所改變。前面提及的李文馥事件發生在道光十年，其實早在道光元年（1821），越南已經公開要求清朝政府不要以夷相稱。《邦交錄》記載道光元年十一月十六日越南國候命陪臣阮文典、潘文璨等上交欽差廣西按察使潘大人的書中說：

> 茲奉送到儀注，卑等經已遞呈本國禮部。嗣接部咨，恭照原送儀注，較與嘉慶九年天朝欽使齊大人現行儀注少有差異，另具錄送其儀注交卑等呈電。……其間細目，稍有簡略之處，具在本國咨儀內，敬謹鋪敘，一併呈電，俾臨時遵用，以重事體。再如原送儀注內有彝官二字，請俗改夷字為彝且從來往覆公文，未有如此字樣，請後以越南國三字代用為好，希惟允從，是荷。⁵⁵

從道光十年李文馥的事件可見，清朝政府並沒有理會越南的要求，對中國而言，越南仍然還是四夷之一。

以"中國"自居，稱周邊民族為"夷"，並不限於越南，在日本和朝鮮的古籍中都可以看到同樣的例子。大抵東亞民族因為受到儒家思想及《春秋》正統觀念的影響，每個國家都把自己看成是天下的中心，形成多元中心的局面。古代的東亞，可以說是多個中心並存的體系，至於"中央"或"中國"的界定，對東亞政權而言，是一個複雜的問題，只能夠根據不同時間空間和政治環境去理解和解答。杜維明提出的"邊緣作為中心"（periphery as the centre）的觀念

---

54 《邦交錄》（又名《西山邦交錄》，河內漢喃研究院藏抄本），第108上—109下（根據抄頁次序，該書為線裝鈔本，原書無頁碼）。

55 《邦交錄》卷二，第35上—下頁。

來解讀文化中國的中心與邊緣位置轉換，反映了中心或中央並不是固定而不變的。[56]

　　中心可以改變，華夷的關係也可以改變。滿清統治中國，在當時的日本人眼中，便被視為"華夷變態"的局面。日本江戶時代（1603 — 1867）前期，幕府儒官林春勝、林信篤父子將長崎奉行上報德川幕府的中國形勢報告書，彙編成書，名為《華夷變態》，收錄 1644 年至 1724 年共兩千多件報告書。其稱為"華夷變態"，代表當時日本人觀念中的"華夷秩序"已經"失序"，是中華變為夷狄的過程。[57] 濱下武志的研究指出，我們可以用"地域經濟圈"來了解亞洲的國際關係和形勢。每一個區域尤其經濟圈和貿易關係，而其中以中國為核心的朝貢貿易體系，歷史最悠久。這種體系的

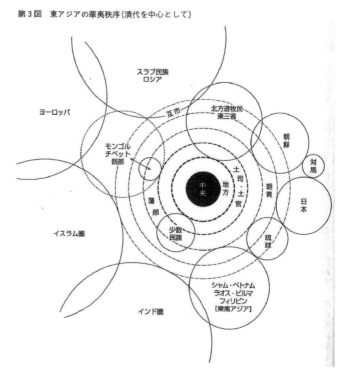

第3図　東アジアの華夷秩序(清代を中心として)

56　杜維明：《文化中國：以周邊地帶為中心》，載杜維明編《活着的樹：今日作為中國人的意義變化》，斯坦福：Stanford University，1994 年（Tu Wei-ming, "Cultural China: The Periphery as the Center," in: *The Living Tree: The Changing Meaning of Being Chinese Today*, ed. by Tu Wei-ming, Stanford: Stanford University Press, 1994）；亦載於《代達羅斯：美國藝術與自然學會雜誌》1991 年春季刊，第 1 — 32 頁。（*Daedalus: Journal of the American Academy of Arts and Sciences,* Spring, 1991）

57　《華夷變態》曾於 1958 年由日本東洋文庫刊行於世。有關《華夷變態》及林春勝的簡單介紹，可參考百度百科。

存在，很大程度上是以中國和四方藩屬國之間的物資、商品交流為基礎。[58] 他以左頁圖來表示以清代為中心的東亞華夷秩序。

但滿清統治中國以後，在周邊的國家看來，中國的華夷關係已經發生了變化，夷狄成為中華，而中華又淪為夷狄。這種關係的轉換，濱下武志用以下的圖説明：[59]

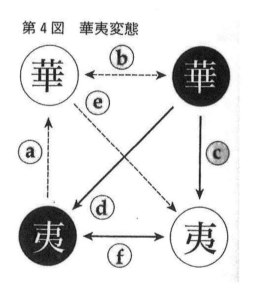

夷變為華，華變為夷；舊的夷成了新的華，舊的華成了新的夷。華夷身份的轉換，象徵華夷的新秩序，對周邊的民族而言，"華夷變態"也代表中心地位的動搖，新的華是否可以駕馭周邊的夷，將重新界定亞洲的天下秩序。

58　參考濱下武志：《近代中國の國際的契機 ── 朝貢貿易システムと近代アジア》（《近代中國的國際契機 ── 朝貢貿易體系與近代亞洲經濟圈》），東京：東京大學出版社，1990 年。書評可見雨佳：《發展問題的新思考 ──〈近代中國的國際契機 ── 朝貢貿易體系與近代亞洲經濟圈〉讀後》，見盛邦和、井上聰編《新亞洲文明與現代化》，上海：學林出版社，2003 年，第 300 — 308 頁。

59　參考濱下武志：《東アジア史に見る華夷秩序》（《東亞史上的華夷秩序》），載濱下武志編《東アジア世界の地域ネットワーク》（《東亞世界的地區網絡》），東京：山川出版社，1999 年，第 22 — 40 頁。

結語

　　過去東亞社會與文化的形成，是由中心到邊緣的方式擴散。中國古代的華夏與四夷觀念，對周邊的民族有深遠的影響。此外，內外、華夷所形成的秩序和尊卑關係，更根深蒂固地成為中國人天下觀的基礎。但在中國歷史上，"華夷有別"和"天下一家"卻常常是對外政策的矛盾對立。邢義田認為這兩種看法在每個時代皆或隱或現的同時存在着，二者也不一定完全互相排斥。當中國國力雄厚，充滿自信的時代，如漢、唐、明、清之盛世，以天下為一家的理想往往抬頭，使中國文化或政治力量有向外擴張的傾向；當中國國力不振或遭受外來的威脅，如唐安史之亂以後，兩宋以及明、清易代之時，閉關自守，間隔華夷的論調又會轉盛。[60] 由於傳統的天下觀影響深遠，甚至關係到一個王朝的正統地位，因此，儘管從現實角度可能會有一些讓步，但在法理上，中原王朝往往不能對邊疆政權予以正式承認。

　　漢、唐以後漢文化的向外傳播和外來文化的來華，創造了文化交流和互動的空間，也漸漸改變了中國人的天下觀。[61] 即便如此，政治、文化上的內與外、中心與邊緣的觀念，仍然難以改變。影響所及，中國的周邊國家亦互相仿效，"中"與"外"、"華"與"夷"的概念在國與國之間變得模糊和混淆，也隨着時間和空間的因素而轉換。如日本在 8 世紀設立大學以後，不久就以"中國"自尊，並視大唐與高麗為"外藩"，明治天皇在美國打開日本門戶之後呼籲史官"明華夷內外之辨"。朝鮮李朝尤其嚴華夷之辨，自稱為"小中華"，目女真為"野人"，視滿清為"胡虜"。[62] 日本和朝鮮的舉措，都是出於文化認同或政治的考慮。

　　從這個角度來看，越南自稱為"中國"、為"華"，斥明為"賊"、為

60　參考邢義田：《天下一家 —— 中國人的天下觀》，載劉岱編《中國文化新論：永恆的巨流》，第425 — 478 頁。

61　有關討論可參考葛兆光：《第一講：古代中國的天下觀念》，《古代中國社會與文化十講》，北京：清華大學出版社，2002 年，第 1 — 26 頁。

62　參考朱雲影：《中國文化對日韓越的影響》，第 6 頁。

"夷"，要求滿清政府不要稱他們為"夷"，與日本和朝鮮的情況其實並無兩樣。"中國"和"華夷"概念是理解中國與周邊各國甚至東亞國際關係的重要課題。歷史研究的最大問題，是分析和評價受制於環境或當前的政治立場。借古知今當然是學習歷史的價值，但以古為今用，便常常導致歷史被誤解，甚至被歪曲。邢義田在總結中國人的天下觀時指出："清世滿洲以異族入主中國，遭逢西力東漸之變局，中國人表現的夷夏觀念為之面目多端。以文化言，滿洲入中國則中國之，滿漢合一為夏，西洋人為夷；以種族言，滿洲非漢，國父孫中山倡驅逐韃虜，恢復中華，清室又為之傾覆。約而言之，夷夏之防雖少兼容並包的氣魄，卻有助於激勵民族同仇敵愾之心，對抗外侮。時至近代，萬國會通，中國中心的傳統天下秩序隨之瓦解。但傳統'天下一家'與'夷夏之防'的兩端又在國父的三民主義中以世界主義與民族主義之新形式出現。"[63] 他的看法，用來檢討外族政權在中國的統治和歷史地位，深具啟發性。

63　邢義田：《天下一家 —— 中國人的天下觀》，載劉岱編《中國文化新論：永恆的巨流》，第 466 頁。

朝鮮後期的中華意識與華西學派的《華東綱目》刊行意義

◆［韓］崔溶澈

引言

在 14 世紀朝鮮王朝的建立過程中，新興士大夫階層起了重要的作用，他們將高麗末期傳入的朱子學原理作為國家的統治理念和教化百姓的依據。《四書集注》《朱子家禮》和《通鑑綱目》可以說是朱子學的代表性著作，在朝鮮五百年的歷史中作為重要的文本，成為朝鮮文人的思想支柱。

在北方外族契丹（遼）和女真（金）的強壓之下，北宋滅亡，南宋政權建立時，開始強調漢族（華）和夷狄（夷）的民族優劣及文化優劣，形成了只有文化方面優秀的漢族才具有中原歷史正統性的華夷觀。根據此原則，南宋的朱子重新整理北宋司馬光撰寫的《資治通鑑》，強調孔子的春秋大義，編寫了《資治通鑑綱目》，也稱《通鑑綱目》，此書對歷史人物和事件進行了明確的褒貶，強調尊王攘夷的正統性，公然體現出華夷之分。綱目體是史書體裁之一，主要簡述歷史事件，再據獨特的史觀添加褒貶。

朝鮮文人在經歷明清交替時陷入了正體性（認同感）的混亂中，因為漢族的明朝滅亡，滿族的清朝佔據政權，統治中原。朝鮮文人都持有以朱子學的華夷觀為核心的歷史觀，所以無法認可滿清的正統性。從此朝鮮的中華意識有了快速的進展。認為在中原地區具有發達文化的中華已經消失，被野蠻的外族代替，中華（文化的傳統）移至朝鮮，延續命脈，因此朝鮮的中華意識也稱為“小中華”。朱熹《通鑑綱目》中強調的尊周思想和華夷之分的歷史觀在朝鮮後期開始重現。

　　從古以來朝鮮與女真即是近鄰。女真比較看重朝鮮，但是朝鮮卻一直視其為野人女真。明朝衰亡，女真族改為滿洲族並建立清朝的時候，朝鮮沒能適時應對國際形勢，而是捍衛明朝招致丙子胡亂（1636）。結果在武力壓迫之下，兩國變成君臣關係。從此，朝鮮對外供奉清朝（事大），而在國內士大夫們的崇明排清思想卻更強化，民間士人私下依舊使用崇禎的年號。實際上在明朝並沒有實現朱子學的理想，但是朝鮮的士人們捍衛宋明理學的傳統，堅持保守的華夷觀念。

　　17世紀宋時烈（尤庵，1607 — 1689）以春秋大義為基礎，在孝宗（1649 — 1659在位）時推動了北伐政策，為報答明萬曆帝的再造之恩，後來還建立了萬東廟。宋時烈的思想體系延續到19世紀的李恆老。華西李恆老（1792 — 1868）特別強調"尊中華，攘夷狄"和"衛正斥邪"的主張。朝鮮高宗初期發生丙寅洋擾（1866）[1]，西方的船舶侵犯朝鮮沿海，西方侵略勢力和日本被看作同一類的邪惡勢力（倭洋一體論）。李恆老的"衛正斥邪"主張為大院君（高宗親父，攝政）的鎖國政策與修建斥和碑提供了思想基礎。李恆老的弟子為了實現衛正斥邪主張，反抗日本的侵略，在各地展開起義活動。李恆老弟子中的代表人物主要有毅庵柳麟錫（1842 — 1915）。他出生於春川，主要活動於加平，後來繼承柳重教（1821 — 1893）在忠清北道堤川創建的紫陽書社（初名：滄洲精舍）擔任主持人，向儒生講學，全面張揚李恆老的"衛正斥邪"思想。此後，該書社又掛起直系學統朱熹、宋時烈、李恆老、金平默、柳重教的遺像，並進行祭奠，改名為"紫陽影堂"，後又增加柳麟錫和李昭應的遺像。[2]

　　此時朝鮮政局危如累卵，1895年朝鮮王妃閔氏（閔妃，後被追封為明成皇

1　丙寅洋擾是因興宣大院君李昰應大力鎮壓天主教，處刑九名法國神父，法國以抗議為名入侵江華島的事件，當時江華島的外奎章閣藏書被燒，儀軌等重要文獻也被掠奪。

2　"滄洲精舍""紫陽書社""紫陽影堂"，此類名稱都是奉朱熹為宗主的意思。影堂中祭奠朱熹、宋時烈之外，主要還有李恆老、金平默、柳重教、柳麟錫、李昭應等人，都是華西學派人物。

后）在宮中遭日本浪人殺害，朝廷向全國儒生下達斷髮令。這時柳麟錫挺身而出，向全國的儒生散發檄文，呼籲他們在堤川紫陽書社集合，發起義兵活動，他擔任義兵團的最高負責人即義兵大將，他的一生都是這樣獻身於國內外的義兵活動。按照李恆老的遺囑，由柳重教和金平默（1819 — 1891）編纂《宋元華東史合編綱目》（以下簡稱《華東綱目》），但是一直沒有刊行。柳麟錫為了此書的刊行耗費心血，終於在該書成稿之後五十多年刊刻出版。這部史書體現了"春秋大義"的歷史觀，包涵"衛正斥邪"的核心思想。

但是後來的歷史並沒有如宋時烈或華西學派的人物所願，朝鮮王朝走向沒落和滅亡之路。無論如何，當時文人一貫強調的"小中華"思想和"衛正斥邪"運動，體現了朝鮮士人耿直的精神世界。本文主要論述朝鮮後期文人堅守的中華思想脈絡，考察《華東綱目》的編撰過程及其出版的意義。

一、明清鼎革與朝鮮的小中華意識的形成

朝鮮很早就接受中原的優秀文化以求歷代王朝的發展。在地理上雖然與中原王朝具有相對的獨立性，但是通過長期交流，延承了中華先進文化，因與周邊其他民族的立場不同，所以自認為是與中華類似的文化民族。朝鮮王朝在外交政策方面，對明朝推行事大政策，對日本及其他周邊國家則是交鄰政策，特別是高麗末期以降，將南宋的朱子學作為治理國家的基本理念，成為名副其實的朱子學國家。《四書集注》成為年輕學子們準備科舉的基礎教材，也是那些號稱正人君子的學儒士人的必讀之書。《朱子家禮》則成為王室、朝廷和士大夫，甚至一般老百姓包括冠婚喪祭在內的家常生活的禮儀準則。另外，反映朱熹歷史觀的《資治通鑑綱目》為朝鮮文人樹立了新的歷史觀。司馬光編撰的《資治通鑑》的記敘方式是，主要歷史事件用大題列"綱"，然後對歷史細節設"目"說明。核心是根據孔子撰述《春秋》的方式，強調從歷史至道德教訓，以春秋大義為準，褒貶歷史人物和事件。

北宋被異民族剝奪政權之後，不得不南遷，佔據東南方一隅延續命脈，朱熹通過這一歷史現實，強調了新的歷史觀，與司馬光在《資治通鑑》中主張對

佔領中原的政權賦予正統性的歷史觀相反。也就是樹立起以大義為中心的正統觀，延續孔子在《春秋》中的"尊周攘夷"思想，強調春秋大義。朱熹延承了《春秋》中視周為正，擊退外敵的尊周思想傳統，來對應南宋的政治現局。其《通鑑綱目》中最突出的章節是看待三國時代的歷史視角差異。陳壽的《三國志》採取以曹魏為正統，附記蜀、吳的方式，分別稱劉備和劉禪為先主、後主。其實從南北朝劉宋時期就出現尊劉貶曹的傾向，但是經過唐朝及北宋以後，只是作為民間故事流傳，在正統歷史學界並沒有得到關注。直到南宋，朱子的觀點直接引起了巨大反響。正好此時民間傳說和通俗文化中的尊劉貶曹之風加速盛行，元末出現的《三國志通俗演義》正是包涵了民眾的希望；而在清初毛宗崗評點本中，這樣的思想更是明顯。在蒙古族和滿洲族的統治下，漢族文人的感受並不亞於南宋的朱熹。

　　朝鮮對明朝事大，視為父母之邦。1592 年突發壬辰倭亂之後勢如破竹，宣祖逃亡到義州，一路蒙受風塵，朝鮮半島遭受倭寇蹂躪，雖然各地有揭竿而起的民間義兵，但明顯不敵外寇。李舜臣在全羅道沿海攔截倭船，雖得到喘息之機，但朝鮮急需明朝的援軍。此時正是明萬曆年間，明代後期最長壽的萬曆帝，無心治國，將治國之事放手給宦官。但是聽到豐臣秀吉要藉朝鮮做跳板進攻明朝，肯定不能坐等。所以明朝派遣李如松、楊鎬、劉綎、陳璘等將領率軍攻打倭寇，李如松收復平壤多次立功，但也多次戰敗受挫。明朝和日本進行停戰和談，商討朝鮮的分割及統治問題。隨着和談的推延，豐臣秀吉掀起丁酉再亂（1597），朝鮮南部地區尤其是全羅道損失慘重。李舜臣在海上全力抗戰殲滅倭軍。後來豐臣秀吉逝世，戰爭終於結束，朝鮮君臣感謝明朝朝廷，永久難忘"再造之恩"。

　　朝鮮認為女真是野蠻的民族，稱其為野人。直至朝鮮初期在咸鏡道地區居住的女真和朝鮮居民雖為瑣事產生糾紛，但大體上還算是友鄰關係。17 世紀初開始，明朝衰退，滿族威勢漸起，努爾哈赤建後金與明朝對峙之時，朝鮮的光海君發揮着合時的外交手腕，維持和平狀態。之後，女真勢力漸長，朝鮮並沒有察覺，還接受了努爾哈赤的通交要求。1596 年朝鮮派申忠一去女真基地佛阿拉城（建州）視察。他回國後寫有詳細的報告文及地圖《建州紀程圖記》[3]，但在朝廷的外交政策方面卻未得以適當利用。

　　熱衷於正統觀念的朝廷文官在新的國際秩序變化面前，並沒有做出敏感的反應。國王光海君不顧大臣的反對，堅持走鋼絲式的外交。有學者指出，朝鮮在明清交替時期沒有興起易姓革命，很大程度上緣於光海君的愛國愛族。元明交替時期，背離沒落的元朝以後，站在新興的明朝一方的李成桂等人得以建立朝鮮，也是因為有鄭道傳等一批信奉朱子學的新興士大夫集團的存在。[4]

　　明清鼎革時期，朝鮮的士大夫們陷入混亂之中，就似失去了精神支柱一樣。無論從哪個角度看，他們都無法接受女真族（滿族）的清朝取代中原正統王朝稱霸天下的事實。無論是尊周攘夷的春秋大義，還是中華與夷狄區分的華夷觀念，都無法從邏輯上說明清朝滿族君臨中原的客觀事實。政變驅逐光海君以後，新的國王仁祖對光海君的定罪中有一項就是疏忽明朝、承認清朝的對外外交失策，而他們自己卻因至死堅守"崇明排清"的外交政策而犯下歷史錯誤，激起與清朝的戰爭。當時主張"反正"的朝廷大臣們缺乏對國際局勢的基本認識。清太祖努爾哈赤為了維持與朝鮮的友好關係一直保持着耐心，費盡心思。光海君一定程度上在這方面做出了合時的對應。但是仁祖反正之後，朝鮮的崇明政策反而公然刺激了清朝，清太宗（皇太極）在位期間曾兩次入侵朝鮮。1627 年的丁卯胡亂時，清軍湧入黃海道，當時仁祖逃難至江華島，最後訂下"兄弟之盟"。朝鮮從前一直作為兄長接受朝貢，現在地位顛倒為弟。1636 年清太宗登基，出使慶典的朝鮮使臣以"不事二君"為由，拒絕向新的皇帝跪拜。所謂"忠臣不事二君，貞女不更二夫"，是完全理想型的儒教思想，朝鮮使臣在

3　佛阿拉城為 1587 年努爾哈赤所創建，滿語為舊崗之意，1595 年在此受明封為龍虎將軍。申忠一訪問此地，稱建州。1603 年努爾哈赤遷居到赫圖阿拉（橫崗之意），1616 年稱汗，1621 年遷都遼陽（東京城），1625 年再度遷都瀋陽。申忠一的《建州紀程圖記》完本收錄於成海應的《研經齋全集》（約 1840 年，高麗大圖書館所藏），現代譯本收錄於李民寏《柵中日錄》（西海文集，2014）附錄中，中文本收錄於遼寧大學歷史系出版《建州紀程圖記・漢譯韃靼漂流記》（清初史料叢刊第 10、12 種），1979 年。

4　參考裵佑晟：《中華와朝鮮》（《中華與朝鮮》），首爾：石枕（돌베개），2014 年。

外交戰略上也以此為準，重視大義名分。事後，使臣未遭殺害而回到朝鮮，但是不久清太宗就親自發兵侵略，史稱"丙子胡亂"。世子和大臣們至江華島避難，國王躲進南漢山城，最後都被攻佔。城內的大臣們分為和戰兩派，進行了激烈的爭論。主張抗戰的斥和派堅持不能順從蠻夷的無理要求，而主和派認為現實上無法戰勝，為了保全社稷和百姓只能投降。結果仁祖在三田渡的受降台向清太宗三叩九拜表示投降，昭顯世子和王子等作為戰敗人質被帶到瀋陽，朝鮮社稷則得以延續，國王的地位亦得以保全。[5] 堅決斥和的三學士被押至瀋陽後仍不屈服，最後被處以死刑，後來成為朝鮮民眾的民族英雄。而那些提出現實方案的主和派則被看作歷史罪人。[6]

朝鮮第十七代國王孝宗（1649 — 1659 在位）就是和其長兄昭顯世子一起在瀋陽被困八年的鳳林大君。他的老師宋時烈是正統的朱子學者，具有春秋大義的歷史觀念，為了洗刷歷史的恥辱推動了十年北伐計劃。[7] 當時的清朝建都北京，正在為平定中原耗費心血，無暇關注朝鮮的動靜。假使已經把握朝鮮動態，料想朝鮮沒有實質能力。

孝宗的北伐計劃很大程度上是以宋時烈的小中華意識為背景的。"中華"是一個象徵性的稱呼，指代在文化方面卓越的漢族在中原地區創建的悠久文明。

5　《清太宗實錄》卷三十三，崇德二年正月戊辰，清太宗對朝鮮仁祖說："爾以既死之身，朕與生存，保全爾之宗社，復還所獲，爾當念朕再造之恩。" 這裏的 "再造之恩" 與壬辰倭亂時受明朝的 "再造之恩" 本質上不同，極易混淆。在朝鮮，文明中華與野蠻夷狄有別，根據尊周攘夷的春秋大義和正統觀，必須樹立華夷區分論，也就是以儒學經典的道德為準則，在夷狄強大的軍事力量面前以道德為先，要求抵抗。可參考禹景燮：《朝鮮中華主義의成立과東아시아》（《朝鮮中華主義的建立與東亞》），首爾：UNI STORY（유니스토리），2013 年；金鎬：《朝鮮後期의中華論을어떻게理解할것인가？大報壇의歷史的意義를中心으로》（《如何理解朝鮮後期的中華論？以大報壇的歷史意義為中心》），載《政治와評論》（《政治評論》）2011 年第 9 期等文章。

6　丙子胡亂時，朝鮮君臣害怕重蹈北宋末期金軍攻京後的靖康之變。當時徽宗和欽宗等皇室和朝廷大臣被押至五國城，受盡恥辱，最後死於此地。朝鮮仁祖沒被擄已是萬幸，但是後來以戰敗人質被扣八年的昭顯世子忍辱負重回到朝鮮時，卻遭到敵對待遇，回國一個月後就急逝，世子嬪和世孫也在流放濟州島後被賜死，這顯然是因為遭到國王的冷遇。

7　朝鮮的北伐計劃因當時親清派金自點和朝鮮出身的譯官鄭命壽（滿名：古爾馬渾 / 古兒馬洪 Gūlmahūn）向清告密而未得以實現，後來反而還協助清朝驅逐南下松花江流域的沙俄軍隊（羅禪征伐，中文名：雅克薩戰役，1654 年、1658 年）。

朝鮮崇拜中華，體現為尊周思想、尊王攘夷以及華夷區別的歷史觀。時人認為，代表中華文明的明朝已經滅亡，被異族清朝所代替，中華因而已經不是原來的中華（華夏文明），應該移至朝鮮傳承命脈。中原的中華是廣義的文化中心，移至朝鮮以後雖也是中華，但是規模小的"小中華"。這不是單純意義上的中華，更是以中華之名來體現的民族主義。朝鮮的中華主義也可以說是朝鮮自主、自尊的民族主義。從地理上來看，朝鮮明顯是中原邊防地區的東夷民族，歷史上接受了所有中國漢族創建的優秀文化，並加以發展，這與其他異民族是無法相提並論的。宋時烈的北伐論不光是指征伐北方的滿族，更是為了在國內強調復仇意識，整飭離散的民心，探索自強不息的生路而提出的口號。所以，朝鮮沒有具體計劃與清朝直接交戰，反而還應清朝的要求，兩次派兵參加羅禪征伐，一起驅除東北的沙俄。

宋時烈的朝鮮中華主義的思想旗幟在朝鮮後期確實產生了深遠的影響。朝鮮後期代表尊華攘夷理論的實物遺跡，主要有大報壇、萬東廟和朝宗岩等。

大報壇在昌德宮，建於肅宗三十年（1704），是祭奠明太祖（洪武帝）、神宗（萬曆帝）和毅宗（崇禎）的祠堂。為了報答壬辰倭亂時的"再造之恩"，應儒生要求而建立大報壇。此時距壬辰倭亂已過一百多年，但是朝鮮後期的小中華思想和崇明意識日益增強，儒臣們建造大報壇的強烈要求得以實現。1884年開化派發動的甲申政變之後才中斷了祭奠。

萬東廟也建於18世紀初（1703）。宋時烈在1689年被判逆反而被賜死時，遺囑要求建立明代神宗和毅宗的祠堂，弟子權尚夏（1641－1721）等人在槐山華陽洞修建萬東廟祭奠明朝皇帝。曾到訪北京的使臣閔鼎重得到毅宗的御筆"非禮不動"四字轉給宋時烈，後將其刻於華陽洞石壁上。萬東廟之名來自加平朝宗岩上宣祖的御筆"萬折必東"[8]。奉行宋時烈學問傳統的華西學派將此地看作精

8　"萬折必東"出自《荀子·宥坐》"孔子觀於東流之水。曰，……其萬折也必東，似志。是故君子見大水必觀焉"。《朝鮮肅宗實錄》（肅宗43年，1717年1月20日）"先正臣宋時烈，晚年欲於書室之傍，營立祠宇，以祭神宗皇帝，以寓萬折必東之義，其義則仿楚人茅屋祭昭王之故事，經營未就而遽變己已之禍，貽書其門人權尚夏俾卒其志，至甲申春始建宇。"

神源地，引領春秋大義和衛正斥邪思想，堅守朝鮮末期的小中華思想。朝宗岩是肅宗十年（1684）加平郡守李齊斗等根據石壁上刻的崇禎帝御筆"思無邪"和宣祖的御筆"萬折必東，再造藩邦"而起的名字。1831年再建祠堂，命名為大統廟。華西派的金平默、柳重教等人紛紛移居此地，以崇明排清的立場講授春秋義理，名噪一時。

　　朝鮮儒學界追崇宋時烈為繼孔子、朱子以後的大儒宋子，理想型的朱子學理念不斷強化。清朝佔據整個中原成為朝鮮的宗主國，但並沒有對朝鮮的安保構成威脅。直至18世紀，清朝擁有強大的國力和最優秀的文明，隨着康乾盛世的到來，出使燕京的年輕文人開始主張應該學習北學。從洪大容到朴齊家、朴趾源，體驗中國發達的文化後，努力將學到的新知識告知國人。但在他們心中，對滿族並不是沒有反感。他們在北京見到漢族文人時，總要挖苦地問起，為甚麼穿戴蠻夷的服飾，留着蠻夷的髮型；在觀看以宋明兩代故事為背景的戲劇時，看到那些在舞台上盡情炫耀漢族服飾的場面，他們會問漢族文人的感受。這些都緣於朝鮮之中華意識的深厚根底。《燕行錄》中對滿族的描寫甚少，即使出現也大部分是不太重要的場面；而對那些在北京認識的漢族文人或來自南方的文人卻有着積極的興趣並想要與其交流。燕行使節團諷刺明代的服飾只能出現於舞台上的現象，傳統的中華禮服如今卻遭市井胡人（滿族）的戲弄，對此深感痛心。[9]

　　這樣的情況也出現於朝鮮文人的中國漂流記錄中。他們漂流到中國南方沿海被救，經過福建、浙江等地，由京杭運河遣返途中通過筆談的方式與中國文人進行交流，這時的朝鮮文人抱有跟燕行使節團一樣的疑問。與漢族文人的筆談交流中，挖苦他們穿戴蠻夷的服飾，還奚落朱姓文人作為明朝王室後裔，亡國後生活在夷狄（異族）國家。這都體現出朝鮮堅守純粹的中華傳統，在中國

9　崔德中《燕行錄》："至永平府……適設戲子之具，三使臣同會一室暫見，而其法如我東俳優之戲，色色改服，服皆明宋朝服軍服，而象形《水滸傳》與奇奇怪怪事。不過未知話音，亦不知意味，不足可觀，還可笑也。而中華之禮服及作市胡弄玩之資，痛哉痛哉。"（《國譯燕行錄選集》第三冊，原文第109頁）

人面前展現自己小中華國家的意識。朝鮮成宗十九年（明弘治元年，1488）漂流到中國浙江省的崔溥是朝鮮的高官，他面對中國官員時，不忘東方禮儀之國，端正威儀，強調朝鮮是崇尚禮儀和五倫、崇尚儒術的國家。崔溥當時正在丁父憂，按《朱子家禮》遵守禮儀，這也是向明代官吏展現朝鮮人的禮儀模範。正祖二十年（清嘉慶元年，1796），李邦翼漂流到台灣澎湖，途經台灣、福建、浙江送歸本國，經廈門的紫陽書院時欣然進去參拜，朝鮮人尊崇禮儀的行為受到當地儒生的稱頌。二十多年後純祖十八年（嘉慶二十三年，1818），崔斗燦漂流到浙江省定海縣，在杭州文人面前對明、清文化進行比較，對漢族生活在外族統治之下表示同情，足見朝鮮人的崇明排清意識。[10]

二、李恆老的"衛正斥邪"上疏和柳麟錫的義兵活動

宋時烈的"春秋大義"觀念其實與丙子胡亂後對清朝報仇意識有着微妙差異。明清鼎革以後，朝鮮表面上歸順清朝，實際上儒學者以春秋大義為中心，樹立普遍的中華文明，確立繼承明朝傳統的理想信念。

這樣的傳統一直延續到 19 世紀的朱子學者李恆老。高宗即位（1864）以後，西方勢力的出現對朝鮮構成了巨大威脅，這時的夷狄不是滿清而是西方勢力，還有一直在西方背後對朝鮮虎視眈眈的日本。西方艦隊入侵朝鮮沿海地區的時候，李恆老倡導以尊王攘夷的春秋大義為核心的朱子學準則，反對向外國勢力妥協，強調衛正斥邪的主張。他直接向國王上疏，要求不屈服於外國勢力的侵略，絕不妥協。大院君接受他的上疏，排斥外國勢力並在全國修建斥和碑，積極反抗。當時日本是亞洲國家中最早接受西方文明的國家，明治維新成功以後要挾朝鮮開港。堅守朱子學秩序的儒學者們把日本看作和西方一樣的威

---

10   崔溥《漂海錄》（1488），李邦翼《漂海歌》（韓文，1797），崔斗燦《乘槎錄》（1818）。參照崔溶澈：《海難：清代特定時期在東亞海域的滯留》，高麗大學 ─ 伯克萊大學共同交流論壇發言稿，2015 年。（Choe Yongchui, "Shipwrecked: Stranded in East Asian Waters in the Chosen-Qing Era," Korea University - University of California, Berkeley Cross Currents Forum Speech, 2015）

脅勢力，提出"倭洋一體論"，19 世紀末期開始以衛正斥邪的方針對抗日本的侵略。

　　17 世紀孝宗時期，宋時烈主導的北伐計劃終於流產，由此樹立的小中華主義成為朝鮮文人的頑固信念。宋時烈認為，隨着明清鼎革，中國文化的正統從此斷絕，其命脈應由朝鮮來延續。所謂中華朝鮮，就是指作為文化民族國家的朝鮮。18 世紀朝鮮儒生通過燕行，直接感受康乾盛世，開始重新評價清朝的文化。北學派文人主張，應該接受清朝發達的文化來發展落後的朝鮮文化，但他們依然覺得統治清朝的滿族與漢族不同，當把統治中原的清朝政權與中華文化發達的清朝文化區別開來。北學論的主張，其實推翻了孝宗時的北伐論。北伐論中的朝鮮中華論，認為朝鮮雖屬夷狄，但是延續了中國的正統文化；北學論則認為，清朝雖是滿族政權，但是發展了中國文化，政權和文化應該區別對待，這才是學者的態度。

　　19 世紀後期，西方與日本開始入侵朝鮮；中國已是滿清，故而沒法依靠，只有宋明理學的正統觀念可以拯救朝鮮於危難。信奉朱子學的朝鮮士大夫們接受宋時烈強調的尊王攘夷的春秋大義，要求抵抗外敵，李恆老就是其代表人物。他的衛正斥邪理論，主張用尊王攘夷的思想來抵抗西方的侵略，保全國家的正統，排斥邪惡的西方和日本。李恆老的思想在高宗登基以後即被大院君採納，為了抵抗外國勢力而實施嚴厲的鎖國政策。李恆老的衛正斥邪思想還傳授給柳重教、柳麟錫和崔益鉉等人。

　　尊周攘夷和華夷區分的理論，並不能直接抵抗外國勢力的侵略；因此，李恆老的門人揚起衛正斥邪的旗幟發起義兵。19 世紀後半期的柳麟錫和崔益鉉等人就是代表人物。當時國際情勢劇變，朝鮮陷入累卵之危，柳重教為了傳授老師的思想，在堤川建立紫陽書社開始講學。柳重教去世後，由其堂侄柳麟錫在紫陽書社講授春秋大義、性理學名分論和華夷正統論。

　　柳麟錫向全國的儒林發送檄文《檄告八道列邑》。儒生們集聚在紫陽書社，柳麟錫在紫陽影堂據《朱子家禮》進行講習會和鄉飲禮，然後倡議全國儒生發起義兵，他則作為湖西義兵大將積極領導抗日鬥爭。攻佔忠州城以後，控制堤川、丹陽和寧越等地，義兵勢力威震四方。湖西義兵是朝鮮末期較有代表性的起義活動，但是他們不敵朝廷官軍和日本軍的攻擊，不得不逃亡到間島和沿海州（洲）等地繼續抗日。[11] 柳麟錫是沿海州義兵的倡義大將，當時沿海州義兵隊員安重根和禹德淳被派到哈爾濱槍擊伊藤博文，在哈爾濱站槍擊成功後，抗日義兵的士氣達到最高潮，朝鮮人的抗日義舉也得到了中國人及全世界人民的尊重和讚賞。[12]

　　李恆老的弟子崔益鉉因上疏要求衛正斥邪而遭罷免，並被流放濟州島；1905 年朝鮮與日本簽訂《乙巳勒約》（《乙巳保護條約》）後，他又發起抗日義兵，不幸再被捕後流放至對馬島，死於獄中。柳麟錫按照李恆老的計劃，出刊柳重教和金平默編纂的《宋元華東史合編綱目》，當時派人去對馬島拿到崔益鉉的“跋文”收錄在書後。柳麟錫是 19 世紀朝鮮信奉正統朱子學的春秋大義、歷史正統論、華夷區分論的華西學派的最後繼承者，他通過義兵活動實現衛正斥邪理論，並且通過出版《華東綱目》為後代留下理論依據。

三、《宋元華東史合編綱目》的編纂及刊行意義

　　柳麟錫忠實繼承了李恆老的朱子學思想，向儒生們講學，並上疏要求抵抗外國勢力侵略。因為日本弒害閔妃的惡行和開化派斷髮令的實行，他積極實踐衛正斥邪精神，召集全國的儒生發起義兵開展抗日運動。正當國內外的抗日運動興起時，柳麟錫回國，為刊行柳重教和金平默編纂的《宋元華東史合編綱目》

11　間島是朝鮮方面的稱謂，位於中國東北，原來是清朝和朝鮮邊境的封禁區，是無人區，後來朝鮮移民到此地開墾，也稱為墾島，現在屬中國延邊朝鮮族自治州。西間島在鴨綠江上流的長白山地區，東間島或北間島是指豆滿江北部地區，沿海州（洲）是俄羅斯遠東 Primorskiy 地區的意譯，海參崴（Vladivostok）是其州都。

12　柳麟錫在堤川的湖西義兵活動無法持續，轉移至沿海州主導義兵活動，與派安重根到哈爾濱有一定關聯，此觀點見於鄭禹澤教授最近的論文。參考鄭禹澤：《沿海洲韓國義兵倡義大將，毅庵柳麟錫》，載《毅庵學研究》第 11 號（2014），毅庵學會，第 87 — 92 頁；以及鄭禹澤《安重根義士的獨立運動與毅菴柳麟錫關聯研究》《沿海洲韓國義兵倡義大將毅菴柳麟錫 —— 倡義大將金斗星은柳麟錫과同一人》（《沿海洲韓國義兵倡義大將毅菴柳麟錫 —— 倡義大將金斗星與柳麟錫係同一人》）等文。另可參看最近新著《柳麟錫과安重根의獨立運動》（《柳麟錫與安重根的獨立運動》），首爾：圖書出版韓文（한글），2016 年。

傾注了餘力。

　　1852 年，李恆老為了撰寫史書以實現自己的理念，即春秋大義和尊周攘夷的思想，指示弟子柳重教，用綱目體的形式，合編中國宋元史與高麗史。柳重教從 1852 年至 1862 年用了十年的時間，傾注所有的心血撰寫完了宋太祖建國（960）到元世祖二十五年（1288）之間的三百二十八年歷史。柳重教發現自己的祖先柳清臣（？—1329）曾主導高麗王朝歸屬元朝，也就是所謂 "立省策動" [13]，這一事實讓他無法繼續編書，就停止撰寫。

　　面對祖先不光彩的事實，而儒家禮教思想又讓柳重教不能直接提及此事，加上華西學派的師弟們還有共同編纂《華東綱目》的意圖，使柳重教陷入困境。本來的編書目的是為了拒絕異族的正統性，樹立春秋大義名分，展現朝鮮的中華正統。可是自己的祖先卻製造了與此相矛盾的事實，這讓柳重教只能停筆。1863 年，李恆老委託金平默續筆，完成 1288 年之後到元末（1367 年）共七十三年的歷史記述。[14] 由此，宋元四百零八年的歷史以朱子綱目體的形式編成。

　　宋時烈的小中華思想完全傳承朱子為主的宋明理學的觀點，李恆老的衛正斥邪也是一脈相承。《華東綱目》記載的宋元歷史，正是以尊王攘夷和華夷區分的形式設置的；與宋元歷史重疊的高麗史，則以對照的形式出現。李恆老的思想在朝鮮後期得以確立，這在華西學派編纂的《華東綱目》中一目了然。藉助對宋元歷史的闡釋來宣揚明確的歷史正統，並將之與高麗史一併撰寫，這在韓國史學史上是獨一無二的。朝鮮文人力圖從主體的民族立場展示其朝鮮中華思

13　高麗歷史上立省策動是由高麗後期的親元派大臣發起的主張高麗國由元朝直屬領的行省（行中書省）事件。滯留在大都（北京）的親元派大臣們在忠宣王復位一年之後（1309）約四十多年間多次主張此策動，跟王位繼承問題有一定關係。但這是涉及高麗正體性（民族認同）的大問題，遭到高麗朝野的激烈反對，加上元朝有些人士也認為這對元朝不利，因此最後沒有實現。柳清臣是柳重教的先祖，曾積極參與了第二次立省策動，當時元朝的通事舍人王觀向丞相上疏，強調高麗的風俗和典章制度都與元有差異，勉強歸併的話，會引起強烈的反抗和憂患，所以不可行。

14　金平默對柳清臣的立省論記錄如下："元英宗至治三年，高麗忠肅王十年（1323）：[綱] 高麗僉議政丞柳清臣、贊成事吳祁等上書都省，請立省於其國，不許。[目] …… 元通事舍人王觀上書丞相略曰：…… 本國去京師數千里之遠，風土既殊，習俗亦異，刑罰爵賞婚姻獄訟與中國不同，今以中國之法治之，必有扞格枝梧，不勝之患，其不可二也。……"這裏的 "都省" 是指 "中書省"，"吳祁" 是 "吳潛" 的原名，《華東綱目》用 "吳祁"，《高麗史》用 "吳潛" 之名。

想，這是顯而易見的。

《宋元華東史合編綱目》正文二十九卷，附錄四卷，總共三十三卷。附錄中附有柳重教的《書法》和《附柳重教修史稟目》，金平默的《發明》，以及柳重教的《正統論》。《書法》和《發明》主要闡明此書的編纂宗旨和敍述方針以及歷史認識，《附柳重教修史稟目》則是金平默對柳重教所提問題的回答，《正統論》闡釋李恆老根據朱子學正統論提出的華夷論。

1852 年至 1864 年完成《華東綱目》正文的撰寫，1879 年完成附錄部分，期間李恆老去世（1868）。弟子們歷經數年整理老師的訓言，編纂成文集《華西雅言》（十二卷三冊），於 1874 年刊行。其中第十二卷有關於異端和洋禍等內容，闡述了華西學派所說的異端在學術上的弊端和西洋邪教的禍害。1876 年，華西學派的儒生們集體抵京上疏反對開港。金平默因上疏內容所累，被流放到海島（智島），後回到楊平隱居；柳重教從春川柯亭到堤川長潭開設紫陽書社，向儒生講學。1891 年，金平默去世，柳重教也於 1893 年去世。柳麟錫承接紫陽書社，供奉先師遺像，改名紫陽影堂。1895 年的乙未義兵運動揚名四方，但以失敗告終，柳麟錫漂泊海外，已經完稿的《華東綱目》仍然未能刊行。1903 年，崔益鉉發起悼念老師李恆老的活動，《華東綱目》的刊行事宜也提上日程。可是，1904 年崔益鉉上疏譴責親日大臣，受高宗密旨發起義兵，事敗被押送到日本對馬島，《華東綱目》的刊行又被擱置。

1906 年，柳麟錫重起此業，創建春川柯亭書社，從事刻板工作。得到柳濟遠的文稿以後，《華東綱目》於 1907 年 5 月完成刊行。柳麟錫在序文中闡述了編纂此書的動機和刊行目的，並且派人去對馬島獲取崔益鉉的跋文，包括自己和柳重岳的跋文也一起收錄書中，終於完成了老師的遺願。柳麟錫 1900 年回國，重又亡命海外是在 1908 年。在這八年期間，他在黃海道和平安道等地開書社培養儒家弟子，傳播尊華攘夷的思想。除此之外，主持刊刻《華東綱目》是其最主要的事業。高宗被日本強迫退位之後，柳麟錫於 1908 年 7 月在釜山登船前往海參崴。這時，他已經是六十七歲的老人，還在雄心勃勃地為了祖國的獨立和抗日運動盡心盡力。

下面我們就對《華東綱目》的來源和成書過程稍加探討。《華東綱目》基本上是將宋元兩代歷史和高麗歷史中的主要事件按月合編而成。宋元歷史部分主要參考明代商輅的《宋元通鑑綱目》。此書以朱熹《資治通鑑綱目》為藍本，但朱熹只寫到唐五代，商輅接着續寫宋元時代，一般稱之為《通鑑綱目續編》或《續資治通鑑綱目》，簡稱《續綱目》。[15] 該書不但是綱目體史書，而且包含宋元歷史，非常符合李恆老的編纂意圖，柳重教等人便以此書做宋元史的底本。

　　李恆老的弟子們在撰寫高麗史的時候，採用俞棨的《麗史提綱》做底本。俞棨（1607 — 1664），號市南，朝鮮中期文人，丙子胡亂時主張斥和而遭流放，隱居專注學問，以《朱子家禮》為基礎撰寫了《家禮源流》；晚年，他根據朱子《資治通鑑綱目》撰寫了綱目體《麗史提綱》，即高麗時代的歷史，書中收有宋時烈的序文。此書刊行於顯宗八年（1667），兩百年後被用於柳重教和金平默編纂的《華東綱目》。

　　作為敘寫宋元歷史之底本的《續綱目》，將夷狄政權的元朝作為正統來處理，這在《華東綱目》看來違背了春秋義理精神與華夷區分的正統觀，所以李恆老有意修改《續綱目》中的元朝正統觀，以體現朝鮮繼承中華文明的自尊，並重新編選華東合編的歷史書。《華東綱目》將兩國的歷史以相同的年月做對照，但不是單純地羅列重要事件。編者們都具有華西學派的華夷觀，遵守大義名分就要對歷史事件做出取捨，根據自己的立場對底本中不合適的春秋筆法進行修改。述及宋和高麗的關係，則對宋代理學的代表人物程顥、程頤和朱熹的事件收錄較多，強調與異族的戰爭和排外。在高麗史部分，與儒教相關的事件收錄最多，積極發掘和擴充那些有利於樹立民族主體性和自尊的歷史人物和事件。

　　《華東綱目》的第一章節（宋太祖建隆元年〔960〕）以綱的形式，記錄了高麗光宗治下發生的"高麗定百官公服從華夏之制"，以此強調高麗王朝正式接受

<hr>

15　在朝鮮以《續資治通鑑綱目》刊行，版口有"續綱目"字樣，共二十七卷。成宗年以後，曾多次以金屬活字版刊行（甲寅字本，韓構字本），也有部分木刻本。有記錄稱燕山君（1503 年）下令刊行此書，書名上有《續資治通鑑綱目》，商輅奉勅纂修，周德恭發明，張時泰廣義的字樣。版本有：全二十七卷二十八冊，全二十七卷五十一冊，全四十二冊本等，高麗大學晚松文庫，華山文庫中藏有殘本。

中華文化，成為小中華國家。書末為元末（1367），以綱的形式記述明太祖説：
"我太祖皇帝兵討方國珍降之。"對遵守儒教秩序的鄭夢周當上成均館博士一事
做了如下描寫："十二月高麗以鄭夢周為成均博士。"[16] 在高麗史部分，重點記述
了尹瓘的女真討伐和對蒙古抗戰的歷史，還通過記錄朝鮮太祖的業績來強調朝
鮮的文化正統、大義名分和道義精神。

　　《華東綱目》的撰寫者除了用前文提及的兩部史書作為藍本，還參考了中國
史書《宋元通鑑》《宋名臣錄》（即《宋名臣言行錄》），韓國史書《東國通鑑》《東
史纂要》等。《宋元通鑑》為明代薛應旂所撰，《宋名臣言行錄》則是南宋朱熹、
李幼武所撰，朝鮮曾刊行明代修訂本六十二卷二十冊，收有宋時烈的跋文。《東
國通鑑》是徐居正等人撰寫的通史，以儒教的名分論為基石，對異端進行了激
烈的批判，《東史纂要》是吳澐撰寫的編年體史書，記載了從檀君到高麗末期的
歷史，旨在宣揚壬辰倭亂之後的愛國情懷。不難發現，《華東綱目》的撰寫者按
照自己的思想和撰寫目的，收集了大量相關史書，努力通過對資料的綜合來最
有效地體現自己的觀點。他們藉助歷史來張揚自己所信奉的思想，抵抗外國勢
力的侵略，維持民族的自尊，這些意志又通過義兵活動得以實現，可以説是體
現當時儒家文人精神狀態的典範。

　　《華東綱目》包涵正統、大義和儒教禮制的闡釋，節義和名分的確定，儒家
成就的業績，仁君即位和能臣提拔等內容，同時附以獨特的史論，充分表明作
者的思想立場。對那些違背儒教名分的事件或者佛教有關的內容進行批判，特
別是對歷史上的亂臣賊子進行猛烈的抨擊，呼籲抵抗夷狄對中原的侵略和文化
攻略，明確體現出立足於大義名分正統論的華夷觀。

　　此書在很大程度上參考了朱熹的《通鑑綱目》先例，確立了宋元時期的歷
史正統體制。《通鑑綱目》中首先有正統和無統，分為列國、篡賊、建國、僭
國、不成君、遠方小國。正統是周、秦、漢、晉、隋、唐，三國時期的正統是

16　引文出自《宋元華東史合編綱目》影印本（上、下卷，奈堤文化研究會，1998 年）。《華東綱目》
　　於 1907 年刊行，奎章閣藏有古書原本（珍本），1976 年宇鐘社出版了影印本，但是已經絕版。在
　　堤川鳳陽的紫陽影堂留有刊行當時的版木，但是只剩一半左右。研究堤川鄉土文化的奈堤文化研
　　究會從柳重教的後代那裏得到捐贈的珍本，於 1998 年影印出版了上下兩大冊。

蜀漢，而魏、吳則屬於僭國。晉和隋之間混亂的南北朝和唐五代則歸為無統。

　　《華東綱目》在書法（敘述方法）方面也借鑒了朱熹的模式，分正統和無統，只有宋是正統，元屬無統，按照"蠻夷君長"區分同時期的宋和遼金元，這是華西學派不把夷狄包括在正統或列國之內處理的新方案之一。在宋元四百零八年的歷史中，只有宋朝的三百十三年屬於正統。如前所述，《續綱目》將元朝也歸為正統，《華東綱目》則根據方孝孺和宋時烈的歷史觀，把元朝歸為無統。對中國來説，高麗屬於外國，但是與中華文明接近；而《華東綱目》是要編寫本國的歷史，故而將高麗歸為列國之中。元末朱元璋即位吳王時，其他五國都歸為建國；西夏作為夷狄進入中原，雖然從唐初就已存在，但是歸為僭國，金和蒙古入燕京以後都被看作僭國，其他如大理國、真臘國（柬埔寨）等則歸為遠方小國。從元朝統一以後到明太祖朱元璋起兵（1355）以前稱為干統，中國沒有真正主人的時期為無統。特別是作為夷狄國的遼、金、元，在《續綱目》中歸為正統，《華東綱目》的作者對此表示強烈不滿，他們始終認為遼朝當為"蠻夷君長"，金朝入燕京以後當為僭國，即金主、元主，而干統期的元朝是無統的特例，君主也稱為"主"，如後來明太祖起兵以後採用元主之説。這樣的歷史觀恪守尊華攘夷的理論，很明顯的體現出朝鮮後期反抗滿清、日本和西洋勢力的華西學派之正統觀和華夷觀。

　　《華東綱目》還毫無保留地直書歷史上弒害國王和王后之變，敘寫那些篡奪政權的主謀，大力稱頌討伐弒害或篡權的變亂者，即使失敗也照樣記錄，對亂臣賊子有着強烈的警告意義。這樣的歷史觀與當時華西學派上疏抵抗外國勢力侵略，發起義兵的衛正斥邪精神是一致的。[17]

　　柳麟錫的序文和柳重岳的跋文，都採用南明政權的永曆年號，足見華西學

17　關於《華東綱目》的具體分析，主要參考以下書籍：朴仁鎬：《宋元華東史合編綱目의編纂과編史精神》（《宋元華東史合編綱目的編纂與編史精神》），《宋元華東史合編綱目》影印本下卷收錄，奈堤文化研究會，1998 年；吳瑛燮：《華西學派와華東綱目》（《華西學派與華東綱目》），《堤川義兵과傳統文化》（《堤川義兵與傳統文化》）收錄，堤川文化院，1998 年；金南一（김남일）：《朱子의資治通鑑綱目의凡例와華西學派의宋元華東史合編綱目書法比較》（《朱子〈資治通鑑綱目〉的凡例與華西學派〈宋元華東史合編綱目〉寫法的比較》），載《韓國史學史學報》2010 年第 22 輯。

派崇明排清的傳統。序文末尾有"永曆五丙午秋七月十五日三先生文人高興柳麟錫謹書"，也就是永曆（1647 — 1662）以後從丙午年（1666）開始經過四個六十年（二百四十年），第五個六十年中的丙午年（1906）的意思。跋文中有"永曆二百六十一年丁未三月中休日高興柳重岳謹書"，指的是永曆元年（1647）開始的第二百六十一年，即 1907 年。朝鮮後期大部分朝鮮文人還是使用崇禎年號，卻更為青睞南明的年號，這是華西學派的一個特徵，表明明代的正統已經滲入朝鮮的中華意識脈絡。[18]

　　當時西方勢力湧入東亞，東方古國為了確定新的時代坐標，考慮過多種轉化形式。開化派企圖通過接受西方的外來文化來發展本國，可是沒有足夠的力量與西方抗衡，所以淪陷為殖民地。保守派則擔心不能抵抗外國勢力而淪為夷狄的奴隸，因而堅守東方傳統的性理學秩序，他們也因沒有把握時代潮流而受到批判。但在當時的歷史漩渦中，朝鮮儒生能夠堅持民族文化傳統，依託於朱子學理論這一東方精神支柱，捍衛春秋大義和衛正斥邪的立場，為義兵活動、教育、著述貢獻其畢生精力，朝鮮最後一批儒生的精神是不可貶低的。

四、對華西學派華夷觀的評價及意義

　　朝鮮強調的小中華意識，開始於明清交替時期。朱熹在《資治通鑑綱目》中區分中華和夷狄，視漢族為文化民族，賦予其政權以正統性，此歷史觀一直延伸至朝鮮。朝鮮文人無法接受曾被看作野人的滿族入主中原、建立清朝的現實。在他們眼中，雖然文化民族在中原失去政權，但華夏文化轉移到朝鮮，應該傳承接續。這種小中華意識，始於丙子胡亂以後強調民族認同的宋時烈，並在朝鮮後期持續三百多年之久。19 世紀中期，日本首先開放港口，建設新式軍隊，然後開始壓迫朝鮮。作為正統朱子學者，李恆老繼承宋時烈的中華意識，主張抵抗比夷狄更邪惡的外國勢力，堅持保守立場，提出衛正斥邪的觀點。

18　有關朝鮮文人使用南明年號，可參考禹景燮：《朝鮮後期知識人들의南明王朝認識》（《朝鮮後期知識人對南明王朝的認識》），載《韓國文化》第 61 輯，首爾：奎章閣韓國學研究院，2013 年 3 月。

　　從前的夷狄被認為是滿清政府，而現在的日本和西洋勢力則是更邪惡的存在，他們的壓迫和侵略更加殘酷，以推翻儒學之道的兇猛氣勢湧入朝鮮，所以不得不抵抗。用內修外攘的方法堅守儒學之道，對外抵抗倭洋的侵略，這就是所謂衛正斥邪運動。李恆老的尊中華、攘夷狄的主張，也就是朝鮮的小中華意識，實際上是民族處於危難之時，挽救民族並且推動發展的民族自尊思想。李恆老為了提供尊王攘夷和衛正斥邪的理論根源，指示弟子金平默和柳重教借用朱熹的綱目體來撰寫宋元歷史，並且和同期的高麗史進行對照合編。《華東綱目》雖然撰寫完畢，但是一直被擱置，最後由柳麟錫完成刊行問世。這可以說是朝鮮末期信奉朱子學的朝鮮文人群體應對亡國危機的一種解決方案。李恆老的弟子柳麟錫為了實現衛正斥邪觀念，拯救危機中的國家，向全國儒生散發檄文，發起湖西義兵運動，並取得顯赫的戰果。他後來在國內無法開展義兵活動，輾轉於間島（在中國吉林）和沿海州（俄羅斯海參崴），領導海外的抗日義兵活動。

　　19 世紀末，面對外國勢力的侵略，朝鮮文人主要分為兩派，一是主張接受西方新文明來發展本國的開化派（主和派），一是堅持與夷狄鬥爭到底的主戰派（斥和派）。李恆老和他的弟子組成的華西學派是強力的斥和派，可以說是兼具理論和實戰的士人集團。然而，我們亦須審視他們的思想和行動。在朝鮮後期一部分正統朱子學的後繼者強調中華意識的同時，還有必要考察那些深感亡國危機的其他文人的想法。丹齋申采浩（1880 — 1936）是史學家兼獨立運動家和媒體人，朝鮮亡國以後流亡到中國，組織光復會，獻身於愛國啓蒙運動；另外，他為了強化歷史意識，在北京撰寫了《朝鮮上古史》等書，表現出他的民族主義歷史觀。與李恆老和柳麟錫等正統保守派的立場有所不同，申采浩明確指出朝鮮缺乏主體性，他對外來思想的傳入朝鮮以及追隨持批判態度，他說：

　　　　我們朝鮮人總是在利害以外找尋真理。釋迦傳入，沒有成為朝鮮的
　　　釋迦，而成為釋迦的朝鮮；孔子傳入，亦未成朝鮮的孔子，而成為孔子
　　　的朝鮮，任何主義一旦進入朝鮮都無法成為朝鮮的主義，而成為主義的
　　　朝鮮。所以有為了道德和主義的朝鮮，卻沒有為了朝鮮的道德和主義。

啊，這難道是朝鮮特色嗎？如果說是一種特色，那也是奴隸的特色。我要為了朝鮮的道德和朝鮮的主義而號哭而已。[19]

此外，還有必要簡要比較一下有關被華西學派鄙為野蠻夷狄的滿清和日本的觀點。朝鮮的中華論者所排斥的滿清政府，其實在入關以後積極接受中華文化，特別是以朱子學為國政的基礎，康熙帝時還把朱子的《資治通鑑綱目》翻譯成滿語，通過朱子學來說服漢族文人，含有籠絡的意圖。但對朱子極力主張的華夷之分，則採取嚴厲排斥的態度，使之變成滿人可以接受的思想。[20]滿清改變傳統的華夷觀念，主張中原的漢族以外，滿族、蒙族等也都屬於中華，並強調夷狄是指西方的侵略勢力，華夷是中西之間的對決。可見，清朝在改變自己的身份時，朝鮮卻仍然囿於南宋時狹隘的華夷觀。

另外，《大韓每日申報》發表的一篇文章也值得參考，該文被推測為朴殷植所撰。在這篇頗具諷刺意味的文章中，作者對照日本儒學家的愛國立場，認為李恆老的大明義理論和衛道意識並不立足於國家存亡的觀念：

　　李華西是韓國儒教巨匠，山崎暗齋是日本儒教巨匠，比較二人的學術、文章可以發現山崎不過是華西門下的一侍童而已。然華西曰："今日吾輩之責任，在於儒教之盛衰，至於國家存亡，猶屬第二事件。"山崎曰："來侵吾國者，雖孔子為將，顏子為先鋒，吾當以仇敵視之。"嗚呼，韓國的強弱，從兩國儒教教徒的精神就可以判斷。（《大韓每日申報》社

19　申采浩：《浪客의新年漫筆》（《浪客的新年隨筆》），載《東亞日報》1925 年 1 月 2 日。另外，盧官汎指出，申采浩 1925 年的文章，可能參考了 1909 年在日本出版的《日本宋學史》中關於日本思想史的如下論述："日本具有萬世一系的國體和固有的美德，以此儒學成為日本的儒學，佛教成為日本的佛教。"申采浩可能受此影響，但是執着於地區性個體的想法，是否與儒學的本旨一致，對此存在疑問。參見盧官汎：《韓國近代儒教의一讀法：世俗化와共同體》（《對韓國近代儒教的一種解讀：世俗化與共同體》），載《500 年共同體를움직인儒教의힘》（《作為五百年共同體的儒教之變動》），文缸（글항아리），2013 年。

20　參見美國清史學家馬世嘉（Matthew Mosca）在高麗大學滿洲學中心的演講 "初期滿洲史料와滿文資治通鑑綱目"（2016 年 3 月 8 日）。

論，1909 年）

作者對李恆老進行了批判，認為他執着於儒學之道為學術本質，但卻忽視民族和國家的現實狀況。文中所引李恆老之言，出自《華西集》附錄卷五《柳重教錄》：

> 西洋亂道最可憂，天地間一脈陽氣在吾東，若並此被壞，天地豈忍如此。吾人為天地入心，以明此道，汲汲如救焚，國之存亡猶是第二事。

李恆老強調守道的衛道論，當國家面臨危機的丙寅洋擾（1866）時，還在力陳儒家文化價值體系。毫無疑問，他是道德原則論者，認為恢復儒教的價值、儒家的秩序，就能保全國家民族；保存儒家文化和倫理體系的國家就是文明國，即所謂中華國。

但是，近期很多學者反駁申采浩的觀點，提出新的見解：面對外國勢力侵略、朝鮮亡國的危機，華西學派彰顯衛正斥邪的理念，堅守歷史正統和華夷原則以捍衛民族自尊，不宜把他們看作不懂時局變化的正統朱子學保守派。作為朝鮮最後一批儒學家，他們遵守治學原則，在國難面前以其行動展示出真正的朝鮮士人面貌。

中華帝國對西域邊疆地區的管理

◆［俄］波波娃（Ирина Ф. Попова）　柳若梅譯

中央亞細亞地區地域廣袤，人口眾多，眾多民族在文化上綜合着穆斯林、佛教和東方基督教特點以及遊牧文明和農耕文明，自公元前 2 世紀便被納入中國地緣戰略的範圍之內，數千年間漢民族與其他各民族在文化上的相互影響頗為廣泛。中華帝國所創建的針對邊疆地區居民之特殊傳統的行政組織，對於保持文化平衡發揮了重要作用。本文將研究中華帝國在其西域所創建的行政組織的特殊性。

一、"西域" 之名

中文史籍將中央亞細亞各地的廣闊區域稱為 "西域"。在漢代（前 206 — 220），"西域" 指玉門關和陽關以西的所有地區，不僅包括現在中華人民共和國新疆維吾爾族自治區，還包括中亞、阿富汗和北部印度。唐代（618 — 907）將中國至伊朗和拜占庭甚至直至裏海和地中海的所有地域稱為 "西域"。

中文史籍中被稱為 "西域" 的中央亞細亞地區，在俄羅斯和歐洲 18 世紀至 19 世紀的歷史文獻中被稱為小布哈拉，以區別大布哈拉，即 18 — 19 世紀中亞的布哈拉汗國。在歐洲，突厥部落向東費爾干納盆地和布哈拉遊牧的地域被稱為 "突厥斯坦"（Туркестан），源於伊朗語的 "突克斯坦"（Тук-стан）或 "突厥國"（Страна тюрок）。後來，突厥人在裏海至羅布泊之間的廣闊地域定居下來，"突厥斯坦" 就獲得了新的含義，被劃分為布哈拉突厥、西突厥（或稱俄羅斯突厥），以及東突厥（或稱中國突厥）。[1]

歐洲歷史傳統中也以其他稱名稱呼整個這一區域及其內部單個區域。如塔里木盆地區域被稱為喀什噶爾，指北方的巴爾喀什湖到南方的天山之間的七河區域（即伊犁河、卡拉塔爾河、比因河、阿克蘇河、列普瑟河、巴斯坎河、薩爾坎德河七條河流）。東突厥被稱為莫臥兒斯坦，因為 14 — 16 世紀這裏曾有過蒙古汗國。準噶爾的歷史區域位於準噶爾平原，地處北方的阿爾泰蒙古與南方的天山之間，因屬於準噶爾人（衛拉特人）的聚居地而得名。現在東突厥和西域作為地理概念是一致的，指中華人民共和國的新疆維吾爾族自治區或建於 1884 年的清朝新疆省。自 18 世紀末清朝吞併中亞以東的地域起，始用“新疆”（新的邊界、新的疆界）指代這一地區。“新疆”最初指中國所有的新征服地區，只是從嘉慶年間開始用於指稱西北方新併入中華帝國的土地。[2]

二、中國針對西域地區的對外政策方略

中國官方意識形態把宇宙看成以最高統治者皇帝（天子）為首的政治統一體，認為將新地區併入中國版圖的可能性是無止境的。帝國將新土地納入其行政版圖的舉措，有時被解釋為對邊遠民族地區的教化，有時被解釋為對破壞朝貢義務的懲罰。在對外政策思想中，中國或曰中央之國的版圖被設定為中心，邊緣地區或被稱為“四方”—— 居東之夷、居北之狄、居西之戎、居南之蠻，均趨向於中心。中國與周邊民族鮮有簡單的“文明 — 野蠻”的二元形態，而是非常複雜、多元的形態。中心被看成等級森嚴的非單一結構，根據這一理論劃分的基本功能，體制與天子的“德”亦即超自然的高尚人格力量密切相關。所以在實踐中，將所有地域聯合為統一整體的任務，應當體現在執政的具體形

1　參見穆爾扎耶夫：《中亞·自然地理概論》，莫斯科：Географгиз，1957 年，第 255 頁。（Эдуард М. Мурзаев, *Средняя Азия. Физико-географические названия*, М.: Географгиз, 1957）

2　參見紀大椿：《新疆近世史稿》，哈爾濱：黑龍江教育出版社，2002 年，第 7 頁。

式中。

在各朝代關於遠近鄰國的敘述中，常有這樣的內容：帝王所在的國都，到達中國京城的距離，居民人口和軍隊資料，有時還有歷史和民族特徵的信息。所有這些就是一套有效管理民眾或管理一方的實用資料。

在中文史籍中，中國年號也適用於其他民族，國名有時以某國統治者的個人姓氏或家族姓氏稱之，或轉譯成漢語，或與當地方言一致，有時也用第三方民族的語言。地名頗為複雜，使研究這一地域的學者感到繁難，比丘林（Никита Я. Бичурин, 1777 — 1853）之前和之後的學者都是如此。鄂登堡（Сергей Ф. Ольденбург, 1863 — 1934）於 1914 年寫道："必須小心對待非當地人告知的地名，因為中國突厥地區的當地人大多說不出地名的意思，這導致一個地名會來自各處的道聽途說。要想確定某一地名正確與否，必須長期在當地生活，並細心地從各方面提出問題。還有一種情況導致地名錯訛：大多數旅行者不懂當地語言，所以會依賴通事，而通事常常是柯爾克孜人、蒙古人或者東干人，他們所說的地名有時不是當地語言的發音，而是通事自己的地方話發音，我們在地圖上看到的那些吸引學者的地名，體現的是其他民族語言的特點。現有中國突厥地區的地理地名表，亟待專家進行細緻的修訂。"[3]

中國自古便以當朝名號冠稱，並附加"天子"和"中國"之統稱。"中國"一詞大概自周朝中期（前 11 世紀 — 前 220 年）便已用於"君王"所在之地的國都之名，自秦（前 221 — 前 207）漢（前 206 — 220）起以之稱諸侯王領地，後來被用於稱中國中央區的所有領地，其核心地區就是中原地帶。[4]

中國與居住在西域的北方近鄰遊牧部落之間的軍事衝突，真正形成於商代和西周。春秋初期周人與蠻夷的關係，形成兩種並行的趨勢：一是試圖向戎狄

3　鄂登堡：《1909 — 1910 年間俄國在突厥地區的考察》，彼得堡：Издание Императорской Академии наук，1914 年，第 3 頁。（Сергей Ф. Ольденбург, *Русская Туркестанская экспедиция 1909—1910 г*, СПб.: Издание Императорской Академии наук, 1914）

4　參見杜文忠：《邊疆的概念與邊疆的法律》，載《中國邊疆史地研究》2003 年第 4 期，第 1 — 2 頁。

的領地擴張；二是在內部紛爭時利用蠻夷作輔助軍隊（一般是僱傭他們）。[5]被吞併的潛在可能、中國與相鄰民族之間在政治、軍事和跨文化方面相互影響的方式和趨勢，依歷史條件而變。[6]但總的說來，在中央集權統治的早期即秦漢時期，對內陸地區和邊疆地區實施行政管理的主要原則已經形成。也是在這一時期，形成了中國軍事、政治擴張的基本地理範圍，即向西北地區，向中國史籍中稱之為"西域"的中央亞細亞的廣袤地區擴展。

三、漢帝國與西域

中國作為中央之國或"中心之國"的地位，決定了其對內對外政策。漢代早期劉歆、賈誼、曹操、董仲舒等提出這些概念，在他們的奏書中明確使用並發展了中國外交的奠基性原則，即形成於周代並應用於漢代早期對外政策的"和親""兄弟"等。

班固在《漢書·西域傳》中，從地理特點上詳細描述這一地區，甚至介紹了西域五十餘國："西域以孝武時始通，本三十六國，其後稍分至五十餘[7]，皆在匈奴之西，烏孫之南。南北有大山，中央有河，[8]東西六千餘里，南北千餘

5　參見狄宇宙：《古代中國與其強鄰：東亞歷史上遊牧力量的興起》，倫敦：Cambridge University Press，2004 年，第 155 頁。（Nicola Di Cosmo, *Ancient China and its Enemies. The Rise of Nomadic Power in East Asian History*, London: Cambridge University Press, 2004）

6　中國學者費孝通認為，中國人對邊疆民族有兩種政策：一是"逐"，二是"變"。見杜文忠《邊疆的概念與邊疆的法律》，載《中國邊疆史地研究》2003 年第 4 期，第 2 頁。潛在的可能，"逐"主要通過軍事暴力手段進行，"變"則通過採取各種政治、行政、法律、社會以及一般文化措施實現。

7　顏師古《漢書注》中引用司馬彪《續漢書》，提到西域有五十五國。見顏師古《漢書注》卷九十六，第 1 頁。"國"是指最初形成的國家。何四維（Anthony Hulsewé）認為，此為象徵意義和神話意義上的假託數字。

8　西域北部的自然邊界在天山山脈，南部邊界在崑崙山，塔里木河則貫穿西域的中部。

里。東則接漢，厄以玉門、陽關 [9]，西則限以葱嶺 [10]。其南山，東出金城 [11]，與漢南山屬焉。其河有兩原：一出葱嶺山，一出于闐 [12]。于闐在南山下，其河北流，與葱嶺河合，東注蒲昌海。蒲昌海，一名鹽澤者也 [13]，去玉門、陽關三百餘里，廣袤三百里。其水亭居，冬夏不增減，皆以為潛行地下，南出於積石，為中國河云。[14] 自玉門、陽關出西域有兩道。從鄯善傍南山北 [15]，傍河西行至莎車 [16]，為南道；南道西逾葱嶺則出大月氏 [17]、安息 [18]。自車師前王廷隨北山 [19]，傍河西行至疏勒 [20]，為北道；北道西逾葱嶺則出大宛 [21]、康居 [22]、奄蔡 [23]、焉耆 [24]。西域諸國大率土

9　"玉門"和"陽關"，位於敦煌西部的駐地名稱，常被稱為"兩關"，建於漢武帝時期，是中國最重要的邊防前哨。

10　中國史籍中將帕米爾高原稱為"葱嶺"。見顏師古《漢書注》記載："《西河舊事》云，葱嶺其山高大，上悉生葱，故以名焉。"見《漢書》第九十六卷上、《西域傳》六十六上。

11　金城郡建於公元前 81 年，位於現甘肅蘭州境內。

12　于闐是塔里木盆地最大的綠洲國之一，位於塔克拉瑪干沙漠南部。

13　中國史籍中以"蒲昌海""鹽澤"稱位於塔里木低地東部的羅布泊河。

14　"積石山"為現今青海東南部的阿姆涅 — 瑪奇山的另一稱，環繞黃河，形成一個很大的彎曲。

15　鄯善（古樓蘭國）、察爾科雷克、克羅拉伊納位於羅布泊河南方，首府為扜泥，位於現米蘭鎮。

16　莎車是位於崑崙山麓葉爾羌河谷的遼闊的綠洲國家，是位於這一地區的葉爾羌城的中文名稱。

17　大月支氏 —— 大月氏民族的國家。大月氏民族原生活在現中國甘肅西部，公元前 176 — 前 150 年間，部分大月氏人因匈奴攻擊而遷往中亞。這支月氏民族被稱為大月氏，以區別於留在原地生活的小月氏。公元 2 世紀，大月氏人散居在阿姆河右岸。

18　"安息"是帕提亞國（公元前 250 — 224）的中國名稱，是帕提亞統治者阿薩息斯人的中文寫法。

19　前車師，位於東天山北部。

20　疏勒（喀什），以現中國新疆的喀什為中心、位於喀什西北部的遼闊的綠洲國家。

21　大宛，位於費爾干納地區。

22　康居國，是持突厥語的遊牧民族建於公元前 2 世紀，位於南哈薩克斯坦的錫爾河地區。鼎盛時期領土直至阿姆河上游和下游，包括花喇子模地區。公元 3 至 4 世紀康居國開始衰落，在 5 世紀時退出歷史舞台。

23　奄蔡（即"闔蘇""克孜勒奧爾達""粟特"），其西部與康居相接。

24　焉耆是喀什噶爾附近的綠洲國，中文史籍中又稱"烏纏"。

著，有城郭田畜，與匈奴、烏孫異俗，故皆役屬匈奴。"[25]

公元前 200 年左右，單于冒頓締造強大的匈奴國家。中國領土向西域擴張是與匈奴國家戰爭的延續和結果。匈奴帝國擅於將從滿洲到鄂爾多斯地域裏衆多的遊牧部落集中為統一的政治、軍事力量，在近二百五十年的時間裏一直是中國主要的外部對手。公元前 2 世紀，匈奴主導着西域，西域是匈奴襲擊中國的經濟控制地。西域各國向匈奴納貢，"匈奴西邊日逐王置僮僕都尉，使領西域，常居焉耆、危須、尉黎間，賦稅諸國，取富給焉。"[26] 中國在軍事力量不足以向西北擴張之時，一直長久地對匈奴採取和解和忍讓的策略：簽訂和親協約，建立收買蠻邦使之學會漢俗的戰略。[27] 公元前 139 — 前 137 年，漢武帝派張騫西使，希冀與中亞各國特別是大月氏建立同盟關係，抵抗匈奴。儘管張騫出使沒有達到預期的結果，但他所帶回的關於西域的信息，促使漢武帝決定與匈奴開戰。

在公元前 133 — 前 119 年的幾次戰爭中，中國成功收回以前被遊牧民族佔領的土地（鄂爾多斯），還奪得了長城之外的大片邊疆土地，極大擴展了在西域的影響。總的來看，直到公元前 53 年匈奴首領呼韓邪單于南下降漢，即承認漢帝國的宗主國地位之前，為爭取在中央亞細亞的主導地位，中國與匈奴之間連年征戰，中國時有取勝。匈奴在遙遠西部各國的權威一直十分強大，因而這些國家拒絕接納中國使團，不提供給養，甚至劫掠使團。[28] 王莽統治時期（公元

25　《漢書》卷九十六，第 1 頁。見比丘林：《準噶爾與東突厥》，彼得堡：Типолграфия Карла Крайя，1829 年，第 1 — 3 頁。（Н. Я. Бичурин, *Описание Чжунгарии и Восточного Туркестана*, СПб.: Типолграфия Карла Крайя, 1829）

26　《漢書》卷九十六，第 1 頁。

27　參見《史記》卷九十九，第 3 頁；塔斯金譯《匈奴史資料》第一輯，莫斯科：Hayka，1968 年，第 71 — 72 頁。（Перевод Всеволода С. Таскина, *Материалы по истории сюнну по китайским источникам*, Вып. I, M.:Hayka, 1968）；司馬遷《史記》俄譯本第八卷，莫斯科：Восточная литература，2002 年，第 327 頁。（Сыма Цзян, *Исторические записки*, T. VIII, M.: Восточная литература, 2002）

28　參見克拉津：《匈奴帝國》（第二版），莫斯科：«Логос»，2001 年，第 122 頁。（Николай Н. Крадин, *Империя Хунну*, 2-е изд. M.: «Логос». 2001）

9 — 23）是中國與匈奴之間不再對抗而保持穩定的時期。公元 48 年，匈奴再一次分裂為北匈奴與南匈奴，南匈奴內附，北匈奴因饑荒及漢軍壓力西遷，不再對中國形成威脅。

中國在中央亞細亞修建堡壘和道路、派出田卒（屯田）的同時，其在當地的軍事和經濟力量得以擴大。漢文帝時期（前 180 — 前 157）大臣晁錯兩番上奏《守邊勸農疏》和《募民實塞疏》以保衛中國邊境。晁錯提出的對邊民實施軍事管理的政策和職官表，由於各種原因，未能實現，也均未納入《西域傳》。

首次提到 "田卒" 的史書是司馬遷的《史記 · 大宛列傳》。書中提到，貳師將軍李廣利征大宛後西進，"西至鹽水，往往有亭。而侖頭有田卒數百人"。[29] 顯然，"田卒" 是派到中國地域之外駐地屯田以守衛堡壘、耕作土地的軍人。值得注意的是，《史記》中所記述的蒙恬率軍作戰，所率領的不是 "田卒"，而是發配的犯人和服刑之人 "適戍"。公元前 215 年，秦始皇使蒙恬 "將十萬之眾北擊胡，悉收河南地。因河為塞，築四十四縣城臨河，徙適戍以充之。而通直道，自九原至雲陽。"[30]

漢武帝和宣帝時期（前 74 — 前 48）始在中央亞細亞積極建立田卒。《漢書 · 西域傳》中有云："自貳師將軍伐大宛之後，西域震懼，多遣使來貢獻。漢使西域者益得職。於是自敦煌西至鹽澤，往往起亭，而輪台、渠犁皆有田卒數百人，置使者校尉領護，以給使外國者。至宣帝時，遣衛司馬使護鄯善以西數國。及破姑師，未盡珍，分以為車師前後王及山北六國。時漢獨護南道，未能盡併北道也。然匈奴不自安矣。其後日逐王畔單于，將眾來降，護鄯善以西使者鄭吉迎之。既至漢，封日逐王為歸德侯，吉為安遠侯。是歲神爵二年（前 60）也。乃因使吉並護北道，故號曰都護。都護之起，自吉置矣。僮僕都尉由此罷，匈奴益弱，不得近西域。"[31]

29　《史記》卷一百二十三，第 15 頁。

30　《史記》卷九十九，第 5 頁；司馬遷《史記》俄譯本第八卷，莫斯科：Восточная литература, 2002 年，第 327 頁。（Сыма Цзян, *Исторические записки*, Т. VIII, М.: Восточная литература, 2002）

31　《史記》卷九十六，第 2 頁；比丘林：《準噶爾與東突厥》，第 4 — 6 頁。

《漢書·傅常鄭甘陳段傳》中有關於西域都護的其他詳細描述："自張騫通西域，李廣利征伐之後，初置校尉，屯田渠黎。至宣帝時，吉以侍郎渠黎，積穀，因發諸國兵攻破車師，遷衛司馬，使護鄯善以西南道。神爵中，匈奴乖亂，日逐王先賢撣欲降漢，使人與吉相聞。吉發渠黎、龜茲諸國五萬人迎日逐王，口萬二千人、小王將十二人隨吉至河曲，頗有亡者，吉追斬之，遂將詣京師。漢封日逐王為歸德侯。吉既破車師，降日逐，威震西域，遂并護車師以西北道，故號都護。都護之置自吉始焉。上嘉其功效，乃下詔曰：'都護西域騎都尉鄭吉，拊循外蠻，宣明威信，迎匈奴單于從兄日逐王眾，擊破車師兜訾城，菌效茂著。其封吉為安遠侯，食邑千戶。'吉於是中西或則立莫府，治烏壘城，鎮撫諸國，誅伐懷集之。漢之號令班西域矣。"[32]

設立安遠侯、都護府都沒能確保中國對西域的長久控制，漢朝也沒有為此積累出足夠的力量和經驗。中國在遠離綠洲的地區戍邊屯田，這與帶有內部築城體系（始於敦煌）的邊防哨無關。在烏壘設立都護騎都尉以前，漢代官制中沒有管理西域事務的常設職位。最初漢武帝對西域的管理，與屯田同時進行的，還有派出僮僕都尉，即比丘林所說的屯田的校尉。[33]秦代設置了管理邊疆事務的官員 —— 以軍隊管理邊疆地區。漢代只在邊境地區任命校尉。公元前120年，置都尉、丞、侯、千人等官前往屬國。[34]這一職位的內容不清晰，也可以翻譯成輔佑公。另外，前漢的國家體制中有統管譯令的九譯令。漢成帝（前33 —前7）在公元前二十餘年取消了"譯令"之職，其功能則轉到負責接待外族的大鴻臚。[35]《西域傳》中提到，公元前64年，大鴻臚試圖說服漢宣帝（前74 — 前48）放棄將中國公主嫁給烏孫王子的打算。[36]在關於渠黎的敘述中，沒有提到相

32　《漢書》卷七十《列傳四十》，第 3 — 4 頁。

33　參見比丘林：《準噶爾與東突厥》，第 60 頁。

34　參見《漢書》卷十九（一），第 9 頁。

35　同上。

36　參見《漢書》卷九十六（二），第 3 頁。

關城都尉或"漢田官"的任何細節。[37]

　　搜粟都尉職掌邊境地區農耕和屯田。於公元前 90 年任此職的桑弘羊向漢武帝上奏："故輪台東捷枝、渠犁皆故國，地廣，饒水草，有溉田五千頃以上，處溫和，田美，可益通溝渠，種五穀，與中國同時孰，其旁國少錐、刀，貴黃金綵繒，可以易穀食，宜給足不乏。臣愚以為可遣屯田卒詣故輪台以東，置校尉三人分護，各舉圖地形，通利溝渠，各使以時益種五穀。張掖、酒泉遣騎假司馬為斥候，屬校尉，事有便宜，因騎置以聞。田一歲，有積穀，募民壯健，有累重敢徙者詣田所，就畜積為本業，益墾溉田，稍築列亭，連城而西，以威西國，輔烏孫，為便。臣謹遣征事臣昌分部行邊，嚴敕太守都尉明烽火，選士馬，謹斥候，蓄茭草。願陛下遣使使西國，以安其意。臣昧死請。"[38]

　　王莽亂權建立新朝後，於公元 10 年，任命廣新公甄豐為右伯，名義上管理包括西域在內的西中國，並準備取道西域出兵對付匈奴。[39] 接受漢朝管轄的西域各國的主要義務，是為漢朝使者提供牛、羊、穀、芻茭、導譯。[40] 除此之外，還有義務按都護的命令出兵參加中國的軍事行動。違背義務則要接受"血貢"的懲罰。當時，車師後王須置離聽聞消息，害怕無法為甄豐軍隊提供所需，密謀逃亡匈奴，被都護但欽斬殺。[41]

　　除都護和丞侯，還常有使者駐紮西域，及作為其隨從的漢將漢官，同時還有隨漢朝公主進入西域的護衛。但《西域傳》中沒有提到"漢田官"。[42]

　　《西域傳》中提到的其他職務，顯然是為地方管理所設，儘管完全不排除

37　同上，第 8 頁。

38　《漢書‧西域傳下》，第 8 頁。

39　同上，第 17 頁。

40　同上。

41　參《資治通鑑‧漢紀二十九》。

42　《漢書‧西域傳下》，第 15 頁；比丘林：《準噶爾與東突厥》，第 1 — 3 頁。

這些職官進入漢代官制的可能。[43] 中文史籍在這些職官之前冠之以自己國家的封號，即形式上地方封號和職官是進入漢代官制中的。比丘林提到這一點："中國朝廷在征服東突厥之後，大大小小的統治者，為表示他們承認雙方的獨立性，稱為'國'，統治者被稱為各種'王'，他們之間的程度區別只在於由中國皇帝確認的侯王數量。"[44]

官制的標誌被賦予重要意義，官印、馬車、令牌。公元前 107 年，漢武帝土封江都王建之女為江都公主，賜與烏孫昆莫為妻，"賜乘輿服御物，為備官屬宦官侍御數百人，贈送甚盛。"[45] 公元前 49 年，"烏孫大吏、大祿、大監皆可以賜金印紫綬[46]，以尊輔大昆彌"。[47]

《漢書・西域傳》中提到，西域五十個國家裏有十五個完全不依附於中國都護：罽賓、烏弋山離、安息、大月氏、康居、婼羌、戎盧、渠勒、西夜、依耐、無雷、難兜、休循、捐毒。其他地方的統治者，正如一般認為的，接受中國皇帝的俸祿和冊封。對於接受中華帝國管理的每一地，《西域傳》中都有詳細的信息，包括人口、軍隊構成、實施地方管理的官名。綠洲國家的軍隊人數一般為兩千人左右，總體上大大超過派駐的中國軍隊。[48]

43　參見利特文斯基主編：《古代和中世紀早期的東突厥：民族、語言、宗教》，莫斯科：Наука. Главная редакция восточнойлитературы，1988 年，第 254 頁。（*Восточный Туркестан в древности и раннем средневековье. Этнос, языки, религии*, Под ред. Борис А. Литвинского, М.: Наука. Главная редакция восточнойлитературы, 1988）

44　比丘林：《古代中亞各民族資料彙編》（第一卷），莫斯科 & 列寧格勒：Издательство АН СССР，1950，第 172 頁注釋部分。（Никита Я. Бичурин, *Собрание сведений о народах, обитавших в Средней Азии в древние времена*, М.-Л.: Издательство АН СССР, 1950）

45　《漢書・西域傳下》，第 2 頁。

46　金印紫綬是周朝以降中國政府高級官吏執政權的標誌，由相國、丞相、三公、太尉、將軍及六宮后妃所掌。

47　《漢書・西域傳下》，第 5 頁。

48　參見阿什拉菲亞等主編：《從古代至今的東亞和中央亞細亞各民族史》，莫斯科：Издательство Наука, редакция восточной литературы，1986 年，第 49 頁。（*История народов Восточной и Центральной Азии с древнейших времен до наших дней*, Редкол. Клара З. Ашрафян и др., М.: Наука, главная редакция Восточной литературы, 1986）

　　在鄯善國（人口 14100，軍隊 2912 人）實施管理的官員人數較多，有 9 人：輔國侯 [49]、卻胡侯、鄯善都尉 [50]、擊車師都尉、左右且渠 [51]、擊車師君各 1 人，譯長 2 人。[52]

　　且末國（人口 1610，軍隊 320 人），實施管理的官員有 4 人：輔國侯、左右將、譯長各 1 人。[53]

　　小宛國（人口 1050，軍隊 200 人），實施管理的官員有 3 人：輔國侯、左右都尉各 1 人。[54]

　　精絕國（人口 3360，軍隊 500 人），實施管理的官員有 4 人：精絕都尉、左右將、譯長各一人。[55]

　　扜彌國（人口 20040，軍隊 3540 人），實施管理的官員有 9 人：輔國侯、左右將、左右都尉、左右騎君各一人，譯長二人。[56]

　　于闐國（人口 19300，軍隊 2400 人），實施管理的官員有 8 人：輔國侯、左右將、左右騎君、東西城長、譯長各一人。[57]

49　在漢代，歸順的部落和國家具有這樣的封號。明代（1368 — 1644）和清代，“輔國”只作為皇親封號的一部分。賀凱（Charles O. Hucker）把 “輔國公” 的封號譯為 “Bulwark Duke”，等同於 “護國公”。見賀凱《中國古代官名辭典》，台北：南天書局，1995 年，第 218 頁。（C. O. Hucker, *A Dictionary of Official Titles in Imperial China*, Taipei: Southern Materials Center, 1995）

50　“都尉” 之稱，賀凱譯成 “Commandant” 或汗的 “Commander-in-chief”。見賀凱《中國古代官名辭典》，第 545 頁。都尉的主要任務是在已歸順中國皇帝的地區指揮軍隊。

51　這一職官後來又被匈奴接受，也在後來的中文史籍中成為代表大月氏民族的一個姓氏。見馬良文《唐代編年史中的中亞各國》，新西伯利亞：Наука，1989 年，第 279 頁。（Анатолий Г. Малявкин, *Танские хроники о государствах Центральной Азии. Тексты и исследования*. Отв. ред. д.и.н. Юрий М. Бутин, Новосибирск: Наука, 1989）

52　《漢書・西域傳上》，第 3 頁。

53　《漢書・西域傳上》，第 5 頁。

54　《漢書・西域傳上》，第 5 — 6 頁。

55　《漢書・西域傳上》，第 6 頁。

56　同上。

57　同上。

蒲犁國（人口 5000 人，軍隊 2000 人），實施管理的官員有 2 人：輔國侯、都尉各一人。[58]

大宛國（人口 30 萬，軍隊 6 萬），實施管理的官員有 2 人：副王、輔國王各一人。[59]

莎車國（人口 16373 人，軍隊 3049 人），實施管理的官員有 12 人：輔國侯、左右將、左右騎軍、備西夜君各 1 人[60]，都尉 2 人，譯長 4 人。[61]

疏勒國（人口 18647，軍隊 2000 人），實施管理的官員有 10 人：疏勒侯、擊胡侯、輔國侯、都尉、左右將、左右騎君、左右譯長各 1 人。[62]

尉頭國（人口 2300，軍隊 800 人），實施管理的官員有 4 人：左右都尉、左右騎君各 1 人。[63]

烏孫國（人口 6.3 萬，軍隊 1.888 萬人），實施管理的官員有 14 人：相，大祿，左右大將 2 人，侯 3 人，大將、都尉各 1 人，大監 2 人，大吏 1 人，舍中大吏 2 人，騎君 1 人。[64]

姑墨國（人口 2.45 萬，軍隊 4500 人），實施管理的官員有 9 人：姑墨侯、輔國侯、都尉、左右騎君各 1 人，譯長 2 人。[65]

溫宿國（人口 8400，軍隊 1500 人），實施管理的官員有 9 人：輔國侯，左右將、左右都尉、左右騎君、譯長各 1 人。[66]

58　《漢書・西域傳上》，第 8 頁。

59　《漢書・西域傳上》，第 14 頁。

60　"備西夜君"，這一職官，不知詳情，有時表示助手。"西"，意為"西方"；"夜"，意為"黑夜"；"君"意為"國君"。

61　《漢書・西域傳上》，第 14 頁。

62　《漢書・西域傳上》，第 16 頁。

63　《漢書・西域傳上》，第 16 頁。

64　《漢書・西域傳下》，第 1 頁。

65　《漢書・西域傳下》，第 7 頁。

66　同上。

龜茲國（人口81317，軍隊21076人），實施管理的官員有11人：大都尉
丞、輔國侯、安國侯、擊胡侯、卻胡都尉、出車師都尉、左右將、左右都尉、
左右騎君、左右力輔君各1人，東西南北部千長各2人，卻胡君3人，譯長4
人。[67]

烏壘國（人口1200，軍隊300人），實施管理的官員有2人：城都尉、譯
長各1人。在烏壘國設有都護府。[68]

渠犁國（人口1480，軍隊150人），實施管理的官員有1人：城都尉1
名。[69]自武帝起向渠犁國派校尉。[70]

尉犁國（人口9600，軍隊2000人），實施管理的官員有9人：尉犁侯、安
世侯、左右將、左右都尉、擊胡君各1人，譯長2人。[71]

危須國（人口4900，軍隊2000人），實施管理的官員有10人：擊胡侯、
擊胡都尉、左右將、左右都尉、左右騎君、擊胡君、譯長各1人。[72]

焉耆國（人口32100，軍隊6000人），實施管理的官員有19人：擊胡侯、
卻胡侯、輔國侯、左右將、左右都尉、擊胡左右君、擊車師君、歸義車師君各1
人，擊胡都尉、擊胡君各2人，譯長3人。[73]

烏貪訾離國（人口231，軍隊57人），實施管理的官員有3人：輔國侯、
左右都尉各1人。[74]

卑陸國（人口1387，軍隊422人），實施管理的官員有7人：輔國侯、左
右將、左右都尉、左右譯長各1人。[75]

67　同上。

68　同上。

69　比丘林譯文中以括弧標注："漢族管理者"。見比丘林《準噶爾與東突厥》（1829），第60頁。

70　《漢書·西域傳下》，第7頁。

71　《漢書·西域傳下》，第16頁。

72　同上。

73　同上。

74　《漢書·西域傳下》，第12頁。

75　同上。

卑陸後國（人口 1137，軍隊 350 人），實施管理的官員有 3 人：輔國侯、左右都尉、譯長各 1 人。[76]

郁立師國（人口 1445，軍隊 331 人），實施管理的官員有 4 人：輔國侯、左右都尉、譯長各 1 人。[77]

單桓國（人口 194，軍隊 45 人），實施管理的官員有 5 人：輔國侯、將、左右都尉、譯長各 1 人。[78]

蒲類國（人口 2035，軍隊 799 人），實施管理的官員有 5 人：輔國侯、左右將、左右都尉各 1 人。[79]

蒲類後國（人口 1700，軍隊 324 人），實施管理的官員有 5 人：輔國侯、將、左右都尉、譯長各 1 人。[80]

西且彌國（人口 1926，軍隊 738 人），實施管理的官員有 5 人：西且彌侯、左右都尉、左右騎君各 1 人。[81]

東且彌國（人口 1948，軍隊 572 人），實施管理的官員有 3 人：東且彌侯、左右都尉各 1 人。[82]

劫國（人口 500，軍隊 150 人），實施管理的官員有 3 人：輔國侯、都尉、譯長各 1 人。[83]

狐胡國（人口 264，軍隊 45 人），實施管理的官員有 3 人：輔國侯、左右都尉、各 1 人。[84]

76　同上。

77　同上。

78　《漢書·西域傳下》，第 12 頁。

79　《漢書·西域傳下》，第 12 頁。

80　同上。

81　《漢書·西域傳下》，第 13 頁。

82　《漢書·西域傳下》，第 12 頁。

83　《漢書·西域傳下》，第 13 頁。

84　同上。

山國（人口 5000，軍隊 1000 人），實施管理的官員有 6 人：輔國侯、左右將、左右都尉、譯長各 1 人。[85]

車師前國（人口 6050，軍隊 1865 人），實施管理的官員有 11 人：輔國侯、安國侯、左右將、都尉、歸漢都尉、車師君、通善君、鄉善君各 1 人，譯長 2 人。[86]

車師後國（人口 4774，軍隊 1890 人），實施管理的官員有 7 人：擊胡侯、左右將、左右都尉、道民君、譯長各 1 人。[87]

漢代對西域各國的管理就這樣鞏固起來。後來中國在這些地區的管理時強時弱。直到 20 世紀以前，這裏一直保持着這種帝國的地理政治發展的主要傾向。中國在邊疆地區的存在，雖然不影響民族構成和綠洲文化，卻是一種政治上持續存在的因素。

隨着農耕的推廣和商隊貿易的發展，經濟因素逐漸發揮更為實質性的作用。絲綢成為商路上運往西方的主要商品；後來，德國地理學家李希霍芬（Ferdinand von Richthofen, 1833 — 1905）將從中國經過中央亞細亞通往西亞進而前往歐洲的這條穿越歐亞大陸的商路稱為"絲綢之路"。[88] 汗血馬、火浣布、駱駝、孔雀等珍稀之物，以朝貢的方式從西方被運到中國。[89] 除了稀奇之物，運往中國的還有織物、毛皮、皮革、藥品、香料、染料、綿羊、馬匹、金屬製品、書籍等等。

西行之路始於中華帝國的首都長安，經隴西和固元直達金城（今蘭州），再經武威、張掖、酒泉和敦煌，即所謂處於南山北支脈和阿拉善沙漠之間的"河西走廊"，綿延至玉門關和陽關前哨，直至樓蘭國。在樓蘭國分支出南路和

85　同上。

86　同上。

87　《漢書‧西域傳下》，第 14 頁。

88　參見李希霍芬：《中國 —— 親身旅行的成果及據此的研究》（第一卷），柏林：Reimer，1877 年，第 499 頁。（Ferdinand von Richthofen: *China. Ergebnisse eigener Reisen und darauf gegründeter Studien*, Bd. 1, Berlin: Reimer, 1877）

89　參見余太山：《西域通史》，鄭州：中州古籍出版社，2003 年，第 82 頁。

北路，這是抵達喀什噶爾的兩條路線。北路經渠犁（今喀爾拉）、龜茲（今庫車）、姑墨（阿克蘇）達喀什，南路經鄯善（今若羌）、且末、精絕、于闐、皮山、莎車。從喀什噶爾跨越蔥嶺的商路直通大宛、大夏、粟特、安息，最終至羅馬帝國的東方行省。從皮山經向西南越蔥嶺達罽賓（喀布爾）、烏弋山離（今錫金）達交址（位於波斯灣海岸）。[90] 商隊貿易的漫長路線受到這一地區的政治環境的制約。有的路段衰落後，代之以其他方向。但直到唐朝末年，經新疆和中亞的陸上商路一直沒有失去意義。

四、唐代對西域監督控制的強化

漢朝衰落後，西域管理的漢制也隨之瓦解，居民、田卒流落。三國時期，魏、蜀、吳三國鼎立。鄯善、龜茲和于闐國害怕遊牧民族的侵擾，決定尋求中國保護，向北魏都城洛陽派出使者，表達歸順的願望。魏王曹氏任命西域長史，駐海頭（今羅布泊，位於古樓蘭之西），在高昌（今吐魯番西南）恢復漢時所設戊己校尉。[91] 魏明帝太和時期，在敦煌設太守，因而這一時期由中國向西商路興旺而意義重大。[92] 西晉（265 — 317）和前涼（位於甘肅）在其西域職官中保持着戊己校尉，327 年，前涼國在高昌設立管理中心。中國和中央亞細亞的政治變化並沒有影響貿易的發展。北魏一直與塔里木盆地諸國積極貿易並對鄯善和焉耆實行政治軍事控制，推行積極的西域政策。

自 2 至 3 世紀起，在中國北方，經喀什噶爾和中亞，然後再經于闐和敦煌，佛教在這一地區迅速傳播，改變了這一地區的精神面貌。第一批佛教弟子不晚於公元前 1 世紀到達位於商路的城市敦煌、龜茲、于闐，在他們的語言文

90　參見榮新江：《中古中國與外來文明》，北京：三聯書店，2001 年，第 3 — 4 頁。

91　參見紀大椿：《新疆近世史論稿》，第 3 頁。

92　參見余太山：《西域通史》，第 78 頁。

化環境中發現適於傳播佛教學說的土壤。[93] 隨着時間的推移，寺院擁有大量田地和在田地上勞作的農民，將大量穀物出租，在西域城市的經濟生活中發揮的作用越來越大。[94]

與此同時這一地區在文化、民族和宗教意義上呈現出更加多彩的畫面。在5世紀至7世紀，波斯人和粟特人在絲綢中介貿易中發揮主要作用，而自7世紀則是阿拉伯人發揮主要作用。

6世紀至7世紀，中國在中央亞細亞遇到了地緣政治上的強勁對手——突厥汗國（552 — 745）。突厥汗國在領土擴張最甚之時，其影響綿延於從滿洲至博斯普魯斯海峽、從葉尼塞河上游到阿姆河上游支流的廣袤地區。[95] 統一中國的隋朝經過近四個世紀的戰爭，戰勝突厥汗國，使突厥汗國在582 — 603年間成為分散在東部、中央亞細亞、西部和中亞的一些相互敵對的部分。隋朝針對邊疆地區採取傳統的帝國政策，將邊疆納入中國的行政區域結構之中。隋朝時，西域分為三個地區：鄯善郡、且末郡和伊吾郡，中國的戍邊集中於此。[96]630年，中國軍隊在李靖的指揮下在陰山（在今內蒙古）大破頡利可汗，此後突厥大部都聽命於中國唐朝政府。

唐朝是中華帝國最強盛的時期，對於亞洲一系列國家的歷史走向有着全方面的巨大影響。正是在唐朝，中華帝國最大程度上實現其地理政治能量，並將影響擴大到從朝鮮到波斯、從越南到天山的廣大地區，文化上也達到前所未有

93　參見弗烈：《中亞的遺產：從古代到土耳其的擴張》，新澤西州普林斯頓：Markus Wiener Publishers，1998年，第161頁。（Richard Frye: *The Heritage of Central Asia: From Antiquity to the Turkish Expansion*, Princeton NJ: Markus Wiener Publishers, 1998）

94　參見丘古耶夫斯基譯注：《敦煌中文文書》第一輯，莫斯科：Наука，1983年，第20頁。（*Китайские документы из Дуньхуана*, Вып. 1. Издание текстов, перевод с китайского, исследования и приложения Леонид И. Чугуевского, М.: Наука, 1983）

95　參見科利亞什托爾內伊、蘇爾塔諾夫：《歐亞草原的國家與民族：古代與現代》（第二版），聖彼得堡：Петербургское востоеоведение，2004年，第97頁。（Сергей Г. Кляшторный, Турсун И. Султанов, *Государства и народы Евразийских степе. Древность и средневековье*. Второе издание, СПб.: Петербургское востоеоведение, 2004）

96　參見紀大椿：《新疆近世史論稿》，第4頁。

的融合。這種融合成為中國社會穩定的基礎，並保障國家深遠地向西擴展，最終在領土上超越漢朝疆域。在中國政治教條中，唐朝第一次開始實行多民族國家的思想，這在一些史料中都有所體現。據司馬光記載，648 年，唐太宗面對四夷大小君長爭遣使入獻見，感慨地對侍臣說："漢武帝窮兵三十餘年，疲弊中國，所獲無幾；豈如今日綏之以德，使窮髮之地盡編戶乎！"[97]647 年，唐太宗試圖總結其對外政策取得成就的原因，"自古皆貴中華，賤夷、狄。朕獨愛如一，故其種落依朕如父母。"[98]

中國君王極力藉助於一系列政治行為，確認唐朝之中國的中央亞細亞文明的中心地位。630 年春，唐太宗在東西突厥部落聯盟在場時接受"天可汗"之稱，表明中國皇帝在名義上統領突厥的局勢得以確立。唐太宗被稱為"可汗"，也是有步驟地將大量遊牧突厥民族控制和凝聚在領土廣袤的唐朝政府之下這一龐大政治綱領的最早記錄。

中華帝國的地理政治結構包括三個空間等級層面：一是被稱為"關中、關內"的中原領土，居民為原初的漢族；二是邊疆地區，居住着歸順天朝皇帝的各民族部落，實施行政區域管理的地區被稱為羈縻府州；三是處於中華帝國之外、處於中國影響之下隱性地依附中國的地區。

唐朝皇帝的實際權力在不同程度上輻射於中國的中原和邊疆地區，甚至在理論上對每一地區的政治、行政和法律管理都有着原則區別。守衛關內領土的戍邊，被看作國家要事，無官方公文者，經過邊關，無論是進入內地還是走出國門，都是被禁止的，要遭受刑事處罰。[99]

內陸區域有直轄地區（正州），位於長安的帝國中央直接對其實施管理。在這一地區實行共同兵役制（賦兵），居民需按朝廷名錄繳納稅賦。

97　《資治通鑑‧唐紀十四》，第 6235 頁。

98　《資治通鑑‧唐紀十四》，第 6247 頁。

99　參見雷巴科夫翻譯注釋《唐律疏議》（1 — 8 卷），聖彼得堡：Петербругское востоковедение. 1999 年，第 343 — 354 頁。（*Уголовные установления Тан с разъяснениями*, перевод, введение и комментарии, Вячеслав М. Рыбаков, СПб, 1999）

　　沿着中原之國外緣邊界，或者在蠻夷散居地區，設立行政區域組織"羈縻"（常常只是形式而已）。這一機制的設立是進行控制和擴大中國影響的重要的、原則性的一步。

　　《新唐書·地理志》中有專章描述羈縻地區，特別是有如下字樣："唐興，初未暇於四夷，自太宗平突厥，西北諸蕃及蠻夷稍稍內屬，即其部落列置州縣。其大都為都督府，以其首領為都督、刺史，皆得世襲。雖貢賦版籍，多不上戶部，然聲教所暨，皆邊州都督、都護所領，著於令式。今錄招降開置之目，以見其盛。其後或臣或叛，經制不一，不能詳見。突厥、回紇、党項、吐谷渾錄關內道者，為府二十九，州九十。突厥之另部及奚、契丹、靺鞨、降胡、高麗隸河北者，為府十四，州四十六。突厥、回紇、党項、吐火渾之別部及龜茲、于闐、焉耆、疏勒、可西內屬諸胡、西域十六國隸隴右者，為府五十一，州百九十八。羌、蠻隸劍南者，為州二百六十一。蠻隸江南者，為州五十一，隸嶺南者，為州九十三。又有党項州二十四，不知其隸屬。大凡府州八百五十六，號為羈縻云。"[100]

　　對於唐朝來說，特別是初唐，設立"羈縻"這一行政區域組織，首先是具有政治戰略意義，相當於為進一步的領土擴張建立了策源地。由於在生活方式、漢族和相鄰民族的經濟發展水平等方面存在根本上的差異，因而在非漢族地區設立特殊管轄的行政區域單位。唐代設立三級州府管理邊疆地區：大都督府、中都督府、下都督府；兩級都護府：大都護府和上都護府。

　　大都督府由 22 名官吏構成：都督 1 人，長史 1 人，司馬 2 人，錄事參軍事 1 人，錄事 2 人，功曹參軍事 1 人，倉曹參軍事 1 人，戶曹參軍事 1 人，田曹參軍事 1 人，兵曹參軍事 1 人，法曹參軍事 1 人，士曹參軍事 1 人，市令 1 人，文學 1 人，醫學博士一人。[101]

---

100 《新唐書》卷四十三，第 1119 — 1203 頁。

101 《新唐書·百官四上》，第 1314 — 1315 頁；戴何都譯《新唐書》第一卷，巴黎：Leide，1947 年，第 951 — 952 頁。（*Traité des Fonctionnaires et traité de l'Armée: Traduits de la Nouvelle Histoire des T'ang.*〔Chap. XLVI-L〕. Par R. de Rotours, Vol. 1, Leide, 1947）

中都督府共設官吏 21 人：都督 1 人，別駕 1 人，長史 1 人，司馬 1 人，錄事參軍事 1 人，錄事 2 人，功曹參軍事、倉曹參軍事、戶曹參軍事、田曹參軍事、兵曹參軍事、法曹參軍事、士曹參軍事各 1 人，參軍事 4 人，市令 1 人，文學 1 人，醫學博士 1 人。[102]

下都督府設官吏 19 人：都督 1 人，別駕 1 人，長史 1 人，司馬 1 人，錄事參軍事 1 人，錄事 2 人，功曹參軍事、倉曹參軍事、戶曹參軍事、田曹參軍事、兵曹參軍事、法曹參軍事、士曹參軍事各 1 人，參軍事 3 人，文學 1 人，醫學博士 1 人。[103]

大都護府設官吏 18 人：大都護 1 人，副大都護 2 人，副都護 2 人，長史 1 人，司馬 1 人，錄事參軍事 1 人，錄事 2 人，功曹參軍事、倉曹參軍事、戶曹參軍事、兵曹參軍事、法曹參軍事各 1 人，參軍事 3 人。[104]

上都護府設官吏 13 人：都護 1 人，副都護 2 人，長史 1 人，司馬 1 人，錄事參軍事 1 人，功曹參軍事、戶曹參軍事、兵曹參軍事各 1 人，參軍事 3 人。[105]

唐朝皇帝任命都督掌管軍事和民事，以軍事為主，兼任漢官。據《新唐書》記載，"都督掌督諸州兵馬、甲械、城隍、鎮戍、糧稟，總判府事"。[106]"都護掌統諸蕃，撫慰、征討、敘功、罰過，總判府事"。[107]

都督府和都護府都具有軍隊性質，其行制下設有大量"鎮""戍"級人員。鎮戍官吏下轄大量守捉，管理職責包括掌捍防守禦、市易、營田、謫罰。唐朝在中國歷史上首創針對已歸順的外族人的國家法律條文，在邊疆地區管理的文件中，將外族人稱為"化內人"，即生活在與中國直接相鄰地區、得到中國皇帝賚化的非漢族，以有別於"化外人"—— 處於中國文化影響範圍之外的民族。"化外人"指稱那些來自遙遠國度、生活在中國中原的人。

---

102 《新唐書・百官四上》，第 1315 頁；戴何都譯《新唐書》，第 952 — 953 頁。

103 《新唐書・百官四上》，第 1315 頁；戴何都譯《新唐書》，第 953 — 954 頁。

104 《新唐書・百官四上》，第 1316 頁。

105 《新唐書・百官四上》，第 1317 頁。

106 《新唐書・百官四上》，第 1315 頁。

107 《新唐書・百官四上》，第 1317 頁。

　　在唐朝國都、南方的廣州、揚州等地，居住着大量外族商人；東突厥汗國被征服後，數千突厥家庭遷居長安。另有各種程度的自由人：任職於宮廷的百官和將領、有爵位的人質、皇妃、商人外，來到唐朝、特別是 7 世紀盛唐時期的入唐者中，還有大量俘虜。一些俘虜被分給高官做侍衛，但大部分成為官家僕從，分派到國家政府部門服務。[108]生活在中原的外國人之間的關係，在《唐律疏議》中有記載：“諸類化外人，同類自相犯者，各依本俗法；異類相犯者，以法律論。”[109]

　　疏議曰：“‘化外人’，謂蕃夷之國，別立君長者，各有風俗，制法不同。”[110]唐朝保持生活在中國的外國人在政治和法律上的獨立性，周到把握歸順民族的漢化以及與唐朝文化的同化程度。毫無疑問，歸順者不被看作異類。721 年，唐玄宗的敕令中提到“舊戶”和“熟戶”。[111]唐朝力求找到以中華傳統和地方習俗為基礎的最有利於管理的方式。“蠻夷”的精神發展、文化完善，與進入遊牧朝貢體系有直接的關係，而法律地位是由接受中華文化的程度決定的。在解決訴訟問題時，一定預先說明當事人的文化 — 法律狀態，對於早已賓化於中華文化的那些早就歸順的民族，就像對待漢族那樣，受到的懲處也更為嚴厲。對新歸

108　參見舍費爾：《薩瑪爾罕的金波斯人：唐代外族異話》，莫斯科：«Наука». Главная редакция восточной литературы издательства，1981 年，第 67 頁。(Эдвад X. Шефер, *Золотые персики Самарканда. Книга о чужеземных диковинах в империи Тан*. М.: «Наука». Главная редакция восточной литературы издательства, 1981)

109　《唐律疏議》卷六，四十八，第 115 頁；雷巴科夫翻譯注釋《唐律疏議》(1 — 8 卷)，聖彼得堡：Петербругское востоковедение. 1999 年，第 265 頁 (*Уголовные установления Тан с разъяснениями*, пер., введ. и коммент. Вячеслав М. Рыбаков. СПб, 1999)；莊為斯譯《唐律疏議》第一卷《名例》，新澤西普林斯頓：Princeton University Press，1979 年，第 252 頁 (*The T'ang Code*, Vol. I. General Principles, translated with an Introduction by Wallace Johnson, Princeton, New Jersey: Princeton University Press, 1979)

110　《唐律疏議》卷六，四十八，第 115 頁；雷巴科夫翻譯注釋《唐律疏議》(1 — 8 卷)，聖彼得堡：Петербругское востоковедение. 1999 年，第 265 頁。(*Уголовные установления Тан с разъяснениями*, пер., введ. и коммент. Вячеслав М. Рыбаков. СПб, 1999)；莊為斯《唐律疏議》英譯本，新澤西：Princeton，1979 年，第 252 頁。(*The T'ang Code*. Vol. I. General Principles. Translated with an Introduction by Wallace Johnson. Princeton, New Jersey, 1979)

111　《冊府元龜》卷九百九十二，第 11625 頁。

順者則會有一些寬容。[112] 唐朝政府沒有在形式上確定法律的明確界線，文化認同文書是法律應用的基礎，在歸順的"蠻夷"中，哪些人接受了中華價值，是十分明顯的。

721 年，唐玄宗關於武備安民的敕令在邊疆地區法律實施中體現得非常明顯："制國立軍，以為武備，安人和衆，諒在師貞，必將簡其車徒，務其蒐獮[113]，不教人戰，何以訓兵？今寰宇雖寧，燧燔時警，故設備邊之政，更深用武之略。其劍南磧西關內隴右河東，北通燕薊，既接邊隅，是防夷狄，據山川險要，量寇賊多少，分置軍旅，足成修備。有事赴敵，可以拉朽摧枯，無事養人，可以拔距投石。而將吏非謹，甲兵不修，加之侵暴，仍且役使。雖則屢提綱領，然猶故忽科條，豈法有未明，將官無所畏，永言此弊，增歎於懷。又諸道軍城，例管夷落，舊戶久應淳熟，新降更佇綏懷。如聞頗失於宜，蕃情不得其所。若非共行割剝，何乃相繼離散。既往者理宜招討，見在者須加安全。熟戶既是王人，章程須依國法。比來表奏，多附漢官，或泄其事宜，不為聞達，或換其文狀，乖違本情。自今已後，蕃臣應有表奏，並令自差蕃使，不須更附漢官。雖復化染淳風，終是情因本性。刑罰不中，心固不安，共有犯法應科，不得便行決罰，具狀奏聞，然後科繩。諮爾軍僚，勉我王事，兵必須賈勇奮力，馬必須芻牧秩養，器仗必須磨礪，糧儲必須贍積，馭蕃夷必須以威以恩，誓將士必須以罰以賞。辨於旗物，稱爾戈矛，使有勇而知方，將料敵而常勝。所謂文武並用，國之大經，團結十萬衆兵，別令訓習，分割數萬匹馬，皆有供須。什物備陳，行裝具足，候時而動，我武惟揚。俾夫涼風至白露下，將以執有罪覆昏憝，宏厥戎略，振斯天聲，清彼四方，期此一舉。其諸軍官吏，輒更私役兵，及侵漁一錢已上，兼失偵候，仍墮教習，倉儲或乏，器械莫修，番部不能安，窮寇不能制，有一違犯，國有嚴誅。事或未同，仍令所司作條件處

112　參見陳惠馨：《唐律"化外人相犯"條及化內人與化外人間的法律關係》，載高明士編《唐代身份法制研究 ── 以唐律名例律為中心》，台北：五南圖書，2003 年，第 9 頁。

113　"蒐獮"是唐代常規軍事活動，類似"田獵"。

分。"[114]

　　從敕令中可知，唐朝以中華傳統和地方傳統為依據，極力尋求最適合的管理方式。個人精神上的完善與進入定居的朝貢國直接相關，中國法律是非漢族理解文化的必備階梯。在解決訴訟問題時，一定預先説明當事人的文化 — 法律狀態，唐朝政府沒有在形式上確定法律的明確界線，文化認同文書是法律應用的基礎，在歸順的"蠻夷"中哪些人接受了中華價值，是十分明顯的。

　　台灣學者陳惠馨這樣寫道："奉判：豆其谷遂本自風牛同宿，主人遂邀其飲，加藥令其悶亂，困後遂窃其資。所得之財，計當十疋。事發推勘，初拒不承。官司苦加拷諄，遂乃攣其雙脚，後便吐實，乃欸盜藥不虛。未知盜藥之人，若為科斷？九刑是設，為四海之隄防；五禮援陳，信兆庶之綱紀。莫不上防君子，下禁小人。欲使六合同風，萬方攸則。谷遂幸沾唐化，須存廉耻之風；輕犯湯羅，自掛吞舟之綱。"[115]

　　唐朝為使邊疆遊牧民族轉為定居農耕生活而付出了很大努力。721 年，唐玄宗敕令中提到，"河曲之地，密邇京畿，諸蕃所居，舊在於此，自服王化，列為編甿，安其耕鑿"。[116] 中華文化應當不只是約束"蠻夷"之蠻，還以唐朝的社會規範影響他們。新歸順臣民還享受稅賦方面的優惠，司馬光敘述 687 年發生之事時提到，"嶺南俚戶舊輸半課"[117]，即唐朝向嶺南的俚族收取一半稅賦。

　　同時，唐朝對歸順的"蠻夷"實施嚴密的行政控制，630 年唐太宗接受"天可汗"稱號後，乃下制，"令後璽書賜西域北荒之君長，皆稱皇帝天可汗。諸蕃渠帥有死亡者，必下詔冊立其後嗣焉。統制四夷，自此始也。"[118] 後來，中國皇帝頒發"冊""冊文"，任命歸順民族的高官。[119]

---

114 《冊府元龜》卷九百九十二，第 11652 頁。

115 陳惠馨：《唐律"化外人相犯"條及化內人與化外人間的法律關係》（2003），第 9 頁。

116 《冊府元龜》卷九百九十二，第 11653 頁。

117 《資治通鑑》卷二百零四，第 6445 頁。

118 《唐會要》卷一百，第 1796 頁。

119 見《唐大詔令集》卷一百二十八，第 690 — 693 頁；《唐大詔令集》卷一百二十九，第 694 — 698 頁。

在曾屬於突利可汗的地區設立順州都督府[120]，在曾屬於頡利可汗的地區設定襄都督府[121]，另設立雲中都督府[122]，轄兩區。總之，在以往的東突厥可汗地區建立邊疆區，實際分別仍由突利可汗和頡利可汗管轄，但已具有唐朝皇帝的疆域之名，反映出唐朝在擊敗可汗之後將遊牧民族自然流動合法化，也顯示出中國的組織作用。

表示歸順的各部首領，皆得唐將和宮廷侍衛長之名，歸順部落的首領則在新的行政區域任都督和刺史。突利可汗被任命為順州都督，太宗皇帝向他提及這一任命時說，"而祖啟民破亡，隋則復之，棄德不報，而父始畢反為隋敵。爾今窮來歸我，所以不立爾為可汗，鑒前敗也。我欲中國安，爾宗族不亡，故授爾都督，毋相侵掠，長為我北籓。"[123]

當時突厥的很多顯貴都得到唐朝的爵位或官位：突利可汗被封為北平爵王、任命為左衛大將軍、順州都督。阿史那蘇尼失被封為懷德郡王、北寧州都督。阿史那思摩被封為懷化郡王、北開州都督。數千突厥人遷居長安，一些部落則向南遷居，從黃河極北區域遷居到鄂爾多斯。

在南蠻、回紇、北狄等民族所在的地區也建立羈縻制。630 年 9 月在南蠻地置費州、夷州[124]，在東突厥地置雲中、定襄兩個都督府，每都督府轄五州。在中國的東北，契丹地區於 630 年設師州，637 年設帶州。[125]中國皇帝任命都護，依靠軍隊、任命漢官實施軍管民管。

唐朝在邊疆地區設州和羈縻都督府，保衛進入唐帝國區域的非漢部落的生活。漢族管理者的很多軍事行動都在歸順部落的幫助下實施。隋末唐初，西突厥部是中國諸侯紛爭的積極參與者。強化唐朝軍事力量的募兵制得到廣泛推行：

120　參見《新唐書》卷四十三，第 1125 頁；《資治通鑒》卷一百九十三，第 6077 頁。

121　同上。

122　參見《資治通鑒》卷一百九十三，第 6077 頁。

123　同上。

124　參見《資治通鑒》卷一百九十三，第 6088 頁。

125　參見《新唐書》卷四十三，第 1127 頁。

征戰朝鮮時，太宗的軍隊募兵近十萬。[126] 突厥人被任命為重要戰役的將領。唐朝在征戰中不止一次運用小戰役戰術，取得唐朝信任的部落會承擔起追擊近鄰的義務，達到中國弱化被追擊民族的目的。[127]

　　唐朝針對北方和西方近鄰的軍事行動，是出於防衛的需要和防止在這一地區出現軍事強國。東突厥汗國崩潰後，中華帝國政策的重中之重，就是對商路即貫穿塔里木盆地綠洲國家的絲綢之路的控制。639 — 640 年，中國軍隊攻佔高昌，644 年攻佔焉耆和龜茲。疏勒和于闐向中國皇帝稱臣。648 年，結骨遣使入朝，請除一官，執笏而歸。[128] 在龜茲設安西都護府管理龜茲、于闐、疏勒、碎葉 "四鎮"。[129]

　　唐朝將和平的外交手段與進攻性戰爭相結合。648 年，房玄齡總結討伐的原因：一是 "失臣節"，二是 "侵擾百姓"，三是 "久長能為中國患"[130]，討伐的目的是奪回先前屬於中國的區域。

　　7 世紀中葉，唐朝權力在名義上和實際上都已擴展至西域的所有地區。唐高宗最後嘗試在廣袤的西部建立一批行政區域單位，這一想法十分自負，也表明中國深刻地理解了組織形式對於擴大其政治影響的意義。659 年，詔以石、米、史、大安、小安、曹、拔汗那、北拔汗那、悒怛、疏勒、硃駒半等國置州縣府百二十七。[131] 其後於 661 年宣佈：在烏茲別克斯坦和塔吉克斯坦南部的吐火羅，阿富汗北部的嚈噠，中央亞細亞和西藏及喜瑪拉雅山等高山各地交界處的罽賓、波斯等地即十六國區域置都督府八、州七十六、縣一百一十、郡府一百二十六，並隸安西都護府。[132]

126　參見王漢昌、林代昭：《中國古代政治制度史略》，北京：人民出版社，1985 年，第 131 頁。

127　參見 [唐] 吳競撰《貞觀政要‧卷十慎終》卷四十，上海，1936 年，第 15 頁。

128　參見《資治通鑑》卷一百九十八，第 6252 — 625 頁。

129　參見《舊唐書》卷一百九十八，第 530 頁。

130　參見《貞觀政要》卷九，第 10 — 11 頁。

131　參見《資治通鑑》卷二百，第 6317 頁。

132　參見《資治通鑑》卷二百，第 6324 — 6325 頁。

很可能，唐朝在形式上宣佈對中央亞細亞地區的保護是積極的軍事行動，但在 8 世紀初，中華帝國耗盡軍事上的後勁，改革社會軍事組織的嘗試並未帶來期待的結果。679 — 689 年間，東突厥復國，8 世紀起與中國爭奪這一地區的政治軍事主導權。突騎施汗國在 8 世紀 40 年代分崩離析後，中國軍隊試圖向西挺進，接近錫爾河邊，於 748 年佔領了西突厥汗國的首都碎葉，749 年佔領石國。但 751 年在塔拉斯河與阿拉伯人一戰，唐軍大敗，中國西進的腳步受阻，阿拉伯人成為絲綢之路西線的掌控者。安史之亂（755 — 763）使唐朝極大削弱，無力再佔領新的地區。

不睦之鄰迅速利用唐朝的削弱而紛紛崛起。吐蕃自 7 世紀末就同中國征戰，佔領了隴右、河西和安西，並在近百年的時間裏一度控制這些地區。791 年，回紇人戰勝東突厥的吐蕃，嗣後近千年這一地區再無漢族管理。[133] 塔里木盆地綠洲國家轉而開始處於回鶻汗國（745 — 840）和葛羅祿汗國（766 — 940）的控制之下。10 世紀時，以疏勒為中心形成的喀喇汗國首次在這一地區推廣伊斯蘭教。10 — 14 世紀，塔里木地區的一部分進入喀喇汗國，擴大並鞏固與中亞地區的政治和文化聯繫。此後，在 15 — 16 世紀東突厥完全伊斯蘭化，當今新疆和中亞地區在這一時期聯合成一些統一的國家，從此形成自足的文化傳統。

五、清代西域中國管理機構的起義

宋代中國完全失去了對西域的控制。這一時期中國北部邊界的契丹、唐古特、女真和蒙古人多次與中國人交戰。屬於蒙古一支的契丹部建立起來的遼國（907 — 1125），蠶食了中國東北部現屬於河北和山西的一些地區。11 世紀初，唐古特人（党項人的祖先）在現青海、甘肅、陝西地區建立起西夏國（1032 — 1227）。1125 年，女真金國（1115 — 1234）破遼國後，其政權一度擴大到淮河

133　參見崔瑞德、費正清：《劍橋中國史・隋唐篇》，台北：南天書局，1987 年，第 610 頁。（*The Cambridge History of China*, ed. by D. Twitchett, J.K. Fairbank, Vol. 3: *Sui and T'ang China*, P.I Taipei, 1987）

地區。最終中國與中央亞細亞的貿易聯繫走向衰落，儘管蘭州、綏德、安寧郡
的市場繼續作為唐古特人和女真人貿易的中心。

　　隨着成吉思汗帝國的興起，1206 年開始了蒙古統治時期。13 世紀初西伯
利亞、中亞和中央亞細亞各民族都處於蒙古政權的統治之下。1215 年女真國被
佔領，1227 年唐古特人被打敗，1241 年基輔公國淪陷。成吉思汗征服了廣大
的地域之後，分封給兒子和親屬。七河和喀什噶爾（直至吐魯番）成為成吉思
汗之子察合台的中央亞細亞部分。察合台政權的勢力雖然持續的時間不長，但
疆域一直擴展到吐魯番以東的地區。中國中原這一時期正值蒙元時期（1271 —
1368）。

　　奮力鏖戰的東突厥沒能抵擋蒙古戰爭帶來的巨大損失。但 13 — 14 世紀的
持續紛爭導致"古老的西域文明及其高度發達的佛教文化徹底消失。"[134]1348
年，察合台兀魯斯崩潰後，禿黑魯·帖木兒建立起莫臥兒人（蒙古穆斯林）的
國家莫臥兒汗國，七河、塔里木盆地和南西伯利亞都屬於這個汗國。15 世紀
初，莫臥兒人被衛拉特人的西蒙古部落逐出準噶爾平原。15 — 16 世紀，莫臥兒
部落失去了其在七河和現吉爾吉斯斯坦大部分地區的統治，逐漸像以往的回紇
人一樣，開始向東方遷徙，並定居在塔里木盆地的綠洲地帶，首先是莎車、喀
什噶爾、吐魯番這些被迅速伊斯蘭化的地區。[135]

　　1514 年，察合台的一名埃米爾 —— 蘇爾丹·賽義德汗統治喀什噶爾和後
來莫臥兒汗國的大部分地區。蘇爾丹的後代與哈薩克人和吉爾吉斯人為擴大自
己的領土而長期爭戰。1591 年，納克什班教團很有影響的活動家、黑山線霍加
的建立者穆哈默德-伊斯哈克·瓦利從撒瑪爾罕來到喀什噶爾。[136] 積極的傳教活

134　克利亞什托爾內伊、科列斯尼科夫：《19 世紀後半期俄羅斯探險家看土庫曼斯坦》，阿拉木圖：
　　　Наука КазССР，1988 年，第 52 頁。（С. Г. Кляшторный, А. А. Колесников, *Туркестан глазами*
　　　русских путешественников: вторая половина XIX в., Алма-Ата: Наука КазССР, 1988）

135　參見阿什拉菲亞等主編：《從古代至今的東亞和中亞各民族史》（1986），第 218 — 219 頁。

136　參見阿吉姆什金譯注，馬赫穆德、丘拉斯著：《大事記》，莫斯科：Наука，1976 年，第 162 頁。
　　　（Шах-Махмуд ибн мирза Фазил Чурас, *Хроника*. Критический текст, перевод, комментарий,
　　　исследование и указатели Олег Ф. Акимушкина. М.: Наука, 1976）

動和政治影響力，形成對古蘭經的威脅，阿布德－阿爾－卡里姆宣佈他是這個國家不受歡迎的人，穆罕默德－伊斯哈克只好離開喀什噶爾前往于闐。

17 世紀末，莫臥兒汗國實際上依附於 17 世紀 30 年代衛拉特王公喀拉－胡拉建立的準噶爾汗國，準噶爾人聯合西蒙古部落的絕大部分，[137] 常與喀爾克蒙古（北蒙古）交戰，後又與入主中原的清軍交戰。1690 — 1697 年的清軍平定準噶爾之戰，削弱了準噶爾汗國在喀什噶爾的力量，並於 1757 年完全將其摧毀，清朝開始在軍事上和政治上實現對東突厥的控制。

關於清朝征服現今新疆，在《西域聞見錄》一書中有詳細的史料記載。比丘林於 1829 年摘譯此書，成就《準噶爾和東突厥》一書，將之引入西方學術視野。19 世紀初，《西域聞見錄》是最完整地描述東突厥的最新材料之一。該書在中國被廣泛引用，甚至以不同的書名多次刊印 [138]，後來該書被作為研究基礎而大量引用，在很大程度上被認為是 "最詳盡的中文史籍"[139]。關於該書的作者和寫作時間，該書序言中這樣說："乾隆四十二年歲次丁酉十二月十九日椿園七十一序

137　準噶爾人，即衛拉特人，17 — 18 世紀主要生活在準噶爾地區的民族。衛拉特人屬於蒙古民族的西部一支，17 — 18 世紀形成獨立的部族。蒙古帝國分裂為東西兩部後，經過長期紛爭，強勢的衛拉特人在 17 世紀初建立了準噶爾汗國（中國西北部）。中國人稱之為 "額魯特人" 或 "厄魯特人"。"衛拉特" 蒙古名稱意義不詳。在俄文史料中提到自 14 世紀起他們被稱突厥名稱 "卡爾梅克人"，是已經接受伊斯蘭教的穆斯林民族。參見里特：《農業‧與俄國直接壤的亞洲各國地理‧東突厥（即中國突厥）》，格里高里耶夫譯，第二輯：第一部分《歷史地理》的補訂，彼得堡：Печатня Головина，1873 年，第 351 頁。(*Землеведение К. Риттера. География стран Азии, находящихся в непосредственных сношениях с Россией. Восточная или Китайский Туркестан.* Пер. Василия В. Григорьева. Вып. II. Дополнения. Отд.I. Историко-географический. СПб.: Печатня Головина, 1873)。下文比丘林在其譯本中也稱之為卡爾梅克人，儘管卡爾梅克人在我們當代的理解中只是 17 世紀遷居到伏爾加河流域的部分衛拉特人。參見克恰諾夫：《亞洲的統治者》，莫斯科：Восточная литература，2004 年，第 521 頁。(Евгений И. Кычанов, *Властители Азии*, М.: Восточная литература. 2004)

138　參見杜曼：《關於 18 世紀末至 19 世紀初新疆研究的一些中國史籍》，載《東方書目》第 8 — 9 輯，莫斯科／列寧格勒：Издательство АН СССР，1936 年，第 25 頁。(Лазарь И. Думан, *Некоторые китайские источники по изучению Синьцзяна конца XVIII и начала XIX века*, Библиография Востока. Вып. 8-9. М.-Л.：Издательство АН СССР, 1936)

139　里特：《農業‧與俄國直接壤的亞洲各國地理‧東突厥（即中國突厥）》（1873），第 384 頁。

於復四山房。"[140] 比丘林對該書作者其人其名有所懷疑，他在《準噶爾和東突厥》一書的譯者序言中說，該作第二部分的描述對象是西域，這是 "在突厥任職的滿族官吏的著作"[141]。"七十一" 這個名字，聽來確實稀罕。人名辭典中有 "椿園是七十一的筆名"[142]，關於 "七十一"，另有一條不長的解釋："七十一，清滿洲正藍旗人，字椿園，乾隆進士，著有西域聞見錄。"[143] 簡單的生平和與眾不同的名字，引起很多漢學家的懷疑。他們設想，"七十一" 不是名字，而是年齡。在《西域聞見錄》的序言中，落款是 "椿園，七十一年"[144]。《準噶爾和東突厥》的序言，錯誤地把《西域聞見錄》的撰寫刊刻時間寫成 1773 年，後來很多著作都沿襲了這個錯誤，儘管杜曼在 1936 年介紹這部著作時就已注意到這個錯誤。[145]《西域聞見錄》的基本內容是這一地區的地理介紹。同時，該書對新疆的宗教和民族心理生活的高度關注，體現出國家制定管理方式時對這些內容的重視。

　　在征服準噶爾人後，清朝皇帝沒有繼續西進；清朝認為吉爾吉斯人和哈薩克人是 "並不危險的、適宜的鄰居"[146]，因而沒有繼續以武力攻打他們。[147] 哈薩克汗和吉爾吉斯汗沒有抵抗就承認了清政府，清政府也不干涉他們的內部事務，

140　《西域聞見錄・序》，第 2 頁。

141　比丘林：《準噶爾與東突厥・前言》（1829），第 IV-V 頁。

142　《中文大辭典》（第五卷），台北：華岡出版有限公司，1976 年，第 300 頁。

143　《中文大辭典》（第一卷），台北：華岡出版有限公司，1976 年，第 155 頁；《中國人名大辭典》，北京：商務印書館，1998 年，第 8 頁。

144　杜曼：《關於 18 世紀末至 19 世紀初新疆研究的一些中國史籍》，第 25 頁。

145　參見杜曼：《關於 18 世紀末至 19 世紀初新疆研究的一些中國史籍》，第 25 頁。

146　16 — 19 世紀的俄文和歐洲文獻，將哈薩克人稱為吉爾吉斯人和吉爾吉斯 — 哈薩克人，比丘林的譯文中有 "哈薩克" 一詞。哈薩克汗國出現於 14 世紀，在朮赤和察合台分裂之後，當地的突厥人遷徙至南方，與今哈薩克斯坦地區的欽察人聯合。"哈薩克人" 之稱來源於遊牧民族東德什特欽察人的一部分。哈薩克民族形成於欽察人、奈曼人、康哈爾德人、察拉伊爾人等各突厥民族的混雜融合。漢語中稱之為 "哈薩克"，與生活在俄羅斯境內的 "哥薩克" 人用字不同。

147　參見阿斯托夫：《烏孫人、吉爾吉斯人和喀拉 — 克爾科孜人・西天山居民歷史和生活概貌，其歷史地理研究》，比什凱：Илим，2001 年，第 433 頁。（Николай А. Аристов, *Усуни и кыргызы или кара-кыргызы. Очерки истории и быта населения западного Тянь-Шаня и исследования по его исторической географии*, Бишкек: Илим, 2001）

只要求他們臣服並納貢："每年百人向中國交納角獸和馬匹一頭，千人交納綿羊一隻。"[148] 貢賦由駐紮在東突厥的戍邊士兵徵收，充作他們的軍餉。

中國領土的西界和西北界是一些軍事哨位，在伊犁河谷，國界一直延伸至納倫河和博羅呼濟爾河，與準噶爾阿爾泰山的南麓相接，終止於塔爾巴哈台，處於巴雷克山脈和阿拉庫爾湖之間。[149]

征服準噶爾汗國後，由掌管北蒙古的定邊副將軍在新疆直接實施軍管和民管："上命定邊副將軍、領滿漢官兵，駐紮伊犁而控制鎮扼之總統南北兩路，其駐防之參贊大臣、都統辦事大臣、領隊大臣、綠營之提督總兵，均受節制，管轄額魯特土爾扈特及回子各城，並外藩之汗王貝勒貝子公台吉等各部落。"[150]

1756 年，乾隆皇帝派員赴伊犁一帶考察，要求勘測所有山川地名，並按其疆域方隅，考古驗今，彙為一集，準確詳細介紹"新疆"。1760 年派遣任職於清欽天監的耶穌會士劉松齡（Augustin F. von Hallerstein）、傅作霖（Felix da Rocha）、高慎思（José de Espinha），負責測定重要居民點的地址，以便將之納入《皇輿全覽圖》。[151]

1762 年 1 月 12 日設伊犁將軍，這個設在東突厥的重要職官的全稱是"總統伊犁等處將軍"；[152]1884 年設立新疆省之前，這一職官一直存在。"上命定邊副將軍、領滿漢官兵，駐紮伊犁而控制鎮扼之總統南北兩路，其駐防之參贊大臣、都統辦事大臣、領隊大臣、綠營之提督總兵，均受節制，管轄額魯特、土爾扈特及回子各城，並外藩之汗王貝勒、貝子公、台吉等各部落。"[153]

148　比丘林：《準噶爾與東突厥》，第 146 頁。

149　參見阿里斯托夫：《烏孫人、吉爾吉斯人和喀拉 — 克爾科孜人・西天山居民歷史和生活概貌・其歷史地理研究》，第 433 — 434 頁。

150　《西域聞見錄》卷一，第 7 頁。

151　參見里特：《農業・與俄國直接壤的亞洲國家的地理・東突厥（中國突厥）》，第 402 頁。

152　參見馬大正：《馬大正文集》，上海：上海辭書出版社，2005 年，第 239 頁。

153　《西域聞見錄》卷一，第 7 頁。

伊犁將軍的駐地設在清政府建伊犁河畔的惠遠城，首任伊犁將軍是乾隆皇帝的皇侄明瑞[154]，1767 年前一直在此任上。作為這一地區的最高長官，領導駐紮此地軍人的所有軍官都服從於他的管轄。從明瑞到任起，這裏還有歸順清朝的當地軍隊：索倫族、錫伯族、察哈爾族、衛拉特族。每支軍隊的首領稱"領隊大臣"，即索倫領隊大臣、錫伯領隊大臣、察哈爾領隊大臣、衛拉特領隊大臣。[155]

烏魯木齊地區"移駐携眷滿兵三千，協領等七十八員，携眷漢兵二千，參游等官百餘員，文職設哈巴巡道一員，京都司官二員，筆帖式三員，辦理印房事務，同知一員，理民戶。紅山嘴舊城，設提督一員，兵五千三百，副參等官百餘員"[156]。比丘林將"協領"一職既譯為"副官"，也譯為"中校"；[157] 布倫涅爾特和加蓋爾斯羅姆譯之為"省戍衛團團長"[158]，賀凱（Charles O. Hucker）譯之為"副官"。[159] 根據清朝的職官制度，"協領"從三品，可見該職為高位將領。另有"參游"和"副參"，顯然不是獨立的職官，前者相當於中校或少校，後者則是上校或中校（"參將"是中校，"游擊"是少校，"副將領"則相當於"上校"）。而"哈巴巡道"從名稱上看不是軍職官。數千農民携家由甘肅遷往此地，從中原省份還有數千罪犯被發配至此，"他們被安置在璋喀和瑪納斯，開墾

154　明瑞（？ — 1768），乾隆皇帝之侄，滿族鑲黃旗人，在清軍中位尊至極。1756 年參加新疆戰役，1762 年出任首任伊犁將軍，1767 年任兵部尚書兼雲貴總督，1768 年統軍出征緬甸，由於在緬甸都城阿瓦附近遭重創，明瑞自縊。參見阿拉騰奧其爾：《清代新疆軍府制職官傳略》，哈爾濱：黑龍江教育出版社，1988 年，第 125 頁。

155　索倫族，最初生活在黑龍江南段的與鄂溫克人有血親的民族。新中國成立後，錫伯人是通古斯 — 滿族的一支，生活在中國西北的新疆，以及遼寧省和吉林省。

156　《西域聞見錄》卷一，第 6 頁。

157　比丘林：《準噶爾與東突厥》，第 100、140 頁。

158　布倫涅爾特、哈蓋爾斯特羅姆：《當代中國的政治機制》，北京，1910 年，第 281 頁。（И. С. Бруннерт, Виктор В. Гагельстром, *Современная политическая организация Китая*, Пекин, 1910）

159　賀凱：《中國歷代官名辭典》，第 239 頁。

荒地耕種。"[160] 由此，當地居民承擔起為駐紮新疆的軍隊提供稅賦的負擔，在伊犁形成一種制度。比丘林在其譯著中說，"六千個突厥家庭耕作土地，上繳糧食，才勉強能夠滿足軍隊的需要。"[161] 戍邊任務委派給遊牧民族部落，以此為原則實行殖民和對新疆的軍事化管理。

乾隆朝晚期，新疆的高級軍事管理集中在較大城市，情形如下：在北路的塔城將軍制下設參贊大臣、辦事大臣兼領隊大臣，在喀什噶爾設參贊大臣、協辦大臣，塔城和喀什噶爾均屬直轄軍制。在英吉沙設領隊大臣一員，烏什、阿克蘇、庫車、喀喇沙爾各設辦事大臣一員，在葉爾羌設辦事大臣一員和協辦大臣一員，在和田設辦事大臣一員、領隊大臣一員。東路的烏魯木齊都統則轄吐魯番、鎮西、古城、庫爾喀喇烏蘇各設領隊大臣一員，在哈密設辦事大臣一員。[162]

駐軍惠遠城的總統伊犁等處將軍制下還有大量民官，其中包括：京都司官四員，筆帖式四員，管糧司官一員，撫民同知一員，巡檢二員，卡倫侍衛三十餘員。[163] 在新疆的軍事管理體制中，有作戰後駐紮於此的軍隊、當地居民、從中原調遷於此的屯墾軍隊。這些軍屯逐漸置於取代軍管的民管之下。比丘林翻譯《西域聞見錄》時提到：乾隆年間征服新疆後，西北廣袤的土地併入中華帝國，與中國相鄰地方遷入居民，該地殖民者漸多，故後來以此為由，體面下詔設立"守令"。[164]

1773 年，清政府在巴里坤置鎮西府，附府建宜禾，改烏魯木齊為迪化府，置吉昌縣，均歸鎮西府管轄。不久將巴里坤道移駐烏魯木齊鞏寧城，升迪化為直隸州，領昌吉、阜康、綏來（即瑪納斯）三縣。清政府對這些地區實行雙重

160　參見比丘林：《準噶爾與東突厥》，第 100 頁。

161　同上，第 107 頁。

162　參見馬大正：《馬大正文集》，第 239 頁。

163　參見《西域聞見錄》卷一，第 8 頁。

164　同上，第 3 頁；比丘林：《準噶爾與東突厥》（1829），第 93 — 94 頁。

歸屬體制管理，一方面歸陝甘總督轄制，另一方面在行政上命烏魯木齊都統管理。[165]

中國政府經常關注北部地區的殖民，設立以調遷居民殖民、將閒置土地出賣給殖民者等事項為任務的機構。[166] 不同區域因生活方式不同，設立的職官亦有差別。廣西、貴州、雲南、四川一度為土官管理制，後轉為改土為流、改土歸流的方式。[167]

伊犁和塔爾巴哈台地區最初為設立領隊大臣調遷殖民軍屯。調遷者為綠營漢軍。八旗滿軍共有八旗二十四牛錄。征服中原後，這一軍制推行到整個清朝全國。清朝的正規軍包括：（1）滿族正規軍；（2）蒙古軍隊（部分蒙古人在滿族征服中原之前就歸順了滿人成為其軍中的一部分）；（3）漢族正規軍。軍隊按色分旗，漢軍為綠營軍。

20世紀初，伊犁定邊副將軍改稱副都統，一位駐伊寧，另一位駐塔城，同時各配兩名參贊大臣。[168] 為管理新疆居民，保持原有各民族職務，如有維吾爾部落、蒙古部落之分，也有在塔爾巴哈台地區遊牧的哈薩克部落，按各地漢官派駐情況設管理者。

為新疆的穆斯林居民（回部或纏頭回回）保留了其部落頭領"伯克"的職官。整個乾隆年間依履行的職責不同設立大小伯克三十五種。[169]《西域聞見錄》中列出二十種職官：(1) 阿奇木伯克：城鎮之統領；(2) 伊什罕伯克，副統領；(3) 噶雜那濟伯克（同"商伯克"），掌田賦；(4) 密圖瓦里，掌買賣田宅、平爭訟、收租稅；(5) 摩提沙布，整飭回教；(6) 都管，管兵馬冊籍遞送；(7) 海子伯克（合子），理刑名；(8) 密拉布伯克，導水利；(9) 巴濟格爾，平市價；(10) 訥克布，管營造；(11) 明伯克，分領衆回頭目；(12) 阿爾把布伯克，司徵比；(13) 克

165　參見馬大正：《馬大正文集》，第240頁。

166　參見布倫涅特、哈蓋爾斯特羅姆：《當代中國的政治機制》，第307—309頁。

167　參見布倫涅特、哈蓋爾斯特羅姆：《當代中國的政治機制》，第366—367頁。

168　同上，第369頁。

169　參見馬大正：《馬大正文集》，第241頁。

勒克雅拉克，榷商稅；（14）雜布提摩克塔布，掌經典；（15）什呼爾，供芻糧路費；（16）巴克麻塔爾，典園林果蔬；（17）達魯罕，警斥堠；（18）帕提沙布，巡邏偵緝及主守罪人；（19）塞衣得，平治道途；（20）亦皆敬禮，理小回。[170]

　　清政府保留"伯克"的職官後，在地方管理方面還做了實質性的改變。首先，伯克的官級定為三品至七品。《西域聞見錄》中有大量記載，表明了這一變化，比如，在介紹庫車時提到，"設三品阿奇木伯克一員，四品伊什罕伯克一員，五品噶雜納齊伯克一員，六品海子伯克一員，餘者皆七品。"[171] 每一品都有相應的餉銀、土地和僕役。[172] 伯克職官的世襲繼承制，逐漸由中央任命制取代。在這一過程中，清政府先是將伯克從其原住地調往他處任職，使其脫離部落家族，立功者得賜封號，其威望則高於當地的伯克。比如，在庫車設二品伯克，[173] 而喀什噶爾的阿奇木伯克則有輔國公封號和一品級別。[174] 征服新疆後，所有伯克被任命到當地的漢官的管轄之下。自 17 世紀起，歸順清朝的部落首領便獲得貝勒和貝子的封號。[175]

　　哈密和吐魯番的穆斯林民族擁有等同於蒙古族的管理，即札薩克制。1697年，康熙皇帝詔封哈密王為一等達爾汗。[176]1771 年，土爾扈特人在渥巴錫的帶領下從俄國回到中國，定居在伊寧附近的伊犁河、尤爾圖斯河、喀布克河和庫爾喀喇蘇河的河谷，稱舊土爾扈特部，並為他們設十札薩克，分烏訥素珠克圖盟南北東西路四盟十二旗，渥巴錫稱卓里克圖汗，其下王公封侯王："親王""郡王""貝子"和"台吉"。渥巴錫帶領的和碩特部，建青塞特奇勒圖盟，設三札薩克。土爾扈特札薩克可世襲。

170　參見《西域聞見錄》卷七，第 16 — 17 頁；比丘林：《準噶爾與東突厥》，第 229 — 230 頁。

171　《西域聞見錄》卷二，第 6 頁。

172　參見馬大正：《馬大正文集》，第 241 頁。

173　參見《西域聞見錄》卷二，第 6 頁。

174　同上，第 8 頁。

175　貝勒，滿族王公，三品，最初只授予皇親；貝子，貝勒之子，四品，授予貝勒的長子。

176　參見馬大正：《馬大正文集》，第 241 頁。

結語

　　總的說來，中國對邊疆地區的管理方式形成於漢代，依靠都護（都督）監督管制、屯田。唐代體現了文化教化的優先地位，同時承認民族和宗教差異的自由。清政府總結千年來邊疆管理的經驗，在征服新疆後，對於地方生活的社會經濟結構和自治管理持容忍態度。新疆的管理（西域、東突厥），儘管呈逐漸嚴厲的趨勢，但總的來看還是較為平和的。

在清史中尋找內亞的連續性

◆ 羅新

　　現在說清朝具有一定程度的內亞性，清史的相當一部分可以算是內亞史，反對者大概已經很少了。不過對於我這樣更關心內亞史而不是清史的研究者來說，不會僅僅滿足於宣稱自己喜歡的學科領域已擴張到了清朝。清史不僅在空間意義上伸展到內亞，而且，對於內亞研究者來說，這些清史中的內亞性，還在時間上與內亞的歷史傳統緊密相連。內亞史與歷代王朝史之間，以及內亞史不同時代之間錯綜重疊的關係，當然已不需要在理論層面予以論證或闡述。然而一般讀者中，甚至一部分歷史研究者中，相比內亞史，對王朝史連續性的敏感與自覺要強烈得多。挖掘、闡釋內亞歷史傳統的獨立性與連續性，對中國史研究來說仍然有很長的路要走。在這裏，我要用一個例子來說明，清史可以為研究內亞的連續性提供巨大的空間與可能。

　　我想討論的例子是清代“堂子祭天”儀式中的“設杆致祭”“立杆大祭”。我認為在該祭典中居於中心地位的所謂“神杆”，在內亞歷史上許多人群、許多政治體的重大祭典中也扮演過重要角色，它們之間的相似或相通，無疑反映了數千年間內亞文化傳統的一種連續性。

　　清代的“堂子祭天”出自滿洲舊俗。吳振棫《養吉齋叢錄》說：“其祭為國朝循用舊制，歷代祀典所無。”昭槤《嘯亭雜錄》：“國家起自遼瀋，有設杆祭天之禮。”但因為有資格參與祭天大典者屬於一個嚴格限定的人群，如吳振棫所說，“康熙年間定，祭堂子，漢官不隨往，故漢官無知者，詢之滿洲官，亦不能言其詳”。這一祭典的封閉性及其顯然有別於中華傳統的異質性，營造出一種神秘氛圍，種種牽強附會隨之而起，比如把堂子之祭與鄧將軍聯繫起來。連朝鮮燕行使都注意到了，深以為奇。這些事項學者知之已詳，茲不贅列。

　　然而祭典中的"神杆"，實有悠久的內亞淵源，試略述如次。

　　孝文帝太和十八年（494）以前，北魏最重要的國家祭祀是每年四月的西郊祭天。據《南齊書》，平城西郊祭天在每年的四月四日。這麼重要的祭祀事件，《魏書》帝紀只有寥寥數條記錄：道武帝登國六年"夏四月，祀天"；道武帝天興元年四月壬戌（四日）"帝祀天於西郊，麾幟有加焉"；道武帝天賜元年"夏四月，車駕有事於西郊，車旗盡黑"；孝文帝太和十年四月"甲子，帝初以法服御輦，祀於西郊"（按甲子是四日）。北魏祀天大典較為系統的記錄見於《魏書》卷一〇八之一《禮志一》：

> （道武帝）天賜二年夏四月，復祀天於西郊，為方壇一，置木主七於上。東為二陛，無等；周垣四門，門各依其方色為名。牲用白犢、黃駒、白羊各一。祭之日，帝御大駕，百官及賓國諸部大人畢從至郊所。帝立青門內近南壇西，內朝臣皆位於帝北，外朝臣及大人咸位於青門之外，後率六宮從黑門入，列於青門內近北，並西面。廩犧令掌牲，陳於壇前。女巫執鼓，立於陛之東，西面。選帝之十族子弟七人執酒，在巫南，西面北上。女巫升壇，搖鼓。帝拜，后肅拜，百官內外盡拜。祀訖，復拜。拜訖，乃殺牲。執酒七人西向，以酒灑天神主，復拜，如此者七。禮畢而返。自是之後，歲一祭。

　　西郊祭天的中心場所是一個置有七根木主的方壇，把方壇圍起來的四堵牆各開一門，"各以其方色為名"，東門稱為青門，北門稱為黑門，那麼南門和西門應該分別叫赤門和白門。皇帝率領"百官及賓國諸部大人"從東方行來，直抵青門。"百官"分為"內朝臣"和"外朝臣"。接下來，只有皇帝和"內朝臣"能進入青門，外朝臣和賓國諸部大人不能進入青門，留在青門外列隊參與整個祭天儀式。皇帝與內朝臣進入青門後，皇帝站在青門內靠南牆的位置，內朝臣則站在他的北側，都背對東牆，面朝方壇。皇后（可敦）率領後宮從北邊的黑門進入圍牆，然後向東走到東牆北側，背靠東牆而立，面對方壇。很可能皇后（可敦）在南，後宮其他人員在北。包圍方壇的這四堵牆就是一個分界線，劃分出拓跋集團結構意義上的內與外。內朝臣與皇室是內，外朝臣與賓國諸部大人是外。

接下來，即將成為犧牲的白牛犢、黃馬駒與白羊被牽到方壇東側。方壇東邊有兩個台階，主持祭祀的是手執皮鼓的女巫，她站在青門內最靠近方壇的地方，緊貼着那兩個台階，同樣面向方壇。她的南側站着從"帝之十族"中挑選出來的七個手捧酒壺的年輕人，他們緊隨在北面女巫之下，面對方壇。女巫經台階走上方壇，搖晃皮鼓，正式開始祭祀。皇帝下拜，皇后下拜，之後，青門內外參與儀式的所有人員都下拜。女巫祭祀完畢，皇帝以下再次下拜。然後宰殺方壇前的牛馬羊。七個手捧酒壺的年輕人把酒灑向方壇上的"天神主"。眾人再拜。灑酒七次，拜七次。這才算完成祭祀，眾人退出。

《魏書》把插在方壇上的七根木主稱作"天神主"，代表祭祀的對象即天神。那麼，被宰殺的馬牛羊如何處置呢？也就是如何敬奉給天神呢？同書記道武帝天興二年正月"親祀上帝於南郊"，從陽則焚燎，從陰則瘞埋。（當然，祭天儀式之後如何處置犧牲，這裏並沒有交待。）讀者很容易看到，北魏西郊祭天大典上的這些木主與清人"堂子祭天"中的"神杆"，不僅具有形式上的相似性，祭祀功能也很可能是基本一致的。那麼它們的具體功能是甚麼呢？

我認為，它們的功能，是懸掛牲體，也就是已被宰殺分割的馬牛羊。

《魏書》記太武帝派李敞等人到烏洛侯以北的先祖之廟石室（嘎仙洞），告祭天地，"敞等既祭，斬樺木立之，以置牲體而還"。這是非常有趣的材料，說明祭祀中所宰殺的動物犧牲被分割後要懸掛在木柱上。這提示我們注意，祭祀活動中把分割後的動物身體懸掛在木柱上作為奉獻，可能是內亞的一個悠久傳統。

《遼史》卷四九《禮志一》的"吉禮"門首先是祭山儀：

> 設天神、地祇位於木葉山，東鄉；中立君樹，前植群樹，以像朝班；又偶植二樹，以為神門。皇帝、皇后至，夷離畢具禮儀。牲用赭白馬、玄牛、赤白羊，皆牡。僕臣曰旗鼓拽剌，殺牲，體割，懸之君樹。太巫以酒酹牲。……

　　　　太宗幸幽州大悲閣，遷白衣觀音像，建廟木葉山，尊為家神。……
神主樹木，懸牲告辦，班位奠祝，致嘏飲福，往往暗合於禮。

　　這裏的"君樹"和"群樹"（"君"或"群"兩個字中很可能有一個是訛誤），
都是臨時插立的木杆。"殺牲，體割，懸之君樹"，就是動物身體分割之後懸掛
到所立的木杆上。這個典禮環節就是所謂"神主樹木，懸牲告辦"。分割之後的
犧牲先"懸之君樹"，然後"太巫以酒酹牲"，也就是把酒灑在掛在木杆上的肉
塊上。由此可知，前引《魏書》記西郊祭天大典，也是在殺牲之後，"執酒七人
西向，以酒灑天神主"，所描述的正是把酒撒向已經掛上木杆的動物肉塊上。
　　《蒙古秘史》第 43 節的最後一句，說沼兀列歹曾參加過名為"主格黎"的
祭祀。該節的明代總譯云：

　　　　孛端察兒又自娶了個妻，生了個兒子，名把林失亦剌禿合必赤。那
　　合必赤的母從嫁來的婦人，孛端察兒做了妾，生了個兒子，名沼兀列
　　歹。孛端察兒在時，將他做兒，祭祀時同祭祀有來。

下一節記孛端察兒死後，沼兀列歹被兄長逐出兄弟行列，失去了參與祭祀的資
格。"祭祀"一詞，在《蒙古秘史》的原文是"主格黎"，即 jügeli，旁譯為"以
杆懸肉祭天"。歷來蒙古學家對 jügeli 這個詞的研究，可參看羅依果（Igor de
Rachewiltz）的注釋。值得注意的是研究者們強調，《秘史》在這裏提沼兀列歹
在孛端察兒活着時能夠參加"以杆懸肉祭天"的儀式，是為了說明孛端察兒認
他為子，因而他在宗法血緣的意義上具備了參與最重要祭祀的資格。只有某一
些人可以參加這種祭典，參加者必在某個宗法意義上的社會範圍之內。元朝初
年的王惲在《中堂事記》裏說，忽必烈親臨的祀天大典，"皇族之外，皆不得預
禮也"。《蒙古秘史》所記"主格黎"（jügeli），詞義既是"以杆懸肉祭天"，可
見祭祀儀式中要把犧牲掛在所立的木杆上。後來在忽必烈祀天大典裏，大概也
應該有最後把動物犧牲懸掛在木杆上的細節。只是因外人不得預禮，祭典細節
無人記錄。

清代"堂子祭天"雖然崇重，卻因同樣的原因已難知細節。不過，絕大多數材料都會提到"立杆""設杆"這個重要因素，一些材料還稱之為"神杆"。福格《聽雨叢談》卷五"滿洲祭祀割牲"條："滿洲祭祀之禮，各族雖不盡同，然其大致則一也。薦熟時，先刲牲之耳、唇、心、肺、肝、趾、尾各尖，共置一器薦之；或割耳、唇、蹄、尾尖，獻於神杆斗盤之內。又有薦血之禮、刲腸脂冪於牲首之禮，舊俗相沿，莫知其義者多矣。"由福格所記，清代神杆也還承擔有懸掛獻牲的功能。

不同時代不同內亞人群在祭祀中樹立木杆的數量可能差異是很大的。昭槤《嘯亭雜錄》："既定鼎中原，建堂子於長安左門外，建祭神殿於正中，即匯祀諸神祇者。南向前為拜天圓殿，殿南正中設大內致祭立杆石座。次稍後兩翼分設各六行，行各六重，第一重為諸皇子致祭立杆石座，諸王、貝勒、公等各依次序列，均北向。"方濬師《蕉軒隨錄》卷十一"祭神"條："堂子之祭，為我朝敬事天神令典。乾隆十九年四月，諭禮部等衙門，王公等建立神杆，按照爵秩等差設立齊整。尋議神杆立座每翼為六排，每排為六分，皇子神杆列於前，其次親王、郡王、貝勒、貝子、公，各按排建立，從之。"

《魏書》記延興二年（472）六月，"顯祖以西郊舊事，歲增木主七，易世則更兆，其事無益於神明。初革前儀，定置主七，立碑於郊所"。據此，歷代皇帝在位時，每年祭天大典都會在方壇上增加七根木杆，換了皇帝則從七根重新開始。北魏獻文帝的變革就是不再每年增加，而要長期保持七根木杆的數量。《魏書》把方壇上插立的七根木杆解釋為"天神主"，稱為木主，不過這是一種誤解。理論上看，那些木杆本身並不代表天神，它們的作用只是懸掛犧牲以供天神享用。史料描述匈奴以降的草原遊牧政權祭祀禮儀，常常提到樹木，如匈奴的蹛林，研究者早已注意到這類所謂的"林"，其實是祭祀時插下的木杆。這類為祭祀插立的木杆，其功能本來只是懸掛動物犧牲。正是因此，隨着祭祀規模擴大，插立的木杆也會增加。

《南齊書》卷五七《魏虜傳》："（平）城西有祠天壇，立四十九木人，長丈許，白幘、練裙、馬尾被，立壇上，常以四月四日殺牛馬祭祀，盛陳鹵簿，邊壇奔馳奏伎為樂。"祀天壇有四十九木人（皇帝在位已七年），應該是出自文成帝或獻文帝時期劉宋使者的觀察或聽聞。這一記錄最難得的，是對方壇上的木杆（木人）有非常細緻的描述，包括長度和裝飾。清代皇朝之外的私人祭祀中，神杆長度與北魏相近。姚元之《竹葉亭雜記》卷三"跳神"條："又主屋院中左方立一神杆，杆長丈許。杆上有錫斗，形如淺碗，祭之次日獻牲，祭於杆前，謂之祭天。"姚元之所記神杆上的錫斗，是用來盛放所獻牲體的，其本義正同古代內亞懸掛牲體於木上的傳統。

《清史稿‧禮志》"堂子祭天"條，對神杆的來源、尺寸和形式有詳細記錄：

> 立杆大祭，歲春、秋二季月朔，或二、四、八、十月上旬諏吉行，杆木以松，長三丈，圍徑五寸。先一月，所司往延慶州屬採斫，樹梢留枝葉九層，架為杆，賫至堂子。前期一日，樹之石座。

木杆並不是砍削得光禿禿，而要在頂部保留九層枝葉，這樣看起來就是一棵樹而不是木杆。不知道古代內亞祭典上的木杆是不是也保留枝丫，從功能上說，保留枝丫至少有利於懸掛牲體。

清代堂子祭天中獻祭的動物牲體，最後都要由與祭者分食，稱之為"吃肉"。方濬師《蕉軒隨錄》："滿洲士庶家均有祭神之禮，親友之來助祭者，咸入席分胙，謂之吃肉。"清帝大祭之後"賜王公大臣吃肉"，史料中屢屢可見。這種分食祭祀牲體的禮儀，也是一種悠久的內亞傳統。《蒙古秘史》第70節記也速該死後，呵額倫夫人參加燒飯祭祀到得晚了，沒有領到應有的"餘胙"，原則上她理應分食這種獻祭的肉。雖然清代曾短暫地實行把肉煮熟之後獻祭，但以生肉獻祭應該是內亞各時期各人群的普遍做法。

北魏西郊祭天方壇上的木杆，在北魏獻文帝延興二年（472）六月之前，每個皇帝第一年祭天時用七根，後逐年增加七根。新皇帝即位，要拔除前任皇帝在位時的木杆。也就是說，每年祭典中使用過的木杆要予以保留，直到皇帝死去。內亞其他時期其他人群的做法，我們已無從考知。清代的做法是每年除夕（次日就要舉行新年祭天大典）把包括神杆在內的前次祭典用物都燒掉。"故事，神位所懸紙帛，月終積貯盛以囊，除夕送堂子，與淨紙、神杆等同焚。"

　　以上簡述清代堂子祭天中的神杆與內亞歷史上其他人群其他政治體祭祀典禮中的“木人”“木主”或“樹”的聯繫，意在以此為內亞歷史和內亞傳統的獨立性、連續性添加一個證據。清代史料之豐富，是過去各個時代都無法想像的，對於內亞研究來說，更是一個幾乎取之不盡的寶藏。這就要求內亞研究者多多關心清史，也要求清史研究者把視野擴展到內亞的其他時代其他人群。惟其如此，我們才能藉助清代的浩瀚史料，發現更有時間深度的歷史問題。

測繪東亞

—— 以《東西洋航海圖》《坤輿萬國全圖》及《皇輿全覽圖》爲中心

◆ 馮錦榮

一、小引

佚名所繪製的《雪爾登中國地圖》（*The Selden Map of China*, Bodleian Library, MS. Selden supra 105；或稱《東西洋航海圖》）乃一彩繪航海圖，它是由美國歷史學者巴徹勒博士（Dr. Robert Batchelor）於 2008 年在牛津大學博德利圖書館（Bodleian Library）重新發現。2011 年 7 月 21 日傍晚牛津大學博德利圖書館首次向世界公佈《東西洋航海圖》的修補版。據牛津大學博德利圖書館的紀錄，知此圖與一個中國航海羅盤原於 1653 年 6 月 11 日由倫敦律師兼東方學者約翰·雪爾登（John Selden, 1584 — 1654）所立遺囑捐贈，直至 1659 年才正式入藏。1681 年隨比利時傳教士柏應理（Philippe Couplet, 1623 — 1693）前赴歐洲的沈福元（Michael Alphonsius Shen Fu-Tsung，或 Michel Sin、Michel Chin-fo-tsoung、Shen Fo-tsung，1657 — 1692）也曾於 1687 年細閱此圖。事實上，從 1659 年至 2008 年止，《東西洋航海圖》一直乏人研治。

2008 年以降，《東西洋航海圖》被重新發現，始引起中外歷史學者廣泛注意和研究。毋庸置疑，《東西洋航海圖》可説是東亞地理輿圖繪製史上極為珍貴的實物佐證，它既與廣被人們認為是描述 15 世紀鄭和下西洋的《鄭和航海圖》（收錄在成書於明天啓年間〔1621 — 1627〕的《武備志》卷二百四十）的一些特點（包括航海針路）頗為近同而可互相比對外，但在某些方面又較多地展現不同於

《鄭和航海圖》的眾多特色（如空間繪畫不像《鄭和航海圖》的手卷長軸展開式，而更接近於 16 世紀末伊斯蘭式"世界地圖"中具有投影法性質的"東亞及東南亞地圖"或西洋航海家所繪的東亞及東南亞航海圖）。至於《東西洋航海圖》繪製時所參考的史料更不易明了。

　　本文之撰作，即試就以下諸項加以蠡測申論：（1）《東西洋航海圖》中所見的"長尺"與南京寶船廠遺址出土的"魏家琴記"明代木尺的關聯；（2）《東西洋航海圖》中所見的伊斯蘭地理輿圖因素；（3）《東西洋航海圖》中所參引中文類書的刊刻年代；（4）《東西洋航海圖》中所參引西文輿圖資料，特別是《中華帝國及其周邊王國及島嶼》（*Sinarum Regni aliorūq. regnoru et insularū illi adiacentium descripti*, 1590 ？ — 1593 ？）的繪製年代。由於筆者近年對地理輿圖的測繪和測量儀器有所涉獵，本文亦將兼論利瑪竇（Matteo Ricci, 1552 — 1610）《坤輿萬國全圖》中所見的測量儀器及康熙年間繪製《皇輿全覽圖》時所用的測量儀器。

二、《東西洋航海圖》中所見的"長尺"與南京寶船廠遺址出土的"魏家琴記"明代木尺的關聯

　　《東西洋航海圖》上方繪有一個 24 向羅盤、其下尚有一把長尺（上側有刻度，凡十尺，每尺十寸，尺與尺之間以"×"形符號為間隔，位處中央的"×"形符號更在兩旁加上括號"（×）"以示突出）。在 24 向羅盤的右側則繪有一個鑲邊的方框。

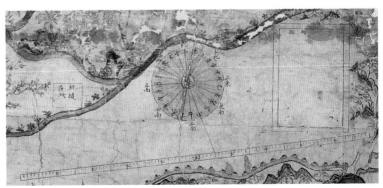

▶　《東西洋航海圖》上方的 24 向羅盤、長尺和鑲邊方框

　　饒有趣味的是，這一長尺中"一尺"的型制與 2003 年 8 月至 2004 年 9 月在南京寶船廠遺址"六作塘"發掘出土的"魏家琴記"明代木尺非常相似。南京市博物館編：《寶船廠遺址：南京明寶船廠六作塘考古報告》第三章《遺物 —— 木質類》"（七）木尺"詳載：

　　標本 BZ6: 704，扁長條形，木色發黑。正面標有刻度 —— 包括十分之一寸、半寸和寸，並且在五寸的位置加刻"×"形（子午星）符號。背面有"魏家琴記"四字刀刻銘文。…… 該尺長 31.3、寬 2.3、厚 0.51 厘米。[1]

▲　南京寶船廠遺址出土的"魏家琴記"明代木尺（筆者攝影）

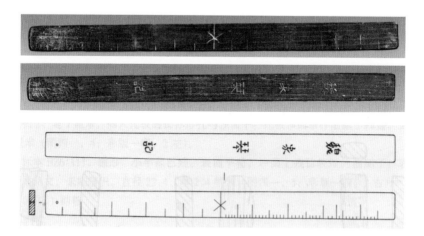

▲　《寶船廠遺址：南京明寶船廠六作塘考古報告》插圖

1　南京市博物館編：《寶船廠遺址：南京明寶船廠六作塘考古報告》，第三章《遺物 —— 木質類》"（七）木尺"，北京：文物出版社，2006 年，第 66 — 67 頁。

也許《東西洋航海圖》上繪有 "×" 形符號的長尺與南京寶船廠遺址出土的 "魏家琴記" 明代木尺（中央刻有 "×" 形符號）並非一般的偶然，這一加刻 "×" 形符號亦不見於其他傳世的 "明尺"（如 1956 年 4 月在山東梁山縣出土的 "明骨尺" 及北京故宮博物院藏 "嘉靖牙尺"）之上[2]，兩者可能存在着某種關聯，例如《東西洋航海圖》的繪製者可能是南京寶船廠遺址出土的明代木尺的製造者或擁有者 —— 魏家琴 —— 的後人；而 "魏家琴" 亦大有可能是南京寶船廠造船匠戶中的工匠。[3]

另一方面，關於《東西洋航海圖》上繪有 "×" 形符號的長尺的功用。學界多認為它並不純然是裝飾用的，而帶有 "比例尺" 的性質。[4] 竊議，這一長尺既可用作 "比例尺"，亦可作為水平測量的 "丈竿"（與宋明時期的營造丈竿近同，長 1 丈或 2 丈、寬約 2~3 寸、刻有 100 寸或 200 寸、1000 分或 2000 分的小格）之用。

2　參見羅福：《傳世歷代古尺圖錄》（据 1957 年原刊本影印），南京：江蘇廣陵古籍刻印社，1998 年，第 50 — 51 頁。

3　關於明代造船匠戶的相關研究，詳參羅麗馨：《明代官辦造船業》，載《大陸雜誌》第 88 卷第 1 期（1994 年 1 月），第 25 — 44 頁、第 2 期（1994 年 2 月），第 28 — 44 頁。

4　參見朱鑒秋：《略論〈明代東西洋航海圖〉》，載林立群編《跨越海洋："海上絲綢之路與世界文明進程" 國際學術論壇文選（2011 · 中國 · 宁波）》，杭州：浙江大學出版社，2012 年，第 359 — 366 頁，特別是第 365 頁；孫光圻、蘇作靖：《明代〈雪爾登中國地圖〉之圖類定位及其在海上絲綢之路研究中的學術價值》，載林立群編《跨越海洋："海上絲綢之路與世界文明進程" 國際學術論壇文選（2011 · 中國 · 宁波）》，第 367 — 376 頁，特別是第 375 — 376 頁；巴徹勒：《雪爾登地圖的再發現：一幅中國的東亞航海線路圖，公元 1619 年》，載《國際地圖史雜誌》第 65 卷第一部分（2013），第 37 — 63 頁，特別是第 46 — 47 頁（Robert Batchelor, "The Selden Map Rediscovered: A Chinese Map of East Asian Shipping Routes, c.1619", in: *Imago Mundi*, Vol.65, Part 1〔2013〕）；戴維斯：《雪爾登地圖的構造：若干猜想》，載《國際地圖史雜誌》第 65 卷第一部分（2013），第 97 — 105 頁，特別是第 98 — 99 頁（Stephen Davies, "The Construction of the Selden Map: Some Conjectures", in: *Imago Mundi*, Vol.65, Part 1〔2013〕）；布魯克：《雪爾登先生的中國地圖：解碼一個消失的製圖師的秘密》，多倫多：House of Anansi Press，2013 年，第 157 、185 頁（Timothy Brook, *Mr Selden's Map of China: Decoding the Secrets of A Vanished Cartographer*, Toronto: House of Anansi Press, 2013）。

▶ 曾公亮（999 — 1078）《武經總
　要前集》卷十一所載的測量丈竿
　（竿尺）、照準版（望尺）、設有
　三個浮木準星和兩條鉛垂線的水
　平儀（水平）

三、《東西洋航海圖》中所見的伊斯蘭地理輿圖因素

1. 蒙元政府對"域外輿圖"的收集

　　中國蒙元政府的秘書監官員似有收集阿拉伯"回回圖子"（Islamic map）
及"剌那麻"（Persian: rahnama; Arabic: singular: *rahmānāğ* or *rahmānī*; plural:
rahmānağāt；意即"航海指南"）的舉措。蒙元政府秘書監官員王士點（元順帝
至正二年〔1342〕任秘書監管勾；？— 1359？）、著作局著作佐郎商企翁（蘇天
爵〔1294 — 1352〕的門生；活躍於 1341 — 1367）合編《元秘書（監）志》卷
四（纂修）即載：

　　　　至元二十三年（1286）三月初七日，准嘉議大夫、秘書監扎馬剌丁
　　於二月十一日也可怯薛第二日對月赤徹兒、禿禿哈、速古兒赤伯顏、怯
　　憐馬赤愛薛等就德仁府幹耳朵裏有時分當職，同阿兒渾撒里奏過下項事
　　理：除己蒙古文字具呈中書省照詳外：
　　　　一奏："…… 回回圖子我根底有，都總做一個圖子呵，怎生？"……

　　　至元二十四年（1287）二月二十六日，奉秘書監台旨，福建道騙海行舡
　　回回每有知海道回回文剌那麻，具呈中書省，行下合屬取索者。奉此。[5]

這些"知海道回回文剌那麻"當指阿拉伯航海家繪製的海道圖經之類的圖籍。約
於此稍後的時期，元代回回地理學家瞻思（1277 — 1351）續把伊斯蘭地理輿圖知
識譯介入華，他所著的《西國圖經》就是明證。[6] 對於作為專業的"術"而確立的
中國航海學而言，《元秘書（監）志》中所見的"知海道回回文剌那麻"的移入，
也許是一重要契機。這種"知海道回回文剌那麻"應當包括對風與季節之間的關
係的研究、海圖的製作、依據星宿（即利用星辰定位的方法和相關儀器）或航海
羅盤的磁針尋找正確方位和航海時間的測定（利用沙漏等計時工具）。後來明代
鄭和航海圖的繪製，更標誌了中國航海術的高峰，而章潢（1527 — 1608）《圖書
編》卷五十三《漕運考》亦嘗就海運航道製圖之必要而言：

　　　而以浙東西瀕海一帶由海道運，使人習知海道，一旦漕渠少有滯
　　塞，此不來而彼來，亦思患預防之計也。夫海運之利，以其放洋，而其
　　險也亦以其放洋。今欲免放洋之害，宜預遣習知海道者，起自蘇州劉家
　　港，訪問傍海居民漁戶灶丁，逐一次第，踏視泊舟港汊，沙石多寡，洲
　　渚遠近，委曲為之，設法圖畫具本，以防傍海通運之法，是亦一良法。[7]

5　[元] 王士點、商企翁編次：《元秘書（監）志》（美國國會圖書館攝製北平圖書館善本書膠片）卷
　　四，第 3 頁下、第 6 頁上 — 下；又參高榮盛點校：《秘書監志》卷四，杭州：浙江古籍出版社，
　　1992 年，第 74 — 76 頁。榮按，夷考 [元] 趙世延（？— 1333 或 1334）、揭傒斯（1274 — 1344）
　　等纂修、[清] 胡敬（1769 — 1845）輯《大元海運記》（《續修四庫全書》史部政書類第 835 冊）
　　屢載有"知海道"之語，如"從卑職父子驗數保，舉諳知海道萬戶五員"（卷上，第 23 頁下；第
　　454 頁）、"諳知海道慣識風水官員"（卷上，第 23 頁下；第 456 頁）、"舉諳知海道慣熟風水員"
　　（卷上，第 24 頁下；第 458 頁）、"今男張文彪（即嘉定人張瑄〔？— 1302，元初任為運糧萬戶、
　　宣慰使，負責造平底沙船運糧海上〕的長子）所保官員的係諳知海道及自幼根逐父祖下海精練風
　　水熟諳公務之人"（卷上，第 24 頁下；第 458 頁）。

6　參見 [明] 宋濂撰：《元史》卷一百九十《儒學・瞻思傳》，北京：中華書局，1976 年，第 4353 頁；
　　又參雒竹筠：《元史藝文志輯本》，李新乾編補，北京：北京燕山出版社，1999 年，第 161 頁。

7　[明] 章潢：《圖書編》（明萬曆四十一〔1613〕刊本）卷五十三《漕運考》，第 215 — 216 頁。

2.《明譯天文書》中所見伊斯蘭系統經緯度

洪武十五年（1382）九月，明太祖詔翰林侍講學士李翀、翰林檢討吳伯宗（名祐，金溪人，曾奉使安南，？—1385）、回回欽天監靈台郎海達兒（Haidar，西域人）、阿答兀丁（Adā'al-Dī）、回回欽天監"回回大師"授翰林編修馬沙亦黑、回回欽天監靈台郎授翰林編修馬哈麻（Muhammad，字仲良，魯迷國人）等於南京皇城右順門之右開局，共譯伊斯蘭曆算、星占書。在這個翻譯事業中，被翻譯的文獻，可能包括來自撒馬爾罕的 Abū Muhammad ʿAtāibn Ahmad ibn Muhammad Khwāja Ghāī al-Samarqandī al- Sanjufīnī 的《Sanjufīnī 立成表》（*Sanjufīnī Zīj*；1366 年纂成於西藏）和伊本·拉班（漢譯名作闊識牙耳 Kūšyār ibn Labbān ibn Bāšahrī al-Jīlī，裏海〔Caspian Sea〕南岸北伊朗 Jīlān 人；971—1029 或活躍於 10 世紀末至 11 世紀前半期）的《占星術原則導引》（*al-Madkhal fī Sinā ʿat Ahkām al-Nujūm*〔Introduction to Astrology〕，1004 年〔？〕撰）。[8] 兩書約同時於洪武十六年（1383）二月譯成，即《回回曆法》和《明譯天文書》，並於五月由明內府刻印。[9] 其中《明譯天文書》卷一《第十五門：説三合宮分主星》更備載伊斯蘭系統"經緯度"概念：

8　參見福赫伯：《一部 1366 年的阿拉伯天文手稿中的中部蒙文（喀爾喀語）注釋》，載《東方》第 31 期（1988），第 95 — 118 頁（Herbert Franke, "Mittelmongolische Glossen in einer arabischen astronomischen Handschrift von 1366", in: *Oriens* 31〔1988〕）；范達倫、矢野道雄：《伊斯蘭天文學在中國：回回曆法的兩份新材料》，載安德森編《天文學之光》第 11B 卷（1998），第 697 — 700 頁（Benno van Dalen and Yano Michio, "Islamic Astronomy in China: Two New Sources for the *Huihui li*〔"Islamic Calendar"〕", in: *Highlights of Astronomy*, Vol. 11B〔1998〕, ed. by J. Andersen）；范達倫：《一幅中文的非托勒密伊斯蘭星表》，載福克茲、洛奇編《星辰之旅：數學與科學史研究 —— 阿拉伯語言文學家保羅·庫尼茨施七十華誕紀念文集》，威斯巴登：Harrassowitz，2000 年，第 147 — 176 頁（Benno van Dalen, "A Non-Ptolemaic Islamic Star Table in Chinese", in: *Sic Itur Ad Astra: Studien zur Geschichte der Mathematik und Naturwissenschaften: Festschrift für den Arabisten Paul Kunitzsch zum 70. Geburtstag*, hrsg. von Menso Folkerts und Richard Lorch, Wiesbaden: Harrassowitz, 2000）；中國天文學史整理研究小組編：《中國天文學史》，北京：科學出版社，1981 年，第 54 頁。

9　《曆志》，載《明史》，第 517 頁；吳伯宗等譯：《序》，載《回回曆法》（北京國家圖書館藏明洪武十六年五月序內府刻本），第 1 頁上 — 1 頁下；吳伯宗等譯：《譯〈天文書〉序》，載《明譯天文書》（北京國家圖書館藏明洪武十六年五月序內府刻本），第 1 頁上 — 3 頁下。

　　但是有人烟生物之處亦作四分。從中道上緯度往北分起，至緯度六十六度處止。經度自東海邊至西海邊一百八十度。經、緯取中處：緯度三十三度，經度九十度；東西南北，共分為四分。但是地方緯度三十三度以下，經度九十度以下者，此一分屬東南。若緯度三十三度以下，經度九十度以上者，此一分屬西南。若緯度三十三度以上，經度九十度以下者，此一分屬東北。若緯度三十三度以上，經度九十度以上者，此一分屬西北。[10]

據以上所述，明代輿圖繪製者當對伊斯蘭地理輿圖及相關地理經緯度不會陌生。

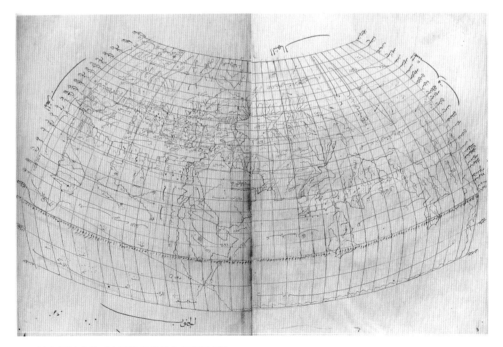

▲　繪有經緯度的《（托勒密系統）世界地圖》
（*Tarcama-I Coğrafya Batlamyas*, Ayasofya Library, No.2610）

10　吳伯宗等譯：《第十五門：說三合宮分主星》，載《明譯天文書》（北京國家圖書館藏明洪武十六年五月序內府刻本），第22頁上—22頁下。

3.《東西洋航海圖》中所見的伊斯蘭地理輿圖因素

從《東西洋航海圖》對華北地區、朝鮮半島及日本列島等地的描繪有欠準確而詳於東南亞及古里，可以推測《東西洋航海圖》的繪製者可能是一位曾經多次來回於浙、閩與東南亞，甚至遠達古里的華籍而又熟諳伊斯蘭地理輿圖的航海家。朱鑒秋先生在其《略論〈明代東西洋航海圖〉》一文中提出了一個有趣的觀點 ——"易地標繪"的"古里"（今印度西南岸的卡利卡特〔Calicut〕）：

> 為甚麼說"古里國"是用特殊的手法"易地"標繪的呢？因為"古里國"的地理位置是在印度西南岸，……如用正常的繪製方法，它遠在《明代東西洋航海圖》的圖幅範圍以外，圖內是表示不出來的。但現在圖上卻在緬甸（圖上所注"放沙"屬緬甸）的西方、中國黃河水源"星宿海"的下方，不按正常比例的距離，象徵性地繪了一塊島嶼形的陸地，注記"古里國"，並且還在其右旁空白處注記了古里至阿丹、佐法、忽魯謨斯的針路。據筆者分析，這是地圖的編繪者有意為之，採用這種特殊的手法，在不表示印度半島的情況下，把位於印度西南岸的古里國挪到緬甸近旁、圖幅的邊緣，為的是能在這幅圖內表示出這個明朝時航海地位十分重要的西洋大國。[11]

順此思路，《東西洋航海圖》的繪製者在圖幅中"不表示印度半島的情況下"刻意置入"古里國"，而"古里國"是明代中國與奧斯曼帝國（Ottoman Empire）兩地海上交通必經之地，因此我們可以推測《東西洋航海圖》的繪製者大有可能掌握活躍於印度洋的奧斯曼帝國的航海家所繪製的輿圖資料。

眾所周知，奧斯曼帝國航海家兼海軍上將皮里·列伊斯（Pirî Reis，本為海盜，後加入奧斯曼帝國海軍；1465 至 1470 之間出生 — 1553）嘗於 1510 年開始編繪其著名航海輿地圖冊《航海之書》（*Kitab-ı Bahriye*; *Book of Navigation*），

11　朱鑒秋：《略論〈明代東西洋航海圖〉》，載林立群編《跨越海洋："海上絲綢之路與世界文明進程"國際學術論壇文選（2011·中國·寧波）》，第 361 頁。

1521 年撰成。1524 — 1525 年間續對原書作出修訂。1526 年，列伊斯把修訂好的《航海之書》呈獻給蘇萊曼大帝（Sultan Süleyman the Magnificent；1520 — 1566 在位，1494 — 1566）。1528 年，列伊斯把其繪製的第二幅《世界地圖》（*Dünya harîtas*ı）呈獻給蘇萊曼大帝。

蘇萊曼大帝（Sultan Süleyman the Magnificent）
[Topkapi Palace Library, No. H.1517]

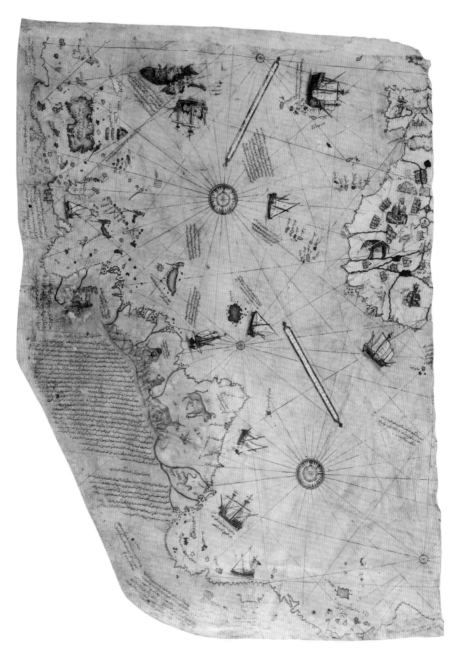

▲ 皮里・列伊斯（Pirî Reis）繪製的第一幅《世界地圖》（*Dünya harîtası*）

[Topkapi Palace Library, No. H.1824]

◀ 皮里‧列伊斯（Pirî Reis）繪製
的第二幅《世界地圖》（*Dünya
harîtası*）局部 [Topkapi Palace
Library, No. Blu.R.1633a]

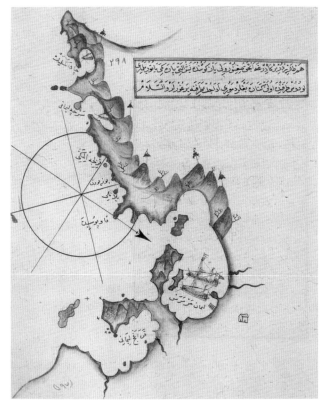

◀ 皮里‧列伊斯（Pirî Reis）繪
製的《航海之書》（*Kitab-ı
Bahriye*；*Book of Navigation*）
中所見的愛琴海沿岸的馬爾
馬里斯（Marmaris Harbour）
[Ayasofya Library, No.3161]

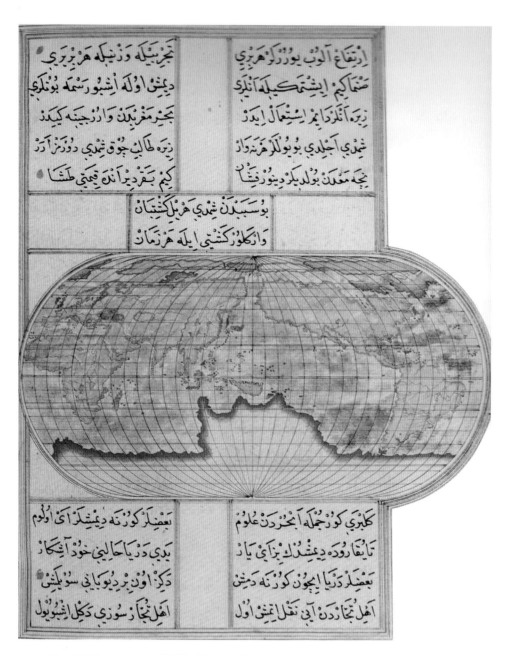

▲ 皮里·列伊斯（Pirî Reis）繪製的《航海之書》（*Kitab-ı Bahriye*, *Book of Navigation*）中的《世界地圖》（*Dünya harîtası*）[16 世紀後期抄本；Istanbul University Library, No.6605]

　　1547 年，列伊斯已升遷至海軍上將並出任奧斯曼帝國印度洋艦隊司令官及
埃及艦隊上將，以蘇彝士（Suez）為艦隊基地。1548 年 2 月 26 日，列伊斯艦隊
奪回自 1507 年被葡萄牙人佔據的亞丁港（Aden）。1551 年，列伊斯艦隊從阿拉
伯海、波斯灣出動攻擊馬斯喀特（Muscat）（現在阿曼〔Oman〕的首都）、霍爾
木茲海峽（Strait of Hormuz）以牽制葡萄牙艦隊進出印度洋。可以說，直至 16
世紀 50 年代中期，列伊斯所率領的奧斯曼帝國印度洋艦隊仍然是印度洋西北岸
最強大的海軍勢力，列伊斯繪製的航海輿圖資料當在區內有所流通。

▲　皮里・列伊斯（Pirî Reis）所率領的奧斯曼帝國印度洋艦隊的四桅軍艦
（Topkapi Palace Library, Revan Kitaplari, No.1192）

▲　也門亞丁港外的奧斯曼帝國艦隊 [Istanbul University Library, No.TY.6045]

列伊斯繪製的《航海之書》即收有一幅《歐洲全圖》（*Map of Europe*, Pirî Reis, *Kitab-ı Bahriye*; Late 16th century copy, Library of Istanbul University, No. 6605），圖中繪有兩個伊斯蘭式 32 向羅盤、一個伊斯蘭式 16 向羅盤、三個伊斯蘭式 8 向羅盤、四把 12 格等分比例尺和一個大空格子（內已劃分兩組十八長方格，大空格子外似繪有清真寺的圓頂）。

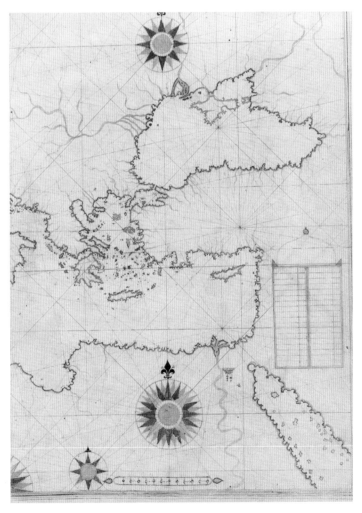

▲　皮里·列伊斯（Pirî Reis）繪製的《航海之書》（*Kitab-ı Bahriye*；*Book of Navigation*）中的《歐洲全圖》[16 世紀後期抄本；Istanbul University Library, No.6605]

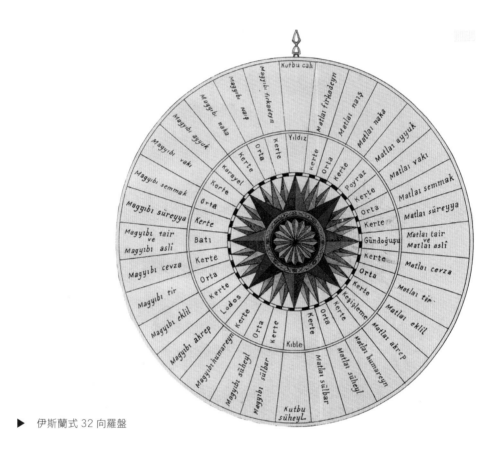

▶　伊斯蘭式 32 向羅盤

　　無獨有偶，上文提及《東西洋航海圖》上方繪有一個 24 向羅盤，其下尚有
一把長尺，右側則繪有一個鑲邊的方框。《東西洋航海圖》的繪製者倘若有機會
寓目活躍於印度洋的奧斯曼帝國的航海家所繪製的輿圖資料，則列伊斯所繪製
的《航海之書》當在其搜羅參考之列。那麼，《東西洋航海圖》中的鑲邊方框（有
學者認為是一個標題框），未嘗不是一種仿效、採借（borrowing）。

四、《東西洋航海圖》中所參引中文類書的刊刻年代

　　巴徹勒博士（Dr. Robert Batchelor）的專文《雪爾登地圖的再發現：一幅中
國的東亞航海線路圖，公元 1619 年》（2013）指出，《東西洋航海圖》中有關明

代疆域地名較多襲用武緯子補訂、建陽熊沖宇種德堂萬曆三十五年（1607）刊刻的《新刻翰苑廣記補訂四民便用學海群玉》（荷蘭萊頓大學圖書館藏本）中的《二十八宿分野皇明各省地輿總圖》。[12] 巴徹勒專文刊出以後，學者遂徵引其說，並多以 1607 年為《東西洋航海圖》的繪製年代上限。榮按，查荷蘭萊頓大學圖書館藏本書題本作《新刻翰苑廣記補訂四民捷用學海群玉》，巴徹勒的文章作《新刻翰苑廣記補訂四民便用學海群玉》，殆誤。事實上，武緯子、熊沖宇二人以“武緯子補訂、建陽熊沖宇種德堂刊刻”的合作梓刊形式早於萬曆元年（1573）刊刻的《鼎鐫洪武元韵勘正補訂經書切字海篇玉鑒》（凡二十卷）已出現。

　　至於《新刻翰苑廣記補訂四民捷用學海群玉》中的《二十八宿分野皇明各省地輿總圖》亦見於明萬曆年間其他類書中，陳泳昌先生《〈東西洋航海圖〉札記數則》一文臚列了收錄有“二十八宿分野圖”的類書凡十二種（其中九種刊刻年代明了可徵，即從萬曆二十五年〔1597〕至萬曆四十二年〔1614〕等；兩種刊刻年代推測為“萬曆中刊本”；一種刊刻年代推測為“明刊本”）。[13] 陳氏論文嘗引“雲錦陳允中編輯、書林熊沖宇綉梓、書林種德堂刊刻”的《新刻群書摘要士民便用一事不求人》（日本京都大學藏明刊本）中的《二十八宿分野皇明各省地輿總圖》。此圖與巴徹勒專文徵引的《新刻翰苑廣記補訂四民捷用學海群玉》中的《二十八宿分野皇明各省地輿總圖》幾乎一致。也許陳泳昌先生無法徵知陳允中編輯《新刻群書摘要士民便用一事不求人》的確實刊刻年代，故他推測《新刻群書摘要士民便用一事不求人》的刊刻年代是“萬曆中刊本”。夷考此書卷二十二最後一頁有所破損，但其刊刻牌記仍清晰署作“萬曆新春歲仲春月建（陽）書林種德堂”，即萬曆元年（1573）二月刊刻。[14]

12　巴徹勒：《雪爾登地圖的再發現：一幅中國的東亞航海線路圖，公元 1619 年》，第 37 — 63 頁。

13　參見陳泳昌：《〈東西洋航海圖〉札記數則》（未刊稿）。

14　參見陳允中編：《新刻群書摘要士民便用一事不求人》卷二十二（日本京都大學附屬圖書館谷村文庫藏萬曆元年二月刊本），第 7 頁下。

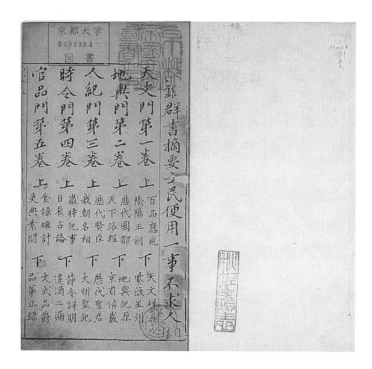

▶ 陳允中編輯《新刻群
書摘要士民便用一事
不求人》（京都大學
藏本）卷首目錄

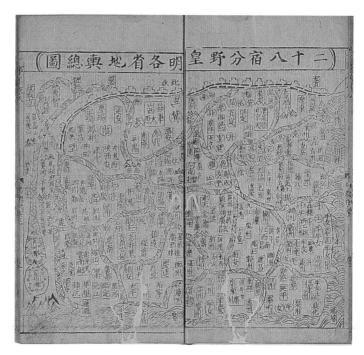

▶ 《新刻群書摘要士民
便用一事不求人》之
《二十八宿分野阜明
各省地輿總圖》

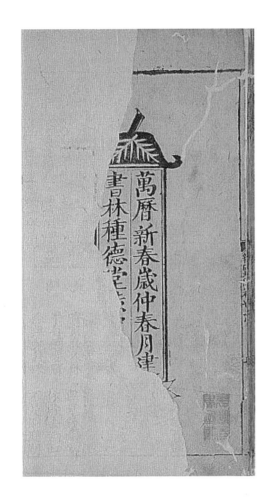

▲ 《新刻群書摘要士民便用一事不求人》卷末刊刻牌記

　　此外，有關陳允中的生平資料頗為貧乏，可謂"文獻不足徵"。現就筆者所知，芹獻如次：明代小説家鄧志謨（字景南，別字明甫、鼎所，號百拙生、竹溪主人、竹溪散人，江西安仁人；約生於 1559 年，卒於 1625 至 1638 之間）約於萬曆二十二年（1594）至萬曆三十八年（1610）旅寓福建建陽，任余彰德書坊 ——"萃慶堂"—— 編輯和塾師。在這期間，他曾撰有《寓書林九日同陳允中、晏景靜諸丈登南山庵聚飲》一詩，收入氏著《蟬吟稿》（萬曆三十四年至三十五年間〔1606 — 1607〕刊刻），當中的陳允中，極有可能是編輯《新刻群書摘要士民便用一事不求人》的陳允中。鄧志謨撰寫此詩時已近五十歲，他稱

"陳允中、晏景靜" 等人為 "諸丈"，則陳允中年輩猶長於鄧志謨，其年紀可能已達六十歲前後。

五、《東西洋航海圖》中所參引西文輿圖資料（特別是《中華帝國及其周邊王國及島嶼》的繪製年代）

巴徹勒嘗在其專文《雪爾登地圖的再發現：一幅中國的東亞航海線路圖，公元 1619 年》（2013）中指出，《東西洋航海圖》參引了大英圖書館所藏 1609 年西班牙航海圖繪製家在馬德里為英國駐西班牙大使康沃利斯（Charles Cornwallis, ? — 1629）所繪製的無標題之 "東亞航海圖"，並認為這一地圖寫本鈔自《中華帝國及其周邊王國及島嶼》（*Sinarum Regni aliorūq. regnoru et insularū illi adiacentium descripti*，香港科技大學圖書館典藏）。

▶　1609 年西班牙航海圖繪製家在馬德里為英國駐西班牙大使康沃利斯所繪製的無標題之 "東亞航海圖"（大英圖書館典藏）

　　由於香港科技大學圖書館在其"亞洲地圖"網頁上沒有就《中華帝國及其周邊王國及島嶼》給出確切的繪製年月，巴徹勒遂據大英圖書館所藏無標題之"東亞航海圖"的寫本（繪於 1609 年）推測香港科技大學圖書館典藏之《中華帝國及其周邊王國及島嶼》約繪製於 1597 — 1609 年之間，順着這一思路，他提出《東西洋航海圖》的繪製年代約為 1609 年。

　　2002 年 6 月 6 日，筆者有幸參加了"香港科技大學圖書館善本書室開幕誌慶論壇"的活動，與英國古書商巴龍（Roderick M. Barron）、張隆溪教授等一起在同一天內作了四場專題演講。[15] 巴龍介紹了一張題為《中華帝國及其周邊王國及島嶼》（*Sinarum Regni aliorūq. regnoru et insularū illi adiacentium descripti*, Rome）的地圖，當時我們數人認為把此圖定於 1590 年前後是穩妥的。2005 年，筆者在德國馬普科學史研究所（Max-Planck-Institut für Wissenschaftsgeschichte, Berlin, Germany）— 中國科學院自然科學史研究所夥伴小組聯合主辦的工作坊上進一步介紹這圖：

　　With a size 34.5cm × 47cm, uncoloured, centerfold very slightly browned with short invisibly closed split at right end of fold, this map is in fine condition and it is being kept in the University Library, Hong Kong University of Science and Technology. In terms of the chronology of early maps of China, it is believed that this map post-dates the Ortelius-Barbuda map of China（1584）but probably pre-dates the Cornelis de Jode map of China（1593）. Though the maker of this map is anonymous, it is believed that the map is drawn from both first-hand

---

15　參見馮錦榮：《從阿爾‧法甘尼、阿爾‧白塔尼到丁先生、利瑪竇的文獻之旅》，在"香港科技大學圖書館善本書室開幕誌慶論壇"的主旨演講，香港科技大學圖書館主辦（2002 年 6 月 6 日）。（K. W. Fung, "From al-Farghani〔? — 861?〕, al-Battani〔858? — 929〕to Christopher Clavius〔1538 — 1612〕and Matteo Ricci〔1552 — 1610〕: A Documentary Journey", a key-note speech presented in "Colloquium on Information Science: HKUST Library Series No. 6: Celebrating Special Collections: Scholarship and Beauty", organized by University Library, Hong Kong University of Science and Technology, June 6, 2002, Hong Kong University of Science and Technology）

Portuguese and Jesuit sources and indigenous Chinese maps and produced in Europe, most probably in Rome, during or very shortly after Matteo Ricci and Michele Ruggieri established their Jesuit mission and Church in Sciaochin (Latin "ecclesia patrum societatis" 〔 the Church of the Fathers of the Society [of Jesus]〕).[16]

　　眾所周知，羅明堅（Michele Ruggieri, 1543 — 1607）於 1588 年 11 月離開中國，他似乎已把一些繪製《中國地圖集》（*Atlante della Cina*, 1590？— 1606？）所需要的中文圖籍帶回意大利。他在《中國地圖集》中把北京置於北緯 48° 附近，這與上述《中華帝國及其周邊王國及島嶼》把北京置於北緯 48° 附近是相一致的，也許羅明堅曾參考過與《中華帝國及其周邊王國及島嶼》有相近地理資料史源（特別是北京置於北緯 48°）的地圖。

　　事實上，《中華帝國及其周邊王國及島嶼》一圖早於 1593 年 11 月 12 日已

16　馮錦榮：《十七世紀中國和日本的西方測量》，載張柏春、雷恩主編《轉換與傳播：中國的機械知識與耶穌會的介入》，柏林：Max-Planck-Institut für Wissenschaftsgeschichte，2006 年，第 149 — 166 頁（K. W. Fung, "Western Surveying in 17th Century China and Japan", in: *Transformation and Transmission: Chinese Mechanical Knowledge and the Jesuit Intervention*, ed. by Zhang Baichun and Jürgen Renn, Berlin: Max-Planck-Institut für Wissenschaftsgeschichte, 2006）；關於 16 世紀的耶穌會製圖作品，參見盧傑利：《中國地圖集》，薩多編，羅馬：Istituto poligrafico e zecca dello Stato，1993 年（州立圖書館，傳真重印版），第 61 — 120 頁（Michele Ruggieri, *Atlante della Cina*, ed. by Eugenio Lo Sardo, Roma: Istituto poligrafico e zecca dello Stato, Libreria dello stato, 1993 facsimile reprint）；茨澤尼亞克：《利瑪竇的中國地圖》，載《國際地圖史雜誌》第 11 卷（1954），第 127 — 136 頁（Boleslaw Szczesniak, "Matteo Ricci's Maps of China", in: *Imago Mundi*, Vol. 11〔1954〕）；茨澤尼亞克：《十七世紀的中國地圖：對歐洲製圖師編纂工作的探討》，載《國際地圖史雜誌》第 13 卷（1956），第 116 — 136 頁（Boleslaw Szczesniak, "The Seventeenth Century Maps of China: An Inquiry into the Compilations of European Cartographers", in: *Imago Mundi*, Vol. 13〔1956〕）；卡特澤爾、達莫塔主編：《葡萄牙的製圖豐碑》（第三卷），里斯本：Comissao executiva das Comemoraçoes do v centenário da morte do Infante D. Henrique，1960 年，第 91 — 92、97 — 100 頁。（*Portugaliae Monumenta Cartographica*, Vol.3, ed. by Armando Cartesäo (1891 — ?) e Avelino Teixeira da Mota, Lisboa: Comissao executiva das Comemoraçoes do v centenário da morte do Infante D. Henrique, 1960）

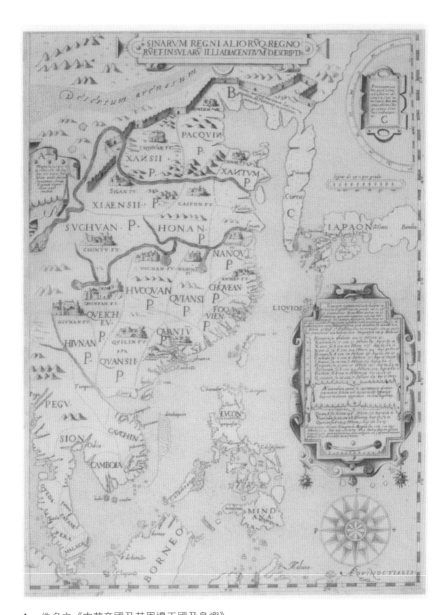

▲　佚名之《中華帝國及其周邊王國及島嶼》

（*Sinarum Regni aliorūq. regnoru et insularūilli adiacentium descripti*, 1590？）

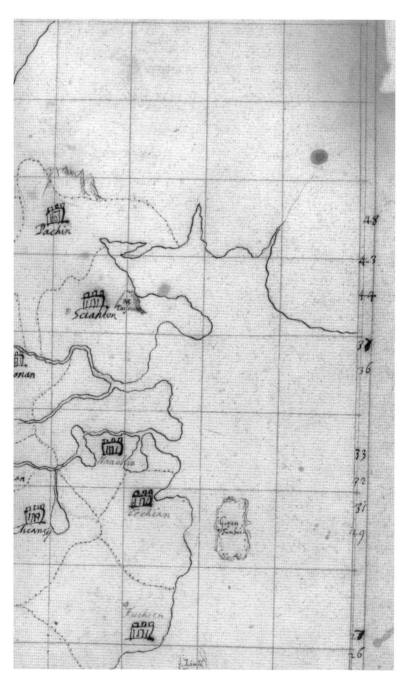

▲　羅明堅《中國地圖集》（*Atlante della Cina*, 1590？—1606？）
　　置北京於北緯 48° 附近

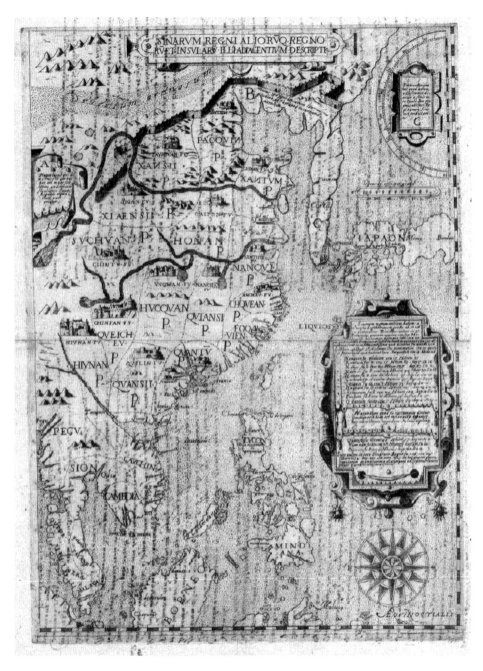

▲ 范禮安於 1593 年 11 月 12 日致羅馬耶穌會總會長阿桂委瓦神甫（Claudio Acquaviva,
1543 — 1615）的書翰中所收佚名繪製之《中華帝國及其周邊王國及島嶼》圖

收入范禮安（Alessandro Valignano, 1539 — 1606）寄予羅馬耶穌會總會長阿桂
委瓦神甫（Claudio Acquaviva, 1543 — 1615）的書翰中。此函現典藏於羅馬耶
穌會檔案館（ARSI, Jap.Sin.11 I, fols. 13 — 15f.）。這不啻告訴我們此圖繪製的
時間下限不得晚於 1593 年 11 月 12 日。

　　薩安東教授（Prof. Antonio Vasconcelos de Saldanha）推測，曾於 1590 —
1592 年間隨范禮安前赴日本的葡萄牙里斯本著名地圖繪製師莫雷拉（Ignacio
Moreira）可能是《中華帝國及其周邊王國及島嶼》的繪製者。[17]若從范禮安
函件收此一地圖的思路來看，這一推測不無道理。惟仔細把《中華帝國及其
周邊王國及島嶼》與一張多被認為可能是 Ignacio Moreira 繪製的《日本圖》
（Carta do Japão, 1581 ?）比勘，前者的"日本"寫為"IAPAON"，而後者寫為
"IAPAM"，那麼，《中華帝國及其周邊王國及島嶼》的真正繪製者，或許另有
其人。

　　另一方面，在《中華帝國及其周邊王國及島嶼》出現以前，歐洲人繪製的
東亞地圖，大多把"朝鮮半島"誤繪成為島嶼。《中華帝國及其周邊王國及島
嶼》的編繪者則正確地把"朝鮮半島"繪成狹長型的"半島"，"半島"的最上
端更繪有中國的長城。這與 1594 年由荷蘭天文學家兼地圖測繪家的普蘭修斯
（Petrus Plancius, 1552 — 1622；嘗任荷蘭東印度公司地圖測繪師）刊刻的 Orbis
Terrarum Typus De Integro Multis In Locis Emmendatus（Amsterdam, 1594）的"朝
鮮半島"及其上端的中國長城的繪法非常一致。

　　由於普蘭修斯後來出任荷蘭東印度公司地圖測繪師，則他極有可能與 1592

17　關於莫雷拉，詳參舒特：《里斯本的莫雷拉：1590 — 1592 年在日本的製圖師》，載《國際地
　　圖史雜誌》第 16 卷（1962），第 116 — 128 頁（Jos. Fr. Schütte, "Ignacio Moreira of Lisbon,
　　Cartographer in Japan 1590 — 1592", in: Imago Mundi, Vol. 16〔1962〕, pp. 116-128）；［日］高橋
　　正：《西漸せる初期日本地 について：I. Moreira 系地 を中心として》（《西漸初期的日本地圖：以
　　莫雷拉系的地圖為中心》），載《大阪大學日本學報》第 4 號（1985），第 1 — 33 頁；高橋正：
　　《17 世紀日本地 におけるテイシェイラ型とモレイラ型：N・サソソソとR・ダッドレーの場合》
　　（《十七世紀日本地圖中的特謝拉型與莫雷拉型：N・薩索與R・達德雷的情況》），載《大阪大學
　　日本學報》第 6 號（1987），第 111 — 135 頁。

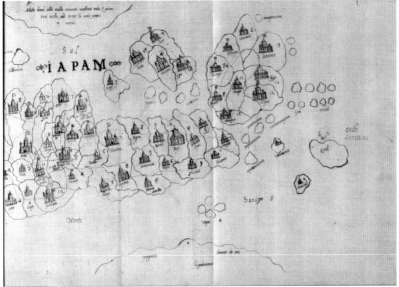

▲　可能是 Ignacio Moreira 繪製的《日本圖》（Carta do Japão, 1581？）

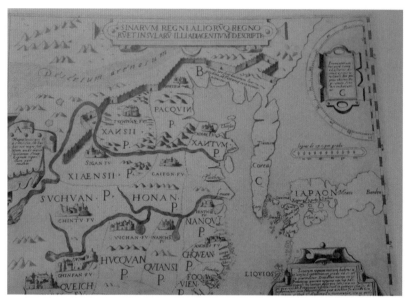

▲　《中華帝國及其周邊王國及島嶼》"朝鮮半島"部分及最上端的長城（局部）

▲　荷蘭天文學家兼地圖測繪家普蘭修斯（1552 — 1622）刊刻的 *Orbis Terrarum Typus De Integro Multis In Locis Emmendatus*（Amsterdam, 1594）的"朝鮮半島"及其上端的中國長城（局部）

年或以前已從海路抵達“朝鮮半島”的早期荷蘭航海家或葡萄牙航海家有來往，
並通過他們獲取最新的相關地理資料也非常自然。

　　關於《中華帝國及其周邊王國及島嶼》一圖的印刷問題，筆者曾對香港科
技大學圖書館善本書室所藏的該圖原件（大小只有 34 cm × 47 cm）進行深入查
考，發現此圖的文字、主要數據及部分海岸線是編繪者在地圖原件的微細難辨
之處，用鉛筆精巧地抄繪上去的。因此可說此圖屬於“印刷”的部分並不太多，
極有可能是“手繪”而成的。

▲　《中華帝國及其周邊王國及島嶼》右下角所見微細難辨的鉛筆線

六、利瑪竇《坤輿萬國全圖》中所見的測量儀器

1. 利瑪竇入華後所作有關中國城市的地理“緯度”或“經度”測量

　　利瑪竇（Matteo Ricci, 1552 — 1610）在 1582 年 8 月抵達澳門直至 1598 年
9 月第一次初進北京這一漫長時期，先後多次利用科學儀器（包括他從歐洲帶來
的或在中國自行製造的科學儀器）例如“平面星盤”（planisphcric astrolabe）、
“航海星盤”（nautical astrolabe）和“日晷”（sun-dial）等儀器，測量中國多個
城市在“正常時”（regular time）或“日月食期”（eclipse periods）的地理“緯度”
或“經度”。下表所列利瑪竇於 1583 年 2 月至 1598 年 9 月觀測中國多個城市的
地理“緯度”或“經度”的觀測數據（observational parameters），主要徵引自
利瑪竇從中國寄回羅馬耶穌會總會的書翰。

觀測年月	城市	所用儀器	利瑪竇的觀測數據	現代觀測數據
1583 年 2 月	澳門	平面星盤、航海星盤、日晷	22°N; 125°E	22.11°N
1584 年 9 月	肇慶	平面星盤、航海星盤、日晷	124°E	112.27°E
1585 年 11 月	肇慶	平面星盤、航海星盤、日晷	22.5°N; 124.5°E	23.03°N 112.27°E
1595 年 5 月 4（？）日	贛州	平面星盤、航海星盤、日晷	26.5°N	25.8°N
1595 年 5 月 8（？）日	臨江	平面星盤、航海星盤、日晷	28.5°N	28°N
1595 年 5 月 20 日	南昌	平面星盤、航海星盤、日晷	29°N	28.6°N
1595 年 5 月 25（？）日	九江	平面星盤、航海星盤、日晷	29.5°N	29.7°N
1595 年 5 月 31 日	南京	平面星盤、航海星盤、日晷	32.15°N	32°N
1595 年 6 月 18（？）日	吉安	平面星盤、航海星盤、日晷	26.2/3 °N	27°N
1595 年 6 月 2（？）日	南康	平面星盤、航海星盤、日晷	29.5°N	25.6°N
1598 年 6 月 30（？）日	揚州	平面星盤、航海星盤、日晷	32.5°N	32.4°N
1598 年 6 月	淮安	平面星盤、航海星盤、日晷	34°N	33.5°N
1598 年 7 月	徐州	平面星盤、航海星盤、日晷	34.5°N	34.2°N
1598 年 7 月	濟寧	平面星盤、航海星盤、日晷	32.2/3°N	35.4°N
1598 年 8 月	臨清	平面星盤、航海星盤、日晷	37.2/3°N	36.8°N
1598 年 9 月	天津	平面星盤、航海星盤、日晷	39.5°N	39.1°N
1598 年 9 月 7 日	北京	平面星盤、航海星盤、日晷	40°N	39.9°N

2. 利瑪竇《坤輿萬國全圖》中的“曷捺楞馬”圖

萬曆三十年（1602），利瑪竇增訂其舊繪地圖為《坤輿萬國全圖》。[18] 當中有

18　關於利瑪竇《坤輿萬國全圖》的相關研究，詳參德埃利亞主編：《利瑪竇的中國地圖》（第三版，北京，1602 年保存於梵蒂岡圖書館），梵蒂岡：Biblioteca Apostolica Vaticana，1938 年（Pasquale M. D'Elia〔ed.〕, *Il mappamondo Chinese del Matteo Ricci*〔Terza edizione, Pechino, 1602 conservato presso la Biblioteca Vaticana〕, Citta del Vaticano: Biblioteca Apostolica Vaticana, 1938）；林東陽：《利瑪竇的世界地圖及其對明末士人社會的影響》，載紀念利瑪竇來華四百週年中西文化交流國際學術會議秘書處編《紀念利瑪竇來華四百週年中西文化交流國際學術會議論文集》，台北：輔仁大學出版社，1983 年，第 311 — 373 頁；戴伯：《利瑪竇神父的世界地圖（1602）及其韓國版（1708）在大阪的保存》，載《亞洲期刊》第 274 卷第 2 期（1986），第 417 — 454 頁（Minako Debergh, "La Carte du Monde du P. Matteo Ricci〔1602〕et sa Version Coréenne〔1708〕Conservée à Osaka", in: *Journal Asiatique*, Vol. 274, No.2〔1986〕）；馮錦榮：《明末熊明遇父子與西學》，載羅炳綿、劉建明編《明末清初華南地區歷史人物功業研討會論文集》，香港：香港中文大學歷史系，1993 年，第 117 — 135 頁；馮錦榮：《明末西方日晷的製作及其相關典籍在中國的流播 —— 以丁先生（Christopher Clavius, 1538 — 1612）〈晷表圖說〉（*Gnomonices*, 1581）為中心》，載榮新江、李孝聰編《中外關係史：新史料與新問題》，北京：科學出版社，2003 年，第 337 — 365 頁。

一小圖附文字如下：

　　　右圖乃周天黃赤二道錯行中氣之界限也。凡算太陽出入皆準此。其法以中橫線為地平，直線為天頂，中小圈為地體，外大圈為周天。以周天分三百六十度。假如右圖在京師地方，北極出地平線上四十度，則赤道離天頂南亦四十度矣。然後自赤道數起，南北各以二十三度半為界，最南為冬至，最北為夏至，凡太陽所行不出此界之外。既定冬、夏至界，即可求十二宮之中氣。先從冬、夏二至界相望畫一線，次於線中十字處為心，盡邊各作一小圈，名黃道圈。圈上勻分二十四分，兩兩相對作虛線，各識於周天圈上。在赤道上者，即春秋分；次北曰穀雨、處暑，曰小滿、大暑，曰夏至；次南曰霜降、雨水，曰小雪、大寒，曰冬至。因圖小，止載中氣，其餘節氣仿此。就中再勻分一倍，即得之矣。而其日影之射於地者，則取周天所識，上下相對，透地心斜畫之。太陽所離赤道緯度，所以隨節氣分遠近者，此可略見。凡作日晷帶節氣者，皆以此為提綱，歐邏巴人名為 "曷捺楞馬" 云。

　　約於萬曆三十八年（1610），袁善編有《中星解》（收入袁啓〔昆明人，號松石主人〕於崇禎五年〔1632〕輯集的《天文圖說》，現有抄本藏於浙江圖書館）一書，書中徑引此一小圖及相關文字，並稱此圖為 "周天黃赤道錯行中氣界限圖"。在同一抄本中又徵引題為 "歐邏巴人曷捺楞馬著" 之 "四行解"。可見，袁善視 "曷捺楞馬" 為人名。查 "曷捺楞馬" 一語不是人名，實為古希臘時期的科技書名稱。"曷捺楞馬" 原是古希臘日晷製造家狄奧多努斯（Diodorus Cronus，活躍於 315—285 BC）的日晷製作書籍名稱，但已失傳。後來的機械學及建築學家維特魯威（Marcus Vitruvius Pollio, 公元前 1 世紀）在其《建築十書》（De architectura）第九書中的第七節提及 "曷捺楞馬"（analemma）是一種 "天球二維投影法"（a two-dimensional projective drawing of the celestial sphere），對製作日晷起着有益的作用。維特魯威說到 "曷捺楞馬" 不是他首創，在他之前已有，但不知誰是初創者。[19] 稍後的天文學家托勒密（Ptolemy, c.100 — 178）也撰有《曷捺楞馬》（*Peri Analemmatos*），惟對 "曷捺楞馬" 的投影繪圖法卻有不同理解，即認為這是一種 "球極平面投影"（stereographic projection）作圖的方法。[20] 這書的內容主要是通過計算，確定給定日期、給定時刻太陽在天球上的位置。"曷捺楞馬" 法的關鍵處是，使天球上某些特殊的大圓弧繞軸旋轉，從而在一個二維平面上得到可以量度的相應空間大圓弧的實長。它的投影方法給後來製作 "日晷"（sundial）和 "星盤"（astrolabe）提供了極便捷的理論基礎。[21]

可以説，利瑪竇《坤輿萬國全圖》中的 "曷捺楞馬" 之圖，實徵引自乃師克里斯多夫·克拉烏斯神甫（中文多譯作丁先生；Christopher Clavius, 1538 — 1612）的《晷表圖説》（*Gnomonices*, 1581）。

3. 利瑪竇《坤輿萬國全圖》中的 "看北極法" 圖及 "量天尺" 圖

利瑪竇《坤輿萬國全圖》中繪有 "看北極法" 圖，其文謂：

> 用平圓版一面，或銅或木，務要平整，愈大愈佳。中掛一線，線端墜一丸子，以取其直。中心畫十字線，此直線即天頂也，橫線即地平

19　參見維特魯威：《建築十書》，高履泰譯，北京：知識產權出版社，2001 年，第 251 — 253 頁。關於普蘭修斯，詳參吉布斯：《希臘與羅馬的日晷》，紐黑文：Yale University Press，1976 年，第 59 — 65 頁。（Sharon L. Gibbs, *Greek and Roman Sundials*, New Haven: Yale University Press, 1976）

20　參見鈕格鮑爾：《古代數學天文學的歷史》，柏林：Springer，1975 年，第 839 — 856 頁（Otto Neugebauer, *A History of Ancient Mathematical Astronomy*, Berlin: Springer, 1975）；吉布斯：《希臘與羅馬的日晷》，第 105 — 117 頁。

21　詳參馮錦榮：《西方星盤傳入中國小考》，載《華學》第 9、10 合刊號《學藝兼修·漢學大師 —— 饒宗頤教授九十華誕頌壽文集》，上海：上海古籍出版社，2008 年 8 月，第 703 — 716 頁；馮錦榮：《從希臘的科學儀器到伊斯蘭星盤：非中國儀器在中古晚期中國的傳播》，載王靜芬、赫爾特編《中古期的中國與超越：文化交互與區域間聯結》，紐約：Cambria Press，2014 年，第 187 — 203 頁（K. W. Fung, "From Hellenistic Scientific Device to Islamic Astrolabe: Transmission of a Non-Chinese Scientific Instrument in Late Medieval China", in: *China and Beyond in the Medieval Period: Cultural Crossings and Inter-Regional Connections*, ed. by Dorothy C. Wong and Gustav Heldt, New York: Cambria Press, 2014）。

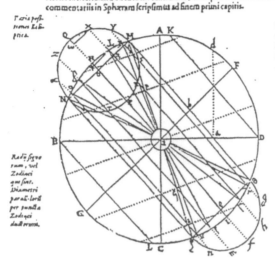

▲ 克里斯多夫·克拉烏斯神甫（中文多譯作丁先生；Christopher Clavius, 1538 — 1612）的《晷表圖説》（*Gnomonices*, 1581）中的"曷捺楞馬"（analemma）圖

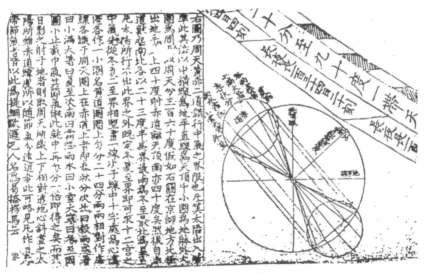

▲ 利瑪竇《坤輿萬國全圖》（1602）中的"曷捺楞馬"圖

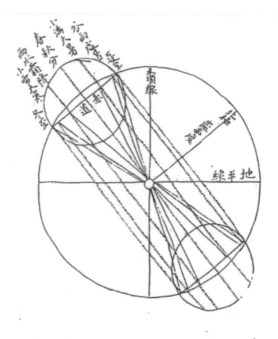

上圖乃周天黃赤二道錯行中氣之界限也九其太陽出入皆
準此其法以中橫線為地平直線為天頂中圈為地脈外大圈
為周天以周天分三百六十度假如是圖在京師地方北極出地
平線上四十度則赤道離天頂南亦四十度矣然從目赤道數起
南起者以三十三度半為界南為冬至界北為夏至九太陽所行
不出此界之外既定冬至夏至界即可求十二宮之中氣先從
冬夏二至界相望畫一線次于線中十字界處為心處遠各作一
小圈名黃道圈上均分二十四分兩　相對作黃線各識于周天
圈上在赤道上者即春秋分次北日數而處暑曰小端大暑曰夏
至次南曰霜降雨水曰小雪大雪曰冬至圈小共載中氣其節
氣做此就中再均分一倍即得之矣而其日影之射十地也
則取周天所識上下相對透地心斜畫之太陽而離赤道
緯度所以隨節氣分遠近者與可暑見几作日晷帶節氣
者皆以此為提綱歐邏巴人名為昌搽拨馬云

▲　萬曆三十八年（1610）袁善《中星解》中的"周天黃赤道錯行
中氣界限圖"

也，此線以上為地上。從中心以規運一大圈，以當天之圓體。十字間勻作四停，每停刻成九十度，共刻成三百六十度。用時只刻一停九十度亦足矣。如版式寬大，則每度分作六十分更妙也。中心釘一量天尺可以旋轉者。中界直線兩頭刻去一半，以看度分。尺上離心二三寸，置兩耳，耳中各鑽一小眼，務要兩眼直對，可以透望。夜對北極，望之，看在地線上幾十度，即知此地北極出地若干度，為此地離赤道若干度。

文中的＂量天尺＂，即指＂看北極法＂圖旁的＂量天尺＂圖；據此，二圖應合而觀之，而這是一具便携式的＂航海星盤＂（nautical astrolabe）。

▲ 利瑪竇《坤輿萬國全圖》（1602 年；2008 年拍賣）中的＂看北極法＂圖及＂量天尺＂圖

　　筆者近年忝任香港海事博物館顧問，時應館內館長級以上研究人員開設"航海輿圖及測繪以至測量儀器的發展史"講習班，翻檢了不少16世紀末至17世紀初有關科學儀器以至航海儀器的文獻，赫然發現利瑪竇《坤輿萬國全圖》中的"看北極法"圖及"量天尺"圖可能徵引自16世紀西班牙國王御前航海輿圖測繪家麥地那（Pedro de Medina, 1493 — 1567）的《航海術》（*Compendio del arte de navegar*, 1588）。

▲　Pedro de Medina, *Regimiẽto de nauegaciõ Contiene*, 1563

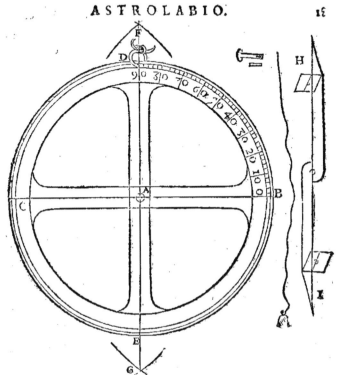

ASTROLABIO.

Y ajuftada la regla fobre el centro. A. feñalefe la
linea. B. A. C. que corte en dos partes iguales ca-
da qual de los tres circulos. Y puefta la vna punta
del compas abierto fegun la linea. B. C. en el pun-
to. C. donde el Circulo mayor fe corta con la li-
nea. B. C. con la otra punta fe feñalarà fobre el pú
to. D. vna parte de Circulo, y otra abaxo de. E. Y
poniendo el compas afsi abierto en el punto. B.
feñalen fe otras dos partes de Circulo, que cor-
D 4　ten

▲　Pedro de Medina, *Compendio del arte de navegar*, 1588

七、康熙年間繪製《皇輿全覽圖》時所用的測量儀器

1. 耶穌會士參預大地測量與《皇輿全覽圖》

康熙四十七年（1708）四月十六日康熙皇帝命中國官員帶領入華耶穌會士分赴各省進行測繪地圖工作，至康熙五十五年（1717）先後繪成十五省分省圖及相關專門地圖，最後由杜德美編製成全國總圖一幅、分省圖二十八幅，稱為《皇輿全覽圖》，北京故宮博物院圖書館藏康熙五十五年木刻墨印本《皇輿全覽圖》之《總圖》一幅（板框：210cm×226cm）。[22] 參預測繪地圖工作的中國官員包括李秉忠（康熙五十二年〔1713〕五月二十五日奉康熙之命前赴江西、廣東和廣西），理藩院郎中綽爾代（康熙五十二年五月二十五日奉康熙之命與苗受〔案，當作壽〕前赴江西、廣東和廣西），[23] 苗壽（康熙五十一年〔1712〕欽天監時憲科五官正），何國棟（何君錫〔康熙五十一年 [1712] 欽天監時憲科春官正〕之子、何國柱〔康熙五十二年 [1713] 欽天監時憲科五官司曆〕之弟；康熙五十三年〔1714〕十一月十三日辛亥奉康熙之命與索柱、白映棠、貢額、那海、李英、照海等分赴測量廣東、雲南、四川、陝西、河南、江南、浙江等省北極高度及日影），[24] 索柱（康熙五十四年〔1715〕進士），白映棠（監生，康熙五十二年〔1713〕中鄉試副榜），貢額、那海、李英、照海、明安圖（康熙五十一年欽天監天文生、康熙六十一年〔1722〕欽天監時憲科五官正；1692—1765），欽天監喇嘛楚兒沁藏布蘭木占巴，理藩院主事勝住等十餘人。[25] 康熙五十八年（1719）二月十二日內閣大學士蔣廷錫（1669—1732）進呈《皇輿全

22　參見馮寶琳：《康熙〈皇輿全覽圖〉測繪考略》，載《故宮博物院刊》1985年第1期，第23—35頁。

23　參見中國第一歷史檔案館編：《江西巡撫佟國勤奏為賞送江西輿圖摺》（康熙五十二年十二月二十六日），載《康熙朝漢文朱批奏摺彙編》第5冊第1491件，北京：檔案出版社，1984年—1985年，第328頁。

24　參見《聖祖仁皇帝實錄》卷二百六十一，北京：中華書局，1985年—1987年，第571頁。

25　參見趙爾巽等撰：《清史稿》卷八十，北京：中華書局，1977年，第2477頁。

覽圖》給康熙。參與大地測量的耶穌會士包括：白晉（Joachim Bouvet，字明遠，法蘭西人，1687 年來華，1656 — 1730）、雷孝思（Jean- Baptiste Régis，字永維，法蘭西人，1698 年來華，1663 — 1738）、杜德美（Jartoux Pierre，字嘉平，法蘭西人，1701 年來華，1668 — 1720）、湯尚賢（Pierre-Vincent de Tartre，字賓齋，法蘭西人，1701 年來華，1669 — 1724）、費隱（Xavier-Ehrenbert Fridelli，字存誠，奧地利人，1705 年來華，1673 — 1743）、麥大成（João Francisco Cardoso，字爾章，葡萄牙人，1710 年來華，1677 — 1723）、馮秉正（Joseph Marie Anne de Moyriac de Mailla，字端友，法蘭西人，1703 年來華，1669 — 1748）、德瑪諾（Romain Hinderer，法蘭西人，1707 年來華，1668 — 1744）、山遙瞻（Guillaume Bonjour 或作 Guillaume Favre-Bonjour OSA，字景雲，法國奧斯定會傳教士〔French Augustin friar〕，1710 年來華，1670 — 1714）等。關於測繪年月、地域及參與測繪之傳教士，茲列表如下：[26]

26　參見杜赫德：《中華帝國和蒙古地理、歷史、編年史、政治與自然狀況的概述》（北京天主教北堂圖書館舊藏書編號 257，排架號 3415），第一卷《前言》，巴黎：Chez P.G. Le Mercier，1735 年，第 29 — 49 頁（Jean-Baptiste Du Halde, *Description géographique, historique, chronologique, politique, et physique de l'empire de la Chine et de la Tartarie chinoise*, Tome Premier, "Préface", A Paris: Chez P.G. Le Mercier, 1735, pp. xxix-xlix）；馮秉正：《來自耶穌會瑪雅神父的來信：致同會的科洛尼亞神父》（1715 年 8 月於江西省九江府），載杜赫德編《禮貌與好奇之信》第十四卷，巴黎：Chez Nicolas le Clerc，1720 年，第 1 — 85 頁（Joseph Marie Anne de Moyriac de Mailla, "Lettre du Pere de Mailla, de la Compangnie de Jesus: Au Pere de Colonia de la méme Compagnie"〔A *Kieou Kian-fou* dans la Province du *Kiam-si* au mois d' Aoust 1715〕, in: *Lettres édifiantes et curieuses*, Tome 14, ed. by Jean-Baptiste Du Halde, A Paris: Chez Nicolas le Clerc, 1720）；翁文灝：《清初測繪地圖考》，載《地學雜誌》第 18 卷第 3 期（1930 年 9 月），第 1 — 34 頁；方豪：《康熙間測繪滇黔輿圖考》，載《方豪六十自定稿》，台北：作者自刊，1969 年，第 515 — 521 頁；方豪：《康熙五十八年清廷派員測繪琉球地圖之研究》，載《方豪六十自定稿》，第 522 — 556 頁；方豪：《康熙五十三年測繪台灣地圖考》，載《方豪六十自定稿》，第 557 — 604 頁；杜赫德著：《測繪中國地圖紀事》，葛劍雄譯，載《歷史地理》第 2 輯（1982 年 11 月），第 206 — 212 頁；汪前進：《康熙、雍正、乾隆三朝全國总圖的繪製》，載汪前進、劉若芳整理《清廷三大實測全圖集》，北京：外文出版社，2007 年，第 1 — 8 頁。

測繪年月	測繪地域	參與測繪的傳教士
1708 年 7 月 4 日（康熙四十七年五月十七日）—1709 年 1 月 10 日（康熙四十七年十一月三十日）	長城	白晉、雷孝思、杜德美
1709 年 5 月 8 日（康熙四十八年三月二十九日）—1709 年 11 月 30 日（康熙四十八年十月二十九日）	東北	雷孝思、杜德美、費隱
1709 年 12 月 10 日（康熙四十八年十一月十日）—1710 年 6 月 29 日（康熙四十九年六月三日）	北直隸	雷孝思、杜德美、費隱
1710 年 7 月 22 日（康熙四十九年六月二十六日）—1710 年 11 月（康熙四十九年九月中旬）	黑龍江	雷孝思、杜德美、費隱
1711 年（康熙五十年）	山東	雷孝思、麥大成
1711 年（康熙五十年）—1712 年 1 月（康熙五十年十一月下旬至十二月上中旬）	甘肅、（河套地區）、喀爾喀蒙古、新疆哈密	杜德美、費隱、山遙瞻
1712 年（康熙五十一年）	山西、陝西	麥大成、湯尚賢
1712 年（康熙五十一年）	河南、江南、浙江、福建、（台灣和沿岸所有島嶼）	馮秉正、德瑪諾、雷孝思
1713 年（康熙五十二年）	江西、廣東、廣西	湯尚賢、麥大成
1713 年 8 月 2 日（康熙五十二年六月十二日）—1714 年 7 月 21 日（康熙五十三年六月十日）	四川	費隱、山遙瞻
1714 年 8 月（康熙五十三年六月下旬至七月上中旬）—1714 年 12 月（康熙五十三年十月下旬至十一月上中旬）	雲南	費隱、山遙瞻（1714 年 12 月 25 日病逝於雲南）
1715 年 3 月 24 日（康熙五十四年二月十九日）—1717 年 1 月 1 日（康熙五十五年十一月十九日）	雲南、貴州、湖廣	費隱、雷孝思

奏摺

江西巡撫　奴才佟國勷謹

奏為欽奉

上諭事竊照江西省繪畫輿圖一案　奴才　於康熙伍拾貳年

伍月貳拾伍日接准兵部咨開奉

旨江西廣東廣西省著李秉忠西洋人麥大成湯尚賢去

又奉

旨即中綽爾代五官正苗受菁派往江西廣東廣西省再

下

旨與畫圖去的人等如畫完一省就交該撫派的當家人

好生送來并准工部咨同前由各等因移咨欽此令於

拾貳月貳拾伍日准

欽差移開江西紐省輿圖現今告成等因併賫送輿圖前

来　奴才欽遵

俞旨派的當家人王聯於康熙伍拾貳年拾貳月貳拾陸

日自省起程敬謹賫送來原進呈

御覽所有恭送輿圖理合具摺奏

閣伏乞

皇上睿鑒　奴才昌勝瞻依悚惶之至

知道了畫圖人員行事如何，具實奏來

康熙伍拾貳年拾貳月　貳拾陸　日

▲ 康熙五十二年（1713）五月二十五日李秉忠與耶穌會士麥大成（João Francisco Cardoso）、湯尚賢（Pierre-Vincent de Tartre）奉康熙之命前赴江西、廣東和廣西測繪地圖；同日，理藩院郎中綽爾代與欽天監時憲科五官正苗受（案，當作壽）前赴江西、廣東和廣西。康熙皇帝朱批："知道了。畫圖人員行事如何，具實奏來。"（《康熙五十二年十二月二十六日江西巡撫佟國勷為賫送江西輿圖摺》〔中國第一歷史檔案館編：《康熙朝漢文朱批奏摺彙編》第5冊，第1491件，第328頁。〕）

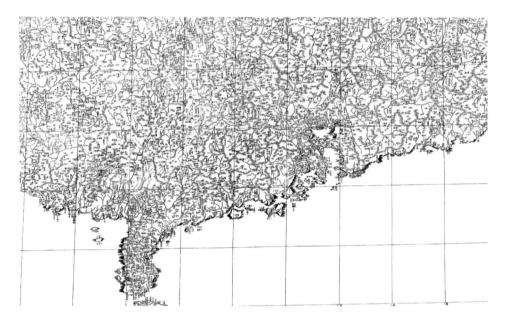

▲　《皇輿全覽圖》中廣東省及雷州半島部分

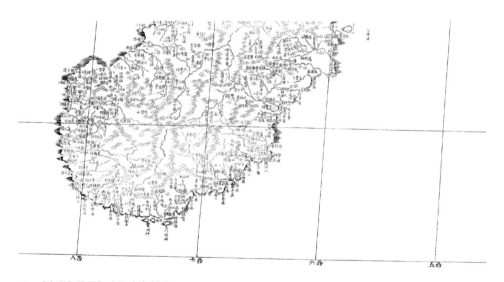

▲　《皇輿全覽圖》中海南島部分

2. 雷孝思、杜德美等對皮卡爾的便携式測繪儀器及其測量數值的覆校及精度提升

在進行大地測量的工作時，雷孝思、杜德美等耶穌會士不時對前述法蘭西科學院著名測量家皮卡爾（Jean Picard, 1620 — 1682）的便携式測繪儀器及其提出的誤差數值進行覆核，以便確立更精確的測量數據。法國耶穌會史家杜赫德（Jean-Baptiste Du Halde, 1674 — 1743）的《中華帝國和蒙古地理、歷史、編年史、政治與自然狀況的概述》（*Description géographique, historique, chronologique, politique, et physique de l'empire de la Chine et de la Tartarie chinoise*, 1735）《前言 · 測繪中國地圖紀事》載錄説：

> 當我們於 1710 年從齊齊哈爾（Tçitcikar）返回時，⋯⋯ 曾由北向南在緯度 47 度至 41 度之間的平原上測定了每度間的距離，雷孝思神甫和杜德美神甫發現，無論他們在測量中如何小心翼翼，各度之間總有差距。儘管他們不時檢查作為尺度使用的繩索（cordes），校正測定高度的儀器（l'instrument dont ils se servoient pour prendre hauteur；榮按，當指象限儀），但還是發現有近 30 秒的差距。誠然，儀器的半徑僅 2 尺，即使劃分精確，也可能使所測高度產生 9 — 10 尺的誤差，但這比皮卡爾（Picard）發現每度的長度時使用的儀器所產生的誤差可能還少一些，亦未可知。[27]

按：皮卡爾的測繪詳情具載於 1671 年由法國皇家印刷坊（Manufacture royale d'imprimerie）梓印的《測繪大地》（*Mesure de la Terre*, A Paris de L' imprimerie royale, 1671；北京天主教北堂圖書館舊藏書編號 18，排架號 485；紅色摩洛哥

27　杜赫德：《中華帝國和蒙古地理、歷史、編年史、政治與自然狀況的概述》，第 44 — 45 頁；翁文灝：《清初測繪地圖考》，第 6 — 7 頁；杜赫德：《測繪中國地圖紀事》，第 211 頁；馮錦榮：《17、18 世紀法國科學儀器製造家與康熙年間天文大地測量 —— 以皮卡爾、拉伊爾、羅默、巴特菲爾德、沙波托父子及比翁所製儀器為中心》，載《中國國家天文》增刊《"海判南天"暨康熙時代的天文大地測量》（2012 年 10 月），第 82 — 113 頁。

式裝幀封面上有法王路易十四的皇室徽號，竊議此書乃路易十四贈予法國耶穌
會士而於 1688 年〔康熙二十七年〕與法王送贈康熙皇帝之科學儀器及典籍地圖
凡三十箱一起帶往中國之珍籍）。

▲　皮卡爾的便携式象限儀（portable quadrant）及可以附裝其上便於瞄準的 "十
　　字絲"（cross wires 或 cross hairs）望遠鏡裝置

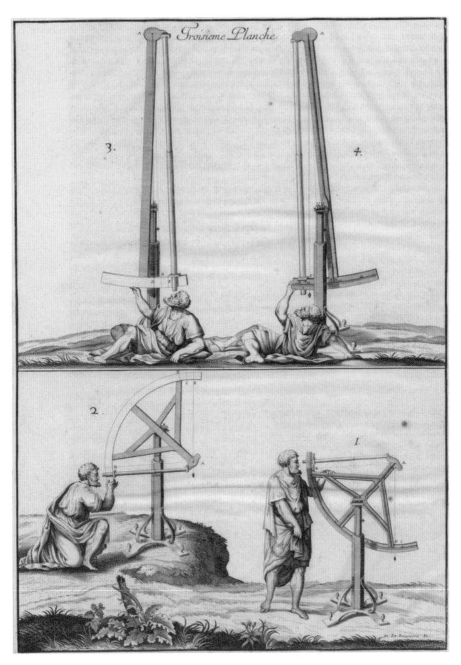

▲　皮卡爾屬下的觀測人員分別利用裝有鉛垂線、望遠鏡瞄準器和測微計的"六分儀"及"象限儀"進行觀測

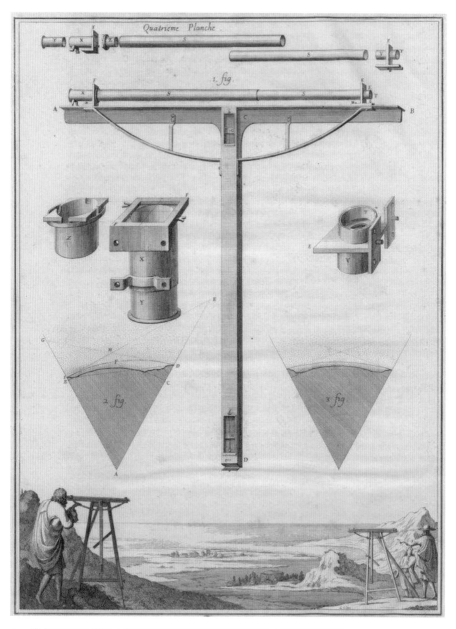

▲　皮卡爾屬下的觀測人員利用裝有望遠鏡瞄準器的擺軸水平儀進行觀測

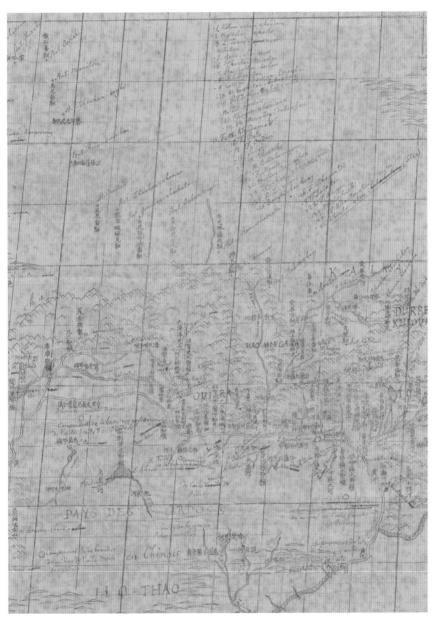

▲ 山遙瞻測繪、杜德美整理：手繪《河套圖》（Carte de *Hó-thao; Map of Ordos*）稿本［局部］（法國國家圖書館輿圖部藏）

3. 唐維爾（Jean-Baptiste Bourguignon d'Anville, 1697 — 1782）的《中華韃靼及西藏全圖》

1734 年，法王路易十五（Louis XV；1715 — 1774 在位，1710 — 1774）御用繪畫師唐維爾（Jean-Baptiste Bourguignon d'Anville, 1697 — 1782）據曾參與中國天文大地測量之法國耶穌會士自北京寄回巴黎有關中國分省輿圖的測繪資料（當包括山遙瞻《河套圖》等）而繪製《中華韃靼及西藏全圖》（*Carte la Plus Generale et qui Comprend la Chine, la Tartarie Chinoise et le Thibet*, 1734）。1737年，唐維爾續據上述耶穌會士的中國輿圖測繪資料加以增補修訂，編繪了中國分省圖和滿蒙藏圖，出版時題名為《中國新圖集》（*Nouvel atlas de la Chine*）。[28]

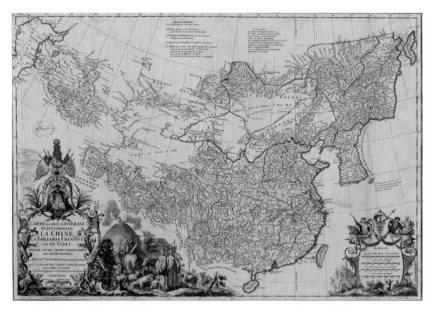

▲ 唐維爾（Jean-Baptiste Bourguignon d'Anville, 1697 — 1782）據耶穌會士自北京寄回巴黎有關中國分省輿圖的測繪資料（當包括山遙瞻《河套圖》等）而繪製《中華韃靼及西藏全圖》（*Carte la Plus Generale et qui Comprend la Chine, la Tartarie Chinoise et le Thibet*, 1734）［法國國家圖書館輿圖部藏］

28　唐維爾：《中國新圖集：中華韃靼及西藏》，海牙：H. Scheurleer，1737 年，北京中國國家圖書館善本部藏一冊，長 54.5 cm×39 cm，羊皮面。（Jean-Baptiste Bourguignon d'Anville, *Nouvel atlas de la Chine, de la Tartarie chinoise, et du Thibet*, The Hague: H. Scheurleer, 1737）

早期全球化背景下盛清多民族帝國的大一統話語重構

—— 以《皇朝文獻通考·輿地考、四裔考、象緯考》的幾個問題爲中心

◆ ［美］趙剛

      在中國文化傳統中，恐怕很少有比大一統觀念更耳熟能詳的政治理念了。從周秦之際出現起，它就成爲中國歷代精英代代追求的政治夢想。以筆者非常初步的觀察，大一統思想主要圍繞三個要素展開。其一是大一統理想，也就是相信“天下歸一”，只有把人們所能想像到的世界，亦即所謂的天下，納入儒家設計的政治和文化秩序之中，才能建立理想社會。其二是完成統一後，其直接統轄的範圍和間接或名義上統治的範圍。按照傳統的觀點，前者是疆域的範圍，而後者是四夷的範圍。其三是大一統話語。每個王朝建立後，都要根據新的條件，建構新的話語，說明改朝換代的正當性，解釋爲何只有自己建立的統治才是真正的大一統理想的實現，是正宗的儒家大一統治世之道。這種話語建構的方法之一，就是纂修各類綜合性史書、政書、一統志。它們彼此儘管內容體例千差萬別，但有幾項內容卻是共同的。一要有天文方面的內容，證明新秩序得到天命的“背書”；二要列舉皇朝管轄的四境八至、省府州縣、展示開疆拓土之功。[1] 此外，按照“修文德以來遠人”的原則，沒有“文德”則“遠人”不來，

1　如元代編《統同志》，也就是《大元大一統志》的前身，主要是“爲理會地理，勾當數年，用工將古今書史傳記所載天下地理建置、郡縣沿革、事蹟源泉、山川人物及聖賢賦詠等，分類編迖，自成一書，取漢書王吉所云春秋所以大一統者六合同風，名其書曰《統同志》，上以發揚聖朝混一海宇之盛。”（《秘書監志》四庫本，第 20 頁）

"遠人"來華的數量、次數和規模就成為皇朝"文德"的體現；[2]為了充分體現皇朝的"文德"無遠弗届，這些史書、政書、一統志第三項必備的內容，就是有關所謂四夷的論述，記述其他國家的地理歷史及其與中國的朝貢關係。[3]不過，每個王朝所處的環境，所統轄的疆域，所面臨的問題，乃至於所能給出的答案都不盡相同。他們各自雖然都從這三個方面着手來建構大一統話語，其中的內容卻因王朝時代的不同，而有或多或少的差異。這些文獻也因此成為了解歷代大一統話語演變的理想切入點。

　　1760 到 1780 年代，根據乾隆皇帝的旨意，清廷動用巨大的人力物力修纂了一系列展現盛世文治武功的典籍，其中之一就是《皇朝文獻通考》，它是宋元之際歷史學者馬端臨所著《文獻通考》的續編，成書於乾隆五十年之後。[4]正如該書凡例和各考引言所一再強調的那樣，該書編纂的目的就是彰顯清朝的"一統之盛"。[5]作為《文獻通考》的續編，《皇朝文獻通考》延用前者的體例，有關於天文的《象緯考》，記述清代截至乾隆時期的官方天文研究成果；有關於疆域的《輿地考》，敘述清代到乾隆中期的帝國疆域，其不僅包括清廷劃定的內地十八省，而且還包括新疆、西藏、蒙古等地；[6]還有關於四夷的《四裔考》，記述清代周邊及與中國有來往的世界各國。這三《考》建構了新的大一統話語。它們儘管和馬書相應部分有相同標題，但在一些有關大一統話語至關重要的問題上，如本文下面所指出的，與馬著完全不同。這種差異本身是盛清時代根據

2　有關"修文德以徠遠人"，詳參羅志田：《先秦五服制與古代的天下中國觀》，載《學人》，第十輯。

3　《皇朝文獻通考·四裔考》就強調清朝"聖德"和四裔賓服的相輔相成，稱"我國家四裔賓服，列聖經營，宅中馭外，百餘年來，聖教覃敷，梯航遠至⋯⋯ 自非聖德洋溢，何克臻此？"（《皇朝文獻通考》，第 7513 頁）

4　據乾隆五十年三禮館的一份公文稱，《皇朝文獻通考·四裔考》纂修工作直到乾隆五十年尚未完成。（原檔藏中央研究院歷史語言研究所，本文引自數位典藏與學習聯合目錄網公佈的原件全文照片。）另外，《四裔考》六有乾隆五十年十月將私自進入內地傳教的西方人吧也哩央押解出境的記述，這些都說明《皇朝文獻通考》的成書當在乾隆五十年之後。

5　如"凡例"強調"以類備陳，以見大一統之治云"，《輿地考》強調該考的編寫是為了"昭大一統之盛"。（《輿地考》十通本，北京：商務印書館，1935 年，第 4347、7463 頁）

6　《皇朝文獻通考·輿地考》已經使用了"十八省"的概念，稱"京師盛京而外，為省一十有八"。（同上書，第 7263 頁）

新的現實，利用新的資源對大一統話語重構的產物。

　　本文不打算對《皇朝文獻通考》中的《輿地考》《四裔考》《象緯考》作面面俱到的論述，只想在清代多民族帝國形成和早期全球化的背景下，對下列三個有關盛清大一統話語重構的問題作一初步的討論：其一，《象緯考》為何要用經緯度取代分野？其二，《輿地考》為何要用"本朝之制"取代"九州"模式？其三，《四裔考》為何要採用朝貢互市兩分的方式記述與中國交往的海外諸國？這些問題的討論，不僅有助於我們從新的視角檢討清代多民族帝國形成的歷史、國內學界仍然盛行的閉關鎖國論的得失，而且還可以從新的視角探討早期全球化所達到的廣度和深度。

　　長期以來，學術界強調漢化對清代多民族帝國形成發展的貢獻。西方 1990年代以來出現的"新清史"對傳統的漢化說提出了強烈批評，強調滿洲認同的建構和維繫對清朝多民族國家建立發展的重要性。[7] 但是，如下所述，它又走入另一個極端，否認漢人社會和文化對清代多民族帝國的貢獻。"新清史"看似和漢化說針鋒相對，實則同後者一樣，都錯誤地使用 20 世紀初興起的漢族概念來理解和解釋清代漢人的政治認同，忽略了二者之間存在的巨大差異。這二者的核心區別在於，前者特別強調血統的中心地位，後者則是以基於宗法倫理的王朝認同為中心。[8] 實際上，恰恰是王朝認同才使得清朝既能面對佔絕對人口、文化優勢的漢人社會時，仍然可以維持自己的種族特性，又能贏得漢人社會對多民族帝國存在發展至關重要的支持。換句話說，在清朝多民族帝國的發展歷程中，

7　關於"新清史"對漢化說的批評和有關爭論，詳參羅友枝：《再觀清代：清朝在中國歷史中的重要性》，載《亞洲研究雜誌》，第 55 卷第 4 號（1996 年 11 月），第 829 — 850 頁（Evelyn S. Rawski, "Presidential Address: Reenvisioning the Qing: The Significance of the Qing Period in Chinese History," in: *The Journal of Asian Studies*, 55, 4〔Nov., 1996〕, pp. 829-850）；何炳棣：《為漢化辯護：反駁羅友枝"再觀清代"一文》，載《亞洲研究雜誌》，第 57 卷第 1 號（1998 年 2 月），第 123 — 155 頁（Ping-ti Ho, "In Defense of Sinicization: A Rebuttal of Evelyn Rawski's 'Reenvisioning the Qing'," in: *The Journal of Asian Studies*, 57, 1〔Feb., 1998〕, pp. 123-155）。關於這場爭論，詳參王成勉：《沒有交集的對話：論近年學術界對"滿族漢化"之爭議》，載《胡人漢化與漢人胡化》，國立中正大學台灣人文社會研究中心，2006 年，第 57 — 81 頁。

8　關於王朝認同，迄今最重要的論述之一仍然是姚大力先生的《中國歷史上的民族關係與國家認同》，載《中國學術》2002 年第 4 期，第 187 — 206 頁。

漢人社會的王朝認同不僅是清朝用於拉攏漢人精英的工具，而且是它的黏合劑。

　　時下的漢化論和"新清史"第二個值得商榷的問題，就是雙方都是靜態地在滿漢二分的框架下討論問題，忽略二者本身都因為內在和外在的機緣，經歷着新的變化。促成這種變化的機緣之一就是早期全球化的影響。對於清代中國和全球化的關係，西方的全球史和世界體系理論家們有兩種對立的解釋。一種是傳統的西方中心觀，認為在 19 世紀中葉前，中國自我隔絕於西方開始的全球化。[9]另一種觀點興起於上世紀 90 年代後期，以弗蘭克（Andre Gunder Frank）為代表的學者強調中國才是 19 世紀初葉之前世界經濟的中心。[10]弗氏新理論問世後，特別是介紹到中國後，引起相當大的爭論，褒揚者譽之為歷史性突破，而貶斥者則認為弗蘭克誇大其詞。

　　就筆者的淺見，造成這種爭論的關鍵是對全球化缺乏<u>歷史的</u>觀察。全球化從其早期形態到今日的"地球村"，有一個漫長的、逐步發展的過程。15、16 世紀之交，哥倫布航海新大陸和繞過非洲通往亞洲航路的發現，從它們第一次在真正意義上把全球主要大陸聯繫到一起的角度看，可以作為全球化的開端。但是，在此後相當長的一段時間內的全球化過程，與 19 世紀初葉，隨着西歐工業革命而加速的全球化過程仍有相當的不同。區別之一就是，在 1800 年前的長達三百年中，西方勢力的蹤影，儘管在全球範圍內隨處可見，但在美洲之外的許多地區，並不佔據上風。相反，它是通過接受和遵循（儘管是勉強的）非西方社會的地方性遊戲規則，才得以加入到區域性貿易體系之中。[11]因此，從 1500 到 1800 年的全球化進程是西方主導的和非西方主導的區域體系多元並存、相互

9　最具代表性的觀點見沃勒斯坦《現代世界體系》（北京：高等教育出版社，1998 年）卷一，第 43 — 47 頁。

10　詳參弗蘭克《白銀資本》（劉北成譯，北京：中央編譯出版社，2000 年）中有關討論。

11　在這方面最明顯的事例就是在長崎的荷蘭商人和在廣州的英國東印度公司商人。儘管他們先後征服了今天的印尼和印度，但是，在處理對華和對日貿易上，他們仍然不得不接受清政府和德川幕府制定的遊戲規則。關於長崎和廣州的西方商人的最新研究，可參看白樂史：《看得見的商城：廣州、長崎、巴達維額和美國人的來臨》，麻省劍橋：Harvard University Press，2008 年。（Leonard Blasse, *Visible Cities: Canton, Nagasaki, Batavia, and the Coming of the Americans*, Cambridge: Harvard University Press, 2008）

整合的時代，與西方在 19 世紀以後席捲全球的、一面倒的格局完全不同。這一階段可以視為早期全球化時代。[12] 在這個階段的經濟、文化等領域，一方面可以非常清晰地看到全球整合的展開，彼此之間的相互影響和聯繫日益密切。[13] 另一方面，這種整合仍然停留於初級階段，世界的許多地區仍然在這種整合之外。弗蘭克和他的支持者一方面過於強調 1500 年之前和之後相當長時段的全球化程度，忽略了它與 1800 年之後全球化的不同，而難免誇大之嫌。另一方面，它同所批評的西方中心論的全球體系論一樣，僅集中於經濟領域，卻很少注意到全球化對文化、政治等方面的影響和衝擊，因而低估了早期全球化的深度和廣度。[14] 而弗蘭克理論的批評者，僅僅因注意到自然經濟的存在，就否認全球整合的存在，實際上又陷入了另一種極端。本文認為，早期全球化和中國社會的互動，絕不只限於白銀的流動，它甚至成為影響盛清時代大一統話語重構不可忽略的因素。

一、讓漢人的 "大一統" 回到清代多民族國家的發展歷史中

在當下的清史學界，特別是在美國的清史研究中，"大一統" 已經不太為人注意，原因自然與西方 "新清史" 研究對於漢化説的批評有關。隨着對於漢人

12　德偉特在其《早期全球化、美國和巴西經濟發展》（John Dewitt, *Early Globalization and the Economic Development of the United States and Brazil*, Westpot: Praeger, 2002）一書中使用了 "早期全球化" 一詞。不過，他的解釋與筆者完全不同。有關德偉特的觀點，詳參氏著的引言和第七章。

13　西方和新大陸對中國絲綢、瓷器、茶葉日益增長的需求和中國對美洲大陸白銀的依賴是最好的例證。

14　從沃勒斯坦（Immanuel Wallerstein）到後來以《前歐洲霸權時代：1250 年到 1350 年的世界體系》（Janet Abu-Lughod, *Before European Hegemony：The World System A.D. 1250 — 1350*）而名世的阿布盧古德，到弗蘭克等學者的有關世界體系的研究，都存在這個問題。弗蘭克本人在《白銀資本》（劉北成譯，北京：中央編譯出版社，2000 年，第 431 — 432 頁）一書中，就已經注意到這個問題，他說："我在以前的著作中曾經提出過一個三條腿的凳子的比喻。這個全球整體同時依賴於生態／經濟／技術一條腿，政治／軍事力量一條腿，以及社會／文化／意識形態一條腿。……《白銀資本》的探討也僅限於生態／經濟／技術這條腿的經濟部分，幾乎沒有提到另外兩條腿，更談不上在一個全球分析中把這三條腿結合起來。"

及其文化傳統在清代多民族國家的建構角色的否定性重新評價，"大一統"這一漢人文化的政治理想，已經基本上為"新清史"建構的歷史敘事所省略了。[15] 但是，沒有大一統話語，清朝多民族國家建構的歷史真是完整的嗎？要回答這個問題，首先應當重新檢討"新清史"和其所批評的漢化論迄今為止很少為人注意的某些理論預設，從新的視角讓"漢人"和他們的大一統話語，重新回到這一歷史舞台的中心位置。需要指出的是，這並不是要否定"新清史"的貢獻，否定它所強調的非漢族群體對清代多民族國家建設的貢獻，而是要通過重新分析漢化說和"新清史"理論都極少置喙的問題，為研究盛清時代大一統話語的重構提供新的理論出發點。

先從漢化說談起。"新清史"對漢化說有尖銳的批評，但仍然忽略了其存在的兩個問題。一是非漢統治者並不只是漢文化的消極接受者，相反，他們會隨時按照自己的需要重新解釋漢人文化。另一方面，漢人在經歷了非漢政權統治後，其文化觀念、生活方式也會經歷相應的改變。儘管作為文化先進的群體，它所經受的變化和衝擊要小於那些相對落後的群體，用陳寅恪先生的話，就是一個胡化的過程。[16]

具體到清朝，許多歷史學者在討論這段歷史時，往往以清朝如何尊奉儒家文化取悅漢人及滿洲國語騎射傳統的衰落來證明漢化說之不誤。但是，這種

15　在"新清史"的幾部代表作如歐立德（Mark Elliott）的《滿洲之道》、米華健（James Millward）的《西出陽關》、柯嬌燕（Pamela Crossley）的《半明之鑒》中，幾乎完全沒有討論漢人文化在清代多民族國家發展過程中的作用。

16　對這個問題最早作出開創性研究的是陳寅恪先生。他在《隋唐制度淵源略論稿》《唐代政治史述論稿》及《金明館叢稿》初、二編所著的諸多論文中對胡化問題多有論述，如他從胡化的角度分析安史之亂後的河北地區藩鎮割據問題，認為與"胡化深而漢化淺"有關，詳參陳寅恪《唐代政治史述論稿》中篇（上海：上海古籍出版社，1982年），第 2 — 7 頁。何炳棣在其前引反駁羅友枝的文章中，只強調陳氏的漢化論，難免曲解之嫌。當然，上世紀 90 年代，張國剛先生在其《唐代藩鎮研究》（湖南：湖南教育出版社，1987 年）一書中，針對陳的解釋，提出不同的看法。筆者以為，胡化的問題不僅存在於隋唐及以前，在元代以後同樣存在。明代成化年間路經北京地區的朝鮮使臣崔溥就注意到，儘管元亡已經百年，但是，當地不少居民仍然穿蒙古式樣衣服，詳參崔溥《飄海錄》（葛振家校注，北京：線裝書局，2002 年，第 12 頁），當然，蒙元對明代社會政治的影響或許不止於此。

詮釋忽略了一個很基本的問題，直到清朝滅亡前，滿洲八旗無論怎樣受到漢文化的影響，它在政治、經濟、文化、法律方面與漢人的區別，仍然是鮮明可鑒的，是沒有被漢化的。而且，清朝並不迴避對漢人文化的重新解讀，甚至將邊疆地區的經緯度納入漢人臣民日常不可缺少的時憲書中[17]，對漢人中心觀念（如中國）的滿洲化詮釋廣而告之，要求漢人士紳認同接受。[18] 即便如此，滿洲八旗的統治直到其滅亡之前，仍然得到眾多漢人精英的支持。如果漢化是清朝成功的關鍵，這樣一個直到滅亡都保持着諸多非漢特徵的政權，如何會統治中國長達近三個世紀？再從漢人方面看，明代漢人的政治空間，如當時各種地理出版物所顯示的那樣，僅限於內地。[19] 到了 18 世紀末 19 世紀初以後，漢人的中國觀念發生了明顯的變化，接受了清朝從多民族帝國角度對它的新解釋。[20] 按照漢化說，這種變化也是無法解釋的。

　　上世紀 90 年代出現的"新清史"顯然注意到，清代多民族帝國的發展存在着比漢化說的假設更複雜的歷史內容。他們從漢族轉向滿洲，強調滿洲認同的建構和發展對清朝多民族帝國建立的重要性。按照"新清史"的觀點，清朝統治成功的關鍵在於滿洲特性的維持，而滿洲特性的延續又是通過建立滿城，維

17　詳參本文第二節。

18　一個明顯的事例是乾隆對中國觀念的重新解釋。他在《平定準噶爾告成太學碑文》裏強調，"此乃漢唐宋明之中夏也，非謂我皇清之中夏也。"此碑文收入《皇朝文獻通考》卷二六四，《輿地考》卷十六。按照他的指示，此碑廣置於全國各地的學宮中，關於樹立此碑的過程及各地學宮分佈，詳參北京大學朱玉麒教授在《乾隆平定準噶爾全國立碑考》一文中對此問題的開創性詳實研究。該文特承朱玉麒教授惠贈，謹此致謝。此外，滿文的影響絕不限於滿人，道光之時，漢臣習清語者仍不乏其人。如林則徐在京期間曾研習滿文。詳參《林則徐日記》（北京：中華書局，1962 年）。

19　明代後期到清朝初年的輿地出版物，按讀者對象，可分為二類，一是專門著作，如王士性的《廣志繹》、顧炎武的《肇域志》《天下郡國利病書》、顧祖禹的《讀史方輿紀要》；二是當時出版的各種地圖。有關這些地圖的內容，參李孝聰《歐洲收藏部分中文古地圖敍錄》（北京：國際文化出版公司，1996 年）。這些著作所記述的中國疆域範圍都僅限於內地各省。

20　最典型的一例是龔自珍。他說："四海之國無算，莫大於我大清。大清國，堯以來所傳之中國也。東南臨海，西北不臨海，……今西極憿，至愛烏罕而止；北極憿，至烏梁海總管而止。"（龔自珍：《設行省議》，《龔自珍全集》，上海：上海人民出版社，1975 年，第 155 頁）

護國語騎射，實行滿漢隔離，賦予滿洲政治、經濟、文化特權來實現的。[21] 這種論述實質上是假定清代多民族帝國的建立和發展是在 "去漢化" 的背景下展開的。清代的滿洲和漢人似乎處於一種井水不犯河水般的分離狀態。而清朝統治者有意識地強化這種隔離，最終達到保持滿洲特性的目的。按照滿洲中心觀，漢人文化乃至其大一統話語，自然是一個可以忽略的因素。

　　但是，如果從清代滿漢關係的實況來看，這種版本的滿洲特性演變史，其實是相當錯誤的。清朝入關後，人口極少的滿洲八旗除部分駐守邊疆外，都分佈於中國內地的廣大地區，為人口佔絕對優勢的漢人所包圍。而且，清代對邊疆的戰爭和之後的管理，也是依賴漢地的經濟資源和稅賦收入支撐的。[22] 最重要的是，清朝統治者並不像新清史所強調的，把漢人文化與多民族國家的建設對立起來。一個最明顯的事例就是乾隆年間西藏銀幣的漢文問題。乾隆平定廓爾喀入侵之後，決定在西藏鑄造地方銀幣。最初的樣本只有藏文，沒有漢文。乾隆發現後，特地加以糾正，在有關諭旨中還特意解釋為何使用漢文：

　　　　但閱所進錢模，正面鑄 "乾隆通寶" 四字，背面鑄 "寶藏" 二字，俱用唐古忒字模印，並無漢字，與同文規制尚未為協。所鑄銀錢，其正面用漢字鑄 "乾隆寶藏" 四字，背面用唐古忒字，亦鑄 "乾隆寶藏" 四字，以昭同文而符體制。[23]

他這裏所強調的 "體制" 顯然是清朝對西藏的行政管轄，這條材料非常清晰説明乾隆並不認為漢人地區的文化與多民族帝國盡是相互衝突，相反，二者有時

21　有關這方面的研究，近年來最重要的著作是歐立德的《滿洲之道》。

22　清代前期對新疆管理的經費主要來源是內地各省提供的協餉，詳參米華健：《西出陽關：清代中亞的經濟、族群和帝國（1759 — 1864）》（James P. Millward, *Beyond the Pass: Economy, Ethnicity, and Empire in Qing Central Asia, 1759 — 1864*, Stanford, CA: Stanford University Press, 1998），第30頁。另一事例是乾隆年間江南對新疆的絲綢供應。為了拉攏新疆地方勢力，乾隆皇帝鼓勵和準部、回部、哈薩克及中亞地區的絲綢貿易，所需絲綢均來自江南地區，詳參林永匡：《清代民族貿易史》（北京：中央民族大學出版社，1991 年）。

23　《乾隆實錄》卷一四一八，乾隆五十七年十二月庚午條。

是相得益彰的。易言之，清代滿洲性的建構，並不是完全如"新清史"倡導者所言，僅限於滿洲內部及其與亞洲內陸的蒙藏文化傳統的融合，而是與漢人精英有着密切的關係。沒有漢人的清代多民族帝國建構史不僅是殘缺不全的，而且是缺乏解釋力的。

　　造成漢化説和"新清史"上述問題的癥結何在呢？在筆者看來，就是雙方都不加分析地使用 20 世紀初葉新出現的漢族概念去解釋在此之前漢人的認同問題，而忽略了二者的區別。1900 年以後，隨着反滿運動的崛起，一些漢人知識分子出於反對清朝統治的政治需要，借鑒從西方引入的民族主義思潮，提出以黃帝為始祖，有三千年歷史的以語言文化為基礎的排他性的漢族認同觀念。[24] 此後，這一漢族概念就廣泛流傳開來。它不僅用於現代中國，還被用於清及以前的中國歷史。漢化論者用此漢族概念解釋清代歷史，強調漢人文化的中心地位，從這一視角觀察漢與非漢的文化互動，自然就得出非漢群體最終消融於漢文化的單向性變化的結論。"新清史"的觀點，表面上與漢化説針鋒相對，但如果細心推究其理論框架就會發現，它實質上是接受了漢化説對漢人社會的觀點，把清代的漢人看作一個界限分明的同質排他性實體。但是，由於他們否認漢人的中心作用，就只有通過強調滿洲認同來解釋清代多民族國家的建構歷史。前者過於注重漢人的貢獻，後者則把漢人和多民族帝國對立起來，但二者卻都忽略了如下問題：清季新出現的漢族概念是否與前此流行的漢人概念相同？後者果真如學者假定的那樣，是一個同質的排他性的認同對象？

　　其實，二者是相當不同的。如果套用費孝通先生形容中華民族觀念形成的精妙比喻，前者是自為的存在，後者卻是自在的存在。[25] 在這個問題上，清季

24　詳參孫隆基：《清季民族主義與黃帝崇拜之發明》，載《歷史研究》2000 年第 3 期，第 68 — 79 頁；沈松僑：《我以我血薦軒轅：黃帝神話與晚清的國族建構》，載《台灣社會研究季刊》第 28 期（1997 年 12 月），第 1 — 77 頁。

25　費孝通先生在他的《中華民族多元一體格局》一文中用這兩個概念分析中華民族意識的形成，"中華民族作為一個自覺的民族實體，是近百年來中國和西方列強的對抗中出現的，但作為一個自在的民族實體則是幾千年的歷史過程所形成的。"（見費孝通：《中華民族多元一體格局》，北京：中央民族學院出版社，1989 年，第 1 頁）

立憲派和革命派似乎對此有更清楚地認識，儘管他們使用批評的口吻指出這一
點。先看一段當時有關漢族認同的代表性論述：

> 　　漢人自稱其踐之土曰中國，實則地偏極東不可謂中，神器外移不可
> 謂國。……以面積一百三十餘萬英方里之漢土，人口三百兆八千萬有奇
> 之漢人，不能自建一中央政府，以與各種族相頡頏，甘局蹐於獷狉民族
> 之軛下，其與猶太印度非洲諸人種復何以異耶？人民不能自主而受人之
> 抑壓。傴絆者謂之奴，土地不能自治而任人之治之，且變更不一者，謂
> 之大陸，非所謂國也。所謂有國之人民也。國者，終古不可滅之者也。
> 然則四千年來之歷史，雖謂為漢種有國以前之歷史可也。……今漢種
> 為數之眾，冠絕宇內所有各族；且所佔有之地，亦既優於其他各種，惜
> 渙散易潰，絕無團結不拔之精神，以致常為異族所屈。吁！安得一仲郭
> 拉？其人倡全漢人種統一主義，以陶鑄我同胞獨立不羈之精神焉。[26]

這段議論，一言"四千年來之歷史，雖謂為漢種有國以前之歷史可也"，二
言"安得一仲郭拉？其人倡全漢人種統一主義，以陶鑄我同胞獨立不羈之精神
焉"，很清楚地說明在甘韓這樣的漢族認同倡導者看來，漢族認同不是完成式，
而是一個有待形成的認同。不過，持這種觀點者還不止甘韓一人。章太炎為鄒
容《革命軍》所著序中說：

> 　　今者風俗少變更矣，然其痛心疾首、懇懇者，慮不數人。數人者，
> 文墨議論，又往往務為蘊藉。[27]（着重號為引者所加）

呂增說：

26　甘韓輯：《釋漢種》，見《皇朝經世文新編續集》第十八卷，民政。

27　張枬、王忍之編：《辛亥革命前十年間時論選集》第 2 卷，北京：三聯書店，1960 年，第 257 頁。

灌輸中等以上，行商坐賈、老圃傭工、販夫走卒之屬，農氓、役隸之流，及于役戍幕、浮浪江湖、山澤聯群、鄉曲結社、市肆賈勇以為活者，凡諸品類，固有幾人能識哉？[28]（着重號為引者所加）

也許有論者以為這是當日反清革命人士的偏頗之論，故作驚世駭俗之説，以吸引世人的注意力。不過，一種觀點之所以能驚世駭俗，要有兩個條件。首先，這一要讓世人震驚的觀點通常確實是很少被世人注意甚至忽略的；其次，倡導者要對此有準確把握。沒有這兩個條件，任何以驚世為目標的觀念傳播都將難以達到宣講者的預期目的。具體到光緒、宣統之際的 1905 年前後的漢族復興論倡導者，他們中間的多數人都是在成年之後，才從認同清朝統治轉向反滿運動的。[29] 因此，他們上引有關漢人缺乏本族認識的觀點，顯然是建立在多年來親身所見所聞的基礎之上。這雖然不是現代人類學、社會學倡導的田野調查，但是，其感受的直接性和可靠性，顯然是百年之後的歷史學家們可慕而不可求的，也是後者從各類文獻檔案乃至實物史料中所歸納得出的結論無法比擬的。就此而言，清末革命派人士對“漢族”民眾中漢族認同感和歸屬感缺位的責難和憤懣，其實道出了一個迄今很少為人注意及研究的歷史事實。

這就引出一個新的問題，如果“漢族”人群在清末之前並未有後人想像的漢族認同，那麼，當如何解釋歷代公私文獻中的“漢”“漢人”？限於篇幅，這裏僅作一簡要的概述。首先，在周秦時代，漢只是地理概念，指的是今天的漢水流域。[30] 到劉邦創建漢朝，漢就成為了一個王朝的名稱。這個“漢”的概念，並無種族含義。而所謂的漢人，首先指的是生活於兩漢王朝或時代的人。這在歷代史書中不勝枚舉。[31]

28　同上書第 3 卷，第 249 頁。

29　如孫中山和章太炎都首先寄希望在清朝體制內的改良，只是在對清朝失望之後，才轉向反滿民族革命。

30　如《詩經·漢廣》中的“漢”，即指今天的漢水流域。

31　本文限於篇幅，僅略舉數例。如朱熹《朱子語類》中多處在這個意義上使用“漢人”一詞。

首先賦予漢人概念以種族含義的是進入中原的少數族群。他們中的許多部落生活於漢朝邊境地區，因而稱漢朝直接統治下的民眾為漢人。在與內地民眾的交往、衝突過程中，他們逐步發現自己與內地民眾在語言、風俗、生活習慣等方面的差異。他們所使用的漢人，不只代表特定的政治實體，還指代一個具有不同語言文化傳統及生活習慣的群體。[32] 漢朝滅亡後，當時以及此後進入中原地區的少數族群繼續使用漢人的概念，指稱居住於中國內地的民眾。這時的漢，主要是指與少數族群文化、政治傳統存在差異的內地人群，其內涵已經接近 20 世紀出現的"漢族"觀念。[33]

不過，非漢族群使用"漢人"指稱還有其特殊的用意。首先，少數族群進入中原後，在尋求"漢族"精英支持的同時，為維護自身的內在文化、政治凝聚力，需要通過製造漢人這樣一個"他者"來凸顯自身的文化認同。策略之一就是通過強調他們心目中漢人的缺陷來反襯出自身的優勢。如以漢人的"文"反襯非漢族群的"質"，以漢人士大夫的"醉心文辭"來反襯非漢精英的"精通騎射"，通過界定何謂漢人來提醒本群體成員的核心認同所在。[34] 在這個過程中，"漢人"就不再是一個政治概念，而被賦予種族內涵，代指一個文化、語言、生活特點不同於其他人群的族群。

與非漢統治者熱衷於使用"漢人"指稱他們治下的漢人群體不同，漢人精英對作為種族概念的"漢人"的態度卻是耐人尋味的。一方面，漢人士大夫採用這個概念指稱自己族群的成員，特別是在處理那些涉及漢人與非漢族群的糾

---

32 如《後漢書》卷八十七《西羌傳》："今涼州部皆有降羌，羌胡被髮左衽，習俗既異，言語不通。"

33 這裏僅略舉數例，《北齊書》"高祖曰：'高都督純恐不濟事，今當割鮮卑兵千餘人共相參雜。'"《北史》卷二十八，《源賀傳》"阿那肱忿然作色曰：'漢兒多事，強知星宿。'"《金史》卷八，《世宗本紀》"又聞有女直人訴事，以女直語問之，漢人訴事，漢語問之。"《老乞大諺解》："你說我聽着，如今朝廷一統天下，世間用着的是漢兒言語，我這高麗言語，只是高麗地面裏行的。"

34 如金世宗認為，"[女真]幼習漢人風俗，不知女真純實之風。"（《金史》卷七《世宗本紀》）乾隆皇帝直斥滿人"竟染漢人氣，有失滿洲風。"（《乾隆實錄》卷九十五，乾隆八年九月甲戌條）

葛時，作為族群的"漢人"的概念更是被大量使用。[35] 但是，就筆者近年來反覆查檢宋元和明清之際的原始文獻看，當漢人士大夫（如宋末和明末）因外族入侵或征服而需強調自身的認同感時，卻極少像清末革命黨人一樣，明確而直截了當地高舉"漢"認同的旗幟。在清末革命黨以前的文獻中，類似他們在種族意義上"大漢之天聲"或"光漢"之類的表述，幾乎是不存在的。[36] 而且，如果稍微細緻地體會他們論著中的"漢人"和"中夏""華"的用法，就不難發現，他們在使用"漢人"一詞時的心態是平和中立乃至是冷漠的，給人的感覺是他們討論的似乎不是與自己同屬一個族群的人群。[37] 相反，當他們談及王朝認同時，其語態情緒是激越熱情的，這種強烈的認同感和歸屬感同樣體現於他們對已故王朝的眷戀和忠誠上。明遺民顧炎武可謂這方面的典型。他在六十歲時曾撰一聯，吐露對故明的忠貞之意："六十年前二聖升遐之歲，三千里外孤忠未死之人。"[38] 但是，通觀顧炎武的《日知錄》，儘管常在種族意義上使用漢的概念，[39] 但對之絕未有如此強烈的認同感和歸屬感。而且，顧認為，決定人民產生認同感的關鍵是良好、有效、便民的政治制度。有了這種制度，夷狄政權照樣可以得到漢人的認同。他以理解的態度從這個角度來分析北魏漢人和宋代幽雲諸州漢人何以認同非漢統治：

35　參見《皇明經世文編》卷二十五，楊清《為修復茶馬舊制》："但有漢人結交夷人、互相買賣。"卷一百五十三，徐越《無忘不虞疏》："一防制達官以需調用。直隸、保定等衛分，俱有達官舍目。其驍勇悍強，狀貌氣習，與漢人不同，所謂非我族類未敢保其不異。"類似用法，在該書和其他漢人著作中可以找到無數例證，限於篇幅，這裏僅列舉一二。

36　一個明顯的例證是明太祖的《諭中原檄》（《皇明文衡》卷一）。該文一方面批評元朝為"胡虜"，另一方面，又認為元朝代宋，並非"人力"，"實乃天授"。此外，元明之際，江南漢人精英中存在的思元意識（詳參錢穆：《讀明初開國諸臣詩文集》，載《中國學術思想史論叢》第 6 冊）也證明漢認同的缺乏。

37　仔細體會一下前引《皇朝經世文編》和下面引用顧炎武的材料，都不難感到這一點。

38　顧炎武：《顧亭林詩文集》，北京：中華書局，1983 年，第 155 頁。

39　顧炎武的《日知錄》在兩種意義上使用"漢人（民）"一詞，一是指漢代之人，一是指種族意義上的漢人。

　　前者如魏太武始制反逆、殺人、奸盜之法，號令明白，政事清簡，無繫訊連逮之煩。百姓安之。宋余靖言，燕薊之地，陷入契丹且百年，而民亡南顧心者，以契丹之法簡易。鹽麥俱賤，科役不煩故也。是則省刑薄斂之效無所分於中外矣。[40]

這與前面論述過的因漢人安於非漢統治而批評他們奴隸性或缺乏國家觀念的清季反滿革命人士截然不同，清楚地體現出種族認同在顧炎武認同系統中的次要地位。錢穆曾批評顧炎武和其他明遺民（如王船山、黃宗羲、呂留良等）缺乏堅定的種族意識，其結論難免有以現代民族主義誤讀明遺民之嫌，但所發現的問題確實無可置疑。[41]

　　最近，趙園先生在她對明遺民的詳實研究中發現，明遺民對非漢統治的批判並非漢人社會的主流，因而他們有相當強的孤獨感。[42] 若如上所述，連這個群體的漢族認同都異常貧乏，那麼大多數漢人的情況就可想而知了。就此而言，反滿革命派對漢人在這方面的批評，不僅適用於清朝末年，也適用於明清之際。不過，說漢族在清季之前僅是自在的存在，這對許多人來講恐怕是難以接受的。其實，族群認同，如同人類學者埃里克森（Thomas Eriksen）所言，不過是人類多種社會認同的一部分，[43] 社會成員的認同，是由小向大逐步擴展的，從小範圍的家族、地域認同而後發展為大範圍的族群和國家認同。它在成為一種自為的存在之前，通常要有一個自在存在的階段。按照霍布斯鮑姆（Eric Hobsbawm）的觀點，更視之為 19 世紀後半葉的產物。[44] 即便在此之後，族群認

40　顧炎武：《日知錄》卷三九，"外國風俗"條。

41　詳參錢穆：《中國近三百年學術史・自序》中有關討論。

42　趙園：《明清之際士大夫研究》，北京：北京大學出版社，1999 年，第 61 — 65 頁。

43　埃里克森：《種族與民族主義：人類學的視角》，倫敦：Pluto Press，1993 年，第 12 頁。（Thomas Ericksen, *Ethnicity and Nationalism: Anthropological Perspectives*, London: Pluto Press, 1993）

44　詳參霍布斯鮑姆：《大規模生產傳統：1870 — 1914 年的歐洲》，載霍布斯鮑姆、蘭格編《傳統的發明》，劍橋、紐約：Cambridge University Press，1983 年，第 271 — 273、280 頁。（Eric Hobsbawm, "Mass Producing Traditions: Europe, 1870 — 1914," in: *The Invention of Tradition*, ed. by Eric Hobsbawm and Terence Ranger, Cambridge and New York: Cambridge University Press, 1983）

同的匱乏也不是中國獨有的現象。按照著名學者布魯貝克（Rogers Brubaker）的觀點，直到 19 世紀中葉，大多數歐洲人的認同仍然僅限於地域和宗教層面，並沒有清楚的民族認同。[45] 法國史學者韋伯（Eugen Weber）甚至認為，在電話、鐵路、報紙等現代媒體和交通工具廣泛使用之前，法國農民是沒有法國人意識的。[46]

　　這種民族意識的匱乏還體現於對外來統治者的態度。以"絕對權力導致絕對腐敗"一言而廣為人知的 19 世紀著名歷史學者阿克頓（John Acton, 1834 — 1902）就注意到，當時人們對外來民族的統治並不介意，他們對外來統治者的不滿主要是來自治理的因素，而非種族上的。

> 　　土耳其人、荷蘭人和俄國人之被攻擊，不是因為他們是篡位者，而是因為他們是壓迫者 —— 因為他們管理不善，而不是因為他們是不同的種族。[47]（着重號為引者所加）

這與上述顧炎武及其提到的宋代河北民眾對外族統治的態度，表面上看似乎相反，一是接受，一是反叛，但所持的標準，卻都是政治的，而非種族的，二者何其相似乃爾。

　　在族群認同從自在形態向自為形態轉變的過程中，王朝認同是個必經階段。即使在民族觀念的起源地 —— 西歐社會，佔主導地位的仍是王朝認同，而非種族認同。民族國家認同至少在其初始階段，主要是在對主權、對君主的王朝國家的忠誠和歸屬的基礎上建立起來的。[48]16 世紀的英國與法國，"國家的榮

45　布魯貝克：《法國和德國的公民權與國家地位》，麻省劍橋：Harvard University Press，1992 年，第 5 頁。（Rogers Brubaker, *Citizenship and Nationhood in France and Germany*, Cambridge, Mass: Harvard University Press, 1992）

46　轉引自貝爾：《關於法國現代早期之國族認同的一些著作》，載《現代歷史雜誌》第 68 卷第 1 期，第 91 頁。（David Bell, "Recent Works on Early Modern French National Identity," in: *Journal of Modern History*, 68: 1）

47　阿克頓：《自由史論》，胡傳勝等譯，南京：譯林出版社，1985 年，第 436 頁。

48　參見布魯貝克：《法國和德國的公民權與國家地位》，第 4 頁。

譽取決於國王個人的榮譽"。英法百年戰爭在當時幾乎完全是從英國國王對法國王位所擁有的尊貴權益的角度加以討論的。[49] 在中歐奧地利，王朝認同一直延續到一戰時期。歷史學者羅森布里特（Marshal Rozenblit）就指出，奧匈帝國的精英和民眾在一戰爆發時所表現出來的愛國主義，不是以奧匈國家為對象，而是王朝國家的體現。[50] 至於外來征服王朝採用被征服者的文化符號建構自己的認同，也是尋常之事。在早期英國歷史中，當說法語的諾曼底人征服英國後，如同進入中國內地的非漢族採用漢族的中國觀念一樣，也採用被取代王朝的英國觀念（the concept of "Englishness"）服務於自己的政治利益。[51]

如果說民族認同的後起性是 19 世紀中葉世界歷史的普遍現象，那麼，其產生的原因則因為歷史、地域、文化背景的差異而大相徑庭。如果說在西方它是在與基督教神權的衝突中逐步興起的，那麼，在中國則是來自於周秦時代，以親親尊尊的宗法倫理為中心尺度的儒家文化。儒家倫理原則落實於實際政治生活中，就是臣民以儒家道義為前提對王朝君主的服從和忠誠，其結果是王朝認同的強調。儒家從早期到後來的新儒家，都特別強調倫理綱常的普世性，認為綱紀倫理是人類內在本質之所在，因此"人皆可以為堯舜"。按照《大學》所說，普世主義傾向任何君主，不論其地域、種族背景，只要按照宗法倫理的原則統治中國，就是合法的統治者，就是華夏認同在具體歷史語境中的起點和終點。這在孟子下列著名的論述中有清楚的闡發：

> 孟子曰："舜生於諸馮，遷於負夏，卒於鳴條，東夷之人也。文王生於岐周，卒於畢郢，西夷之人也。地之相去也，千有餘里；世之相後也，

49　參見戴維斯：《和平，印刷術，新教精神（1450 — 1558）》，倫敦：Paladin，1977 年，第 17 頁。（C.S.L. Davies, *Peace, Print, and Protestantism 1450 — 1558*, London: Paladin, 1977）

50　羅森布里特：《重構國族認同：一戰期間哈布斯堡王朝的奧地利猶太人》，紐約：Oxford University Press，2001 年，第 17 頁。（Marshal Rozenblit，*Reconstructing a National Identity: The Jews of Harbsburg Austria during World War I*, New York: Oxford University Press, 2001）

51　詳參史密斯編：《中世紀歐洲人：中世紀歐洲種族認同與國家觀念研究》，倫敦：MacMillan，1998 年，第 xviii 頁。（*Medieval Europeans: Studies in Ethnic Identity and National Perspective in Medieval Europe*, ed. by Alfred P. Smith, London: MacMillan, 1998）

千有餘歲。得志行乎中國，若合符節，先聖後聖，其揆一也。”[52]

當然，孟子的詮釋是有為而發的，他想用歷史的經驗向當時權力日益集中、濫權無所顧忌的君主們發出一個強有力的警告。他援引舜和文王的事例，只是賦予自己的論述更強的權威性。但是，他在討論禹和文王的聖人地位時，賦予德行本位的群體認同標準以絕對的權威。[53]由於綱常倫理的中心地位，種族認同倒成為一個次要的因素。

　　結果，在周秦以後的近兩千年中，儘管圍繞華夷問題的討論從未消失過，攘夷、強調華夷之辯的聲音有時（如明清之際）甚至非常激昂，[54]但多數人接受的華夷標準從來都是相對的，而不是絕對的；是倫理性的，而非種族性和血緣性的，這最明顯地體現是那句“夷狄入中國而中國之”的廣泛流行。不過，一說“入中國而中國之”，許多人又將其等同於漢化，視為文化民族主義（culturalism）。其實這種觀點忽略了“中國之道”本身的複雜性。儒家所說的“中國之道”固然包括衣冠制度，但是它的核心卻是三綱五常的宗法性倫理。所謂“入中國而中國之”更多的是指對倫理綱紀的態度。不論種族背景如何，非漢人群只要接受宗法性倫理，就是中國之人，就有資格統治中國。為了彰顯自己的政治合法性，他們也可以創建新的制度，展示天命的眷祐。恰是這一點，為非漢政權保存、甚至在漢人社會推廣自己的習俗提供了最有力的意識形態支

52　《孟子‧離婁下》。

53　兩宋以前，孟子的地位並不高，但他這段話所包含的理念卻廣為流傳，儘管引證的事例有所差異。如漢初在《本事》中有言：“文王生於東夷，大禹出於西羌，世殊而地絕，法合而度同。故聖賢與道合，愚者與禍同。”晉代永嘉之亂後，它已經成為非漢人政權統治中國的理論依據。如鮮卑首領慕容廆在勸喻漢人大臣高瞻時，就說“且大禹出於西羌，文王生於東夷，但問志略如何耳，豈以殊俗不可降心乎！”（《晉書》卷一百零八，《慕容廆載記》附《高瞻傳》）。這雖與孟子上論字句有別，思想則是非常相近的。又案：據《慕容廆載記》，廆在漢人地區生活多年，故此言或出自漢人所教。若如此，則此材料足以說明這一觀念流傳之廣。

54　從上世紀初開始，出於種種內在和外在因緣，學者多從民族主義的角度解讀傳統儒學的華夷之辯，其論述之詳細給人的感覺是它們在當日廣為流行。實際上，它們在當時究竟有無影響，有多大影響，還是有待討論的問題。就以過去一個多世紀清學史研究重鎮王夫之為例。王的著作在1850年代正式刊行前，不過是為人秘藏的手稿，並不為世人所知，當然也談不上學術影響。

持。因此，所謂中國之道，與其說是文化民族主義，不如說是宗法倫理民族主義。這一點，恰恰是時下用文化民族主義解釋漢人與非漢互動所常常忽略的。

　　每個王朝為何可以在尊奉綱常倫理的同時，創建自己的禮樂制度呢？按照儒家觀點，王朝制度分為可變和不可變兩部分，"立權度量，考文章，改正朔，易服色，殊徽號，異器械，別衣服，此其所得與民變革者也。其不可得變革者則有矣；親親也，尊尊也，長長也，男女有別，此其不可得與民變革者也。"[55]

　　綱常名教是君臣父子社會秩序的基石，因而是不可改變的。正朔服色是天命和統治者的關係，天道無常，不允許天下為一家一姓永遠統治，而准許王朝輪替。易言之，一個新王朝的合法性不是來自前朝，而是源於天命，是上蒼的意志。要體現天命所在，就需改易制度服色。因此，在王朝易代之時，大一統的建立就與改制聯繫在一起；不改制度服色等，就體現不出天命對新王朝的眷祐。漢代儒學大師董仲舒對此有清楚的闡述："王者必改正朔，易服色，制禮樂，一統於天下，所以明易姓，非繼人，通以己受之於天也。"[56] 這種觀點成為社會共同接受的常識性知識，也是史家記述本朝制度的意識形態理由。漢代司馬遷著《史記·曆書》，在論及漢代曆法改制時，就強調是因為 "王者易姓受命，必慎其初，改正朔，易服色，推本天元，順承厥意"[57]。這種觀點的主導性後來並未因宋代新儒學的出現而改變，朱熹在和弟子論學時，特別強調這一點：

　　　　叔蒙問十世所因損益。曰："綱常千萬年磨滅不得。……但這綱常自要壞滅不得，世間自是有父子，有上下。羔羊跪乳，便有父子；螻蟻統屬，便有君臣；或居先，或居後，便有兄弟；犬馬牛羊成群連隊，便有朋友。始皇為父，胡亥為子，扶蘇為兄，胡亥為弟，這個也泯滅不得。"[58]

55　《禮記·大傳十六》。

56　蘇輿：《春秋繁露義證》。

57　司馬遷：《史記》卷二十六《曆書第四》。

58　朱熹：《朱子語類》卷二四。

董仲舒的"天命"和朱子的"天時之常"都提醒我們，對傳統儒家來說，正朔制度、衣冠隨王朝更替而來的變化，是天命的體現。他們這裏沒有討論的一個問題就是被統治者和王朝制度的關係。並不是他們有意無意地忽略了，而是從倫理綱紀的角度，這根本就不是問題。按照儒家"普天之下，莫非王臣"的觀念，一個人一旦出生於這個世界上，所生所養，都是君王所賜，即使是從報恩的角度，為子為臣的對為父為君的制度，就只有遵守奉行，否則就是逆倫悖天。關於這個問題，將在本文第三節做進一步的論述。

既然外在制度是可變的，則儒家精英對非漢人群"中國之"的標準，就不是更換衣服姓名與否，而是要誠心服膺儒家綱常倫理。如果接受綱常禮教，即使保留非漢風俗，也是"華"或"中國"人。否則，即使其身有中國的行為舉止，而其心背棄禮教，也不是中國人。關於這一點，晚唐士人程晏在他的《內夷檄》中有過清楚的論述：

> 四夷之民長有重譯而至，慕中華之仁義忠信。雖身出異域，能馳心於華，吾不謂之夷矣。中國之民長有倔強王化，忘棄仁義忠信，雖身出於華，反竄心於夷，吾不謂之華矣。竄心於夷，非國家之竄爾也，自竄心於惡也。豈止華其名謂之華，夷其名謂之夷邪？華其名有夷其心者，夷其名有華其心者。是知棄仁義忠信於中國者，即為中國之夷矣。不待四夷之侵我也，有悖命中國，專倨不王，棄彼仁義忠信，則不可與人倫齒，豈不為中國之夷乎？四夷內向，樂我仁義忠信，願為人倫齒者，豈不為四夷之華乎？[59]

既然如此，非漢群體的語言服色與漢人世界產生的綱常倫理就可以並行不悖。更重要的是，他們可以把自己的風俗習慣，以新王制度順天應人為依據在漢人群體中推行。清朝入關後，出仕清廷的漢官就是以此為新朝辯護的。順治六年的狀元劉子壯在他的策論中就用儒家的文質之辯來重新解釋滿漢文化之別，為

59　《全唐文》卷八百二十一。

滿洲統治辯護。他說，"滿人尚質，以文輔之；漢人尚文，以質輔之"。他還認為滿漢的風俗差別，並不影響雙方信奉相同的倫理規範。相反，雙方一文一質，相輔相成，能夠移風易俗：

> 習俗雖不齊，道德同之也；音語雖未通，氣類習之也；意見雖偶殊，義理達之也。一文一質，方將變通古今，轉移造物，而何所不化之畛哉。[60]

這種觀念在清朝與南明勝敗難分的 1650 和 1660 年代，也許不太流行，但在 1680 年代，隨着清朝統治的穩定即成為漢人精英政治認同的基礎。一個例證就是黃宗羲。黃氏早年從事反清活動，晚年轉向清朝，去世前甚至遺命"殮以時服"。[61] 清末以來，一直有學者批評黃氏喪失民族立場。其實，這是用現代民族主義的觀點解釋黃的思想，如果從儒家禮樂制度更化的理論看，黃的變化再正常不過了。他早年忠於明朝，故只認同明朝衣冠制度，晚年接受清朝統治，自然會認可其衣冠制度。

有這類的理論作後盾，清朝入關時就可以堂而皇之地廢除明朝的衣冠制度，進而把自己的制度服色，以天命的名義加以保留並在漢人社會推行。入關之初不久，清統治者就把這套話語運用自如了。多爾袞以此為剃髮令辯護："本朝何嘗無禮樂制度？今不尊本朝制度，必欲從明朝制度，是誠何心？"[62] 這裏，他巧妙地迴避了滿漢差異，而用本朝和前朝之別來為滿洲風俗辯護，如果不了解禮樂制度變化的二重性，或只強調現代民族觀念，多爾袞的話似乎莫名其妙，甚至強詞奪理。但是，如果從儒家有關王朝認同和禮樂變更的話語來分析，就不難看出他的論辯是非常言之成理的。

60　劉子壯的策論見章士：《禮義叢話》卷八。

61　此遺囑見其子黃百家所著《先遺獻文孝公梨洲府君行略》，見《黃宗羲年譜》，北京：中華書局，1993 年，第 69 頁。

62　《多爾袞攝政日記》順治二年五月二十九日條。

　　另一個例子是《皇朝文獻通考》對國語騎射的官方敘述。國語騎射可以說是滿洲認同最核心的內容，與漢人社會的文化傳統距離最遙遠，如果從漢化論和"新清史"的視角，與後者可謂水火不容。但是，《通考》編纂者不僅堂而皇之地將其收入該書，而且還從儒家倫理中找出最簡明而雄辯的說辭為之辯護。它是如何辯護的呢？就是簡單的一句"尚騎射翻譯以遵祖制"[63]。這看似平平淡淡的一句話，實際上是以儒家宗法倫理的根本 —— 祖制，做維護滿洲認同的核心，並為其鑄造了一個堅實無比的保護傘。儒家不是講孝道嗎？孔子不是強調父沒三年不改其道嗎？《禮記》如上所述，不是講親親之道，永遠不變，而且放諸四海而皆準嗎？敬天法祖不是歷代儒家倡導的立國之本嗎？既然如此，清朝從維護祖制的角度，倡導國語騎射，不是天經地義之事嗎？歷來談論滿洲貴族和儒學關係者，總是把前者學習儒學視為漢化，不知將如何解釋這種相反而相成的現象呢？

　　現在，讓我們回到前面討論過的漢化論和"新清史"所存在的兩個問題：如何理解清朝政權的非漢特徵？如何認識清代漢人何以能夠接受非漢特徵？這兩個問題，如果從這兩派學者所秉持的現代民族觀念的角度，是難以解釋的。但是，如果回到儒家王朝認同，從王朝認同變與不變的二重性和互補性來思考和分析這些問題，就會發現滿洲風俗與衣冠制度，恰恰可以通過從外族之制向本朝制度的華麗轉化，來贏得自身存在、發展乃至擴張的空間和理由。顯而易見，正是儒家文化提供了化解橫亙於漢人社會和非漢文化、制度、習俗種族壁壘的融化劑，也為非漢群體在接受儒家倫常的同時，保留、延續、甚至在漢人社會推行自己的文化傳統，或根據新的政治經濟形勢（如本文所強調的早期全球化）重新解釋儒家禮樂傳統，提供了充足的意識形態理由。下面，我們通過分析《皇朝文獻通考》的《象緯考》《輿地考》《四裔考》來考察這種大一統話語的重建。

二、從分野到經緯：科學革命與大一統的重建

如上所述，在儒家大一統觀念架構中，天是人間秩序的終極來源，王朝統治的合法性和正當性都是上天賦予的。人道是天道的體現，人主和"天"的溝通不僅在於自身的德行和仁政，還在於通過四時節氣、天文曆法的精確描述和預測，昭示天道之所在。因此歷代王朝都對天文曆算、分野之學十分留意，建立專門機構聘人研究。清朝在這方面也不例外，為了"揆天察紀，明時正度"，入關伊始就恢復天文觀察，頒佈新曆法。乾隆本人更是自覺地從"昭大一統之盛"看待官方組織的天文觀測和輿圖地理之學研究。乾隆十六年，也就是平定準噶爾叛亂勝利之時，他頒佈諭旨，宣佈：

> 西師奏凱，大兵直抵伊犁，準噶爾諸部盡入版圖。其星辰分野、日月出入、晝夜、節氣時刻，宜載入《時憲書》，頒賜正朔。其山川道里，應詳細相度，載入《皇輿全圖》，以昭中外一統之盛。[64]（着重號為引著所加）

但是，隨着清代的疆域開拓，漢地舊有的地理、天文知識架構已經無法涵蓋大一統帝國的新版圖。這集中體現於本文將要討論的，在新的政治形勢下儒家經典天文系統的"分野"架構與大一統帝國版圖的脫節，這事關清朝多民族帝國的合法性。為解決這個問題，《皇朝文獻通考》用近代西方科學產生的"經緯"系統取代傳統的"分野"體系。

先從何謂分野談起。分野是先秦時代天人感應論、天文學占星術綜匯融合的產物。[65] 根據班大為（David W. Pankenier）武王伐紂的天文社會學研究，早在商周之際，人們已經相信不同的地域、不同的群體，都和天空不同的星座相對應。星宿的變化就是上天的意志，地上的人群應根據星宿的變化出入耕獵，

64　《乾隆實錄》卷四百五十，乾隆十八年六月癸丑。

65　參見陳美東：《中國古代天文學思想》，北京：中國科學技術出版社，2007年，第722頁。

攻守征伐。[66] 班大為還從同樣的視角對歷史上著名的晉楚城濮之戰做過精湛的研究。根據他的研究，武王克商時所使用的分野星占術到春秋戰國時代仍然在政治軍事活動中佔有重要位置。就在這一時代，人們已經把天上的二十八宿和戰國時代中國境內的不同地域，建立起一一對應的關係。[67]

　　到西漢之時，司馬遷秉承歷代遺留的天文星占學說，對此做出如下理論總結：自初生民以來，世主曷嘗不歷日月星辰？及至五家，三代，紹而明之，內冠帶，外夷狄，仰則觀象於天，俯則法類於地，天則有日月，地則有陰陽，天有五星，地有五行，天則有列宿，地則有州域。[68] 那麼，地上的州域與天上的列宿是如何匹配的呢？從《呂氏春秋》《淮南子天文訓》《漢書天文志》提供的信息看[69]，"全部二十八宿"，如班大為所言，"都分配給了華夏十二州，沒有為非中國人留下餘地"[70]。從兩漢到清初，這種以漢人為中心的分野體系代代相承，一直為有關學者沿用。[71] 明代初年，劉基奉太祖朱元璋之命，編著《大明清類天文分野之書》，以經典為依據，詳述二十八宿與明朝十三布政司及京師直隸州縣的分野對應關係。[72]

　　隨着康乾時代邊疆戰爭的勝利，蒙古、西藏、新疆等昔日不在傳統分野範圍的地域，進入了清朝的版圖。傳統分野體系與清朝大一統國家新格局的矛盾顯現出來。乾隆首先指出傳統分野說的問題："夫天無不覆，星麗乎天，亦當無不照。豈中國之外，不在此昭昭之內乎？……而今拓地遠至伊犁、葉爾羌、喀什噶爾，較《禹貢》方隅幾倍蓰，其地皆在甘肅以外，將以雍州兩星概之

66　班大為：《中國上古史揭秘：天文考古學研究》，徐鳳仙譯，上海：上海古籍出版社，2008 年，第204 頁。

67　同上書，第 252 — 286 頁。

68　《史記》卷二十七《天官書》。

69　有關《呂氏春秋》和《淮南子》中的分野觀，見班大為：《中國上古史揭秘：天文考古學研究》，第 200 頁。有關《漢書》中的分野資料，見卷二十六《天文志》。

70　班大為：《中國上古史揭秘：天文考古學研究》，第 7 頁註 1。

71　一個簡要的說明，見馬端臨《文獻通考》卷二百八十，《象緯考》三。

72　詳參《大明清類天文分野之書》（續修四庫全書本）卷首劉基進表所作的說明。有關二十八宿和地域對應，參看同表簡要說明，第 610 — 611 頁。

乎？"[73] 與《皇朝文獻通考》同時編著的《皇朝通志‧天文略》以乾隆此論為基礎，作了進一步發揮，認為"我國家東漸西被數萬里版圖，了如指掌，豈區區分野所能盡耶？"[74] 表面上看，這是傳統分野說無法涵蓋清朝新邊疆的問題，但如果從分野框架背後的天人一體理論看，這個問題實際上關係到清朝多民族帝國建立的正當性問題。既然清代的新邊疆不在儒家經典闡發的天道範圍之內，將其併入版圖的合法性何在呢？這不是一個純粹的學術問題，而是一個擺在乾隆面前關係到他的開疆拓土之功及政治合法性的問題。

作為一位雄才大略之主，乾隆當然不為傳統所束縛，他明確否定分野作為天道的地位，在《題毛晃〈禹貢指南〉》一詩最後一句中清楚地闡明此義，"獨於分野稱星宿，未識恢恢天道寬"。分野說並不是天道，拘泥於分野，不是通曉天道，而是無知的體現。他又是從何處取得反駁分野說的天算知識呢？從《皇朝文獻通考》的《象緯考》看，書中大量摘引康熙以來編著的《曆象考成》《曆象考成續編》並加以注明，可見乾隆用以批駁分野說的理論依據是康熙以來傳入中國的西方科學新知。[75]

作為一個熟悉儒家文化的精英群體，乾隆和《皇朝文獻通考‧象緯考》的編纂者未嘗不知道惟古是尊的漢人文化傳統。但是，在處理傳統分野理論時，他們卻大膽地站到傳統的對立面，強調古今天文曆法之學的趨勢，是由粗轉精，由疏入密，後來者居上。"雖有聖人，莫能預定"，既然無法預知它的發展趨勢，唯一的途徑就是"隨時實測，取其精密，…… 斯為治曆之通術，而古聖欽若之道，庶幾可復於今日矣"[76]。易言之，古聖天道，不是靠保守殘缺獲得的，而是建立於最新觀測成果之上。因此，特別強調"欲明天道之流行，先達

73　《乾隆御製詩集四集》卷十七，《題毛晃〈禹貢指南〉六韻》。關於乾隆詩注的討論，見喬治忠、崔岩：《曆象考成清代歷史地理學的一次科學性跨越：乾隆帝題毛晃〈禹貢指南〉六韻》，載《史學月刊》2006 年第 9 期，第 5 — 11 頁。

74　《皇朝通志》卷二二，《天文略》五，北極高度條。

75　《象緯考》是摘抄《曆象考成》及其《續編》著成的，這從該考注明的出處就可以看出。

76　《皇朝文獻通考》卷二五七，《象緯考》二，第 7163 頁。

地球之圓體"[77]，這裏所說的"地球之圓體"，顯然是引自西方的地圓説理論[78]，要明天道必先了解西方新知，這對於基於上古原始天文知識而建構的分野論的權威性，無異是釜底抽薪之擊。

有了這樣的理論預設，清廷自然可以用西方傳入的近代科技知識構建的經緯系統取代傳統的分野之説。乾隆朝編纂的《清朝三通》就公開以乾隆上引詩中的觀點為依據，批評儒家經典所持分野説的荒誕不經：

> 星土之文，見於《周禮》，雜出於內外傳諸書，其説茫昧不可究窮。伏讀御製《毛晃禹貢圖詩》注中已斥其謬，鄭樵襲舊史，載入略內，殊失精當。今備列京師各直省及蒙古回部金川所測量北極高偏，以推晝夜長短、節氣早遲，則我國家東漸西被數萬里版圖，了如指當，豈區區分野所能盡耶？[79]

《皇朝文獻通考·象緯考》固然沒有正面批評分野説，但是通篇未提星宿和地域的對應關係，而是根據西方測量方法得出的結論，注明全國特別是蒙古、新疆、東北等數百個地點的經緯度，用西法構建的參照坐標系取代中國三代以來代代相承的分野系統。[80]

該考還根據西方對南天星的觀察成果，新增了150顆星，實際上暗示出傳統的以二十八宿為中心的星象資料的不完整性。[81]而且，我們在《皇朝文獻通考·象緯考》中發現，乾隆還下令將這些地區的經緯度收入向全國乃至周邊屬國（朝鮮、琉球）頒發的時憲書中：

77　同上書。

78　關於清初地圓説的傳播，詳見路放：《跨文化知識傳播的個案研究：明清之際地圓説的爭議，1600—1800》，載《中央研究院歷史語言研究所集刊》第 79 卷第 32 期（1998），第 589—670 頁。

79　《皇朝通志》卷二十二，《天文略》五，北極高度條。

80　有關這些地區的經緯度，詳參《皇朝文獻通考》卷二百五十一，《象緯考》六。

81　《皇朝文獻通考》卷二百四十九，《象緯考》三，第 7083 頁。

　　［乾隆］二十二年十月丁丑庚申朔頒《乾隆二十三年時憲書》，增列新闢準噶爾回部及新附外藩晝夜節氣時刻，並分列盛京東北諸方於首。其增列之名二十。曰巴里坤，曰濟木薩，曰烏魯木齊，……曰哈什，曰伊犁，曰博羅塔拉，……曰塔爾巴哈台，……[82]

時憲曆是官民日常必備之物，這樣做就是要提醒他的臣民，帝國的大一統疆域不僅限於漢人居住的中原，還包括內陸亞洲的廣大新區域。這裏出現了一個新問題，為何在清朝統治者心目中，內地民眾需要熟知邊疆地區？這與儒家"普天之下，莫非王土"的觀念有關。關於這個問題，我們在下一節作進一步討論。

　　從現有資料看，測定全國經緯度所使用的技術完全是 16、17 世紀隨着大航海發現應運而生的近代科學新成果。關於康熙以來的地圖測量所採用的技術，現存最重要的文獻是當事人雷孝思（Jean Baptiste Regis, 1663 — 1738）所寫的一份報告，這份報告被法國學者杜赫德（Jean-Baptiste Du Halde, 1674 — 1743）部分收入其所著的中國歷史書中，其中寫道：

　　　　我們（雷孝思）認為採用三角測量法最佳。……在我們之前，已有一些耶穌會的教士在若干城市進行過月球和木星衛星的觀測。對他們取得的成果我們深感滿意，雖然我們也對少數不符我們尺度之處作了校正。[83]

1930 年代，翁文灝根據這一材料，對清初地圖測量作了初步的研究，但他沒有討論所使用技術的來籠去脈，也沒有說明這些技術的價值。[84] 實際上，三角測量法是荷蘭人斯奈兒（Willebrord Snellius, 1580 — 1626）發明的，木星衛星觀測法，又叫木星月食法，是伽利略（Galileo Galilei, 1564 — 1642）在 1610 年前後

82　《皇朝文獻通考》卷二百四十七，《象緯考》三，第 7261 — 7262 頁。

83　杜赫德：《測繪中國地圖紀事》，載《歷史地理》，第 2 輯，第 109 頁。

84　翁文灝：《清初測繪地圖考》，載《地學雜誌》第 18 卷第 3 期（1930），第 35 頁。

發現的 [85]，而且是因新航路發現後全球化趨勢的需要應運而生的。很顯然，清代康乾時代使用的測量方法，採用的都是西方較新的理論發現。

　　乾隆用西方科學挑戰漢人傳統的分野説，何以沒有引發漢人精英的廣泛反感？這首先與分野説本身的欠缺有關。分野説把二十八宿和中國內地一一對應，似乎是假定天上星體，除照耀中國外，其他地域的人無法看見。這種假設的荒謬性，漢唐以後，隨着國人知識視野的擴大而日益為人所知。宋代學者周密也認為"二十八宿配十二州分野，最為疏誕"，因為"外國動是數萬里之外，不知幾中國之大"[86]。到萬曆以後，中國本土天文曆法體系的弊病日益明顯，相形之下，傳教士引入的西方理論學説展現出明顯的優勢。相對於本土體系陳舊臆斷的缺陷，西方天算長於實測的特色使人敬慕。其間雖有保守派（如楊光先）強力反彈，但終因技不如人，在和西方天算的競爭中一敗再敗，終於失去了在官方天文研究機構的信譽和影響力。[87]

　　與此同時，漢人精英鑒於明清之際日益嚴重的危機，從倡導玄思的宋明理學轉向強調證據的經世和考證之學。他們的治學之路，在講求實證方面，與西方算學有許多相似之處，對西算實測的方法論頗有好感。甚至理學家（如李光地）也覺得分野説"眇明荒忽"，認為當時各種分野説"惑世誣陷民之尤者歟"[88]。因此，當時的漢人學者對於西方科學在情感上固然不無抵觸之意，但在學理上卻不能不正視西方科學的長處。他們雖然強調"西學中源"，或將研習西算自嘲

85　這是根據蔡雅芝《經緯度的故事》（http://tw.myblog.yahoo.com/jw!9_0zqEuABRW4L0AaiaSZ9Q--/article?mid=525）。有關三角測量方法，參看張赤軍：《清代大地測量技術興衰》，載《大地測量與地球動力學》第 27 卷增刊，第 1 — 2 頁。時下論述康熙、乾隆年間地圖測繪之學的論文不少，但對當時所用方法的來歷和價值，很少有清楚的解釋。筆者也是根據蔡雅芝文提供的材料，才知道木星月食法是伽利略發明的，而伽氏的發明，最初是為解決大航海時代來臨後出現的海船定位問題。

86　周密：《癸辛雜識》後集《十二分野》。

87　詳參徐海松：《清初士人與西學》，北京：東方出版社，2000 年。

88　李光地：《榕村集》卷二十，《規恆宿野之理》。

為"禮失而求諸於野"[89]，但既已"失傳"，需要"求諸於野"，正說明中國"古"有而"今"無，中國"禮"的國度"缺"而西方"野"的世界"存"，可見他們對當下本土科學與西方的差距是有清醒認識的。當然，這也使他們面對偏好西方天算之學的清朝皇帝，失去了心理上和學理上的優勢，無法用儒家道統之尊相抗衡。

在這樣一個漢人內部傳統天算權威頓失，思想文化急劇轉變的背景下，康雍乾三帝自然可以無所顧忌地任用西教士掌管欽天監，質疑、修訂和補充漢人經典化的天文曆算系統，公然把儒家經典闡發的分野說，嗤之為不符合天道的"拘墟之見"，代之以西方近代科學所建立的經緯系統，彰顯清朝多民族國家的"一統之盛"。

三、從"九州"到"本朝之制"

《皇朝文獻通考・輿地考》認為，"分土辯方"的輿地之學，是為了"昭大一統之盛"。如果舊有的地理敘述框架不能達到這個目的，後人也無需"拘牽前例，以古州名冠諸當代之版章"[90]。到乾隆時代，隨着邊疆戰爭的勝利，傳統的以九州為基礎的地理敘事架構與清朝多民族帝國政治格局的脫節日益明顯。清朝通過以"本朝之制度"取代"九州"框架的方式，對這一問題加以解決。

周秦之際流行的一種觀點，就是認為天下由九個州組成，大一統因而就是九州一統。[91]"九州"的概念，萌芽於夏商周時代，最後系統闡述於戰國前後成書的《尚書・禹貢》，藉助大禹聖王的光環和《尚書》的經典地位，成為對大一

89　有關"西學中源"說，詳參王揚宗：《禹貢"西學中源"在明清之際的由來及其演變》，載《大陸雜誌》第 90 卷第 6 期（1995），第 39 — 45 頁；王揚宗：《康熙"三角形推算法論"簡論》，載《或問》2006 年第 12 期，第 117 — 123 頁；韓琦：《明清之際"禮失求野"論之源與流》，載《自然科學史研究》2007 年第 3 期，第 303 — 311 頁。

90　《皇朝文獻通考》卷二百六十九《輿地考》一。

91　詳參顧頡剛：《秦漢一統的由來和戰國人對於世界的想像》（《古史辨》第 2 冊，上海：上海古籍出版社，1981 年），以及傅斯年、張蔭麟與之商榷的文章。

統政治空間的一種權威界定。[92] 此後，"九州"就成為中國的一個代稱。隨着不同王朝疆域的變化，九州的範圍也時伸時縮，大體上指長城以內的中國內地。唐人杜佑著《通典》，首先把歷代郡國納入《禹貢》九州的框架。馬端臨稱之"條理明辨"加以仿效，將歷代地理"悉以附禹九州之下。…… 其不合禹九州者，悉改而正之"[93]。

　　馬氏這樣做，有深意存焉。其一是要從儒家經典的角度否定元代的"大一統"，他以《禹貢》九州為框架，正說明他理想中的大一統秩序就是《禹貢》九州的範圍，也就是長城以內地區的統一。馬氏《通考》成書於元代大統一之後，所論地理卻限於《禹貢》九州範圍之內，表面看是由全書論述下限截止到宋亡的體例所致，但是北宋西失雍州於西夏，北失冀州於契丹，到了南宋，更是中原淪陷，故兩宋疆域遠遠小於《禹貢》九州的範圍。馬著以後者為綱，即可說明宋土雖窄，無悖聖人之道，元土雖廣，不合三代之規。

　　更有甚者，在馬氏看來，元代拓土雖廣，卻都是開邊挑釁，禍亂生靈的荒謬之舉。不過，馬氏深知此論可能給自己帶來的政治風險，只能藉批評秦皇漢武委婉道出。他引用劉覬《武指》闡述自己的觀點：

　　　漢武經營深入，連兵三十年，中國罷耗，匈奴亦克，是為下策。秦築長城，勤於轉輸，疆境完而中國竭，是為無策。…… 夷狄之人，……政教不及其人，正朔不加其國，來則懲而御之，去則備而守之。慕義而接之以禮讓，使曲在彼，蓋聖王御蠻夷之常道也。[94]

既然聖人駕馭四夷的常道不在開疆拓土，這不是暗指元人東征西伐，拓土開疆不合聖人之道嗎？這些當然是筆者的大膽推斷，尚有待於更多史實的證實。不

92　關於《尚書·禹貢》的成書年代，有戰國說、春秋說等，詳參華林甫的學術綜述《〈禹貢〉的成書年代》，載《中國史研究動態》1989 年第 10 期。另參周振鶴、李曉傑：《中國行政區劃通史（總論、先秦卷）》（上海：復旦大學出版社，2009 年）第六章中有關討論。

93　《文獻通考》卷三百一十五，《輿地考》一《總序》。

94　《文獻通考》卷三百四十八《四裔考》二十五，卷尾跋語。

過，揆度宋元之際殺戮之殘，於當日情實，不中亦不遠也。

馬氏否定漢唐拓邊，以中國內地為大一統秩序之極致的觀點在明代得到廣泛的共鳴。不僅王昕在《續文獻通考》把《輿地考》的範圍限制於今日中國內地，就是明中葉到清初的其他史地著作，從嘉靖年間張志復的《皇輿考》、萬曆時代王士性的《廣志繹》，再到清初顧炎武的《天下郡國利病書》《肇域志》、顧祖禹的《讀史方輿紀要》，乃至當時各類民間地理讀物，如《萬寶全書》《天下水陸途程》，無不以長城以內為疆域範圍。[95]

與這種政治空間相配合的是否定開邊拓疆之功。明人桂彥良的一段話可為代表性意見：

> 夫馭戎狄之道、守備為先，征伐次之，開邊釁，貪小利，斯為下矣。故曰天子有道，守在四夷。言以德懷之，以威服之，使四夷之臣各守其地，此為最上者也。若漢武之窮兵黷武，徒耗中國而無益；隋煬之伐高麗，而中國蜂起；以唐太宗之明智，後亦悔伐高麗之非、是皆可以為鑒，非守在四夷之道也。今海內既平，車書混一，蠻夷朝貢。間有未順，當修文德以來之，遣使以喻之，彼將畏威懷德，莫不率服矣，何勞勤兵於遠哉？[96]

---

95 關於明代地圖的發展，參看艾爾曼：《明清的邊疆防禦：中國版圖的內轉與清朝 18 世紀在中亞的擴張》（ Benjamin Elman, "Ming-Qing Border Defense: the Inward Turn of Chinese Cartography, and Qing Expension in Central Asia in the Eighteenth Century" ），網址：http://www.princeton. edu/~elman/，訪問日期：2018 年 3 月 15 日。有關明代地圖中的中土疆域，參看李孝聰：《歐洲收藏部分中文古地圖敘錄》（北京：國際文化出版公司，1996 年）所收錄的地圖。顧炎武的《天下郡國利病書》，顧祖禹《讀史方輿紀要》都以九州為各自的地理敘述框架。

96 《皇明經世文編》卷七《上太平治要十二條》。類似議論在《皇明經世文編》中不一而足。張居正認為，雲南邊外屬 "土夷雜種，譬之狐鼠鼪鼬，據險為固。得其地不可耕也，得其人不可使也，以國初兵力之強，高皇帝之威，豈不能畫野而郡縣之，勢不可也"（《皇明經世文編》卷三百二十八，《答雲南巡撫何萊山》）郭子章認為："東漢閉玉關，宋捐大渡河以外，史冊以為美譚。本朝交州之棄，河套不取，二百年來，未嘗以廟堂為失策。"（《皇明經世文編》卷四百一十九，《看議播界疏》）

在這種背景下，如果乾隆和《皇朝文獻通考》的纂修與馬端臨一樣，仍沿用《禹貢》九州的框架，就會凸顯其刻意追求的一統之盛有悖於"天子有道，守在四夷"的儒家經典傳統。

解決問題的答案之一就是用"本朝之制"代替"九州"框架。如前所述，儒家從統治者的視角，認為天命靡常，王朝更替、制度變化是天命所為，以此解釋禮樂更化的必要性。它還從"普天之下，莫非王土"的角度，說明被統治者為何必須接受新朝之制。這套話語的廣泛流行，是乾隆和他的詞臣可以無所顧忌地高揚清朝"本朝之制"的原因之一。"普天之下，莫非王土"之說雖然盡人皆知，但具體討論過這種觀念是如何影響明清以來民眾政治行為及其選擇的文章，卻寥寥無幾。對此問題，筆者從討論四庫館館臣對金元之際詩人元好問政治態度的一段論述開始：

> （元好問）於元，既足踐其土，口茹其毛，即無反咒之理。非獨免咎，亦誼當然。[97]

金代詩人元好問入元後很少有反元議論，這段論述對此提出了自己的解釋，說明他為何不當有反元之論。其討論的前提是，人既然生活在一個王朝統治之下，所居之土，所食之物，都是皇朝君主所賜，因此不當背恩忘義，行反叛之事。這些觀點與我們時下思想史論著中常討論的孟子"民貴君輕說"、黃宗羲的"天下乃天下人之天下"說等所謂古代民主思想的萌芽完全對立。今人論及古代政治，喜談孟子君輕民貴之說，而對此類強調君權的觀念，除貶斥之外，很少認真討論。其實，孟子之論在帝制時代究竟於士人政治認同有無影響，有多大

97　《四庫全書總目提要》卷一百七十三《愚庵小集》條。陳寅恪《柳如是別傳》（上海：上海古籍出版社，1980年，第1023 — 1024頁），對於四庫館臣此段論述，另有不同解釋，蓋有為而發，因與本文主旨無涉，不再討論。

影響，仍是一個有待討論的問題。[98] 而四庫館臣上述的觀點，究竟是清廷的新發明，還是一種歷史悠久、規範中國傳統社會乃至明清時代不同階層處理王朝認同問題的政治倫理呢？如果分析它的起源以及與前此政治理念的異同，就不難找到這個問題的答案。

四庫館臣上述觀念首出《左傳·昭公七年》，原文為"封略之內，何非君土，食土之毛，誰非君臣？故〈詩〉曰：普天之下，莫非王土，率土之濱，莫非王臣"。雖然《左傳》討論的是周代的君臣倫理，但這一政治原則隨着儒家在兩漢以後國家意識形態化，成為帝制時代官民朝野信奉的政治理念。其中的具體過程固然複雜漫長，有待於進一步的研究，但佔據社會主導地位的趨勢是顯而易見的。而踐毛食土之論，則是明末以來朝野公私信奉並擁有號召力的政治觀念。清初著名明遺民屈大均就是以此解釋為何上自士大夫，下到平民百姓都當為明朝死節："（有明）三百年來，踐土食毛，誰非臣工？"[99] 這種觀念的影響可從當時發佈的各類檄文中得到證實。

明清之際，內地士紳在起兵抗清，或對抗李自成之時，常發佈檄文。這些檄文，如果不使用當日民眾接受的觀念，就不足以影響輿論，擴大自己的號召力，從而獲取社會各階層的支持。"世受國恩"就是這些文告用以鼓動民眾，捍衛復興明朝的思想武器，而研究這些文告中的政治思想，遠比研究精英人物的理論著述，更容易使我們看到明清之際通行的政治觀念。這裏引一篇李自成佔領北京後不久，江南士人發佈的一篇檄文：

> 昔我太祖高皇帝手挽三辰之軸，一掃腥膻；身鍾二曜之英，雙驅誠、諒。歷年二百八紀，何人不沐皇恩？傳世一十五朝，寰海盡行統曆。迨我皇上崇禎御宇，十有七年於茲矣……嗚呼！即爾紛然造逆之輩，疇無累世沐養之恩？……莫非王土、莫非王臣，各請敵王所愾；豈曰同

98　筆者近來為此問題收集有關資料，重新翻閱二程、朱子和陸王的文集語錄，意外地發現他們很少討論這個問題。孟子民貴君輕說之所以被重視，更多的與西方民主觀念在中國的傳播有關。關於這個問題，筆者另有專文論述，這裏不作進一步申論。

99　屈大均：《四朝成仁錄》卷八《廣東州縣起義傳》"屈大均曰"。

袍、豈曰同澤，咸歌"與子同仇"。聚神州、赤縣之心，直窮巢穴；抒孝
子、忠臣之憤，殲厥渠魁！ [100]

這篇華麗激昂的文辭，強調的是下列三點。其一，普天之下，都是朱明皇帝的
產業；其二，大明統治二百餘年，每個人和他們的祖先，都已受明朝的"累世
沐養之恩"；其三，既然世受沐養之恩，臣民不當反叛，而應當與朝廷同仇敵
愾，消滅叛逆。把它和前引四庫館臣，前引屈大均的觀點做一比較，三者之間
沒有太大差異。而且，它與黃宗羲在《明夷待訪錄・原君篇》中所批評的朱子
"君臣之義，無所逃於天地之間"論十分相近。[101] 此外，它與雍正年間石成金所
編通俗讀物《傳家寶》中的政治理念很相似。[102] 屈大均、陳函輝乃明末士人，石
成金為康熙、雍正之際下層士人，黃宗羲所批評的是他所處時代士人的流行看
法，他們與四庫館臣在這個問題上如此一致，說明四庫館臣的觀點並非清廷的
發明，而是沿用漢人社會不同階層共同接受的政治信仰。

　　其中唯一沒有論及的是王朝易代之際的恩義變遷問題。[103] 從一些明清之際士
大夫的行事看，當日普遍的觀點是，王朝易代乃天命所為，每個王朝都會盛極
而衰，為新王朝所取代。一個王朝為另一個王朝取代後，前朝對天下莫非王土

---

100 《明季南略》卷五，臨海陳函輝《討賊檄》。

101 黃宗羲在《明夷待訪錄・原君》中將這句話提出來，斥為"小臣之言"。實際上，這本自朱熹的原
　　話，見朱子《近思錄》卷之二："父子君臣，無所逃於天地之間。" 另外，《朱子語類・卷十三・
　　學七》："看來臣子無說君父不是底道理，此便見得是君臣之義處。莊子云，'天下之大戒有二：命
　　也，義也。子之於父，無適而非命也；臣之於君，無適而非義；無所逃於天地之間。' …… 卻不
　　知此是自然有底道理。"

102 石成金在《傳家寶》（天津：天津社會科學院出版社，1992 年，第 22 頁）闡述為何當"敬上"時說：
　　"皇帝每年費了幾千萬錢糧，在各省各州各縣設立許多大小官員，設立許多城垣兵馬，都是代你們
　　百姓保護安穩，…… 此等皇恩，就該時刻莫忘了。"

103 這是一個宋元以來儒家學者很少討論的問題，筆者曾查檢《朱子語類》，竟沒有涉及任何與王朝易
　　代有關的學術問題，這一空白，或許與學者們趨吉避凶有關。蓋王朝易代問題，不僅敏感，而且
　　如我們今日日常生活中經常迴避的死亡破產之類的問題，與人以不祥之感，故學者有意迴避。朱
　　子即使討論伯夷叔齊這樣的殷商遺民，也沒有像明清之際的學者那樣，從恪守臣節，不事二姓等
　　易代之際士人出處的角度加以討論。關於明清之際伯夷叔齊論，參看趙園：《明清之際士大夫研究》
　　第五章第二節。

的控制權，就自動轉讓給新朝。在舊朝出生入仕的人，應當答謝前朝君主的恩德。明亡之時，有一士人決心殉國，他給出的理由是"一登賢書，一食廩餼，尺寸皆是先皇所賜也"[104]。但是，那些在新朝出生入仕的人，所食、所居、所用既然全來自於新朝，自然要忠於新朝君主以為答謝。

這種觀點的廣泛影響，從當時拒絕認同新朝的遺民所處的道德上的兩難，就可以得到證實。一個明顯的事例是清初著名詩人、學者顧炎武的好友歸莊。歸莊曾感慨遺民難為，痛感明亡後即使他在"吳中所生之鄉，猶非吾土也"[105]。按照上述觀念，這種觀點背後的邏輯是，因為清朝統治穩固後，普天之下，莫非清土，他的"吳中所生之鄉"自然也歸清朝所屬，而非歸莊認同的明土。歸莊食清土之食，衣清土所生之衣，理當答謝清朝之恩，不當與清朝為敵。他以明遺民的身份拒絕新朝，就有失去道德合理性的危險。有些遺民無法接受這種尷尬，乾脆以死明志。[106]歸莊們的憂慮和不安恰恰說明這種觀點在當時江南漢人社會的主導性，也正是這種主導性才會讓他們感到壓力。

在"莫非王土，莫非王臣"的政治觀念影響下，漢人對於清朝本朝之制的認同自然是不言而喻的，這種認同在三藩之亂時已很明顯[107]，到乾隆修纂《皇朝文獻通考》時，變得更加穩固。這不僅體現於許多著名漢人學者為歷史上非漢政權的辯護[108]，而且體現於一般士人的政治理念中。朝鮮使臣朴趾源乾隆年間曾在北京和一位漢人官僚王鵠汀聊起明清易代，王特別引用清朝的觀點，強調清朝"得國之正，無憾於天地"，還認為清朝"大公至正，扶綱植常，自三五（三皇五帝）以還，未之聞也"[109]。

---

104 《明季南略》卷九，"徐研沉虎丘後溪死"條。

105 《歸莊集》卷六《已齋記》。

106 例如，明臣王毓著在順治二年清兵如武林後，決意自決。在他看來，是因為"欲退躬耕，已非故家物土"。查紀佐：《國壽錄》，台灣《明代傳記叢刊》本，第73頁。

107 魏斐德（Frederic Wakeman）在其名著《洪業》（南京：江蘇人民出版社，2008年，第1013 — 1020頁）中已注意到這一點，但他沒有從漢人社會內部的王朝認同框架做進一步的解釋。

108 詳參張壽安：《凌廷堪的正統觀》，見國立中山大學編《第二屆清代學術研討會論文集》（1991年11月），第175 — 193頁；另參趙翼：《廿二史劄記》卷二十六，《和議》條。

109 朴趾源：《熱河日記》，上海：上海古籍出版社，1997年，第234頁。

　　有了這樣的政治背景，乾隆乾脆反守為攻，用一種坦率無忌的方式為清朝辯護。在他看來，清朝的拓疆功業無可非議，有問題的是《禹貢》九州的架構過於狹小，不足以展示清朝超越漢唐、傲視三代的開疆拓土之功，代之以"本朝之制"乃理所當然：

> 今天子恢偉略，靖遐壤，月窟冰天，皆歸疆域。境為亘古所未通，事屬生民所未有。其地在古九州外者，……自昔所稱今有龍堆，遠則蔥嶺，天所以界別區域者，今則建官授職，因地屯田，耕牧方興，邊氓樂業。其境且遠及兩萬餘里。若仍以九州為綱，則是贏出之地，多於正數，轉失分綱之本意矣。[110]

為了體現"本朝之制"，《皇朝文獻通考·輿地考》採用清朝行政區劃記述盛清時代的輿地版圖。因此，它不僅包括內地十八省，而且包括滿洲、內外蒙古、天山南北路、西藏、青海，這些地區都是《禹貢》九州架構無法容納，在明代地理書籍中要麼沒有記述、要麼被視為蠻夷的地區。由此看來，"本朝之制"的採用確實使清朝多民族帝國的架構得到了充分的體現。值得注意的是，《輿地考》在記述內地及邊疆地區時，採用相互穿插的方式。例如，黑龍江將軍所屬的阿拉楚喀、索倫地區之後是山東省，甘肅之後是西域，即後來新疆的天山南北路，而後是四川。很顯然，《輿地考》把這些地區和內地省份視為性質相同的地方行政單位。這與《文獻通考》和明代的地理書籍的敘述方式完全不同，後者把這些地區像日本、朝鮮、越南一樣，納入四夷朝貢國家的範圍。[111] 當然，《輿地考》並未迴避內地與邊疆地區行政管理的差異，並直書無遺。[112] 該書在西域部分還收入了乾隆寫的平定準部叛亂，強調清朝和漢唐、宋明中國觀差異的

110　《皇朝文獻通考》卷二百六十九，《輿地考》一。

111　如哈密、吐魯番地區和日本、朝鮮一樣，在王圻《續文獻通考》中均被列入《四裔考》。

112　如論及南疆行政管理時，強調"屬辦事大臣管轄，無定員，仍設伯克分理境內事務"（卷二百八十五，《輿地考》五）。另詳參《輿地考》有關西藏、漠南蒙古等邊疆地區行政管理的論述。

紀功碑文；[113] 在西藏部分則重申了清朝"因其教不易其俗，齊其民不易其政"的原則。[114] 傳統觀點認為，清帝國同中國歷代王朝一樣，是個中心清楚而邊緣模糊的文化實體，但從《輿地考》看，這種觀點顯然是值得商榷的。在清廷心目中，清帝國與其說是一個文化單位，倒不如說是一個有着明確疆域範圍的政治實體。

《輿地考》為顯示清朝的"一統之盛"，濃墨重彩地描述清朝的"本朝之制"是如何解決歷朝未能處理的棘手問題。論及甘肅，它稱"明代以嘉峪關為中外之防。…… 我朝開邊拓疆，…… 是以升安西為府，巴里坤為廳，為關外之雄封，四陲之鎖鑰。蓋伊沙之間，宛然腹地焉。以視《禹貢》所謂西被流沙者，固遠出乎其外矣"[115]。論及山西大同，則稱"明代自邊墻以外，為元裔所逼，……侵掠之患，無歲無之。…… 我朝邊境敉寧，…… 至於長城以外蒙古各部，久為臣僕。若歸化、綏遠 ……，並以王官臨治，其奉令稟教，視內地無異焉"[116]。類似今昔比對的例子還有不少，限於篇幅，這裏僅略舉一二。

乾隆和他的編纂之臣採用這樣的敘述方式，用心是很深的。其潛台詞是，評價大一統之盛的標尺不是經典規定的疆域範圍，而是在多大程度上解決了三代以來遺留之問題。既然清朝的"本朝之制"所征服的地區是三代聖王都未征服的，所解決的問題是他們都未竟其功的，所以在記錄這些歷史功業時，以"本朝之制"取代《禹貢》的九州框架，也是理所當然的。通過強調治世之功的方法，乾隆在纂修《皇朝文獻通考・輿地考》時，重新奪取了大一統話語建構的主動權。

四、早期全球化背景下"四裔"世界的重新建構

如本文開篇所言，傳統大一統話語從來不會忽略的是中國與四夷的關係，

113　乾隆在《御製平定準噶爾告成太學碑文》中強調，"此乃漢唐宋明之中夏也，非謂我皇清之中夏也"。此碑文收入《皇朝文獻通考》卷二百八十四，《輿地考》十六。

114　《皇朝文獻通考》卷二百九十二，第 7410 頁。

115　《皇朝文獻通考》卷二百八十三，第 7331 頁。

116　《皇朝文獻通考》卷二百七十三，第 7287 頁。

因為天子一統四海的德威要通過四夷賓服來體現，沒有四夷的臣服，大一統的秩序是不完整的。作為一位熟諳經史的統治者，乾隆比任何人都清楚這一點。因此，他在下令仿效馬端臨《文獻通考》修撰《皇朝文獻通考》時，也沒有忘記撰寫新的《四裔考》。表面上，它僅是重複了儒家經典所闡發的朝貢話語，它對世界地理記述的陳舊之處[117]，易被某些歷史學者視為乾隆和他的朝廷自我孤立、自我封閉的證據；它對前代"並無朝貢之實，何關藩服之義"[118]的指責使人相信，清朝才是建立名實相符的朝貢秩序的朝貢原教旨主義者。但是，如果細心體味其中的內容，特別是分析它與馬端臨以及明代類似的續修著作的異同就不難發現，16世紀以來的東亞地區各國之間日益密切的經濟關係和1500年以後開始的早期全球化帶來的衝擊，已經不聲不響地影響了帝國大一統話語的重構。這些衝擊都是經由海路波及中國的，因而清楚地體現於《四裔考》對那些由海路與中國保持聯繫之諸國的敘述之中。

在傳統的四夷敘述中，一衣帶水的日本因為地理距離的近便，時常被認為是朝貢秩序中不可缺少的一環。到了永樂初年，日本足利幕府的將軍足利義滿終於接受明朝的冊封，成為明朝開國皇帝朱元璋建立的朝貢秩序的一員，甚至乾隆年間最終成書的《明史·日本傳》也不無羨慕地用"遠人向化"的詞句來形容當日的日中關係。[119]有明朝前期的日中關係作參照系，《皇朝文獻通考·四裔考》要撰寫日本部分，按理應展示清朝在朝貢方面"王朝競賽"上相對於明朝所做出的建樹。但是，通讀《四裔考》的相關部分，卻絲毫沒有涉及這樣的內容，而是在介紹日本風土民情以及經由朝鮮的非正式交往之後，以闡述清朝海防和對日貿易政策而結束。值得注意的是如下論述：

> 惟我聖朝德威，被於遐邇。……又任其貿遷自便，不至如明代緣海大姓主事，負倭貨值，致起禍端。綏靖有經，資夷貨以為中國利，若洋

---

117 不相信傳教士傳入的"五大洲"之說，斥之為"語涉誕詭"。《皇朝文獻通考》卷二百九十八，《四裔考》六，第7470頁。

118 《皇朝文獻通考》卷二百九十三，《四裔考》一，第7413頁。

119 《明史·日本傳》，第8348頁。

銅，其尤較著者。[120]

　　細讀這段話，不難發現它是從清朝為使兩國關係波瀾不起所作的努力（如允許私人貿易）加以闡發的，卻隻字未提日方的反應，而且還特意強調清朝成功地"資夷貨以為中國利"，把它視為對日關係中的一項成果。它為何特別強調"任其貿遷自便"是清代中日關係發展的關鍵性因素？又為何沒有強調朝貢關係？只有把這兩個問題放到明清以來東亞政治、經濟發展的宏大背景下，才能得到清楚的回答。

　　先説《四裔考》著者強調清廷"任其貿遷自便"的問題。在討論之前，先糾正這句話中一個不確切之處。所謂"任其"的"其"字，揆諸上下文，應是指日本商人來華貿易，但這是錯誤的。實際上，從 1630 年代起，德川幕府因禁止日本人從事海外貿易，日本只能依賴華商維持與外界的經濟交流。[121] 因此，到《皇朝文獻通考》編纂之時，日中商貿的唯一媒介是中國商人。而從 1684 年後清朝的外貿政策看，清朝"任其貿遷自便"的對象也是華商。不過，即使編纂者犯了這個錯誤，他們對清朝全新的對日貿易政策的概括還是準確的。"貿遷自便"這四個字，絕不是《皇朝文獻通考》編纂者的信口雌黃，而是 16 世紀初以來隨着全球化而來的明清兩朝政府與民間貿易商人之間無數次劍與火衝突的代價所換來的。明朝實施海禁，禁止朝貢渠道外的一切民間海上貿易。到嘉靖末年，終於引發了民間海商與朝廷日趨激烈的衝突，最終演化為嘉靖大倭亂。明廷被迫動員傾國之力，歷時二十年才勉強平定。而後明廷又通過在福建月港開放民間貿易，才逐步緩解了局勢。[122] 對於這場戰爭的根本原因，當時的朝野開明

120　《皇朝文獻通考》卷二百九十五，《四裔考》三，第 7448 頁。

121　日本著名學者大庭修就指出："在江戶時代，由於我國實行鎖國政策，日本人渡航海外被嚴格禁止，無論是中國貨物輸往日本，還是日本貨物輸往中國，都不得不完全依賴於自中國沿海諸港來到長崎的中國商船。" 見氏著《江戶時代中國典籍流播日本之研究》，戚印平等譯，杭州：杭州大學出版社，1998 年，第 470 頁。

122　詳參林仁川：《明末清初私人海上貿易》，上海：華東師範大學出版社，1987 年；陳尚勝：《懷夷與抑商：明代海洋力量興衰研究》，濟南：山東人民出版社，1997 年。

之士，將之歸因於明廷對民間商人的不合理限制。明末著名學者徐光啓指出：

> 私通者商也。官市不開，私市不止，自然之勢也。又從而嚴禁之。
> 則商轉而為盜。盜而後得為商矣。[123]

康熙對此了然於心，在平定三藩解決台灣問題後，立即實施展海令，開放民間
對外貿易。[124] 在此之後，當他論及明代倭寇之亂，仍然視之為明廷政策失誤的結
果。他說：

> 朕南巡時，見沿途設有台座，問地方官、及村莊耆老，據云明代備
> 倭所築。明朝末年，日本來貿易，大船停泊海口，乘小船直至湖州，原
> 非為劫掠而來，乃被在內官兵殺盡，未曾放出一人，從此釁端滋長，設
> 兵防備，遂無寧期。今我朝凡事皆詳審熟計，務求至當，可蹈明末故轍
> 乎？且善良之民，屢遭水旱，迫於衣食，亦為盜矣。武備固宜預設，但
> 專任之官，得其治理，撫綏百姓，時時留意，則亂自消弭。否則，盜賊
> 蜂起，為亂者將不知其所自來，不獨日本也。[125]

雍正、乾隆兩帝繼位後，繼續康熙鼓勵對日民間海外貿易的政策，因而為《皇
朝文獻通考》的編纂者納入《四裔考》的論述中。

至於第二個問題，即不提朝貢，絕不是編纂者有意或無意的忽略，而是從
15 世紀初到 18 世紀中葉中日關係主客易位的外交格局對官方朝貢話語的重塑。
15 世紀初的足利幕府之所以積極地開展對華外交，不惜接受明朝的屬國待遇，

123　《皇明經世文編》卷四百九十一，《海防迂說》。

124　詳參韋慶遠：《論康熙從禁海到開海的演變》，載中山大學編《紀念梁方仲教授學術討論會論文
　　集》，廣州：中山大學出版社，1990 年，第 121 — 136 頁；黃國盛：《鴉片戰爭前的東南四省海
　　關》，福州：福建人民出版社，2000 年，第一章。

125　《康熙實錄》卷一百四十一，康熙二十八年八月戊子條。康熙這段話有不確切處，不過他從明朝方
　　面解釋倭寇出現的原因，仍然是正確的。

關鍵原因是足利幕府面臨嚴重的財政危機，不得已而為之。[126] 德川幕府在 1600
年建立後，面對的困擾不再是財政方面的，而是政治合法性的問題。為強化自
身的合法性，德川幕府要建立以自己為中心的朝貢體系，自然不會以朝貢屬國
自待。[127]1684 年後，隨着中日民間貿易的迅速發展，德川幕府擔心白銀和銅大量
流入中國將損害日本的利益，又開始逐步限制對華貿易的規模。[128] 與之相反，入
清以後，隨着商品經濟的發展，中國不僅對白銀的需求猛增，而且對銅的需求
也出現同樣的趨勢。當時國內的銅礦資源有限，不得不從日本進口銅料。到康
熙五十年，從日本進口的銅料佔清朝鑄造銅錢所用原料的 60% 以上。[129] 沒有日本
銅料，國內銅錢鑄造將急劇減少，影響國計民生。康熙時代著名學者詩人王士
禎就指出，

　　　近自洋銅不至，各布政使皆停鼓鑄，錢日益貴，銀日益賤。……官
　　民皆病。[130]

有鑒於此，為保證銅料進口，清朝對日方的限制採取克制態度，甚至不惜降尊
紆貴，放下天朝上國的架子，在朝貢秩序的核心內容 —— 年號問題上作出讓

126　參見木宮泰彥：《日中文化交流史》，北京：商務印書館，1980 年，第 516、521 頁。

127　詳參托比：《現代早期日本的內政與外交：德川幕府發展時期的亞洲》，普林斯頓：Princeton
University Press，1984 年（Ronald Toby, *State and Diplomacy in Early Modern Japan: Asia in the
Development of the Tokugawa Bakufu*, Princeton: Princeton University Press, 1984）。該書仍然是對
這個問題最有影响的研究。

128　詳參山脇悌二郎：《长崎の唐人貿易》（《長崎的唐人貿易》），日本歷史學會編輯，1964 年，第
46 — 99 頁。

129　根据乾隆元年的《弁銅条例》，到康熙五十年，清廷每年採辦日本銅（又稱洋銅）270 万斤，滇銅
166 万斤，轉引自松浦章：《康熙帝と正德新例》（《康熙帝與正德新例》），見箭内健次：《鎖國日
本と國際交流》（《鎖國日本與國際交流》），東京：吉川宏文館，1988 年，第 43 頁。

130　王士禎：《居易錄》（文淵閣四庫全書本）卷九。

步，這清楚地體現於 1717 年的信牌事件。[131]

如前所述，隨着 17 世紀末葉中日貿易的發展，日本的銅和白銀大量流入中國，引起日本朝野的不安。進入 18 世紀，學者新井白石建議進一步限制兩國貿易的規模，後為幕府採納。[132] 德川幕府下令削減允許進入日本當時唯一的對外貿易口岸長崎的中國商船數目，而且中國商船必須使用幕府頒發的印有日本年號的信牌，才能入港貿易。[133] 許多商人因沒有得到信牌，回國後憤而舉報那些持日本信牌在長崎從事貿易者為反叛。[134] 而就在此前不久，剛剛發生了因使用明朝年號及其他問題的戴名世《南山集》文字獄案。[135] 朝野上下在這一問題上如驚弓之鳥，寧波官員接到報告後，立即以謀逆的名義逮捕那些持信牌去日貿易的商人，同時又火速向朝廷上報。[136] 康熙接到奏報後，令朝廷官員議處。多數官員或許鑒於《南山集》的教訓，不願表態或建議從重懲處，因而拖延了九個月之久還議而不決。[137] 康熙不得不親自裁斷，明確宣佈使用日方信牌與反逆無關，中國商人可用信牌繼續對日貿易。他說，

　　　　長崎票照，不過買賣印記，據以稽查，<u>無關大義</u>。[138]（着重號為引者所加）

131　關於 1717 年的信牌事件，日本學者如大庭修《江戶時代中國典籍流播日本之研究》（戚印平等譯，杭州：杭州大學出版社，1998 年，第 417 — 440 頁）、松浦章上引《康熙帝と正德新例》等都有新的討論。但他們共有的缺憾是就經濟而談經濟，忽略了它和東亞朝貢體系演變的相互關係。

132　新井白石：《折焚柴記》，周一良譯，北京：北京大學出版社，1998 年，第 134 — 135 頁。

133　詳參新井白石：《折焚柴記》，第 171 — 176 頁；佐伯富：《康熙雍正時代日清貿易》，載《中國史研究》第 3 卷，東洋史研究會，1977 年，第 571 — 612 頁。另參松浦章、大庭修前引文。不過，他們的研究雖然對這一事件的某一個側面有新的探討，但就整個事件而言，仍然不足以完全取代新井白石和佐伯富的著作。

134　詳參當時來日華船給長崎官員的報告，見林信篤等編、浦廉一校：《華夷變態》，第 2739 頁。

135　詳參張玉：《戴名世〈南山集〉案史料》，載《歷史檔案》2001 年第 2 期。張文公佈了新發現的滿文史料，使我們能對此案有新的了解。

136　參見林信篤等編、浦廉一校：《華夷變態》，第 2739 頁。

137　參見《康熙起居注》，北京：中華書局，1984 年，第 2284 頁。

138　同上書，第 2372 頁。

　　年號是朝貢體系的核心 —— 正朔的重要體現。中國通過向周邊國家頒發印有官方年號的曆法，宣示中國的宗主國地位。而周邊國家也用接受、使用中國正朔的方式，顯示對清朝的從屬。而反叛者，也往往是通過頒發年號，顯示自己的獨立地位。因此，拒絕使用清朝年號，或代之以自己的年號，就是拒絕承認清朝的宗主地位，而清朝臣民使用外國年號，從《南山集》案顯示的清朝政策底線看，視為謀反並不為過。但是，康熙深知日本銅料對清朝貨幣制度運作的重要性，因此對信牌涉及的年號問題故作不知，允許商民繼續使用日本信牌。[139] 從雍正、乾隆時代的日中貿易看，這一政策從沒有改變過，直到修纂《皇朝文獻通考》時仍然如此。[140] 清廷在這個政治、外交方面極為敏感的問題上的讓步透露了幾個重要的信息：其一，16、17 世紀中國和東亞國家經濟交流發展的現狀已經超出了傳統朝貢體系所能容納的程度。其二，外來資源對清朝統治的重要性已超過傳統朝貢話語所能帶來的好處。其三，清朝統治者根據這種變化，對朝貢體制適時進行調整，採取靈活和現實主義的態度，不再視其為處理與鄰國關係的唯一前提。這種新的政策體現於當時中日關係的官方書寫上，即不再強調朝貢關係的意義，而是突出 "資夷貨以為中國利" 的經濟標準。

　　需要指出的是，《皇朝文獻通考·四裔考》所記述的與清朝無朝貢貿易關係的國家不只日本一例，從《四裔考》的記載看，實際上有 26 個國家，而所著錄的與清朝有固定朝貢關係的國家僅 5 個，若把那些偶爾派遣貢使的邊境小部落或國家也列進去，也不過 12 個。《四裔考》將這兩類國家分別劃入 "朝貢之國" 和 "互市之國"，並把 "互市之國" 分為兩類：一是日本和東南亞國家，由中國商人 "往而互市"，二是西方國家，派船 "來而互市"。[141] 書中記錄的西方 "來

139　康熙對日中貿易十分關注，為了解日本經濟情勢，他甚至秘密派人扮作商人到長崎搜集情報。詳參松浦章：《杭州織造烏林達莫爾森の長崎來航とその職名について ── 康熙時代の日清交涉の一側面》（《關於杭州織造烏林達莫爾森的長崎來航及其職務 ── 康熙時代日清交涉的一個側面》），載《東方學》1996 年第 55 輯，第 1 — 14 頁。

140　據雍正六年李衛奏摺，"商人貪其倭照貿易，惟命是從"（《雍正朱批諭旨》冊四十一，李衛，雍正六年十一月初三日條），足證康熙政策仍在沿用。

141　《皇朝文獻通考》卷二百九十七，《四裔考》五。

而互市"的國家不僅包括 17 世紀就與中國有來往的國家（如英國），還有 18 世紀後半葉才派船到廣州的國家，如丹麥、瑞典等。[142]

　　如果比較一下宋元之際馬端臨所著的《文獻通考》、明代萬曆時期王圻編寫的《續文獻通考》和《皇朝文獻通考》中各自所著的《四裔考》對那些通過海路和中國有往來的國家的記載，通過它們的異同不難發現下列前現代中外關係和早期全球化是如何塑造當時學者們的世界想像的。唐宋以來，中國和印度洋地區諸國，如波斯灣地區、印度、阿拉伯世界和東南亞地區有着密切的關係，留下了不少重要的文獻（如趙汝括《諸蕃志》）。[143] 以此為憑藉，馬書的《四裔考》對這些地區有相對細緻和正確的敘述。[144] 入明以後，特別是永樂、宣德時期，鄭和七下西洋，出訪東南亞、南亞、印度、波斯灣、東非諸多地區，留下了新的史料，如《西洋蕃國志》《瀛涯勝覽》。有這些材料為基礎，王圻的《四裔考》對這些地區也有相對細緻的論述。[145] 到乾隆年間，早期全球化已經有三個世紀的歷史，西方列強在全球經濟中日益佔據主導地位，他們及其在亞洲的殖民地和中國有日趨密切的經貿聯繫。在這種背景下，《皇朝文獻通考·四裔考》就不再記述印度洋沿岸諸國，而第一次對西方國家及其宗教、學術有了詳細的敘述。值得注意的是，在乾隆中葉之前，由海路和中國有貿易關係的僅限於英國、法國、葡萄牙、荷蘭。在這以後，丹麥、瑞典、德國諸邦國、美國，陸續加入到對華貿易的行列中。

　　這些變化，如前所述，也都被收入了《皇朝文獻通考·四裔考》。這就說明編者的視野和眼光，並不像後世學者所描繪的那麼封閉和遲鈍，相反，其知識

142　同上書，卷二百九十八，《四裔考》六。

143　關於宋代海外貿易，詳參桑原騭藏著：《蒲壽庚考》，陳裕菁譯，北京：中華書局，第 1954 頁；藤田豐八著：《宋代的市舶司和市舶條例》，魏重慶譯，北京：商務印書館，1936 年；陳高華、吳泰：《宋元海外貿易》，天津：天津人民出版社，1981 年；黃純豔：《宋代海外貿易》，北京：社會科學文獻出版社，2003 年。

144　馬端臨在《文獻通考·四裔考》中記述海外諸國時，曾使用趙汝括《諸番志》中的材料。這一點，如比對一下該書（卷三百三十二）和趙著（北京：中華書局，1986 年，第 34、74 頁）有關"三佛齊""注輦"的有關記述，就不難看出。

145　詳參王圻：《續文獻通考》卷二百三十六，《西南夷》。

更新倒是相當及時的。還要指出的是，這些西方國家，除葡萄牙外，沒有和中國通過朝貢途徑的固定往來，雙方的關係主要是通過民間商人建立的。[146]《皇朝文獻通考·四裔考》把它們列為"互市之國"[147]，這套對中國與外部世界關係的敘事方式説明了甚麼？它清楚地表明：第一，到乾隆中葉，朝貢關係在中國與外部世界的交往中，已逐漸居於次要地位；第二，清朝接受了這一現實，允許更多的國家通過商業和民間渠道，發展與中國的關係。在這背後，就是繼本文第二節所述近代科學之後，又一段早期全球化和大一統話語互動的故事。對於《皇朝文獻通考·四裔考》中"朝貢""互市"兩分的模式，過去的史家也不是沒有討論過[148]，但從未注意到這種分類的出現和使用，實際上反映出早期全球化和清代大一統話語重構之間的互動。這一點，如果放到明代以來朝貢制度、16世紀初之後隨着全球化而來的中西雙方圍繞着朝貢關係所發生的不斷衝突的背景下加以研究，是不難理解的。

朱元璋建立明朝後，實行海禁，摧毀民間海上貿易。在阻塞民間交往渠道的同時，建立朝貢貿易制度，把朝貢作為中國和外部世界相互來往的唯一渠道，朝貢使團是唯一可以和中國進行貿易的外國商貿使者。他們可以携帶一定數量的貨物，在進京朝貢時，於京師指定的市場出售。除此以外的其他人，都不允許和中國貿易。為了鼓勵其他國家遣使來華，明朝對貢使進行的貿易持鼓勵態度，不僅免除一切税收，往往購之以遠高於市場的價格。為了維護朝貢貿易制度，明朝在國內實行海禁，民間片帆不許下海。對外國商人則實行勘合

---

146 葡萄牙是為維護其在澳門的利益，而選擇向清廷進貢的。有些國家，如荷蘭，偶爾派使團以朝貢的名義來華。

147 詳參《皇朝文獻通考》卷二百九十八《四裔考》六。

148 早在 1940 年代，費正清、鄧嗣禹在《論清朝的朝貢體系》（John Fairbank and Ssu-Yu Teng, "On the Ch'ing Tributary System," in: *Harvard Journal of Asiatic Studies*, 6: 2, p. 204）一文中，已經注意到"互市諸國"分類的出現，但他們並未理解其中的深刻含義，仍然把清代外貿體制武斷地視為傳統中國落伍的外交體制的一部分。濱下武志《近代中國的國際契機：朝貢貿易體系與近代亞洲經濟圈》（北京：中國社會科學出版社，1999 年，第 37 頁）甚至錯誤地把它視為朝貢貿易體系的一部分。

制度。外國來華貢使都須持有明廷頒發的勘合，沒有這種證件就不准入境。只有與中國有朝貢關係的國家可以從明廷領取勘合。明朝政府還建立朝貢國家目錄，不在目錄上的國家，連向中國進貢的資格都沒有。這些制度的中心特點，是把朝貢和貿易捆綁到一起，貿易是朝貢的附庸，沒有朝貢就沒有貿易。[149] 明中葉一位精通海外事務的學者鄭若曾就曾敏銳地注意到這一點。他說：

> 凡外夷貢我者，我朝皆設市舶司以領之。……其來也，許帶方物，官設牙行，與明交易，謂之互市。是有貢舶既有互市，非貢舶即不許其互市，明矣。[150]

進入 16 世紀後，伴隨着新航路的發現，西方商人絡繹東來，進入中國口岸要求貿易。他們沒有勘合，來自和中國沒有朝貢交往的國家，與堅守朝貢貿易體制的明廷衝突日頻。朝廷儘管對個別國家在個別時期的政策做過一些調整，但是這種調整從未上升到對朝貢貿易體制本身的批評。在局部調整的同時，政府又強調該制度整體上的聖神不可侵犯地位。這使得明代對朝貢貿易制度的態度呈現局部靈活和整體僵化不變的特徵。

一個明顯的事例是萬曆時期月港的開放。在對閩東南私人海上貿易失敗後，明廷被迫開放月港。可是，與此同時又明確宣佈，享受這一政策的僅限月港居民，在整個沿海地區的海禁依然如故。[151] 這種僵化的體制受到當日有識之士的強烈批評。在月港開港前後，地方官員和著名學者（如許孚遠、徐光啟）認為明廷的政策忽略了東亞地區商業往來已經使得政府的禁令徒勞無益的現實。他們和同時代的許多人不斷上書，闡明中國東南沿海地區與東亞及東南亞其他

149　詳參李金明：《明代海外貿易史》，北京：中國社會科學出版社，1990 年，第二章和第三章。

150　轉引自王圻：《續文獻通考》卷三一，"市舶互市"條所附按語。

151　關於這個問題，詳參陳尚勝：《懷夷與抑商：明代海洋力量興衰研究》，濟南：山東人民出版社，1997 年，第八章。

地區經濟的互補性，敦促朝廷取消對中外民間貿易的諸多限制，實質上是要求明朝政府終止朝貢貿易制度。[152]

這樣的改革最終是由取明而代之的清朝完成的。不過，清朝對海外貿易重要性的認知也不是一步到位的。清朝在入關之初，確實也曾把貿易和朝貢綁到一起[153]，而且，為消滅海上鄭氏勢力，曾在 1660 和 1670 年代實行嚴厲的海禁和遷海令，禁絕一切海外貿易。[154] 海禁給清朝帶來軍事上的勝利的同時，也摧毀了明清之際因為海禁鬆弛而興旺的民間海上貿易。[155] 在當時，民間海上貿易是白銀進入中國的唯一途徑，打擊民間貿易的必然後果就是白銀入口的中斷、銀價的

---

152 福建巡撫許孚遠認為，"臣聞諸先民有言，市通則寇轉而為商，市禁則商轉而為寇。禁商猶易，禁寇實難，此誠不可不亟為之慮。且使中國商貨通於暹羅、呂宋諸國，因通商之中寓制夷之策，一舉而兩得也，則諸國之情，嘗聯屬於我，而日本之勢自孤。日本動靜虛實，亦因吾民往來諸國，偵得其情，可謂先事之備。又商船堅固數倍兵船，臨事可資調遣之用。商稅二萬，不煩督責軍需，亦免搜括之勞。市舶一通，有此數利。不然，防一日本，而並棄諸國，絕商賈之利，啟寇盜之端，臣竊以為計之過矣。"（《皇明經世文編》卷四百《疏通海禁疏》）徐光啓指出："必絕市而後無入寇，必日本通國之中，無一人識中國之海道者然後可，此必無之理也。絕市而可以無入寇，必日本通國之中，並絲帛瓷器藥品諸物，悉屏去不用，然後可，又必無之理也。"他又指出開放對日貿易對中國經濟和軍事的意義："惟市而後可以靖倭，惟市而後可以知倭，惟市而後可以制倭，惟市而後可以謀倭。"（《皇明經世文編》卷四百九十一《海防迂說》）

153 詳參拙著《清朝開放海禁：1684 — 1757 年間的中國海洋政策》（Gang Zhao, *The Qing Opening to the Ocean: Chinese Maritime Policies, 1684 — 1757*, Honolulu: University of Hawaii Press, 2013）第五章。

154 參見蘇梅芳：《清初遷界事件之研究》，載《成功大學歷史學報》1978 年第 5 期，第 367 — 425 頁；馬楚堅：《有關清初遷海的問題 —— 以廣東為例》，收入《明清邊政與治亂》，天津：天津人民出版社，1994 年；韋慶遠：《有關清初的禁海和遷界的若干問題》，載《明清論叢》第三輯（2002 年 5 月）。

155 明亡後一段時間，清朝忙於應付西南地區的反清武裝，對東南沿海地區控制相對鬆弛，海上貿易再度繁榮，催動白銀的流入，帶動沿海地區經濟的發展。康熙時期的大臣慕天顏曾指出這一點，他說："猶記順治六、七年間，彼時禁令未設，見市井貿易，咸有外國貨物，民間行使，多以外國銀錢，因而各省流行，所在皆有。自一禁海之後，而此等銀錢，絕跡不見一文。"（《請開海禁疏》，載賀長齡、魏源編《清經世文編》卷二十六）

暴漲。[156] 另一方面，由於農民要用糧食到市場上換取納稅必須的白銀，銀的匱乏和銀價的暴漲意味着農民無處覓銀，或者要用更多的收穫換取同樣的銀兩。按照當時的政策，災年可以報災，申請減免賦稅，豐年自然要如數納稅。因此，對於當日的農民，豐年反而倒成為災難，它意味着更重的賦稅負擔，於是，在康熙初年就出現了有些史學家所説的"熟荒"。由於民間貿易是外來白銀進入中國的主要渠道，它的衰退造成了白銀輸入的減少。農民有糧無銀，無法交稅，引發了當時稱為"熟荒"的經濟危機。[157]

這次"熟荒"最清楚不過地展示出中國和早期全球化之間的密切關係以及由此形成的對海外資源的嚴重依賴。當日常在山西、山東和陝西奔走的顧炎武目睹了陝西民眾豐收之年賣兒賣女繳稅納糧的慘狀。顧炎武在順康之際北上之前，曾在沿海地區秘密從事反清活動，甚至與鄭成功部有來往，當然熟悉東南經濟情勢，他就敏鋭地指出這是海外貿易中止所引發的惡果。

> 往在山東，見登萊并海之人，多言穀賤，處山僻不得以銀輸官。今來關陝，……則歲甚登，穀甚多，而民相率賣其妻子。……何以故？則有穀而無銀也。……夫銀非天降也，礦人則既停矣，海舶則既撤矣，中國之銀在民間者已日消日耗，……故穀日賤而民日窮，民日窮而賦日詘。[158]

當時，朝中熟悉海上情形的官員就把開放海外貿易作為解決困境的唯一出

156　詳參萬志英：《十七世紀中國貨幣危機中的神話與現實》，載《經濟史雜誌》第 56 卷第 2 期（1996年 6 月）（Richard von Glahn, "Myth and Reality of China's Seventeenth Century Monetary Crisis," in: *The Journal of Economic History*, Vol. 56, No. 2, June 1996）；岸本美緒：《康熙年間的穀賤問題 —— 清初經濟思想的一個側面》，見劉俊文編《日本中青年學者論中國史·宋元明清卷》，上海：上海古籍出版社，1995 年。這兩個研究的一個明顯缺憾就是忽略了中國民間海上貿易在康熙時期白銀流入過程中的作用。

157　詳參陳支平：《試論康熙初年東南各省的"熟荒"》，載《中國社會經濟史研究》1982 年第 2 期；岸本美緒：《康熙年間的穀賤問題 —— 清初經濟思想的一個側面》，見劉俊文編《日本中青年學者論中國史·宋元明清卷》。

158　顧炎武：《顧亭林詩文集》，第 17 頁。

路。如江蘇巡撫慕天顏就指出：

> 番舶之往來，以吾歲出之貨而易其歲入之財，歲有所出，則於我毫無所損，而殖產交易，愈足以鼓藝業之勤。歲有所入，則在我日見其贏，而貨賄會通，立可以祛貧寠之患。銀兩既已充溢，課餉賴為轉輸，數年之間，富強可以坐致。……生財之大，捨此開〔海〕禁一法，更無良圖。[159]

有鑒於此，康熙在 1683 年取得台灣後，立即解除民間海上貿易禁令，同時取消了無朝貢不得貿易的緊箍咒，允許和中國無朝貢關係國家的商民來華貿易。[160]例如，荷蘭遣使來華就通商問題和清政府交涉一直沒有成功，但當清朝改變政策後，立即通知當時尚在廈門的荷蘭使團，告知荷蘭商船可以隨時來華貿易。[161]

此後的一個多世紀中，清朝統治者從眾多的渠道了解到外部世界（如日本）對沿海地區乃至整個國家的國計民生的重要性[162]，在朝貢問題上的態度就非常靈活，沒有把它放到對外交涉的絕對地位，而是因時因國而變。對於那些與中國歷史上存在朝貢關係的國家（琉球、朝鮮），待之以朝貢舊法，而對那些沒有類似關係的國家，也不勉強，聽任其通過民間渠道和中國往來。朝貢問題，在清朝對外貿易政策中的重要性與明朝相比，前所未有地下降了。體現在《皇朝文獻通考·四裔考》的敘事方式上，就是如實地把這種變化記錄下來。當然，

---

159 慕天顏：《請開海禁疏》，載賀長齡、魏源編《清經世文編》卷二十六。當時持有相同意見的並非慕氏一人，還包括後來的重臣如李光地等。關於這個問題，詳參拙著《清朝開放海禁：1684 — 1757 年間的中國海洋政策》第二、四章。

160 詳參拙著《清朝開放海禁：1684 — 1757 年間的中國海洋政策》第四章。

161 參見衛思韓：《大使館與幻象：康熙朝的荷蘭與葡萄牙使節（1666 — 1687）》，哈佛大學東亞研究協會，1984 年，第 223 頁。（John E Wills, *Embassies and Illusions: Dutch and Portuguese Envoys to Kang-his, 1666 — 1687*, Council on East Asian Studies, Harvard University, 1984）

162 詳參韋慶遠：《論康熙時期從禁海到開海政策的轉變》，第 125 — 126 頁；郭成康：《康雍之際禁南洋案探析：兼論地方利益對中央決策的影響》，載《中國社會科學》1997 年第 1 期，第 184 — 197 頁。

這種轉變對清廷來說是不太容易的。因此，對少數朝貢國家論述之長，遠遠超過互市國家。[163] 不過，如果僅因為這一點就否定這種變化，那未免陷入另一個極端了。

上述分析表明，早期全球化和清朝大一統話語重構之間貌似風馬牛不相及，實則存在環環相扣的內在關聯：首先受到早期全球化影響的是沿海經濟，然後是地方封疆大吏，而後是中央政府的政策，最後是欽定史書中外部世界的描述和相關大一統話語的重構。當然，乾隆和《皇朝文獻通考》編纂者們還沒有我們這個時代"地球村"的概念。如前所述，他們並非反感朝貢方式，但在建立展示一統之盛的《四裔考》中，能够不避自己指出的"並無朝貢之實，何關藩服之義"之譏，同時承認有更多的國家和中國沒有這種關係，僅是藉助貿易渠道與之來往，能够意識到盛世的中國已經不可能在經濟上脫離與外部世界的來往，並以"資夷貨以為中國利"而自豪。這一切，不正深刻而切實地反映出早期全球化時代和盛清大一統話語重建直接的互動嗎？

*　　　*　　　*

綜上所述，18世紀中葉進入全盛時期的清朝多民族帝國，對於漢人社會通行兩千餘年的大一統理想，既沒有拘泥於已有的話語詮釋，也沒有視若敝屣，而是根據清朝疆域空前開拓的政治現實，西方近代科學最新成果的出現，早期全球化所帶來的中國對外部資源和市場的依賴及朝貢關係衰微的新因素，在纂修《皇朝文獻通考·象緯考、輿地考、四裔考》的過程中，對大一統理想的核心內容賦予全新的含義。在天人關係上以近代西方科學的經緯系統取代傳統的分野說；在疆域範圍上，以適應不同族群的、多樣性的行政管理系統相互並存為特色的"本朝之制"取代九州框架；在四裔關係上，以朝貢、互市並存的模式取代朝貢中心地位。

通過研究清朝對大一統話語的重構，我們不難看出，清代多民族統一帝國

163　例如《皇朝文獻通考·四裔考》有關朝鮮的篇幅，遠遠長於有關歐洲各國的論述。

的建設發展，絕不僅是"新清史"強調的非漢文化或漢化說強調的漢人文化的一面之詞所能解釋的，甚至不是族群理論所能詮釋的，而是有着更為複雜的背景。其中包括漢地儒家社會孕育的超越族群界限的王朝認同理論、通過傳教士引入的近代科學技術和早期全球化所帶來的中國和世界經濟相互關聯的新格局。

　　從早期全球化的背景探討盛清大一統話語的重構，還有助於我們重新認識清代多民族帝國與早期全球化的關係。一方面，早期全球化對前者的影響並不限於經濟層面，已經深入到當日中國社會的價值層面。另一方面，面對它的影響，清朝統治者並非如時下流行的觀點所言，仍然閉目塞聽。相反，他們已經注意到早期全球化背景下中國所面臨的新的政治、經濟、外交現實，並順勢而為，做出主動和自覺的調整。這種調整不僅反映於取消海禁等貿易政策層面上，更體現於對整個朝貢體制的改變上。

我看"新清史"的熱鬧和門道[*]

—— 略議"新清史"語境中的中國、內亞、菩薩皇帝和滿文文獻

◆ 沈衛榮

一

　　"新清史"大概是近年來最受中國學術界關注的一個議題，對它的討論常見於各種學術的、非學術的刊物和媒體之上，十分引人矚目。這些討論或以精緻的學術外衣來包裝政治，或以直白的政治語言來批評學術，顯然"新清史"和對它的討論不像是一個純粹的學術問題和學術行為。所見不少對"新清史"的詮釋和討論，更像是論者藉他人酒杯澆自己塊壘，不過是拿它當由頭來說自己想說的事。[1] 我自己不專門研究清史，起初只把這場討論／爭論當熱鬧看，但看

＊　本文的寫作緣起於 2016 年 10 月 22 日參加北京師範大學文學院主持召開的"思想與方法 —— 變動的秩序，交錯的文明：歷史中國的內與外"國際高端對話暨學術論壇時所作的一個簡短發言，以後經過了將近一年的時間，陸續增補、寫成。筆者於此衷心感謝方維規教授邀請我參加這次論壇，並再三敦促我寫成這篇文章。

1　關於"新清史"的各種討論不勝枚舉，於此只能略舉一二。前期的討論分別結集於劉鳳雲、劉文鵬編：《清朝的國家認同 —— "新清史"研究與爭鳴》，北京：中國人民大學出版社，2010 年；汪榮祖主編：《清帝國性質的再商榷：回應新清史》，台北：遠流出版社，2014 年。以後的爭論文章還有姚大力：《不再說"漢化"的舊故事 —— 可以從"新清史"學習什麼》，載《東方早報・上海書評》2015 年 4 月 12 日；汪榮祖：《為新清史辯護須先懂得新清史 —— 敬答姚大力先生》，載《東方早報・上海書評》2015 年 5 月 17 日；李治廷：《"新清史"："新帝國主義"史學標本》，載《中國社會科學報》2015 年 4 月 20 日；鍾焓：《"新清史"學派的着力點在於話語構建 —— 訪中央民族大學歷史文化學院副教授鍾焓》，載《中國社會科學報》2015 年 5 月 6 日；此外，英文期刊《當代中國思想》也出版了"近年新清史在中國的論爭"專號，即 *Contemporary Chinese Thought*, Vol. 47, No. 1, 2016。

多了、聽多了，常有霧裏觀花的感覺，反而看不明白“新清史”到底是甚麼，人們何以會給它如此之多的關注？於是不得不繼續往下看，慢慢發現“新清史”所涉及的問題竟然有不少與我自己的專業學術領域，即西藏研究和藏傳佛教研究有關，這樣似乎也能看出一些門道來了。今天斗膽參與一回對“新清史”的議論，或同樣是藉他人酒杯澆自己塊壘，暫藉“新清史”這個熱門的話題，來說我自己想說的一些事情。

二

我最早見到的一本直接以“新清史”為標題的書是《新清帝國史 —— 內亞帝國在清承德的形成》，其編者之一是我熟識的美國唯一的西夏學者鄧茹萍（Ruth Dunnell）女士，蒙她所賜，我有幸較早拜讀了這部明確標明為“新清史”的作品。[2] 這本薄薄的小書原來不過是幾篇論文和資料性譯文的結集，它將滿清夏宮 —— 承德避暑山莊，以及與它相關的建築、藝術、典禮作為研究的焦點，來探討內亞和西藏對於大清帝國（1636 — 1911）的重要性。論文的作者們想藉助其研究來說明，清朝不能被簡單地當作僅僅是一個普通的中國王朝，因為它在軍事、文化、政治和意識形態上都很深入的與內亞相關涉。所以，這本書強調清帝國內有眾多不同的族群，分析了滿族與西藏高僧、蒙古頭領和新疆突厥系穆斯林精英分子之間的關係，並闡述它們對於中國歷史的重要意義。作者們還特別討論了乾隆統治時期（1736 — 1795）皇帝身份的性質和表現，檢討了包括曾被明顯高估的朝貢制度在內的與內亞相關的禮儀（儀式）的角色意義，以此對一個在文化和政治上都很複雜的歷史階段提供了一種新的理解（欣賞）。這本文集的每個篇章都以一個特殊的文本或者手工藝品為出發點，不只利用了以

2　參見米華健、鄧茹萍、歐立德、傅雷編：《新清帝國史 —— 內亞帝國在清承德的形成》，倫敦、紐約：RoutledgeCurzon，2004 年。（*New Qing Imperial History, The Making of Inner Asian Empire at Qing Chengde*, ed. by James A. Millward, Ruth W. Dunnell, Mark C. Elliott and Philippe Forêt, London and New York: RoutledgeCurzon, 2004）

前在英文中還不具備的資料，而且也為讀者了解承德的生活和它對於作為一個整體的大清帝國的重要意義提供了直接和詳盡的知識。從這本文集來看，“新清史”最核心的內容大概就是他們特別強調和討論內亞，尤其是西藏，對於清代歷史的重要性。

這部文集的導論由鄧茹萍和米華健（James A. Millward）二位編者聯合撰寫，其中有一節題為“新清帝國史”（New Qing imperial history），專門解釋何謂“新清史”。它說：“最近學者們採用了‘新清史’（new Qing history）這個詞來指稱自 1990 年代以來對在中國的和內亞的滿清帝國史所作的一個大範圍的修正。清研究牽涉了歷史學家以外的藝術史家、地理學家、文學學者等其他人的參與，而在清研究中所做修正的最顯著的特點就是對滿人，和他們與中國和中國文化的關係的一種新的關心，以及對北京統治下的其他非漢人團體的關注。對那個曾經被當作是一個同質的中國人和中國文化的東西的解構，或被稱作‘中國研究中的族群轉向（the ethnic turn in China studies）’。長期以來，人們相信中國的征服者，甚至它的鄰居們，都會通過那種常常被描述為是一種自發的和單向的漢化過程轉變為中國之道。[新清史] 對這種‘漢化’的假定提出了質疑，並對中國傳統歷史書寫中的那些更為民族主義和沙文主義的教條培育出了一種懷疑的眼光。採用人類學的觀點，[新清史] 學者們對滿人、蒙古人、回回人、苗人和其他人等的身份認同在歷史語境中做了重新檢討。儘管這些觀點還沒有被普遍接受，但許多曾將滿人簡單地貶為‘變成了中國人的蠻夷’的中國專家們，現在也開始領會這個東北部族聯盟對明中國的征服所造成的複雜的文化、政治和族群問題。此外，越來越多的從事清史研究的學生們正在學習滿語。”

還有，被“新清史”重新檢討的另一個觀念是美國中國研究的奠基者費正清（John K. Fairbank）率先構建的“朝貢體系”。在這種觀念影響之下，清帝國的歷史被敘述成與其前朝一樣，都以漢文化為中心，它所實施的對外關係同樣被認為是遵循了一種為西方歷史學家們熟知的“朝貢體系”的持久模式。這種認為中國歷史貫穿始終都固守着一種單一、不變的國際外觀的觀念，事實上從一開始就曾受到過質疑，但卻逐漸被認可。然而，這種模式的中心形象，即中國的君王擺出一副天下共主的姿態，要求八方外夷都必須以朝貢的名義來開展外交和商業活動，長期以來不只是對歷史學家們，而且也對外交官、政治家，甚至對中國人自己都產生了影響。費正清當初建立"朝貢體系"的觀念，根據的是他對 19 世紀中國海岸的外交和商業的研究，然後將它擴展成為傳統中國外交關係的一般模式。然而，如果對清代和整個清帝國做更深入一點的考察的話，那麼，人們就很難維持這種對清代外交關係所持的簡單的文化主義模式。事實上，清朝還通過很多不同的方式與其鄰居們交往，其中包括政治聯姻、宗教贊助、商業、外交和戰爭等，這些方式常常與朝貢或者漢族中心主義沒有任何關聯。

與清是否遵循中國外交關係之傳統模式的觀念相連接的另一個問題是，我們應當關注在清的語境中所謂"中國的"和"外國的"到底確切地指的是甚麼？費正清認為中國（漢）文化居於清政體的核心位置，但是滿族的統治精英們與他們的內亞臣民們（蒙古人、西藏人和突厥系穆斯林們）的交往常常比他們與漢人的交往來得更加緊密。而《新清帝國史》這本書的聚焦點就是清與內亞的那些關係，以及它們的政治和文化基礎。

在挑戰漢化、漢族中心主義和朝貢體系模式等概念的同時，"新清史"家們重新發現了同時作為"一個內亞的"和"一個中國的"帝國的清朝。雖然，對此迄今還沒有得到像對滿族身份認同問題一樣的持續的研究，但它對於改正我們對清代之重要性的理解十分關鍵。此外，有鑒於中國在將它的中國民（國）族願景（理想）延伸到西藏、新疆，甚至到內蒙古的蒙古人中間時正面臨着持久的困難，這個在內亞的新的、更大的中華帝國實際上是一個大清的創造（the new, greater Chinese empire in Inner Asia is a Qing creation）這一事實於今天有着非常重要的意義。

作為一個巨大的歐亞政體，大清帝國不但可與那些"火藥帝國"（gunpowder empires）相比較，而且在很多方面也可與莫斯科大公國，甚至和哈布斯堡和大英帝國相媲美，它當在世界史上佔有一個新的位置。那些關於清的舊觀念（今天有時依然會聽到有些非中國專家們如是說），即把清當作停滯的、孤立的、特殊的、和與早期近代歷史潮流相切割斷的等等，早已站不住腳了。不管是"中國"，還是 "東方專制主義"，或者 "亞洲病夫" 等等，將都無法用來描述這個擴張型的滿洲國家，它不但終結了衰敗中的明朝，而且還在中國內地重新建立起了秩序和繁榮，並將中國腹地的經濟力量與它自己的軍事實力結合起來，以抵擋俄國，粉碎準噶爾，並使蒙古、新疆和西藏加入進了帝國，使得在北京控制之下的帝國版圖增大了一倍。[3]

這個導論的作者之一米華健是美國 "新清史" 學派的主將之一，故以上引述的這些內容無疑可算是對 "新清史" 之主要觀點的確切的概括和總結。從中可以看出，"新清史" 對傳統清史研究的最重要的修正就是將其視角從傳統中國歷史書寫範式對 "漢化" 和 "朝貢體系" 的專注中轉移出來，進而把它放在一個更加廣闊的視野中，即從 "中國的" 和 "內亞的" 帝國兩個維度來研究清史，並響應 "中國研究之族群轉向"，更加推崇對清代之非漢人團體，特別是蒙古、西藏和突厥系 (新疆) 穆斯林族群之歷史的研究，強調滿族統治者與這些內亞民族、地區之互動的歷史對於理解整個清帝國歷史的重要意義。

平心而論，將清史從以王朝更替為中心的中國古代歷史的傳統敘事模式中解放出來，不再以漢族中心主義史觀下的 "漢化" 和 "朝貢體系" 為主線來建構清帝國的歷史敘事，轉而更重視對滿族及其統治下的非漢族族群和地區之歷史的研究，"新清史" 顯然有其新意，它是對傳統清史研究的修正和進步。毋庸置疑，清具有與中國歷史上其他由漢族建立和統治的王朝不同的性質和特點，"朝貢" 對於習慣於 "嚴華夷之辨"，並以 "懷柔遠夷" 為目標的漢民族統治下的王朝開展外交和國際關係至為重要，但對於像元、清這樣的 "征服王朝" 來說，它確實不過是其外交和國際關係中的一個重要選項而已，它們在與廣大西域和邊疆地區的交涉中，往往顯示出與漢族統治王朝不同的侵略性和擴張性。

但是，清之所以不是一個普通的中國王朝，不能說只是因為清 "在軍事、文化、政治和意識形態上都很深入的與內亞相關涉"。事實上，中國歷史上的大部分王朝，不管是漢族政權，還是非漢族政權，它們的歷史都與內亞，或者西

3　參見《新清帝國史 —— 內亞帝國在清承德的形成》，第 3 — 4 頁。

域各民族和地區的歷史有着廣泛和深刻的牽連。即使像明這樣的漢族政權，不管是主動的，還是被動的，它也都和西藏、蒙古等內亞地區的民族有很深的交涉。[4]中國歷史上的每個王朝，其統治地域、方式等都各有其特點，清作為中國歷史上的末代王朝，它既是一個外族入主中原的征服王朝，同時它也是其前朝的繼承和發展，應當首先是一個"基於中國"的帝國。

　　顯而易見，"新清史"是在全球史觀影響下對清帝國史的一種新的書寫，它與傳統的漢族中心主義史觀影響下的清代歷史敘事有着巨大和本質的不同。按理説，"新清史"學家們的批判矛頭直接指向的是他們自己的祖師爺、美國中國研究的開山鼻祖費正清，解構的是費正清最早倡導的以朝貢體系為主線的正統中國史觀。他們並沒有，甚至也不屑於批判中國學者在傳統的漢族中心主義歷史觀影響下的清史書寫。在"新清史"於中國引發激烈爭論之前，它在美國的中國研究學界似乎也沒有形成為一個特別引人矚目的新的學術流派，更不是每一位清史學者都認同"新清史"的這種學術轉向，並自覺地與"新清史"學家們站在同一隊伍之中。不但有何炳棣這樣有影響力的前輩華裔權威學者站出來捍衛"漢化"於清代歷史上的重要意義，而且，近年來還有一些專門研究清代蒙古、西藏歷史的西方新鋭內亞學者，從他們對滿、蒙、藏、漢等民族於文殊菩薩的道場五台山朝聖與互動的歷史研究中發現，滿清與蒙古、西藏的交涉事實上並沒有多少明顯的"內亞"因素，相反卻有更多的漢文化因素，進而提出了"清世界主義"（Qing Cosmopolitanism）的説法，以此與"新清史"專重內

4　參見羅賓遜：《明代宮廷與內歐亞大陸》，載沈衛榮編《西域歷史語言研究集刊》第二輯，北京：科學出版社，2008 年，第 351 — 374 頁。（David M. Robinson, "The Ming Court and Inner Eurasia," in: *Historical and Philological Studies of China's Western Regions* 2, ed. by Shen Weirong, Beijing: Science Press, 2008, pp. 351-374）；羅賓遜編：《明代宮廷的文化、侍臣與競爭（1368 — 1644）》，哈佛東亞專著叢書，劍橋：Harvard University Asia Center，2008 年。（*Culture, Courtiers, and Competition in Ming Court (1368 — 1644)*, ed. by David M. Robinson, Harvard East Asia Monographs, Cambridge: Harvard University Asia Center, 2008）

亞性質的學術主張對壘。[5]

　　那麼，何以美國的“新清史”會在今天的中國引發如此激烈的反彈呢？不難看出，其中最關鍵的原因或在於“新清史”觸及了我們今天應當如何來理解和解釋清與“中國”之關係這一問題，而這個問題自然是一個對於理解作為民族國家之當代中國的身份認同和處理眼下中國出現的民族、邊疆等種種棘手問題都十分緊要和敏感的主題。如何理解和分別中國歷史上的“中國”和西方視野中的 China 這一概念，如何理解歷史上的中國與現實中的中國的關係，這是一個十分複雜和難以處理的問題，解決這些問題並非只是歷史學家們的興趣和責任。“新清史”學家們主張將“清當作一個內亞的，和一個中國的帝國”（the Qing as an Inner Asian, as well as a Chinese empire），其中那個“中國的帝國”指的自然就是“一個漢人的帝國”，而通常他們筆下的“中國”（China）指的也就是這“一個漢人的國家”，所以，在他們看來清和“中國”或只有部分的重合。可是，一個純粹是由漢人組成的，或者一個完全脫離了漢人的“中國”，事實上都只能是一個今人“想像的共同體”。嚴格説來，在中國古代歷史上，從來就沒有一個純粹的漢人的“中國”，而即使在一個由外族建立的征服王朝中，其主體也依然是漢人。將清朝涇渭分明地區分為“一個內亞的帝國”和“一個中國（漢人）的帝國”，並把它作為這兩個帝國的統一體，這是不妥當的。當然，即使真的可以把大清如此明確地分成兩個帝國的話，那麼，它們作為一個整體也依然還是“清中國”（Qing China）。

　　最近，米華健在《上海書評》所做的一次訪談中坦言：“我知道，很多人在不斷暗示，甚至直接明説，‘新清史’是分裂中國的學術陰謀，想要搞垮中國。

5　參見艾宏展：《五台山，清世界主義，蒙古》，載《藏學研究國際協會雜誌》2011 年第 6 期，第 243 — 274 頁。（Johan Elverskog, "Wutai Shan, Qing Cosmopolitanism, and the Mongols," in: *Journal of International Association for Tibetan Studies* 6, 2011, pp. 243-274）；濮德培：《帝國的生態學：從清世界主義到當代民族主義》，載《伯克利大學東亞研究所電子期刊》2013 年第 8 期，第 5 — 30 頁。（Peter Perdue, "Ecologies of Empire: From Qing Cosmopolitanism to Modern Nationalism," in: *Cross-Currents E-Journal* 8, 2013, pp. 5-30）

這也是不對的。我可以理解他們為甚麼這樣想，但這的確是個誤會。我們之所以進行被稱作‘新清史’的研究，目標其實是調整、修正包括費正清在內的那一代歷史學家的學術話語（discourse），比如朝貢制度，比如漢化，又比如中國中心論。"[6] 顯然，將"新清史"作為一種分裂中國的學術陰謀確實是中國史學界掀起批判"新清史"浪潮的一個最主要的原因，這是大家都心知肚明的一個事實。如果主張清不等於中國，或者說清不是中國，那麼今天的中國能否名正言順地繼承"大清"留下的歷史遺產，它對西藏、蒙古和新疆等內亞地區的統治是否具有合法性等似乎都成了問題，這自然是愛國的中國學者們無法接受的學術底線。

作為西方學者，"新清史"學者們的政治立場和學術研究的出發點自然都不可能與中國的清史學者們完全一致，而清是否"中國"也不可能是一個純粹的學術問題，對它的探討，中、西方學者會有不同的視角、敏感和意義，故很難對它做心平氣和的學術討論。儘管"新清史"的代表人物近年來再三澄清"新清史"並非是一個分裂中國的學術陰謀，但他們同時也坦承，"新清史"家們確實有人"傾向在‘清朝’與‘中國’之間劃下一條界線，避免僅僅稱呼清朝為‘中國’，也不僅僅稱呼清朝皇帝為‘中國’皇帝。"或者認為"大清帝國與中華民國是有不同的政治目標的不同的政治實體，即使在人口和地理上清朝與現代中國明顯重疊，兩者間也非密合無縫，而事實上有許多參差衝突之處。"[7] 當代的中國歷史學家大概比西方學者更相信西方人總結的"一切真實的歷史都是當代史"的說法，既然"新清史"家們不願意在"清"與"中國"之間劃一條等號，那麼，他們就難以逃脫"分裂中國的學術陰謀"的指控。

顯然，正是這種歷史與現實的交織、糾結，才使得"新清史"在中國學者這裏成了很嚴重的政治問題。如前所述，西方人所說的"China"常常指的是一

---

6   《米華健談絲綢之路、中亞與新清史：發掘"被遺忘"的人群》，載《上海書評》2017 年 7 月 9 日。

7   歐立德：《滿文檔案與"新清史"》，載劉鳳雲、劉文鵬編《清朝的國家認同 ——"新清史"研究與爭鳴》，第 391 頁。

個純粹的漢人國家，所以說大清是中國也好，不是中國也好，其中已經有了一個預設的基本前提，即是說，大家同時承認在唐、宋、元、明、清這些王朝之外，還當有一個抽象的、可以明確地指稱為"中國"的民族／國家存在。但是，這個脫離了具體的歷代王朝的"中國"、這個他們想當然地認為的一個純粹漢族的"中國"，它無疑只是一個莫須有的存在，相信沒有哪一位"新清史"家真的可以對它做出明確的定義和解釋。於西方的學術著作中，"Qing China"是一個我們更常見的對清朝統治下的中國的表述，這表明"清"和"中國"應該就是一個不可分割的、合二而一的概念。從強調"中國"不是一個純粹的"漢人的國家"這個角度來看，"新清史"反對將"漢化"和"朝貢體系"作為兩條主線來描述清朝及其對外關係的歷史，以破除"漢族中心主義"對中國古代歷史書寫的影響，這對於我們理解"中國"具有正面和積極的意義。破除"大漢族主義"的歷史觀，強調"這個在內亞的新的、更大的中華帝國實際上是一個大清的創造這一事實"，這對於我們正確理解今日中國這個由多民族組成的國家具有重要意義。它不但不應該是中國要將中華民族的理想推及西藏、新疆和內蒙古等地區時的困難，相反應該成為它的助緣。正如持"清世界主義"史觀的西方學者所認為的那樣，清代經濟的繁榮和社會、人口、地理區劃的廣泛流動和變化，有力地推動了各族群之間文化、習慣和宗教傳統間的深入交流，它所造成的積極影響顯然不是對各族群劃地為牢，並強化各族群的不同特點，而是對帝國內族群界限的穿越和打破，由此而形成了一種特有的具有世界主義性質的清文化。這種"清世界主義"對於今日中國建構一個融合各民族及其文化的中華民族的認同無疑具有很有啟發性的借鑒意義。只有片面強調作為"內亞帝國"的清的重要性，同時弱化作為"中國帝國"的清的歷史意義，並將清和"中國"分離，這才會成為建構和敘述作為"一個民族國家之中國"的古代歷史的障礙，並進而成為今日中國建構各民族（族群）共同承許的中華民族之身份認同的巨大困難。

　　值得充分強調的是，我們今天所討論的、所爭論的和所想像的這個"中國"是一個十分複雜的概念，它既是一個歷史的、人文的概念，又是一個民族的、地域的概念，還是一個政治的、法律的概念，若我們只選取其中的任何一個方面來談論一個抽象的中國，則一定都是不全面和不恰當的，也都無法與這個現實的中國相對應。此外，中國還是一個處於不斷變化和發展中的歷史性的概念，"秦中國"與"清中國"絕非同樣的概念，就如"清中國"和中華民國、中華人民共和國也非密合無縫一樣。全部中國古代歷史所揭示的一個事實是，所謂"中國"的內涵和外延時刻都在變化和發展之中，今日之中國的形成無疑是以上所有這些因素長期互動和發展的結果。所以，我們既不能因為外族入主的征服王朝的出現，或者因為這些王朝對內亞的經略遠比漢族王朝更加深入而否認它們的"中國"性質，同時也不能固守"漢族中心主義"的歷史觀，堅持要把非漢族建立的王朝一概排除在我們理想的"中國"之外，或者非要以"漢化"的方式把它們改造成為我們理想的那個"中國"，然後才把它們的歷史納入到古代中國的歷史之中。

近年來，來自日本的"新元史"和來自美國的"新清史"都在國內產生了很大的影響，細究其中的原因，最主要的或就是我們自己在按照西方政治理念對民族國家所作的定義來理解和解釋作為一個現代民族國家的中國，和它與中國古代歷史之間的關係，以及建構一個全國各民族百姓共同承認的中華民族的民族認同時所遭遇的巨大困難。近年來，國內學界對"何謂中國／何為中國"的討論層出不窮，但這樣的討論似乎都很難脫離"漢族中心主義"的藩籬，其實際效果或與被他們激烈批判的"新清史"異曲同工。如果我們非要堅持"漢族中心主義"的歷史觀來討論"中國"這個概念及其形成的歷史，那麼，不管我們選擇從哪個角度來看中國，也無論我們能夠如何雄辯地證明於中國古代歷史上的哪個時候、形成了一個何等樣的"中國"，並如何確鑿地表明自何時開始"大一統"的理念已經何等地深入人心，那麼，這個"中國"依然只能是我們漢族想像中的一個理想型的中國，它不但與我們今天所關切的這個現實的中國並沒有必然的關聯，而且也很容易把中國古代歷史上包括大清在內的由非漢民族建立的王朝／帝國對今日之中國的形成所起的巨大作用排除在外。事實上，誰也不可能在這個過去了的（民族的、地域的、文化的）"中國"和現在的這個（多民族的、跨地域的、政治的和法律的）中國之間建立起一種嚴絲合縫且無可爭議的歷史聯結。與其去虛構或者想像出一個古已有之的純粹漢人的或者"漢化了”的“中國”，並費力地去建構它與現實中國的歷史聯繫，倒不如像“新清史”學家們一樣，徹底破除“漢族中心主義”的歷史觀，把“清中國”看成是連接“明中國”和中華民國的一個自然的歷史階段，而現實中國則是“明中國”“清中國”和中華民國的自然發展和繼承。顯然，與將“大清”理解為由一個“內亞的”和一個“中國的”帝國所組成的“清中國”比較起來，堅持“漢族中心主義”的歷史觀，繼續將清朝的歷史區別於中國古代史上其他以漢族為中心建立起來的王朝的歷史，甚至把清朝排除在他們理想中的文化的，或者人文的“中國”之外，這對於正確理解今日中國的國家身份認同，維護當今中國社會之穩定和領土完整可能造成的損害一定是有過之而無不及。

三

　　2016 年 10 月，筆者受邀參加慶祝哈佛大學費正清研究中心成立六十週年的系列學術活動。在其中的一場學術演講中，我有幸聽到了美國“新清史”學派的另一位代表人物歐立德（Mark Elliot）教授本人對“新清史”的學術主張所做的一個簡單明了的總結。他指出“新清史”最關鍵的學術主張有以下三條：一、清史研究必須重視清朝的“內亞維度”（Inner Asian Dimension），強調滿清統治的內亞性質；二、清史研究必須利用非漢文資料，特別是滿文歷史文獻；三、清史研究必須重視全球背景，或者說清史研究應當立足於全球史語境之中。

　　與前述米華健的總結相比，歐立德總結的這三條“新清史”的主要學術主張顯得更具時代感和超越性。他簡短的報告甚至根本就沒有提到引爆了最為激烈的爭論的“漢化”問題，也沒有提到正是他們正在紀念和緬懷的費正清率先在西方學術界建立起來的有關“朝貢體系”的那一套“陳詞濫調”。歐立德的報告給人的深刻印象是，“新清史”原來不過是順應了歷史研究的舊傳統和新的發展趨勢，從民族史、區域史和全球史等不同的角度，更多地利用第一手的滿文文獻而對清史所做的一種新的探討，而眼下所有對“新清史”的批評和爭論則都是出於對“新清史”的誤解和誤導，它們完全偏離了學術主題，無的放矢，所以是沒有意義的，甚至是滑稽可笑的。

　　由於當時歐立德只是以主持人的身份在原定的會議議程中臨時加入了他自己的這段報告，所以他並沒有時間對上述"新清史"的這三條學術主張的具體內容做更多的闡述。如果我們把他提出的這三條學術主張當作一種學術原則和學術方法，則它們顯然不止是對於清史研究，而且對於整個中國古代歷史，特別是對所有非漢民族主導的王朝歷史的研究，都具有借鑒和指導意義。例如，如果我們把它們用於對與滿清史有很多相同特徵的蒙元史研究的話，它們不但同樣適用，而且於蒙元史中也一定可以讀出很多與"新清史"相同的內容，而這樣的研究實際上早已有杉山正明率先積極地主張和實踐過。從這個意義上說，"新清史"之新意可適用於整個中國古代民族歷史的研究。

　　由於歐立德提出的這三條學術主張牽涉了中國古代史、民族史研究中很受人關注的幾個關鍵的問題點，而筆者自己的研究也始終與民族史相關，所以，他的總結給了我很大的啓發，也促使我對他所提出的這些問題做進一步的了解和思考。首先，我希望更多地了解"新清史"所主張的"內亞維度"和滿清統治的"內亞性質"到底指的是甚麼？"內亞"（Inner Asia）不但是一個外來的概念，而且還是一個近代的概念，把它作為一個重大的地緣政治概念用於清史研究之中，顯然是現代西方史家們的一個創造。就我有限的閱讀經驗來看，"新清史"學家們並沒有對"內亞"這個概念有十分明確的界定，它有時直接與"新疆"這個概念混用，泛指古代西域突厥系諸伊斯蘭民族居住的地區；有時又把西藏、蒙古和新疆三個地區聯結起來統稱為"內亞"，故討論清朝與內亞的交涉主要就是討論清朝與西藏喇嘛、蒙古王公和新疆伊斯蘭精英之間的互動和往來。有時還把滿洲、蒙古、西藏和新疆聯合起來，作為清朝的"內亞帝國"部分，以此與"中國的帝國"相區別。大致說來，"新清史"家們討論的內亞，在地理範圍上與西方學術傳統中的中亞研究所涉及的區域範圍基本一致。

　　或許正是因為"內亞"是一個近代才有的地域概念，所以"新清史"學家們在討論清朝與內亞的交涉和對內亞的統治時，基本上都脫離清以前之"內亞"地區的歷史，脫離清以前中國古代各王朝與內亞諸地區和民族之間錯綜複雜的歷史關係，而只考慮和強調"內亞"地區是大清之"新疆"，認為是清代的對外擴張才把這些地區兼併進入了"中國"的版圖之中。這種割裂清與清以前諸王朝之歷史聯繫的內亞觀，顯然完全不符合中國古代歷史之事實，是故也並不能像"新清史"所預期的那樣，可以幫助人們正確理解內亞對於清朝歷史的重要意義。

如前所述，"新清史"學者們主張"清不能被簡單地視為一個普通的中國王朝，它在軍事、文化、政治和意識形態上都很深入的與內亞相關涉"。這固然很有道理，但是，我們不應該因此而認為清朝對內亞地區的進一步滲透是清朝對一個與古代中國毫無歷史關聯的地區發動的純軍事性的殖民擴張。顯然，清對內亞地區的更深入的滲透，既不只是因為清具有明朝所不具備的軍事實力，也不是因為清朝統治風格本身具有內亞性，或者說更具擴張性和侵略性，相反，它在很大程度上只不過是對其前朝歷史的延續和繼承。

事實上，中國古代歷史上幾乎沒有一個朝代未曾和"內亞"地區相關涉，漢朝、唐朝和元朝自不待言，就是宋朝、明朝又何嘗能夠脫離與上述內亞地區的交涉而存在呢？比較而言，蒙古帝國和蒙元王朝對西藏、新疆等內亞地區的統治和滲透甚至比清朝更為直接和有效，至少元朝對西藏地區的控制和統治要比清朝直接和深入得多。即使是從軍事力量上無法與蒙元相比的明朝，它也繼承了元朝留下的遺產，一直保持着和西藏等內亞地區的交涉。如果說明朝對西藏的統治確實沒有元朝那麼直接和有效的話，其原因並不在於明朝的軍事力量甚至虛弱到不足以征服西藏，而在於它固守了漢族"嚴夷夏之辨"的統治理念，對西藏採取了"懷柔遠夷"的統治策略。而且，如果說在政治上、軍事上，明朝與西藏的關涉遠不如元代那麼深入的話，那麼，在宗教和文化上，特別是在對藏傳佛教的吸收和傳播上，明朝與西藏的關涉甚至遠遠超越了元朝。而清朝對西藏的統治則既不同於元朝直接郡縣其地的統治手法，也不同於明朝的懷柔政策，採取了一種更加因地制宜、剛柔並濟的統治方式。總之，清對西藏的統治不是純粹的軍事性的殖民擴張，而更多是對元、明與西藏之交涉的延續和發展。

近讀歐立德的弟子圖姆（Rian Thum）的一部獲得美國歷史學會 2015 年度

費正清獎的新著《維吾爾歷史之聖道》[8]，這本書討論的是二百五十年間處於中國統治之下的新疆突厥系穆斯林們的歷史實踐（historical practice），研究的是那些今天自稱為維吾爾人的穆斯林於上個世紀 30 年代開始如何通過書籍（手稿）的流通、朝聖、旅行和在伊斯蘭聖徒墓前的講史等活動，融合閃族、伊朗、突厥和印度傳統的成分，成功地構建了他們獨特的地方歷史和民族認同。這部著作旨在擴大人們關於眼下維吾爾人和中國政府之間的緊張關係的相關知識，同時通過對歷史這個概念的反思來探究人類與過去之互動的局限。不言而喻，這是一部很有新意和創意的著作，對於我們理解維吾爾人是如何想像和構建自己的歷史和民族認同的過程有巨大的幫助。但是，作者把維吾爾人的歷史實踐，亦即他們對自己的歷史敘事的建構，基本上與清以前這個地區的歷史，與傳統被認為是維吾爾人之先輩的回紇（鶻）人的歷史割裂開來，從而把今日之維吾爾人的歷史建構純粹當成是"傳統的創造"（invention of tradition）的一個經典例子，這未免有點矯枉過正。

　　圖姆認為今日被稱為維吾爾人的聚居區新疆（維吾爾人自稱 Altishahr，意為"六城"）歸屬於中國完全是"一個征服和殖民化的結果"，而這個故事的最有力的行為者既不是漢人，也不是維吾兒人。"新疆"於 1759 年才最初被併入了基於中國的清帝國（the China-based Qing Empire），這是一個歷史的偶然事件，它是在滿洲人和準噶爾蒙古人之間跨越了幾代人的權力爭鬥的一個意外結果。大清的乾隆皇帝本來對征服新疆之綠洲地區並無特別的興趣，但他決意要把被他打敗了的準噶爾蒙古人的全部遺產接收過來，所以他接着再用武力打敗了當地突厥系穆斯林人（即維吾爾人）的反抗，並把這塊地方確定為大清帝國的"新疆"。從此以後，"新疆"便成了清中國的一個部分，儘管在 1933 — 1934 年和 1944 — 1949 年之間或可認為新疆曾有過短時間的獨立，但於清以後不管是中華民國，還是中華人民共和國，它們都對新疆擁有主權統治。"新疆"

8　圖姆：《維吾爾歷史之聖道》，劍橋：Harvard University Press，2014 年。（Rian Thum, *The Sacred Routes of Uyghur History*, Cambridge, Massachusetts: Harvard University Press, 2014）

自然地從內亞清帝國（the Inner Asian Qing Empire）的一個附屬轉變成為作為民族國家的中國（the Nation-State of China）的一個組成部分。作者還借用安德森（Benedict Anderson）的一句名言，形容中華人民共和國竭力將"短而緊的皮膚拉展開來，以遮蓋住帝國這個巨大的身體"，對"六城"的歷史進行了重新想像，即令"六城"完全消失於"新疆"之中。於是，這個將草原和以綠洲為點綴的沙漠進行不自然嫁接而形成的地理上的混合區，即被想像成了"我們偉大祖國的西北邊疆"，從而被賦予一種新的歷史。而這種新的歷史又把以往在漢、唐時代基於中國的政權的一些（與內亞交涉的）插曲，作為說明"新疆"從來就是一個單一的（大一統的）、有上千年之久歷史的中國（漢）民族（a monolithic, millennia-old Chinese nation）的一個自然的組成部分的證據。[9]

　　毫無疑問，圖姆上述對清代新疆歷史的描述具有十分濃重的"新清史"氣息。首先，他對維吾爾族歷史和新疆歷史的討論只限於清代，甚至是 1759 年以後的歷史，不涉及清以前歷代中原王朝與西域（內亞）地區的交涉。這給人留下的深刻印象就是新疆只是大清的"新疆"，所以也是中國的"新疆"，維吾爾人本身也是在清朝才開始形成為維吾爾人，並與中國發生關聯的。其次，他同樣把清朝分成了"基於中國的帝國"和"內亞的帝國"兩個部分，而將"新疆"指稱為"內亞清帝國的一個附屬"。再次，儘管作者承認"新疆"自 1759 年以來一直是中國的一個部分，但他對將"內亞清帝國的附屬自然轉變成為民族國家的中國的一個組成部分"持保留態度。換言之，作者顯然不認同作為"內亞清帝國"的大清與作為一個"民族國家的中國"具有相對的同一性。最後，作者對中國學者以中國古代歷史上如漢、唐時代曾與西域發生交涉作為例證來說明新疆"是一個單一的、有上千年之久 [歷史] 的中國民族的一個自然的組成部分"的說法提出了批評。不難看出，作者並沒有把作為"內亞清帝國之附屬"的"新疆"視為它同時應該也是"作為民族國家之中國"的一個組成部分的合法理由，相反他把它作為一個問題提了出來。

9　　參見圖姆：《維吾爾歷史之聖道》，第 4 — 5 頁。

　　從上述圖姆對維吾爾族和新疆歷史的討論中，我們再次可以看出，"新清史"之所以引發巨大的爭議，其根本問題無非還是我們究竟應該如何來定義"中國"這個問題。"新清史"家們用力把大清構畫成一個內亞帝國，明裏暗裏說它不能够等同於一個作為民族國家的"中國"，暗示前者的遺產不能被後者自然繼承。可是，這裏被故意躍過的一個問題是，脫離了作為內亞帝國的大清等歷代王朝，我們又可以去哪裏尋找"一個單一的、有上千年之久 [歷史] 的中國民族（Chinese Nation）"呢？民族國家是近代西方出現的一個政治概念和國家形態，我們既沒有辦法在中國古代歷史中區劃出一個"作為民族國家的中國"，也無法否認今天這個"中國"與中國古代歷史上的每個王朝都有緊密的關聯。今天的中華人民共和國是從中國古代歷史中蛻變出來的，它是否能够符合近代西方政治概念中的"民族國家"的標準依然還值得質疑和討論，所以，要解釋歷史上的"內亞清帝國"到"作為民族國家的中國"的轉變是如何可能和完成的，這確實不是一件輕而易舉的事情。這不僅是"新清史"引發強烈反彈的一個糾結點，它同樣也是中國當代史家至今無法給出圓滿解釋的一個問題點。在這一點上，強調自古以來就有一個"大一統"的"中國"或者"中國民族"，與片面強調大清作為內亞帝國的特殊性以解構大清的中國性質，其效果事實上異曲同工。只有超越了大漢民族主義來定義"中國"，元、清這樣的非漢族統治的征服王朝以及它們所征服和統治的邊疆地區才能具有作為"中國"的合法地位。"新清史"的一個關鍵問題是，它一方面強調大清的內亞性質，以此與"中國"相區別，但另一方面又承認有一個古已有之的"中國"或"中國民族"的存在，造成了人們對於中國歷史和現實之認知的混亂。

四

　　"新清史"的另一個標誌性主張是強調清朝統治的內亞性質，認為作為內亞帝國的清不僅其統治的地域包括廣闊的內亞地區，而且其統治思想、方式也表現出了與其前朝不同的強烈的內亞特性。由於傳統的清史研究以滿人漢化為中心而展開，重點研究"基於中國的清帝國"的歷史，所以"新清史"的這個主張與傳統的"漢化説"形成了强烈的比照。於是,堅守漢族中心主義立場,强調和捍衛漢化,或者批判漢化、强調清帝國的內亞特性,不但是區分傳統清史與"新清史"的一個明確的分水嶺,而且也對清代在中國歷史上的地位和意義做出完全不同的解釋。[10]

可是,具體説來到底甚麼是清帝國統治的內亞性質或者內亞特點呢?對此"新清史"家們似乎並沒有給出一個明確的説明。在被貼上"新清史"標籤的西方學者中間,除了對漢化的批判表現出驚人的一致以外,他們對清帝國的意識形態、統治方式和特點等都沒有形成一致的看法。有人更强調清帝國統治保持的滿族特性和滿族身份認同,將大清帝國的統治方式稱為"滿族方式"(the Manchu Way,或曰"滿洲之道");而其他人則更强調大清帝國的統治理念超越了滿族特性和漢化模式,是一種"帝國的普世(適)主義"(Imperial Universalism)。[11] 顯然,針對大清帝國同時具有"基於中國的帝國"和"內亞帝國"等雙重和多重性格,史家從漢化、滿族特性、內亞性等多個層面來探討大清帝國之意識形態、統治方式和身份認同是完全有必要的,過分强調其中的一面而忽視另一面都是片面的、偏頗的。

10　參見羅友枝:《再觀清代:論清代在中國歷史上的重要性》,載《亞洲研究雜誌》第 55 卷第 4 期(1996),第 829 — 850 頁。(Evelyn Sakakida Rawski, "Presidential Address: Reenvisioning the Qing: The Significance of the Qing Period in Chinese History," in: *The Journal of Asian Studies*, Vol. 55, No. 4〔1996〕, pp. 829-850)該文漢譯見劉鳳雲、劉文鵬編《清朝的國家認同 ——"新清史"研究與爭鳴》,第 3 — 18 頁;何炳棣:《捍衛漢化 —— 駁羅友枝〈再觀清代〉》,載《亞洲研究雜誌》第 57 卷第 1 期(1998),第 123 — 155 頁。(Ho Ping-ti, "In defense of Sinicization: A Rebuttal of Evelyn Rawski's 'Reenvisioning the Qing'," in: *The Journal of Asian Studies*, Vol. 57, No. 1〔1998〕, pp. 123-155)該文漢譯見劉鳳雲、劉文鵬編《清朝的國家認同 ——"新清史"研究與爭鳴》,第 19 — 52 頁。

11　前者或可以歐立德為代表,參見歐立德:《滿洲之道:八旗與晚期中華帝國的族群認同》,加利福尼亞:Stanford University Press,2002 年(Mark Elliot, *The Manchu Way: the Eight Banners and Ethnic Identity in Late Imperial China*, California: Stanford University Press, 2002);後者或可以柯嬌燕為代表,參見柯嬌燕:《半透明之鏡:清帝國意識形態中的歷史與身份認同》,伯克利:University of California Press,1999 年。(Pamela Kyle Crossley, *A Translucent Mirror: History and Identity in Qing Imperial Ideology*, Berkeley: University of California Press, 1999)

　　與傳統清史研究對清朝如何漢化以統治"基於中國的清帝國"的歷史研究相比，"新清史"家們對清帝國之內亞特性的研究和發掘似乎還遠遠不夠，以致於還無法確切地說明他們所強調的內亞特性究竟指的是甚麼？從目前所見"新清史"家們的著作來看，不管是強調清帝國統治之內亞特性，還是滿族特性，或者說是帝國的普世主義原則，他們強調得最多的是清朝皇帝，或者說僅是乾隆皇帝一人，對藏傳佛教的深刻信仰，討論的是藏傳佛教所推崇的"作為菩薩的皇帝"，或者統御世界的"轉輪王"理念對清朝皇帝及其統治帝國之方式的影響。這樣普遍的歷史敘事方式不免給人留下這樣的印象，即所謂滿族特性，或者內亞特性，實際上既不滿族，也不內亞，它們指的無非就是西藏特性，而大清帝國統治之意識形態（Imperial Ideology）亦無非就是他們所信仰的藏傳佛教所鼓吹的"菩薩化身"或者"轉輪王"思想。因此，"新清史"家們用來取代漢化的，既不是滿族化，也不是內亞化，而是西藏化，或者說藏傳佛教化。可是，無論是他們對清代藏傳佛教史的研究，還是對被他們提升為大清"帝國的佛教意識形態"的"菩薩皇帝"或者"轉輪王"思想的理解，都是極其膚淺，甚至是錯誤的。而且，當他們討論清帝國統治的這些內亞特性時，也很少與清以前各朝代與內亞交涉的歷史做任何的比較，忽略了清所具有的這些內亞特性甚至並非是清所獨有的歷史現象。

　　與國內外清史研究風生水起不相協調的是，迄今為止學界對清代藏傳佛教史的研究並不多見，直接從宗教學或者宗教史角度研究清朝皇帝和滿清朝廷與藏傳佛教關係的著述更是鳳毛麟角。"新清史"學者們通常只從政治的角度來關心和理解清廷與西藏喇嘛的交往，對於藏傳佛教本身則缺乏基本的知識和理解。由於與這主題相關的文獻大多以滿文、蒙文和藏文存世，清代漢譯的藏傳佛教文獻比較少見，現在發現的曾於清宮廷內流傳的藏傳密教文獻多為元、明舊譯，而從事清史研究的學者較少能直接利用滿、蒙、藏文文獻，即使在"新清史"學家們中間，也沒有出現專門研究清代藏傳佛教史的專家，所以，他們對清廷與藏傳佛教交涉的文獻和細節都所知甚少。[12] 總之，與近年來元、明二代朝廷所傳藏傳佛教歷史研究成果卓著形成鮮明對比，清代藏傳佛教史的研究尚有待深入開展。

一個頗為引人注目和有趣的現象是，清史學界對乾隆皇帝個人與藏傳佛教的關係關注極多，討論大清帝國之意識形態，或者討論"作為皇帝的菩薩"，也多半只拿乾隆皇帝一人説事，以致於給人這樣一個强烈的印象，好像一部"新清史"不過就是一部乾隆皇帝如何統治大清帝國的歷史。從國內外學者的研究成果中，我們可以看到乾隆皇帝與章嘉呼圖克圖有着十分緊密的宗教關係，他們二人聯手推動了漢、藏、蒙、滿四種文字的佛經翻譯活動，乾隆皇帝在清廷禁城內所設的私廟梵華樓是一座典型的藏傳密教無上瑜伽部的壇城式的建築[13]，乾隆皇帝在熱河夏宮興建外八廟，把具有宇宙象徵意義的藏傳佛教建築轉變成為裝點大清帝國腹地的莊嚴和美飾[14]，乾隆皇帝陵寢的設計和周遭所刻寫的梵文咒語等也都與藏傳佛教無上瑜伽部的儀軌有關[15]，所有這些都無一不反映出乾隆

12　"新清史"家們著作中對藏傳佛教及其思想的描述大部分來自對上個世紀 80 年代前後西方藏學著作的綜述，缺乏新意。近年西方專門研究清代藏傳佛教史的著作值得一提的是艾宏展：《我們的大清：晚期中華帝國的蒙古、佛教與府州》，火奴魯魯：University Hawaii Press，2008 年（Johan Elverskog, *Our Great Qing: Mongols, Buddhism, and the State in Late Imperial China*, Honolulu: University Hawaii Press, 2008）。這是一部專門研究清代蒙古藏傳佛教史的專著，提供了大量學界不知的第一手蒙、滿文資料。此外，此書對清朝廷與格魯派黃教的關係、藏傳佛教於清政治中的意義等都有啓發性的研究。對清代宮廷流行的藏傳佛教文化和藝術的研究，可參考羅文華：《龍袍與袈裟：清宮藏傳佛教文化考察》，北京：紫禁城出版社，2005 年；白瑞霞：《虛靜帝國：清代中國的佛教藝術和政治權威》，火奴魯魯：University Hawaii Press，2003 年。（Patricia Ann Berger, *Empire of Emptiness: Buddhist Art and Political Authority in Qing China*, Honolulu: University Hawaii Press, 2003）

13　參見王家鵬主編：《梵華樓》，北京：紫禁城出版社，2009 年，1—4 卷。

14　參見傅雷：《圖繪承德：清朝的景觀事業》，火奴魯魯：University of Hawaii Press，2000 年。（Philippe Forêt, *Mapping Chengde: The Qing Landscape Enterprise*, Honolulu: University of Hawaii Press, 2000）

15　參見王薇：《乾隆的喪葬儀式與藏傳佛教——對乾隆陵寢地宮所刻藏文和梵文經文的初步調查報告》，載謝繼勝、廖暘、沈衛榮編《漢藏佛教藝術研究》，北京：中國藏學出版社，2006 年，第 130—169 頁；王薇：《乾隆帝陵寢裝飾設計中罪的淨化》，載謝繼勝編《漢藏佛教美術研究》，北京：首都師範大學出版社，2008 年，第 397—420 頁。

皇帝確實是一位對藏傳佛教之顯密義理和瑜伽修習都有很深了解的信徒。

可是，即使乾隆皇帝或曾是一位很有造詣的藏傳佛教信徒，或也曾自許為文殊菩薩化身或者轉輪聖王，我們依然不能簡單地把他的個人信仰和他的治國方略混為一談，不能不加猶豫地把他所信仰的藏傳佛教昇華為他統治大清帝國的意識形態。眾所周知，乾隆皇帝晚年曾經公開發佈過一篇題為《喇嘛說》的學究式的聖諭，其中他一方面炫耀自己如何精通藏傳佛教，另一面則對藏傳佛教表現出的種種弊端，特別是對活佛轉世制度從理念上的自相矛盾到實踐中的營私舞弊等都作了十分嚴厲的批判，還再三聲明自己潛心修學藏傳佛教的目的僅僅在於“興黃教即所以安眾蒙古”，“而非若元朝之曲庇諂敬番僧也”。不難看出，乾隆皇帝煞費苦心撰寫這篇聖諭的目的是為了刻意隱藏他的真實信仰，把他對黃教的支持解釋成為一種治國安邦的權宜之計，以避免別人誤解他對藏傳佛教及其黃教喇嘛們的偏私，從而凸顯出他這位普世君主於智慧、方便二途的高明和過人之處。顯然，元末以來漢文化傳統中形成的一套妖魔化藏傳佛教的話語，即認為是西藏喇嘛在蒙古大汗宮廷中傳授的“秘密大喜樂法”導致了“世界征服者”的昏聵和大元帝國的遽亡，給後世帝王留下了極其深刻的影響，即使雄才大略如乾隆皇帝者也無法打破這套話語對他的束縛，故也要費力撇清自己和藏傳佛教的關係。於此，我們不但看不出任何乾隆皇帝想要把藏傳佛教當成其治國理念的意思，相反可以看出他極不願意他的文武之治和十全老人形象會因他的藏傳佛教信仰而受到損害。若就是因為這篇《喇嘛說》，我們便懷疑乾隆皇帝的藏傳佛教信仰的話，那我們只好真心欽佩老佛爺的過人智慧了，他當初撰寫這篇聖諭的初心果然至今未被人遺忘。但是，如果說儘管有這篇《喇嘛說》，我們還是相信乾隆皇帝真把藏傳佛教當成了他統治大清帝國的意識形態的話，這就未免有點過度詮釋了，非我等常人能夠體會。總之，我們最好不要把乾隆皇帝個人對藏傳佛教的信仰與清帝國統治的內亞性質混為一談。

還有，假如我們對清以前的中國古代歷史略加回顧，便可知藏傳佛教於西域和中原地區的傳播早在元代以前的西夏時代（1032—1227）就已經開始，西藏喇嘛被任命為帝師也是在西夏時代首次出現的事情。於藏傳佛教史家筆下，西夏是一個與西藏、蒙古、于闐等地區一樣的以佛教為“國教”，或者說是以佛教為其治國之意識形態的王國。而蒙元王朝則在整個西藏地區設立了三個宣慰使司，使之統屬於中央的宣政院，並領之於帝師，對西藏地區實行了直接有效的統治。與此同時，藏傳佛教於蒙古宮廷內外廣泛流傳，不但蒙古大汗十分寵信西番上師，民間對藏傳佛教的信仰和修習也相當普遍，這為日後蒙古族全民信仰藏傳佛教打下了深厚的基礎。若要論對藏傳佛教的信仰和對西藏的統治，蒙古大汗無疑都比滿清皇帝做得更多、走得更遠。元朝蒙古人的漢化程度顯然遠遠比不上清朝的滿洲人，但他們的藏化程度卻也是後者無法企及的。繼元朝而起的明朝，雖然並沒有致力於像元朝一樣行之有效地對西藏實施直接的政治和軍事統治，但藏傳佛教於明朝中國的傳播卻甚至比元朝更加廣泛和深入，大量來自西藏的喇嘛常住京城內傳授密法，京城內外興建了大量藏傳佛教寺廟，現存大量漢譯藏傳密教文獻中的絕大部分是明朝翻譯的。明朝皇帝中只有極個別如明世宗因迷信道教而排斥藏傳佛教，其餘絕大部分都信仰藏傳佛教。我們掌握有足夠的資料顯示明成祖永樂皇帝也曾是一名虔誠的藏傳佛教徒，他在位時不但有大量來自西藏的喇嘛被封為法王、教王、國師和西天佛子等各種頭銜，更有好幾千西藏喇嘛長期居京自效，各種藏傳佛教的儀式、法事也成為京城內常見的宗教活動。如果説一個王朝的統治者對藏傳佛教的信仰，以及藏傳佛教於西域與中原的流行可以被認為是一個王朝或者帝國是否具有內亞性質或內亞特性的一個典型標誌的話，那麼不只是元朝，就是明朝也同樣可以算作是一個“內亞帝國”了，因為明成祖永樂皇帝對藏傳佛教的信仰絲毫不遜於清高宗乾隆皇帝，他作為大明皇帝在西藏僧俗社會的影響力也一點不比乾隆皇帝弱。[16] 現存漢譯藏傳佛教密典中有不少傳説都是從乾隆宮中流傳出來的，例如最著名的漢譯藏傳密典集成《大乘要道密集》等，而這些漢譯藏傳密教儀軌多半

16　參見沈衛榮：《文本對勘與歷史建構：藏傳佛教於西域和中原傳播歷史研究導論》，載《文史》2013 年第 3 輯，第 43 — 93 頁；沈衛榮：《論蒙元王朝於明代中國的政治和宗教遺產 —— 藏傳佛教於西夏、元、明三代政治和宗教體制形成中的角色研究》，載福特、梁俊豔等編《8 — 15 世紀中西部西藏的歷史、文化和藝術》，北京：中國藏學出版社，2014 年，第 79 — 100 頁。

又是明代的傳譯本 [17]，由此推測乾隆皇帝對藏傳佛教的信仰和修習或也曾得益於藏傳佛教在其前朝宮廷中的傳播，是受了前朝宮廷所流傳的藏傳佛教的影響。

五

如前所述，清代藏傳佛教史的研究尚待深入，我們對清代統治制度、治國理念與藏傳佛教的關聯還所知甚少。"新清史"家們津津樂道的一個故事是：滿清征服北部中國前後，自皇太極到康熙皇帝等清初的統治者們，都對傳說中得自成吉思汗黃金家族的最後一位直裔領袖、察哈爾蒙古大汗林丹汗之手的一尊大黑天神金銅像極為推崇，因為據傳它原本是八思巴帝師獻給元世祖忽必烈汗的，故彌足珍貴。於是，這尊大黑天金像竟然演變成為初建之大清國的護法，甚至成為賦予大清建國以合法性的一個象徵。可是，即使大黑天神確曾被元朝的蒙古人認為是幫助蒙古軍隊最終征服南宋的戰神，故被視為"國之護賴"，但大黑天神作為藏傳佛教薩迦派所推崇的一尊護法，它不過是從西藏傳到西域和中原的眾多藏傳佛教護法中的一個，對大黑天的崇拜和修習開始於西夏、盛行於元朝，也見於明代傳譯的藏傳密教儀軌中，但它從來不具備作為護祐國家建立之尊神這樣的象徵意義和崇高地位。[18]

此外，研究清代與西藏關係史的學者們還都樂於把五世達賴喇嘛與清順治皇帝的初次會面，完全按照元初八思巴帝師與元世祖忽必烈汗建立的所謂"施供關係"（mchod yon）的模式來描述和解釋，以此來構建滿清與西藏之政教關係的歷史敘事，並賦予這一事件對於大清歷史的重要意義。可是，將蒙古大汗

17　參見沈衛榮：《論〈大乘要道密集〉的成書》，載《中國藏學》2016 年第 3 期，第 11 — 20 頁；安海燕：《乾隆帝御用藏密瑜伽修行寶典〈究竟定〉編譯背景考 —— 附論乾隆帝的藏傳佛教信仰》，載《西域歷史語言研究集刊》第 8 輯，北京：科學出版社，2015 年，第 505 — 522 頁。

18　參見沈衛榮：《西夏、蒙元時代的大黑天神崇拜與黑水城文獻 —— 以漢譯龍樹聖師造〈吉祥大黑八足讚〉為中心》，《西藏歷史和佛教的語文學研究》，上海：上海古籍出版社，2010 年，第 418 — 439 頁。以前曾有學者將元朝宮廷對佛頂金輪和白傘蓋佛母的崇拜作為樹立元朝皇帝之轉輪王身份的儀式，但此說後來也被證明為失之牽強。參見王薇：《白傘蓋佛母：漢藏佛教的互動》，載《故宮博物院院刊》第 5 輯（2007），第 98 — 120 頁。

或者滿清皇帝與西藏喇嘛的政治、宗教關係形塑成一種貌似純粹宗教性質的“施主與福田”或者“保護人與上師”之間的關係，這本來只是西藏佛教史家的一種天才的創造。其初衷是為了強調西藏喇嘛和蒙古大汗之間特殊的政教關係，以提高西藏喇嘛在其本土的政治和宗教地位；到後來則反而成了近世西藏喇嘛史家們用來否認西藏喇嘛們與蒙古大汗或者清朝皇帝之間實際存在的政治依賴和從屬關係的一種說辭。[19] 總之，不管是“大黑天崇拜”，還是“施供關係”，它們既不能被視為可用來表明滿清之帝國意識形態的實際內容，也不反映滿清與西藏、蒙古之政教關係的歷史真實。

與“大黑天崇拜”或者“施供關係”相比，看似為乾隆皇帝量身打造的“作為菩薩的皇帝”（Emperor as Bodhisattva）和“轉輪王”（Cakravartin）的身份、形象或許更接近“清帝國意識形態”。把乾隆皇帝稱為“文殊菩薩皇帝”或者“轉輪王”，無疑可以在作為世俗君王的乾隆皇帝身上添加上富有魅力的宗教神性，標明他是一位超越了世俗萬有，具有統御十方、救度衆生之智慧、方便和願力的非凡的政治領袖。可是，將俗世的帝王讚譽為出世的菩薩化現或者轉輪王再世，這並不是清代的首創，甚至也不是藏傳佛教特有的現象，這樣的事例在中國古代歷史上早已屢見不鮮。大家都熟知連武則天都會在《大雲經》中找到女菩薩轉世，下凡為轉輪聖王的預言，以此為其篡位稱帝造勢。因此，把清朝皇帝塑造成菩薩皇帝或者轉輪王，這同樣不能用來說明清朝帝制擁有獨特於其他朝代的內亞性質。

當然，把乾隆皇帝塑造成文殊菩薩的化現和轉輪王再世，這顯然不是漢傳佛教的做法，而確實是藏傳佛教的行為。五世達賴喇嘛在其自傳中很自然地稱呼清順治皇帝為“文殊大皇帝”，同時也視其為“轉輪聖王”。[20] 但是，同樣的做法早在蒙元時代就已經出現，以八思巴帝師為首的西藏喇嘛就曾努力把成吉思汗以來的蒙古大汗塑造成統御世界四大部洲的轉輪聖王，也曾經有西藏喇嘛將

19　參見沈衛榮：《中世紀西藏史家筆下的蒙元王朝及其與西藏的關係》，載張志強編《重新講述蒙元史》，北京：三聯書店，2016 年，第 128 — 155 頁。

20　詳見《五世達賴喇嘛羅桑嘉措傳》，陳慶英、馬連龍、馬林譯，台北：全佛文化事業有限公司，2003 年，第一函，上、下。

元世祖忽必烈汗稱為文殊菩薩的化現。[21] 從 11 世紀末、12 世紀初開始，西藏佛教歷史書寫中就經常把西藏稱為觀音菩薩的化土，把西藏的政教領袖認定為觀音菩薩的化身；及至元末和元以後，西藏喇嘛們又把漢地的皇帝稱為文殊菩薩的化現，把蒙古大汗稱為金剛手菩薩的化現，形成了一種於佛教世界意義中的特殊的 "三聖"（trinity）結構，分別代表慈悲（觀音）、智慧（文殊）和勇武（金剛手），以此將西藏、蒙古和漢地緊密地連結在一起。八思巴帝師曾撰寫讚辭，稱頌忽必烈汗為轉輪聖王，還具體地指稱其統治地域為漢地、蒙古和西藏三個地區。這樣的佛教歷史敘事也很快影響了蒙古人的歷史書寫，到乾隆皇帝時代，漢地皇帝是文殊菩薩化身的說法早已在藏傳佛教流傳的地區深入人心了，所以乾隆皇帝順理成章的被西藏人、蒙古人認為是文殊菩薩的化身。於當時的歷史語境中，漢地的皇帝實際上並不是一位漢人，而是一位滿洲人這一事實，顯然不會像今天討論 "新清史" 時一樣引發巨大的爭議。

顯然，不但把清朝皇帝塑造為文殊菩薩的化身並非滿洲人自己的創造，而且這個 "菩薩皇帝" 的身份認同從其本意而言也並不給予滿清皇帝以 "中國（漢地）皇帝"（rgya nag gi rgyal po）以外的更多的政治意義，甚至反而把它的統治地域限定在了漢地，因為西藏和蒙古分別是觀音和金剛手菩薩的化土，它們不是文殊菩薩管領的範圍。所以，乾隆皇帝之所以接受這樣的稱號，大概不是因為這是一個更有帝國性、內亞性，和更有擴張性和普世意義的稱號，更不是因為它是一個可以用來取代古代中國之 "聖武皇帝" 這個傳統稱號的新稱號。一個更加合理的解釋是，作為大清帝國的皇帝，乾隆不但要統治一個 "基於中國的帝國"，而且還要統治一個 "內亞的帝國"，所以他需要在不同的時空裏扮演不同的角色。對於大多數的漢族臣下來說，他必須是一位文治武功雙全的 "聖武皇帝"，對於滿洲人來說，他又必須是一位勇武善戰的部族聯盟頭領、可汗，而對於信仰藏傳佛教的西藏人、蒙古人來說，他最好的形象就應該是一位菩薩

21　參見沈衛榮：《再論〈彰所知論〉與〈蒙古源流〉》，載《中央研究院歷史語言研究所集刊》第 77 卷第 4 分，台北：中央研究院歷史語言研究所，2006 年，第 697 — 727 頁；孫鵬浩：《薛禪可汗與文殊菩薩：見於〈鄔堅巴傳〉中的某一種聯繫》，載沈衛榮編《漢藏佛學研究：文本、人物、圖像和歷史》，北京：中國藏學出版社，2013 年，第 591 — 594 頁。

皇帝，是文殊菩薩的化身。[22]“文殊菩薩化身”這一角色，除了可以賦予滿清皇帝個人以宗教意義上的特殊光環之外，也可能使清帝國對西藏和蒙古的統治變得更加容易接受。但是，藏、蒙佛教史家稱頌滿清皇帝為文殊菩薩化身的本意大概並非是為了要表明西藏、蒙古接受大清帝國統治這一事實，相反，從宗教意義上説，觀音菩薩或者金剛手菩薩的化土與文殊菩薩的化土並無高下之分，推崇大清皇帝為文殊菩薩的化身，表明的更可能是藏傳佛教徒們想在西藏、蒙古與大清之間建立一種平等地位的美好願望。由是觀之，把大清皇帝推為“菩薩皇帝”顯然不可能如“新清史”家們所期待的那樣，是藏傳佛教徒專門為乾隆皇帝創造出來的一套“帝國意識形態”，並以此作為他統治一個巨大的內亞帝國的一種方便。

　　從藏傳佛教思想，特別是要從自身還在尋求蒙古和碩特部族頭領固始汗的軍事支持，以在西藏建立政教合一統治的格魯派，亦即黃教的教法思想中，去尋找支撐大清統治中原與內亞的帝國意識形態，這聽起來就有點讓人覺得不可思議。西藏歷史上唯一有一段統一、強盛，可以被稱為帝國的時期，還要回溯到 8 世紀時的吐蕃帝國。自 9 世紀初吐蕃王國分裂以後，西藏再沒有能够重建一個統一、強盛的政體。藏傳佛教教派林立，造成了西藏社會長期嚴重的分

22　“作為菩薩的皇帝”這一議題是近四十年前由美國學者 David M. Farquhar 最早提出來的，參見其大作：法誇爾：《清帝國統治下作為菩薩的皇帝》，載《哈佛亞洲研究雜誌》第 38 卷第 1 期（1978），第 5 — 34 頁（David M. Farquhar, "Emperor as Bodhisattva in the Governance of Ch'ing Empire," in: *Harvard Journal of Asiatic Studies*, Vol. 38, No. 1〔1978〕, pp. 5-34）。這是一篇具有典範意義的優秀學術論文，可以說迄今尚未過時。儘管作者當時所能利用的第一手資料比我們今天所見的資料要少得多，但他通過扎實的語文學式的研究，充分吸收當時所見的二手學術成果，對乾隆皇帝作為文殊菩薩化身這一形象之塑造的源流，以及它對清帝國統治的意義做了細緻的梳理，作者的研究表明“作為菩薩的皇帝”只是乾隆皇帝所扮演的眾多角色中並不是很重要的一個，其意義不應該被任意誇大。在這篇文章中，乾隆皇帝被稱為“文殊菩薩皇帝”一事也沒有與清帝制的內亞性質拉上關係。可是，在後人的許多清史研究著作中，“作為菩薩的皇帝”成為了一個有魔力的詞句，對它於清代歷史上的意義也多了很多誇張的解釋。藏傳佛教儀軌、儀式也常常被抽離出藏傳佛教本身的語境而給以不着邊際的政治性的詮釋。參見何偉亞：《喇嘛，皇帝，儀式：清帝國典禮中的政治含義》，載《國際佛學協會雜誌》第 16 卷第 2 期（1993），第 243 — 276 頁。（James Hevia, "Lamas, Emperors, and Rituals: Political Implications in Qing Imperial Ceremonies," in: *Journal of International Association of Buddhist Studies*, Vol. 16, No. 2〔1993〕, pp. 243-276）

裂，直到五世達賴喇嘛興起，西藏才再次出現了一個相對統一的局面。作為觀音菩薩的化土，西藏名義上處在觀音菩薩的化身 —— 達賴喇嘛政教合一的統治之下，但它同時又受到滿清皇帝和蒙古汗王的雙重監視和控制，它在任何方面都難以與作為文殊菩薩化身的"中國皇帝"統治下的大清帝國相比較。將西藏構建為觀音菩薩的化土，並將吐蕃王朝的第一任國王松贊干布和以後的達賴喇嘛等都想像成為觀音菩薩的轉世，並賦予他們同時掌管宗教和世俗兩個世界之權力的轉輪王身份，這是藏傳佛教宣傳家們經過好幾個世紀的努力的結果。[23]但這一套將政治權力與宗教思想完美地結合在一起，並在西藏行之有效的"意識形態"是否同樣適合於作為滿清帝國的"意識形態"，是否能為清朝皇帝統治"中國的"和"內亞的"大帝國提供政治上的合法性和宗教上的超越性意義，這無疑還值得進一步討論。總體而言，大清帝國並不是一個佛教帝國，且不說文殊菩薩皇帝的身份並不等於普世君主，它甚至都不算是西藏和蒙古的皇帝，而對於內亞地區的新疆穆斯林民族而言，菩薩皇帝的身份大概也不見得比聖武皇帝這個身份更有權威。

　　對於藏傳佛教中的王權思想，以及它在清代滿、蒙、藏三邊外交關係中的意義，日本學者石濱裕美子教授曾經做過十分詳盡的研究，她的許多觀點與美國的"新清史"家們可謂不謀而合。由於她是一位兼通滿、蒙、藏、漢四種文字和學問的專家，能夠同時利用上述四種文字的文獻資料，故她在這個研究領域內具有西方"新清史"家們難與頡頏的權威性。[24]石濱曾以五世達賴喇嘛進京與順治皇帝見面這一歷史事件為例，解釋傳統清史研究所面臨的困境。如果從大漢族主義的觀念出發，五世達賴喇嘛進京覲見順治皇帝無疑是一次朝貢之

23　參見范德康：《達賴喇嘛與轉世喇嘛的起源》，載布羅昂編《達賴喇嘛：看得見的歷史》，芝加哥：Serindia Publications，2005 年，第 15 — 31 頁。（Leonard van der Kuijp, "The Dalai Lamas and the Origins of Reincarnate Lamas," in: *The Dalai Lamas, A Visual History*, ed. by Martin Brauen, Chicago: Serindia Publications, 2005, pp. 15-31）

24　參見石濱裕美子：《チベット仏教世界の歴史的研究》（《藏傳佛教世界的歷史研究》），東京：東方書店，2001 年；石濱裕美子：《清朝とチベット仏教：菩薩王となった乾隆帝》（《清朝與藏傳佛教：成為菩薩的乾隆帝》），東京：早稻田大學出版部，2011 年。

旅，而從西藏喇嘛所持的 "施供關係" 的角度出發，那麼五世達賴進京是一次弘揚佛法的傳教之旅，但這二者無疑都有失偏頗。於是，石濱提出了一個新穎的觀點來解釋清朝滿、蒙、藏的三邊外交關係，她認為 17 世紀早期的滿洲、蒙古和西藏共享了 "佛教政治"（chos srid，譯言 "法政"），或者説 "佛教政府"（Buddhist government）這一概念，而這個概念便是滿、蒙、藏三邊正式外交關係的基礎。[25] 這個所謂 "佛教政府" 概念指的就是藏傳佛教所宣揚的 "政教合一" 制度（lugs gnyis, gtsug lag gnyis 或者 khrims gnyis，譯言 "兩種制度" "兩種法律" 或者 "二道" 等），它最早見於《瑪尼寶卷》（*Mani bka' 'bum*）和《蓮花遺教》（*Padma bka' thang*）等 11、12 世紀出現的藏文伏藏文書（gter ma）中，它們把松贊干布塑造成為觀音菩薩的轉世，即以 "政教二道" 統治西藏的政教合一的領袖。由於《瑪尼寶卷》和《蓮花遺教》等伏藏較早就被翻譯成蒙文，所以蒙古人很早就接受了 "佛教政府" 這個概念，如 16 世紀出現的著名蒙文史書《白史》中就專門對 "政教二道" 的概念做過詳細的闡述。後來，經第三世、五世達賴喇嘛的傳播，這個概念當在蒙古和滿洲普遍流傳，故在 17 世紀的蒙文、滿文文獻中經常出現這個詞彙。但是，由於漢語中沒有和 "政教二道" 相應的詞彙，這個概念不見於清代的漢文文獻中，所以，這個對於研究清代滿、蒙、藏關係最為關鍵的概念長期以來不幸被只能依靠漢文文獻來研究清史的學者們忽略掉了。

石濱的語文能力實在令人歎為觀止，但是，不得不説，在她所做的這種出色的文獻研究與她所要討論的歷史問題之間，我們似乎還需要在清代的具體歷史實踐中找出它們之間的實際聯繫。從她的研究中，我們既看不出在 17 世紀初

25　石濱裕美子：《17 世紀早期滿蒙藏的 "佛教政府" 概念》，載庫柏斯編《傳統西藏的 "宗政和合"（藍毗尼研討會會議記錄）》（2000 年 3 月，尼泊爾），藍毗尼：Lumbini International Research Institute，2004 年，第 15 — 31 頁。（Yumiko Ishihama, "The Notion of 'Buddhist Government' (chos srid) shared by Tibet, Mongol and Manchu in the Early 17th Century," in: *The Relationship Between Religion and State (chos srid zung 'brel) in Traditional Tibet, Proceedings of a Seminar held in Lunbini, Nepal, March 2000*, ed. by Christoph Cueppers, Lumbini: Lumbini International Research Institute, 2004, pp. 15-31）

的藏、滿、蒙文文獻中都曾出現的"佛教政府"這個詞彙如何可以被認為是同時期滿、蒙、藏三邊外交關係的基礎？也看不明白"佛教政府"這個概念究竟是如何影響了滿清對蒙古和西藏這兩個地區的統治的？"政教合一"的理念確實可以被認為是藏傳佛教所創造和推行的一套統治世界的"意識形態"，而前述"菩薩皇帝"和"轉輪王"思想都是這套"意識形態"的組成部分。但是，僅僅憑藉清代滿、蒙文文獻中出現了與藏文中的"佛教政府"（"法政"或者"政教二道"）這個概念相對應的詞彙，我們大概還無法因此而肯定滿清皇帝已經全盤採納了藏傳佛教所宣傳的這套佛教政治思想，並將它轉化成了他們統治大清帝國的意識形態。

　　對一個他文化中的詞彙和概念的接受應當有一個相當長期和複雜的過程，相應的詞彙、譯文的出現，並不表明這個詞彙所傳達的概念、意義也被原樣地接受了。石濱文章中提到與藏文中的"政教合一"，確切地說是"兩種制度"（lugs gnyis）這個詞對應的蒙古語詞最早出現在著名的蒙文史書《白史》中，這部偽託為忽必烈時代所造的蒙文著作對政教合一的"兩種制度"做了詳細的詮釋，它不但對蒙古佛教政治的發展有過重要的影響，而且也賦予了藏傳佛教中原有的"政教合一"理念以新的意義。《白史》中所說的"兩種制度"與《瑪尼寶卷》等藏文文獻中宣揚的政教合一的"兩種制度"，雖然表面上看起來有明顯的傳承關係，但實際上其內涵已經有了很大的改變。《白史》中所說的"政教二道"又分別將政治和宗教二道再細分為二，其中的"教"分成顯、密二宗，而"政"則是採納了漢族儒家文化傳統中為其君主之王政所設定的"文武二治"。[26]可以說，《白史》所倡導的"政教二道"思想是在融合了漢、藏兩種不同的政治和宗教思想、制度的基礎上，形成的屬於蒙古人自己的特殊的政教合一思想和制度。這一事例對於我們理解蒙古政治和宗教歷史的發展具有十分典型的意義。

26　參見烏雲畢力格：《王政者，文武二治也 —— 釋〈白史〉中的 ANKKA 與 KILBAR（INK、IIQ-A)》，載《西域歷史語言研究集刊》第 6 輯，北京：科學出版社，2013 年，第 311 — 320 頁。

　　石濱文章中還提到大清皇帝致固始汗的一封信中出現了"佛教政府"這個詞彙（törü sasin），相當於藏文中的"法政"（chos srid），但在見於《大清實錄》中的與其相應的漢文文本中，它卻僅僅被譯作"道"或者"致治之道"。石濱認為這是由於漢文中沒有一個合適的詞彙可與"法政"或者"佛教政治"一詞相應，所以漢文本就把滿、蒙文中出現的這個詞彙給省略掉了。可是，石濱或許不應該排除的另外一種可能性是，在滿、蒙文中出現的這個詞彙 ——"佛教政府"，在整個滿清歷史語境中的實際意義無非就是"道"或者"致治之道"。與"政教二道"比較起來，"文武二治"或許更可能是大清帝國之治的"意識形態"。或者，在乾隆皇帝的政治文化語境中，"政教二道"和"文武二治"根本就是相同的東西。在做這類細緻的文本比較研究的同時，我們也應該以同樣的細緻去研究乾隆皇帝如何統治大清帝國之具體實踐的歷史。

六

　　"新清史"的另一個學術主張，即清史研究應該重視利用非漢文文獻，特別是滿文文獻，這本來就是一個常識，毋庸置疑。大清帝國是滿族建立的王朝，從其立國到滅亡，滿族貴族、精英一直是清朝統治階級中的主導力量，滿文是在清官方和民間始終流通和使用着的活的文字，迄今留存的滿文文獻資料極其豐富，它們自然和漢文文獻一樣，是研究清朝三百餘年歷史的最基本、最重要的文獻資料。不僅如此，正如"新清史"所強調的那樣，清朝不但是一個"基於中國的帝國"，而且還是一個"內亞帝國"，所以要研究清史不僅要利用漢文和滿文資料，還應該利用蒙古文、藏文和維吾爾文等文獻資料，清史研究的進步和發展有賴於多語種民族文字文獻資料的發現、利用和比較研究。

　　可是，不管是在西方，還是在中國，清史研究和滿學研究，或者說對清朝那個"基於中國的帝國"，和那個"內亞帝國"的研究，長期以來卻分屬於兩個不同的學科和學術領域，前者屬於漢學或者中國古代史研究的範疇，後者則屬於中亞學、內亞史或者民族學、民族史的研究範圍，這導致傳統從事清史研究的人多半是利用漢文文獻研究中國古代歷史的漢學家，而從事滿文、蒙古文文獻研究清代內亞史的人則多半是中亞語文學家或者內亞學者。譬如，哈佛大學中國研究的奠基者費正清從本質上來說是一位清史學者，他只利用漢文文獻來研究清後期的歷史，而他在哈佛的年輕同事傅禮初（Joseph F. Fletcher）則主要利用滿文、蒙文、伊斯蘭語文文獻來研究清代內亞的歷史，他的身份是一位中亞語文學、中亞歷史教授。這樣的傳統在美國學術界長期保持着，如歐立德的老師鮑森（James Bosson）畢生從事滿文、蒙文和藏文文獻研究，他一度曾經代理傅禮初在哈佛留下的中亞語文學教授席位；與歐立德平輩的學者中有艾宏展（Johan Elverskog）利用蒙古文、滿文和伊斯蘭語文文獻研究清代內亞史，成果卓著，但他一般不會被人當作清史學者，而更多被認為是一位中亞語文學家或者宗教學者。

如前文所述，"新清史"強調清史研究要注意其"內亞維度"，即要把對清"內亞帝國"的研究作為清史研究的重頭戲，這意味着要把原來分屬於兩個不同學科和學術領域的清史研究整合到一起。這樣的學術整合或與北美中國研究這個學科本身的發展，特別是全球史研究的興起有直接的聯繫。形象地說，正如今天的歐立德一人肩負的是當年費正清和傅禮初二位先生的教職一樣，清史研究與內亞史、中亞語文學至少在哈佛大學已經合二而一了。在這樣的整合中，中亞語文學和內亞學的"語文學"特徵漸漸變弱，正在失去其過去曾經享有的十分崇高的學術地位，而對一個內亞帝國，或者說一個跨越歐亞的清帝國歷史的研究，則不但超越了傳統中國研究的範疇，而且還與近年來來勢迅猛的全球史研究的大趨勢一拍即合，其重要性得到了前所未有的提升。正是在這樣的學術整合中，以滿文為主的非漢文文獻資料對於清史研究的重要性被提到了前所未有的高度。[27]

27　"新清史"學者對滿文文獻的重視從其學術趨向和取徑來看或與同時代美國學界出現的所謂"新語文學"（New Philology）運動有一定的聯繫，當時有一批從事中美洲人種史、民族史的年輕學者，嘗試以對"新語文學"的堅守來復興他們的研究領域。而所謂"新語文學"，即是強調土著語文資料的重要性，並運用語言學和歷史學兩種學術進路來處理這些土著語文文獻。參見雷斯托爾：《新語文學的歷史與歷史中的新語文學》，載《拉丁美洲研究述評》第 38 卷第 1 期（2003），第 113 — 134 頁。（Matthew Restall, "A History of the New Philology and the New Philology in History," in: *Latin American Research Review*, Vol. 38, No. 1〔2003〕, pp. 113-134）

　　隨着"新清史"在國內學界之影響不斷擴大，它的所有主張都受到了嚴重質疑和挑戰。圍繞滿文文獻對於清史研究的重要性也出現了激烈的爭論，而這樣的爭論與其說是一場學術的爭論，倒不如說是辯論雙方間的一場意氣之爭，因為滿文文獻對於清史研究的價值世人皆知，怎麼強調都無可非議。[28]"新清史"家們對滿文文獻的強調，凸顯出漢族中心主義主導下的傳統清史研究的缺陷和不足，中國的清史研究長期以利用漢文文獻研究清代"基於中國的帝國"歷史為主流，而"新清史"提倡利用滿文等非漢文資料，強調研究清代的"內亞帝國"史，這對中國的清史研究自然具有批評和諷刺意義。試想大清王朝滅亡才百餘年，滿語卻已基本失傳，滿語和滿文文獻研究也幾成"絕學"，這不僅僅是中國學術的一段傷心史，也是讓整個中華民族都感到十分悲哀的一件事情。今天的中國學者理當具備接受"新清史"家們批評的勇氣，並對中國清史研究的歷史和現狀進行深刻反思，進而對自己目前的研究做出及時的調整和改進。

　　值得指出的是，儘管"新清史"十分強調滿文文獻對於清史研究的重要性，但這並不表明"新清史"家們本身都是能够熟練地利用滿文文獻從事清史研究的語文學家。"新清史"的學術意義在於它為清史研究設計了一種新的學術進路，提出了一套新的解釋方法，它的學術追求或在於要建構一種新的關於清史的宏大敘事，其意義屬於意識形態層面。"新清史"學者中間沒有任何一位能够像傅禮初一樣，同時利用滿文、蒙文和伊斯蘭語文文獻來從事清內亞史研究，也沒有任何一位是真正從事內亞文獻研究的傳統的語文學家。可以説，迄今為止"新清史"家們的學術成果和學術貢獻，絕對不在於他們發現和利用了哪些前人未曾利用過的新資料，提供了哪些人們以往不知道的有關清史的新知識，或者説他們通過對滿文文獻所做的扎實過硬的語文學研究糾正了哪些傳統清史研究中的錯誤，這些本來就不是"新清史"家們所追求的學術目標。"新清史"積極主張要利用滿文史料，更多是表明一種學術姿態，但他們自己並不見得能

28　參見楊珍：《滿文史料在清史研究中的局限》，載《光明日報》2016 年 6 月 1 日；烏雲畢力格：《清史研究豈能無視滿文文獻？》，載《東方早報 —— 上海書評》2016 年 6 月 19 日。

夠身體力行。筆者翻閱了多部著名的"新清史"著作，查看其書後的徵引文獻目錄，發現所利用的滿文文獻極其有限，其中有好幾部甚至根本就沒有利用過滿文文獻，讓人懷疑它們的作者是否真的具備利用非漢文文獻的能力。看起來，正如多位"新清史"的批評家們已經指出的那樣，"新清史"的"宏大敘事"多半是建立在他人的二手著作的基礎之上的。

　　總而言之，是否能夠利用滿文文獻根本就不是區分一位清史學者是不是"新清史"家的必要標準，像狄宇宙（Nicola Di Cosmo）和艾宏展等有數的幾位真正能夠利用滿文、蒙文文獻來研究清代內亞歷史的歐美學者，他們不但不是"新清史"家，甚至常常是站在反對"新清史"的立場上的。於 2012 年冬天在普林斯頓高等研究院召開的一次有關"新清史"的圓桌討論會上，來自日本的清史和滿學研究學者楠木賢道曾經打趣地說："如果利用滿文文獻研究清史可以被稱為'新清史'的話，那麼我們日本江戶時代的滿學研究就是'新清史'了。"日本從事清史研究的學者中有很大一部分承繼的是中亞語文學的傳統，潛心從事滿文文獻的整理和研究工作，但他們並不是"新清史"家。中國清史研究的主流確實是利用漢文文獻來研究"清中國"歷史，但在此之外也還有不少專門從事滿學和滿族歷史研究的學者，其中又以錫伯族、滿族和蒙古族學者為主，他們的滿文能力和滿學研究水準遠遠超越西方的"新清史"學者，他們為整理、翻譯滿文檔案和文獻付出了巨大的勞動，為清史研究的進步做出了重大的貢獻，他們的工作和學術成就理應得到主流清史學界更多的承認和重視，而他們自然也不是"新清史"家。事實上，中國學者大可不必對西方"新清史"學家們提出的重視滿文文獻的主張感到如此的敏感和脆弱，就利用滿文文獻而言，中國學者具有得天獨厚的基礎和便利，利用滿文文獻來推動清史研究具有十分美好的前景，關鍵就在於我們是否能夠以積極和樂觀的姿態來回應"新清史"的這個批評和挑戰。

　　"新清史"對滿文文獻之價值的強調還同時引起了一場有關漢文文獻之於清史研究的重要性的爭論。傳統清史研究的基礎是清代的漢文文獻，漢文文獻對於清史研究的重要意義是不言而喻的。即使是"新清史"家，他們在強調滿文文獻之價值的同時，並沒有否認漢文文獻的重要性，他們研究清史時所依賴和利用的史料最主要的從來都是清代的漢文文獻。但是，在海外清史學界和中亞語文學界，有一種說法流傳頗廣，也頗有影響，即是說與滿文、蒙文和藏文文本相比較，與它們相對應的漢文文本中常常會出現不相一致的地方，即存在竄改、增刪和歪曲的現象，言下之意，漢人官員／史家或從來就慣於篡改歷史記載。這樣的說法事實上是非常經不起推敲的。這種懷疑或即源於後現代史學對任何文本之真實性的根深蒂固的懷疑，因為歷史本身就是一個建構出來的東西（Geschichte ist Gegenstand der Konstruktion），也沒有任何一個文本不是作者有意圖地構建出來的，所以 "史料即史學"。從這個角度說，懷疑一個文本的歷史真實性是有些道理的。但是，為何人們並不懷疑相應的滿文、蒙文和藏文文本的真實性，卻只對其中的漢文本有這樣深刻的懷疑呢？其實，只要對西藏和蒙古歷史書寫傳統略有了解的人都知道，他們的歷史書寫按照佛教史觀對他們民族的歷史做了十分徹底的改造和重構，傳統的西藏和蒙古歷史書寫都是一部佛教如何改造西藏和蒙古的歷史，所以連西藏、蒙古的祖先都變成了印度釋迦王族的後裔，他們的國土是觀音、金剛手菩薩的化土，他們的政教合一的領袖則是菩薩的轉世或者轉輪王等等。顯而易見，在遵循自己信仰的意識形態來建構自己民族的歷史敘事這一點上，藏、蒙佛教史家應該說一點也不比漢地史家遜色，甚至可以說他們更在行、更先進和更徹底。

中國蒙古學、滿學研究的優秀學者烏雲畢力格曾經多次強調："史料在性質上分為 '遺留性史料' 與 '記述性史料'，兩種史料間的差異很大。所謂 '遺留性史料'，就是在其產生之初並無傳承歷史信息和歷史知識之意圖的材料，如考古遺存、檔案文件等等。記述性史料則不同，在其誕生之初，便以記載、保留和傳承歷史為目的。"[29] 可見，像檔案文件等 "遺留性史料" 依然可以被認為是傳統意義上的 "史料"，而 "記述性史料" 則大概已經可以算作一種歷史 "撰述" 了。我想，對史料的這兩種分類，既適用於滿、蒙、藏文文獻，也適用於漢文文獻，我們今天研究歷史時應該區別對待這兩種不同類型的文獻資料，但這不

29　語見烏雲畢力格上揭文《清史研究豈能無視滿文文獻？》。

是要求我們要嚴格地將漢文文獻資料從滿、蒙、藏文文獻資料中區別開來，因為絕不是只有滿、蒙、藏文資料才是可以當作真正具有史料價值的“遺留性資料”，而漢文文獻則一定是經有意改造過的“記述性史料”。

今天我們所能見到的源出於滿清帝國時期的多語種文本數量巨大，其中有雙語、三語，甚至四語、五語合體的文本，它們絕大部分都應該算作“遺留性史料”，並非經過史官整理或者有意識篡改的文本。值得指出的是，這些不同語種的文本無疑都是在清宮廷中嚴格按照官定程序，由兼通多種語文的官員十分準確地翻譯、製作出來的，在這過程中很難有人能上下其手，對這些文本中的某個語種的文本做有意的竄改。像清廷公開發佈的滿、漢雙語的詔令、文告，絕大部分都應該出自於滿漢兼通的滿族官員之手，其間根本沒有作為被征服和被統治民族的漢人官員插手的機會。而且，漢人官員中滿漢兼通的很少，而滿族官員中則比比皆是。今天我們無法確定乾隆皇帝的《喇嘛說》最初是用哪種文字寫成的，這四種文字的版本應該不可能都出自乾隆皇帝一人之手，但不管其中的哪個文字版本是乾隆親撰的，它的其他三種語文的文本的翻譯無疑都必須儘可能準確地和乾隆親撰的版本保持一致。如果說滿文版是乾隆親撰，而漢文版是漢人譯史翻譯的話，試想哪位譯史敢於擅改同時精通漢文的乾隆皇帝御筆欽定的文本呢？當然，極有可能這個漢文版也是乾隆皇帝本人御筆欽定的，或者出自他手下某位精通漢文的滿大人之手。總之，因為漢文本中個別語詞的字面意義看似與其他文本略有不同，便懷疑漢文文本或已遭竄改和歪曲，從而貶低漢文文本的價值，這是完全沒有道理的。當人們對同一個文本的不同語種的文本進行比較，並發現這些版本之間出現字面意義上的差異或者不同的時候，我們最好不要馬上聯想到有可能是中間的哪個文本，當然最可能是漢文文本，已經被有意竄改過了。更可能的情形是，你以為在這二種或多種語文文本中出現的從今天的角度來看貌似字面意義不同的地方，其實它們在當時的語文和歷史語境下並沒有任何實際的不同，一個今天看似不一樣的語詞或概念，在它們當時各自的語文和歷史語境下很有可能表達的是完全相同的意思。而要弄清它們之間的同與不同，體會同一詞彙或者概念在各種文本中的細微差別

（nuance），正是我們提倡多語種文字文獻之比較研究的目的和意義之所在。[30] 令人遺憾的是，迄今為止在清史研究領域內還很少有人開展對多種語文文獻的比較研究，卻常常聽人或明或暗地批評説：與滿、蒙、藏文文本相比較，相應的漢文文本有如此這般的缺陷。不得不説，這樣的説法是站不住腳的，它不是出於無知，就是出於偏見，或者歪曲。

歐立德曾經指出：“從‘新清史’的角度來看，這也是為甚麼只用滿文檔案的漢文翻譯會不得要領。使用翻譯過的滿文檔案並不等於使用滿文檔案，除非這些翻譯出自你自己。這不只是因為翻譯可能出錯，更是因為沒有一種翻譯可以傳達自己親身閱讀檔案所得到的那種感覺。”[31] 我非常同意他的這種説法，不能閱讀一個文本的原文，而僅僅依賴翻譯，就如霧裏觀花，或者隔靴搔癢，是沒法真正領會文本所透露的真實信息和微言大義的。但是，對於清代留下的雙語或者多語的檔案文獻或者詔令、文誥類文本來説，它們與今人漢譯的滿文檔案文獻完全不是同一個概念，它們之中哪一個都不是一般意義上的翻譯作品，所以不能僅從字面上來判斷孰個更準確、更可靠。讀者必須仔細比對這些文本，把它們放回到清代當時的歷史和語言的語境中，比較、考察不同文本間的細微差別，只有這樣才能真正讀懂和利用這些雙語或者多語文獻。當然，對於那些漢語和滿語都不是母語的“新清史”家們來説，廣泛和準確地利用雙語或

30　烏雲畢力格 2017 年 8 月 12 日致筆者信中説：“根據我的經驗，滿漢文本和蒙漢文本之間存在一些差異是實際存在的問題，這個主要是因為內地史學編纂形成了自己的話語表達系統，它對其他非漢文文獻中的名詞術語、固定表達等很多方面有其套語，比如可汗＝皇帝，西北地方＝朔漠，蒙古＝夷、虜，退回原牧地＝遁入巢穴，懷疑＝狐疑，等等；此外一些關乎社會制度的名詞，非常複雜，但翻譯後失去原有的意思，比如清代蒙古的所謂奴隸，實際上是一種私屬人口，譯為奴隸不對，等等。但是把這個問題擴大化，説成兩種文本完全是兩回事兒，這肯定是不對的。” 由於漢文之歷史敘事和公文書寫有着十分悠久的歷史，形成了一個十分複雜和精緻的書寫傳統，其中很多辭彙和表達方式很難在蒙、藏、滿等文字書寫中找到完全對應的辭彙，致使這些多語種的文本表面看起來似乎有一些不同之處，文字上無法一一對應。實際上，對於兼通這幾種文字的專家看來這些文字之表達方式上的不同只是表面的，其實際內容並無很大差別。而在多語種文本之間出現的這些文字表面的不同之處正是最值得歷史學家、語文學家們花力氣去做比較研究的內容，把它們簡單地看作是漢人的故意竄改反而是一件非常不正確和不學術的事情。

31　歐立德：《滿文檔案與“新清史”》，載劉鳳雲、劉文鵬編《清朝的國家認同 ——“新清史”研究與爭鳴》，第 387 頁。

者多語種的清代檔案文獻無疑比中國學者更具挑戰性，希望他們能把對利用滿文文獻的那份重視、謹慎和敏感也用於他們對清代漢文文獻的閱讀和利用之中。

七

　　"新清史"於西方的出現和圍繞"新清史"在中西學界發生的這場激烈爭論，可以說是西方東方主義學術傳統和它的話語霸權在東方產生巨大影響和強烈反彈的一個經典例子。"新清史"的學術視角和"新清史"家們對其學術研究之主題的選擇，顯現的是西方，特別是美國之主流學術和社會對中國的歷史和現實問題的興趣和關注，表達的是西方人自己對現實的關心和他們的學術訴求。於美國的歷史和現實中，種族／民族之間的矛盾衝突一直是一個十分尖銳的問題，所以美國歷史學家研究本國或者他國歷史時，本能地會較多地關注民族之間的矛盾衝突，而較少地承認民族間的交流和融合。近一二十年來，種族（race）、性別（gender）和族裔性（ethnicity）是美國學術界最博人眼球的關鍵詞，美國的清史研究當然也不可避免的要參與這些學術話語的建構和討論。在這樣的學術大背景下，以及在今天無處不在的"政治正確"的影響下，"新清史"家們的立場自然會站在相對弱小的民族一邊，更樂意替他們發聲、代言，只是他們似乎忘了他們力圖要代言的滿族於當時可是大清帝國的建立者和統治者，他們並不是弱小的一方；相反，漢族和蒙古、西藏和內亞穆斯林諸民族一樣，都是在滿清統治之下的被征服了的弱勢民族。此外，"新清史"也和西方近幾十年來積極倡導的區域史研究有直接的關聯，在全球史的視野中，滿清作為一個跨越歐亞的大帝國，其地區歷史的意義甚至超越了它在中國歷史書寫傳統之"王朝更迭"模式中的最後一個朝代之歷史的意義。

　　"新清史"家們繼承了西方東方主義學術傳統的一貫做法，依然認為"東方"，在這個具體的實例中有時是指整個中國和內亞，有時是專指滿族、蒙古、西藏和新疆伊斯蘭民族等，他們是沒有能力來表述（represent）他們自己的，他們的歷史、現狀、對外關係和身份認同等等，都必須由"新清史"家們來代言。可是，正如薩義德（Edward W. Said）一再強調的那樣，所有"表述"（或者“代表”，representation）都有本質上的瑕疵，它們都太緊密的與世俗的東西，如權力、地位和利益等連結在一起。而任何將經驗（experience）轉變成表達（expression）的過程都無法脫離污染。因為它涉及權力、地位和利益，它就已經而且必然受到污染，不管它是否是它們的犧牲品。[32] 自然，“新清史”家們大概也難以打破薩義德所立下的這個魔咒。不幸的是，不管“新清史”的表述正確與否，不管“新清史”是否與清代的歷史相符合，也不管它們是否能為傳統的清代歷史敘事提供任何新的內容和知識，就因為東方主義，它們就可以憑藉西方學術對於東方的長期的強勢和主導地位，變成一套強有力的學術話語，形成針對中國學術的一種難以撼動和打破的話語霸權。

由於中國學術長期以來習慣於仰視西方學術的權威，故即使到了眼下這個大國崛起、學術振興的新時代，我們依然還會順着慣性，繼續仰望着西方學術虛空中不斷顯現的新星，對他們的學術著作充滿了不切實際的幻想和過高的期待。而當這種熱忱的幻想和期待遭受無情的破滅時，我們便很容易因愛生嗔，惱羞成怒，將難抑的悲憤很快轉換成猛烈的反擊，以致於完全忘記了學術應該保持的理性和尊嚴。中國學界對“新清史”投入如此之多的關注，這一定是那些“新清史”家們始料未及的，或也正是他們最樂於見到的現象。1990 年代冒尖的“新清史”之所以到今天才反而成了一個越來越有影響力的學術流派，中國學者對它投注的熱情和對它所做的各種學術的和非學術的批評實在居功至偉。從這個角度來説，正是中國學者的努力才使“新清史”家們在他們自己的學術地盤內獲得了未曾預計到的學術地位和影響。當然，我們不得不感歎，畢竟時代不同了，在仰視西方之星空的同時，我們至少已經無法容忍繼續處於被代言的狀態，我們迫切需要奪取屬於我們自己的“話語權”，需要西方人靜下來聽聽我們自己的表述。可惜，“話語”這東西並不是任何人可以通過外在的強力從他人手中任意奪取過來的一個權力，雖然我們已經受過了對西方學術之東方主義和後殖民主義文化、思想之批判的洗禮，但我們還有自己一時克服不了的

32　薩義德：《人文主義與民主批評》，紐約：Columbia University，2004 年，第 48 頁。（Edward W. Said, *Humanism and Democratic Criticism*, New York: Columbia University, 2004, p. 48）

短板，即我們還不知道該用甚麼樣的語言和方式來向西方的學術同行們正確地表述自己，和他們形成一種理性的、寬容的和有建設意義的對話，從而建構出一套或可由我們積極主導，但別人至少也能聽得進去，並願意與你做進一步對話的"學術話語"。今日之中國學界非常渴望能儘快地與西方進行學術上的國際接軌，但是如何來實現這種接軌，則頗費思量，至今似也無十分成功的先例，我們或可以從這場關於"新清史"的討論中吸取具有啓發意義的經驗和教訓。

　　但願"新清史"將是西方學術的東方主義潮流和話語霸權嚴重侵襲和衝擊中國學術的最後一場瘋狂（the last bout of insanity）。當中國足够强大，中國的政治和學術都具備足够的自信時，西方東方主義學術傳統的話語霸權就再難如此專橫地作用於東方，它必然會在東方學術的覺醒和理性面前灰飛烟滅，取而代之的將一定是東西之間平等、理性的學術對話。中國學者眼下或已大可不必繼續如此情緒化的去質疑西方"新清史"研究的政治立場和學術動機，也無須再對"新清史"學術之枝節末流和錯漏謬誤耿耿於懷了。我們倒不如拿出足够的勇氣和恢弘的氣度，甚至可以拿出我們的"大國風範"，坦然接受別人對中國清史研究的批評和挑戰，深刻反思自身之不足和缺陷，然後揚長避短，重新啓航。清史研究不管新舊，都必須在充分利用漢文文獻的同時，儘可能多地發掘和利用滿文、蒙文、藏文和伊斯蘭民族語文文獻，以拓展學術領域和研究視野，對涵蓋中原和內亞的清代中國歷史進行更深入、更廣泛的研究，並對清代歷史於中國歷史和世界歷史上的特別的和重要的意義做出新的、更有啓發意義的詮釋，最終發展出屬於我們自己的、嶄新的清史研究。

中國是怎樣成為現代國家的？[*]
—— 國家轉型的宏觀歷史解讀

◆［美］李懷印

中國作為一個現代國家的興起，是一個歷時三個世紀的國家轉型過程。此一過程由三個關鍵環節所構成，即 17 世紀後半期和 18 世紀前半期多族群的疆域國家的形成，19 世紀後半期從前近代疆域國家向近代主權國家的過渡，以及 20 世紀上半期統一集權的現代國家的肇建。現代中國國家之最基本特徵，是其既"大"且"強"，亦即遼闊疆域及多族群人口與高度集中的國家權力結構的結合，從而在現代世界諸民族國家中獨具特色。本文從宏觀的比較歷史角度，審視了中國的國家轉型的歷史實際，對有關近代國家形成的經典文獻中所流行的"從帝國到民族國家"之規範認識提出質疑，同時也對中國近現代歷史的界定和分期提出新的看法。

一、問題所在

自從 20 世紀 90 年代以來，特別是在近一二十年，西方的中國研究領域尤其是中國近現代史研究，無論就問題意識還是就整個研究範式而言，已經發生了很大變化。在 1980 年代及此前數十年，人們所關心的根本問題主要是：共產黨革命為甚麼取勝？究竟是長期的結構性趨勢還是偶然的人為因素導向中國成為共產黨國家？ 1949 年以後在毛澤東領導下的中國，究竟在多大程度上仿效了蘇聯式的計劃經濟體制和極權制度，還是受中國歷史和文化傳統的影響，

---

* 本文已刊載於《開放時代》2017 年第 2 期，第 11 — 36 頁。文字稍有出入。

走了一條與蘇聯完全不同的道路？人們對所有具體的歷史或現實問題的研究，幾乎都直接或間接地以這些根本問題為出發點。1990 年代初，蘇聯解體，東西方對峙四十多年的冷戰，似乎最終以美國為首的資本主義陣營的勝利告終。在此背景下，過去幾十年來中國歷史研究領域受東西方對抗所形成的問題意識，以及受對立的意識形態主導的宏大歷史敘事，失去了往日的魅力。在新的地緣對抗和相應的問題意識產生之前，人們的研究興趣也從過去所關心的重大政治事件和與之相關的社會經濟結構性問題逐漸轉移開來，紛紛埋首於過去被邊緣化的支離破碎的社會文化現象的研究；同時在研究方法上，開始拋卻過去借自馬克思主義或非馬克思主義的社會科學理論和概念，轉而擁抱種種後現代的理論和新文化史方法。然而，最近一二十年，隨着中國經濟的快速發展和國力的大幅提升，世界地緣政治格局悄然發生改變，從冷戰後的美國獨霸，逐漸變成以中、美兩強為主導，加上歐、日、俄、印同台唱戲的全新格局。在中國研究尤其是歷史研究領域，與新的地緣現實相關的新問題開始進入人們的視野，導致新的問題意識的產生，以及相應的宏大歷史敘事的重構。人們或隱或顯地流露的一些根本性關心包括：到底今天和今後的中國是怎樣一個國家？她是一個現代民族國家還是一個改頭換面的帝國？她是否具有西方那些"正常的"民族國家所具有的生命力，還是作為一個整合失敗的帝國，最終會四分五裂，回歸到一個民族國家的正常狀態？今日中國所呈現的經濟政治制度特徵，究竟是一種暫時的、過渡性的、缺乏生命力的非正常安排，抑或一種形成中的全新發展路徑，可以替代歐美歷史和現實所體現的現代化模式？人們從新的問題意識出發，並且較多的從全球史（而非過去的國別史）的視角，重新研究從清代國家形成、晚清近代化轉型、國民黨國家、共產黨革命，到 1949 年以後人民共和國的一系列重大歷史問題。從目前情形看，一種頗有影響的傾向是視清朝國家為征服王朝或帝國，視清朝覆亡後的中國國家形成過程為一種非常規路徑，進而對 20 世紀以來的現代中國國家的歷史合法性提出質疑。

　　本文試圖在近一二十年國內外學者有關清代和民國歷史研究的基礎上，檢討與現代中國國家的歷史起源和形成過程相關的若干問題。為此，我們不得不從關於現代國家形成的一些基本概念和認識入手。

1."從帝國到民族國家"？

在有關世界近現代史上的國家形成的種種解讀中，一個常見的做法是把帝國與民族國家加以對立，視彼此互為反題。現有的帝國史和民族主義諸多著述，均強調了這兩種政治體系之間的反差。在這些文獻中，帝國總跟好戰、擴張、奴役連在一起。不同於現代國家之由享有共同的族群背景或文化傳統的人民所構成，且由其政府直接加以統治，帝國的最基本特徵，據經典的解釋，是其多族群、跨文化的人口構成，及其對殖民地、屬地或朝貢國的間接統治。一個現代民族總是通過弘揚其族群特性和獨特的文化傳統來建構內部的認同感，而帝國則傾向於擁抱世界主義，聲稱其思想和制度放之四海而皆準。一個現代國家總是以平等的立場界定其與世界範圍的國家體系其他成員之間的關係，而帝國則總是建立在一種等級秩序之上；相對於其核心地帶，那些被征服的土地總處於邊緣地位。[1]

1　有關世界歷史上諸帝國的研究，見艾森施塔德：《帝國的政治體系：歷史官僚社會的興起與衰落》，紐約：The Free Press of Glencoe，1963 年（Samuel N. Eisenstadt, *The Political Systems of Empires: The Rise and Fall of the Historical Bureaucratic Societies*, New York: The Free Press of Glencoe, 1963）；道爾：《帝國》，伊薩卡：Cornell University Press，1986 年（Michael W. Doyle, *Empires*, Ithaca: Cornell University Press, 1986）；霍布斯鮑姆：《帝國時代（1875 — 1914）》，紐約：Vintage Books，1987 年（Eric J. Hobsbawn, *The Age of Empire: 1875 — 1914*, New York: Vintage Books, 1987）；斯卡梅爾：《第一個帝國時代：歐洲的海外擴張（1400 — 1715）》，倫敦：Routledge，1989 年（Geoffrey V. Scammell, *The First Imperial Age: European Overseas Expansion, c. 1400 — 1715*, London: Routledge, 1989）；帕格登：《世界領主：西班牙、英國與法國的帝國意識形態（1500 — 1800）》，紐黑文：Yale University Press，1995 年（Anthony Pagden, *Lords of All the World: Ideologies of Empire in Spain, Britain and France, c. 1500 — c. 1800*, New Haven: Yale University Press, 1995）；斯蒂芬・豪：《帝國簡論》，牛津：Oxford University Press，2002 年（Stephen Howe, *Empire: A Very Short Introduction*, Oxford: Oxford University Press, 2002）；伯班克、庫伯：《世界歷史中的帝國：差異的權力與政治》，普林斯頓：Princeton University Press，2010 年（Jane Burbank and Frederick Cooper, *Empires in World History: Power and the Politics of Difference*, Princeton: Princeton University Press, 2010）。關於民族主義和民族國家形成過程的研究，見格林菲爾德：《國族主義：通往現代性的五條道路》，劍橋：Harvard University Press（Liah Greenfeld, *Nationalism: Five Roads to Modernity*, Cambridge: Harvard University Press, 1992）；布魯貝克：《重構國族主義：新歐洲的國族地位與國族問題》，劍橋：Cambridge University Press，1996 年（Rogers Brubaker, *Nationalism Reframed: Nationhood and the National Question in the New Europe*, Cambridge: Cambridge University Press, 1996）；赫克特：《抑制國族主義》，牛津：Oxford University Press，2000 年（Michael Hechter, *Containing Nationalism*, Oxford: Oxford University Press, 2000）；蓋爾納：

現有的關於現代民族國家的解釋，多以西方國家的國家建造的歷史經驗為依據，強調三個基本特徵。其一是人民對國家的高度認同；在理想狀態下，國家的疆土與有着共同傳統和認同的人民所居住的地域範圍大體上是一致的。[2] 其

《國族與國族主義》，牛津：Blackwell，2006 年（Ernest Gellner, *Nations and Nationalism*, 2nd ed., Oxford: Blackwell, 2006）；蓋爾納：《國族主義》，紐約：New York University Press，1997 年（Ernest Gellner, *Nationalism*, New York: New York University Press, 1997）；沃佩洛、羅索：《民族國家與世界秩序：當代政治的歷史闡釋》（第二版），波爾德：Lynne Rienner，2004 年（Walter C. Opello and Stephen J. Rosow, *The Nation-State and Global Order: A Historical Introduction to Contemporary Politics*, 2nd ed., Boulder: Lynne Rienner, 2004）；安德森：《想像的共同體：民族主義的起源與散佈》（修訂版），倫敦：Verso，2006 年（Benedict Anderson, *Imagined Communities: Reflections on the Origin and Spread of Nationalism*, revised ed., London: Verso, 2006）；羅德：《民族國家從何而來：國族主義時代的制度變遷》，普林斯頓：Princeton University Press，2007 年（Philip G. Roeder, *Where Nation-States Come From: Institutional Change in the Age of Nationalism*, Princeton: Princeton University Press, 2007）；霍布斯鮑姆：《1780 年以後的國族與國族主義：規劃、神話與現實》（第二版），劍橋：Cambridge University Press，2012 年（Eric J. Hobsbawn, *Nations and Nationalism since 1780: Programme, Myth and Reality*, 2nd ed., Cambridge: Cambridge University Press, 2012）。

2　民族國家大體上可分為兩類，儘管它們之間的差異事實上經常是模糊的。一類是所謂的 "族群國家"（ethnic nations）或 "文化國家"，例如德國，其集體認同乃基於共同的語言、宗教、歷史以及種族淵源；另一類則是法國那樣的所謂 "公民國家" 或 "政治國家"，這些國家雖由不同的族群所構成，但他們有 "一起生活" 在同一塊土地之上的共同意願；國家的統一是基於民眾的政治平等意識以及在法律面前共同的權利和義務，詳見史密斯：《國族認同》，倫敦：Penguin，1991 年（Anthony D. Smith, *National Identity*, London: Penguin, 1991）；伊格季耶夫：《血緣與歸屬：新國族主義之旅》，紐約：Farrar, Straus & Giroux，1993 年（Michael Ingatieff, *Blood and Belonging: Journeys into the New Nationalism*, New York: Farrar,Straus & Giroux, 1993）；埃爾塔：《國族主義》（第二版），倫敦：Edward Arnold，1994 年（Peter Alter, *Nationalism*, 2nd ed., London: Edward Arnold, 1994）；舒爾曼：《批判國族主義研究中的公民／族裔與西方／東方二元論》，載《比較政治學研究》第 35 卷第 5 期（2002），第 554 — 585 頁（Stephen Shulman, "Challenging the Civic/Ethnic and West/East Dichotomies in the Study of Nationalism," in: *Comparative Political Studies* 35: 5〔2002〕, pp. 554-585）。但是，在不同的歷史背景下，民族和國家之間的關係複雜多變。有些人認為先出現民族，然後興起一場民族主義運動以爭取本民族的主權，而民族國家的建立正是為了滿足此種要求；另一些人則認為，國家比民族先產生，而且在民族的形成過程中發揮了關鍵作用，即通過武力將不同地區有着共同語言和傳統的民眾統一在一起，通過發展全國範圍的交通、銀行以及其他事業來促進經濟統一，或是通過推行一系列政策來促進民族統一文化的形成，比如將各地方言統一成國家的標準語言，向全體國民推廣公共教育系統以及通用課程。工業資本主義的發展也促進了上述諸多發展，而印刷媒體在其中發揮了特別作用，因為它有助於一個形成中的國家的所有成員增強其 "想像的共同體" 之成員意識（安德森：《想像的共同體：民族主義的起源與散佈》〔2006〕）。因此，總體上民族國家的興起是近代才有的現象，且主要是在 19 世紀和 20 世紀，儘管在某些特定情形下可追溯至古代或中世紀。

二，一個民族國家同時也是主權國家，對於其邊界明確且固定的領土，擁有排他的各種權利，並且在國際法的框架下跟所有其他國家地位平等。[3] 其三，同樣重要的是，民族國家的主權歸其人民而非君主所有，理想的政府形態應當是歐洲17、18 世紀自由主義思想家們所構想的以個人權利和自由為基礎的國家，或者是後來在西方和非西方世界日漸流行的體現主權在民的代議制民主國家。[4]

　　不用説，民族國家晚至 20 世紀才在世界上大行其道。隨着歐亞大陸舊式帝國的衰亡以及二次世界大戰後歐洲殖民帝國的崩潰，亞洲和非洲的殖民地人民

3　1648 年簽訂的旨在結束神聖羅馬帝國的三十年戰爭以及西班牙和荷蘭的八年戰爭的《威斯特伐利亞和約》，是主權國家國際體制形成的標誌。該體制重視下列指導國家間關係的原則：第一，成員國對其自身領土享有完全主權，任何其他國家不得侵犯，國家之間相互尊重領土完整；第二，主權國家享有根本性的自決權，其他任何國家不得干涉其內部事務；第三，國家之間在法律上一律平等；第四，一個主權國家的合法性通過其他國家的外交承認來確立，詳見菲爾波特：《現代國際關係中的宗教根源》，載《世界政治》第 52 卷第 2 期（2000），第 206 — 245 頁（Daniel Philpott, "The Religious Roots of Modern International Relations," in: *World Politics* 52:2〔2000〕, pp. 206-245）；基辛格：《世界秩序》，紐約：Penguin，2014 年（Henry Kissinger, *World Order*, New York: Penguin, 2014）；另見博拉克：《威斯特伐利亞的法律正統：神話與現實》，載《國際法史雜誌》2000 年第 2 期，第 148 — 177 頁（Stephane Beaulac, "The Westphalian Legal Orthodoxy - Myth or Reality," in: *Journal of the History of International Law* 2〔2000〕, pp. 148-177）；克拉斯納：《反思主權國家的模式》，載考克斯、杜恩、布斯編《帝國、體系與國家：國際政治的巨大轉型》，劍橋：Cambridge University Press，2001 年，第 17 — 42 頁（Stephen Krasner, "Rethinking the Sovereign State Model," in: *Empires, Systems and States: Great Transformations in International Politics*, ed. by Michael Cox, Tim Dunne and Ken Booth, Cambridge: Cambridge University Press, 2001, pp. 17-42）；奧西安德爾：《主權，國際關係，威斯特伐利亞神話》，載《國際機構》，第 55 卷第 2 期（2001），第 251 — 187 頁（Andreas Osiander, "Sovereignty, International Relations, and the Westphalian Myth," in: *International Organization* 55:2〔2001〕, pp. 251-287）

4　參見摩根：《創造人民：人民主權在英國和美國的興起》，紐約：Norton，1988 年（Edmunds Morgan, *Inventing the People: The Rise of Popular Sovereignty in England and America*, New York: Norton, 1988）；雅克：《人民主權與民族主義》，載《政治理論》第 29 卷第 4 期（2001），第 517 — 536 頁（Bernard Yack, "Popular Sovereignty and Nationalism," in: *Political Theory*, 29:4〔2001〕, pp. 517-536）；伯克、斯金納編：《歷史視野中的人民主權》，劍橋：Cambridge University Press，2015 年（*Popular Sovereignty in Historical Perspective*, ed. by Richard Bourke and Quentin Skinner, Cambridge: Cambridge University Press, 2015）；塔克：《沉睡的主權：現代民主的發明》，劍橋：Cambridge University Press，2015 年（Richard Tuck, *The Sleeping Sovereign: The Invention of Modern Democracy*, Cambridge: Cambridge University Press, 2015）；丹尼爾·李：《現代早期憲法思想中的人民主權論》，牛津：Oxford University Press，2016 年（Daniel Lee, *Popular Sovereignty in Early Modern Constitutional Thought*, Oxford: Oxford University Press, 2016）。

紛紛效仿 19 世紀拉丁美洲之先例，民族主義運動風起雲湧，"新興國家" 次第成立。儘管其歷史不算久遠，但是人們還是將今日由民族國家所組成的世界視作理所當然，把現代世界史上的國家形成，等同於一個從帝國到民族國家的直線過渡，認為帝國只不過是一種由征服所造就的前現代世界之遺存，必然走向衰亡並讓位於體現人類理性抉擇和自由意志的現代民族國家。[5]

　　晚近的研究揭示，關於民族國家的此種目的論預設，很少跟現代世界的國家建造的歷史實際相吻合。以中世紀和近代早期的歐洲為例，儘管其中的一些主要國家，如英格蘭（不列顛）、法蘭西以及西班牙，在有關民族主義的研究中通常被視作經典的、界定明確的早期 "民族國家"，但是軍事征服和殖民在它們的形成過程卻起到關鍵作用，其情形跟帝國的形成過程並無實質性的區別。如果我們把視野轉移到 1870 年代以後直至第一次世界大戰時期的歐洲，會發現英、法、德等列強之間的民族主義對抗，包括它們對海外殖民地的爭奪和走向全球性帝國的過程，使得帝國與民族國家之間的界限更加模糊不清。此一時期的民族主義，究其實質而言，是帝國主義的；儘管所有這些歐洲國家相互之間均視對方為民族國家，但它們都力求在全球擴張，打造海外殖民帝國。歷史學家貝利（Christopher A. Bayly）因此精闢地寫道："帝國主義與民族主義均屬於同一現象。"[6] 庫瑪（Krishan Kumar）也說："如果民族國家可以被視作帝國的話，

5　參見艾默生：《從帝國到國家：亞洲、非洲民族獨立的興起》，劍橋：Harvard University Press，1960 年（Rupert Emerson, *From Empire to Nation: The Rise to Self-Assertion of Asian and African Peoples*, Cambridge: Harvard University Press, 1960）；梅赫塔：《自由主義與帝國：19 世紀英國自由思想研究》，芝加哥：Chicago University Press，1999 年（Uday Mehta, *Liberalism and Empire: A Study in Nineteenth-Century British Liberal Thought*, Chicago: Chicago University Press, 1999）；穆魯：《啓蒙反抗帝國》，普林斯頓：Princeton University Press，2003 年（Sankar Muthu, *Enlightenment against Empire*, Princeton: Princeton University Press, 2003）；帕格登：《世界領主：西班牙、英國與法國的帝國意識形態（1500 — 1800）》。

6　貝利：《現代世界的誕生，1780 — 1914：全球關聯與對比》，馬爾登：Wiley & Blackwell，2004 年，第 230 頁。（Christopher A. Bayly, *The Birth of the Modern World, 1780 — 1914: Global Connections and Comparisons*, Malden, MA: Wiley & Blackwell, 2004）

那麼，帝國（尤其是現代帝國）也無非是民族國家的放大而已。"[7]

2. 中國的歷史實際

帝國 — 民族國家的二分法以及所謂"從帝國到民族國家"的演進範式，不僅不適用於中世紀晚期和近現代歐洲的歷史，也不能用來解讀中國的國家形成路徑，儘管不少研究者視此範式為理所當然。中國在過去數個世紀向現代民族國家的過渡歷程，在以下三個重要的方面，對"帝國 — 民族國家"的二分法以及民族國家的目的論構成挑戰。

先就清朝（1644 — 1911）的形成而言。自從 1640 年代取代明朝、控制內地各省之後，直至 1690 年代後期，在長達半個世紀的時間裏，清朝並未從事領土的擴張。此後幾十年中，清朝雖然通過一系列征戰，將外蒙古、新疆和西藏正式納入自己的版圖，但在 1750 年代之後，又停止了擴張。此後直至 19 世紀後半期跟西方及日本發生全面遭遇之前，其疆域一直保持穩定，並無領土的重

7　庫瑪：《被稱為"帝國"的國家與被稱為"國家"的帝國：兩種標準、一種實踐？》，載《理論與社會》第 39 卷第 2 期（2010），第 133 頁（Krishan Kumar, "Nation-states as Empires, Empires as Nation-states: Two Principles, One Practice?" in: *Theory and Society*, 39:2〔2010〕, pp. 119-143）。把從帝國到國家視為現代國家建造唯一普遍適用的路徑，這一宏大敘事之所以成問題，還因為它無法解釋當今亞、非、中東和東歐許多國家所面臨的危機。這些國家大多是在民族主義運動的高潮時期以人為劃界的方式匆忙造成的，境內各族群的人民之間缺乏共用的民族意識，從而給這些地區帶來長期的種族或宗教衝突、內戰、種族屠殺或恐怖襲擊，以及由此所產生的對舊日帝國的懷舊心理，詳見維摩爾：《國族主義排外與種族衝突：現代性的陰影》，劍橋：Cambridge University Press，2002 年（Andreas Wimmer, *Nationalist Exclusion and Ethnic Conflicts: Shadows of Modernity*, Cambridge: Cambridge University Press, 2002）；卡佩勒：《俄羅斯帝國：一段多種族的歷史》，倫敦：Routledge，2001 年（Andreas Kappeler, *The Russian Empire: A Multiethnic History*, London: Routledge, 2001）；邁克爾‧曼：《民主的陰暗面：闡釋種族清洗》，劍橋：Cambridge University Press，2005 年（Michael Mann, *The Dark Side of Democracy: Explaining Ethnic Cleansing*, Cambridge: Cambridge University Press, 2005）；彼茨：《轉向帝國：英法兩國的帝國自由主義興起》，普林斯頓：Princeton University Press，2005 年（Jennifer Pitts, *A Turn to Empire: The Rise of Imperial Liberalism in Britain and France*, Princeton: Princeton University Press, 2005）；周錫瑞、凱亞里、艾瑞克‧楊編：《從帝國到國家：現代世界形成的歷史透視》，牛津：Rowman & Littlefield，2006 年（*Empire to Nation: Historical Perspectives on the Making of the Modern World*, ed. by Joseph W. Esherick, Hasan Kayali and Eric van Young, Oxford: Rowman & Littlefield, 2006）。

大得失。可以説，戰爭和擴張，在清朝入關之後的漫長歷史上，是例外而非通則。所有這些，都跟世界歷史上諸如奧斯曼這樣的帝國形成鮮明對比，後者的歷史自始至終充滿與其競爭者之間的征戰，疆域也一直處在不斷的擴張或收縮狀態；這些帝國沒有固定的邊界，只有邊疆，亦即"暫時的外在極限，帝國的軍隊只能在那裏停止，無法進一步推進"；這些邊疆只是"帝國與帝國之外的人民之間一種具有彈性的軍事和經濟接觸地帶而已"。[8] 與此形成鮮明對比的是，清朝要麼通過條約或協議，要麼通過習慣性的分界，跟周邊鄰國均有固定的邊境，甚至在一些重要的邊界地段駐紮軍隊或有兵力巡防。[9] 邊疆之外，清朝還對周邊的一系列小國維持宗主權；後者定期對清廷朝貢，但它們並不在"中國"的疆界之內，清廷從未視之為其疆域的一部分。

　　因此，這裏產生了一個問題：清朝到底是否為一帝國？它為何在 1690 年代至 1750 年代期間從事擴張？又為何在此之後終止擴張？最為重要的是，為甚麼清朝在隨後的一個世紀保守自己的疆域不變，直至歐洲列强的到來？到底是甚麼樣的機制使得清代得以長期在國內維持和平和秩序？這些問題之所以重要，是因為今日中國的現代國家，亦即人民共和國，乃是轉經民國、間接地建立在清朝的疆域之上。清朝如何奠定並統治自己的疆域，對於我們理解現代中國作為一個民族國家的起源及其生命力，十分關鍵；我們將以此為歷史基點，判定"帝國 — 民族國家"的規範認識是否適用於中國的國家形成過程。

　　其次，不同於歐洲國家之在國際法架構下相互承認主權，亞洲和非洲的傳統國家在達到西方所强加給它們的"文明"標準之前，一直被當作落後、原始的群體，不值得享有主權，而被排斥在這一源自歐洲的國家體系之外。它們之被捲入歐洲中心的國家體系，只能意味着遭受西方列强的征服和殖民化，一如

8　沃佩洛、羅索：《民族國家與世界秩序：當代政治的歷史闡釋》（第二版），第 9 頁。

9　參見孫宏年：《清代藩屬觀念的變化與中國疆土的變遷》，載《清史研究》2006 年第 4 期，第 17 — 27 頁；劉曉原：《重鑄天下：二十世紀邊疆中國的革命、戰爭與外交》，紐約：Continuum，2010 年，第 9 頁（Xiaoyuan Liu, *Recast All Under Heaven: Revolution, War, Diplomacy, and Frontier China in the 20th Century*, New York: Continuum, 2010）。

絕大多數亞非國家在 19 世紀和 20 世紀早期所實際經歷的那樣。[10] 中國在 19 世紀也和其他非西方國家一樣，被捲入全球性的國家體系。由於中國在傳統上是東亞唯一的主導力量，並聲稱對周邊所有國家擁有文化和政治上的優越性，因此中國融入到以歐洲為中心的國家體系中尤為困難和漫長。對它而言，最大挑戰是放棄自己一直宣揚的世界中心地位，平等對待其他所有國家，並終結與周邊附屬國的宗藩關係，承認它們的獨立。中國當然不願這樣做，除非遭遇到了無法抵抗的外部壓力。因此，在成為一個主權國家之前，它不得不屈服於那些軍事上擊敗自己的列強的要求，比如治外法權、固定關稅、割讓土地以及給予列強單邊最惠國待遇。儘管如此，在整個非西方世界，中國是少數幾個在帝國主義衝擊下得以倖存的國家（其他幾個這樣的國家包括日本、暹羅／泰國、波斯／伊朗以及阿比西尼亞／埃塞俄比亞）。更令人稱奇的是，晚清中國不僅倖免於列強的征服，而且開始向主權國家全面轉型，且一直將自己的邊疆（包括蒙古、新疆和西藏等）大體保存完好。同樣令人印象深刻的是，清朝於 1911 年終結，並沒有導致邊疆脫離中國；相反，清帝在退位之際，將其版圖完整地由新生的中華民國加以繼承。因此這裏產生了另一個問題：中國到底有何憑藉，使其能够抵抗帝國主義的衝擊，保持領土的大體完整？晚清中國當然算不上是非西方世界在捲入世界國家體系之後最為成功的國家，尤其是跟鄰近的日本相比的話。不過 1949 年之前和之後流行於中國的民族主義歷史書寫只突出晚清以來的“百年屈辱”，遠不足以全面概括中國在這一個世紀所經歷的突破和坎坷。[11]

　　再者，由於受民族主義的種種學說尤其是“主權在民”理念的影響，同時由於 18 世紀美國革命和法國革命的激勵，世界各地幾乎所有的民族革命的

10　參見奧布蕾貢：《文明與野蠻》，載法斯賓德、比德斯編《牛津國際法史手冊》，牛津：Oxford University Press，2012 年。（Liliana Obregón, "The Civilized and the Uncivilized," in: *The Oxford Handbook of the History of International Law*, ed. by Bardo Fassbender and Anne Peters, Oxford: Oxford University Press, 2012）

11　參見拙著：《重構近代中國：中國歷史寫作中的想像與真實》，檀香山：University of Hawaii Press，2013 年。（Huaiyin Li, *Reinventing Modern China: Imagination and Authenticity in Chinese Historical Writing*, Honolulu: University of Hawaii Press, 2013）

倡導者，均追求同樣一個目標，即自己所要建立的政府，不僅要對自己的土地擁有完全的主權，而且要採用代議制民主的形式。中國的現代志士也不例外。晚清的革命黨人，以及後來的國民黨和共產黨人，均致力於在中國建立一個共和國。但是，民國憲法所規定的民主制度，在現實中很少能夠運作；它在北京的民國政府時期（1912 — 1927）不得不對獨裁退讓，而在南京國民政府時期（1927 — 1949），則為一黨統治所替代。共產黨人在打敗國民黨之後，摒棄了國民黨在 1946 年一度嘗試的憲政體制，把新政權定性為共產黨領導下的人民民主專政的國家。因此，這裏需要探究，為甚麼數個世紀以來的國家轉型過程會出現此一階段性結局。

3. 中國：為何既"大"且"強"？

總之，中國從 1640 年代至 1940 年代長達三個世紀的國家轉型過程，產生了這樣一個政治實體，它不僅版圖很大，而且就權力結構而言也很強固。既大且強，亦即超大規模的領土和人口，與一個高度強勢的政府體制之間獨一無二的結合，乃是今日之中國作為一個現代國家的最大特徵。

對於現代中國來說，作為一個"大國"可謂意義非凡。1980 年代以降，中國經濟飛速發展，至 2010 年代業已成為世界上最大的製造國，以及全球經濟增長最重要的引擎。當然，中國的大部分成就要歸功於後鄧小平時代的改革政策給經濟發展所提供的制度支撐，比如市場機制的推行、國外資金和技術的使用、對於私人產權的承認和保護、交通網絡的建設，最重要的是加入 WTO，使中國經濟融入世界體系。但是，這些制度安排對於中國來說並沒有甚麼特別之處，因為自由市場、私有產權、外國投資等等這些因素，都可以在其他大大小小的發達國家和發展中國家找到。讓中國在世界一枝獨秀的最重要因素，其實是中國的龐大體量。中國擁有全世界最龐大的人口，使其製造業具備了廣闊的國內消費市場和充足的勞動力。遼闊的國土加上豐富的自然資源，使中國經濟能夠高度獨立且體系完備。另外，就地緣政治而言，大國也意味着更廣闊的機動空間和龐大的動員能力，而人均國防費用的降低，也使得經濟發展倍加受益。

這種"大而強"的奇特結合，既有優點也有弱點。有關國家規模的研究表明，大國雖然在提供公共服務方面人均成本較低，但是在人口構成方面更有可能複雜多元，從而給其經濟增長帶來負面影響。[12] 種族多元的國家，不得不克服國內語言差異所帶來的各種障礙，以及不同種族和宗教之間的衝突所引起的潛在動盪。而在這一方面，中國可謂得天獨厚。這不僅是因為中國的絕大部分人口都是漢族（約 91%），從而使得中國既是一個大國，同時就內地省份而言，又是人口高度同質的國家，這在世界上絕無僅有。同樣重要的是，少數民族集中於五個自治區（在很大程度上是在清朝的邊疆地區基礎之上建立起來的），從而使創造經濟 "奇跡" 的內陸省份免於種族或是宗教差異所帶來的社會衝突。最為重要的是，由 "大國" 所帶來的在資源調控和行政整合上的種種不利因素，在很大程度上，因為一個強勢政府的存在，而被抵消或受到控制。儘管 1950 年代到 1970 年代反覆出現的政治運動給國家帶來短暫的失序和混亂，儘管在毛時代以及後毛時代少數民族地區發生過小規模的衝突和騷亂，但是中央政權依舊能夠對整個國家實施有效治理，啟動工業化進程且取得巨大成就。

　　質言之，中國和其他非西方國家的區別之處，在於其兼具幅員遼闊的國土和強大的行政力量。中國的國家建造的歷史經驗，從兩個方面 "偏離" 了 "帝國 — 國家" 的 "正常" 路徑：其一，它並沒有經歷多族群帝國的崩潰、分裂並在此基礎上形成一系列各自獨立的民族國家，相反，至 20 世紀中葉，在中國所出現的是一個就領土格局而言，跟清朝在極盛時期的疆域大體相當的國家（其中一個顯著的例外當然是 1945 年外蒙古正式脫離中國）；現代中國因此乃是世界上唯一一個建立在舊日 "帝國" 疆域之上的民族國家。其二，它並沒有建立一個體現主權在民原則的代議制民主制度，最終產生的是一個高度集權的國家。其生命力之強，乃至在建國後近七十年間維持其黨治國家的體制基本不變。這在 21 世紀的世界諸大國中，同樣是獨一無二的。

　　因此，這裏的一個終極問題是，今天的中國是否為一具有歷史合法性的民

12　參見阿萊西那、斯波勞雷：《國家的數量與規模》，載《經濟季刊》第 112 卷第 4 期（1997）。（Alberto Alesina and Enrico Spolaore, "On the Number and Size of Nations," in: *The Quarterly Journal of Economics* 112:4〔1997〕）

族國家？作為一個現代國家，中國為何具有如此超大的規模，且具有如此強固的組織結構？今後的中國國家是否能夠維持"既大且強"的格局？進而言之，中國的國家轉型過程至今有沒有結束？經過幾十年改革後中國所面臨的經濟、社會和政治方面的多重難題以及這些難題帶來的不確定性，使人們有理由質問，一個大而強的中國能否在未來的幾十年繼續維持其現狀？而內陸省份的漢族民眾以及邊疆少數民族在形成共同的國家認同方面所遇到的挑戰，也使部分人存疑，中國是否會像 1990 年代初的蘇聯那樣解體並在清朝原有的邊疆地區產生數個獨立國家？抑或相反，中國是否有可能憑藉其強大經濟力量所展現出來的與日俱增的影響力，一如 18 世紀的清朝，在本區域重建自己的地緣支配地位？

4. 締造現代中國：三個關鍵環節

中國的國家起源，可溯至中華文明的遠古時期。在清朝之前的數千年裏，古代中國國家由公元前 11 世紀以前黃河中下游的若干小邦，最終演進至明朝（1368 — 1644）那樣一個成熟的中央集權的官僚制國家，其行政權大體上限於漢人所居住的十五個行省，此乃眾所周知的事實。[13] 不過，此項研究將揭示，今日中國作為一個集權的現代主權國家，是 1640 年代至 1940 年代這段更為晚近

---

13 中外若干歷史學家、考古學家和歷史地理學家，均致力於研究中國如何從遠古時代的部落國家成長為統一的中原王朝，參見賴德懋：《中國的內亞邊疆》，牛津：Oxford University Press，（1940）1988 年（Owen Lattimore, *Inner Asian Frontiers of China*, Oxford: Oxford University Press,〔1940〕1988）；張光直：《考古古中國》，紐黑文：Yale University Press，1987 年（Kwang-chih Chang, *The Archaeology of Ancient China*, 4th ed., New Haven: Yale University Press, 1987）；譚其驤編：《中國歷史地圖集》，北京：中國地圖出版社，1982 年；黃仁宇：《中國大歷史》，紐約：M. E. Sharpe，1997 年（Ray Huang, *China: A Macro History*, New York: M. E. Sharpe, 1997）；張春樹：《中華帝國的興起：邊疆、移民與漢帝國，公元前 130 — 公元 157》，安阿伯：University of Michigan Press，2007 年（Chun-shu Chang, *The Rise of the Chinese Empire: Frontier, Immigration, and Empire in Han China, 130 B.C.-A.D. 157*, Ann Arbor: University of Michigan Press, 2007）；葛劍雄：《統一與分裂 —— 中國歷史的啓示》，北京：商務印書館，2013 年；葛兆光：《宅茲中國 —— 重建有關中國的歷史論述》，北京：中華書局，2011 年。

的國家轉型過程之累積的結果。國家轉型包括重建下列三組關係：漢族和非漢族人口的關係，這比其他因素更能決定中國的疆域構成和治理方式；中國和外國的關係，它決定了中國國家的戰略目標和政策優先項；中央和地方的關係，它決定了中國國家的權力架構及其應對國內外挑戰的能力。中國的國家轉型是一個連貫的歷史過程，包含如下三個關鍵環節：

其一，將中國由明朝所代表的漢人為主體的原初型族群國家，經過清朝至1750年代為止的軍事征討和行政整合，再造為一個多族群的疆域國家。"中國"的疆域範圍驟然擴大，從明代之十五省（即兩京十三司），延伸至滿人、蒙古人、中亞穆斯林、藏人以及其他非漢人所居住的亞洲內陸各個邊疆。國家的地緣戰略也從明代視華北為核心地帶，對長城以外的遊牧部落採取守勢，一變而為以滿洲和大漠以南的蒙古族聚居區為核心、以內地省份為腹地、靠邊疆提供防衛保障的新格局；由此所產生的行政體制和治理方式，也獨具特色，且帶來清代國家的長期穩定。此一步驟之所以重要，是因為它奠定了現代中國國家賴以形成的地理的、人口的乃至行政的基礎。

其二，再將中國由一個自居於周邊各國之上的疆域國家，重構為一個近代主權國家。國家重建的關鍵，是通過變法自強，融入世界範圍的國家體系。這一過程始自19世紀下半葉，分為兩個步驟或側面：起初是在外力脅迫下，放棄對周邊國家的權利，終結舊有的宗藩體制，在法律上承認與世界其他國家的平等地位；繼而（也更為重要的）是在列強的環伺和侵逼下維持現有的領土狀況和國家權益。中國之作為一個近代主權國之制度的和法律的架構的建立，完成於晚清；而國家主權自身的健全和恢復，則晚至第二次世界大戰結束才基本完成。這一過程之所以重要，是因為它奠定了現代中國國家賴以形成和運作的法理基礎。

其三，將中國由一個軍事上和行政上非集中化的國家，經過重建和整合，改造為一個高度集權、統一的現代國家。在此過程中，抗拒外國入侵，維護領土完整，依然是建國的重要目標，但是，國家重建的中心舞台，已經轉到內部，其關鍵在於消除或制服對抗中央的地方離心力量。較量的結果，總是地方瓦解和取代現有的中央政權；而致勝的關鍵，則在財政軍事資源的集中和政治認同的打造。國家的制度架構因此也在“中央”與“地方”的不斷對抗、更替中，一步步走向統一和集權。正是這樣一個以克服非集中化和追求政治統一為中心內容的過程及其歷史遺產，塑就了延續至今的現代中國國家的政治實體。

這三個中國國家轉型的環節在歷史層面和邏輯層面都是緊密聯繫的。每一環對於締造現代中國均不可或缺，並且，如果不放在長達三個世紀的國家轉型過程中加以審視，亦無法充分理解。中國在 17 世紀晚期以及 18 世紀初期的持續擴張，導致疆域的擴大和中國本身的重新界定；由此所形成的國家儘管表面上具有“帝國”的某些外在特徵，卻顯現出軍事或殖民帝國所不具有的穩定性和持久性。在 19 世紀融入世界體系的過程中，中國區別於所有其他非西方國家的地方，不在其疆土之不斷受損，而在中央權力式微的情況下，完成了向近代主權國家的過渡，使其體現傳統秩序的疆域，變成現代國際法意義上的領土。因此，20 世紀的國家重建，並非是在原先統一的朝代國家崩潰之後，由不同族群和宗教背景的政治力量，在各自所在的區域建立自己的國家，而是由挑戰中央的地方勢力，自下而上地完成國家權力的再集中和領土的整合。這三個步驟中的每一步，在現代中國的成長過程中，都是至關緊要的突破，同時彼此之間又顯現了內在的連續性。其過程之複雜，絕非“帝國 — 民族國家”之二元對立和線性演進圖式所可概括。

二、地緣、財政、認同：國家轉型過程中的關鍵變量

以下三個因素是理解國家形成或轉型過程之關鍵所在：一是地緣政治環境。在此環境中，國家針對來自國內、國外的挑戰和機會，制定相應的戰略優先目標，而這些目標又進一步決定了國家對各種資源的需求程度。二是財政 — 軍事構造。它取決於經濟規模的大小，經濟資源在多大程度上可供國家榨取，以及國家通過稅收、借貸、徵用、動員或其他手段將資源轉化成真正的財政收入和軍事實力的能力。三是政治認同。它決定了國家對所掌握的資源進行再分配和加以使用的有效程度。這三個因素交相作用，決定了國家轉型在每個階段的進程和收效。下面以此為分析架構，對 1640 年代以來國家形成的三個環節，進一

步加以申論。

1. 多族群的疆域國家的形成

現代國家在中國的形成過程，始自清朝前期邊疆的開拓和疆域的整合；戰爭在此一過程中的確起到關鍵作用。由此所產生的清代國家，與此前的明朝相比，在地緣戰略和政府結構上確有根本的不同。但清朝並不能因此等同於世界史上所常見的軍事帝國或征服王朝。為明了此點，有必要把清朝的擴張分為兩個完全不同的階段。從滿人的後金政權在東北興起，到入關之後取代明朝，至1650年代基本控制關內各省份，是為擴張的第一階段；此時擴張的目的，是為了獲得更多的土地、人口和財富，這跟歐亞大陸諸帝國以及中國歷史上的帝國形成過程，並沒有根本的不同。但在此之後，清朝失去了進一步擴張的勢頭；它無意將自己的疆域延伸到現有的版圖（滿洲、內蒙以及內地所有省份）之外。在1640年代之後將近半個世紀，清朝的版圖基本未變；其立國的目標是維持在關內的統治，重建曾存在於明朝與亞洲內陸各遊牧政權之間的朝貢制度。在此期間沒有跡象表明，清朝統治者有意進一步擴張。直至1690年代後期，清朝才開始了第二波征伐，至1750年代結束，導致外蒙古、新疆和西藏最終納入版圖。正是在此一階段，清朝的擴張過程顯示出與世界歷史上其他帝國的興起完全不同的動力，由此所形成的國家，也異於通常意義上的帝國。

欲理解滿族統治者為何從1690年代開始發動對北部、西北和西南部的征討，有必要認識一下清朝獨特的地緣戰略。此一戰略的核心是滿族與大漠以南蒙古部落的結盟；這種結盟曾對清人南下征服明朝起到關鍵作用，也對此後拱衛京師不可或缺。清廷之所以在1690年代發動一系列的征討，正是因為來自大漠以西的準噶爾蒙古部落東侵外蒙古、南下內蒙古，直接對京師構成了威脅。為此，不同於滿族在第一階段的軍事征戰之具有進攻、擴張性，其在第二階段的歷次戰役均為防禦型的；此後為了把準噶爾勢力從西藏驅逐出去以及最終為了斬草除根對其所發動的征討，均為防禦或預防性質。新疆、外蒙古以及西藏之正式納入版圖，只不過是這些征討行動的副產品，而不是征討本身原初的目標。不同於世界歷史上帝國建造的典型路徑，即以邊疆作跳板進一步向外擴張，遂從來沒有固定的邊界，清朝在 1750 年代達成清除準噶爾的目標之後，其版圖即大體固定下來，並且在此後的一個多世紀一直保持不變（此後對緬甸、大小金川用兵，均為回擊或平亂性質，並不以擴張領土為目的）；與周邊鄰國的邊界，也通過正式談判或非正式的習慣性劃分而得以界定。在其歷史的大部分時間裏，清朝並不尋求通過戰爭獲得鄰國的土地。它將自己定位為一個上承明朝、統治整個中國的正統皇朝，並以內地各省為其全部的財源；而對邊疆各地區，則以軍隊加以駐守，以確保其地緣戰略上的安全。

因此，19 世紀以前的清朝跟世界歷史上的任何其他政治體系皆不相同；它既非一主權國家，也不是一般意義上的征服帝國。在三個重要方面，18 世紀處於巔峰時期的清朝獨具一格。

其一是它的地緣政治環境。作為亞洲東部和內陸唯一居於支配地位的強國，它沒有對手可以在規模和實力上構成致命的挑戰，因此也就不存在持續不斷地擴大和更新軍力的壓力。歐洲各國及相鄰地區所出現的軍事革命，在清朝於 19 世紀晚期捲入全球範圍的國家體系之前，從未發生過。國與國之間的競爭和交戰，曾在歐洲早期近代國家形成過程中起關鍵作用，但在清朝奠都北京後，對其政權體制影響不彰。軍事開支的不斷上揚，曾經驅動歐洲各地的國家建造過程（更準確地說，是促使各國不斷加強國家機器的榨取能力），但對清代國家的行政結構衝擊不大，直至 19 世紀中葉地緣環境發生徹底改變之前均是如此。

其二是清朝獨特的治理方式。有兩個因素使得清朝的統治具有低成本、高效率的特徵：內地人口的高度同質，使得種族和宗教糾紛減至最低程度；同時，國家對儒家說教和治理傳統的一貫尊崇，也大大減低了漢人對清朝異族統治的抵觸情緒，並贏得漢人精英的忠誠。因此，清朝沒有必要打造一個龐大的國家機器，以最大程度地抽取財源；相反，由於沒有來自周邊的軍事壓力，清朝的政府規模極小，主要是依靠鄉紳和宗族組織維持地方村社的秩序及履行對國家的義務。軍事開支的相對固定，政府運作的低成本，納稅人口的龐大，所有這些因素交相作用的結果，是使清代得以長期執行低稅政策，一直到 19 世紀晚期為止。換言之，清代之所以能夠維持低稅率，並非因為它無力抽取更多來自土地的剩餘資源，而是沒有必要。所有這些，皆與早期近代和近代歐洲的所謂"財政 — 軍事國家"適成鮮明對比；後者由於面臨不斷上升的軍事開支，財政需求也不斷飆升，進而驅動國家擴大和重建行政機器，以增強稅收能力。

因此，清朝之不同於早期近代世界上的其他國家，還在於其獨特的財政構造。早期近代歐洲之民族國家的財政體系是動態的，大都依靠間接稅，具有擴張的潛力，這不僅基於支撐它的工商業一直在成長，也同戰爭和龐大的官僚系統的開銷加劇國家財政上的需求相關。與之相反，19世紀中葉之前，清朝財政體系是靜態的，以田賦為主要收入，其收支結構基本固定。清朝的財政結構之所以缺乏彈性，當然是倚仗其地緣上的高枕無憂，使得軍事開銷相對穩定並處在一個較低水平；同時也因為人口與耕地的比率依然處在一個適度的狀態，即使稅率很低，由於納稅人口龐大，國家依然擁有充沛的財源。清朝的財政體系中由此形成一種獨一無二的均衡結構，即財政收入相對穩定，並稍高於相對固定的財政開支。可是，無論是清朝的地緣優勢，還是其人口規模，均非恆定不變的，只要這兩個前提條件中的任何一個受到破壞，此一均衡狀態即不存在。財政構造的這一特徵，對清朝的興衰起到至關緊要的作用。它有自身的優點，即在正常情況下，每年可產生一定的盈餘，長此以往會是一個很大的數目；正是憑藉此一盈餘，清廷可以從事征戰和擴張，而不必增加土地稅率。但是它也有自身的弱點，亦即均衡狀態的脆弱性，最終將在19世紀隨着上述前提條件不復存在而深刻影響中國的轉型道路。

其三，清朝的邊疆政策也不同於其他帝國。世界歷史上各帝國的建立，其驅動力均來自宗教訴求或來自統治者對土地、人口和財富的貪得無厭，而不是出於自身防衛的需要。清朝正好相反；它之所以將外蒙古、新疆和西藏等地變成自己的邊疆，並不是出於對這些地方的財富感興趣，更不是為了傳播宗教，而是由於這些邊疆在地緣戰略上的重要性。清朝僅僅是在其防衛受到來自外部（主要是準噶爾部落）的威脅之後，才發動一系列征討，導致邊疆的擴大。也正因為如此，清朝治理邊疆的目標，並不是要那裏提供貢賦或稅款，以增加自身的稅收，而是要確保邊疆的穩定，使之對其核心地帶和核心利益起到保障作用。在其他帝國歷史上，對殖民地肆意剝削，對被征服對象進行政治和宗教壓迫，是司空見慣的現象；相比之下，清廷對邊疆的貢賦要求微乎其微，僅具象徵意義，甚至要為邊疆的行政體系提供財政補貼。它對邊疆的治理採取的是一種實用的方式，即一方面鼓勵滿洲貴族與蒙古王公通婚，庇護西藏統治精英所信奉的宗教，但並不在滿人內部或帝國其他地方提倡之；對於邊疆的世俗和宗教領袖，它牢固掌握自己的任免或認可權，且對邊疆的精英分而治之，限制其影響力。所有這些都使得清代國家始終能夠維持邊疆的穩定。清代這些行之有效的政策，也在很大程度上說明了這些邊疆即使在清朝垮台之後，為何依然接受中央政權名義上或實質性的控制。此一事實跟其他所有帝國衰退或滅亡之後，其邊疆、屬地或殖民地紛紛獨立，構成鮮明的對比。硬要把清代的國家形成，與歐洲人的帝國創建過程加以比附，顯然沒有足夠的理由。

清代國家不僅不能跟歐亞大陸歷史上的軍事帝國劃等號，也不能跟中國歷史上的漢人王朝等而視之。滿人的入關統治，不僅帶來版圖的擴大，更進一步導致中國的重新定位和定義。此前的明朝和其他華夏王朝，亦即原初形態的中國，本質上是單一的漢人族群國家，國家賴以存在的基礎是對本族群及其文化的認同；就地緣戰略而言，其核心地帶始終未超出內蒙古草原以南的中原地區。相比之下，清朝作為一個“外來”王朝，有着不同於漢人王朝的生存戰略和核心利益。不同於後者之抱守中原腹地，視長城以北為化外，視所有非漢人族群為外番，清朝開疆擴土之後，將滿族、蒙古族、回族和藏族地帶變成邊疆，地緣上“內”與“外”的概念也為之一變。所謂“內”，已從明代十五省擴及包括內地十八省和所有邊疆的整個中國；而“外”則由原來長城以外的所有遊牧部落，轉變為邊疆以外的周邊鄰國（包括保持朝貢關係的溫馴小國，但更指不時構成威脅的準噶爾部落和俄羅斯）。18世紀中葉以後的“中國”，也從清代以前的以漢人為主體、以對華夏文明的認同為基礎、邊界模糊的原初型族群國家，過渡為一個多族群的、邊界日趨清晰和固定的疆域國家。因此，如果抱守傳統史學中的漢族中心論，將邊疆人口看作“少數民族”，視之為可有可無，無疑弱化了清代歷史中最富有意義的部分。然而，如果過分強調邊疆的作用，認為清朝是一個“亞洲內陸帝國”，認為內地各省僅僅是此一帝國諸多版塊中的普通組成部分，同樣失之偏頗。清朝移都北京後，將自己界定為明朝的繼承者，即一個版圖擴大之後的"中國"（不僅包含內地省份，也包含邊疆地區）的正統王朝。對於清廷而言，內地和邊疆功能各異。內地不僅為大清提供了統治整個中國的合法性，也為中央提供了幾乎全部的財源；而邊疆僅僅用來提升國家的戰略安全，捍衛其對內地省份的統治，而非賴以作為財源。清朝之所以被當作"中國"的一個朝代，而非滿族的或是亞洲內陸的帝國，正因為它一直以內地各省為國祚之根本。

綜上所述，我們最好把清代中國定義為一個前近代的或早期近代的疆域國家：它擁有固定的邊界和穩定的版圖，擁有一支形制完備的常備軍，擁有一個高度集權的科層化的行政體制，這些均為中世紀歐洲大大小小的政治體所不具備，而跟早期近代歐洲的民族國家頗多相似之處，但它不屬於一個正形成於西方、由主權國家所構成的近代世界體系之一員。另一方面，它又不同於靠戰爭維持其生命的傳統軍事帝國，也不同於前近代世界歷史上缺少明確疆域概念的各種形式的政治實體。作為一個高度集權、疆域固定的大國，它比非西方世界的其他任何政治實體，都更加具備向主權國家過渡的條件，同時也將會遭受來自西方的更為嚴重的衝擊。

2. 邁向近代主權國家

對早期近代歐洲的絕大多數地區而言，中央集權的國家的興起和領土的鞏固，皆發生於由諸多國家所構成的國際體系之中，這些國家在國際法下既互認為平等夥伴，又展開激烈競爭。中國的不同之處在於，清朝作為一個疆域國家的形成，與其介入世界國家體系，是兩個不同的步驟。第一步已在 1750 年代完成，而第二步則要等到 19 世紀遭遇重大危機之後。從 18 世紀末開始，清朝在三個方面連續遭遇危機。一是在人口方面。在 17 和 18 世紀，中國人口增長了四倍，對土地資源構成日益嚴重的壓力，最終導致 1790 年代後期和 1850 年代大規模的內亂。二是在地緣政治方面，即歐洲兩大強國（英、法）出於商業利益多次入侵中國。這兩大危機疊加在一起，破壞了先前在清朝財政構造中長期存在的低度均衡狀態。第三種危機則涉及漢人精英對於清廷之認同感。太平天國和清末十年的革命運動先後挑戰了這種認同感，它們均訴諸歷史上和現實中的滿漢矛盾，以動員民眾反抗清廷。儘管面臨這三重危機，清朝仍在 19 世紀後半期以"自強"為旗號經歷了一場現代化運動；義和團之後，現代化運動在"新政"的名義下以更大規模在全國鋪展。因此，當清朝於 1911 年走到終點時，中國已經經過重新打造，維持了其絕大部分領土，避免了邊疆的分離；政權本身無論在軍事上還是行政、外交體制上，均經歷了相當程度的現代化。這跟近代歐亞大陸諸帝國之四分五裂以及絕大多數非西方國家之遭受西方征服和淪為其殖民地的命運，形成了鮮明對比。晚清中國歷史固然充滿了挫折和屈辱，但放眼整個非西方世界，它更是一部國家轉型非常成功的歷史。

有三種因素可以解釋晚清國家的這種適應能力。首先，其財政構造發生轉型，即由原來供需兩側均缺乏彈性和擴張能力的低度均衡機制，轉變為一種高度不均衡機制；在此機制中，不斷增長的需求推動了供應的增加，而且非農業財政收入（貿易稅、貸款以及其他財政手段）取代田賦，成為國家歲入的最重要來源。而在財政轉型背後起支撐作用的，則是中國的遼闊疆域、龐大人口以及由此所產生的巨大經濟體量。因此，不管新產生的資源抽取機制多麼低效和不合理，它總能提供足夠的財源，滿足中央和地方政府急劇增長的開支需求。此項轉型，完成於 1850 年代至 1870 年代，其代價乃是中央失去了對各省正式的和非正式的各種財源的控制，以及漢族精英勢力的崛起；後者通過控制本地區的財政、軍事以及行政資源，在同治、光緒年間"中興"大業中起到關鍵作用。

第二個因素是清朝為了應對來自中亞和東南沿海的地緣政治危機而調整了其國防戰略。中亞的軍事力量在 1860 年代中期入侵新疆，這對清廷來說是一個傳統的威脅；而在 1870 年代，清朝又開始在東南沿海面臨來自日本的新威脅。清廷的傳統戰略是優先確保內陸邊疆地區的安全，這種戰略與清朝新獲得的財政 — 軍事實力結合在一起，使其能够成功地收復新疆。而海防在清朝的總體戰略中的重要性也在迅速上升，但當政者對其緊迫性認識不足，資金投入有限，結果導致甲午戰爭的慘敗。不過，新型的財政構造具有足夠的靈活性和擴張性，使得清朝可以承受戰後對日賠款，並支撐 1900 年之後全面展開的現代化事業。

　　財政轉型和地緣戰略調整所折射的，是晚清國家的治理能力。晚清政府問題重重，官員腐敗、守舊、排外現象比比皆是，但是，它畢竟建立在以個人能力為衡量標準的科舉制度之上，封疆大吏當中不缺通曉時務、精明能幹之士；整個政府體制依然能夠在內憂外患中控制局勢，對現代化所需資源起到協調和控制作用。國家的世俗主義取向，漢人官僚的經世致用傳統，士大夫因朝廷尊崇儒學而對清朝所產生的忠誠，所有這些都使得那些掌管國家各部和各省的官員，有能力履行其基本職能。因此，儘管自 1850 年代起中央的財政、軍事和用人權力在向各省下移，但是，它依然能夠平定清朝歷史上前所未有的內亂，收復邊疆失地；在 1894 年中日戰爭之前的數十年間，中國依然能夠推展國防、製造業、交通運輸、教育和外交的現代化，從而出現長達三十年的中興局面，並且在庚子義和團之後以“新政”的名義展開新一輪的全面現代化工程。也可以說，中央權力下移與地方封疆大吏的自強、新政舉措，兩者實互為因果。權力非集中化本身並不是壞事，如果它沒有直接導致國土四分五裂的話；恰恰相反，它實際上是晚清國家賴以倖存、中國得以開啓向近代主權國家轉型的基本條件。

　　第三個有助晚清度過內憂外患的因素，是漢人和非漢人精英所共享的“中國”認同。1750 年代以後清代國家的長期和平和穩定，使得世世代代居於其內的各個族群（尤其是他們當中的精英階層）對現有疆域產生歸屬感。朝廷對邊疆地區宗教的庇護，對邊疆精英階層的優待，滿人的漢化，漢人之移民滿洲、內蒙古和新疆，以及清朝在最後幾十年力求將邊疆的行政和內地省份加以整合，所有這些都有助於在各族精英階層中培養共同的國家觀念；其中，漢人官僚精英之超越對朝廷忠誠的中國意識的覺醒尤為關鍵。晚清國家的權力非集中化之所以沒有伴隨國土的四分五裂，主要原因也在這裏。晚清絕大多數的革命黨人和來自不同背景的改良派人物，儘管在對待朝廷的問題上立場不同，但皆有一個共識，即把中國（包括內地和邊疆）打造為一個統一的現代國家，無論其政體是共和還是君主立憲。雖然部分革命黨人在其早期活動中訴諸反滿言論以博取民眾支持，但他們很快便放棄此一做法，提出滿、蒙、漢、藏、回“五族共和”，並獲得一些滿族精英和邊疆地區其他非漢族精英的響應。這些均有助於中華民國在 1912 年成立時能夠繼承前清的邊疆。

　　所有這些，皆跟 19 世紀和 20 世紀初的奧斯曼帝國形成鮮明對比，後者之所以得以維持，主要是依靠伊斯蘭教以及代表這一宗教的哈里發作為精神支柱；帝國境內的不同族群，很難對於一直處在擴張或收縮過程中的帝國疆土產生認同感。因此在帝國崩潰之後，人們只能按照不同的族群各自建立新的國家，國家的領土只能限於本族群所居住的地帶。儘管在奧斯曼帝國走向衰落的過程中，曾有來自不同背景的精英分子提出挽救帝國的種種方案，諸如奧斯曼主義、泛伊斯蘭主義、泛土耳其主義之類，但是對土耳其共和國建國之父凱末爾（Mustafa Kemal, 1881 — 1938）來說，這些方案皆屬於 "我們從未能够實現也無法實現的理念" [14] 而已。最終被證明可行的，是凱末爾自己所提出的在土耳其地區建立一個土耳其人的疆域國家的想法。按照他的設想，建國運動應該僅僅限於土耳其人生息繁衍的地區，亦即安納托利亞腹地，凱末爾謂之 "我們天然的和合法的限度"。然而，對於孫中山及其追隨者來說，中華民國絕不應該僅僅限於所謂中國本部，而應建立在清朝原有的疆域之上；這不僅可行，而且就新生國家政權的合法性而言，還勢在必行。畢竟，這個以 "中國" 為名的國家，已經穩定存在數個世紀，它只需加以再造，而非另起爐灶，加以發明。

　　總之，晚清國家在 19 世紀後半期對財政、軍事和行政體系的改造和中國共識的形成，決定了中國走向近代主權國家過程中的成與敗。從鴉片戰爭到義和團，中國在與外國列強的遭遇中屢受重創。戰後一系列不平等條約的簽訂，尤其是割地賠款之恥，刺激了每位仁人志士。這一連串的失敗，經過 20 世紀民族主義歷史書寫的刻意放大，遂成為晚清政權在帝國主義欺凌下 "喪權辱國" 的集體記憶。然而，除了 "失敗" 的記錄之外，晚清中國還創造了一連串令人訝異的 "成功"；其中最可述者，無疑是它在捲入歐洲列強所主導的國際體系之後，通過外交和行政體制的變革，不斷地朝向近代主權國家的目標邁進，並通過地緣戰略的調整和國防的近代化，始終能夠維持其原有版圖的基本格局和政府體系的獨立運作，成為倖免於淪亡的少數幾個非西方國家之一。而這一系列

14　凱末爾語，引自劉易斯：《現代土耳其的崛起》（第三版），紐約：Oxford University Press，2001 年，第 353 — 354 頁。（Bernard Lewis, *The Emergence of Modern Turkey*, 3rd ed. New York: Oxford University Press, 2001）

成功的關鍵，除了財政構造的非集中化及其所具有的高度擴張性，使晚清的各項近代化事業成為可能之外，背後更為根本的，乃是 19 世紀後期官僚和知識精英的政治意識日漸發生轉變，從原先對朝廷的效忠，過渡到對形成中的主權國家即"中國"的效忠。主權國家的利益和朦朧的民族意識，超越了族群、派系的樊籬，成為凝聚共識、形塑集體行動的最大公約數。此前漢、唐、宋、明原初型族群國家歷史語境中所特有的"化內"與"化外"概念，以及清代早期疆域國家所使用的"域內"與"域外"、"海內"與"海外"的二分法，到了晚清和民初，已經日漸被"中國"與"外國"、"國內"與"國外"的二分所取代。此一轉變所折射的，正是近代主權國家在中國的形成過程。

3. 統一集權的現代國家之肇建

國家轉型的第三個突破，是針對晚清財政、軍事和行政體系的零碎化，及其最終演變為民國初年的軍閥混戰，走上政治統一和權力再集中的道路。正是在此過程中，我們終於看到中國跟某些歐洲國家類似的發展。戰爭成為建國的驅動力；能否為戰爭而擴充財源和凝聚共識，成為決定建國成敗最關鍵的因素。

國家重建的最初突破，出現在清朝覆沒之後二十年間。這一時期因政治分裂和軍閥混戰，被人們視作中國近代史上的黑暗時期。然而，恰恰是在這種分裂和無序狀態中，產生了區域性的財政 — 軍事政權（regional fiscal-military regimes）。各支軍閥或軍閥派系不只是為了生存和擴張而無休止地相互爭鬥，其中的佼佼者也耗費巨大精力來鞏固自身政權，所採用的手段包括：在所控制的轄區內建立集中化的官僚系統，致力於財政和金融系統的統一和標準化，建設公路、鐵路以及其他基礎實施，提升公共教育和醫療衛生，鼓勵工商業發展，提倡基層政府自治，允許省級或縣級議會的存在，從而在地方精英當中建立共識。通過這些努力，那些最有雄心的軍閥將其所控制的省份打造成了區域性強權，一如早期近代歐洲的國家構建過程。到 1920 年代中期，在所有這些區域政權中，有兩大力量最為成功也最具影響力，即滿洲地區張作霖領導的奉系集團，以及孫中山所領導的廣東國民黨政權。到 1930 年代早期，經過北伐，國民黨勢力最終消滅或制服了其他所有軍閥，推動了統一的民族國家的形成。因此，不同於歐洲的先行者（以英、法為代表）所走的從上至下的建國路徑，亦即從中央到地方逐級實現國家權力的集中化和科層化，中國在清末自上而下的"新政"失敗之後，所走的是一種自下而上的路線，即由強大的地方力量逐步統一，然後再建立全國政權，一如歐洲民族國家形成過程中的那些後來者（以德、意為代表）。

國民黨統一全國憑藉以下三種因素：地緣政治方面，它在廣東獲得蘇俄的物質援助，這對其早期的軍事建設極為關鍵。財政上，它能抽取到比其他任何對手更多的財政收入：最初依靠統一廣東的財政和金融體系；進入長江下游地區後，則通過發行公債和銀行借款從上海財閥那裏獲取支援；繼而控制了海關和全國工商稅收。另外，國民黨在宣傳上致力於國家統一和反對帝國主義，也贏得各方社會政治力量的認可。而黨化教育和以黨領軍、以黨領政的實踐，則使國民黨試圖通過其意識形態的灌輸和組織上的滲透，達成對軍隊和行政系統的全面控制。因此，北伐時期的國民革命軍士氣高昂，戰場上節節勝利。此後二十來年，國民黨政權在建國上的成就，舉其要者，有以下二端。

其一，經過十多年的整合，到抗戰全面爆發前夕，國民政府在蔣介石的領導下，已經建立了一個全國性的政治和軍事架構，消弭了過去各區域割據勢力之間的公開對抗和政治分裂；在財政和稅制上也在逐步建立全國統一的制度。如果沒有 1937 年以後的日本全面侵華，一個政治上和軍事上統一的強大民族國家的最終出現，蓋無疑問。事實上，也正是由於中國的政治軍事局勢快速地朝着此一方向推進，日本軍國主義勢力才在 1931 年貿然佔領滿洲，在 1937 年發動全面侵華戰爭，因為一個統一強盛的現代中國的成長，必然意味着日本的帝國主義擴張野心的終結。所以中日之間的全面交鋒在 1930 年代已勢所難免，蔣介石所能做到的，是儘可能培育自身實力，推遲戰事的發生。抗戰爆發後，中國軍隊因實力相差懸殊，節節敗退，乃意料中事；然而戰前十多年的政治和軍事整合，對八年抗戰期間國民政府能夠將各派系凝聚在一起，不僅在日本的大舉進攻下倖存下來，而且組織了有效的抵抗，最終以勝利的姿態結束這場戰爭，仍起到關鍵作用。

其二，正是由於國民政府所領導的中國在二次大戰遠東戰場上所起的關鍵作用，故而在二戰結束前後，中國的國家建設獲得了前所未有的突破。國民政府次第廢除了自鴉片戰爭以來外國列強跟清政府所簽訂的一系列不平等條約，取消了外人在華治外法權及其他各項特權，取消了外國在華設立的公共租界，並且早在 1929 年即已實行關稅自主；由於打敗了日本，中國收回了台灣和澎湖列島，恢復了對滿洲的治權；同樣重要的是，中國以聯合國的創始國和安理會五個常任理事國之一的身份，確定了其在世界上的政治大國地位。

　　然而，同樣一組因素（地緣、財政以及認同）也能解釋國民黨的建國失敗。事實證明，自 1870 年代以來，國家重建的最大威脅來自日本。奉系集團原本是國民黨在北方最強勁的對手，正是因為日本佔領滿洲，導致其走向衰亡。1937 年後，日本的全面侵華戰爭進一步中斷了國民黨的國家統一和重建事業，並給中共在抗戰後方的生存和發展提供了機會，最終成為國民黨最大的對手。財政上，在 1927 年定都南京之後，國民黨不僅優先在軍事上投入大量經費，以鞏固地盤，而且作為一個全國政權，還需承擔全國事業機構和軍事機關的巨大開支，結果不堪重負。政治上，儘管蔣介石通過制服各支軍閥以及黨內對手建立了個人權威，儘管抗戰時期各派力量面對全民族的生存危機也暫時接受了蔣介石的領袖地位，但他從來沒有消除黨內、黨外對手的挑戰。其領袖地位更多地是建立在與對手的妥協之上，而不是依靠意識形態的說服力和個人魅力。日本投降後，蔣介石藉抗戰勝利曾風光一時，但其主力部隊困圍於大西南，無力與華北的中共部隊在滿洲爭鋒，地緣上已先失一着。接受內地後，國民政府以極不合理的比例，用金圓券兌換偽幣，造成對民眾的變相掠奪，加之黨國上下貪腐橫行，乃漸失人心。內戰爆發後，蔣介石恃有美援和美式軍械，對中共解放區主動進攻，但不久即困頓於兩個致命缺陷。整個軍政體系在財政上依靠中央撥款，而中央則很大程度上依賴美援，一旦美援耗竭、僅靠通貨膨脹難以為繼，後勤給養發生困難，部隊士氣便急劇下降。更為嚴重的是，由於蔣介石從未消除國民黨內部的派系傾軋，建立自己在軍政界的最高權威，一旦發生內戰，嫡系與非嫡系之間的矛盾在戰場上暴露無遺，各支部隊無法真正做到協調行動，在與中共部隊的大規模作戰中一再敗北，最終棄守大陸。

　　對比之下，中共在與國民黨的競爭中取勝，恰恰是因為它在地緣、財政和認同三方面同時取得突破。二戰結束後，曾經構成建國之最大障礙的日本戰敗了，蘇聯的介入則構成了國共鬥爭中最重要的地緣因素。蘇聯紅軍所佔領的滿洲，是中國農業剩餘最多以及近代交通、能源、製造業和軍火業最集中的地區。中共軍隊充分利用了這一優勢。儘管進入滿洲的過程因蘇方顧忌中蘇同盟條約所承擔的義務並不順利，但在佔領東北大部之後，其財政軍事構造發生了根本性轉換：中央主力從原來困頓於西北貧瘠人稀的邊區、缺乏槍支彈藥、只能靠游擊戰術生存的地方勢力，變成了兵源充沛、供應充足、擁有大批量新式武器的強大軍隊，終於可以與國民黨軍隊相抗衡、在正規戰場上一決雌雄。中共的財政體制，也從原先以農業剩餘為主要財源、各支部隊自籌自用、各根據地自成一體的分散狀態，逐漸過渡到統一集中、各根據地相互協調、連為一體並且學會利用城市工商稅源和現代財政手段的新體制。整個內戰期間，中共的財政構造越來越呈現為新與舊兩種體制的巧妙結合：利用高度集中的、跨解放區的新體制，它可以在短時期內動員巨大財力和物資，支撐大規模兵團作戰；與此同時，在兵源和後勤供給上，它延續了延安時期已經十分成熟的草根動員模式，藉助黨組織對鄉村的滲透和土改運動，以幾乎無償的方式，動員千百萬民眾提供源源不斷的物質和人力支持。此構造因而是擴張型的、可持續的，並且能夠維持總體上的平衡。中共的優勢，因此即在其新獲得的集中控制的城市經濟和財政資源，與其傳統的分散控制的人力動員及後勤保障模式的巧妙結合，新舊體制相得益彰，從而產生了巨大而源源不斷的戰鬥力。

　　最重要的是，中共在 1940 年代不僅克服了其早期歷史上對莫斯科的過分依賴，而且通過克服黨內高層的宗派主義和各根據地的山頭主義，確立了毛澤東的政治領袖和意識形態權威地位。政治上的高度集中，加上內戰初期的軍事劣勢所帶來的生存危機，使得不同地區的中共軍隊能夠做到和衷共濟，服從中央統一領導，戰場上相互協調。與此同時，中共重視意識形態宣傳，通過黨組織嚴密控制基層官兵，加上推行土地改革，給農民參軍帶來物質激勵，使軍隊保持着旺盛的士氣。因此，中共黨政機關以及整個軍隊，從上到下都形成了對於毛澤東領袖地位的高度認同以及求勝的強烈期待，從而使中共成為民國肇建以來最具競爭力的一支建國力量，有能力將自己從區域推向全國，最終建立起一個高度集中統一的國家政權，徹底扭轉了晚清以來權力下移、頭輕腳重的政治格局。

總之，克服源自 19 世紀後期的權力非集中化趨勢和各種離心力量，以"革命"的名義致力於國家的再造，是 20 世紀中國國家轉型最為關鍵的一步，而政黨則成為完成此一任務的利器。黨不僅成為革命的中堅，而且革命本身是以黨的名義，依靠黨的組織滲透和控制來進行的。革命的成敗，跟地緣的變局和財政軍事資源的掌控息息相關，但是最終起決定作用的，還是黨內力量的凝聚。加入政黨成為投身革命的必要門檻；"黨內"與"黨外"成為識別革命勢力的基本標杆。對黨的忠誠，超越其他一切，成為衡量一個人是否革命的最重要尺度。而這種忠誠並非抽象的，在打造黨內認同的過程中，它被具體化為對黨的"正統"意識形態的無條件尊崇以及在組織上對黨的各級權威尤其是最高領袖的服從。共產黨之所以最終能夠擊敗國民黨，不僅因為革命的後期，即國共內戰期間，其地緣環境和財政軍事資源發生了顛覆性的轉變，更重要的是它在凝聚黨內共識、達成組織團結方面，把國民黨遠遠拋在後面。

縱觀中國的國家轉型漫長歷程，如果說前兩個環節（即多族群的疆域國家的形成及其向近代主權國家的過渡）解釋了現代中國為何在規模上很"大"的話，第三個環節則回答了它為甚麼在結構上很"強"的問題。20 世紀的中國，不僅沒有像土耳其那樣，經過帝國裂變後，使其疆域回歸主體民族的腹地，而且也沒有像戰後土耳其共和國那樣，走上議會民主的道路，而是以建立一個高度集權的國家而達到高潮。所有這些，皆與"帝國到民族國家"的目的論相悖，後者把民族國家做了雙重界定，即不僅是一個由共享文化或族群傳統的人民所構成的主權國家，而且是體現主權在民理念的民主政體，而在 20 世紀的國際政治上，"民主"被等同於歐美式的代議制多黨政治，為二次大戰後的眾多亞非國家以及蘇聯垮台後的東歐國家紛紛仿效。

事實上，中國曾有兩次踐行代議制民主的機會，一是在民初北京政府時期，一是在 1946 年南京政府時期。兩次試驗均曇花一現。1913 年 4 月開始的第一屆國會，由於地方派系與中央的武力對抗而時斷時續，無法正常運作；而 1946 年的"憲政"試驗，也隨着國共內戰的爆發和國民政府"動員戡亂"條文的實施而名存實亡。在這兩次轉變過程中，代議制民主之所以失敗或中斷，而被一黨獨大、走向集權的國家體制所取代，有多重因素在起作用，其中最根本的原因，乃在政府體制內部或共享的國家架構內部之制度化了的權力下移，致使各省或各區域的自主力量日漸坐大，與中央爭奪對財政、軍事和行政資源的控制；此一過程始於晚清，而在民國時期進一步加劇。因此，20世紀前半期中國的建國方向，不是朝着議會制民主過渡，而是針對地方離心勢力與中央政府的博弈、抗衡和挑戰，不斷趨向權力集中。其具體表現，是在政治秩序尚未建立之前，不斷追求加強個人控制；在追求建立新的政治秩序的過程中，以整個黨政體制的權力集中和意識形態的高度統一為最高目標。

　　如果再跟土耳其加以比較，我們更可以清楚看出為甚麼中國向現代民族國家的過渡，以高度集權的國家的肇建為其階段性結局。奧斯曼和晚清國家雖然都經歷了財政體制的非集中化，但後果卻大不相同：在奧斯曼帝國，財政非集中化以包稅的形式發生在政府體制之外，從中受益的是作為個人的地方顯要，他們並不一定掌握各省的行政和軍事權力，所以，他們跟中央結盟事實上有助於延長帝國的壽命。相比之下，晚清中國的非集中化發生在政府體制之內，各省督撫自主收稅、截留稅款，用於地方事業，結果強化了自身權力。晚清的權力下移因此走向了制度化和官僚化，使得各省實力派對朝廷構成真正的威脅，最終帶來民國初年各區域財政軍事政權的崛起。土耳其開國領袖凱末爾在奧斯曼帝國分崩離析之後，由於沒有內地各省割據勢力的存在，因而可以輕易建立一個中央集權的國家；凱末爾本人也憑藉其領袖魅力，在執政期間，建立了個人對土耳其國家的實質性控制。二次大戰期間，土耳其保持中立，國內政治穩定，不存在任何反對勢力用武力顛覆政府的空間。戰後土耳其跟西方結盟，使多黨制民主在大權獨攬的凱末爾去世後成為其政府的必然選擇。相比之下，民國時期的中國國家，必須把主要精力用於清除各區域的地方勢力，為此不得不追求一個更加集權、更為強勢的中央政權。共產黨要打敗和取代國民黨政權，取得革命的勝利，則必須在組織上比對手更加集中，思想更加統一。內戰結束之際，毛澤東形成對蘇"一邊倒"的地緣戰略，更使得共產黨領導下的權力高度集中的政治體制，成為新中國領導人的唯一選項。

三、幾點思考

1. 甚麼是"中國"？

以上截止 1940 年代為止國家轉型的三個環節，綜合起來，可視作累層疊加的國家形成過程。如果對此一過程做譜系分析，可以清晰地區別出現代中國國家的以下四個層次：

第一、國家內涵的最底層，是原初型"中國"，即清代之前中原華夏王朝所代表的以漢人為主體的高度同質化的單一族群國家；就其地理範圍而言，到明代已經覆蓋長城以南的兩京十三省，清代則為內地十八省，至晚清再加上東北三省。中共"二大"宣言將此區域表述為"中國本部"或"本部各省（東三省在內）"[15]；西方文獻中有關歷史的中國的討論，至今仍沿用"China proper"[16]這一術語。對本族群所體驗的歷史、傳統和所尊崇的文化價值的認同，是此原初型族群國家構造中最核心的內容。

第二、清朝前期歷史的最大意義，是在原初型族群國家的基礎之上，打造了一個真正意義上的多族群的、疆域遼闊的國家，使"中國"增添了一層全新

15　中央檔案館編：《中共中央檔選集》第一冊（1921 — 1925），北京：中共中央黨校出版社，1989 年，第 111、115 頁。

16　"China proper"這一術語曾在 19 世紀和 20 世紀西方文獻中廣泛使用，所指的是清代主要由漢人聚居的、在中央集權的官僚制度統治之下的內地十八省 —— 參見哈丁：《"大中華"概念：主題、變遷與維繫》，載《中國季刊》第 136 卷（1993），第 660 — 686 頁（Harry Harding, "The Concept of 'Greater China': Themes, Variations and Reservations," in: *The China Quarterly* 136〔1993〕, pp. 660-686）。然而，這一術語的淵源可以溯至 18 世紀。例如，維勒鮑森曾把清朝描述為由三個部分組成，即"China proper" "Chinese Tartary"和"states tributary to China" —— 參見維勒鮑森：《歷史、地理與哲學視野下的中華帝國》，倫敦：Ridgway and Button，1795 年（William Winerbotham, *An Historical, Geographical, and Philosophical View of the Chinese Empire*, London: Ridgway and Button, 1795）。這一術語的中譯（"中國本部"）借自 20 世紀早期的日文翻譯，曾被國民黨和共產黨人所借用，如孫中山（見孫中山：《孫中山選集》，北京：人民出版社，1981 年，上卷，第 304、359 頁）。但是，中國的民族主義知識分子，如顧頡剛（見田亮：《禹貢學會和〈禹貢〉半月刊》，載《史學史研究》第 3 期，1999 年，第 58 — 66 頁）和錢穆（錢穆：《中國歷代政治得失》，北京：三聯書店，2012 年，第 103 頁）等人，均拒絕這一術語，斥之為外國列強（尤其是日本）為侵略中國辯護的工具。

的涵義。中國不再限於原先漢人聚集的中原和華南地區，而是進一步延伸到周邊的滿、蒙、藏、回各區域。中國的疆域不僅大為擴展，而且其邊界也從原來的多變和模糊不清，變得日漸穩定和清晰。儘管中國仍處在西方正在形成中的主權國家的世界體系之外，但在整個非西方世界，清朝的固定疆域和政府對其版圖的有效治理，卻使中國成為最接近主權國家、最有條件邁向主權國家的政治體之一。

第三、晚清歷史的重要性，在於通過軍事自強和內政外交變法，不僅成功地保存了其版圖的基本格局，而且把中國從一個疆域國家，進一步改造為一個初具雛形的主權國家；其既有的疆域，儘管在與國外列強的遭遇中，受到零碎的侵損，但是經過國際間的確認，已經成為國際法上有效的領土。不過，中國之真正成為一個擁有完整主權的國家，則是在第二次世界大戰結束之際，經過國民政府的不懈努力，中國最終取消了損害其主權的不平等條約，收回了曾經被日本侵佔的土地。

最後，在其歷史譜系的最新層面，中國呈現為一個由其憲法所規定的共產黨領導下的社會主義國家。針對晚清國家權力的非集中化和民初日益膨脹的地方割據勢力，依靠政黨的意識形態和組織力量，自下而上推進國家統一和權力再集中，是 1949 年之前中國的現代國家形成之最關鍵的一環；國民黨的建國運動，共產黨革命的最終勝利，以及 1949 年後的國家權力結構，離開這個大背景，便無法理解其歷史意義。

今日的中國國家，同時具有以上四重含義。原初型中國的歷史傳統和文化價值，依然是今日中國國家所倡導的愛國主義教育的核心內容。此一族群的、文化的中國，至今依然是將全球各地華人連結在一起的最大公約數。它的形成，貫穿了上古以來的整個中國歷史；至於華夏先民如何從新石器時代散落於黃河中上游的原始部落經過數千年的繁殖，將其勢力延伸到華東、華南、西南地區，成為人類歷史上規模最大且高度同質的族群，在迄今為止的歷史著述中仍未得到很好的解釋，依舊是世界歷史上的一個最大的謎團，但這已經超出了本文的範圍。真正能夠界定"近現代中國"（modern China）的，是上述譜系中的第二至第四層次：三者對於現代中國的國家構成，均不可或缺。首先，就疆域和人民而言，它是一個囊括內地各省和邊疆各地區的、多民族的國家，這是今日中國區別於原初中國的根本之處；其次，就性質而言，它是一個得到其他國家承認的、擁有完整主權的現代國家；最後，就現今中國的內部治理體制而言，它是政治上高度統一和權力結構相對集中的國家。

中國的國家轉型，一言以蔽之，並不是帝國與民族國家之間的斷裂，而是上述四個層次由底部到表層不斷疊加的結果；每增添一層，中國的國家形態即會有新的變化，被賦予新的涵義；並且，在經濟社會完成全面轉型之前，在達到國家既定的統一目標之前，在與周邊國家以及與全球大國之間的地緣政治格局定型之前，中國的國家再造過程，依然在進行之中。

2. 甚麼是中國的"近現代"？

有了這樣一些基本認識，現在我們可以對中國的"近現代史"（modern history）加以重新界定。首先需明確的是，這裏所謂的中國近現代史，是關於"中國"作為一個"現代國家"的形成歷史，而一個現代國家的四個最基本的要件，是它的疆域、人口、主權和政府。[17] 我們對現代中國國家形成歷史的解讀，必須至少包括這樣三個最基本的問題：（1）它是怎樣成為一個包括內地和邊疆的多族群國家的？更具體地說，它是怎樣從地理範圍局限於中原和華南的原初型中國擴充至它現有的邊疆地區，並且維持對內地和邊疆的有效治理的？（2）它是怎樣成為一個近代主權國家的？具體而言，在被捲入世界範圍的主權國家體系之後，它是如何維持自身的生存尤其是既有疆域，並在國際上獲得對其主權的確認的？（3）現存的政府體制是在怎樣的歷史背景下以及通過何種路徑而形成的？

本文所論述的中國國家轉型的三個環節，分別圍繞上述三個問題次第展開。1949 年前的中國近現代史，不妨界定為中國從一個原初型的族群國家，經

17　參見格蘭特：《承認國家：爭論與演變中的法律與實踐》，韋斯特波特：Praeger, 1999 年（Thomas D. Grant, *The Recognition of States: Law and Practice in Debate and Evolution*, Westport, CT: Praeger, 1999）；拉以奇：《國家獨立與自決法》，海牙：Kluwer Law International, 2002 年（David Rai , *Statehood and the Law of Self-Determination*, The Hague: Kluwer Law International, 2002）。

過多族群的疆域國家的拓展，進一步走向統一集權的現代主權國家的歷史。如果要對這段歷史加以分期的話，它大體上包括以下四個階段：

一是多族群疆域國家的形成時期：從 1640 年代清朝入關取代明朝，成為中原統治王朝，從根本上改變了原先中原華夏王朝的地緣戰略格局，到 1750 年代清朝經過半個世紀的征戰，將蒙古、新疆和西藏正式納入自己的版圖，中國作為一個多族群的疆域國家的格局，至此基本形成，並為日後向近代主權國家的轉型，奠定了基礎。可以把清順治帝於 1644 年發佈告祭天地文"茲定鼎燕京，以綏中國"作為這個時期的起點。它不僅象徵着清朝接續明朝統治"中國"的正統王朝地位，更預示着滿人的獨特地緣戰略將給中國的疆域構成和治理體制帶來根本的改造。

二是多族群疆域國家的穩定時期：乾隆帝於 1755 年平定準噶爾之後立碑紀功，象徵着多族群疆域國家（"皇清之中夏"）的建構已經基本完成；它突破了原初型中國之漢人中心的化內、化外樊籬，從根本上區別於以往"漢唐宋明之中夏"。此後，清朝藉助兩套不同的治理體制（內地的中央集權官僚制度和邊疆的理藩體制）對全境進行了有效治理，維持了疆域國家的基本穩定。但是其特定的地緣格局和資源稟賦所孕育的低度均衡的財政體制，使清代國家對 18 世紀晚期已經浮現出來的人口壓力和 1840 年代突發的地緣危機，缺乏制度上的準備和有效的應對。

三是向近代主權國家過渡時期：從 1840 年代起，中國在遭遇歐洲列強和日本的次第重創之後，調整地緣戰略，以非集中化的方式重構財政和軍事體制，從而維護了 1750 年代以來業已定型的疆域基本格局。1860 年代以後，晚清政權在外交和行政體制上，開啓了向近代主權國家的全面過渡；而 1861 年 1 月總理各國事務衙門的設立，則可視作此一過程的象徵性起點。但國家主權的完全建立和對 19 世紀後期所失國土的恢復，要到 1945 年在國民政府的努力下才最終完成。

四是統一集權的現代國家肇建時期：從 1920 年代開始，針對晚清以來軍事、財政和行政體系的非集中化以及民國初年加劇的地方割據，各個區域性財政軍事政權傾全力打造一個全國性的、權力集中的政府體制；不妨把孫中山於

1923 年 3 月在廣州建立陸海軍大元帥大本營，視作此一過程的象徵性起點。但這一任務最終是在 1940 年代後期由共產黨所領導的力量，憑藉其所獨有的地緣、財政軍事和政治優勢，通過擊敗國民黨勢力完成的。

3. 國家形成的"中國道路"

中國邁向現代民族國家的道路，之所以不同於其他國家的歷史經驗，主要是因為它從自身的前近代歷史和近代歷史上所獲得的三項遺產，即清代以前已經形成的華夏族群國家，清代前期的邊疆建設，以及 19 世紀後半期國家財權、軍權和行政權的非集中化。經過三個世紀的國家轉型所產生的現代中國國家，之所以在規模、結構上"大而強"，正是這三種遺產交相作用的結果。其超大的規模，首先源自華夏民族自身數千年來的開疆拓土和對周邊部落的同化，由此得以形成一個原初形態的"中國"，並在此基礎上出現唐、宋、明這樣的王朝，它們在前近代的世界歷史上，不僅是擁有最大疆域的單一族群國家，而且擁有最大的人口和經濟規模。清朝正是依靠它所沿襲自明代的原初中國，才得以重新打造一個規模更大的新中國：來自內地各省的巨量財源，使之能夠發動屢次征討，建立新的邊疆；同時，清朝作為一個外來的王朝所獨有的地緣戰略格局，也使之有必要進行擴張，以確保它對內地的控制。正是清代以前原初中國的遺產和清朝的疆域擴張這兩者的結合，解釋了現代中國國家為甚麼得以建立在一個如此遼闊的領土之上。

現代中國國家在結構上如此緊固，首先還是獲益於原初型中國所饋贈的遺產，即在同質人口的基礎上所產生的一個高度集權和統一的政府體制，後者對來自國家內部的離心力起到有力的抑制作用，並排除了權力分配上產生多元機制的可能性；而在中世紀的歐洲，在君主、教會、貴族以及自治城市等等之間所形成的權力多元格局，則司空見慣。現代中國國家形成的另一個重要背景，則是前面一再強調的晚清和民國早期國家權力的非集中化。20 世紀前半期中國國家之再造，便意味着消除軍閥，使國家機器的權力再趨集中，其結果乃是國民黨和共產黨領導下的黨治國家的興起，兩支力量均致力於打造一個組織緊密的政黨，推動國家走向統一集權。

　　清代以前原初型中國之作為一個族群國家，清代前期中國被打造為一個多族群的疆域國家，與 19 世紀後期中國之過渡到一個主權國家，以及 20 世紀中國之走向再集權，所有這些過程之間，所顯示的不僅是歷時的、逐層的變化，還有疆域、族群、國家形態上的連續性。此一過程截然不同於國家形成的經典論述中所流行的"帝國 — 民族國家"二分法，及其所隱含的從帝國到民族國家的目的論，即把傳統帝國或殖民帝國的分崩離析，與隨之而來的諸多民族國家的獨立以及照搬西式民主，視為非西方世界之國家建造的理想路徑和常規形態。當然，在近代中國，一個政治上高度統一、集權的現代國家的建立，並不意味着從 17 世紀中葉開始的國家轉型過程，到 1949 年已經終結。相反，雖然現代中國國家在此之後展現了令人驚異的結構性穩定，同時在促進國家工業化和 1980 年代以來的經濟全球化方面取得舉世矚目的成就，但是，它的再造過程仍未完成。

　　展望 21 世紀，中國的國家轉型仍面臨諸多挑戰，舉其要者，當有以下三端：一是通過內地與邊疆之間的經濟整合，通過重構原先以漢族為中心的國家歷史書寫，在相互尊重各自的文化遺產和特性的基礎上，在漢族和非漢族人群之間培育共享的民族意識和國家認同。二是重塑國家與人民之間的關係，從建國時代和國家工業化時期以集中化的權力結構為手段、以民族主權和國家安全為最高目標，過渡到這些目標達成之後，進而以人民的基本權利和福祉為立法和決策的優先考量。這兩項任務，對於建構一個和諧穩定的真正意義上的現代民族國家，不可或缺。三是重新界定中國與其他國家之間的關係，積極參與或主動建構區域整合和全球治理機制，以造福於所有參與國；同時依靠自身的文化吸引力、知識創造力、政治活力和對全人類福祉的承諾，打造其在世界上的軟實力，消減革命時代民族主義歷史書寫所塑就的國民中間過分嚴重的受害者心態。只有在今後數十年內成功達成這些目標，中國才能真正成為一個受世人尊重的現代國家和一個擁有舉足輕重地位的全球性大國；現代中國的國家轉型，以及整部中國"近現代史"，才能畫上一個完美的句號。

"主權" 的形成：20 世紀初期之中國與西藏、蒙古

◆［日］岡本隆司

引言

　　1912 年成立的中華民國在建國後不久，在不得已的情況下，承認了外蒙古與西藏的 "自治"。該事件也與俄國和英國密切相關。近年的研究中，不論在國際關係的詳情，西藏、蒙古本身的志向與利害以及主體性與政策方針等方面皆有詳盡的論證；此外，中國對蒙藏進行壓制的經過也已然明確。[1]

　　然而，與此相對的是在清朝滅亡之際，關於中方轉變態度，進而對蒙藏開始積極干涉並強化支配的另一面內情，相關研究目前尚處於初步的認識階段，有待重新考察。本稿將着重考證清末民初的西藏，將西藏和外蒙古獲得 "自治" 的事件作為線索，以圍繞西藏的中英外交交涉為考證焦點，繼而追溯至 1913 年前約莫十年間的歷程，探討相關重要個案，從對英交涉的過程中，釐清中國的態度與認識，並考察其中的變化與轉機。

1　參見中見立夫：《モンゴルの獨立と國際関係》（《蒙古的獨立與國際關係》），載溝口雄三、濱下武志、平石直昭、宮島博史編《アジアから考える [3] 周緣からの歷史》（《从亞洲出發思考 [3] 从周边出發的歷史》），東京：東京大學出版會，1994 年；平野 ：《「公正な帝國」から「近代中華帝國」へ —— 清帝國の統治構造変動と民族問題》（《"从公正的帝國" 到 "近代中華帝國" —— 清帝國的統治構造變动與民族問題》），載歷史學研究會編《"帝國への新たな視座" シリーズ歷史學の現在》（《"通向帝國的新視点" 歷史學的現在系列》），東京：青木書店，2005 年。

一、中俄聲明和西姆拉會議

　　1910 年代初，外蒙古與西藏之所以在事實上脫離北京政府而採取"自治"體制的決定性因素，是二者分別獲得了國際上的承認；前者為 1913 年 11 月 5 日的中俄聲明文件，後者則是 1914 年 4 月 27 日英、中、藏三方草簽條約的西姆拉會議。

　　中俄聲明的相關規定中的第一條，是俄國承認中國對外蒙古的宗主權，第二條則為中國承認外蒙古的自治。此外，聲明另件第一條是俄國承認外蒙古是中國領土的一部分。

　　對此，民國政府最終拒絕承認。1914 年 7 月 3 日，僅有英國和西藏雙方簽署的西姆拉會議的條約，其中第二條規定，中國和英國承認中國對西藏的宗主權，並且認可外藏的自治權。中國不得把西藏作為行省，英國不得佔據西藏的任何地方。此外，聲明文件第一條承認西藏是中國領土的一部分。[2]

　　顯然地，二者的主旨與用詞基本一致，足見俄國和蒙古、英國和西藏這二者之間的關係及其動向着實密切相關。從時間順序的前後觀之，西姆拉會議時期的英藏關係似乎是以中俄聲明文件、俄蒙關係為原形，但也非全然如此。中俄聲明文件的關鍵部分與圍繞西藏問題的中英交涉有着重大關聯。

　　中俄交涉始於 1912 年 11 月，至次年 5 月末趨近完成。然而到了 7 月，俄方突然採取强硬的態度來面對交涉，大幅改動了 5 月末擬定的草案。中俄聲明

2　有關西姆拉會議，尤見蘭姆：《麥克馬洪線：印度、中國與西藏關係研究（1904 — 1914）》，載
　　《哈定，麥克馬洪和西姆拉會議》第 2 卷，倫敦、東京：Routledge & Kegan Paul，第 459 — 566 頁
　　（Alastair Lamb, *The McMahon Line: A Study in the Relations between India, China and Tibet, 1904 —
　　1914, Vol. 2: Hardinge, McMahon and the Simla Conference*, London & Toronto, 1966）；梅赫拉：
　　《麥克馬洪線始末：英國、中國與西藏在印度東北邊界的三方爭奪研究（1904 — 1947）》，新德
　　里：Macmillan，1974 年（Parshotam Mehra, *The McMahon Line and After: A Study of the Triangular
　　Contest on India's North-eastern Frontier between Britain, China and Tibet, 1904 — 1947*, New Delhi:
　　Macmillan, 1974）。

文件即據此新修草案而成。[3]

　　1913 年 5 月末的舊案內容如下：[4]

　　　　俄國承認蒙古為中國領土完全之一部份。

　　　　此領土關係上生出之中國歷來所有之種種權利，俄國並擔任尊崇。

　　　　中國擔任不更動外蒙古歷來所有之地方自治制度。

　　反對這一內容的是前俄國駐華公使廓索維慈（И. Я. Коростовец），他於 1912 年 11 月以俄方代表的身份簽訂了俄蒙協約，在該約中雙方達成 "蒙古自治" 的共識。簽約後，廓索維慈仍在庫倫與蒙古進行交涉。1913 年 6 月，廓索維慈回到聖彼得堡，向外部大臣沙佐諾夫（С. Д. Сазонов）建議修正此案。廓索維慈認為，如按上述條文，就等同 "俄國承認中國對蒙古的主權"，日後勢必留下禍根。[5] 值得注意的是，廓索維慈仍然把 "中國領土完全之一部份" 的主旨看作是中國對蒙古的 "主權"，將此斷定為沒有實體的 "虛幻的權利（призраченые права）"。

　　既然如此，廓索維慈將如何更改呢？其日記中相關紀錄如下：

3　參見中見立夫：《1913 年の露中宣言 —— 中華民國の成立とモンゴル問題》（《1913 年的俄中宣言 —— 中華民國的成立與蒙古問題》），載《國際政治》第 66 號（1980），第 112 — 120 頁；橘誠：《ボグド・ハーン政権の研究 — モンゴル建國史序 1911 — 1921》（《博克多汗政權研究 —— 蒙古建國史序（1911 — 1921）》），東京：風間書房，2011 年，第 333 — 365 頁。

4　參見張啓雄：《外蒙主權歸屬交涉 1911 — 1916》，台北：中研院近代史研究所，1995 年，第 141 頁。

5　參見科羅斯托維茨：《蒙古九個月：駐蒙古全權特使日記（1912 年 8 月至 1913 年 5 月）》，巴特薩伊汗編，烏蘭巴托，2009 年，第 397 — 398 頁（И. Я. Коростовец, Девять месяцев в Монголии: Дневник русского уполномоченного в Монголии, Август 1912- Май 1913 г., Составитель: Оохной Батсайхан, Улаанбаатар, 2009, стр. 397-398）；廓索維慈：《從成吉思汗到蘇聯》，柏林：De Gruyter，1926 年，第 267 頁（Iwan Jakowlewitsch Korostovetz, Von Cinggis Khan zur Sowjetrepublik, Berlin und Leipzig：De Gruyter, 1926）。

　　　　我對他們講述了庫倫的事態，而且闡述了反對俄外部想要與中國達
　　成協議的意見和依據，更強調了“主權”不可行。舉了英國為例，因為
　　英國在有關西藏的談判中，言明了承認“宗主權”而非“主權”。……[6]

廓索維慈的這番說服奏效了，俄國遂轉變了方針，在第一條中插入“承認宗主
權”這樣的語句，中俄聲明文件的原型由此產生。[7]

　　值得注意的是，廓索維慈援引了英國與西藏的例子。英國政府同中國擬
定圍繞西藏問題的條約草案，其中第一條中有“西藏並非置於中國的主權之
下，而是宗主權之下（Tibet is under the suzerainty, but not the sovereignty, of
China）”之說[8]，此乃英國日後在西姆拉會議中提出的原案。廓索維慈所稱“英
國的例子”，即表示此一內容。中俄聲明文件中的“宗主權”及其意義和概念的
規定，其實就是在圍繞西藏的中英交涉過程中產生的。

　　既然如此，如果忽略了圍繞西藏的交涉以及相關國家的態度，非但不能知
道西藏本身，亦難以理解蒙古獨立的問題。因此，西藏問題遂成了必須探討的
議題。

二、1912 年 8 月 17 日的英國“節略”

　　西姆拉會議是在中俄關於蒙古議題交涉告一段落後重啟的，但是無論是召
開會議還是開始新條約交涉，中英雙方在之前就已達成共識。其直接契機就是
1912 年 8 月 17 日英國駐華公使朱爾典（John N. Jordan）親自向民國政府提交

6　科羅斯托維茨：《蒙古九個月：駐蒙古全權特使日記（1912 年 8 月至 1913 年 5 月）》，第 398 —
　　399 頁；廓索維慈：《從成吉思汗到蘇聯》，第 268 頁。“他們”是指首相科科弗采夫（В. Н.
　　Коковцов）和伊爾庫茨克總督克尼亞澤夫（Л. М. Князев）。

7　參見橘誠：《ボグド・ハーン政權の研究》（《博克多汗政權的研究》），第 337 — 339 頁。

8　見英國外交部檔案 FO371/1610, 10751：《與中國有關西藏問題協議的修正草案・印度辦事處致外
　　交部》，1913 年 3 月 7 日。（FO371/1610, 10751: Revised Draft of Treaty with China respecting Tibet,
　　encl. in India Office to Foreign Office, Mar. 7, 1913）

關於西藏政治地位的 "節略"。

試舉其重點的第一條和第二條如下：

第一條：英國政府雖然正式承認中國對西藏的 "宗主權（suzerain rights）"，但是不認同也不會認同中國有干涉西藏內政權利。⋯⋯

第二條：根據以上理由，英國政府在這兩年中，對於企圖掌控西藏所有行政權的中國官方的行為，以及 "西藏與內地各省平等"、與 "西藏地方一切政治俱屬內務行政範圍" 這些袁世凱大總統在 4 月 21 日所發的命令提出全面抗議。英國政府正式拒絕承認西藏的這種政治地位。⋯⋯ [9]

對於這一節略，中方時至同年 12 月才予以正式回答。外交部次長顏惠慶於 12 月 16 日與朱爾典舉行會談：

顏："根據 1906 年協定的第二條規定，認為中國政府具有干涉西藏內政的權利。⋯⋯"

朱爾典："英國政府無法接受這樣的解釋。⋯⋯"

顏："現行條約的哪一點不足，需要被新條約取代呢？"

朱爾典："沒有商量的餘地，中國近來的作為使得印度國境地帶陷入混亂，這些攻擊性的政策會破壞與英國有獨立條約關係的國家之統合，已經達到忍耐的極限。" [10]

9　外交部檔案、西藏檔案、西藏議約案 03-28-003-01-009：《聲明英政府關於西藏所定之方針請查照見覆》（台北：中研院近代研究所所藏）。

10　英國外交部檔案 FO371/1329, 55588：《顏博士與朱爾典談話備忘錄・朱爾典致外交大臣格雷》，第 492 號，1912 年 12 月 14 日。（FO371/1329, 55588: Memorandum respecting Conversation between Dr. Yen and Sir John Jordan, Dec. 14, 1912, encl. in Jordan to Grey, No. 492, Dec. 16, 1912）

英國不能接受中方對條約的解釋和以此為據的政策。因此，英方認為實有必要簽署新條約，以明確規定西藏的政治地位。

　　英國進入交涉階段，便將這部節略作為藍本。朱爾典在次年 1 月末會見外交部總長陸徵祥並探詢了這個問題。在英方的會談記錄中作了以下敘述：

> 　　陸：＂國務院盼望早作了結，唯一令人擔憂的難處為第一條中 '宗主權（suzerain rights）' 字眼。'宗主（suzerain）' 一詞從未在以往約定中被使用。……＂
>
> 　　朱爾典：＂<u>英國政府恐怕無法認同有關西藏的中國 '主權'（the "sovereign" rights of China）</u>，如果承認，<u>中國便會立即將這個屬地作為中國的行省合併。</u>＂
>
> 　　陸：＂那麼，省略 '宗主' 這樣的字眼，保留毫無任何形容成份的 '權利' 一詞如何？＂
>
> 　　朱爾典：＂已經聽取了您的意見，我會馬上認真考慮。＂[11]

　　關於此次會談，中方的漢文記錄中沒有着重號部分，即朱爾典解釋＂主權＂的文字。相反，漢文中卻有英文中缺少的一段文字如下：

> 　　陸：＂本總長私以為若竟用上邦權（即宗主權）名詞，參議院必以為政府喪失權利而大攻擊之。＂[12]

　　從上述雙方的會談紀錄有所出入觀之，雙方在交涉立場上的對立已然日漸鮮明。中方不滿英國主張的＂宗主權＂，英方則對中國主張的＂主權＂也表示反

11　英國外交部檔案 FO371/1609, 9017：《朱爾典致外交大臣格雷》，第 56 號，1913 年 2 月 4 日。（FO371/1609, 9017: Jordan to Grey, No. 56, Feb. 4, 1913）

12　外交部檔案、西藏檔、藏案、會晤問答 03-28-024-02-003，民國二年二月八日收陸總長一月三十日會晤英朱使問答：《磋議西藏問題》。

感。雙方各自的記錄所强調之處，正反映了這種情況。

　　既然這樣，西姆拉會議以及後來的發展，英國主張的“宗主權”最終壓制住了中國所主張的“主權”。那麼，這“宗主權”和“主權”的內容究竟為何，又從何而來？

三、“宗主權”和英國

　　正如朱爾典所言，英國的“宗主權”是與“主權”對立的概念，所以要加以否定。但是，英國也沒有對“宗主權”的含義做出明確的定義。此現象早在英方於8月17日所提“節略”（即西姆拉會議之始）的形成過程中顯現出來。

　　如上所述，這部節略的主旨，在於駁斥民國元年4月21日大總統令。大總統令的內容是將蒙古、西藏歸置內務部管轄，與“內地各省”同等對待。[13]英國政府深感危機，首先是7月由印度部起草了抗議民國政府的文書。朱爾典親自送達的版本中，省略了草案中的“並不承認中國對西藏的主權（Chinese sovereignty）”這一句。外部大臣格雷（Edward Grey, first Viscount Grey of Fallodon）說明其理由：“為了避免由於宗主權和主權的差異而引起的爭論。”[14]如此足見英方對“宗主權”和“主權”的認識。毫無疑問地，英國認為如果中國的勢力滲透至西藏，鄰國印度就處於不利的情勢。有鑒於此，英國對於反對中國之“主權”的內容有着明確認識，即反對中國在軍事和政治上對西藏進行干涉。這部節略的後文涉及反對“干涉”的言論，所以格雷認為可以省略“主權”一詞。

　　印度政府首次使用“宗主權”這個術語，其定義為：

13　參見《東方雜誌》第8卷第12號（民國元年6月），《中國大事記》（民國元年4月22日）。

14　英國外交部檔案 FO371/1327, 29616：《印度辦事處致外交部》，1912年7月11日（FO371/1327, 29616: India Office to Foreign Office, July 11, 1912）；英國外交部檔案 FO371/1328, 33657：《外交部覆印度辦事處》，1912年8月15日（FO371/1328, 33657: Foreign Office to India Office, Aug. 15, 1912）。

　　　　我們認可西藏是在中國宗主權之下的自治國家，我方的條約與通商
　　章程也規定西藏人具有政權。如果西藏被中國作為行省而合併，政權勢
　　必消失。我們認為西藏並非中國本土的一部分，這樣的觀點，不但中國
　　人自己贊成，而且中國和列強的條約也證實對西藏無效的事實。[15]

在西藏存在着民國政府以外的"自治"政權，就是"宗主權"的內容，儘管如
此，當時的中國想要對此予以否定。"改變"本來只能稱為"宗主權"的實情，
使其"主權"化，如此將侵犯到英國的權益。

　　在這種情況下，"宗主權"只有消極的意義，既不讓西藏違背同英國的條
約，又要防止民國政府的影響力和干涉增強。因為北京政府在"主權"的名義
下採取了截然與此相反的言行，英國則以"宗主權"這個概念來對抗。

　　"宗主權"雖然可以否定中國的"主權"，卻無法與相對於"主權"的"宗
主權"做出具體定義。為了避免爭論，英國外部刻意把否定"主權"的文字刪
除，純粹因為英方所言"宗主權"事實上不過是否定民國政府所說的"主權"。

四、"主權"和中國

　　誠如陸徵祥所言，中方一貫的主張就是否定"宗主權"，言下之意即如同顏
惠慶所云"具有干涉西藏內政的權利"。值得注意的是，顏惠慶在"權利"的法
律定義上舉了"1906 年協定"為例。清朝（中國）政府對於西藏的干涉政策從
這一時期便已展開，更可把此次簽訂的協定看作正式開端。

　　1906 年的協定即為同年 4 月 27 日由外務部侍郎唐紹儀同當時的英國駐華公
使薩道義（Ernest M. Satow）雙方所締結的條約。在此之前（1905 年），唐紹
儀被派往加爾各答，同印度當局進行條約交涉未果，次年遂於北京重新進行，
最終達成了此一協定。

15　英國外交部檔案 FO371/1326, 12818：《印度總督致電印度辦事處》，1912 年 3 月 23 日。
　　（FO371/1326, 12818: Viceroy of India to IO, tel., Mar. 23, 1912）

　　這次談判的爭論點就是"主權"和"宗主權"。加爾各答的交涉中斷，是因為唐紹儀仍然對英方承認清朝對西藏的"宗主權"提出異議[16]，並明確表示在"主權"這一點上無法讓步。重新進行的北京交涉也無法在這個問題上做出妥協，最終在條文中"主權"和"宗主權"均未有記錄在案。[17]換言之，雙方做出了模棱兩可的決斷。由此，英方根據自己所主張的"宗主權"觀點來解釋1906年協定，中方則理解成"主權"。朱爾典與顏惠慶在會談中出現的對立，其實早在1906年協定簽署時便已存在。

　　查辦西藏事件大臣張蔭棠的意見，代表了當時清朝的見解。張蔭棠輔佐唐紹儀致力於條約交涉，並且在1906年協定締結後不久，為了"善後"處理前往西藏。其謂：

> 西藏仰託我國庇下，深仁厚澤，二百餘年，其仇英之念極深。豈甘反面事英，降心以相從哉。蓋深怵英之勢力足以脅制全藏，而主國實有不能與抗之勢。……
>
> 西藏密通印度，邊患交涉，與各省不同，其危險情形，尤與上年不同。誠如當軸所謂："整頓西藏有刻不容緩"矣。惟"整頓西藏"非收政權不可，欲收政權，非用兵力不可。[18]

上述引文可見，"主國"實指清朝（中國），根據字眼意思則是擁有"主權"的國家。然而，具有"主權"的中國不具備對抗英國的實力，由此西藏離反，因而必須對西藏行使有效的"主權"，張蔭棠在末尾的結論中主張應該接收"政權"

16　參見英國外交部檔案FO17/1754：《印度總督致電倫敦辦事處（密）》，1905年4月26日。（FO17/1754: Viceroy of India to London Office, tel., Secret, Apr. 26, 1905）

17　參見呂秋文：《中英西藏交涉始末》，台北：成文出版社，1999年，第87—98頁；馮明珠：《近代中英西藏交涉與川藏邊情——從廓爾喀之役到華盛頓會議》，台北：國立故宮博物院，1996年，第157—168頁。

18　《清代藏事奏牘》，北京：中國藏學出版社，西藏學漢文文獻匯刻第3輯，1994年，下冊：《張蔭棠駐藏奏稿》，《致外部丞參函詳陳英謀藏陰謀及治藏政策》，光緒三十二年正月二十三日，第1305—1306頁。

而行使"兵力"。

由於張蔭棠的奏摺書於 1906 年協定談妥之前，所以清方（中方）在與英國交涉時，已經有這樣的認識。此模棱兩可的協定第二條對於中方而言，當從行使"主權"的見解來解釋，即顏惠慶與朱爾典會談時所提出的解釋。在 1906 年協定獲得國際承認之後，清朝開始對西藏採取積極的政策。

五、"主權"的起源

中國對西藏的"主權"究竟從何而來，將其否定的"宗主權"又為何？無疑地，二者皆在 1906 年協定的交涉過程中開始形成。

如前所述，1906 年協定是根據前一年於加爾各答交涉而成，此加爾各答交涉的起源可以追溯到 1904 年英國和西藏締結的拉薩條約。加爾各答會議召開的目的是為了抗議拉薩條約，因此，要想了解其經過，就得從拉薩條約説起。

拉薩條約乃 1904 年 9 月 7 日，奉英領印度總督寇松（George N. Curzon, Marquess Curzon of Kedleston）之命，遠征進攻拉薩的榮赫鵬（Francis E. Younghusband）同西藏代表直接簽訂。當時，清朝的駐藏大臣有泰仍在拉薩，簽訂時也在場。

對這次英藏條約交涉，清朝中央政府表示異議，外務部向有泰電示如下：

> 西藏為我屬地，光緒十六、十九兩次訂約，皆由中英兩國派員議訂。此次自應仍由中國與英國立約，督飭番眾，隨同畫押，不應由英國與番眾徑行立約，致失主權。開議之始，當以力爭主權，為緊要關鍵。[19]

總之，清朝認為英國同西藏直接締結條約以致喪失了"主權"。

雖然如此，這個"主權"與本文所説"主權"是否同義，有待研究。英方

19　俞冰、楊光輝編：《稿本有泰文集 —— 國家圖書館館藏》（全 10 冊），全國圖書館文獻縮微複製中心，2005 年，第 1 冊，第 221 頁：《外務部來電》（八月初四日）。

把上述電文作如下英文翻譯：

> Tibet is a dependency of China. The two Treaties concluded in 1890 and 1893 respectively were concluded between Great Britain and China after negotiations had been carried on by officers appointed by those countries. In the present instance the Treaty should be between Great Britain and China, and the Tibetan Government instructed to agree and sign.
>
> Great Britain should not conclude a Treaty direct with Tibet, as by that China loses her suzerainty, and that lost, her admonitions to the Tibetans will be no avail. This is the important idea throughout; explain this point carefully to the British official. […][20]

英方把"主權"譯成 suzerainty，其他的文書也作同樣翻譯。與其説是故意或是有目的的誤譯，不如説英方把"主權"此一漢語詞彙視同於"宗主權"，未必視為我們現在所理解的主權。

因此，可以説英方對此事並不重視，推論英方不明白清朝中央為何反對，進而不知所措，這種理解或許較為適切。於是，駐華公使薩道義在北京試探外務部，屢次與總理慶親王奕劻會晤。在 1904 年 9 月 23 日的會談中，有關拉薩條約的締結內容，雙方亦有所了解，對於重啓談判也達成了協議[21]，如此導致英方以為其所主張的"宗主權"大致被清方所接受。

然而 1904 年 11 月，被任命為全權代表與英國交涉的唐紹儀稱："宗主權（suzerainty）並非中國對西藏關係的正確表述，更為貼切的應該是主權

20　英國外交部檔案 FO17/1751：《外務部致電駐藏大臣》，1904 年 9 月 13 日收，引自《總督致電倫敦辦事處》，1904 年 9 月 29 日。（Wai-wu Pu to the Amban, tel. recd. Sept. 13, 1904, cited in Viceroy to London Office, tel., Sept. 24, 1904）

21　參見英國外交部檔案 FO17/1752：《薩道義致電蘭斯頓》，第 344 號，1904 年 9 月 29 日。（FO17/1752: Satow to Lansdowne, No. 344, Sept. 29, 1904） （sovereignty）"，次年在加爾各答會議的條約交涉中，他依舊提出"主權"概念，堅決反對英國與印度主張的"宗主權"。唐紹儀於加爾各答會議中送至外務部的書函云：

> 上國二字，英文係蘇索倫梯（suzerainty），譯言彼所管為屬國，而屬國自有治民之權也。若自認為上國，是將西藏推而遠之，等西藏於昔日之韓、越、球、緬也。主國二字，英文係撻付倫梯（sovereignty），譯言臣民推為極尊，歸其管轄而各事可定也，故必爭為主國，視西藏如行省，使主權勿外移也。[22]

不應稱為"上國（suzerainty）"的原因是，若將西藏等同於"屬國"，像朝鮮、越南、琉球以及緬甸等"屬國"那樣，可能會導致西藏歸於他國所有。對於西藏而言，"上國 suzerainty"有重複同樣失敗的可能性。為了防止這點，必須採用別的概念來結成新的關係。於是，唐紹儀提出"主國（sovereignty）"，明言"視西藏如行省"。之後，無論是張蔭棠還是趙爾豐，或是民國的顏惠慶和陸徵祥，都只是沿襲唐紹儀的概念。在唐紹儀之前，"主權"概念尚未被賦予具有實效的定義。

六、"主權"與"宗主權"

在前引的唐紹儀書信末處可以看出英方無意接納唐紹儀的"主權"概念，比如印度政府認為如果接受，將"重新設定中國之直接責任的想像（the fiction of Chinese direct responsibility），又將引起先前那樣不可避免的遠征"。[23]也就是

22　外務部檔案、西藏檔 02-16-001-06-61，光緒三十一年五月三十日外務部收唐紹儀函（台北：中研院近代研究所所藏）。

23　英國外交部檔案 FO17/1754：《總督致電倫敦辦事處》，1905 年 5 月 11 日。（FO17/1754: Viceroy to London Office, tel., May 11, 1905）

說，英方基本上認為北京同拉薩之間存在的關係是"想像"，所以"宗主權"這一字眼正是要表達這種關係。

這也是決定派遣榮赫鵬遠征的印度總督寇松的構思。雖然著名史料有所記載，但仍有待確認：

> 我們把清朝對西藏的宗主權看作政體上的想像（a constitutional fiction），無非就是為雙方提供方便而維持的政治作秀（a political affectation）。[24]

決意同西藏"直接"交涉，也出於這樣的考量。英方對其所考慮的"宗主權"概念及含義沒有明確定義，但始終反駁中方的說辭，原因是其本來就有"想像""作秀"等理解。換言之，英國政府認為北京政府對西藏既沒有保持像其他十八省那樣的"完全主權（full sovereignty）"，又未能如對新疆一樣施以"直接施政（direct administration）"；因此，西藏實際上擁有"事實上的獨立（practical independence）"地位。雖然英國曾試圖通過與北京政府交涉，欲藉此讓西藏遵守條約，但卻未果，這就促使英國直接與西藏交涉，並認為中國控制西藏的關係已蕩然無存。此即所謂"宗主權"的意思。[25]

清朝當局反對的原因，正在於這種"直接"交涉。但其反對的只是針對直接交涉行為。清政府在該時期所倡導的"主權"這個術語的語義，與英國設定的"宗主權"並不矛盾。

然而這一概念突然轉變成了反對"宗主權"本義的內容。那就是新的"主權"概念。"宗主權"概念在中國當時的譯文是"上國""上邦"，對方則是"屬國"，即與朝鮮和越南等國一樣。所以中方認為一旦接受"宗主權"概念，西藏

24　英國外交部檔案 FO17/1745：《印度政府致漢密爾頓》，1903 年 1 月 8 日。（FO17/1745: Government of India to Hamilton, Jan. 8, 1903）

25　參見英國外交部檔案 FO17/1752：《總督致電倫敦辦事處》，1904 年 9 月 29 日。（FO17/1752: Viceroy to London Office, tel., Sept. 29, 1904）

將脫離中國而落入列強之手。這種危機感也日益增長，並一直持續到民國。

以下一節摘自 9 月上旬外交部內部的說帖，其中討論了是否允許西藏與蒙古同英俄簽署新條約問題：

> 列強對於東方問題，咸持聯合並進之勢。使此次因英俄兩國之要求而允其立約，則日之於東三省、德之於山東、法之於雲貴，皆將援例要索。拒之則實力未充，從之則瓜分立見。不若虛與委蛇，徐為操縱。

由此可見，中方認為如果在交涉中輕易讓步，不僅西藏、蒙古會被奪走，連中國本身也會遭到擁有利權的列強的"瓜分"。當下唯有暫先雌伏，"俟我內政整理、國基鞏固之後，再計劃蒙藏，則完全主權，仍操決我"[26]，"主權"不能讓渡。

這種立場的根源在於隨着中國的愛國主義、民族主義而出現的"中國一體性"觀念。[27] 換句話說，當時中方認為，如果不保持這樣的"一體性"，"中國"將有分裂滅亡的危機。可以説這種觀念在中國面臨邊疆與外交的議題時體現出來，形成了否定"宗主權"的"主權"概念，導致從 1904 年拉薩條約到 1914 年西姆拉會議的歷程。

結束語

現從時間順序總結上述考察的史實經過：

1904 年榮赫鵬遠征西藏而簽訂的拉薩條約，基於北京政府和西藏之間"想像"的"宗主權"概念。北京政府當初並沒有對此概念提出異議，但是到同年 11 月末以前，中方提出了新的"主權"概念。這是為了把英方所稱的"宗主權"

26　外交部檔案、西藏檔、西藏議約案 03-28-003-01-011，外交部政務司說帖：《關於藏立約與不立約之利害》。

27　參見吉澤誠一郎：《愛國主義の創成 — ナショナリズムから近代中國をみる》（《愛國主義的創立 —— 從民族主义看近代中國》），東京：岩波書店，2003 年，第 87 — 92 頁。

（等同於朝鮮與越南等舊屬國的關係）加以否定，其內容是把西藏同列於中國十八省。此時，"宗主權"和"主權"的對立終究無法化解，1906年簽訂的清朝與英國的條約也沒有對此作出規定。但是清朝卻突然在政治和軍事上加強了對西藏的掌控，這是試圖將"主權"概念付諸實際行動。這一行動在辛亥革命以後，雖然程度有所不同，但依然持續着。

英國對此所有警覺，並於民國元年8月17日，向北京政府遞交了一篇"節略"，再次聲明英國承認中國對西藏的"宗主權"，這是為了否定北京政府彼時試圖主張的"主權"概念而提出的。時值俄蒙簽署協定，外蒙古的政治地位定為"自治"。北京政府日益陷入困局。第二年，民國政府在中俄聲明文件中認可對蒙古的"宗主權"，又在1914年的西姆拉會議上認可對西藏的"宗主權"，也就是不得不認同二者的"自治"，無法實現為否認"宗主權"而追求的"主權"。

然而，也不能斷言民國政府的企圖徹底失敗，以及"主權"被全面否定。外交部內部在1912年9月上旬，在討論反對英方提出的8月17日節略之時，提交了如下文書：

> 中國在西藏不僅有上邦之權，而實有其主權。光緒二年中英烟台條約另議專條、光緒十二年中英緬藏專約、光緒十六年中英哲孟雄西藏界約，英國均承認西藏為中國領土。光緒三十年榮赫鵬入藏、與藏人訂立英藏條約，明知此約無效，故於光緒三十二年，與中國訂立藏印條約，使批准前約，變無效為有效。中國在西藏之主權，或因此約受有限制，斷不能謂其主權因此約而變為上邦權，其領土變而為半獨立國也。[28]

意即中方認為：有關西藏的英國歷代條約無一例外，皆與清朝北京政府簽訂，這等於英國認同西藏為北京政府的"領土"，所以北京政府對西藏一貫擁有"主

28　外交部檔案、西藏檔、西藏議約案 03-28-003-01-016：《擬駁英政府西藏節略各條》。

權"。英國也非常清楚，直接與西藏簽訂的拉薩條約不具有效力，故簽署了1906 年協定。中方斷然不能讓英國把中國正當的"主權"轉換成"宗主權"，把中國正當的"領土"轉化成"半獨立國"。所謂"半獨立國"，必然等同於當時已經歸於列強的朝鮮和越南等"屬國"。

　　上文中值得注意的是"主權"與"領土"的對應關係，有"主權"才稱得上有"領土"，既然是"領土"就自然有"主權"。這種對應和互換就是貫徹論說的肯綮。[29]

　　如此一來，對於中國而言，中俄聲明文件和西姆拉會議，都沒有最終否定中國的"主權"。因為在二者的另件、文件中都記載着外蒙古和西藏屬於"中國領土的一部分"的主旨，所以正如廓索維慈所言，中方畢竟認為中國具有對外蒙古和西藏的"主權"。雖然二者皆規定"宗主權"和"自治"，但是"領土"卻也得以保留，這就含有"宗主權"理應否定"主權"的內涵，可謂二論並記。俄國和英國如何分辨這些微妙之處，此為一大疑問。後來，圍繞西藏與外蒙古的國際關係仍然很不穩定，屢次引起紛爭，上述歷史可謂其中一因。

29　關於"領土"概念的成立，參見拙文：《中國における"領土"概念の形成》（《"領土"概念在中國的形成》），載拙編《宗主權の世界史 —— 東西アジアの近代と翻訳概念》（《宗主權的世界史 —— 東西亞的近代與翻譯概念》），名古屋：名古屋大學出版會，2014 年，第 292 — 321 頁。

自我超越，大國擔當：

論蒙古在中國人自我意識發展中的新位置

◆ ［英］寶力格（Uradyn E. Bulag）

序言

任何一個現代民族國家的自我意識都是在歷史和特定的區域內萌發、形成，繼而裂變和發展，中國也不例外。然而每個民族或國家有自己的國情，歷史各異，所以其意識以及認同也各不相同。

中國的"大國崛起"話語是中國人自我意識發展的最新表現，它是這個國家生命過程中的一個重要轉折點，而任何一個轉折一般都需要用某種儀式來紀念。2015 年 9 月 3 日在天安門廣場舉行的紀念中國人民抗日戰爭暨世界反法西斯戰爭勝利七十週年盛大閱兵儀式，可以説是中國大國崛起的宣告。值得關注的是俄羅斯聯邦和蒙古兩國總統應邀參加了大會，兩國武裝力量方隊也參加了這次閱兵式。我認為中國邀請俄羅斯與蒙古國參加天安門的慶典，不僅僅是要表達自己的謝意（1945 年 8 月 9 — 10 日蘇聯與蒙古人民共和國向日本宣戰，兩國軍隊聯合挺進中國並消滅了日本關東軍），而且也是讓其見證自己的大國崛起。這個儀式也讓我們看到中國人自我意識發展的兩個層面：中國人的自我意識不僅是平行的與"他者"對照的"自我"，而且也是上下垂直有思想浮動的"主體"（subject）。今天的中國是告別了過去的迷茫、貧窮、受盡欺壓的歷史，一個自稱是恢復了"自信"和"尊嚴"的中國，而有意思的是這個新的中國意識又同時建立在與日本地位關係的改變上。我們看到在儀式中，中國領導人強調了中國人以最大的自我犧牲為世界和平做出了特殊貢獻。這表明自信的中國要以"道德主體"（ethical subject）的身份或形象走上世界舞台，並尋求其承認。

　　本文中，我所關心的是強調自身為世界和平做出貢獻的新的中國道德主體如何調適其相對於蒙古和俄羅斯的歷史地位和關係。我更關注"蒙古"在新的中國大國崛起話語中的位置，這個"蒙古"不僅包括獨立的蒙古國，還包括中國境內的內蒙古。我將說明中國新話語的核心（"和平貢獻論"）是中國大國擔當的"好"道德規範，但是作為區別於"他者"的區別記號（diacritical mark），它又是建立在歷史的對"內與外"的"屏蔽記憶"（screen memory）上的。因此，分析中國在國際舞台上的大國擔當表述，並將其與蒙古國以及內蒙古的話語進行比較，將有助於進一步理解中國人意識發展的新的族性及其道德性，以及可能給中國民族關係產生的新的影響。我們先看看蒙古國的情景。

蒙古國的"大國擔當"及其國際地位的變化

　　第二次世界大戰對每個國家來說都具有重大的意義，一定程度上重新塑造了這些國家的結構。二戰後的一個全球範圍的共識是，"法西斯"是全人類的公敵，二戰的勝利是世界反法西斯戰爭的全面勝利。但是戰後的一個重大發展是，勝利的同盟國分裂成兩個意識形態上的敵對陣營，進而打起了曠日持久的冷戰。[1]

　　我們知道歐洲很多國家每年在 5 月 8 日慶祝歐洲勝利日（Victory in Europe Day，簡稱 VE Day，或 V Day），而蘇聯為首的共產主義陣營則在 5 月 9 日慶

1　眾所周知，第二次世界大戰中世界各國分為兩個陣營：同盟國和軸心國，並以同盟國的完勝而告終。然而勝利後，同盟國內部又分裂出兩個陣營，即以美英為首的資本主義陣營和蘇聯為首的共產主義陣營。有趣的是，作為同盟國主要成員之一的中國分裂為中華人民共和國和"中華民國在台灣"，前者加入蘇聯陣營，後者加入美英陣營。在這個洗牌當中，德國被分裂為兩個國家，分屬兩個陣營，而日本跟隨了英美。更有趣的是社會主義陣營內部也分裂為蘇聯和中華人民共和國，勢不兩立，而蒙古人民共和國站在了蘇聯一方。所有這些構成了冷戰的動人但又危險的國際"關係"景觀。

祝勝利日（Soviet Victory Day）。冷戰中，雖然雙方沒有否認對方的功績，但是兩個陣營的矛盾除了意識形態的分歧還表現在誰對反法西斯戰爭"更有貢獻"的競爭上，這可能是每年歐美各國與蘇聯及其社會主義陣營國的慶祝搞得經久不衰的緣故。西方的慶典一般是各國各自作為公眾假日進行，而每年在莫斯科紅場上舉行的盛大慶典都是國際性的。因此，紅場上的慶祝具有雙重的競爭性質：一方面這是蘇聯陣營壓倒西方陣營的宣示，另一方面每個參加國也展示自己的功勞，從而使得自己的政權更加合法化。

第二次世界大戰給蒙古人民共和國（下文簡稱蒙古國）提供了建立國際地位的難得機會。蒙古國在二戰中有兩個戰場：西方和東方。在西方戰場上，它傾全國之力支援蘇聯的衛國戰爭；在東方戰場上，它與蘇聯一道直接參加抗擊日本的戰爭，先是於 1939 年在諾門罕／哈拉哈河戰役中保衛了自己和蘇聯，後來於 1945 年對日宣戰將日本關東軍打敗，解放了內蒙古和滿洲地區。每年的勝利慶祝日裏，蒙古國不僅慶祝它與蘇聯的"鋼鐵友誼"，更重要的是，通過強調自身在反法西斯戰爭中的貢獻，鞏固自身在社會主義陣營裏的地位。蘇聯和續後俄羅斯的每次勝利日慶典，蒙古國都會高規格參加。

在世界反法西斯戰爭中，蒙古國站在了勝利的一方，從而證明有民族的自主意識；蒙古國雖然小國寡民，但它並不是內向無為的，而是積極參與國際事務，對世界和平做出了貢獻。也正是在這個意義上，我們可以說日本對蒙古國的侵略，以及蒙古國的反法西斯立場和具體行動造就了蒙古國：（1）蒙古國的貢獻贏得了蘇聯的尊重；（2）蒙古國的貢獻迫使中華民國正式承認其獨立（1946 年 1 月）；（3）蒙古國最終成為聯合國成員（1961 年 10 月）。所有這些成就當然不是一日之功，蘇聯的幫助是關鍵，但是沒有蒙古國自身對世界局勢的把握也是不行的。我想強調的是：對世界反法西斯戰爭的貢獻是蒙古國得到中國承認其獨立的最大政治資本，也是其尋求國際承認，加入聯合國最主要的依據。

眾所周知，20 世紀初期蒙古國獨立的道路舉步維艱；當時世界列強對中國的態度很大程度上影響了清帝國向民族國家的轉型。作為世界上第一個"人民

共和國"的蒙古國，其國際地位並不高於日本支持的滿洲國；[2] 1924 年建國到
1945 年間，蒙古國的支持者只有蘇聯一國，而蘇聯與中華民國的條約仍將中國
認作蒙古國的主權擁有國。[3] 然而，日本對中國的干涉與佔領，以及對蒙古國領土
的窺覬，改變了蒙古國的地緣政治，給它的獨立提供了國際政治條件。

　　1932 年日本建立滿洲國，內蒙古的大片土地也淪為日本的殖民地。但這
個殖民地是共謀的；面對國民黨對邊疆地區的武力移民實邊，以及取締民族行
政建制，內蒙古的很多民族主義者寄望依仗日本的力量獲得獨立或自治於中華
民國。同時，日本對滿洲和內蒙古東部地區的佔領以及內蒙古中部地區的自治
運動對蒙古國也產生了重大影響：蒙古國內受到共產主義意識形態打擊的僧侶
集團大舉反叛，很多人認為日本會成為他們的救星。[4] 日本的泛亞主義對飽受蘇
聯壓制的蒙古國人來說也是很有魅力的。因此，1930 年代蘇聯對蒙古國的清
洗，很大原因是擔心蒙古人會站在日本一邊。[5] 在這三角關係中，一個弱者受到
第三方的青睞後，第二方看到了其價值，對其刮目相待。換句話說，日本對蒙
古國的拉攏直接導致蒙古國在蘇聯人眼裏的魅力。結果，1934 年 11 月蘇蒙建
立軍事同盟，1936 年 3 月簽訂《蘇蒙互助議定書》，發展成兩國的"鋼鐵友

2　先後有二十三個國家承認滿洲國獨立，包括蘇聯。參見唐元鵬：《當年都有誰承認過"偽滿洲
　　國"？》，人民網 [微博]，2015 年 3 月 18 日，http://history.people.com.cn/n/2015/0318/c372327-
　　26713474.html，網頁訪問時間：2016 年 5 月 8 日。1941 年 4 月 13 日簽訂的《蘇日中立條約》所
　　附的宣言中指出："按照 1941 年 4 月 13 日蘇聯和日本所簽訂的中立條約的精神，並為了保證兩國
　　的和平和友好發展的利益，蘇聯政府和日本政府莊嚴地聲明，蘇聯保證尊重滿洲國的領土完整和
　　不可侵犯，日本保證尊重蒙古人民共和國的領土完整和不可侵犯。"該條約雖然沒有提及俄羅斯
　　和日本承認蒙古人民共和國的主權，但是在中華民國看來兩國已經"事實上"上承認了。參見李
　　嘉穀：《〈蘇日中立條約〉簽訂的國際背景及其對中蘇關係的影響》，載《世界歷史》2002 年第 4
　　期，第 79 — 88 頁。

3　參見《中俄解決懸案大綱協定》（1924 年 5 月 31 日），載呂一燃編《北洋政府時期的蒙古地區歷
　　史資料》，哈爾濱：黑龍江教育出版社，2014 年，第 524 — 526 頁。

4　參見茲那米達：《香巴拉之戰》，烏蘭巴托：Haitan，2016 年。（Banzain Zinamidar, *Shambalin dain*,
　　Ulaanbaatar: Haitan, 2016）

5　參見聖迭戈、肯德爾：《毒劍：史達林 — 喬巴山的蒙古屠殺（1921 — 1941）》，博爾德：
　　Westview Press，2000 年。（Shagdariin Sandag and Harry H. Kendall, *Poisoned Arrows: The Stalin-
　　Choibalsan Mongolian Massacres, 1921 — 1941*, Boulder: Westview Press, 2000）

誼"。[6] 日本關東軍在 1939 年針對蘇聯和蒙古國發動的諾門罕戰爭，以及蒙古國堅定的抗日立場無疑拯救了蒙古國。這一戰爭促使蒙古國發揚全民保家衛國的精神。"祖國"（eh oron）從此成了蒙古人民共和國最關鍵的詞彙之一。[7]

這裏，我在説明蒙古國正式獨立的國際地緣以及三角關係的同時，要提出一個關鍵概念，即"貢獻"。貢獻是一種物質付出或花費，但是我們必須將其放在關係當中才能理解其意義。在與蘇聯和日本的三角關係中，蒙古國堅定地站在蘇聯一方，並在蘇聯的衛國戰爭中傾全國力量進行支援，這是一種貢獻。在人際和國際關係中，物質貢獻往往有其政治性，也有其道德性。物質貢獻使得受惠方處在欠債狀態，從而換來政治或道德地位的提升。[8] 因此，蒙古國的國際地位的提高是與其付出成正比的。更為關鍵的是，蒙古國站在了正義一邊，即它所鬥爭的對象不僅是其私敵與蘇聯的敵人，也是世界公敵 —— 法西斯主義。也正由於其對抗擊日本法西斯的貢獻，對蘇聯衛國戰爭的貢獻，對世界和平的貢獻，蒙古國才贏得了世界的尊重。

戰後中國的和平話語以及民族格局

第二次世界大戰，尤其是日本在亞洲的戰爭，不僅造就了蒙古國，也造就

6　參見劉曉原：《解放的把控：蒙古獨立、中國領土與大國霸權的纏鬥史（1911 — 1950）》，斯坦福：Stanford University Press，2006 年（Liu Xiaoyuan, *Reins of Liberation: An Entangled History of Mongolian Independence, Chinese Territoriality and Great Power Hegemony, 1911 — 1950*, Stanford: Stanford University Press, 2006）；巴特巴亞爾：《日本的威脅與史達林的外蒙政策（1932 — 1939）》，載納蘭格雅、克里布編《日本帝國與東亞的國族認同（1895 — 1945）》，倫敦：Routledge Curzon，2003 年（Tsedendambyn Batbayar, "The Japanese Threat and Stalin's Policies towards Outer Mongolia (1932 — 1939)," in: Li Narangoa and Robert Cribb (Eds.), *Imperial Japan and National Identities in Asia, 1895 — 1945*, London: Routledge Curzon, 2003）。

7　參見寶力格：《諾門罕事件與俄蒙中邊界友誼的政治》，載《亞洲太平洋月刊》第 7 卷第 48 期（2009 年 11 月 30 日）。（Uradyn E. Bulag, "The Nomonhan Incident and the Politics of Friendship on the Russia-Mongolia-China Border," in: *The Asia-Pacific Journal*, Vol. 5, No. 48, 30 November 2009 —— 網路版見：http://apjjf.org/-Uradyn-E.-Bulag/3263/article.html，網頁訪問日期：2015 年 12 月 4 日）

8　參見莫斯：《禮物：古式社會中交換的形式與理由》，倫敦：Routledge，2001 年。（Marcel Mauss, *The Gift: Forms and Functions of Exchange in Archaic Societies*, London: Routledge, 2001）

了新中國，很多亞洲國家也莫不是如此。毛澤東多次辨證地説，沒有日本的侵略就不可能有中國共產黨的發展壯大，打敗國民黨，從而贏得天下，所以毛澤東説要"感謝"日本。[9] 當然，這並不意味着不譴責日本侵略者的殘暴行徑；日本侵略對中國的傷害是有目共睹的。其實，中國對日本侵略的表述有其階段性。

我們知道，鴉片的輸入，西方列强强加給中國的不公平條約，日本的侵略，都是因為中國的貧困落後，從而構成近代中國的民族屈辱史。不過，1980年代以前中國的話語是在"階級 — 民族"（class nation）框架中表述的；因此，所謂全國人民一致對外，主要指共產黨如何英勇抗敵，而國民黨被譴責為腐敗、投降、不抵抗。換言之，以往中國共產黨將自己的合法性建立在獨自抗日的壯舉上，否認國民黨的抗戰功績。將日本指斥為軍國法西斯，國民黨為反動派、漢奸、賣國賊，後者甚至在某種意義上比日本更壞、更可恨。所有這些都表明共產黨政權同時尋求其國際和國內的合法性，而國內的合法性（即人民的支持）尤為重要。

中國共產黨在抗日戰爭中追求國內合法性，這對中國的民族關係產生了結構性的、某種程度上也是正面的影響。內蒙古的命運與此有直接關係。與日本合作的蒙古人都被國民黨定性為"漢奸"而非"蒙奸"，否認了他們的族屬特殊性。[10] 隨着日本的戰敗和中國的戰勝，更由於蒙古國通過放棄內蒙古而獲得中國承認的正式獨立，內蒙古成了雙重"棄兒"，先是被日本丟棄，後被蒙古國放棄。幸好有一部分抗日的蒙古族共產黨人與抗日的蒙古國和抗日的中國是同盟，並且在中共與國民黨的內戰中站在前者一邊；他們挽救了內蒙古，並從中共那裏換得了自治[11]，從而使其避免了像滿洲國、汪精衛政權，或台灣那樣被國

9　參見中華人民共和國外交部、中共中央文獻研究室合編：《毛澤東外交文選》，北京：中央文獻出版社，1994 年。

10　參見寶力格：《友誼、背信與合作的民族主義》，載布拉格《合作的民族主義：中國蒙古邊疆友誼的政治》，蘭納姆：Rowman and Littlefield，2010 年。（Uradyn E. Bulag, "Friendship, Treason, and Collaborative Nationalism," in: *Collaborative Nationalism: The Politics of Friendship on China's Mongolian Frontier*, Lanham, MD: Rowman and Littlefield, 2010）

11　1947 年 5 月 1 日成立的內蒙古自治政府，是在中國共產黨沒有奪取國家政權前得到它的支持而成立。它是在三角權利博弈關係中建立的，而不是基於國家憲政理念上的自治。

民政府清洗。換句話説，內蒙古自治區的成立與蒙古族共產黨人對中國共產黨的貢獻及其話語密不可分，這也是為甚麼內蒙古自治區的創始人烏蘭夫強調少數民族是中華人民共和國之共同締造者的根本原因所在。[12] 我們可以看出，蒙古國和內蒙古自治區都是在三角關係中，通過強調自身在二次大戰中對蘇聯或中國的貢獻來換得國家的獨立或民族自治的。

1978 年改革開放以來，中國越來越注意自己在國際上的話語權。為了贏得好的國際環境，中國採取了多方面的策略，在國際上韜光養晦，將自己定位為"發展中國家"，並堅持改革開放。

然而，隨着經濟總量的增長，中國受到了國際上的壓力，要求它有更多的國際擔當，而不是總是藉口自己是發展中國家而不付出。我認為國際上的雙重（相互矛盾的）壓力，即意識形態的壓力（目的是要改變中國的政權性質）和要求國際擔當的壓力（實質上承認中共的合法性，或忽略其政權性質），迫使中國做出回應，強調自己對世界的貢獻。當然，中國一直在強調中國的四大發明對世界文明的貢獻，從而證明全世界近代發展的源泉在中國。但中國不能總是"吃老本"，必須有新的貢獻。

中國的回應是多方面的，它對很多國家和地區做了大量援助或投資，同時在輿論上反擊國際社會對它的責備。西方對中國的責難，主要是"中國威脅論"，即最大的共產主義國家本身就是對世界和平的威脅，更何況中國是個擁有核武的國家。這時，我們開始聽到中國為自己辯護，説歷史上中國總是被侵略，中國從來沒有侵略過任何一個國家。日本的侵華戰爭成為中國證明自身熱愛和平、沒有侵略性的最好證據。換句話説，"去"中國威脅論的需要，使得中國強調其自身受到傷害的歷史。這個新的抗戰話語改變了對國共關係的表述，而這一改變對內蒙古的影響至關重大。和以往不同的是，共產黨雖然還在強調其在抗戰中的"中流砥柱"作用，但它開始承認國民黨的貢獻，強調全民抗戰

12　參見寶力格：《中國邊上的蒙古：民族團結的歷史與政治》，蘭納姆：Rowman and Littlefield，
　　2002 年。（Uradyn E. Bulag, *The Mongols at China's Edge: History and the Politics of National Unity*,
　　Lanham, MD: Rowman and Littlefield, 2002）

以及與國民黨的聯合戰線。這一轉變意味着書寫歷史時，內蒙古的漢人軍閥與國民黨的抗戰得到全面承認和強調。然而問題的關鍵是，內蒙古的自治格局是蒙古族共產黨人以其抗日和反對國民黨的貢獻資本換回來的。於是，在新的國共抗日統一戰線上，蒙古族共產黨人的政治資本被邊緣化，從而削弱、瓦解了內蒙古自治的政治基礎。這迫使內蒙古的蒙漢學者在書寫內蒙古抗戰史時的競爭。為了不被進一步邊緣化，內蒙古蒙古族人寫的抗戰史開始大力批判日本近代對內蒙古蒙古人的影響，不再譴責國民黨大漢族主義對蒙古人的壓迫。這樣一來，抗日成為蒙漢友誼、民族團結的重要基礎。[13]

　　中國的和平話語無疑暴露出中國民族結構的脆弱性：一方面強調大家都是中華民族的成員，不要分彼此；另一方面，國家理念越來越以漢族為中心。標榜中國歷史上熱愛和平，從未侵略過任何國家，意味着從情感上不承認蒙古人建立的蒙元、滿人建立的清朝是中國的朝代。可是，中國的主流媒體又將元朝和清朝確立為中國的盛世。這一內在矛盾表明，中國的國際理念依託於歷史上內亞與中原相爭的歷史記憶，意味着熱愛和平的中國人的漢族性。以往的敵人 —— 蒙古人和滿洲人 —— 已經成了國內兄弟民族，所以不便在國際舞台上訴說如何被"自家兄弟"欺負，因此，中國的和平形象與被欺辱的歷史只能在近代史中尋找。又因為中國的國際合法性主要依靠歐美的承認，中國也就不宜過多晾曬被西方欺辱的傷痕；而中國人對於日本的侵略記憶猶新，日本也就自然成了最兇惡的敵人，以映襯自己熱愛和平。在國際上敲打日本的方便之處，在於日本曾經是美英為主的同盟國的敵人，並有二戰中虐待歐美戰俘的前科。[14]

13　參見寶力格：《渴望友誼：少數民族革命史中的政治》，載布拉格《合作的民族主義：中國蒙古邊疆友誼的政治》，蘭納姆：Rowman and Littlefield，2010 年。（Uradyn E. Bulag, "Yearning for Friendship: The Political in Minority Revolutionary History," in E. Bulag, *Collaborative Nationalism: The Politics of Friendship on China's Mongolian Frontier*, Lanham, MD: Rowman and Littlefield, 2010）

14　參見費爾頓：《魔鬼的醫生：日本戰時對盟軍戰俘的人體實驗》，巴恩斯利：Pen & Sword Books，2012 年。（Mark Felton, *The Devil's Doctors: Japanese Human Experiments on Allied Prisoners of War*, Barnsley: Pen & Sword Books, 2012）

因此，新的中國和平話語便翻來覆去地強調日本法西斯的邪惡性、殘酷性和國際性；在這種表述中，中國所蒙受的災難與日本的殘酷成了正比，日本法西斯的世界性印證着中國反法西斯的世界性貢獻。可以說，"和平"與"貢獻"話語成為現今中國在國際尋求合法性和被承認的基礎。我們注意到新近中國抗戰話語有如下表述：

一、日本早於二戰發動對華戰爭，也晚於歐洲結束戰爭。

二、中國是日本侵略的主要國家，也是第二次世界大戰在東方的主要戰場。

三、中國在 1941 年美國介入之前獨自與日本戰鬥，並將日本的力量消耗在中國，從而使得西方能够集中力量打擊希特勒。沒有中國的抗戰，歐洲戰場的勝利不可能那麼早。

四、正因為中國獨自承擔了抗日重任，中國承受了最大的犧牲，死傷三千五百萬人，多於蘇聯的兩千七百萬。[15]

這樣的表述始於 1995 年的紀念抗戰五十週年。不同於以往的是近年來在"中國人民抗日戰爭勝利"這個表述上增加了"暨世界反法西斯戰爭勝利"，這便賦予中國的抗日戰爭以特殊性和普遍性，使之成為世界反法西斯戰爭的重要組成部分，中國從而"為世界反法西斯戰爭的勝利做出了巨大貢獻"。

以往紀念抗戰的規模比較小，從來沒有在天安門廣場舉辦過。然而，俄羅斯於 2015 年 5 月 9 日在紅場舉行歷史上最大規模的國際慶祝儀式[16]，中國隨即決

15　八集大型紀錄片《東方主戰場》，http://tv.cntv.cn/videoset/VSET100242961348，網頁訪問日期：2017 年 12 月 15 日。新華網專題報導系列：《中國貢獻：紀念世界反法西斯戰爭勝利 70 週年》，http://www.xinhuanet.com/world/kzsl70/sjffxs/zggx.htm，網頁訪問日期：2017 年 12 月 15 日。

16　蘇聯解體後，勝利日在俄羅斯一度停止紀念。普京上台後推動愛國主義，於 2005 年勝利日六十週年之際舉行了盛大慶典。參見洛克梅爾、普羅凱夫斯卡、澤爾克：《慶典、紀念日與相關儀式：蘇聯經驗及其轉換與當代俄羅斯、拉脫維亞的勝利日慶典》，載木茲尼克斯編《拉脫維亞 — 俄羅斯關係中的地理政治史》，里加：Academic Press of the University of Latvia，2011 年。（K. Lo mele, O. Procevska and V. Zel e, "Celebrations, Commemorative Dates and Related Rituals: Soviet Experience, its Transformation and Contemporary Victory Day Celebrations in Russia and Latvia," in: *The Geopolitics of History in Latvian-Russian Relations*, ed. by N. Muižnieks, Riga: Academic Press of the University of Latvia, 2011）

定於同年 9 月 3 日在天安門舉行慶祝儀式，邀請眾多國家元首參加，將中國放在世界反法西斯戰爭的核心位置上。值得注意的是，俄羅斯和中國通過慶祝各自對反法西斯戰爭的貢獻，宣示自己的和平主義，同時亮出新型武器，表示不怕西方的挑釁。還當指出的是，這次慶祝儀式不僅效仿俄羅斯，還有與其競爭的成分。通過這次慶典，中國成功地將自己對世界反法西斯戰爭的貢獻搬上世界舞台，向全世界宣告中國的大國身份。

蒙古國的貢獻論及其新的外交理念

蒙古國總統額勒貝格道爾吉（Ts. Elbegdorj）2015 年參加了紅場和天安門兩場儀式。訪問期間，他給俄羅斯總統普京和中國國家主席習近平各送了一本不同的書。給前者的書名是《蒙古人民：一切為了前線，一切為了勝利》[17]，作者根據原始檔案裏的圖片和數據，一一列出蒙古國給蘇聯前線的所有支援。給後者的書名是《解放戰爭時期的蒙古國：1945》[18]，主要記述蒙古國軍對日宣戰，解放內蒙古和滿洲的過程。我現在對兩本書的內容稍做分析。我所感興趣的是，如果蒙古以往是以抵抗法西斯的功德而贏得國際承認，冷戰後的蒙古國又如何表述其反法西斯精神？

我們知道，冷戰後的蒙古是民主國家，其外交理念發生了深刻的變化，其合法性建立在地緣政治現實主義以及新的意識形態追求上。換句話説，蒙古國的外交政策建立在俄中兩國之永久的地緣鄰國基礎上，但不依賴一方制衡另外一方。同時作為民主國家，蒙古國又將沒有地緣關係的民主國家當作 "第三鄰

17　楚侖編：《蒙古人民：一切為了前線，一切為了勝利》，烏蘭巴托：Admon，2015 年。（*Mongolyn ard tümen: Bühniig ftontod, bügdiig yalatyn tölöö*, ed. by Sampildondov Chuluun, Ulaanbaatar: Admon, 2015）

18　楚侖編：《解放戰爭時期的蒙古國：1945》，烏蘭巴托：Admon，2015 年。（*Mongol uls chölöölöh daind – 1945*, ed. by Sampildondov Chuluun, Ulaanbaatar: Admon, 2015）

國"。[19]民主是其價值標準，也是其國際合法性的基礎。有意思的是，往日的敵人——歐洲的軸心國德國和亞洲的軸心國日本，卻成了蒙古在歐洲和亞洲最好的友邦。若説俄羅斯和中國高調慶祝反法西斯的勝利，在於它們與德國和日本有世仇，並有價值觀上的嚴重分歧，那麼蒙古國有甚麼必要湊這個熱鬧？蒙古國以往是以反法西斯而換得國際承認，那它現在到俄羅斯和中國如何批判今日好友德國和日本？蒙古國的地緣政治決定了蒙古必須面對俄中兩國，與兩國搞好關係，同時也要堅守自己的民主價值觀。

這兩本書雖然視法西斯為世界公敵，同時強調蒙古國在反法西斯戰爭中為世界和平做出的貢獻，但與以往不同的是第一次系統羅列了其對蘇聯（或俄羅斯）衛國戰爭的貢獻以及對解放中國的貢獻和幫助。書中看不到以往對德國或日本的醜化，法西斯被抽象化了。相反，蒙古國似乎在提醒俄羅斯和中國，他們今天的地位的建立是有蒙古國的貢獻的。

冷戰結束以後很長一段時間，俄羅斯自顧不暇，似乎忘記了蒙古國的存在。蒙古國和俄羅斯就蘇聯時期的債務問題糾纏很久。俄羅斯認為自己是蘇聯的繼承國，所以要求蒙古國償還一百億美元的債務，而蒙古國則不承認俄羅斯對蘇聯債務的繼承權，同時強調蘇聯對蒙古國的殖民剝削。的確，蒙古國有意疏遠俄羅斯，更願意與西方和日本交往。同時，儘管失去蘇聯（俄羅斯）保護的蒙古國對中國有很深的恐懼感，但卻越來越靠近中國，其經濟全面受到中國的影響。隨着蒙古國礦產業的興起，中國和西方開始了對蒙古的爭奪戰；正是這個時候，俄羅斯又返回蒙古國。2009 年，俄羅斯總統、總理和議會議長訪問蒙古國，普京來時更是參加了哈拉哈河戰役勝利七十週年紀念活動，重新強調

19　參見寶力格：《鄰邦的世界共同體形成中：資源世界主義與蒙古的"第三鄰國"外交》，載薩克瑟、張娟編《穿越中國國境的周邊交往藝術》，阿姆斯特丹：Amsterdam University Press，2017 年，第 121 — 144 頁。（Uradyn E. Bulag, "A World Community of Neighbours in the Making: Resource Cosmopolitics and Mongolia's 'Third Neighbour' Diplomacy," in: *The Art of Neighbouring Making Relations Across China's Borders*, ed. by Martin Saxer and Juan Zhang, Amsterdam University Press, 2017, pp. 121-144）

俄蒙友誼，當然也提醒蒙古國，俄羅斯才是其最強有力的保護者。[20]

與俄羅斯恢復記憶相反，中國好像失憶了，忘記了傳統的中蒙友誼。中蘇蒙冷戰前，中國常常感謝蒙古國向日本宣戰並出兵援助中國。[21]那時，中國對蒙古的態度是很謙恭的，常為中國歷史上欺壓剝削蒙古人而道歉，說欠了債。因此，冷戰前的中蒙友誼的基礎是中國對蒙古的雙重"負債"，一是歷史上漢人（旅蒙商）對蒙古人的剝削，一是蒙古國對解放中國的幫助。然而，冷戰期間中國同蘇蒙對罵，有時甚至武力相向，中國常常批判蘇聯對蒙古國的殖民，蘇蒙則譴責毛主義對蒙古國主權的覬覦。在這相互謾罵的過程中，蒙古國忘記了中國在 1950 年代的援助，中國則忘記了蒙古國對解放中國的貢獻。冷戰結束後，隨着蒙古國經濟對中國依賴的加深，蒙古國對中國負債累累。

所以，作為蒙古國國禮的兩本書的意義，不在於表述對世界反法西斯戰爭的貢獻，而是強調蒙古國對俄羅斯和中國的傾國援助；它要解決的問題是，如何處理兩個鄰國通過債權關係對蒙古的控制。

今天的中國忘記了一百五十萬蘇蒙聯軍打敗關東軍，忘記了美國消滅日本海軍。正因如此，天安門廣場的慶典似乎沒有太多的感恩表現，普京和額勒貝格道爾吉在天安門城樓的位置並不顯著，俄羅斯軍和蒙古軍的儀仗方隊和其他國家的沒甚麼區別。正是這個態度讓我們看到蒙古國國禮的意義，它似乎在提醒中國，中國的解放不是單靠自身的力量，蒙古國對中國解放的貢獻也不是能用金錢衡量的。同樣，俄羅斯仍然強調它是怎樣打敗德國納粹解放了歐洲，如何打敗日本挽救了蒙古國。蒙古國的國禮賬書在提醒俄羅斯，蒙古國其實並不欠俄羅斯，蒙古在俄羅斯最危難的時刻傾全國之力支援了紅軍在西線的戰鬥，

20　參見寶力格：《諾門罕事件與俄蒙中邊界友誼的政治》，載《亞洲太平洋月刊》第 7 卷第 48 期（2009年 11 月 30 日）。

21　參見胡塞爾：《1945 年蒙古人民共和國的對中援助及其歷史評價》，載《關口全球研究會報告》（第0024 號），東京：關口全球研究會（SGRA），2004 年。（フスレ："1945 年のモンゴル人民共和國の中國に する援助：その評 の歷史，" in: SGRA レポート, No. 0024, Tokyo: Sekiguchi Global Research Association (SGRA), 2004。網路版見：http://www.aisf.or.jp/sgra/wp-content/themes/sgra_japanese/uploads/member/history/report/SGRAreport24.pdf，網頁訪問日期：2016 年 8 月 3 日）

保衛了蘇聯。在這一次感恩戰中，蒙古巧妙地避免了自身的尷尬。蒙古國雖然高調參加了俄羅斯和中國的反法西斯慶典，但是並沒有因此與德國或日本撕破臉，保存了自己的國際生存空間。

貢獻與和平

本文談的一個核心問題是中國抗日表述的變化以及中國人新的道德主體的發展。隨着中國大國情節的增強，國際上的壓力也越來越大，希望看到與其地位相稱的擔當。因此，中國的抗戰表述從國內轉向國際，將抗日戰爭提升到世界反法西斯戰爭的地位，將中國戰場說成東方主戰場，把以美國為主的太平洋戰場看作次要戰場。在這類表述中，中國從一個二戰中受到國際援助的弱國一躍成為世界大國，為世界和平做出了比任何國家更大的犧牲以及貢獻。我同時談到蒙古國關於對日戰爭的表述變化，蒙古的表述也是強調自身對蘇聯和中國的貢獻，通過與俄中兩國"算賬"來提高其國際地位。

我談到中蒙兩國的抗日表述的核心是"貢獻"。從人類學的角度來講，貢獻是一種禮物，但是正如莫斯（Marcel Mauss）所講，禮物是社會凝聚的動力。禮物的特點是它必須回贈；而禮物及其回贈大小的不同，會導致人與人之間地位的變化。一般來說，饋贈大的一方會佔據更高的社會地位，給對方造成壓力，如果對方無力回贈就處於欠債狀態。因此，我認為中國和蒙古國以及內蒙古的貢獻都是一種社會政治，或國際關係的博弈。

與通過慷慨饋贈而獲取聲望的"誇富宴"（potlatch）相似，反法西斯的"貢獻"表述是在三角或多元結構中進行的，其目的是為了在多元國際社會中獲得自身存在的合法性。當其中的一方是雙方或多方的共同敵人時，在打敗敵人的過程中出力多的一方會強調自己的貢獻，從而在新的秩序中獲得霸主地位。並且，貢獻的大小往往與敵人的強大和兇惡程度成正比，敵人越是強大或兇惡，自身越是受到傷害、犧牲越大，其英勇程度和勝利程度就越高，因此也要求對其有更高的承認和尊重。我們可以看出中國國際地位的提高及其大國擔當的表述升級，它所受的災難程度也越大了，從國民黨政府承認的幾百萬到了三千五百萬。[22]

如上所述，貢獻話語系統是一種提高自身地位的工具。阿根廷理論家拉克勞（Ernesto Laclau）在其《民粹主義理性》[23] 一書中講述移民獲得公民權的途徑是一種貢獻與權利的交換。移民開始時對收留國感激不盡，沒有任何要求，但是隨着納稅的增加，他開始要求相應的政治權利，將自己看作這個政治社區的合法成員，接受他的社區反而欠他東西了。同樣地，我們知道毛澤東 1950 年代說過，"第二次世界大戰中我們是一個支隊，不是主力軍"[24]。他承認中國是個貧弱國家，不能獨自打敗日本。然而今天的中國很少提到當時的國際援助，而是強調自己對世界和平的貢獻，沒有中國拖住日本，沒有中國消耗日本的主力，西方不可能打敗德國。

西方霸權以及前蘇聯的霸權，建立在對世界和平的貢獻表述上；今天中國強調自身對世界和平的貢獻，自然是在反西方霸權，建立自己的地位。中國做法的魅力在於打破西方為主的二戰後世界格局。然而有所不同的是，西方的霸權得到戰敗國德國和日本的承認，西方的勝利日都由戰勝國和戰敗國共同參加，共同反思戰爭的災難。蘇聯及其繼承者俄羅斯以及中國，則將慶典當作大批判會，將歷史當作武器，要將對方永遠釘在歷史的恥辱柱上。這種基於傳統"訴苦"的做法的負面效果是有目共睹的。[25]

22　國共兩黨近年來也通過比較陣亡將領人數來比哪個黨是抗日的中流砥柱。國民黨這方面明顯佔優勢。參見史不平：《國共恩怨》，台北：哈耶出版社，2015 年。

23　拉克勞：《民粹主義理性》，倫敦：Verso，2005 年。（Ernesto Laclau, *On Populist Reason*, London: Verso, 2005）

24　毛澤東：《吸取歷史教訓，反對大國沙文主義》（1956 年 9 月 24 日），載《毛澤東文集》第七卷，北京：人民出版社，1999 年，第 119 — 130 頁。網路版見：http://cpc.people.com.cn/ GB/64184/64185/189967/11568243.html，網頁訪問日期：2016 年 8 月 3 日。

25　參見寶力格：《底層能否不說話？紅色中國的口述史制度研究》，載寶力格、卡普倫斯基、小長谷有紀編《亞洲內陸》（口述史特刊）第 12 卷第 1 期（2010），第 95 — 111 頁（Uradyn E. Bulag, "Can the Subalterns Not Speak? On the Regime of Oral History in Socialist China," in: Uradyn Bulag, Christopher Kaplonski and Yuki Konagaya (Eds.), *Inner Asia* (special issue on Oral History), Vol. 12, No. 1〔2010〕, pp. 95-111）；李里峰：《土改中的訴苦：一種民眾動員技術的微觀分析》，載《南京大學學報（哲學·人文科學·社會科學版）》2007 年第 5 期，第 97 — 109 頁。

如上所述，宣揚中國對世界和平的貢獻，也是對中國威脅論的駁斥；在這個思維中，中國強調自己歷來都是熱愛和平的，從未侵略過任何外國，而是經常受到外國侵略。可是，這樣的國家觀充滿矛盾。在處理國內問題上，有些主流學者將蒙元和滿清視為中國朝代，漢人與蒙古人、滿洲人的矛盾是國內兄弟民族之間的矛盾，不能視為正義與非正義，而被認定為一種不打不成交、民族融合的機制。滿人建立的清朝被西方列強欺辱，成為中國的民族恥辱。而當"和平"成為中國與世界交往的主要話語時，人們又不知不覺中啓動漢人與非漢王朝之間幾千年的話語。在這個話語中，日本是中國與外敵相爭幾千年中的最近外敵。然而，歷史上的日本仰慕中華，而近代日本脫離中華圈後，改變中華秩序，將中國邊緣化。在"中國人"看來，亡國並不可怕，可怕的是中華中心的垮塌。因此，日本人比匈奴、蒙古、滿洲更可恨，後者雖然打敗了漢人王朝，卻被漢人文化反征服了。也正出於這個原因，外蒙古的獨立總被認為是俄羅斯的蠱惑，而不是出於蒙古人的自主性。因此，這個新的道德主體"中國人"，肯定具有強烈的"漢族性"。

今天，中國的抗日話語變成了中國維護世界和平的話語，用於在世界上塑造自己的"和平"形象。但是，如果這個"和平"身份無法拋開歷史上漢人與遊牧人相爭的記憶，那麼，歷史記憶是否會讓中國民族主義感到"尷尬"？赫茲菲爾德（Michael Herzfeld）曾提出一個很有意思的理論，說民族國家會將國內的一些事情當作內部的親近（intimacy），而這種幸福感往往建立在不平等的基礎上，比如丈夫對妻子的家暴，國家對少數民族的欺壓會被描繪成家庭內部夫妻間打是親罵是愛，甚至是民族間的團結友愛。一旦被外界知道，這些"親近"則會造成家庭或國家的尷尬。[26] 我認為中國在國際上追求自己的和平形象，可能會改變現今民族主義的內外廉恥感，從而改變中國的民族關係。換言之，如果以往中國民族主義的表現是強調少數民族是國內民族，因此要打擊少數民族中

26　參見赫茨菲爾德：《文化親緣：民族國家的社會詩學》，紐約、倫敦：Routledge，2004 年。（Michael Herzfeld, *Cultural Intimacy: Social Poetics in the Nation-state*, New York and London: Routledge, 2004）

的分裂主義，教導他們要愛國，那麼，今日中國對和平形象的追求，可能會重
啓漢人與遊牧人之間的歷史界線，從而恢復傳統的內外觀。這是因為中國的 "和
平" 並不是 "無為" 的，而是對新的世界秩序的 "貢獻"。而中國現在的作為是
要全世界的人都知道並記住中國的貢獻。這個價值觀已經成為中國歷史記憶的
基礎。

結論："創傷" 的普世價值、記憶遺產以及未來的中國民族關係

卡露絲（Cathy Caruth）曾經講述，"在大災難時代，創傷本身給不同的文
化之間提供了連接"[27]。正是創傷的跨文化性，導致西方人對人權的關注；在這一
理念下，給人類造成傷害的制度或政權被認為是非人道的。其實，西方對創傷
關注的時間很短，中國對創傷的強調也是近期的事。歷史中的中國人在敵人面
前要表現出鐵錚錚的英雄氣概，視死如歸；在敵人面前呻吟被看作懦夫。這一
點在目前盛行的 "抗日神劇" 中表現得淋漓盡致，裏面的中國人，除了漢奸，
沒有一個是哭泣的。或許哭泣或因疼痛而哀號根本沒有必要，因為神劇中只有
日本鬼子不經打，一片一片地倒下，而中國人刀槍不入。這些戲劇化的中國英
雄主義與中國在抗日戰爭中遭受全世界最大傷害的説法，即以三千五百萬人的
代價換取了抗戰勝利的表述似乎不同，但我們可以説這是錢幣的正反面，前者
是給國內觀眾看的，不能在鬼子面前丟了自己的威風；後者是給全世界聽的。
痛與不痛，受到傷害或沒有受到傷害，都是一種道德表現。

哈貝爾特哈爾（Moshe Halbertal）在其《論犧牲》一書中説，戰爭是表
現英雄般的自我犧牲與極端暴力、殘忍的場所。[28] 在戰爭中的自我犧牲（self-
sacrifice）也是一種自我超越（self-transcendence），而自我超越是一種道德行

---

27 卡露絲：《導論》，載卡露絲編《創傷：在記憶中探尋》，巴爾的摩：Johns Hopkins University
Press，1995 年，第 11 頁。（Cathy Caruth, "Introduction," in: *Trauma: Explorations in Memory*, ed.
by Cathy Caruth, Baltimore: Johns Hopkins University Press, 1995）

28 哈貝爾特哈爾：《論犧牲》，普林斯頓：Princeton University Press，2012 年。（Moshe Halbertal, *On
Sacrifice*, Princeton: Princeton University Press, 2012）

為（moral act）。將戰爭中的犧牲與民族或抽象的全人類連在一起，為暴力和與之相伴的犧牲找到了崇高意義。我們看到，新近關於抗戰中付出巨大犧牲的話語，講述着中國人的犧牲不只是面對中國的存亡，也是為了世界和平。因此，這種以犧牲自我換取世界和平的貢獻，具有強烈的自我超越性，也是一種強有力的道德行為。我所説的自我超越是對文化的超越，對國家的超越。而這種自我超越具有普世性價值，容易獲得國際認可。犧牲的內涵是傷痛和傷害，它是跨文化的，是人類最基本的神經感受之一。為世界和平而犧牲，為他者而死是光榮的，也是中國人在國際舞台上呈現自我道德主體的核心價值體現。

如上所述，在抗日戰爭中為世界和平而犧牲，旨在證明中國是一個具有和平傳統的國家，很多國家確實也開始認可這種歷史敘事。中國近年來在很多地方建立抗日紀念碑，記述日本的殘暴以及中國人的英勇反抗，這是中國抗日記憶遺產化的表現。記憶遺產是聯合國教科文組織新設的對遺產的劃分，其目的是讓我們不要忘記歷史上的一些暴行，以防止歷史悲劇重演。世界記憶遺產是讓我們反思歷史，在上帝面前懺悔，有很強的基督教精神。這有別於民族國家的戰爭記憶或紀念，其目的是讓國人世世代代不要忘記恥辱；民族主義的記憶是為了民族國家主權的鞏固。從這個角度來看，中國戰爭記憶遺產既有世界性，又有民族性：中國是受害者，中國是熱愛和平的，中國人又是不屈不撓的，最終戰勝敵人。這一點無可指責。

但是，如上面提到的，中國的和平論也帶着對歷史的"屏蔽記憶（screen memory）"[29]；屏蔽歷史上中原與北方的衝突，主要是蒙古人和滿洲人滅掉漢人朝代的歷史經驗。若説中國的和平論是為了處理中國與世界的關係，那麼它同樣會影響國內的民族關係。前者的目的是明確的、積極的、正面的，後者則沒有目的，只有後果。關鍵是，中國為世界和平做出重大貢獻（犧牲）之説，開始在國內得到認可，也成為在世界上獲得地位的象徵資本。

29　參見瑞慈巴特：《遮罩記憶：對客體關係與移情的重要性》，載《美國精神分析協會雜誌》2008 年第 56 期，第 455 — 481 頁。（Richard Reichbart, "Screen Memory: Its Importance to Object Relations and Transference," *Journal of the American Psychoanalytic Association* 56, 2008, pp. 455-481）

　　最後我想講一個案例來說明這一點：2015 年 5 月，重慶市決定申請將合川釣魚城列為世界遺產。[30] 這是一個將歷史上漢蒙相爭列為世界遺產，從而表明"中國人"如何熱愛和平，為世界和平做出貢獻，體現其今天的大國擔當的例子。

　　釣魚城是個歷史名勝，歷史性高於其地理風景的觀賞性。釣魚城是宋蒙戰役（1259）和蒙古可汗蒙哥去世的場所。從當地漢人角度來看，這個地方是"上帝折鞭處"，讓他們驕傲無比，也無可非議。國民政府 1937 年遷都重慶後，政府及社會各界領袖到合川勵志，從南宋抗蒙的歷史典故中得到啓發，激勵中國人抗戰必勝。很長時期內，這個地方的意義也就在這裏。有意思的是，隨着旅遊業的發展，尤其是世界遺產與旅遊業的結合，名勝古蹟的價值越來越取決於它的超越地方性。這也是中國"上版圖"思維的體現，即追求一個地方在國家或世界版圖上的坐標，從而體現自己的存在感。正是這個思維，促使重慶市政府和文人尋找其更大的意義。通過多年論證，他們發現釣魚城的意義不僅在於打死世界最強大的君主蒙哥汗，還在於他的死亡導致蒙古對中東地區軍事壓力的減弱。最近有些文章比較了很多中外文獻關於蒙哥汗死因的記述，排除了因病去世的說法，論證了他死於中炮，從而證明南宋人的科技水平已經很高。[31] 總的來說，這些新的表述在說，合川人民英勇作戰，不畏強敵，打死了世界上最強大的敵人，從而改變了世界歷史的進程。這就是釣魚城以及中國人對世界和平的貢獻。重慶市想通過這個新的表述贏得其在全世界的歷史地位，提高知名度以便推進旅遊業，可謂名利雙收。

　　新的表述的魅力似乎在於它能夠吸引很多人的好奇心到那裏體驗"中國人"的英雄浪漫主義。這樣一來，蒙古人以及蒙古史成為中國人在國際上提高自己國際和平形象，同時成為表達自己的"抵抗"能力的最大襯墊。從這個意義上講，釣魚城申遺背後的理念和中國新近的"和平論"一脈相承。問題是，這樣

30　參見《擊殺大汗之地：釣魚城遺址申報世界文化遺產》，中國網，2015 年 12 月 18 日，http://culture.china.com/history/archaeology/11170647/20151218/20961653.html，網頁訪問時間：2016 年 9 月 2 日。

31　參見張文、孫豐琛：《蒙哥汗死因新探》（未刊稿），2015 年釣魚城國際學術會議，2015 年。

做可能發展重慶的旅遊業，但是這種政治經濟 "美學" 和道德主體性的追求，能促進國家間、民族間的和解與和平嗎？且不說友好鄰邦蒙古國人，作為中國公民或中國人的蒙古族人將來到被列為世界物質或記憶遺產的釣魚城旅遊會有何感受？

論"民族""Nation"與"中國"：Nation 是意識構造

◆ 方維規

　　在民族主義問題討論中，西方不少中國學專家以為，Chinese nation 屬於"新生事物"，約產生於 19 世紀末 20 世紀初從帝國到民族國家的轉型時期。鑒於漢語現代意義的"民族"一詞出現較晚，有人推論漢語直到 1895 年還沒有一個貼切的對應詞移譯或傳導西方的 nation 概念，或曰至今還沒有；也有人斷言前現代中國根本不存在 Chinese nation。我曾經撰文[1]，試圖從中西概念的演變和對比出發，並從中西思想史及概念史的角度，疏證 19 世紀中西全面接觸之後，Nation 在漢語中可能的表述形式。由於不同的社會結構與統治形式或不同的轉型方式，對事物的認識前提必然也是不同的。從西方民族主義理論出發，演繹觀察不同的存在與認識，未必能够弄清真相。

一、中國："自我意識之政治共同體"

　　Nation 的多層涵義由來已久，可是，把"民族"和"國家"幾乎變成一個連體而同時體現在一個概念裏，這是後來的詮釋。直到 18 世紀末亦即法國大革

1　　方維規：《"民族"辨 —— 兼論民族主義與國家》，載《人文東方 —— 旅外中國學者研究論集》，上海：上海文藝出版社，2002 年，第 557 — 586 頁；簡本為《論近代思想史上的"民族""Nation"與"中國"》，載《二十一世紀》2002 年第 2 期，第 33 — 42 頁；方維規（德語論文）：《中華民族起始於何時？ —— 注解民族主義論戰》（Seit wann besteht die chinesische Nation? — Anmerkungen zum Nationalismus-Diskurs），載《中國與世界認知》（China und die Wahrnehmung der Welt），德國漢學協會（DVCS）文集，威斯巴登、紐約：Harrassowitz，2007 年，第 159 — 184 頁。

命的爆發，現代所説的 nation 概念還不存在。即便 19 世紀的歐洲對 nation 概念理解頗深，若把今天的一些高度理念化、學理化的術語放到彼時，恐怕也是空谷足音。原因是：不管 nation 當初的涵義如何，它和我們今天對這個詞的理解還是有所區別的，甚而有很大出入。其實，當代極度政治化的 nation 概念，並沒有多長的歷史。甚至到 20 世紀初，西方的大辭典和百科全書中的 nation 詞條，主要是指種族群體。[2] 類似的認識亦見之於 1895 年之前處於轉型期的中國，只是特定的歷史和社會條件造就了特定的表達形式。時至 20 世紀初年，梁啓超的觀點已經充分體現出現代 nation 觀念："歷史生於人群，而人之所以能群，必其於內爲有所結，於外爲有所排，是即種界之所由起也。故始爲自結其家族以排他家族，繼焉自結其鄉族以排他鄉族，繼焉自結其部族以排他部族，終焉自結其國族以排他國族。此實數千年世界歷史經過之階級，而今日則國族相結相排之時代也。"[3] 梁氏所言 "國族"，很貼近西語 nation，只是這一表達在彼時極爲罕見。由此看來，下引觀點不是全沒來由的：

> 至於晚清民族主義之觀念，當發生甚早。顯然的事實，民族主義之詞彙本身，並不是由西方 NATIONALISM 一字直接譯來，最早習慣沿用，也並無 "民族主義" 一項詞彙出現。這種思想，實際是一種時代的覺醒與反應，而使傳統民族思想之內容有所擴充。[4]

這類觀點在西方學界是很少見的。西方的一種看法是，前現代中國人所認同的是文化和歷史傳統，對何爲 nation 毫無概念，因此，這種文化主義

2　參見霍布斯鮑姆：《1780 年以來的民族與民族主義》，法蘭克福、紐約：Campus，1991 年，第 25 — 27 頁。（Eric J. Hobsbawm, *Nationen und Nationalismus. Mythos und Realität seit 1780*, Frankfurt/New York: Campus, 1991〔Original: *Nations and nationalism since 1780: programme, myth, reality*, Cambridge, 1990〕）

3　梁啓超：《新史學》（1902），《飲冰室文集》之九，林志鈞編，上海：中華書局，1936 年，第 11 頁。

4　王爾敏：《清季學會與近代民族主義的形成》（1970），《中國近代思想史論》，台北：台灣商務印書館，1995 年，第 229 頁。

(culturalism) 與基於現代 "民族國家" 概念之上的民族主義毫不相干。[5] 換言之：甲午戰爭到五四運動時期，中國人才從前現代的文化主義轉型到現代民族主義。持這種觀點的人至今不在少數。張灝也有類似的觀點，認為中國現代民族主義肇始於 1890 年代戊戌變法時期的那一代人。[6] 從某種意義上說，這種看法自有一定的道理，因為民族主義（不僅在中國）常常是屈辱和危機的產物。然而，中國並不是到了 1890 年代才第一次遇到這類危機。應該說，中國現代民族主義似乎有一個很長的醞釀階段，20 世紀初期開始急劇升級，並發展為熾烈的運動。

　　在研究中國問題的西方學者中，還有另一種（並不多見的）發現：前現代中國同樣存在強烈的民族主義，並且，傳統中國的社會整體之表現形態，並非全然不同於現代民族主義對社會整體的設想。這是印裔美籍學者杜贊奇（Prasenjit Duara）的觀點，其基點首先建立在種性與文化觀念上：

　　　　帝國時期的中國社會之政治共同體有兩種構建方案：一為建立在種姓基礎上的、排他性的漢族自我界定，一為建立在中國精英之文化價值和道統觀念基礎上的共同體。文化主義所體現的中國價值自詡卓越，然而（值得注意的是）沒有排他性。通過教育和模仿，蠻夷亦可成為共同體成員，分享共同的價值觀，使自己區別於那些不具有這些價值觀的蠻夷。這時，文化主義並不明顯區別於種性，因為兩者都依賴 …… 差異性之識別和共同體界線之劃分。區別在於誰能成為共同體成員的尺度：種族中心觀念拒絕承認不在共同體出生的人為政治共同體的一員，通過教

5　參見哈里森：《現代中國民族主義》，紐約：杭特學院現代亞洲研究所，1969 年。（James Harrison, *Modern Chinese Nationalism*, New York: Research Institute on Modern Asia, Hunter College of the City of New York, 1969）

6　參見張灝：《思想轉變與變法運動，1890 — 1898》，載杜希德、費正清編《劍橋中國史》卷十一：《晚清（1890 — 1898）》第二部分，倫敦：Cambridge University Press，1980 年，第 296 頁。（Hao Chang, "Intellectual change and the reform movement (1890 — 1898)," in: Denis Twitchett and John K. Fairbank〔Eds.〕, *The Cambridge History of China, Volume 11. Late Ch'ing 1800 — 1911*, Part 2, London: Cambridge University Press, 1980, pp. 274-338）

育接受中國價值觀也無濟於事，而這正是文化主義所要做的事。[7]

也就是説，"進於中國則中國之" 既是種姓的、又是文化的。[8] 杜贊奇不同意把政治與文化截然分開，在中國如此，在羅馬帝國、古代印度或中世紀歐洲也一樣。民族主義研究的兩位大家安德森（Benedict Anderson, 1936 — 2015）和蓋爾納（Ernest Gellner, 1925 — 1995），都很强調 "意識" 在國族認同中所起的重要作用。[9] 杜贊奇伸引此説，認為把作為一種認同感的文化主義與國族認同感加以區分是很困難的。前現代中國便是一個 "自我意識之政治共同體"（self-conscious political community），或曰 nation。[10] 這一認識頗似史密斯（Anthony Smith, 1939 — 2016）的觀點："現代民族既是 '法律 — 政治' 共同體，也是歷史文化共同體。"[11]

二、"不知有國" 勘誤

1899 年，梁啟超在《論近世國民競爭之大勢及中國前途》中，對中國狀況

7　　杜贊奇：《解構中國民族》，載《澳大利亞中國問題雜誌》第 30 期（1993 年 7 月），第 6 頁。（Prasenjit Duara, "De-Constructing the Chinese Nation," in: *The Australian Journal of Chinese Affairs*, No. 30〔July 1993〕, pp. 1-26）

8　　此立場與後文將論及的中歐之 "文化 — 民族" 觀念相似：建立在法國那樣的個體對 "大民族"（grande nation）之認同基礎上的民族（或曰國家），實為意志整體。與此不同，在中歐及東歐大部分地域，民族屬性並不是個體意志所決定的，而是文化傳統等要素。

9　　試援引蓋爾納對 nation 的兩個 "暫時的定義"。鑒於界定這個概念的困難，蓋爾納建議："第一：兩個人屬於同一個 nation，如果他們（只有如果他們）分享同一個文化，而文化則是思想和符號和聯想和行為及交往方式的體系。第二：兩個人屬於同一個 nation，如果、只有如果他們相互承認各自為同一個 nation 的成員。換言之：人造就 *nation*；Nations 是人的信念、忠心及和衷共濟的人工製品。"（蓋爾納：《民族與民族主義》，伊薩卡：Cornell University Press，1983 年，第 16 頁。Ernest Gellner, *Nations and Nationalism*, Ithaca, NY: Cornell University Press, 1983）

10　　參見杜贊奇：《解構中國民族》，載《澳大利亞中國問題雜誌》第 30 期（1993 年 7 月），第 1 — 26 頁。

11　　史密斯：《全球化時代的民族與民族主義》，龔維斌、良警宇譯，北京：中央編譯出版社，2002 年，第 63 頁。

做了如下描述：

> 今我中國，國土云者，一家之私產也；國際（即交涉事件）云者，
> 一家之私事也；國難云者，一家之私禍也；國恥云者，一家之私辱也。
> 民不知有國，國不知有民。以此與前此國家競爭之世界相遇，或猶可以
> 圖存；今也，在國民競爭最烈之時，其將何以堪之，其將何以堪之？！[12]

《清議報》第 73、74 期（1901）連載的"本報論説"，標題為《論支那人
國家思想之弱點》，簡要地從地理和歷史出發論説中國人"不知有國"，並陳述
了中國人"國家是君主一家之產業"及"君主即國家"等觀念。[13] 從思路到行文
可以斷定，此乃梁氏手筆；其主要思想已詳盡見之於 1900 年發表的長文《中國
積弱溯源論》：

> 一曰，不知國家與天下之差別也。中國人向來不自知其國之為國
> 也。我國自古一統，環列皆小蠻夷，無有文物，無有政體，不成其為
> 國，吾民亦不以平等之國視之。……吾民之稱禹域也，謂之為天下，而
> 不謂之為國。既無國矣，何愛之可云。
> 一曰，不知國家與朝廷之界限也。吾中國有最可怪者一事，則以數
> 百兆人立國於世界者數千年，而至今無一國名也。夫曰支那也，曰震旦
> 也，曰釵拿也，是他族之人所以稱我者，而非吾國民自命之名也。曰唐
> 虞夏商周也，曰秦漢魏晉也，曰宋齊梁陳隋唐也，曰宋元明清也；皆朝
> 名也，而非國名也。蓋數千年來，不聞有國家，但聞有朝廷；每一朝之
> 廢興，而一國之稱號即與之為存亡，豈不大可駭而大可悲耶。[14]

---

12   梁啓超：《論近世國民競爭之大勢及中國前途》（1899），《飲冰室文集》之四，第 60 頁。

13   《論支那人國家思想之弱點》，《清議報》第七十三、七十四冊，光緒二十七年二月一日、二月十一
      日（1901 年 3 月 20、30 日），見《清議報》，（影印本），北京：中華書局，1991 年，第 4611 —
      4614，4667 — 4673 頁。

14   梁啓超：《中國積弱溯源論》（1900），《飲冰室文集》之五，第 15 頁。

清末言論界驕子梁氏此說，還見之於其他一些文章。並且，不但在該文中，而且在他那個時期的其他文章裏，已經到處可見 "中國" 二字。梁啓超的觀點曲折多變，而其始終不變的是 "作為一個政治實體的 '中國'" [15]。早在《變法通議》中，"中國" 不勝枚舉。為何中國人熟稱 "中國" 卻 "不知有國"，後文將會論及。另外，通常將 China 譯為 "中國" 當然沒錯，但在上引梁啓超觀點中，China 並不等於 "中國"，China（"釵拿" "支那" 之類）只是外人對中國的稱呼。[16]

筆者援引梁氏論說，不是為了探討此論在當時的影響。從當今的中國學界來看，多半只在談論啓蒙與救亡的歷史和思想背景時或 "國民性" 討論中才偶爾提及這種看法。然而，這類思路對西方的中國研究卻影響深遠，在很大程度上延續至今。換言之，西方中國研究中的一種習見觀點，很可能源於梁氏的 "不知有國" 說，從而推論前現代中國沒有 nation。歐美對梁啓超深有研究，梁氏許多言論往往是很體面的 "論據"。試舉一例：費約翰（John Fitzgerald）曾徵引梁說，例如上引 "數百兆人立國" 云云，及 "曰支那也，曰震旦也" 等，緊接着便得出結論："中國人習用朝代、而不是國家來指稱他們的歷史共同體，可見，事實上以前根本不存在 Chinese nation。" [17]（這裏自然在說 "民族國家" 或 "國家民族"。）因此，我們也不難理解費氏文章標題便是 The Nationless State:

15　沈松僑：《近代中國民族主義的發展：兼論民族主義的兩個問題》，載《政治與社會哲學評論》（台北）第 3 期（2002 年 12 月），第 68 頁。

16　從這個意義上說，費約翰在引用梁氏上述觀點時，把 China 譯為 "中國" 是不準確的："[…] Even the word 'China' (*Zhongguo*) is what people of other races call us. It is not a name the people of this country have selected for themselves'."（費約翰：《無 nation 之國：現代中國民族主義對 nation 的探究》，載《澳大利亞中國問題雜誌》第 33 期〔1993 年 1 月〕，第 86 頁。J. Fitzgerald, "The Nationless State: The Search for a Nation in Modern Chinese Nationalism," in: *The Australian Journal of Chinese Affairs*, No. 33 (January 1993), pp. 75-104）

17　費約翰：《無 nation 之國：現代中國民族主義對 nation 的探究》，載《澳大利亞中國問題雜誌》第 33 期（1993 年 1 月），第 86 頁（J. Fitzgerald, "The Nationless State: The Search for a Nation in Modern Chinese Nationalism," in: *The Australian Journal of Chinese Affairs*, No. 33〔January 1993〕, pp. 75-104）："The Chinese custom of referring to their historical community by dynasty (*chaodai*) rather than by country (*guojia*) implied that there was in fact no Chinese nation at all."

The Search for a Nation in Modern Chinese Nationalism。這就是西方從現代民族主義觀念出發，以朝代編史及中華民國之前沒有國名來論證 20 世紀前中國沒有 nation 之觀點的大概思路，或曰西方政治學詮釋民族主義的衍生品。[18]

　　誠然，這種觀點已見於彼時中國之國家思想的倡導者，且依然首推梁啓超。在他眼裏，"凡國而未經過民族主義之階級者，不得謂之為國。"[19] 他的理論主要得益於德國政治學家伯倫知理（Johann C. Bluntschli, 1808 — 1881）的國家學說。[20] 在 1899 年 4 月至 10 月的《清議報》"政治學譚"中，梁氏連篇累牘地介紹了伯倫知理的《國家論》，亦即近代國家與"國民"（Volk）之相輔相依的關係，甚至是同物而異名，如他後來在《政治學大家伯倫知理之學說》一文中所指出的那樣："伯氏乃更下國民之界說為二：一曰：國民者，人格也。據有有機之國家以為其體，而能發表其意想、制定其權利者也。二曰：國民者，法團也。生存於國家中之一法律體也。國家為完全統一永生之公同體，而此體也，必賴有國民活動之精神以充之，而全體乃成。故有國民即有國家，無國家亦無國民。二者實同物而異名耳。"[21] 這種將國民和國家相等同的觀點，幾乎是那個時期民族主義鼓吹者的共識。1900 年 12 月，麥孟華在《清議報》上發表《論中國國民創生於今日》一文，應和梁啓超此前在該報介紹的伯倫知理學說："蓋國家者，成於國民之公同心；而國家者，即為公民之公同體也。是以歐美政治家之公言，無政權之人民，不能與以國民之稱，而謂之曰：無國民者，無國家（No Nation, No State）；而國民之情感與國家無關係者，亦不能與以國民之稱，而謂之曰：無國家者，無國民（No State, No Nation）。國民者，與國家本為一物，

18　其實早在一百多年前，在那珂通世著《支那通史》（1888/90）這部被譽為世界第一部具有近代意義的中國通史中，亦有類似說法，但其目的不是論證中國歷史上沒有國名：中國人"自稱曰中國，蓋以為居天下之中也；又曰中華，或曰華夏，猶言文明之邦也。此皆對夷狄之稱，而非國名也。"（那珂通世：《支那通史·敘言》，第 1 頁）

19　梁啓超：《國家思想變遷異同論》（1901），《飲冰室文集》之六，第 22 頁。

20　梁啓超對伯倫知理的接受，主要參照了加藤弘之所譯介的伯倫知理國家學說。參見王柯：《"民族"，一個來自日本的誤會》，載《二十一世紀》2003 年 6 月號，第 80 頁。

21　梁啓超：《政治學大家伯倫知理之學說》（1903），載《飲冰室文集》之十三，第 72 頁。

異名同實，要不能離為二也。"[22]

毫無疑問，"不知有國"與 nationless 不是一回事兒，國家觀念淡薄或 "中國有部民而無國民"[23] 之説，亦不能得出中國無國的結論。費孝通的一個論斷，即中華民族從 "自在"到 "自覺"的發展，與這裏的論題有着相通之處："中華民族作為一個自覺的民族實體，是近百年來中國和西方列強對抗中出現的，但作為一個自在的民族實體則是幾千年的歷史過程所形成的。"[24] 在下一節闡述 "中國"是否國名之前，筆者想先做一些必要説明，以更正 "不知有國"説的舛誤：

一、逃亡日本、被清廷懸賞通緝的梁啓超之論説，多少帶有彼時在知識界開始流行的反清逐滿情緒，矛頭針對一個王朝並依此類推。可是從邏輯上説，"不知有國"的前提是 "有國"。關於這點，梁文本身便是明證：他的旨意是溯 "中國"積弱之源，以 "使舉國之人，無不諱疾忌醫以圖苟全"。他悲歎國人 "愛國之心薄弱"，他 "對於他國，然後知愛吾國"，因此疾呼，"今而不欲救，中國則已耳"。[25] 我們還可以援引梁啓超的説法，來説明 "不知有國"並非 nationless："世界之有完全國家也，自近世始也。前者曷為無完全國家？以其國家思想不完全也。"[26] 另一方面，梁啓超思想多變，並非一以貫之，常給人 "此一時，彼一時"之感，這當然緣於不同的語境，或他 1903 年思想趨於保守的前後變化。他在竭力主張 "合漢合滿合蒙合回合苗合藏，組成一大民族"的 "中

22　傷心人（麥孟華）：《論中國國民創生於今日》，載《清議報》第六十七冊，光緒二十六年十一月一日（1900 年 12 月 22 日），見《清議報》，第 4240 — 4241 頁。麥孟華將 "nation"與 "國民"對譯，或許受日人影響。井上哲次郎、有賀長雄編《哲學字彙》（1881）已將 "nation"譯為 "國" "國民"。

23　梁啓超：《新民説》（1902），《飲冰室專集》之四，第 6 頁。

24　費孝通：《中華民族的多元一體格局》，載費孝通編《中華民族多元一體格局》，北京：中央民族學院出版社，1989 年，第 1 頁。

25　參見梁啓超：《中國積弱溯源論》（1900），《飲冰室文集》之五，第 14 — 17 頁。

26　梁啓超：《國家思想變遷異同論》（1901），《飲冰室文集》之六，第 12 頁。

華民族"時[27]，堅信中國歷史的延續性，甚至用"黃帝"神話來加强自己的觀點："近世學者言事實上國家之定義，曰有國民、有領土、有統一之主權。具此三要素，謂之國家；此三要素缺一，而國家消滅。我中國現在之領土，則黃帝以來繼長增高之領土也；其國民，則黃帝以來繼續吸納之國民也；其主權，則黃帝以來更迭遞嬗之主權也。"[28]且不論此説是否牽强，梁啓超認為中國只有朝代更迭，包括清之亡明，但卻從未亡國，則是一定無疑的。

　　二、誠然，清代政府公文中（沿襲歷代朝廷常規）常見"大清國"字樣；並且，中國人在説史的時候，習慣以朝代為序："秦""漢"……"元""明""清"。然而一般而論，這時所説的朝代，均被理解為中國王朝。歷來異族入主中原，乃亡天下而非亡國也。種族矛盾自不必説，可是蒙古滅宋，其結果主要不是蒙漢種族對立，而是中土出現"北人""南人"之分。清之亡明，猶漢之滅秦、唐之代隋，其皇帝（仍然依照歷代舊説）被稱為光照中土的"天子"，清代甚至是歷代最崇儒的王朝。[29]説中國人自來偏愛"朝代"不知"國家"，實為誤解，因為這裏所説的"朝代"和"國家"有其內在關聯。再則，打開那些（不只是）19世紀的重要史書以及其他著述，我們不難發現，"中國"及其同義詞仍佔多數。康有為在《請君民合治滿漢不分摺》中建議用"中華"為國號時指出："中國向用朝號，乃以易姓改物，對於前代耳，若其對外交鄰，自古皆稱中國。今東西國稱我，皆曰支那，而我經典無此幾文，巨細繹音義，支那蓋即諸夏之音，或即中華之轉也。古稱諸夏，或曰諸華，頻見傳記，蓋華夏音近而中諸音。轉

27　梁氏的"中華民族"，即自 1903 年起標舉的"大民族主義"的旗號，主張"吾中國言民族者，當於小民族主義之外，更提倡大民族主義者。小民族主義者何？漢族對於國內他族是也。大民族主義者何？合國內本部屬部之諸族以對於國外之諸族是也…… 合漢合滿合蒙合回合苗合藏，組成一大民族。"（梁啓超：《政治學大家伯倫知理之學說》（1903），《飲冰室文集》之十三，第 75—76 頁）另參見許小青：《梁啓超民族國家思想研究》，載《華中師範大學學報（人文社科版）》2000 年第 2 期，第 97—102 頁。

28　飲冰：《雜答某報》，載《新民叢報》第八十四號（1906 年 8 月 4 日），第 2—3 頁。

29　當然，並不是所有人都認同"亡天下而非亡國"之説，例如曾經激烈排滿的章太炎，他於 1902 年在日本橫濱舉行的"支那亡國二百四十二年紀念會"上，便稱明清之改朝換代為"亡國"。（章太炎：《中夏亡國二百四十年紀念會書》，《章太炎全集》〔四〕，上海：上海人民出版社，1982—1994 年，第 189 頁。文章標題中的"中夏"原為"支那"，係作者編集時所改）

其蒙、回、衛藏，咸令設校，教以經書文字語言風俗，悉合同於中土，免有歧趨。伏惟今定國號，因於外稱，順乎文史，莫若用中華二字。"[30]

　　三、中國二十四史以朝代為序，一個後繼朝代應該或 "必須" 為前朝修史，這是觀念或 "規矩" 問題，本無可多加追究。一個不是由漢族建立和統治的國朝為前朝修史，後繼王朝又為這個 "異族" 朝代修史，這個事實本身就在很大程度上體現了一種觀念亦即中國之延續性，各朝帝王將相均視自己為中國的統治者。也就是説，一部朝代史只是整個 "中國" 國史的一個階段和篇章。從某種意義上説，這裏已經顯示出一種泛中國化的、泛國家化的中華 "民族意識"，只是這種意識比哈布斯堡王朝的那種意識（或者某種程度上的沙皇帝國的那種意識）更為古老而已。中國之歷史意識由來已久，儘管這種意識時起時落、並非毫無間斷，然而，這種歷史意識視中國社會是共同的歷史和未來所聯結的整體。19、20 世紀之交及以後的中國民族主義所理解的國家觀念，主要基於中國之衍續性的信念。

　　四、在全世界通行以耶穌降生為準的 "公元" 之前，按朝代編史當屬正常之事。王韜編《法國志略》（1871）、黃遵憲編《日本國志》（1879）也均按他國朝代編史，配以中國年號相對照。英國人馬禮遜 "入鄉隨俗"，在《外國史略》中記載 "葡萄亞國於周朝時已通貿易，後羅馬國攻服之，以為藩屬，漢朝時國日強，然屢被外國侵伐，唐肅宗時併入回回國者三百年，宋朝時……"[31]。慕維廉在《地理全志》（1853／54）中説佛蘭西國 "古名之高盧，為野番部落，漢時為羅馬征服"；大英國 "古為土番部落、漢時羅馬平英倫"[32]。這類敘事形式在 19 世紀介紹外國史地的書籍中是很常見的。筆者無意為這類過時的年表辯護，只想説明西曆在中國確立之前的一種通常用法，而且不純屬 "國粹"，世界各地均有此例。進入民國以後，國人提倡移風易俗；即便如此，反對更改曆法

30　康有為：《請君民合治滿漢不分摺》（1898），《康有為政論集》（上），湯志鈞編，北京：中華書局，1981 年，第 342 頁。

31　馬禮遜：《外國史略》，載《小方壺齋輿地叢鈔》（再補編），第十二帙，第 24 頁。

32　慕維廉：《地理全志》卷二，上海：墨海書館，1853/54 年，"歐羅巴志・佛蘭西國志"，第 46 頁；"歐羅巴志・大英國志"，第 52 頁。

者卻大有人在。再看歐洲，早期按朝代編史也不是個別現象（當然西人有公元參照），[33] 其原因正在於王朝觀念的重要意義。[34] 君主國的連續性是一個事實，朝代可以更迭，君主國依舊。

五、梁啓超批判中國人"不知國家與朝廷之界限"，提倡民權與人的獨立精神，無疑具有積極意義。然而，倘若將此視為中國特有現象，定然是一種錯覺。僅在歐洲，"朕即國家"（"L'État c'est moi!"）也並非路易十四之獨家觀念。[35] 一般而論，幾乎在世界史上所有帝國，帝王是國家的象徵；在民權思想尚未成熟的時期，忠君愛國是一回事，乃至貧民百姓也是如此想法。帝國者，君主之國也。直至 18 世紀下半葉，英國的 nation 與 the Empire（帝國，帝權）還是通假詞，可相互替換。[36] 再以德國為例：德國君主派直至 1918 年依然將德意志國家合法形態與霍亨索倫王朝亦即威廉二世等而視之。

六、朝代與國家在邏輯上（概念上）自然有別，可是實際上是不可分割的：皮之不存，毛將焉附。倘若説歷史上"根本不存在 Chinese nation"，那就很難解釋一個歷史事實：19 世紀西方列強侵略了誰？難道不是 Chinese nation（中國及其人民），而僅僅是（或曰首先是）一個王朝？當初的英國軍隊是最有權回答這個問題的。1842 年 8 月 29 日簽訂的中英《南京條約》，很能説明朝代與國家（清朝與中國）的關係，條約云："凡係大英國人，無論本國、屬國軍民等，今在中國所管轄各地方被禁者，大清大皇帝准即釋放。"又曰："議定英國住中國之總管大員，與大清大臣無論京內、京外者，有文書來往，用照會字樣；……"再曰："俟奉大清大皇帝允准和約各條施行，並以此時准交之六百萬員交清，大

33　張德彝《隨使英俄記》1878 年 11 月 17 日便有一段記載："泰西各國交涉檔，以及人民往來函啓、記載冊簿，紀年皆用耶穌降生之前後若干年。今見英國官府所存案件書籍，紀有君主威克兜里亞若干年，是稍與中國相似處也。"（張德彝：《隨使英俄記》〔走向世界叢書〕，鍾叔河編，修訂本，長沙：嶽麓書社，2008 年，第 634 頁）

34　英國有威塞克斯王朝、諾曼第王朝、都鐸王朝、斯圖亞特王朝等；法國有墨洛溫王朝、加洛林王朝、加佩王朝、瓦羅亞王朝、波龐王朝等。

35　例如德意志版圖中幾乎延續至 19 世紀中葉的或多或少的專制主義歷史時期，君主與國家的等同關係也很明顯，王權思想在統一後的德國依然頑固地抵制資產階級的民族主義訴求。

36　參見羅志田：《民族主義與近代中國思想·序論》，台北：東大圖書公司，1998 年，第 7 — 8 頁。

英水陸軍士當即退出江寧、京口等處江面，並不再行攔阻中國各省商賈貿易。"
可見，"大清大皇帝" 是 "中國" 的君主。而條約的英文本（The Treaty of
Nanking）更為明確，全無 "大清" "大清皇帝" 等字樣，而是 "The Empire of
China"，"His Majesty the Emperor of China"，"The Government of China"，
"cities and towns in China"，"trade of China"，"all subjects of China" 等。

　　七、國號固然重要，這至少使個人以及社會群體和階層能有國家認同的可
能。然而有一點是可以肯定的：希特勒統治下的波蘭人，可以稱其為亡國奴，
卻不能説 nationless，儘管波蘭作為一個國家已經失去獨立的政治行動能力；作
為一個中歐東部被佔領並等待解放的國家，"波蘭" 依然存在於波蘭人的意識之
中。[37] 都德（Alphonse Daudet, 1840 — 1897）在《最後一課》中講述普魯士佔領
軍禁止阿爾薩斯、洛林人學習自己祖國的語言，韓麥爾使出全身的力量在黑板
上寫出 "法蘭西萬歲" 結束最後一課，表達的是同一種情感。Nation 的概念史
既表明這個 "通用" 概念與歐洲近代史的緊密聯繫，也展示出這個概念所包含
的文化主義本體，它只有在理念和價值判斷中才能體現出來。換言之，Nation
為一個政治行動的綱領提供了架構，而這個綱領的正當性則來自對共同未來的
展望以及對共同特質（語言、歷史、文化等）的回顧。梁啓超和他的同路人證
實了這一事實。

　　下面，我們就在以上七個層面上來談 "中國"，並以清末具有代表性的言
論鈎稽時人的 "中國" 概念，進一步説明 "nationless" 論者在解讀 "不知有國"
或 "無一國名" 時的誤解。

三、中國國名之爭和國名之辨

　　范文瀾指出："中國這一名稱，早在西周初年，已經用以稱呼華夏族所居住
的地區。從歷史記載看，秦以前，華夏族稱它的祖國為中國……秦以後，中

37　18 世紀以後波蘭一再被佔領和分割的歷史，並由此而產生的深重的民族情感和民族認同，體現
　　在一句波蘭諺語之中，也就是波蘭國歌的第一句歌詞："波蘭還沒丟。"（"Jeszcze Polska nie
　　zginela."）

國擴大為當時國境內各族所共稱的祖國。所以中國這一名詞的涵義就是祖國，
朝代則是統治階級在各個不同時期所建立的國家的稱號。中國為各族統治階級
和被統治階級所共有，……。朝代有興有亡，一個替代一個，中國本身則總是
存在着並且發展着。”[38] 王爾敏也認為，中國人統稱其國名為“中國”，原始於
古代，歷代沿習，以迄於今。雖然數千年來朝代更迭，各以朝名冠稱國名，而
“中國”之通稱，實為最廣泛、最淺顯、最習見的中國人自號之名詞，實為中華
民族生長發展過程中的一種自然的自我意識。[39] 可是，這個自古有之、習以為常
的國名，在近代受到懷疑。究其緣由，一方面在於這個共喻之稱（或曰統稱），
並非正式的統一國名；一方面是中西碰撞後，“中國”二字本身受到的衝擊，即
國人“中國”信念的動搖。這種疑慮已經體現在《海國圖志》之中：魏源認識
到，各宗教均視其發源地為中國；為了擺脫“中國”之尷尬，他援引印度“震旦”
之說，探討印度人“自古以震旦為中國，謂其天時之適中，非謂其地形之正中
也”[40]。顯然，以“天時”為根據和以“地形”為根據一樣，還是無法令人信服。
近代對“中國”名稱的詮釋，便是圍繞定義出了破綻而引起的質疑和因此而出
現的辯護而進行的。[41]

　　中國第一任駐外公使郭嵩燾曾在其《日記》（1878 年 2 月 11 日）中寫道：“佛
經呼中國為支那，日本人亦用之，西洋轉音曰齋拿。”[42] 黃遵憲《日本國志·鄰
交志》在“華夏”篇按語中亦有詳盡記載：

> 考地球各國，若英吉利若法蘭西，皆有全國總名。獨中國無之。西

38　范文瀾：《關於中國歷史上的一些問題（之八）：歷史上的愛國主義》，《范文瀾歷史論文選集》，
　　北京：中國社會科學出版社，1979 年，第 70 — 71 頁。

39　參見王爾敏：《“中國”名稱溯源及其近代詮釋》（1976），《中國近代思想史論》，第 447 — 466 頁。

40　魏源：《海國圖志》（下）卷七十四，陳華等校點注釋，長沙：嶽麓書社，1998 年，第 1849 —
　　1850 頁。

41　參見王爾敏：《“中國”名稱溯源及其近代詮釋》（1976），《中國近代思想史論》，第 453 — 454 頁。

42　郭嵩燾：《倫敦與巴黎日記》，（走向世界叢書），鍾叔河編，修訂本，長沙：嶽麓書社，2008 年，
　　第 461 頁。

北各藩稱曰漢，東南諸島稱曰唐。日本亦曰唐，或曰南京，南京謂明，
此沿襲一代之稱，不足以概歷代也。印度人稱曰震旦，或曰支那。日本
亦稱曰支那。英吉利人稱曰差那。法蘭西人稱曰差能。此又他國重譯之
音，並非我國本有之名也。[43]

　　不同稱謂，只是他國人的事情；中國人也只是到了 19 世紀才知道得更多，
並對之進行反省，意在為中國 "正名"，以徹底取代外國人對中國的煩瑣稱謂。
雖然彼時言論界抱怨中國沒有 "全國總名"，但是中國還是存在無疑的，即典籍
中的 "中國"，還有 "華夏" "中夏" "中華" 等不同名稱。換一個角度來說：
布路亞（葡萄牙）、大呂宋（西班牙）、土魯機（土耳其）、大尼國（丹麥）、
比耳西（波斯）等，單在彼時就不是中國人對這些國家的唯一稱謂，這同被稱
謂之國有無國名（甚或是否有國）關係不大。國家（nation）之形成是漫長的、
系統化的來往相處的結果，是世代聚合的產物。中國人的認同感也許是凝固太
久了，甚而變成了潛意識。[44] 遼、金、蒙古、滿清等族的政治野心，無外乎 "入
主中原"，最後卻受另一種認同感的驅使而中國化。誠如 20 世紀初年《國民
報》上的一篇名為《說漢種》的文章所言："漢種之特色，固亦有不可磨滅者
矣。以蒙古人種之慓悍，匈奴人種之跋扈，一逾長城，即將其疇昔風化習慣，
以及精神上之嗜好，一一滌去無遺，而甘為漢種所化。"[45] 晚清士人對國名的思
索，目的是找一個 "正式的" 統一國名，且多少針對滿清和歷代王朝。但在立
論的時候，"中國" 已是前提，沒有人否認這個統稱的歷史存在，只是有人追究
它的合理性而已。比名稱更重要的是，Nation 是一種存在。假如說中國以前沒

43　黃遵憲：《日本國志・鄰交志一》（1895），上海：上海古籍出版社，2001 年，第 51 頁。

44　早在 100 年前的中國民族主義思潮中就有人指出："歐美人詬中國人無種族思想。中國人習聞不
　　察，亦自謂無種族思想嗚乎。其然豈其然乎？夫中國人種族思想之發達，以視歐美，誠有不逮。
　　然歐美人之有此，思想也，胎之於學說。中國人之有此思想也，出之於天然。"（《奴痛》，載《漢
　　聲》第七、八期，1903 年 9 月 21 日）

45　《說漢種》，載《國民報》第三期。（1901 年 7 月 10 日）

有 nation 的話，那就無法解釋清季保種、保教、保國的民族意識。[46] 要保的這個
"國"，不可能晚於意識。20 世紀之民族主義研究中有一種觀點，認為許多亞
洲和非洲反殖民主義進程中誕生的新興國家，其民族意識的緣起是反殖民統治
的鬥爭，或曰那裏的民族意識多半是在抗爭中才見端倪的。顯然，這種看法大
大簡化了"自己人"（"我們"）意識的形成原因。[47] 從前文的討論可以看到，而
且後文還將論及，中國漫長的歷史中還有着其他重要緣由，使民族主義得以產
生，且不看清朝統治的合法性已經受到質疑這一環節；另外，清廷基本上未被
中國人視為殖民勢力。

　　總體說來，晚清探討"中國"稱謂的起點並不很高，大多數人只是依據地
理位置、一般常識及新獲得的世界知識，而沒有考究"中國"一詞在古代形成
的歷史關聯和全部意義。王爾敏系統分析了先秦古籍，得出古時"中國"一詞
的五類涵義：一曰"京師"，二曰"國中"（國境之內），三曰"諸夏領域"，四
曰"中等之國"，五曰"中央之國"；其中，"諸夏領域"之義佔絕大多數。[48] 黃
遵憲曾明晰地指出"中國"的來由，緣於歷史上的"相對而言"：

46　1902 年 2 月 22 日，梁啓超在《新民叢報》第二號上為文闡釋"保國"之重要性。文章開篇便說：
　　"近十年來，憂世之士，往往揭三色旗幟，以疾走號呼於國中，曰保國，曰保種，曰保教。其陳
　　義不可謂不高，其用心不可謂不苦。若不佞者，亦此旗下之一小卒徒也。雖然，以今日之腦力眼
　　力，觀察大局，竊以為我輩自今以往，所當努力者，惟保國而已。若種與教，非所亟亟也。"（梁
　　啓超：《保教非所以尊孔子論》，《飲冰室文集》之九，第 50 頁）

47　毫無疑問，早在印尼建國之前，住在爪哇島、蘇門達臘島、馬魯古群島等島嶼上的居民，先後遭
　　到葡萄牙人和荷蘭人的殺戮和凌侮，那些島民完全擁有一種或多或少建立在"喪國"意識基礎上
　　的文化認同。西非歷史中的一些延續了幾百年的王國，或許也是同樣的情形：某一個在人口數量
　　及文化上佔統治地位的種族，同樣意識到他們國家的歷史及其重要性，並在其勢力範圍內統治其
　　他弱小種族。這類"喪國"以及"我們"之歷史意識，或許也有推動民族和國家獨立運動的可能
　　性。然而，歷史走了另外一條路。對西非"小邦分治主義"及其認同意識來說，由殖民統治者強
　　行劃分邊界而建立的新的國家，似乎是一種干擾。殖民勢力的國族構建方案，不顧殖民地居民的
　　特定歷史，建立了綜合體國家，其遺留問題作為殖民主義的遺產延續至今。

48　參見王爾敏：《"中國"名稱溯源及其近代詮釋》（1976），《中國近代思想史論》，第 447 — 448
　　頁。關於"中國"名稱的起源及其他稱謂，亦可參見于省吾：《釋中國》，載胡曉明、傅傑編《釋
　　中國》（第三卷），上海：上海文藝出版社，1998 年，第 1515 — 1524 頁。

近世對外人稱，每曰中華。東西人頗譏彈之。謂環球萬國，各自居中，且華我夷人，不無自尊卑人之意。余則謂：天下萬國，聲名文物莫中國先。歐人名為亞細亞，譯義為朝，謂如朝日之始升也。其時環中國而居者，多蠻夷戎狄，未足以稱鄰國。中國之云，本以對中國之荒服邊徼言之。因襲日久，施之於今日，外國亦無足怪。[49]

可見，"中國" 名稱是歷史環境和時代的產物，當時還沒有近代所謂外交和國際往來；自古只知藩屬來朝入貢，中國冊封恩賞，夷族無法與中國並論。"中華" 是一種理所當然之說，且以文化標準區分華夷。孔子學說以主導 "國教" 及主導社會價值體系的姿態在中原確立之後，便成了民族意識中的 "共同" 理念。不屬於漢族的人，只要他追隨儒教，同樣有可能在中國秉朝政坐龍庭。"華夏" 不僅是一個地域概念，更是一個文化概念：華夏者，中國也。這也是梁啓超當年在《中國史敘論》（1901）中主張 "仍用吾人口頭所習慣者，稱之曰中國史" [50] 的原因。也是在該著中，"中國民族" 的說法出現將近 10 次。梁氏首次使用這一複合詞，見於《中國殖民八大偉人傳》（1898）一文。[51] 1901 年的《清議報》中，尤其在第 23 冊（1899 年 8 月 6 日）的 "外論匯譯" 中，常見 "中國民族" 之說，譯自彼時日本常用的 "支那民族"。一年之後，梁啓超在《中國學術思想變遷之大勢》一文中，提出了迄今所見之最早的複合詞 "中華民族"："上古時代，我中華民族之有海思想者厥惟齊。故於其間產出兩種觀念焉：一曰國家觀，二曰世界觀。國家觀衍為法家，世界觀衍為陰陽家。……" [52] 在《歷史上中國民族

49　黃遵憲：《日本國志 · 鄰交志一》，第 51 頁。

50　梁啓超：《中國史敘論》，（1901），《飲冰室文集》之六，第 3 頁。梁氏選擇 "中國史" 之謂，主要為了尊重國民，如他在同一頁上所說："吾人所最慚愧者，莫如我國無國名之一事。尋常通稱，或曰諸夏、或曰漢人、或曰唐人，皆朝名也；外人所稱，或曰震旦、或曰支那，皆非我所自命之名也。以夏漢唐等名吾史，則戾尊重國民之宗旨；以震旦、支那等名吾史，則失名從主人之公理。"

51　梁啓超：《中國殖民八大偉人傳》（1898），《飲冰室專集》之八，第 5 頁："八君子之見擯於中國歷史，其毋乃即中國民族見擯於今日生存競爭界之表徵也。" 在《佳人奇遇》中，亦有 "中國民族" 字樣。

52　梁啓超：《論中國學術思想變遷大勢》，《飲冰室文集》之七，第 21 頁。

之觀察》（1905）一文中，梁氏時常並用"中華民族"和"中國民族"。

　　在晚晴知識界，認同危機和對"中國"這一自我稱謂的懷疑是很常見的，康有為同樣有過中國"以天下自居，只有朝號而無國號"之歎，並請"正定國名，即永名曰中華國"。[53]另一方面，對於有人對自古相沿的"中國"提出異議，或更改國名的一些看法，汪康年大不以為然，認為約定俗成的稱謂不一定正確，但沒有更改的必要："即西人之各種名稱，似此者多矣。安能一一革之乎。又如日本二字，今日核之於理，豈有當乎。"[54]探討"中國"名稱最有說服力者，當推竭力主張以"中華"為正式國名的章太炎。他於 1907 年為文《中華民國解》，其中援引了楊度同年 5 月 20 日發表於《中國新報》的《金鐵主義說》中的相關文字：

　　　　中國云者，以中外別地域之遠近也。中華云者，以華夷別文化之高下也。即此以言，在中華之名詞，不僅非一地域之國名，亦且非一血統之種名，乃為一文化之族名。故春秋之義，無論同姓之魯衛，異姓之齊宋，非種之楚越，中國可以退為夷狄，夷狄可以進為中國，專以禮教為標準，而無有親疏之別。其後經數千年，混雜數千百人種，而其稱中華如故。以此推之，華之所以為華，以文化言，可決知也。故欲知中華民族為何等民族，則於其民族命名之頃，而已含定義於其中。與西人學說擬之，實採合於文化說，而背於血統說。[55]

53　康有為：《海外亞美歐非澳五洲二百埠中華憲政會僑民公上請願書》（1907），《康有為政論集》（上），第 611 — 612 頁。"中華國"之名，已見之於《察世俗每月統記傳》（1816），後來這一用法不很常見。在 19 世紀的官方外交檔中，則有"大清中華國"之說。在梁啓超的《歷史上中國民族之觀察》一文中，亦有這一說法。

54　汪康年：《汪穰卿先生遺文》，載《芻言報》，宣統二年十月十一日（1910 年 11 月 12 日），轉引自王爾敏：《"中國"名稱溯源及其近代詮釋》（1976），《中國近代思想史論》，第 459 頁。

55　章太炎：《中華民國解》（1907），《章太炎全集》（四），第 252 頁（着重號係筆者所加）。另參見楊度：《金鐵主義說》，《楊度集》，王晴波編，長沙：湖南人民出版社，1986 年，第 373 — 374 頁。

楊度此說，經章氏引用而被廣泛傳播。然而，章太炎腹誹僅以文化認同民族的立場，他還強調血統和種族的重要性，以及光復漢民族政權的必要性。[56] 因此，章太炎力主建號 "中華民國"："建漢名以為族，而邦國之義斯在；建華名以為國，而種族之義亦在。此中華民國之所以諡。"[57] 此論五年之後，"中華民國" 於 1912 年誕生。1949 年，"中華人民共和國" 成立。

四、民族／國家與中華意識

民族意識是個人或群體對一個 "民族" 的歸屬感，其中既有客觀因素，也有主觀認同。一般說來，認同者總是把自我民族視為崇高價值，是區別於他人的特殊的東西。尤其是 19 世紀以來，這種觀念更為常見。世界上有兩個極為相似的古老意識：非我族類之夷夏之分；非希臘人，蠻族也。可見，區別自我與蠻族，或曰蠻夷和文明的對照，並不始於盧梭 (Jean-Jacques Rousseau, 1712 — 1778)。儘管我們今天所說的、作為政治現象的國族意識很晚才形成，但那種 "自己人" 的感受，為了認同感而劃定界線所帶來的 "我們" 意識卻由來已久。在中國和希臘的古老意識中，人們便可以初見以後民族主義的端倪。當清政府被逼與 "英夷" 簽訂不平等條約時，與其說中國人（包括在朝者）由於割地賠款而受到沉重打擊，毋寧說是另一種打擊更為關鍵、更為沉重，即傳統的 "民族／國家" 優越感或強烈民族意識的挫傷。直至鴉片戰爭爆發之前，清朝秉政者和大部分士大夫面對在華外國人懷有一種強烈的優越感，深信外國人來華只是仰慕華風而已，只是為了被同化。西洋諸番與中國的交流，被視為來朝進貢。

民族主義既是一種研究對象，也是一種詮釋方法。作為詮釋方法，民族主義往往與研究者的出發點和倚重點有關；並且，學者們運用這種方法時，常受各自世界觀和意識形態的嚴重束縛，不僅在中國如此，在西方也一樣。面對當

56　參見黃興濤：《民族自覺與符號認同："中華民族" 觀念萌生與確立的歷史考察》，載《中國社會科學評論》（香港），2002 年 2 月創刊號，第 199 — 200 頁。

57　章太炎：《中華民國解》（1907），《章太炎全集》（四），第 253 頁。

今世界政治和社會霸權，弱者的民族主義往往出於自我保護和自我標榜；而西方國家的學者，常以為西方的觀點到處可以通行。作為一種得心應手的工具，民族主義在西方近現代中國研究中最為常見，且不乏濫用之例[58]，比如前文所述西方中國研究中對前現代中國沒有 nation 的推論。

　　不可否認，這種寫字桌上的發明[59]，即發明 20 世紀前不存在中國 nation，自然有這樣或那樣的理論前提。儘管民族主義論戰中的各種理論常可互補，但也常有對立論說，被用來為完全相反的研究宗旨服務。假如只把一種理論（比如1945 年以後、尤其是 1970 年代以來圍繞 "nation building" 模式所發展、並佔有強勢的理論）視為不刊之理，其他觀點都不足為訓，那麼，不管立論多麼驚人，由此得出的結論很可能是極為平庸的。人們可以贊同 "no Chinese nation"之說，但也可以對之進行反駁；這時，所依據的理論或所選用的方法極為重要。也就是說，觀點需要論據來圓說。必須弄清的問題是，論點的依據何在，它是否經得起常識、史料和歷史事實的推敲。

　　筆者以為，"no Chinese nation" 命題的論證是相當貧竭的，或可稱之為 "發明"—— 一種讓客觀存在得以消失之發明，且為當代西方中國問題研究中頗有影響的一個發明。此說的根據是：依然以國名為說，所謂中國人在歷史上對其共同體或社會的稱謂，更多是用其他名稱，而不是 "中國" "中華" "華夏" 等，這種說法不符合歷史事實。

　　也許有人會說，持 "no Chinese nation" 觀點的人，是在 "民族國家" 或 "國家民族" 的框架中否認前現代中國具有國族構建能力。這種觀點自然也缺乏依據。誠然，法國大革命以後的 nation 概念，與前幾百年的 nation 概念相去甚遠，概念的內涵大不一樣。可是作為社會整體的民族，是世代歷史發展的產

58　參見羅志田：《民族主義與近代中國思想·序論》，第 3 頁。

59　在民族主義問題討論中，人們偶爾用 "寫字桌上的發明" 來指稱現代意義的 nation 概念。的確，近現代 nation 概念是最具影響的發明之一。本文所依據的，則是寬泛意義上的 nation，是整個人類歷史所認識的 nation。乍一看，前現代中國沒有 nation 的觀點，似乎從 "辦公桌上的發明" 推演而來；其實，它不只僅此而已，它沒有顧及中國傳統與現代民族或國家概念之間的區別。這就導致一個原則性的問題：人們所看到的一百多年前才突然出現的中國 nation，究竟從何而來？

物。地域、社會、歷史不同，民族觀念亦因而有異。的確，Nation 依然謎一般地抗拒着世人的解讀。[60] 筆者以為，用 1789 年之後、尤其是 1970 年代以來西方對現代 nation 概念的特殊理解來置疑存在已久的中國 nation，這是大有問題的。誰也不會聲稱，1789 年之前的法蘭西、大不列顛或葡萄牙沒有 nation（民族或國家）。"民族" 和 "民族主義" 畢竟不是同義概念。現代 "民族主義" 產生於 19 世紀的歐洲，並隨着歷史發展而逐漸注重認同形式，它與此前（歐洲和其他地方）的 "民族" 存在是兩回事。從另一個意義上說，我們也不能輕易否認民族的存在："民族主義所理解的 '民族' 一開始就認定，民族只能是這樣的。這裏也應該說：實際的 '民族' 是事後才造就的。"[61]

在范文瀾看來，中國民族發端於秦代和漢代早期，漢民族的形成是建立帝國、以郡縣制取代封建制並實現國家統一的主要原因，"車同軌" "書同文" "行同倫" 是統一國家的堅實基礎。並且，秦漢以下，漢族已經是一個相當穩定的共同體。[62] 這個觀點在某種程度上甚至與 "民族國家" 或 "國家民族" 的觀念有相似之處 [63]，因為這裏所說的中國 "民族"，有別於原先那種 "土生土長" 的 "族類" 或 "民"，它是非常明確的政治歷史實體。另外，它也有別於歐洲前現代的那種狹隘民族觀念：歐洲近代早期一般只說 "貴族民族" 或曰社會上層的 "民

60　參見溫克勒爾：《〈民族主義〉導言：民族主義及其功能》，載溫克勒爾編《民族主義》，柯尼斯施泰因：Athenäum, Hain, Scriptor, Hanstein，1978 年，第 34 頁。（Heinrich August Winkler, "Einleitung. Der Nationalismus und seine Funktionen," in: *Nationalismus*, hrsg. von ders., Königstein/Ts: Verlagsgruppe Athenäum, Hain, Scriptor, Hanstein, 1978, S. 5-46）

61　霍布斯鮑姆：《關於民族主義的一些思考》，載諾斯特爾、漢森主編《社會科學中的想像和精準》，倫敦：Faber & Faber，1972 年，第 387 頁。（Eric J. Hobsbawm, "Some reflections on nationalism," in: T.J. Nossiter and A.H. Hanson (Eds.), *Imagination and Precision in the Social Sciences: Essays in Memory of Peter Nettl*, London: Faber & Faber 1972, pp. 385-406）

62　參見范文瀾：《關於中國歷史上的一些問題》，之七：自秦漢起中國成為統一國家的原因》，《范文瀾歷史論文選集》，北京：中國社會科學出版社，1979 年，第 56 — 70 頁。

63　自法國大革命的 nation 概念逐漸普及以來，現代西方 nation 思維中的一個決定性因素（至少在理論上）是 "人民主權"，主張人民即民族，要把主權賦予人民，把政權的合法性交託給人民。然而，按照這個思路，當今世界實際狀況會把許多國王、皇帝或獨裁者當政的國家排除在世界（民族／國家）大家庭之外。

族意識"。從這個意義上說，我們甚至可以看到一種非常"古老的中國民族主義"。[64] 這種民族主義（或曰"民族認同"）自然沒有今天那種涵義，可是意義非同一般。同軌同文同倫，能夠實現國家的統一，文化認同能夠增進國家的凝聚力。霍布斯鮑姆（Eric J. Hobsbawm, 1917 — 2012）強調指出："民族主義先於民族。不是各民族造就了各種國家和各種民族主義，恰好相反。"[65]

具有強烈的自我意識和自我價值觀的中國民族概念，早在華夏中心主義時期就已打上顯明的民族意識烙印；並且，在有關中國民族的觀念中，主觀心理上的歸屬感起着很大的作用。它在某些方面與古希臘那種純粹的文化認同感（類似以後的民族情愫或民族自豪感）不無相似之處，又近似於羅馬帝國的普世主義（universalism），其普世性主要是指一種類型的文化帝國主義，通過文化擴張和文化強權達到政治上的統一。中國的"天下"觀念亦有普世特色，幾乎給民族自我評價提供了準宗教的依據，或至少賦予這一觀念以超驗意味。在"民族"意識形成的長期過程中，中國的普世性觀念起了極大作用。這種普世主義既是地理意義上的，也是文化意義上的；"大一統"思想成了支撐（非現代概念意義上的）"民族"的支柱之一。19 世紀西方炮艦徹底摧毀了中國人"中央之國"的觀念之後，儘管對傳統的失落感與日俱增，對"民族"這個起融合作用的概念之文化詮釋卻依然佔着上風。[66] 與此同時，為了抵禦外患並爭取民族主權，（逐漸帶上現代涵義的）中國民族主義登上了政治舞台。

這就形成了 19、20 世紀之交的一整套民族主義話語。梁啓超在《國家思想變遷異同論》（1901）中指出："今日之歐美，則民族主義與民族帝國主義相嬗

64　當然，這與民族的現代範疇關係有限，更多的與古代猶太"民族主義"及歐洲中世紀"民族主義"所理解的民族觀念相近。一切都取決於概念的理解和觀察者的立場。在此，我們還聯想到朱元璋（1328 — 1398）著名的"驅除胡虜，恢復中華"，或者陸游（1125 — 1210）的絕筆詩《示兒》："死去元知萬事空，但悲不見九州同。王師北定中原日，家祭無忘告乃翁。"朱元璋的"中華"與陸游的"中原"，都應視為戰鬥概念或政治行動綱領，其認同感的源泉及對象正是中國。

65　霍布斯鮑姆：《1780 年以來的民族與民族主義》，第 21 頁。

66　直至 19 世紀末，關於文化和文明概念以及與之相關的中國民族觀念，保守的傳統主義者無疑起着定調的作用。（參見蘇輿輯《翼教叢編》，台北：文海出版社，1970 年）

之時代也。今日之亞洲，則帝國主義與民族主義相嬗之時代也。"[67] 這是 "民族主義" 一詞在漢語中的最早運用之一，它被看作新近西方凝聚人心、建立民族國家的主要思潮：

> 凡百年來種種之壯劇，豈有他哉？亦由民族主義磅礴衝激於人人之胸中，寧粉身碎骨，以血染地，而必不肯生息於異種人壓制之下。英雄哉，當如是也；國民哉，當如是也。今日歐洲之世界，一草一石，何莫非食民族主義之賜。讀十九世紀史，而知發明此思想功不在禹下也。民族主義者，世界最光明正大公平之主義也，不使他族侵我之自由，我亦毋侵他族之自由。其在於本國也，人之獨立；其在於世界也，國之獨立。[68]

1903 年，蔣方震以同樣的理念，在《浙江潮》上撰文闡釋民族主義，論述 19 世紀 "落落諸大事，無一非由是民族主義者，磅礴衝激而成。故一部 19 世紀史，即謂為民族主義發達史可也"[69]。在他看來，"今日歐族列強立國之本，在民族主義，固也。然彼能以民族主義，建己之國；復能以民族主義，亡人之國。" 因此，他慨然指出："今吾不再拭一掬淚，以為吾同胞告，則吾恐終為所噬，而永永沉淪，萬劫不復也。乃言曰：今日者，民族主義發達之時代也，而中國當其衝。故今日而再不以民族主義提倡於吾中國，則吾中國乃真亡矣。"[70] 同年，《湖北學生界》刊文論説中國之前途，指出 19 世紀歐洲各國由民族主義進而為民族帝國主義，而今日中國為世界競爭之中心，該文同樣視民族主義為救亡圖

67　梁啓超：《國家思想變遷異同論》（1901），《飲冰室文集》之六，第 19 頁。

68　梁啓超，同上，第 20 頁。

69　余一（蔣方震）：《民族主義論》，載《浙江潮》第 2 期，光緒二十九年二月二十日（1903 年 3 月 18 日），第 16 頁。

70　余一（蔣方震）：《民族主義論》，載《浙江潮》第 1 期，光緒二十九年一月二十日（1903 年 2 月 17 日），第 2 頁。

存之利器，並因此大聲疾呼："我國民不急行民族主義，其被淘汰於二十世紀民族帝國主義之潮流中乎？！"[71]

五、共同的文化象徵，或發明傳統和被篡改的歷史？

哈貝馬斯（Jürgen Habermas）認為："民族主義是一種以繼承文化傳統為前提的意識構造，而繼承本身是被一系列史篡和反思過濾過的。"[72] 在探討中國1900 年前後作為一個任人宰割的民族之歷史狀況時，如果視而不見或乾脆排除確實存在的文化認同，而只專注於幾十年以後才在理論上定型的"民族國家"模式，那麼，我們所能看到的結論，便是白魯恂（Lucian W. Pye）所說的那樣："民族主義應該僅僅涉及那些與'民族國家'觀念相關聯的情感。""中國雖然產生了世界上最偉大的一個文明，並且仍然有牢固和雄厚的文化力量，但奇怪地，在現代它的民族主義卻是幼稚、空洞的。"[73] 白魯恂不僅在這裏，而且還在另一篇文章中說："民族主義是一種現代情感。傳統的'中國情結'或者大漢沙文主義觀念，是不應與中國民族主義等同看待的。"近代中國民族主義缺乏至關緊要的象徵和神話系統，缺乏共通的集體記憶和集體理想，因而只能呈現一種"頗為空洞的民族主義"（relatively contentless nationalism）。[74] 是否能夠同意白魯恂的這個奇特觀點，完全取決於（筆者再次強調）對"民族主義"和"民

71　《論中國之前途及國民應盡之責任》，《湖北學生界》第 3 期（1903 年 3 月 29 日），第 11 頁。

72　哈貝馬斯：《事實性與有效性 —— 關於法律和民主法制國家之理論討論的文章》，法蘭克福：Suhrkamp，1992 年，第 635 頁。（Jürgen Habermas, *Faktizität und Geltung. Beiträge zur Diskurstheorie des Rechts und des demokratischen Rechtsstaats*, Frankfurt: Suhrkamp, 1992）（童世駿中譯本書名為《在事實與規範之間》）

73　白魯恂：《中國民族主義與現代化》，載《二十一世紀》1992 年 2 月號，第 13、14 頁。

74　白魯恂：《中國的民族主義是如何改頭換面的》，載《澳大利亞中國問題雜誌》第 29 期（1993 年 1月），第 109、126、133 頁。（Lucian W. Pye, "How China's Nationalism Was Schanghaied," in: *The Australian Journal of Chinese Affairs*, No. 29〔January 1993〕, pp. 107-133）

族"概念的理解，對"民族"的不同理解會導致不同形式的民族主義。[75] 然而，在談論那種與任何形式的"民族主義"毫不相干、絲毫不以中國"民族"的存在為前提的傳統"大漢沙文主義"時，卻同時談論彷彿突兀成型的現代中國民族主義，顯然是很勉强的，似乎這些現象毫無歷史關聯。我們必須用歷史眼光來把握前現代與現代中國"民族認同"的進化以及中國"民族"的轉型。如前所述，現代的、極端政治化的 nation 概念，或曰"政治性民族主義"（political nationalism），其歷史並不久長。[76] 因此，民族主義當然只是（也只是在某種意義上）19 世紀和 20 世紀的一種意識形態；就這點而言，它的確是一種現代情感，體現"個人對民族國家懷有高度忠誠的心理狀態"[77]。

　　對 19 世紀 nation 觀念之分類具有深遠影響的是一種對比，即德國與法國比照之下的中歐之"文化 — 民族"與西歐之"國家 — 民族"的區別。[78] 也有學者將之區分為主觀政治性亦即西方（指西歐）的 nation 概念與客觀文化性亦即東方（指中歐和東歐）的 nation 概念。[79] 聯繫中國範例，我們可以看到，中國的民

75　參見格林費德：《民族主義 —— 現代性的五條路》，麻省劍橋：Harvard University Press，1992 年，第 7 頁。（Liah Greenfeld, *Nationalism: Five Roads to Modernity*, Cambridge, MA: Harvard University Press, 1992）

76　蓋爾納認為，一個人需要國籍亦即民族屬性，就像他需要鼻子和耳朵一樣。雖然缺少這兩個器官中的一個不是不可想像的，有時確實會出現這種情況，但那只是遭遇不幸的後果，而且它本身就是一種不幸。一切都讓人覺得毋庸置疑，儘管那是一種錯誤。這看上去毋庸置疑的正確狀況，其實是民族主義問題的一個方面，或許也是其核心問題。擁有國籍亦即民族屬性，不是人的固有特徵，但是人卻獲得了這一外表。（參見蓋爾納：《民族主義與現代》，漢堡：Rotbuch，1995 年，第 15 — 16 頁。（Ernst Gellner, *Nationalismus und Moderne*, Hamburg: Rotbuch, 1995; Original: Nations and Nationalism, 1983）

77　《簡明不列顛百科全書（中文版）》第 6 卷，北京：中國大百科全書出版社，1985 年，第 6 頁。

78　參見邁內克：《世界公民與民族國家》，《邁內克全集》卷五，斯圖加特：Koehler，1907 年。（Friedrich Meinecke, "Weltbürgertum und Nationalstaat," in: *Meinecke Werke*, Bd. 5, hrsg. v. H. Herzfeld et al., Stuttgart: Koehler, 1907）；德意志 / 福爾茨編：《國族構建》，紐約：Atherton Press，1963 年。（Karl W. Deutsch and William. J. Foltz (Eds.), *Nation-building*, New York: Atherton Press, 1963）

79　參見科恩：《民族主義理念》，紐約：Macmillan，1944 年。（Hans Kohn, *The Idea of Nationalism*, New York: Macmillan, 1944）

族概念具有很大的文化主義特色，甚至帶有泛中國文化觀念。然而，中國民族觀念中的文化 — 語言特色與歐洲"東方"民族觀念之間有着巨大差別：歷史上德國人以及大多數東歐和東南歐人的民族情感，沒有一個現成的、具有歷史淵源的國家可供他們認同並成為他們民族認同的載體。[80]而中國"民族"觀念，永遠離不開"中國""中華民族"。且不看這種觀念是如何產生的，它委實是一個恆定因素，既體現於歷史遺傳下來的文化認同模式，亦見之於後來的理論建構；它被客觀化了，甚至可以說是"物質化"了。因此，中國民族主義既以歷史／國家、又以文化／語言之傳統來論證民族整體 —— 當初如此，今天亦然。正如民族主義要讓人們用"民族的"方式進行思考一樣，中國民族主義則以"中華民族的"方式思考問題。

　　"國族文化"是一種敘事（narration），霍爾（Stuart Hall, 1932 — 2014）歸結了這種敘事形式中的五個要素：其一、國族敘事。這種敘事體現於國族歷史、文學、媒體和日常文化，並被一再敘說。它在國族關聯中建構歷史、象徵、觀念、風景、事件、儀式等現象。其二、強調起源、延續、傳統和永恆。國族認同被視為本源性、第一性亦即本來就已存在的東西，是國族根源的自然表現，即便那些所謂的根源時常需要或必須從其朦朧狀態中喚醒。其三、傳統之發明（霍布斯鮑姆）。一些看似古老的傳統，其實剛出現不久，或是被發明出來的。發明的傳統，旨在顯示一些禮儀或象徵的關聯，具有特定價值和行為準則的意義，並被看作歷史的遺傳。[81]其四、締造之神話。建構國族文化的一個必要因素是締造之神話，國族及其民族性的起源被放在久遠難考的時代，現時與神話時代的界線無從說起。其五、虛構一個純正的肇始之民。[82]斯克魯頓（Roger

80　參見溫克勒爾：《〈民族主義〉導言：民族主義及其功能》，第9頁。

81　參見霍布斯鮑姆、蘭格編：《傳統的發明》，顧杭、龐冠群譯，南京：譯林出版社，2004年，第1頁。（Hobsbawm, Eric and Terence Ranger (Eds.), *The Invention of Tradition*, Cambridge: Cambridge University Press, 1983）

82　參見霍爾：《種族主義與文化認同》，漢堡：Argument，1994年，第203頁。（Stuart Hall, *Rassismus und kulturelle Identität*, ausgewählte Schriften 2, Hamburg: Argument, 1994）

Scruton) 認為，儘管人的行為是自主獨立的，但其天性要求他認同於某種更高的東西：作為一個國家、民族、社會、階級、團體或機構的成員，他同這些機制或許關係不大，可是直覺讓他視之為 "故鄉"。[83] 這抑或就是韋伯（Max Weber, 1864 — 1920）所説的 "命運共同體"（Schicksalsgemeinschaft）？

　　所有民族主義和文化認同都少不了象徵符號。在中國民族主義中，並不像白魯恂所説的那樣，缺乏象徵、神話、集體記憶和集體理想。我們可以看到作為文化符號的 "孔子" 和作為種族符號的 "黃帝"，還有 "萬里長城" 這一標誌民族榮耀的歷史符號。這一切都寄託着民族想像和國族認同，或激發社群意識，或表示國族邊界。不管是巍然屹立的長城，還是被奉為教主的孔子，或是空蒙難稽的黃帝，這些認同符號的功能在於凝聚人心，陶鑄民族情懷。在與此相關的中國集體象徵體系中，有着很多 "人種的" "歷史的" 象徵，印證着現代民族主義思想的一大特點：從 "真實的" 或 "根基性（primordial）" 認同出發，社會群體和階層視自己同屬於一個文化整體，甚或是同世整體。即便誰都知道國族完全是一種新的、歷史的現象，卻都總要從無從追憶的 "過去" 中發現 nation[84]，甚或在神話和想像中 "發明傳統" "虛構譜系"[85]。縱有百族之交千年之久，同世整體的成員永遠都是本家，可以追溯到炎帝和黃帝，大家都是黃帝後

83　參見斯克魯頓：《權力與效忠》，載唐納德、霍爾編《政治與意識形態》，米爾頓凱恩斯：Open University Press，1986 年，第 156 頁。（Roger Scruton, "Authority and Allegiance," in: James Donald and Stuart Hall (Eds.), *Politics and Ideology*, Milton Keynes: Open University Press, 1986）

84　參見安德森：《想像的共同體：民族主義的起源與散佈（修訂本）》，倫敦、紐約：Verso，1991 年，第 11 頁。（Benedict Anderson, *Imagined Communities: Reflections on the Origin and Spread of Nationalism*, revised edition, London/New York: Verso, 1991）

85　參見霍布斯鮑姆、蘭格編：《傳統的發明》。

裔、炎黃子孫或軒轅世胄。[86] 或從象徵的意義上説：龍的傳人，這依然是中國文化主義民族觀的一種體現。或者如霍爾對於民族認同的描述那樣："不管一個共同體成員的階級、性別或'種族'多麼不一樣，一種民族文化總是試圖將其團結在一種文化認同之下，為了把所有人當作同一個家庭的成員。"[87] 於是，一個頗具"血緣政治"（politics of blood）色彩的、根深蒂固的共同體，扎根於人的意識之中。為了理性而相對地看問題，我們還是引用雷南（Ernest Renan, 1823 — 1892）早在 1882 年就説過的一句名言以作警示："沒有一個國族不篡改自己的歷史。"[88]

　　符號資源是多種多樣的，其"歷史感"往往是不可或缺的。"中國者，有歷史的人種也，凡一民族立於世界，其遺傳之歷史甚久者，則必有固有之特性，種之於數千年以前，根深蒂固，決非可以一旦拔除之者也。"蔣方震此説，在

86　黃帝無疑是個茫昧難稽的神話式人物。春秋以前的《詩經》《書經》所記最古之帝王皆止於禹，《論語》《墨子》《孟子》等書則上溯至堯、舜而不及黃帝，司馬遷撰《史記》遂置黃帝於帝系之首。明清之際反清大儒王夫之於 1656 年完成《黃書》，倡黃帝界定中國"種類"畛域之説。此説成為晚清漢民族主義者之共識。換言之，中國人為"黃帝子孫"的説法，是 20 世紀初年之國族建構的產物。關於"黃帝"崇拜之發明，"黃帝"神話在晚晴知識界的廣泛傳播，以及"黃帝"如何成為清末民初中國民族認同之文化符號與創造集體記憶的源泉，參見沈松僑：《我以我血薦軒轅：黃帝神話與晚清的國族建構》，載《台灣社會研究季刊》第 28 期（1997 年 12 月），第 1 — 77 頁；孫隆基：《清季民族主義與黃帝崇拜之發明》，載《歷史研究》2000 年第 3 期，第 68 — 79 頁；另可參見錢穆：《黃帝》，台北：東大圖書公司，1983 年。

在清末民族主義思潮中，還有一種"黃帝來自巴比倫"的説法。法裔英國人拉克伯里在其《中國上古文明的西方起源》（Terrien de Lacouperie, *Western Origin of the Early Chinese Civilisation from 2300 B. C. to 200 A. D.*, London: Asher, 1894）中，提出黃帝裔出巴比倫，漢人祖先為巴比倫人。此説傳至東亞，曾在日本和中國贏得不少知音。清末經由日本傳入的"西來説"，極具政治色彩，尤其給排滿民族主義者提供了一個外來認同亦即自身歷史的認同，賦予漢族以現代象徵和強盛、進步等近代意義。然而，當此説的擁護者發現"西來説"表明漢族的外來性而不合排滿政治目標時，毫不猶豫地告別了"西來説"。關於拉克伯里的"中國文明西來説"，此説在明治日本及清末中國的傳播、影響和解讀，參見孫江：《拉克伯里"中國文明西來説"在東亞的傳佈與文本之比較》，載《歷史研究》2010 年第 1 期，第 116 — 137 頁。

87　霍爾：《種族主義與文化認同》，第 205 頁。

88　雷南：《何謂國家？》（Ernest Renan, "Qu'est-ce qu'une nation?"，1882，又譯"何謂國民？""何謂民族？"），轉引自霍布斯鮑姆：《1780 年以來的民族與民族主義》，第 24 頁。

於召喚 "國魂"："一民族而能立國於世界，則必有一物焉，本之於特性，養之以歷史，鼓之舞之以英雄，播之於種種社會上，扶其無上之魔力，內之足以統一群力，外之足以吸入文明，與異族抗。其力之膨脹也，乃能轉旋世界而鼓鑄之。而不然者，則其族必亡。茲物也，吾無以名之，名之曰國魂。"[89] 在歷史上，尤其在 19、20 世紀之交，中國民族主義的作用首先體現於增強民族意識以發揮民族能量，"民族" 是感召和戰鬥概念。梁啓超指出："自十六世紀以來（約三百年前），歐洲所以發達，世界所以進步，皆由民族主義 Nationalism 所磅礴衝激而成。民族主義者何？各地同種族，同言語，同宗教，同習俗之人，相視如同胞，務獨立自治，組織完備之政府，以謀公益而禦他族是也。"[90] 是時，各省留日學生多創辦同鄉會雜誌，在國難不斷之秋，出於祖國情懷，對國魂之求索尤為執着，對 "中國性" 之文化認同尤為殷切。蔣方震則在《浙江潮》上揭櫫民族主義曰："合同種異異種，以建一民的國家，是曰民族主義。"[91]

百年之後的今天，民族主義更多的在社會整合、內部穩定、調和矛盾方面發揮作用。今昔二者的共同之處是，民族概念一方面作為口號來為國家的現代化服務（現代民族主義往往也是對自我落後狀態的一種反應和民族復興之喊）。另一方面，它（對外，亦可對內）藉助於民族口號來為 "正當性" 提供依據，而 "中國" 稱謂本身就已經是一個文化象徵 —— 當初如此，今天亦然，甚而被提煉為一種 "心靈"[92]，如同當代一首著名歌曲所展示的那樣：我的中國心。這再一次證實了我們早已知道的現象：民族主義的作用之一，就是創造共同的

89　蔣方震：《國魂篇》，載《浙江潮》第 1 期（1903 年 2 月 17 日）"社說"，第 6 頁。

90　梁啓超：《新民說》（1902），《飲冰室專集》之四，第 3 — 4 頁。

91　余一（蔣方震）：《民族主義論》，載《浙江潮》第 1 期（1903 年 2 月 17 日），第 3 頁。

92　雷南認為，"民族是靈魂，是精神原則。" 構成這種靈魂與精神的因素只有兩個：一個是在過去；另一個是在現在。一個是共同擁有的記憶豐富的傳統；另一個是贊同生活在一起的現實，以及繼續珍惜共同傳統的意志。—— 參見雷南：《何謂國家？》，海斯、約勒編，維也納：Bonzen，1995 年。（Ernest Renan, *Was ist eine Nation? Und andere politische Schriften*, hrsg. von Hans Heiss und Reinhard Johler, Wien: Bonzen, 1995）

文化象徵，為的卻是不同的目的。[93]

　　Nation 不是天生的，也不是一成不變的；[94] 作為一種社會機制的 nation，不是假設之物，而是歷史發展的結果。今天對 nation 概念的認識，是歷史的積累，歷史還會不斷修正前說。從某種程度上說，Nation 依然是一個有待徹底破譯的象徵。因此，鑒於現代民族主義概念本身的模糊性，以及 nation 之性質隨歷史而變，沒有一種理論是放諸四海而皆準的。但有一點是可以肯定的：近現代民族主義給人類帶來的不僅是平等、主權、民主、人權；無數次衝突、戰爭、種族主義、民族殺戮，至今還在表明始於 19 世紀、建築在劃分界線、排斥攘除、建立同仇基礎上的 nation 觀念之好戰性。從這個意義上說，民族主義還是一種 ideology，即虛假意識。

　　中華民族 —— Chinese nation(s)，"五族共處"。這種組合肯定不符合民族主義中的"民族國家"理論，也就是各民族為不同的實體，民族有權或必須獨立自主各自建國。但這只是理論或教條而已，世界上多民族之 nation 比比皆是，大至俄羅斯、美利堅，小至瑞士、比利時。正是在歐洲這個現代民族主義理論的發源地，法國的巴斯克人、布列塔尼人、科西嘉人，大不列顛的威爾士人、愛爾蘭人、蘇格蘭人，西班牙的巴斯克人、加泰隆人等，受民族主義驅使，自主獨立的呼聲此起彼伏。與此同時，歐洲共同體卻在不斷壯大，早已擴展至東歐。其目的無外乎整合一個中國人在 19 世紀就已說過的"歐羅巴民族"亦即 European nation(s)。同樣，誰都知道現代民族主義理論盛行的美國這一多族裔之國的"效忠宣誓"："上帝之下同屬一國（one nation under God）。"

93　參見史密斯：《民族主義與經典社會科學理論》，載《英國社會學雜誌》1983 年第 1 期，第 19—38 頁。（Anthony Smith, "Nationalism and Classical Social Theory," in: *The British Journal of Sociology*, vol. 34, Nr. 1〔1983〕, pp. 19-38）

94　斯潘賽和沃爾曼甚至認為，所有類型的民族主義都是"不穩定的混合物"。—— 斯潘賽、沃爾曼：《民族主義 —— 批判性導論》，倫敦：Sage，2002 年，第 270 頁。（Philip Spencer/Howard Wollman, *Nationalism: A Critical Introduction*, London: Sage, 2002）

附錄二

沿內外以尋文明

—— 學術論壇實錄

◆ 郭文瑞　柏奕旻

　　作為本屆高端論壇的另一重頭戲，供十五位學者各抒己見的學術論壇於次日在京師大廈第六會議廳舉行。專家的講演與討論以圓桌形式開展，意在激發同會議主旨相關的更具交互感的討論，也預示着出自不同學科、立場的觀點能就此展開更為直接的交鋒。此間，傳統的制度史、觀念史研究自是題中之意，而與會學者除自覺更新方法論、達致"舊題新作"的目標外，前沿的文化史、概念史等學術路徑也被充分採用，並施之以若干重大歷史現象、特定文獻、話語流變或宏大敘事等問題的處理，不乏深刻見解。嚴謹的論文發表環節，並非精彩內容的全部：諸位學者着意交待的不少"題外話"，以及彼此間或是"不約而同"或是"各執一詞"的坦率交流，也極大地開闊了在場觀眾的知識視野，深化乃至刷新了對會議主題、進而對歷史研究本身意義的再思辨與再理解。

一、中原與邊疆：秩序變動的歷史意義

　　第一場論壇集合了甘懷真、李焯然、馬戎與羅新四位教授近年來的最新研究成果，連同作為評析人的李懷印教授一起，呈現了人文社會科學研究面對"歷史中國"議題時所能達到的話閾廣度與思考深度。切入點的殊異，造就了研究面目的各

不相同，使若干結論兼具獨特性與爭議性。無論是醞釀已久抑或臨場迸發，都欲在此辯個明白。

　　甘懷真以簡要梳理唐代以前中國內外制度的變化為起點，重思《唐律》中的"化之內外說"。在他看來，自秦始皇建立"天下帝國"，中國的內外制度便經歷了秦與西漢前期的郡縣制、西漢後期至東漢的"中國 — 四夷"制，以及"五胡亂華"時期"從內附到內臣"這一系列重要轉變，尤其是公元4世紀以降胡族國家的運動，更是帶來基層社會身份的一體化。因此，到了唐朝，儘管《唐律》中仍有所謂"化內""化外"之分，基層社會也仍充滿多樣的族群文化，但在制度上、身份上已無中國人與四夷人之分。他的結論是，"中國 — 四夷"說實現了由"屬人主義"向"屬地主義"的轉換，至此，"化內"與"化外"之分更應被看作原有儒家理論以"教化"分人這一標準的慣性延續。

　　基於對《世史正綱》《大越史記全書》等域內外歷史文獻的充分解讀，李焯然尋求重新梳理史籍中的"天下""中國""內外""華夷"等概念的可行性。他指出，辨明這些概念是理解歷史中國與周邊各國、甚至以"東亞"為核心話題討論國際關係的重要課題。誠然，"古為今用"是討論歷史議題的一大出發點，而與此同時，反思自身所處的社會環境與政治立場，自覺這些因素對於自身研究展開的切實影響，更是歷史學者亟需應對的前提性問題與現時挑戰。

　　馬戎的發言與現實的對話性較強，因而也即席引起觀點不一的反響。他結合多年深入西部考察的實證經驗，指出"認同"是把握當代中國西部地區問題的核心。他直言當下歷史教科書編纂的認識論前提是"中原王朝史觀"，這就造成西部地區青年對本地區民族情況、政權沿革、歷史人物不甚了解，因而缺乏足夠的自我認同。同時，非西部地區的青年也無法有效了解邊疆曾有的輝煌歷史 —— 這造成其居高臨下的態度，也造成彼此的差異與隔膜。

　　馬戎進言之，上述教科書問題實際反映出"中國史"研究的桎梏，而其破解之道，是廓清"中國"不等於"中原文化"，更不等於"漢族建立的政權"這一關鍵問題。他申明，"中國史"研究應囊括當今960萬平方公里領土上發生的所有歷史，惟如此才稱得上完整，也才能大致與其他國家的歷史敘事結構相當，這一做法非但不會忽視具體的歷史變遷，反而有助於人們看到歷史變化，看到中華文明極強的包容性與邊界的模糊性，從而有能力在變遷的過程中探討中國文化的特質及其延續至今的原因，以期為未來的發展提供歷史資源。

羅新專長於中古史研究，他首先反思了該領域目前的主流表述，即認為"五胡亂華"導致漢至唐近四百年的政治動盪與社會變化。關於二者是否構成因果關係，現代史學對以內亞人群為主導的十六國北朝研究是否完備，他均持懷疑態度。他認為，對於這一問題，儘管完整建立起一套新的歷史表述仍需時日，但歷史學家對此責無旁貸，因其工作的職責就是破除既有迷思，中止對歷史的誤讀與濫用。

針對本次會議的主題"歷史中國的內與外"，羅新坦言自己對"內""外"之間的"邊緣"問題更感興趣，這當然是指各種相對的邊緣，而非某一特定、固化的政體與文化邊緣，這在一定程度上類似於首日對話中寶力格提及的"中間地帶"。他舉自己長期研究的南北朝時期"蠻人"為例，他們生活在淮河以南的大別山、桐柏山一帶：

> 這群人生活在北魏和南朝兩大政權之間，看似同時被兩邊欺負，但又可以在此之間尋求自己的生存辦法與利益。雖然這群人在歷史上最終消失了，匯入到兩邊成為所謂"漢人"，但在相當長的歷史時期內，他們都有自己獨特的生存困境與生存技巧，這種情況非常適合用 middle ground（中間地帶）的方法研究。
>
> 我們在研究傳統中國時，很容易重視北邊而相對忽視南邊，重視政治活動而相對忽視真正的社會變遷。事實上，南方的社會變遷比北方深刻得多，但因為材料缺乏，或者僅因為事件不夠激烈、英雄人物不夠多，就容易為我們所忽視。

另外，他認為生活在明朝邊疆之長城地帶的複雜人群也是如此。生活在兩個甚或更多政權的邊緣與夾縫中，各政權之於他們的政策雖因時因地變化，但將其視為"外"或"生番"的態度卻未真正改變，由此帶來頗多值得細考之處。

有理由相信，李懷印在評議中首先指出四位學者給予他的啟發，絕非客套之語。他的概括凝練明了：歷史書寫總易受到宏大敘事的影響，而我們如能在研究中有意識警惕"分久必合，合久必分"或"華夏中心主義"等敘事話語的干擾，着意於重返歷史現場、進入史料本身，應會有更大收穫。他在某種程度上將四位學者的研究提升到這一高度加以論述，不僅指出其對以往迷思的破除，還進一步見出時間、空間、話語真實性三個維度上的意義：

> 就時間維度而言，我們講中國歷史上的"華夷""內外"之別，必須將其置於歷史的時間原點上加以理解，而不能以現在出發去倒推，更不能用目的論的觀點看待歷史的實際過程。羅新教授對"五胡亂華"概念的反思，正體現了對"後見之明"或者說"歷史目的論"的批判。

> 空間維度則是就中華文明而言。我們區分"華夷""內外"的標準，不僅指通行的血統或語言，也包括更為複雜的空間因素，比如戶籍或居住地。甘懷真教授對《唐律》的研究清晰體現了這一點。李焯然教授對"德化"概念的研究也對我啓發很大，他使我聯想到，康熙為何三次親征漠北，把準噶爾部落從外蒙古驅逐，卻沒有一鼓作氣佔領準噶爾駐地這一問題。他自己曾說，準噶爾部落所在地區土地貧瘠，對他來說毫無用處，而且百姓品性與中原地區相當不同，很難控制，因此沒必要再西征，這就與李焯然文中所引明太祖的說法很類似。康熙也好，明太祖也好，對"中國"的定位與當時歐亞大陸上很多"帝國"的定位完全不同，其中情況頗為複雜。

> 第三個維度則是對通行歷史研究話語的反思，比如"化外""化內"等概念自古至今就包含許多人為想像與建構因素，話語本身的真實性及其對歷史真相的反映都必須有所注意與反思。

最具爭議性的當屬馬戎提及的歷史教科書編纂問題，這引爆了在場學人的討論熱情，其激烈程度讓現場聽眾大呼"過癮"。寶力格着重討論教科書編寫中的"正義"問題。他從馬戎所說的將中國各地歷史俱含在內的編寫方法出發，極言其中隱含的"正義"問題及其失落可能導致的後果。他首先談到 1950 / 60 年代中國以馬克思主義史觀書寫歷史時經常使用的"正義"概念以及圍繞這個概念所討論的戰爭正義性、非正義性狀況，認為這體現了當時漢族同志對少數民族的道歉態度。而他發現，這一趨勢也是當下西方學者書寫歷史時的態度，如美國向印第安人道歉、澳大利亞向土著道歉、台灣向原住民道歉等。由此，他質疑當今對中華民族多元一體歷史的書寫"怎麼看起來沒有正義感了呢？我們好像只在慶祝統一，這忽略了這次討論中提及的情感問題，以及最基本的政治道義問題"。

歐立德從馬戎批判的"中原王朝史"聯想到他在個人成長過程中面對的教科書問題。在他的記憶中，小學時期的教科書以歐洲白種人在美洲大陸的光榮歷史為主，不談原住民與非洲人的歷史，也不談來自亞洲或西班牙帝國的人的歷史。這一狀況直到 1960 年代民權運動的興起始有改變，此後教科書中開始出現多元民族文化的內容，而且"正義"問題也被書寫。通過簡單介紹美國歷史教科書的這一內容變化及其原因，他欲以此為中國今後的教科書編寫提供參照之鏡。

現場觀眾也針對馬戎的觀點提出了實際操作上可能遭遇的困境。例如有觀眾問道，將中國現有國境線內所有民族的歷史都當成中國史的一部分加以敘述，以此為前提，邊疆地區變動的歷史又當如何書寫？譬如第二次鴉片戰爭及其後，一些政治活動導致北部一百多萬平方公里的領土從當時的清王朝劃歸現在的俄羅斯境內，它既已不在今日中國的版圖範圍內，歷史教科書又該如何處理此事？它算是中國史還是外國史？馬戎對此的回答是，這一提問源於對自己觀點的誤解，他聲辯道，主張中國史不應等同於中原王朝的朝代更替史，這並不意味着完全不述及朝代史，更何況朝代史書寫必然會涉及歷史地圖的變遷，兩者並不矛盾。

二、歷史與現實：材料解讀的求真意識

考據嚴謹、論辯清晰是第二場論壇發言人馮錦榮、趙剛和沈衛榮三位教授的共同特點，這一點也為同樣重視材料可信性的評析人李焯然教授所關注。

馮錦榮以《東西洋航海圖》《坤輿萬國全圖》及《皇輿全覽圖》這三部東亞地理輿圖繪製史上的珍貴實物為中心，為全場觀眾提供了它們的清晰影印件，並對構成其畫面的諸要素進行細緻讀解。在此基礎上，他還考察了三圖誕生所依託的測繪儀器條件，並結合當時一手文獻所記載的史實，圖文並茂地展示出地理輿圖視域中

的東亞圖景。

趙剛的對話意識直指"新清史"研究。他首先立足於對《皇朝文獻通考》的讀解與分析，以漢化、胡化、近代化、全球化為四大關鍵詞，總結了乾隆盛世時期清官方對多民族帝國大一統話語的重構情況。在肯定"新清史"學術貢獻之餘，他對其若干觀點有所質疑。簡言之，他認為"新清史"繼承了"漢化論"的本質主義觀點，未能深入把握中國漢地儒家社會孕育的超越族群界限的王朝認同傳統。

為對自己的觀點進行更為充分的佐證，趙剛進一步指出，本質主義的"漢化論"將歷史上的"漢族"想像成一個本質相同的單數群體，忽視其真實存在的多樣性與複雜性，無視這一單數化漢族概念的歷史成因：這個概念在辛亥革命時期才得以成型，是民族危機境況下的話語建構，而非歷史事實。他的觀點是，此前多數漢族人並無所謂"漢族"的觀念，他們的認同毋寧説是建立於儒家思想基礎上的王朝認同。事實上，儒家思想內蘊着解釋王朝更替鼎革的邏輯，民族問題並非其中的核心，但近代的"漢化"理論以至"新清史"研究都對此缺乏足夠的反思。

沈衛榮則對"西藏自古以來是中國領土不可分割的一部分"這一提法提出商榷意見。他認為，這一"從歷史中拯救民族國家"的嘗試或將妨礙史家對真實歷史狀況的研究。此後，他進一步結合近年研究的實例指出，歷史敘事與歷史話語以及它們背後的意識形態動力，常常會為歷史的求真設置障礙與難題，而這是歷史研究者需要自我警醒的。

此外，他還坦陳自己對"新清史"研究的思考與困惑。歐立德曾在他處將"新清史"研究的獨特性歸納為三點：一是滿族統治的"內亞性"，這有別於之前的"漢族王朝"視角；二是重視非漢文史料，尤其是滿文資料；三是注重全球史背景。而沈衛榮認為，"內亞性"概念及其運用均值得反思：是否只是近代以來的概念？考慮"內亞性"時，是否只顧及清朝與內亞的關係，卻忽略了內亞本身，甚至忽略了清朝之前"中國"與內亞的關係？由上，"內亞性"概念的使用是否應受時空上的嚴格限制？

以自己專長的領域為例，沈衛榮不無尖銳地指出，目前"新清史"過分強調且局限於對滿族與藏傳佛教之間關係的研究，想以此論證清王朝的"滿族性"，但是忽視了此前如明朝永樂皇帝等對藏傳佛教的信仰狀況，也無視清朝統治的宗教理念與藏傳佛教二者間的差異，這些都是對歷史真實面向的遮蔽。至於所謂"全球史"向度，他反倒認為，中國當下仍處於對"民族國家"概念非常敏感的狀態，過於強調"從民族國家拯救歷史"或"全球史"似乎為時尚早。

　　而後李焯然的評議以幽默開場，他戲言趙剛與沈衛榮分別談及清史、元史，讓作為明史研究者的自己頗感緊張，明朝恰好處於兩個異族政權之間。他的這番打趣緩解了會場的嚴肅氣氛。隨即，他對三人發言中均涉及的歷史作用或曰價值議題有所發揮，以"我們為何讀歷史"為問題意識，從時、空兩個維度加以闡發：

> 　　我們讀歷史其實是要還原歷史，以現代的眼光看待歷史上發生的矛盾，並尋求解決之徑，這是時間問題。……不同地區如何看待別國歷史，這是空間問題。錢穆先生曾在論著中反覆提到，讀史的作用是提高民族自信，提升民族歸屬感，可見本國史的閱讀、研究與外國史不同，但這種感情因素不應影響歷史研究的客觀性。

結合自己的明史研究，李焯然進一步對三位學者所言"內外"與"華夷"觀念的變動性觀點表示認同，他舉例說：

> 　　宋朝時，華族和蒙古族是敵對狀態。至於明朝時，華族政權已經恢復，蒙古也已是中國的一部分，有學者研究表明，當時，單在北京就有至少十萬人家。朱元璋曾說，蒙古人要離開可以，留下來的將一視同仁，此言表明明朝接受留下來的蒙古人。而且，我們一旦查看明人所編的元史，會發現，其中沒有一句指責蒙古人入侵中國的話。

以李焯然之見，上述事例體現出明朝人接受並認同蒙古人曾是中國歷史上的征服王朝，因而才會將其編入中國史書。同理，當我們談論"新清史"或清朝歷史，也要看當時的人是否也接受、認同其時的清朝政權。他強調，對征服王朝的接受與認同問題是歷史研究中需要特別注意的環節，這一環節絕非理所當然。比如，新加坡曾被日本佔領過三年零八個月，但新加坡歷史從不承認日本政權。

　　針對這一觀點，李焯然特別補充道，討論接受與認同的問題還要着重注意細節，不能犯以偏概全或想當然的毛病。例如，明朝雖整體性地接受了元朝與蒙古人在歷史上的存在，但仍難免有漢族士人激烈地討論華夷有別的問題，邱濬即是典例。他在北京做太學生時，恰好經歷了 1449 年土木堡之變，眼見明英宗被瓦剌俘虜、成為人質，當瓦剌人挾英宗至長城，兵臨城下之時，邱濬正在長城打保衛戰，這一切使他強烈的民族情緒可以被理解。但值得注意的是，邱濬尤其強調華夷有別，認為華、夷應各自安分守己，但他針對的並非留在中國的蒙古人，而是警告外族不要入侵。同理，宋朝與明朝的皇帝被俘虜時，都採用"北狩"的表述，這是一種事關民族自尊的歷史修辭。李焯然提醒治史者對這些細節多加注意，正確理解史實本身，以避免本國與外國研究者在交流中自說自話。

三、中國與鄰邦：關鍵事件的價值重審

　　第三場論壇主講人崔溶澈、波波娃和寶力格三位教授分別來自韓國、俄羅斯與蒙古，他們的生活經歷與學術背景使其各自形成獨特的考察視點，由此出發，他們對中國與周邊民族關係的討論也為論壇增加了豐富性與話題性。

　　崔溶澈在明清交替的歷史語境中觀照朝鮮的位置與動態。朝鮮曾長期接受中原儒家文化的影響，在朝代變易的過程中，為應對新的東亞秩序變化，孕育出"小中華意識"。崔溶澈指出，這一深受宋明朱子理學影響的意識具有突出的歷史意義，它不僅支持了當時朝鮮文人在觀念上堅守純粹的中華傳統，而且表現在實踐上，文人們通過直言上疏、義兵抗日、編纂並刊行《華東綱目》等活動，以此為有力的途徑，拯救朝鮮於危難。

　　波波娃聚焦於中俄歷史文化特性的研究，她提出，中國和俄羅斯的相互關係屬"混合文化"型國家關係，簡言之，俄羅斯的政治文化形成於歐洲的"水平"坐標傳統，而中國則是"垂直"坐標傳統，這就造成兩國在 17 世紀至 19 世紀初開展外交活動時迥異的歷史感覺。具體來看：

　　俄羅斯政治文化的形成依託於歐洲傳統標準，該標準以各主權國家

間的力量均衡為前提，俄羅斯因而致力於建立國家間的平等關係。17 至
19 世紀，俄羅斯與清代中國在政治、經濟、文化上都不相上下，從俄羅
斯方面看，俄中兩國在政治領域的關係應被視為國際關係中兩個主體之
間的關係，即平等關係。

　　而清代中國的政治文化基礎則在於以儒家思想為核心的政治、社會
等級制度及傳統世界觀。中國曾長期是遠東文化中心，許多鄰國也接受
中國的成就，因而中國極力打造一種垂直的國際關係，即自上而下、從
高到低的等級關係。

　　17 世紀中葉，強盛的大清帝國依託自己的國際意識與外交經驗，以 "天朝上
國" 的自我定位與所謂 "四方蠻夷" 的鄰國交涉。彼時的俄羅斯漢學界不僅不知中
國這一 "世界景象"，對中國文化的獨特性也所知甚微。波波娃援引俄羅斯漢學奠
基人比丘林（Nikita Y. Bichurin，1777 — 1853）在《中國社會道德狀況》中對中
國文化特性的描述：" …… 在東亞有一個國家，與其他所有國家完全不同，卻有着
罕見而神秘的政治影響，這就是中國。在這個國家，我們能看到我們都有的一切東
西，卻都不是我們所擁有的那樣。" 在波波娃看來，正是因為中俄有着根本不同的
國家體制形態與社會生活結構，上層建築與意識形態諸因素也皆不相同，才直接干
擾了比丘林對於語言等具體現象的領會。

　　進而，中俄的不同理解還體現在商貿、經濟等方面，從中俄商貿史、經濟關係
史中可見出二者在對外關係優先權上的本質差異，中國將政治利益置於首位，俄方
則首先竭力保障穩定的經濟關係。清代中國將 "聯繫" 視為對鄰邦民族的優惠，視
作鄰邦獲取中國文化贈品的一種形式，商品交換時常因為不具備文化價值而被視為
"低等" 事物。波波娃指出，相對 "平等" 的國際關係在清朝戰敗於列強後得以形
成，這是英法美等國以軍事手段將中國強行拉入世界政治、經濟體系的結果。在這
一背景下，中俄針對接壤區域中的遺留無歸屬領土簽訂了劃分和平協議，並制定了
具體條約條款。

　　1858 年，中俄簽訂《璦琿條約》，界定兩國黑龍江地區邊界。1860

年《北京條約》附件中確定了從烏蘇里江河口至海地區的領土歸屬。在
此基礎上，1864 年《中俄勘分界約記》（即《中俄勘分西北界約記》）界
定了中俄在亞洲中部地區的疆界問題。這一新的關係形式也影響了清政
府的對外政策。第二次鴉片戰爭過程中，清政府特別邀請俄羅斯擔任自
己與英國、法國國際談判的仲裁人，兩國的密切關係於 1896 年寫入《中
俄同盟條約》（即《禦敵互相援助條約》，又名 "中俄密約"）。

　　演講的最後，波波娃再次強調民族文化特性對政治文化及國家外交政策具有的
深遠影響。她認為，對民族文化特性的重視，或能有效補充並完善建基於國家社會
經濟特性的國際關係研究，但這需要解讀大量史料和文獻。

　　寶力格此次演講，關注蒙古在中國 "大國崛起" 話語、當代中國人自我意識發
展中的新位置。他從首日高端論壇的觀眾提問講起，這一問題是，"文化中國" 與
"政治中國" 的區別是甚麼？為甚麼今天的中國在表示友好和善意時，周邊國家仍
然敬而遠之，甚至頗為恐懼？寶力格認為，問題背後的焦慮是，中國如何一方面不
斷強大，另一方面不至讓周邊國家乃至全世界有威脅感。他指出，"文化中國" 的
內涵可能具有兩面性，作為軟實力表現的同時，也可能面臨陷入文化上 "萬國朝
聖" 的非平等心態的危險。而在這個意義上，今日中國的 "和平論" 聲音不僅應對
着國際上的指責，更重要的是已成為中國人的自我認同。

　　寶力格藉 1990 年代以降人類學研究對道德主體的強調，指明 "和平論" 展現
出了中國的國家追求，即 "試圖在崛起過程中持一套和平話語，以在全球範圍內建
立一個崇高、可愛、好的中國形象"，而這又內在涉及 "身份轉折" 問題，即讓原
本以為中國崛起是 "壞" 的人們也能轉而承認中國的 "好"。2015 年 9 月在天安門
舉辦的紀念抗日戰爭暨世界反法西斯戰爭勝利七十週年的閱兵儀式，在寶力格看來
其實質就是一種爭取 "承認" 的儀式甚至鬥爭。此番論證過後，寶力格話鋒一轉，
提出這種主流的 "和平中國論" 也很可能內含對中國內部少數民族的 "象徵性的暴
力化"。

　　這種闡述中的 "和平中國" 其實是 "漢族中國"，所謂熱愛和平的也

好，受傷害的也好，確實是基於歷史經驗與記憶，但這卻是被屏蔽的記憶，包含被蒙滿征服的漢中國的記憶。而我的問題則針對現實中的蒙滿人，針對處於中國內部的、已被內化成為中國少數民族的、作為中國公民的蒙滿人面對這種和平話語時的感受。

今天的這種和平話語面向世界，就樹立正面的國家形象而言可能是政治正確的，但本身卻是危險的。我更擔心這種時髦的說法作為一種敘事話語會慢慢產生副作用。漢族中國的"自我"需要少數民族作為"他者"來支撐，如果少數民族被同化，那就需要創造一個"他者"來完成表演。今天中國打着和平、友好旗號，追求如此形象的確立，這是不是也對應着另一種暴力？而這一暴力很可能是象徵的暴力，是歷史記憶的暴力；但同時也是雙向的，是對少數民族的象徵性的暴力化，需要少數民族承擔起這種"責任"。

羅新的評議首先對崔溶澈論文主題中的"小中華意識"做出引申，他介紹了北京大學王元周對該問題的研究，並指出，在《小中華意識的嬗變 —— 近代中韓關係的思想史研究》中，王元周更側重分析小中華意識建立後的狀況，及"大一統"觀念在現代國際秩序巨變中受到的衝擊與轉變。通過對"文明開化派"的分析，作者認為，不能簡單地將擺脫傳統華夷思想的束縛等同於近代民族主義思想的成長，因為"這種文化的民族主義在形成和發展過程中始終以中國為參照物，將中國看作保守、腐敗和卑賤的象徵"，所以華夷觀的衰退並不意味着東亞各民族從此平等相待，華夷觀殘餘依然存在。回顧至此，羅新提出他的主張，即以此視角反觀中國現代民族主義的問題 —— 中國民族主義的發展也並非在現代文明格局下自然產生，而是某種傳統觀念的變形，且兩者間的關係比起歐洲民族主義之於前民族主義階段的關係更為密切。從這裏出發，重思當代中國存在的極端民族主義情緒乃至相關運動，重思相關的大眾文化現象乃至國家政策，才可能更有收穫。

進一步地，寶力格那風格鮮明的、"為周邊代言"的演講也激發了羅新的聯想。他提起自己一直以來的困惑，也就是，那些曾屬於中國或深受中國影響的國家或地區，其內部究竟發生了哪些問題、存在哪些因素，使其後來退出了中國的政治或文化圈。相關例證如越南北部、朝鮮半島南部曾被郡縣化的一些地區及東南亞與日本。羅新認為，單用中國政治力量或軍事力量的衰退予以解釋並不充分，而完全歸因於近代以來歐洲力量的干預也非合理，更重要的是看到這些國家、地區自身內部孕育的政治、經濟、文化等方面的變化，研究這些變化如何在歷史浪潮中成為保持自我的一種力量。而這就要求歷史研究突破原有的中國史、世界史學科限制，突破社會大眾、政治勢力、國際秩序等現實因素對歷史研究的影響。羅新如此總結他的發言：「雖說『一切真實的歷史都是當代史』，但另一方面，歷史還是歷史，真正專業的歷史學者應努力突破一般意義上的所謂『當代史』的籠統說法。」

有感於羅新拋出的議題，更多學者加入到討論中來。沈衛榮試圖從其西藏史研究中提出個案，以期有所解答。他介紹說，20世紀西方的「民族國家」概念傳入以前，藏語中並不包含「自治」「獨立」「自決」等概念，漢地也是一樣。此外，儘管這些概念之後傳入了西藏，西藏也仍然沒有脫離中國而獨立。原因何在？他引述中印問題專家阿南德（Dibyesh Anand）的研究，認為從戶籍關係角度考察可知，所謂「主權」只是一種戰略性的虛偽，殖民主義、帝國主義時代則更是如此。西藏之所以沒有獨立出去，是因為民國時期英國擬定框架提出中國對西藏具有宗主權，而西藏本身是自治的。沈衛榮尖銳地指出，該框架的前半部分是為保證英國在同俄國爭奪西亞、中亞時處於優勢地位，不願意俄國介入西藏，而後半部分則是方便其佔領西藏。一切不過是英方間接幫了彼時無力保留西藏主權的中華民國政府的忙。對此，羅新補充談到，英國在1913年的西姆拉會議上提出將西藏分為「內藏」與「外藏」，中國對前者有主權，而對後者只有宗主權。二者都是來自歐洲帝國主義、民族主義的概念，並非中國本土而生。（關於清末民初圍繞西藏問題亦即「宗主權」「主權」等問題的中英交涉，岡本隆司在其提交給大會的論文《「主權」的形成：20世紀初期之中國與西藏、蒙古》中做了詳實察考。）

順着前面二位學者發言中提及的俄國勢力，趙剛進一步補充回應波波娃的論述。他認為，俄國與內亞性問題有着密切關係，這一點尤其表現在「新清史」研究中。

清朝對內亞的征服過程中，俄羅斯因素不可忽略，因為內亞征服的最終完成是在《中俄尼布楚條約》簽訂之後，其核心問題在於，當時的俄國有兩個選擇，一是商業利益，一是領土利益。俄國如果選擇領土利益，就可能和蒙古結盟，但俄國後來發現商業利益更重要，就選擇了與清朝結盟。這一關係建立後，相應開展了俄羅斯恰克圖和中國內陸之間的貿易，而俄羅斯也改變了對蒙古的態度。俄羅斯保持中立，有利於清朝順利完成從 1690 年到 1750 年的內亞征服。

從這個角度看，內亞征服在政治、軍事甚至宗教上的成功，是以清代山西與俄國的恰克圖的貿易成功為基礎，從中可看到歐亞大陸上貿易互聯的全球性意義，而現有研究很少注意這一方面。當然，俄羅斯的態度在歷史過程中也有變化，特別是在阿睦爾撒納之亂時，它也曾考慮過支持蒙古，但清朝對俄實行的貿易禁運使其損失巨大，俄國就放棄了支持阿睦爾撒納。因此，整個 18 世紀的清俄關係尤其是清俄貿易，保證了整個清朝的內亞征服成果，可惜談這一點的人至今不多。

四、概念與範式：中國問題的世界坐標

李懷印與方維規早在過去一天半的會議中亮明觀點，第四場的講演則使二人更充分、從容地論證自己的看法。李懷印着重介紹他研究"中國現代國家轉型"這一議題時的問題意識，以及他在論文寫作過程中採用的研究範式。在他看來，現代國家的定義中本來包含領土、人口、主權、政府四個重要組成部分，但現有的、無論是中國大陸抑或台灣的歷史教學中，都只清楚解釋了作為現代國家的"中國"，及其政府或政權從何而來，卻未能講清作為現代國家的"中國"領土、人口、主權從何而來，而這正是他在研究中試圖回答的問題。他指出，如果要採用當下流行的"從帝國到民族國家"這一研究範式研究中國問題，首先必須回答"清王朝是不是一個帝國？中華民國是不是一個民族國家？中華人民共和國是不是民族國家？"這一系列問題。對此，他得出的基本結論是，為討論的方便起見，將清代中國姑且稱為"帝國"雖未嘗不可，但較真地看，它與歐洲大陸的其他帝國毫無可比性。清朝的所謂"帝國"形態絕不可與古羅馬帝國、奧斯曼帝國等相提並論，它們在帝國的形成邏輯、背後的推動力、治理方式等方面完全不同，用"帝國"形容清代中國非常勉強。

方維規在發言中重點回溯了"nation"概念的內涵變化，尤其是它在中國近

現代歷史語境中的位置，以此反駁 1990 年代以降不少西方學者提出的前現代中國
"no Chinese nation" 這一命題。他直指西方學界，尤其是美國學界緊盯中國的 "民
族主義"，可是在提出該命題時，無視自己國內的民族主義傾向，隱現出學術研究
背後的政治傾向。反駁前現代中國沒有 nation 這一命題的謬誤與偏見，正是方維規
做此研究的初衷與動力。此後，他進一步將 "nation" 的概念史研究意義扣連於本
次高端論壇的主旨，他指出，現代 "nation" 或 "民族" 概念誕生於法國大革命以
後，概念既非天生，內涵也非一成不變，而本次論壇中各位學者反覆強調的情感與
認同問題，正是討論 "民族" 概念時至關重要的範疇。

　　評議人甘懷真非常贊同二人的問題意識與研究思路，他指出，隨着近年來中國
的 "再起"（resurgence），學者基於新的 "富強中國" 的立場，也應產出新的觀察
與研究。

　　　　我們必須要重新認識中國。如果說過去是用病理學的方式研究中國
　　　為甚麼失敗，那麼現在就可以用新的方法或框架去重新認識問題。比
　　　如，我們過去一直認為中國的洋務運動與維新運動很糟糕，而日本的明
　　　治維新則很成功，但經過這麼多年重新來看，也許明治維新遺留或導致
　　　的許多問題需要反思與批判，反而洋務運動的長處值得討論。

　　甘懷真認為李懷印的研究觸及不少重要問題，如中國的民族國家建構是否可以
從晚清上推至宋代的社會大轉型時期？再如，中國共產黨在革命與執政過程中，對
傳統官僚制度中的民主因素實現了怎樣的借鑒與傳承，建立了怎樣的從基層到頂端
的制度建設？這些都頗值得深入挖掘。而具體到方維規的發言，甘懷真也着重針對
其關於 "認同" "情感" 的觀點作出補充。他贊同將認同問題視為討論 "內外" 關
係的重要切口，進言之，他認為 "認同" 是具有很強民族主義色彩的概念，必須置
於帝國體系的歷史進程中思考。事實上，帝國的本質是 "認異"，它利用君臣關係
等方法運作，無需徵用文化符號強制維繫，而 "認同" 恰是後帝國階段的產物。而
有鑒於情感問題的重要性，甘懷真進一步引申出 "實感" 這一詞彙，它來自日語，
指人們在日常生活中的實際感情與感受，或能成為克服民族主義等概念對史學的籠

罩、重新關注基層人民實際生活感受的切入口。

　　接下來的討論與提問環節，歐立德與寶力格結合兩天會議中的感受做出整體回應，並闡述了自己此間的困惑與思考。已有的與"新清史"的對話和商榷，無疑使歐立德醞釀了頗多心緒，至此他要一吐為快，申明自己的立場：

　　　　我首先要說的是，"新清史"並非一個實體，而只是一個籠統的、不準確的說法，並不是專指某個人或某些人的某種看法。比如，很多人指出"新清史"並沒有那麼"新"，或者說它過分強調了清王朝的獨特性而忽略了其他北方民族政權，也有人說它把民族國家的模式套用於帝國形態的大清國是不適合的，如此等等，這大部分的批評意見都值得參考與反思。

　　　　但其中也出現了一個問題，就是某本"新清史"研究的書遭到批評，這一批評意見也會被用以批評其他所謂"新清史"的著作或文章，這種做法忽略了兩項研究的觀點在實際上可能是完全不同的。這種一概而論的做法將焦點置於"新清史"而非某個歷史問題，忘了"新清史"其實是一個"虛體"範疇，即使是所謂"新清史"學派，內部也有各種不同的觀點，絕非完全一致。

　　　　比如在趙剛先生的論文中，他說按照"新清史"的觀點，清朝統治的關鍵在於維持滿洲特性，而"按照滿洲中心觀，漢族文化乃至其大一統話語自然是一個可以忽略的因素"。問題是，趙教授在正文和注釋中並沒有解釋這種觀點來自"新清史"中的哪個人或哪本書。因此我必須說明，至少我不同意這種看法。我的書中也寫到清朝統治的關鍵在於保持滿洲特性，以及保持與漢人文化之間相對穩定的平衡，這一觀點無論對錯，都是我個人的觀點，而不是"新清史"的觀點。

　　回應的過後是開展新的對話，尤其針對李懷印論文中的話語表述與基本觀點，歐立德在欽佩其嘗試解答宏大歷史議題的勇氣之餘，也提出兩個具體問題與其商榷。一是，李懷印曾論述"清朝在 1911 年終結，並沒有導致邊疆脫離中國；相反，清帝在退位之際，將其版圖完整地由新生的中華民國加以繼承"，而在歐立德看來，其時蒙古、西藏、新疆等地均在某種程度上脫離了原先的帝國版圖，到 1930 年代更是大部分都脫離了國民政府的統治。二是，李懷印認為"清朝並不尋求通過戰爭獲得鄰國的土地，而是以防禦性目的擴大版圖，這不同於其他的前近代帝國"，對此，歐立德質疑他對"帝國"的定義標準，並且對"防禦性帝國"這一表述心存懷疑，認為它可能只是一種修辭或障眼法。

上述對清朝擴張性問題的探討，同樣引發了寶力格的思考。他認為，擴張性本就是所有民族國家的特性，只是有些國家不予承認罷了，例如英國就宣稱自己的擴張不過是為了擴展商貿。而就中國而言，它又有自己的歷史特殊性，必須謹慎處理。寶力格提出，討論中國的廣大版圖必須涉及繼承性問題，對於某塊土地的性質雖可說不是來自"征服"，而是"繼承"得來，甚至有法學家試圖從憲法角度論證繼承的合法性，但這會帶出新的問題，比如 1912 年退位的清朝皇帝有無權力將外蒙古讓渡給新政權？此外，寶力格直言，他認為共產黨與少數民族的關係不是征服，而是特殊關係 —— 中共在爬雪山、過草地的過程中與彝族、蒙古族、藏族等少數民族拜把子、盟誓，有過莊嚴承諾。問題是，寶力格問道，今天應當怎樣理解這種特殊關係？如果要把中國變為一個"正常"國家，又應怎樣處理當年的"特殊"盟誓？

附錄三

中國傳統史學的挑戰與反應

◆ 汪榮祖

引言

中國傳統史學自 20 世紀初即受到嚴峻的挑戰，在猛烈的西潮衝擊下，國人拋棄了傳統史學，而一味追隨西方現代史學，無論在學制、方法與理論上，仿效歐美，以彼之馬首是瞻。自梁啓超仰慕西方的"國史"（national history）而否定舊史為"帝王家譜"後，又套用西方一元理論解釋中國歷史，以論帶史，甚至曲解舊史。傅斯年相信西方科學，欲使史學成為生物學、地質學一樣的科學，結果史學的科學化不成，史學反而成為堆砌史料的大事紀。於是傳統史學幾淪為博物館裏的陳列品，或是史學史裏沒有生命的遺跡，而中國史學的自主性也喪失殆盡。

所謂"自主性"（subjectivity）乃意大利哲人維柯（Giambattista Vico, 1688—1744）所謂的"新科學"（*Scienza nuova*；New Science），是心智之學，講求"心界"（World of Minds），有別於自然科學之"天界"（World of Nature）。天界不涉自主性，如日出東山、夕陽西下，不會有不同的解釋；然而心界無可避免會受到文化背景、價值判斷，以及個人因素等影響，主體性於焉出矣。故人文社會學科的性質不能與自然科學相提並論，而在科學當道的現代，崇拜科學，也意欲追隨西學將人文社會學科學化，終於發現追隨西方自然科學可以與西方並肩，可以迎頭趕上，而人文社會科學若追隨西方，只能永遠尾隨，其故在此。

中國傳統史學受到自家人背棄的挑戰之外，同時受到西方現代主流史家鄙視的挑戰，貶抑中國傳統史學的自主性。例如英國著名史家艾爾頓（Geoffrey R. Elton,

1921 — 1994）認為 "歷史意識"（historical consciousness）乃西方所獨有，在東方無論是印度或中國，都是 "反歷史的"（a-historical）[1]。美國史家陸卡士（John Lukacs）更信心滿滿地說："歷史意識確實是西方專屬的，在西方之外對既往的記憶顯示一種歷史的不足"。他更引用哈斯（William Haas）之說，認為 "西方文明才能產生與發展真正的歷史"，又認為 "其他能言善道民族如印度、中國、波斯、日本的可靠歷史卻都是西方人寫的"[2]。英國史家普冷布（John H. Plumb, 1911 — 2001）斷言司馬遷的《史記》"是講道德多於述史"，因而指中國史學中沒有 "歷史批判"（historical criticism）。[3] 即使是著名的法國漢學家白樂日（Étienne Balázs, 1905 — 1963），居然也把傳統中國史學錯誤地視為 "官僚寫歷史給其他的官僚看"[4]。順流而下，自有更極端的說法，如丹斯（Edward H. Dance）所謂 "中國既不知歷史為歷史，也不知真實為真實的道理"[5]。我們所敬仰的西方現代史學，有如此多的主流史家既傲慢又偏見地藐視中國傳統史學，而我們自己也鄙棄傳統，真可謂 "人必自侮而後人侮之" 了。

一、隨西潮而逐流

溯自海通以來，中國現代史學棄舊從新，追隨西方現代史學，但並非人人自覺，如陳其泰認為："近代史學是從傳統史學發展演變而來的，由彼達此的轉變軌

1　艾爾頓：《歷史實踐》，紐約：Thomas Crowell，1967 年，第 11 頁。（Geoffrey R. Elton, *The Practice of History*, New York: Thomas Crowell, 1967）

2　陸卡士：《歷史意識：記憶中的過去》，新不倫瑞克、倫敦：Transaction Publishers，1994 年，第 23 頁。（John Lukacs, *Historical Consciousness: The Remembered Past*, New Brunswick & London: Transaction Publishers, 1994）

3　參見普冷布：《過去的消亡》，倫敦：Macmillan，1969 年，第 21 — 22 頁。（John H. Plumb, *The Death of the Past*, (London: Macmillan, 1969）

4　白樂日：《歷史作為官僚實踐的指南》，載《亞洲人的歷史書寫》（第三卷），倫敦：Oxford University Press，1961 年，第 82 頁。（Étienne Balázs, "L'histoire comme guide de la pratique bureaucratique," in: *Historical Writing on the People of Asia*, London: Oxford University Press, 1961）

5　丹斯：《聯合世界的歷史》，倫敦：Harnap，1971 年，第 87 頁。（Edward H. Dance, *History for a United World*, London: Harnap, 1971）

跡清晰可尋。鴉片戰爭前後已明顯處於醞釀階段，至戊戌運動和辛亥革命準備時期，由於新舊思想激烈的推動，正式跨入近代史學的門坎，本世紀初年梁啓超的理論主張和夏曾佑的歷史著作，即是近代史學產生的標誌。"[6] 軌跡如何轉變？如何醞釀？如何準備？如何正式跨入近代史學的門坎，既不清楚全無軌跡可循。其實中國現代史學於三十餘年間"從理論到實踐表現出了全方位的變化"[7]。所謂"全方位的變化"者，就是向西方全方位傾斜。之所以如此，誠非無故。西洋史學繼 16 世紀現代民族國家的出現、17 世紀科學革命的發動、18 世紀工業革命的興起，於 19 世紀的西歐同步"現代化"，導致現代史學成為獨立自主的學問，自有其強大的吸引力。[8] 現代中國聞風響應，以至於與傳統切割而有了斷層。

　　梁啓超以"帝王家譜"否定舊史，更以演化論批判傳統史觀之停滯不前，影響所及，破壞了中國傳統史學的"合理性"。[9] 梁氏自稱要搞"史學革命"，甚至說"史界革命不起，則吾國不救"[10]。持此論者梁啓超之外，大有人在，如鄧實說："中國史界革命風潮不起，則中國永無史矣"；馬敘倫也說："中人而有志興起，誠宜於歷史之學，人人闢新而講求之"；汪榮寶則欲以西方資產階級理論和方法，為中國未來"新史學之先河"。曾鯤化更要"打破數千年腐敗混雜之歷史範圍"，代之以"進化的歷史"。1904 年問世的夏曾佑著《中國歷史》，意在"記載民智進化的過程"。[11] 然則梁文夏書所顯示的，何來從傳統史學發展演變而來的"軌跡"？明明是棄舊納新。陳其泰所說，諸如"批判專制憧憬民主""樸素的歷史進化觀""科學的考史方法"[12]，哪項不是外來的？如何能從傳統史學中"孕育"出來？

6　　陳其泰：《史學與中國文化傳統》，北京：學苑出版社，1999 年，第 246 頁。

7　　劉俐娜：《由傳統走向現代：論中國史學的轉型》，北京：社會科學文獻出版社，2006 年，第 115 頁。

8　　參見汪榮祖：《五四與民國史學的發展》，載汪榮祖編《五四研究論文集》，台北：聯經出版事業公司，1979 年，第 221 頁。劉龍心受此啓發寫成專書，見劉龍心：《學術與制度 —— 學科體制與現代中國史學的建立》。此書可證實自晚清以來中國史學教育之全面西化。

9　　參見汪榮祖：《論梁啓超史學的前後期》，載《文史哲》2004 年第 1 期，第 20 — 29 頁。

10　　梁啓超：《新史學》，載《清議報》，（1902 年 2 月 8 日），見《飲冰室文集》第三十四卷，第 30a 頁，參見第 25a — 33b 頁。

11　　參見張豈之主編：《中國近代史學學術史》，北京：中國社會科學出版社，1996 年，第 76 — 80 頁。

12　　陳其泰：《史學與中國文化傳統》，第 246 — 264 頁。

　　不僅是梁啓超等人的言論，早在 20 世紀之初，西洋學制也已在中國推廣，歷史成為西式的學科，不僅經史分途，傳統史學被視為陳舊落伍，認為不足取法而漸遭鄙棄。民國以後的北大經過蔡元培的改革，經學與史學分途，史學成為自立門戶的學門，無論在教學與研究上，也與傳統學風漸行漸遠。[13] 晚清學堂初設之時，猶中西兼顧，然而維護中學漸被視為是提倡西學的障礙，非去中學不足以興西學。新學堂無論在課程的內容或安排上，也愈來愈成為洋學堂的翻版。滿清學部於 1906 年已感受到 "大率皆喜新厭故，相習成風，駸駸乎有荒經蔑古之患"[14]。晚清也有學人憂慮西學之勢張，擔心中學之將亡。[15] 民國以後，學堂更名副其實成為洋學堂，歷史教育與歷史書寫莫不照抄西方。民國元年明定大學分為文、理、法、商、醫、農、工、七門學科，已完全仿效西方學制。五四新文化運動發生後，中國現代史學更日趨西化。北京大學中國史學門易名為史學系，正式與西方歷史教育制度接軌，開拓西洋史課程，並漸以講授西洋史的方法來講授中國史。朱希祖出任北京大學歷史系主任後，即欲以 "歐美新史學，改革中國舊史學"[16]；何炳松於 1917 年自美留學歸國執掌北京高等師範學校史地系，創辦《史地學刊》，大力提倡美國的 "新史學"。南京高等師範學校史地系則於五四之後創辦《史地學報》，也成為宣傳和譯介西方現代史學的重鎮。北京、南京之外，其他各地的新式學校亦莫不以西方史學為現代史學的指標。

　　西洋現代史學崇尚實證，講求信史，中國現代史學之考證方法，貌似呼應乾嘉樸學，實則並非樸學的創新，而幾乎全取自歐美，尤以德國史家蘭克（Leopold von Ranke, 1795 — 1886）之馬首是瞻。蘭克的史學方法論着意於 "不以今論古"，姚從吾從早年在北大到晚年在台大教史學方法，強調 "以漢還漢，以唐還唐" 之

13　參見陳以愛：《中國現代學術研究機構的興起》，北京：江蘇教育出版社，2002 年。

14　見潘懋元、劉海峰主編：《中國近代教育史資料彙編 —— 高等教育》，上海：上海教育出版社，1993 年，第 40 — 41 頁。

15　詳閱劉龍心：《學術與制度 —— 學科體制與現代中國史學的建立》，台北：遠流出版公司，2002 年，第 23 — 29 頁。

16　轉引自劉龍心：《學術與制度 —— 學科體制與現代中國史學的建立》，第 136 頁。

說，以檔案文獻來辨偽考證，重建歷史真相，都是在響應蘭克，並非承繼實事求是的乾嘉考據學風。中國現代史學特別強調史料的重要性，也是在響應蘭克實證學派的方法論。伯倫漢（班漢姆，Ernst Bernheim, 1850 — 1942）所著《史學方法論》（*Lehrbuch der Historischen Methode*）一書，集蘭克史學方法之大成，經日譯本的轉介，對五四以後的中國史學界影響很大。舉凡蘭克所重的檔案資料、實證求真、以及敘事如所發生等等，幾乎照單全收，奉為經典。姚從吾之外，陸懋德在清華、輔仁等大學亦以班漢姆史學方法論名著講授，並認為西方的內外考證學要比乾嘉考證學與訓詁學優勝。[17] 因而在中國現代史學史上卓有貢獻的史學名家，如孟森、陳垣、岑仲勉、胡適、顧頡剛、向達、韓儒林、陳寅恪諸家，莫不重視原手史料與史事考證。

　　現代中國所謂的 "史料學派" [18]，也是受到蘭克的影響。傅斯年想要以充分的史料來建立科學的史學；若無充分可信的史料，根本談不上重建史事，提出解釋，或建立史觀。所以必須在充分的史料基礎上書寫歷史，才會有科學性。民初考古的豐收，特別是殷墟甲骨出土以後，更加強了以實物重建科學信史的信心。這種信心顯然來自當時西方史學的科學風。蘭克雖然從未認為歷史能像自然科學那樣的精確，但如英國史家貝雷（John B. Bury, 1861 — 1927）曾宣稱："史學乃不多也不少的科學"（[history] is herself simply a science, no less and no more）[19]，他所謂的科學，實指自然科學。英美史學界也多誤會蘭克實證史學就是科學的史學，樂觀地相信完全客觀與信實歷史之可能性。[20] 風尚所至，自 19 世紀以來，在科學主義的所向披靡下，西方現代史學也欲求科學化，希望歷史學能像自然科學般精確。傅斯年留學英

17　陸懋德：《史學方法大綱》，南京：獨立出版社，1945 年，第 42 — 43、52 — 53、59 頁。

18　例如許冠三在《新史學九十年》（香港：中文大學出版社，1986 年）一書第七章所論。

19　見貝雷作為劍橋大學現代史欽定教授的演說：《歷史科學》，載斯特恩編《多樣史學》，紐約：Meridian Books，1956 年，第 223、210 頁。（John B. Bury, "The Science of History," The Regius Professor of Modern History at Cambridge, in: *The Varieties of History*, ed. by Fritz Stern, New York: Meridian Books, 1956）

20　詳閱汪榮祖：《史學九章》，台北：麥田出版社，2002 年，第 60 — 63 頁。

國於歸國途中，即已致書顧頡剛，以"牛頓之在力學，達爾文之在生物學"[21]相勉。
傅斯年欲將歷史地質學化、生物學化，即由此而來。傅氏歸國後，極力推行史學之
科學化，顯然受到貝雷氏的影響，但試行並不成功。孰料貝雷氏於晚年突然拋棄前
說，自認"科學的歷史"之不可能，甚至說："即使有人能寫出完全沒有偏見的歷
史，那也是枯燥無味之作"[22]，真不知將置其長期追隨者於何地？

　　馬克思唯物史觀也來自西方，對中國現代史學，尤其是 1949 年以後的中國大
陸地區，影響巨大。馬克思主要根據西方歷史經驗提出全人類社會的五階段説，從
原始公社或氏族社會到奴隸社會，到封建社會，再到資本主義社會，最後到無產階
級的社會主義社會；每一個階段的物質基礎是"生產模式"，一方面是生產力，由
生產工具與生產數據組成，另一方面則是生產關係，由勞動力與社會組織形成。兩
者本身的不穩定與內部矛盾導致變動，生產潛力將會影響一切，使新起的階級取得
主導地位。[23] 馬克思學説是重要的歷史哲學，為人類社會進步發展提出了科學性的一
元規律，當被引進到中國時，自然被視為科學的史學。

　　近人常將馬克思"史觀派"與傅斯年的"史料派"視作中國現代史學裏對立的
兩個主要學派。[24] 其實，兩派雖然在意識形態上南轅北轍，但都在搞史學的科學化。
李大釗引進唯物史觀之後，郭沫若的《中國古代社會研究》[25] 成為以馬克思理論治
史的開山之作。他將中國社會的歷史發展分作四個階段，即西周前之原始公社、西
周奴隸社會、春秋時代之封建社會，以及鴉片戰爭以後之資本主義社會，也就是馬

21　見《傅斯年選集》，台北：文星書店，1967 年，第 3 冊，第 408 頁。

22　貝雷：《貝雷文選》，第 70 頁。（John B. Bury, *Selected Works*）；另參見布雷薩賀：《歷史編纂學：
　　古典時期、中世紀與現代》，芝加哥、倫敦：University of Chicago Press，1983 年，第 285 — 286
　　頁。（Ernst Breisach, *Historiography: Ancient, Medieval & Modern,* Chicago & London: University of
　　Chicago Press, 1983）

23　馬克思史觀的扼要綜述，可閱麥克勒蘭編：《馬克思：前 100 年》，倫敦：Frances Pinter，1983 年，
　　第 57 — 102 頁。（*Marx: The First 100 Years,* ed. by David McLellan, London: Frances Pinter, 1983）

24　參見余英時：《中國史學的現階段：反省與展望》，載《史學評論》1979 年第 1 期，第 2 頁；周予
　　同：《五十年來中國之新史學》，載《學林月刊》1941 年第 4 期，第 1 — 36 頁。

25　參見郭沫若：《中國古代社會研究・導論》，北京：人民出版社，1954 年，第 3 — 19 頁。

克思所設定的前四階段，最後以共產社會為終極。然而各階段未必能適合中國的歷史經驗，各階段的分期難有定論。其實，自二戰後數十年間，馬克思主義以及經濟決定論在西方或日本學界，都有很大的影響；然而，馬克思史學在中國大陸被視為無可動搖的科學的史學，成為官學，與西方馬克思學界幾無交集，將歷史文化經驗迥異之中國歷史，納入普世的科學公式[26]，必定會發生"以論帶史"的流弊，誠如一位大陸史學工作者沉痛指出："在建設中國馬克思主義史學的進程中，走了彎路，付出了沉重的代價。"[27] 沉重的代價至少一部分是為了追求所謂科學的歷史而付出的。無論視唯物史觀或實證主義史學為科學的歷史，皆屬誤解，因所謂科學的歷史乃可望而不可得的"高貴的夢想"（Noble Dream）。

　　我們不棄不離的西方現代史學，並非一成不變，當我們陶醉在西方現代實證史學之時，西方史觀已在轉變。時至 20 世紀 30 年代，出現"歷史相對主義"（historical relativism），強調歷史不可能有絕對的真相，每一位史家都可以寫他自己的歷史，也只能有相對的真相，質疑蘭克模式，挑戰了實證史學。其代表人物之一俾爾德（Charles A. Beard, 1874 — 1948），雖不認為"客觀真實"之易得，但仍須努力追求"客觀真實"，依然強調檔案數據，以及考訂與徵信之重要。[28] 然而俾爾德所欲修正的"那高貴的夢想"在歷經七十春秋之後，還是宣告破碎。[29] 史學的科學化失敗之後，西方現代史學家轉而取社會科學為史學之輔助，社會科學諸如社會

26　參見福伊爾沃克：《馬克思裝扮下的中國歷史》，載福伊爾沃克編《共產主義中國的歷史》，麻省劍橋：MIT Press，1968 年，第 14 — 44 頁。（Albert Feuerwerker, "China's History in Marxian Dress," in: *History in Communist China,*" ed. by A. Feuerwerker, Cambridge: MIT Press, 1968）

27　見張廣智：《西洋史學史》（第二版），上海：復旦大學出版社，2005 年，第 391 頁；另參見弗萊舍：《馬克思主義與歷史》，紐約：Harper & Row，1969 年。（Helmut Fleischer, *Marxism and History*, New York: Harper & Row, 1969）

28　俾爾德：《高貴的夢想》，載《美國歷史評論》第 41 卷第 1 期（1935 年 10 月），第 74 — 87、86 頁。（Charles Beard, "That Noble Dream," in: *The American Historical Review*, Vol. 41, No. 1〔Oct. 1935〕）

29　諾威克：《高貴的夢想：客觀問題與美國歷史學界》，紐約：Cambridge University Press，1988 年，第 26 頁。（Peter Novick, *That Noble Dream: The Objective Question and American Historical Profession*, New York: Cambridge University Press, 1988）

學、經濟學、人類學、心理學等理論與方法治史，於二戰前後有飛躍式的發展。法國 "安娜學派"（Annales，俗稱年鑑學派[30]）就以社會科學治史聞名，其名師布羅代爾（Fernand Braudel, 1902 — 1985）稱社會科學為史學之善鄰，取 "守望相助" 之意；[31] 利用社會科學方法治史，遂成西方史學之風氣；歐美治中國史者，亦群起效尤。台灣史學界於 1960 年代已經重視以社會科學方法治史，追隨西方的現代化理論與行為科學，至 1970 年代安娜學派的治史觀點與方法才逐漸輸入。[32] 中國大陸通行歷史唯物論，實際上也是一種社會科學，因而兩岸的中國現代史學所謂 "科研" 工作，都是將歷史研究社會科學化，於社會史與經濟史着墨較多，也無非是隨西方之風尚而轉移。

　　史學之社會科學化為史學求真提供另類的可能性，但在書寫上無異數字整齊、圖表盎然的社會科學研究報告，貌似嚴謹有加，實枯燥乏味；流風所及，許多西方現代史書，諸如 "心解史"（psychoanalytic history）[33]、社會史、計量史之著作，觸目皆是艱澀的現代新名詞，難以通讀，號稱探究史學的深層結構，卻拋棄了最基本的歷史敘事。社會科學方法未嘗不可取，但許多用之於史學的所謂社會科學方法，大都只是取樣，不免以偏蓋全，而連最基本的歷史年月日時序有時也加以輕忽，亦少有真實的故事，硬將史事塞入社會學或哲學的概念之中。不僅史料基礎薄弱，而且論證閃爍，誤差甚大，而且取樣的目的，只在配合理論，不免隨心摘取史料，未必重視史料的周延與考訂。在此風氣下，社會史固然盛極一時，然而社會史往往成為 "向後看的社會學"（retrospective sociology），而不是真正的社會史，因為這些著作既不講時序，也不講敘事，忘了社會史也必須要講究生活在歷史時空裏的蛻

30　俗譯 "年鑑學派" 甚不妥，此派絕非提倡年鑑這類史學者，詳閱汪榮祖：《布羅代爾與法國安娜學派》，收入汪榮祖《史學九章》（2002），第 105 — 134 頁。

31　參見布羅代爾：《論歷史》，馬修斯譯，芝加哥：University of Chicago Press，1980 年。（Fernand Braudel, *On History,* Sarah Mathews transl., Chicago: University of Chicago Press, 1980）

32　參見汪榮祖：《白德爾與當代法國史學》，載《食貨》第六卷第 6 期（1976 年 9 月），第 1 — 8 頁；汪榮祖：《史學九章》（2002），第 105 — 134 頁；賴建成譯著《年鑑學派管窺》，台北：左岸出版社，2003 年；賴建成：《布勞代爾的史學解析》，台北：桂冠出版社，2004 年。

33　一般翻譯為心理史學，"心解史" 是錢鍾書的翻譯，錢譯較勝。

變。歷史原具有許多基本面，如戰爭、外交、政治等事件與故事，較能吸引大衆，但極具影響力的法國史學大家布羅代爾，便視為不重要。布氏曾説，歷史除了人，還有其他，包括土地、氣候、地質運動；[34] 在他領導之下的史學無疑會使人文邊緣化，安娜學派亦因而摧毁了傳統史學的三大偶像，即傳記、政治、史事。[35] 歷史學的社會科學化成為 20 世紀後半葉史學的一個主要風向，採用社會學、經濟學以及量化等方法，注重歷史社會的結構與變化，如馬克思主義史學以階級分析治史，法國安娜學派以結構學方法治史等等。史學研究的中心既自政治史轉向社會史，歷史文章既然無異社會科學報告，蘭克典範也因此式微。流風所及，兩岸的中國現代史學主流不僅追隨社會科學報告體的寫作方式，而且往往僅得形似，失其精髓。

英國史家卡爾（E. H. Carr, 1892 — 1982）常被視為社會科學治史樣板。其實，卡爾所強調的是 "史實自己不能説話"（fact can't speak for itself）。誰能為史實説話？無他，史家是也，所以卡爾才會説："歷史是現在與過去不斷的對話"[36]，也就是史家及其史料之間的對話。史家生活在現在，既然去古日遠，唯有憑藉殘存的史料重建過去；然而所謂對話，實際上是史家根據不會説話的史實説話，史家各有主見，又主張古為今用，似乎在重彈 "歷史相對論" 的舊調。不過，卡爾認為歷史 "因果律"（causation）可以規範史家的主見，故歷史之發展非任何個人主觀因素所能左右，因為每一個事件都有原因，而且原因是多層面的，最後其中之一因造成無可避免的後果，所以歷史大勢所趨是必然的。卡爾所引發 "歷史之必然" 的 "新史學"，並未能完全解決歷史 "決定論"（determinism）與 "自由意志"（free will）之爭論，而其所提倡的歷史科學性的效果，主要仍然是在推動以社會科學方法治史，更未能改變社會科學報告體歷史書寫的方式，基本風氣未變，逐漸失去史學原

34　布氏 1984 年雜誌訪談，引自多斯：《法國新史學：安娜學派的凱旋》，厄巴納：University of Illinois Press，1994 年，第 130 頁。（Francois Dosse, *New History in France: The Triumph of the Annales*, Urbana: University of Illinois Press, 1994）

35　參見多斯：《法國新史學：安娜學派的凱旋》，第 217 頁。

36　原文是 "it is a continuous process of interaction between the historian and his facts, an unending dialogue between the present and the past." 見卡爾：《什麼是歷史》，倫敦：Macmillan，第 35 頁。（E. H. Carr, *What is History*, London: Macmillan, 1961）

有或應有的風貌，又迫使西方史學界於 1980 年代發出回歸 "基本面" 的訴求，重彈歷史敘事之必要，追求史學之文學性，要求歷史敘事之再生。所謂 "再生"，並非恢復卡爾所反對的舊有敘事體，而是如英國劍橋史家柏克（Peter Burke）所說，在社會科學方法的研究基礎上，重現大敘事之風采，而敘事不必尋找因果，但求意義，理解史實尤重於解釋。[37] 所以不待後現代史學之興，西方現代史學已經開始式微。柯林伍德（Robin G. Collingwood, 1889 — 1943）強調 "重演" 之旨，所謂 "重演史事於史家之胸"（re-enactment of past experiences），乃是求得史學知識最有效的辦法。[38] 其意無非要求史家能將既往的陳跡，賦以新生命，強調了史家的主體性。足見柯林伍德與卡爾都將史學的重心從史料移到史家，不取絕對的客觀論，但柯、卡兩位所要強化的仍然是講究實證的現代史學，仍想重建既往的真相。換言之，卡、柯都將重建往事的重責大任賦予史家。

二、來自後現代的挑戰

中國現代史學繼續追隨西方現代史學，無論科學化史學或社會科學化史學，都視歷史客觀求真為當然，未曾放棄實證致知的方法，也沒有停止追求歷史的真相，自無從質疑西方現代史學。始料未及的是，來自西方的後現代理論卻徹底否定現代西方史學，認為歷史僅僅是史家主觀的作品，與文學作品並無二致，重現客觀過去

37　柏克：《事件的歷史與敘事的復興》，載柏克編《論新史觀的書寫》，尤尼弗西蒂帕克：The Pennsylvania State University Press，1991 年，第 233 — 148 頁（Peter Burke, "History of Events and the Revival of Narrative," in: *On New Historical Perspectives Writing*, ed. by P. Burke, University Park: The Pennsylvania State University Press, 1991）。史東實首發此義，其文見史東：《敘事的復興：反思嶄新的舊史學》，載《古與今》，波士頓：Routledge & Kegan Paul，1981 年，第 74 — 96 頁。（Lawrence Stone, "The revival of narrative: reflections on a new old history," in: *The Past and Present*, Boston: Routledge & Kegan Paul, 1981）

38　科林伍德：《歷史的觀念》，第 282 — 283 頁（Robin G. Collingwood, *The Idea of History*）；德雷：《重演的歷史：科林伍德的歷史觀》，牛津：Oxford University Press，1999 年，第 32 — 107 頁。（William H. Dray, *History as Re-enactment: R.G. Collingwood's Idea of History*, 1995 Repr., Oxford: Oxford University Press, 1999）

之不可能，徹底否定了現代的實證主義史學。中國現代史學一直追隨西方時尚，隨西風起舞，甚至僅僅仿效西方漢學的研究途徑，遇此巨變自然會驚慌失措，幾同夢魘，杜維運教授感到後現代理論"駭人聽聞"，斥之為"大放厥詞"[39]。杜門弟子黃進興更痛感後現代史學之"往事不可追憶"，欲加以"攔截"[40]。西方現代史學受到巨大衝擊，我們必然感同身受，可以想見。要因一直沒有建立自主性的史學體系，中國現代史似已與傳統切斷臍帶，倒像是西洋現代史學的旁枝，如浮萍之無根。我們正好乘此冷靜反思傳統史學，並考慮建立史學的自主性。

今日回顧，現代中國幾乎無人認真地試圖將中國傳統史學作"創造性的轉化"，劉龍心所列舉的現代有關中國史學史的論文與專著顯示，極大多數的作品是按時間順序數史家的人頭，扼要介紹各人的史著[41]，鮮有對中國傳統史學的內涵與特色作批判性的全面整理與發揚。劉澤華檢視近九十年史學理論要籍，一共有五十一部，其中有十六部之多是外國史學家的譯著，其餘大都是介紹性的概要、研究法、方法論，難見一本真正的創作，比較有創意的仍然是梁啟超在一百多年前所寫的《新史學》[42]，但言過其實，且早就已經過時了。

現代中國雖然一直有人在寫中國史學史，但主要在整理國故，排比史料，數史家的人頭，沒能將之成為當代史學活生生的資源。近年來中國大陸已出現對中國傳統史學作大規模整理的現象[43]，應可成為深入探討中國傳統史學思想、史學意識、史學理論的基礎。中國傳統史學若果如有些西方史家所謂只有史料而無史學、沒有歷

39　杜維運：《後現代主義的吊詭》，載《漢學研究通訊》（2002 年 2 月）第二十一卷第 1 期（總第 81 期），第 2 頁。

40　黃進興：《後現代主義與史學研究》，北京：三聯書店，2008 年，第 1、38 — 44、80 — 88、156 — 162 頁。

41　參見劉龍心：《七十年來對於"現代中國史學史"的研究回顧與評析》，載《中華民國史專題第四屆討論會論文》（1997），第 1 — 37 頁。

42　參見劉澤華主編：《近九十年史學理論要籍提要》，北京：書目文獻出版社，1991 年。

43　參見吳懷祺主編：《中國史學思想史》（黃山書社，2005 年）十卷本，由北京師範大學總其事；倉修良主編：《中國史學名著評介》，濟南：山東教育出版社，2006 年，由原來的三卷本擴大為五卷本。

史意識、也沒有史學思想，自不足深論，但斯乃西方史家之偏見與誤解。[44] 具有顛覆性的後現代理論，也顛覆了西方文化中心論。其實，後現代理論已改變史家的思維，擴大史家的視野及其耕耘的園地。福柯（Michel Foucault, 1926 — 1984）對後現代史學的貢獻也在其所提供的方法。他不取馬克思學派或安娜學派所主張的 "全史"，即將經濟結構、社會組織、思想狀態以及政治行為均受制於同一因果系統，所以他反對將所有的現象圍繞同一中心，產生同一原則、同一意義、同一世界觀。他的方法則取現象之間的關係與互動，所欲呈現的不是整體，而是空間裏的散亂，注意到醫院裏的、精神病院裏的、避難所裏的以及監獄裏的人身。他意在暴露西方文化裏的各種階層，以揭發文化裏人群被宰制的實況。事實上，文化多元與 "地方性"，形成蓬勃的新的文化史。中國現代史學正可參考新文化史的觀點和方法，重建獨立而具有主體性的史學。

三、展望自主的中國史學

　　中國傳統史學有幾千年的歷史，為特殊中華文化之產物，就像現代的西方史學，乃是西方歷史與文化長期發展的產物。歷史與文化有其特殊性格，並不像自然科學具有高度的普及性，其內涵與結論不可能放諸四海而皆準。史學既然是文化之產物，而中西文化有異，與西方史學原應多元並立，相互理解觀摩，不必從風，大可參照以賽亞・柏林（Isaiah Berlin, 1909 — 1997）文化多元論之義諦，反思傳統，發其底蘊，求其更新，取彼之長，補我之短，而後可望補西方史學之不足。中國現代史學要能批判地重新整理傳統史學的遺產，才能豐盛富足。展望中國現代史學的前景，並不是不在意西方史學的走向，而是應該辨別利弊，知所採擷，相互比觀，中國史學之溪水才能 "堂堂出前村"。

　　歷史悠久的中國傳統史學確有豐富的資源可供開發，可與西方史學相呼應、對照、以及比較的具體議題甚多。中國史學自上古至現代，史官佔有顯著而重要的位置。到了唐代，官修歷史規模益大，此後多由史官集體編撰。西方史家頗多批判中

44　詳閱汪榮祖：《史學九章》（2002），第 135 — 162 頁。

國史官制度，認為史官既然是政府僱用的官吏，豈能不聽命於官府；既是御用，必然淪為"教條"（well-indoctrinated）與"作偽"（well-invented past）[45]，何以昭信？史官是否不值一顧？中國傳統史學自孔子開始就主張傳信，需要"文獻足徵"，要求"無徵不信"，知道"闕疑"。歷代有骨氣的史家並不罕見，唐朝的劉知幾將有骨氣的史家比作"烈士殉名，壯夫重氣，寧為蘭摧玉折，不作瓦礫長存。若南董之仗氣直書，不避強禦；韋崔之肆情奮筆，無所阿容"[46]；於此可見，直筆乃千古美談，成為史官的榜樣。須知國家設立史官之目的，就是要知道歷史的真相，以備資鑒之需，若不從實記錄既往之成敗，安有前車之鑒可言？作偽或曲解便得不到正確的歷史教訓，正確的歷史知識才最有利於有為的政權。換言之，如果記載不實，即失去設立史官的價值。此所以在中國"史之建官，其來尚矣"[47]。其實西歐於 15 世紀後也有史官，但既是晚出，規模更不足道 [48]，並不能以此定優劣。現代中國仍設有國史館，已非主流。今日雖無重啟舊制之必要，然其制可供集體寫作歷史的參考。當今撰寫清史之大工程，延宕難產，似不如舊制之有效也。

中國傳統史學的另一特色是重褒貶，今人視之為"反歷史"（a-historical）[49]，如美國史家費雪（David H. Fischer）所謂史學上的"道德謬誤"（the moralistic

45　參見詹那：《史學之專制：中國危機的根源》，倫敦、紐約：Penguin，1992 年，第 5 — 12 頁。（W.J.F. Jenner, *The Tyranny of History: the Roots of China's Crisis*, London & New York: Penguin, 1992）

46　劉知幾，明張之象刻本《史通》（第七卷），第 5a — 5b 頁。

47　陸深語，見陸深：《歷代史官建置》，載卜大有輯《明刻珍本史學要義》，第 20 頁。

48　參見安齊蒂：《斯福爾扎家族治下的人文主義史學》，牛津：Oxford University Press，1989 年。（Gary Ianziti, *Humanist Historiography under the Sforzas*, Oxford, Oxford University Press, 1989）

49　參見普冷布：《過去的消亡》（1969），第 22 頁；普理查德：《傳統中國史學與地方史》，載海登 · 懷特編《史學的運用：思想史、社會史論集》，底特律：Wayne State University Press，1968 年，第 201 頁（Earl H. Prichard, "Traditional Chinese Historiography and Local History," in: *The Uses of History: Essays in Intellectual and Social History*, ed. by Hayden White, Detroit: Wayne State University Press, 1968）；蒲立本：《中國的歷史批判主義：劉知幾和司馬光》，載比斯利、蒲立本編《中日史學家》，倫敦：Oxford University Press，1961 年，第 143 頁。（Edwin G. Pulleyblank, "Chinese Historical Criticism: Liu Chih-chi and Ssu-ma Kuang," in: *Historians of China and Japan*, ed. by Beasley and Pulleyblank, London: Oxford University Press, 1961） fallacy）[50]。其實，褒貶非可任意為之，有其準則，亦即當時的道德規範，如逾越規範，即失去褒貶之意義與效果。道德規範是否需要？不言而喻。英國著名史家阿克登爵士（Lord Acton, 1834 — 1902）肯定弗勞德（James A. Froude, 1818 — 1894）所說："意見與態度都會變，學說也有興衰，但是道德規範卻是永久的（opinions alter, manners change, creeds rise and fall, but the moral law is written on the tablets of eternity）。"[51] 足見道德示範並非中國傳統史學所獨有，所謂 "資鑒模式"（exemplary mode），中西兼有，而在中國傳統史學中的資源更加豐富。中國傳統社會的 "道德規範" 是儒家倫理，載於六經。換言之，史家不能憑其個人的道德觀或任何私見來著史，而是依據中國傳統史家所共同尊奉的道德標準。中西道德標準並非一致，故知道德標準絕非普世價值，今世自可有適合今世的道德標準。重要的是從歷史學到道德與智慧，涉及到歷史教訓是否可得？德國大哲學家黑格爾（G. W. F. Hegel, 1770 — 1831）認為 "歷史經驗告訴我們，無論人民或政府從來沒有從歷史學到甚麼，也沒有勵行過由歷史獲得的準則"[52]。然而明代史家于慎行卻能看到，學不到歷史經驗只是因為不得其法，認為天下事，有 "異情而同形者"，有 "同事而異功者"[53]。如只知其勢而不知情，只見事同而不知功異，正好學錯了歷史經驗，反之亦然。于慎行此見，豈非勝於黑格爾？

中國傳統史學講究經世致用，而西方現代史學強調為史學而史學，以求歷史真相為要務，且歷史不可能重演，故無關致用，而後現代理論則認為歷史無真相可求，更無致用的價值。事實上，並非如此。當代英國史家柏克（Peter Burke）指出歐洲一如中國，認為歷史可為今人提供德行與智慧的榜樣。政策之制訂借鑒歷史教

50　費雪：《史學家的謬誤》，紐約：Harper and Row，1970 年，第 78 頁。（David H. Fisher, *The Historian's Fallacy*, New York: Harper and Row, 1970）

51　阿克登爵士：《史學研究的就職演說》，載《現代史講演錄》，紐約：Meridian Books，1961 年，第 40 頁。（Lord Acton, "Inaugural Lecture on the Study of History," in: *Lectures on Modern History*, New York: Meridian Books, 1961）

52　黑格爾：《歷史哲學》，紐約：Dover Publications, 1956 年，第 6 頁。（G. W. F. Hegel, *The Philosophy of History*, trans. by J. Sibree, New York: Dover Publications, 1956）

53　于慎行：《讀史漫錄》（萬曆木刻板）第五卷，第 11b 頁。

訓，所在多見；歷史知識可增進大眾對既往之理解，也難以否認。英國史家湯因比
（Arnold J. Toynbee, 1889 — 1975）於二戰期間受聘政府情報機構，豈非學以致用
的好例子？如歷史知識可為今日之用不可廢，則中國傳統史學所重視的經世致用，
不僅沒有過時，而且大可借鏡發揚。

　　中國傳統史論名為論史實則論政，所謂借古諷今或以古喻今，就是借用近似
之往事，評論眼前政治、社會、文化諸問題，其目的既在今世，則其所論之史，
已為今用。西方所謂"歷史借喻"（the allegorical approach to history），亦即此
意。史家乃時代之子，不可能沒有時代的感受，中外無異。吉本（Edward Gibbon,
1737 — 1794）的《羅馬帝國衰亡史》是否有借古諷今意圖，難有定論，但 20 世紀
的美國學者縮寫吉本名作，攫取要義，附之以評說：無端重賦、外交鬆弛、軍隊無
力、踐踏傳統、政教矛盾、通貨膨脹、聲色犬馬、貪腐失控、福利臃腫，以及豪奪
的中產階級，明言為今日美國而作，借古諷今之意，昭然若揭矣。[54] 而借古諷今在中
國的歷史不僅悠久而且內容豐富；若往上溯，可追溯到先秦[55]，二千餘年承襲不衰。
約而言之，借古諷今可稱歷史知識之用，藉熟悉的歷史故事凸顯今務；若善用之，
未必不能在史學上開一新境。

　　中國傳統史學亦多疑古思想，不遜於西方，從疑古到辨偽，又從辨偽到訓詁，
再從慎研文字到辨析至微；訓詁之餘復有窮究典籍流別的考證；考證之餘而後有網
羅古籍、對比異同的校讎學。中國傳統史學中的考據學，至宋代而盛，堪稱史家求
真的利器、或稱樸學，不僅方法嚴謹，而且內涵豐富，與西方實證學絕對有相互參
照的價值。蘭克以文字學考辨史料，在當時的西方固然是一重要的突破[56]，然而中
國樸學家早以小學（即文字學）解經治史，並強調"讀書必先識字"的原則，所謂

54　參見維通斯基：《吉本之於現代人：羅馬帝國衰亡史與今日美國的前車之鑒》，新羅謝爾：
　　Arlington House Publishers，1974 年。（Peter P. Witonski, *Gibbon for Moderns: The History of the
　　Decline and Fall of the Roman Empire with Lessons for American Today*, New Rochelle: Arlington
　　House Publishers, 1974）

55　參見錢鍾書的分析，見氏著《管錐編》，北京：中華書局，1979 年，第 4 冊，第 1266 — 1267 頁。

56　見伊萬斯：《為歷史辯護》，紐約：Norton，2000 年，第 16 頁。（Richard J. Evans, *In Defense of
　　History*, New York: Norton, 2000）

識字也就是在文字上下功夫。考據至乾嘉而極盛，雖多聚焦於經學，但亦用之於史學，主張讀書必須識字，而識字須通小學，再經過訓詁、比對，獲致正解，舉凡考異、志疑、辨疑、商榷、札記之類，都是考據校訂之作，使原來鈎棘難通之處，無論章句或典章，多能渙然冰釋。清代考據固然亦有餖飣繁瑣、無端辨偽之弊，然此乃用之不善，非器之不利。語文考證並非史家的目的，仍然是求真的手段。而此手段之精，中西皆至爐火純青的境界，大可互相觀摩，殊不必捨我從彼也。

　　中國歷史上史家人數之多應不少於泰西，但史家的風格多隱而不彰，以至於常誤會中國傳統史家大多是沒有個性的史官。中國傳統史家雖然都是有學問的"士人"（literati），或統稱讀書人，但其中也有和尚、儒將、教席，以及解甲歸田的官員，未必都在朝為官。所以在此應有必要展現中國史家群的不同史學風格，以示與西方同樣的多彩多姿。司馬遷與班固的不同風格早已為世人熟知，劉知幾首創史學批判，在當時舉世無雙。中國史學經隋唐至兩宋而極盛，不僅名家輩出，而且種類繁多。歐陽修的《新五代史》在體例上不再以朝代序，而以時間序，又為特殊時代的特殊人物別立新傳，所謂"五代史歐公自立新意，諸傳名目多與列史異"[57]；在思想上則尊孔崇儒，在致用上重勸戒以示後世，有其特色。司馬光的《資治通鑑》成為編年體的偉構，被尊為新的典範。南宋袁樞將通鑑的內容加以區別，重新組合，貫穿始終，盡其本末，改編成《通鑑紀事本末》，別創一新體裁，得到章學誠"不為常格"[58]的稱讚。鄭樵的《通志》也能"別識心裁"，成一家之言。[59]此外尚有筆記一體，作者繁多，書寫雖簡短而隨興，但內容糾謬正誤，鈎沉發覆，比觀互校，頗多真知睿見，自有其增補歷史知識之功。如有清盛世所出現的王鳴盛、趙翼、錢大昕三家的讀史筆記，規模之大前所未有，在西方也罕見有人對悠久而龐大的前史，作如此有系統的校閱與考究。筆記之外，尚有學案。明末清初的作者黃宗羲於康熙年間，撰成《明儒學案》，創此別具風格的史學體裁。

57　錢大昕：《潛研堂文集》，王雲五主編《國學基本叢書》第三冊，台北：商務印書館，1968頁，第258頁。

58　章學誠：《文史通義》，第15頁。

59　章學誠：《文史通義》，第134頁。

　　中國傳統史學裏比較貧乏甚至欠缺的是歷史哲學，但歷史哲學在西方雖為一亮點，然較晚出，發端於 17 世紀的維柯，到 18 世紀後期德人赫爾德（Johann Gottfried Herder, 1744 — 1803）歷史哲學之著作問世[60]，始被認可。19 世紀唯心哲學家黑格爾的《歷史哲學》尤聞名於世，對西方史學思想影響深遠。顯而易見，歷史哲學大都由哲學家所建構，並非主流史家的要務，英國大史家湯因比的《歷史研究》查考二十一個文明，追究興衰，以挑戰與反應為說，無疑在建構歷史哲學，雖名重一時，但由於史事細節的謬誤，邏輯上的缺失，以及概念的模糊，終於引起主流史家的嚴厲批評，指其歷史哲學為"預言"[61]。類此玄學式的歷史哲學之外，至 20 世紀又有批判式歷史哲學，欲將史學建設成科學，試圖用自然科學的普遍法則研究歷史，何姆沛（Carl G. Hempel, 1905 — 1997）唱之甚力，認為可以在史學範疇內建立 "科學解釋的邏輯結構"（logical structure of scientific explanation）[62]。但是歷史乃特殊而又不會重複的事件，不可能適用科學模式，了解歷史的準則也包括非自覺的或非理性的思維在內。中國有無類似西方的歷史哲學？中國似無黑格爾或湯因比諸家玄學式的歷史哲學；若有之，唯有 "五德終始說"，以正統論闡釋三千年歷史的演變，以五行所屬之德性確定帝王的運命，以五行相勝說明王朝之更替，以五德終始、政權興亡展示史事的循環發展，以大一統貫徹中國歷史的主流，雖可視為一種玄學式的歷史哲學，但已屬陳跡，久失時效。[63] 歐陽修更點破說："所謂正統者，不過曰有天下云爾其有天下也，天與之，其正與否則人加之也。"[64] 意謂正不正，

60　赫爾德歷史哲學之奠基之作為《關於人類歷史哲學的思想》（*Ideen zur Philosophie der Geschichte der Menschheit (Idea for a Philosophical History of Mankind)*, 1784/91）。

61　參見汪榮祖：《史學九章》（2002），第 97 頁。

62　何姆沛：《一般定理在歷史研究中的功用》，載加德納編《歷史理論》，紐約：Free Press，1959 年，第 351 頁。（Carl G. Hempel, "The Function of General Law in History," in: *Theories of History*, ed. by Patrick Gardiner, New York: Free Press, 1959）

63　明人王廷相已有言："淫僻於陰陽者，必厚誣天道；附會於五行者，必熒惑主聽"，見《王廷相哲學選集》，北京：中華書局，1965 年，第 57 頁。

64　歐陽修：《原正統論》，《歐陽文忠公文集》（四部叢刊初編縮本 195），第 3 冊，第五十九卷，第 435 — 436 頁。

統不統，並無定論。至於章學誠在《文史通義》一書裏雖有不少命題，如"六經皆史""朱陸異同""道器合一""經世致用"等，但對整個中國歷史的進程並無任何哲學解釋，更無建構大系統的論述，所以章學誠尚不足以言歷史哲學。[65] 然而歷史哲學原是根據歷史經驗，通過哲學思維而形成；中國有豐富的歷史經驗，建構歷史哲學並非難事，問題是史家有無必要去從事西方主流史家推崇的歷史哲學。

結論

西方現代史學曾試圖建立科學的歷史，終於無效，甚至連實證史學也遭質疑，蓋因史學乃如維柯所謂屬於心智之學，有異於自然科學，故不能如生物學、地質學之確切，而涉及史家的價值觀與文化背景，故寫出的歷史必有主體性。現代中國遭受西潮猛烈衝擊之餘，傾心西化，史學亦棄傳統而追隨西學不捨，難免隨風起舞，以至於喪失自主性，而讓出歷史話語權於他者。

本文有意呼籲兩岸三地的中國史學界，正可於後現代風潮抨擊西方現代史學之餘，臨流反躬自省，檢討隨西洋現代之波而逐流的遺憾，走出一條自己的道路。如何走自己的路？如何使中國舊史學創新？如果不徒託空言，則須知如何實踐。如要老幹發新枝，需要提煉數千年來中國傳統史學的精華，認真與西方史學對話，以檢驗家藏之貧富，何者彼可補我之短，何者我可增彼之長，以冀於後現代風潮之後，能有超越中西而更加完善的環球史學。欲達此宏偉的目標，固須假以時日，然中西史學之間應如何開始對話？西方學術霸權猶在，未必認為有與中國傳統史學對話的必要；西方學界對中國文化與文字的隔閡，也未必有能力擺脫對中國傳統史學浮光掠影之認知。故有賴於我們知己知彼，拿出家藏，與彼對話，使其信服，捨此無他。

中西各有其悠久的歷史，史學傳統也都綿延數千年不絕；所不同者，乃各有其特殊的歷史經驗與不盡相同的史學傳統。中國傳統史學源遠流長而一致，數千年來用同一種文字書寫，幾乎以同一基本方法書寫，而彼西方則多有斷續而又頗為分

65　例如朱敬武：《章學誠的歷史文化哲學》，台北：文津出版社，1996 年，第 116 — 234 頁。

歧，書寫之不同文字，不下五十餘種，然就"史學邏輯"（the logic of history）而言，史學之天下並無新鮮事。史學內涵約有三大範疇，即史學方法、史學史、歷史哲學。中西文化有異，史學思維與表達的方式不同，但既稱史學，其要素不可能或缺。所以若動輒説，"我有彼無"或"彼有我無"，往往似是而實非。中西史學固然各有特色，但所謂特色，絕非一方所獨佔特有，而是雙方各具，時而呈現在方法上、風格上、以及思想上有差異性。即使彼我皆備，深淺仍不一，則可以深補淺；若詳略有異，則可以詳補略；若彼我雖同，表達不一，正可互通以增益其事，豈不善哉！

□ 責任編輯：熊玉霜
□ 裝幀設計：高林
□ 封面題字：李壯鷹
□ 排版：陳美連
□ 印務：劉漢舉

思想與方法
—— 歷史中國的秩序變動與文明交錯

□
主編
方維規

□
出版
中華書局
香港北角英皇道 499 號北角工業大廈一樓 B
電話：（852）2137 2338　傳真：（852）2713 8202
電子郵件：info@chunghwabook.com.hk
網址：http://www.chunghwabook.com.hk

□
發行
香港聯合書刊物流有限公司
香港新界大埔汀麗路 36 號
中華商務印刷大廈 3 字樓
電話：（852）2150 2100　傳真：（852）2407 3062
電子郵件：info@suplogistics.com.hk

□
印刷
美雅印刷製本有限公司
香港觀塘榮業街 6 號 海濱工業大廈 4 樓 A 室

□
版次
2024 年 7 月初版
© 2024 中華書局（香港）有限公司

□
規格
16 開（240 mm×170 mm）

□
ISBN
978-988-8861-95-8